칼빈의 종교개혁

칼빈의 변증서와 논쟁서 연구

칼빈의 변증서와 논쟁서 연구
칼빈의 종교개혁

2024년 3월 30일 1쇄 인쇄
2024년 4월 10일 1쇄 발행

지은이 | 김요섭
펴낸이 | 박영호
펴낸곳 | 도서출판 솔로몬

주소 | 서울시 동작구 사당로 143
전화 | 599-1482
팩스 | 592-2104
직영서점 | 596-5225

등록일 | 1990년 7월 31일
등록번호 | 제 16-24호

ISBN 978-89-8255-624-1 03230

2024 © 김요섭
Korean Copyright © 2024
by Solomon Publishing Co., Seoul, Korea

저작권법에 의하여 한국 내에서 보호를 받는 저작물이므로
무단전재와 복제를 금합니다.

칼빈의 종교개혁

칼빈의 변증서와 논쟁서 연구

김요섭 지음

솔로몬

추천사

종교개혁자들의 걸음은 성경을 신앙과 삶의 기준으로 삼고 살아가기 원하는 모든 이들에게 귀감이 된다. 많은 종교개혁자들 중에도 특히 칼빈이 주목받는 것은 그의 삶과 가르침이 당대는 물론 오늘날 우리에게 큰 도움을 주기 때문이다. 수년 전 출간된 『종교를 개혁하다: 16세기 유럽 기독교 종교개혁, 그 본질의 재조명』이 독자들에게 종교개혁의 윤곽을 잡아주는 책이었다면, 본서 『칼빈의 종교개혁: 칼빈의 변증서와 논쟁서 연구』는 종교개혁이 진행되고 있는 상황에서 칼빈이 풀어가야 했던 난감한 문제들 속으로 우리를 이끌고 들어간다.

    루터와 츠빙글리 때와 마찬가지로 칼빈의 주된 논적은 로마 가톨릭이었다. 그래서 본서의 절반은 로마 가톨릭의 잘못된 가르침을 논박한 칼빈의 가르침에 할애되었다. 1536년판 『기독교강요』 서문과 사돌레토에게 보낸 답신, 그리고 트렌트 공의회 법령에 대한 비판은 이에 해당한다. 하지만 칼빈은 루터와 츠빙글리와 같은 1세대 종교개혁자가 아니다. 그래서 종교개혁이 진행되면서 드러난 개신교 내부의 문제들도 심층 고찰한다. 니고데모파와 재세례파, 리베르탱파와 세르베투스에 대한 비판은 이에 해당한다.

    칼빈이라고 하면 흔히 가장 먼저 떠올리는 저술이 『기독교강요』인데, 사실 『기독교강요』는 칼빈이 로마 가톨릭에 맞서 개혁의 타당성을 표명하기 위해 쓴 책이었다. 초판 이후 오랜 기간 수많은 증보가 이루어져 1559년 라틴어 최종판의 경우 기독교 신앙 전반에 대한 설명을 담고 있는 교의학 책처럼 보이기도 하나, 그 골간은 개혁자들의 가르침이 성경을 바탕으로 한 올바른 가르침임을 밝히는 변증서임이 분명하다. 그런 점에서 『기독교강요』가 종교개혁의 대의를 밝히는 총론적 변증서 역할을 하고 있다면, 본서에서 주로 다룬 칼빈의 저술들은 그가 『기독교강요』에 다 쓸 수 없었던 개별 주제들에 대한 각론적 논박서들이라 할 수 있다. 저자는 본서에서 총론과 각론을 넘나들며 칼빈이 당면했던 문제들에 대해 어떻게 대처했는지 독자들이 잘 이해할 수 있도록 안내하는 역할을 훌륭하게 수행하고 있다.

    칼빈의 변증서와 논쟁서들은 현실과 괴리된 이론들이 아니라 그가 시련 가운데 쏟아낸 신앙고백적 결과물이었다. 로마 가톨릭의 간섭에서 벗어나기 위해 일찍이 프랑스를 떠나 타국에서 생애 전부를 보낸 것은 말할 것도 없고, 제네바에서 추방당했다가 복귀한 후 말년에 리베르탱파의 저항을 무찌르기까지 칼빈의 제네바 목회 기간의 거의 3

분의 2가 시련기였다. 물론 그 뒤에도 시련이 없었던 것이 아니다. 본서의 내용은 칼빈이 겪었던 시련 그리고 어려움과 직결된 것이기에 오늘날 유사한 시련과 어려움을 겪고 있는 우리에게 지침과 위로를 준다.

목회자 후보생들을 교육하고 양육하는 중에도 신학 연구에 힘쓰는 김요섭 박사님이 오랫동안 고심하며 내어놓은 본서가 우리를 종교개혁자 칼빈의 신앙과 삶 가운데로 잘 이끌어 주리라 확신한다. 목회자와 신학도들은 물론 예수 그리스도의 교회가 올바로 서서 소금과 빛의 사명을 온전히 감당하기를 소망하는 모든 성도들에게 『칼빈의 종교개혁』을 적극 추천한다.

임원택 (백석대학교 교수, 한국복음주의신학회 회장)

한 권의 책이 저술되고 상재되어 읽히는, '책의 일생'은 그 쓴 이의 자취를 깊이 조영한다. 김요섭 교수님은 칼빈의 교회론을 다룬 박사학위 논문을 비롯하여 최근에 출판된 『종교를 개혁하다』에 이르기까지, 종교개혁의 역사를 그 주역들의 작품들에 대한 엄정한 고찰을 통하여 '교리적' 혹은 '신학적'으로 파악하는 데 주력하고 있다. 이번 작품은, 저자의 서문에서 보듯이, "종교개혁에 대한 신앙적 해석을 구체적인 증거를 통해 증명하려는 목적으로" 저술되었다. 이러한 모색이 당위성을 갖는 것은, 그것이 기독교 역사신학이 존재하는 고유한 의의와 가치에 철저히 부합하기 때문이다.

오늘날 기독교 역사를 "현실"의 역사 정도로 여기는 인본주의적 역사 비평 방법이 기독교 역사학계는 물론 조직신학 학계에도 팽배하다. 이를 감안할 때, 칼빈이 그의 시대 교회와 성도의 신앙과 삶에 실제적이고 직접적인 영향을 미쳤으며 첨예한 교리적 대립을 보였던 주요한 주제들을 다룬 글들을 원문에 충실하게 '신학적'으로 분석하여 '성경적' 잣대로 그 옳고 그름을 명료하게 가려내고자 시도된 본서는 매우 시의적절함이 더하다 할 것이다. 본서는, 부제에서 제시되듯이, 칼빈이 쓴 주요한 "변증서와 논쟁서"를 신학적으로 분석하는 데 할애된다. 여기서 저자는 저작 시기 순으로 수록된 여러 작품들의 교리적 진리와 맥락을 하나하나 파악함으로써 그 역사적 의의와 가치를 규명하는 데 집중한다.

먼저 제1장은 "종교개혁자"로서의 칼빈의 생애에 주목하여 그의 "종교개혁을 위한 변증과 논쟁"이 어떤 저술들을 통하여 행해졌으며 그 주요한 특징이 무엇인지를 일목요연하게 제시한다. 그리고 1530년대 작품을 다룬, 제2장은 고금의 명문인 『기독교 강요』 서문을 분석하여 참된 종교가 참된 교리에서 비롯됨을 밝히고, 제3장은 "사돌레트에게 주는 답신"을 통하여 교회가 하나 되려면 참된 교리에 서서 참된 예배를 드리고 참된 교회를 세움이 전제되어야 한다는 점에 주목한다. 이어서 1540년대 초반 작품을 다룬, 제4장은 "니고데모파에 대한 해명"을 통하여 성경의 명확한 진리를 믿는 믿음과 그것을 고백하며 행하는 삶이 일치해야 함을 환기하고, 제5장은 재세례파가 구속사적 언약신학에 무지하여 왜곡된 성경해석을 일삼고 그리스도의 역사 주권을 거부한다는 점을 적시하며, 제6장은 리베르탱파가 재세례파의 극단적 부류로서 삼위일체론과 기독론 및 구원론 등에 대한 정통적 입장에서 완전히 이탈했음을 부각한다.

그리고 1540년대 후반에서 50년대 초반 작품을 다룬, 제7장은 칼빈이 로마 가톨릭 트렌트 공회 법령의 '독성'을 질책하며 반의적으로 제목을 단 "해독제"를 세밀하게 고찰하여 그 법령이 교회의 머리이신 그리스도의 중보의 유일성에 정면으로 배치됨을 지적하고, 제8장은 "교회 개혁의 참된 방식"에 비추어 교회 개혁이 교리 개혁에서 비롯됨과, 로마 가톨릭의 교황수위권과 왜곡된 성례론이 정통적 이신칭의 교리에 비추어 볼 때 근본적으로 비성경적이고 반기독교적임을 밝히고, 제9장은 반삼위일체론자 세르베투스의 이단성이 삼위일체론, 기독론, 성례론에 있어서 현저함을 적시한다. 그리고 제10장에서는 이상의 논의를 맺으면서 종교개혁의 본질이 진리를 분별하여 교회와 성도의 삶에 적용하는 데 있음을 강조하고, 이를 종교개혁의 다섯 가지 원칙에 따라 재조명한다.

다음과 같이 본서의 대미가 장식되듯이, 저자의 결론적 언급은 그리 과도하지도, 유려하지도, 비상하지도 않다. 그러나 그 진실함과 간절함이 사무치는 것은 왜인지 모르겠다. '왜(cur, pourquoi)?' 진리와 변증 사이, 선포와 비판 사이, 그 어느 지점에 이 질문이 존재한다. 앎과 앎 이후 사이! 본서를 통하여, 처음과 마지막을 함께 묻는, 이 질문에 대한 답을 찾고자 밤을 밝혔을, 후배이며 동료이신, 무엇보다 하나님 나라의 동역자이신 저자께 깊이 감사를 드린다.

문병호 (총신대학교 교수, 개혁신학회 회장)

김요섭 교수의 『칼빈의 종교개혁: 칼빈의 변증서와 논쟁서 연구』의 출간을 정말 기쁘게 생각한다. 필자 역시 언젠가는 칼빈의 생애와 신학에 대해서 책을 집필할 생각을 가지고 있었기 때문에 깊은 관심을 가지고 읽었다. 페이지를 넘겨가면서 이 책의 무게감을 느끼며 마음속에서 탄성이 자연스럽게 흘러나왔다. 앞으로 칼빈을 연구할 때 이 책은 필수적인 참고서가 될 것이라 의심하지 않는다.

사실 칼빈과 같이 위대한 인물은 여러 가지 면에서 바라 볼 수 있다. 그는 뛰어난 성경 주석가였고, 탁월한 교회법 학자였고, 신실한 설교가였고, 헌신적인 목회자이기도 하였다. 여기에 더하여 그는 예리한 변증가이기도 하였다. 『칼빈의 종교개혁』은 그 부제가 적시하고 있듯이 변증가로서의 칼빈이 어떠한 삶을 살아갔는지를 잘 보여 준다.

종교개혁 2세대에 속하는 칼빈은 당연히 변증가의 삶을 살 수밖에 없었다. 하지만 그가 어느 정도, 얼마나, 어떻게 구체적으로 변증가로서 삶을 살았는지 알기 위해서는 이 책을 읽어야 할 것이다.

『칼빈의 종교개혁』은 칼빈이 저술했던 거의 모든 변증서들을 시간 순으로 다루고 있다. 그의 대적들은 로마 가톨릭은 물론이고, 잘 알려지지 않았지만 타협주의자라고 할 수 있는 니고데모파, 그리고 재세례파와 같은 급진주의자들로 크게 구분될 수 있는데 칼빈은 참된 가르침을 사수하기 위해서 펜을 들었다. 이 변증서에 대한 연구들은 칼빈을 풍성하게 이해하는데 있어서 매우 중요하다. 왜냐하면 칼빈을 제대로 이해하기 위해서는 칼빈이 단지 무엇을 말했는가도 정확히 알아야 하지만 칼빈이 왜, 어떻게 말하고 있는지도 알아야 한다. 이 책을 읽으면 칼빈의 사상을 역사적 상황 속에서 보다 정확하고 풍성하게 이해하는 법을 배우게 될 것이다.

『칼빈의 종교개혁』의 가장 큰 장점은 가독성이 뛰어나다는 점이다. 제법 무거운 학술서적임에도 불구하고 독자들이 조금만 주의를 기울여 읽으면 이해하는데 아무런 어려움을 느끼지 못할 것이다. 가독성이 뛰어난 이유는 무엇보다 논지가 명확하고 말하고자 하는 바가 분명하기 때문이다. 또한 각 서론에서 변증서가 작성된 역사적 정황들을 잘 정리해 놓았기 때문에 그 속에 담긴 변증서들이 지닌 시대적 중요성과 필요성을 쉽게 파악할 수 있다.

전문 연구가가 아니고서는 이 책을 처음부터 다 읽을 필요는 없을 것이다. 하지만 칼빈에 관심이 있는 초보자들은 칼빈의 생애를 다루는 제1장만 읽어도 큰 유익을 얻을 수 있다고 본다. 칼빈의 신학에 조금 익숙하여 『기독교 강요』에 관심을 가지고 있는 독자들에게는 제2장이 매우 유용한 지침이 될 것이다. 앞으로 이 책을 충분히 참조하지 않고 칼빈에 대해서 말하는 것은 신뢰성을 잃게 될 지도 모른다. 칼빈을 사랑하고 연구하는 이들을 위하여 훌륭한 안내서를 집필한 김요섭 교수님께 감사의 말씀을 드리고, 기쁜 마음으로 이 책을 추천한다.

이성호 (고려신학대학원 교수, 한국복음주의역사신학회 회장)

차 례

추천사 • 4
약어표 • 13
저자 서문 • 14

제1장 종교개혁자 칼빈 • 21
　1. 칼빈의 생애 개관 • 21
　　1.1. 유년기와 대학 시절 • 21
　　1.2. 종교개혁으로 회심 • 25
　　1.3. 목회 훈련 • 28
　　1.4. 제네바의 개혁을 위한 사역 • 32
　　1.5. 개혁의 정착과 확산 • 37
　　1.6. 칼빈의 유산 • 40
　2. 칼빈의 종교개혁 신학 • 42
　　2.1. 칼빈에 대한 평가 • 42
　　2.2. 종교개혁을 위한 변증과 논쟁 • 47

제2장 『기독교강요』 서문(1536) • 55
　1. 배경: 참된 종교에 대한 변호와 선언 • 55
　　1.1. 『기독교강요』의 증보와 저술 목적 • 55
　　1.2. 참된 종교 • 60
　　1.3. 근본적인 문제들 • 64
　　1.4. 바른 가르침 • 66
　2. 참된 종교의 교리 • 69
　　2.1. 인간론 • 69
　　2.2. 구원론 • 73
　　2.3. 교회론 • 77
　　2.4. 국가론 • 83
　3. 종교개혁의 방법 • 88
　　3.1. 올바른 성경해석: 구속사적 언약신학적 해석 • 89
　　3.2. 올바른 교회 역사 해석: 그리스도의 역사 주권 • 96
　　3.3. 올바른 신앙적 삶: 종말론적 소망 • 100

contents

제3장 사돌레토에게 주는 답신(1539) • 105
1. 배경: 칼빈 추방 이후 위기에 처한 제네바 • 105
2. 종교개혁의 정당성 • 109
    2.1. 목회직분 정당성의 근거 • 109
    2.2. 참된 사역자의 증거: 희생과 헌신 • 115
3. 종교개혁의 과제 • 120
    3.1. 참된 예배의 회복 • 120
    3.2. 참된 교회의 수립 • 123
    3.3. 참된 교리의 확립 • 128
4. 진정한 교회의 일치 • 137
    4.1. 교회의 직분에 대한 바른 이해 • 137
    4.2. 일치의 기준과 조건 • 141
5. 종교개혁을 위해 합당한 자세 • 145

제4장 니고데모파에게 주는 해명(1544) • 149
1. 배경: 믿음과 삶의 불일치 • 149
2. 종교개혁을 위한 삶의 고백 • 155
    2.1. 외적 고백의 중요성 • 155
    2.2. 핑계와 해명 • 163
    2.3. 네 종류의 니고데모파 • 167
3. 종교개혁의 기준 • 174
    3.1. 성경의 명확한 진리 • 174
    3.2. 진정한 예배 • 183
4. 망명: 종교개혁을 위한 선택 • 188

제5장 재세례파 논박(1544) • 193

1. 배경: 재세례파의 위험성 • 193
2. 역사적 배경 • 197
   - 2.1. 재세례파에 대한 칼빈의 반박 과정 • 197
   - 2.2. 재세례파와의 접촉 • 200
   - 2.3. 저술 과정 • 204
3. 성경: 바른 종교의 최종 기준 • 208
   - 3.1. 성경의 권위에 대한 바른 이해 • 208
   - 3.2. 성경해석의 바른 방법 • 210
   - 3.3. 성경해석의 바른 적용 • 215
4. 교회: 종교개혁의 현장 • 218
   - 4.1. 교회 정체성의 토대 • 218
   - 4.2. 교회 일치의 기준 • 222
   - 4.3. 교회 권세의 한계 • 226
5. 세속 사회: 종교개혁의 범위 • 229
   - 5.1. 소명으로서의 위정자 직분 • 229
   - 5.2. 세속 법정 사용 가능성 • 233
   - 5.3. 세속 정부 참여 가능성 • 236
6. 종교개혁의 개념과 그 의의 • 240

제6장 리베르탱파 논박(1545) • 245

1. 배경: 기독교 신앙에 대한 가장 큰 위협 • 245
   - 1.1. 리베르탱파의 정체 • 245
   - 1.2. 저술 동기 • 248
2. 비판의 방식 • 254
   - 2.1. 역사적 비판: 종교개혁의 역사적 정당성 • 254
   - 2.2. 성경적 비판 • 260
   - 2.3. 종교개혁을 위한 성경해석의 원칙 • 264
3. 리베르탱파의 교리 비판 • 270
   - 3.1. 신론 • 270
   - 3.2. 섭리론 • 275
   - 3.3. 기독론과 구원론 • 283
   - 3.4. 그리스도인의 자유와 경건한 삶 • 288
   - 3.5. 종말론 • 296
4. 성경의 진리에 충실한 그리스도인의 삶 • 300

제7장 트렌트 공의회 법령과 해독제(1547) • 303

1. 배경: 로마 가톨릭의 개선 시도 • 303
2. 트렌트 회의의 성격 • 307
   2.1. 종교개혁에 대한 로마 가톨릭의 대응에 대한 해석 • 307
   2.2. 트렌트 회의의 개최 배경 • 311
   2.3. 트렌트 회의의 진행 과정 • 314
3. 트렌트 회의에 대한 비판 • 319
   3.1. 회의의 권위와 의도 비판 • 319
   3.2. 사제 제도 개선 방안에 대한 비판 • 322
4. 교회 개혁의 정당한 기초와 합당한 방식 • 325
   4.1. 기초: 교회의 영혼인 교리 • 325
   4.2. 최종적 기준: 성경의 빛 • 329
   4.3. 실제적 목적: 머리이신 그리스도의 통치 구현 • 333
   4.4. 합당한 태도: 하나님의 영광만을 위한 전적 헌신 • 337
5. 16세기 종교개혁의 유산과 현재적 의의 • 339

제8장 교회 개혁의 참된 방식(1549) • 343

1. 배경: 위협과 핍박 앞에서 타협 가능성 • 343
   1.1. 역사적 배경 • 343
   1.2. 저술 동기 • 347
   1.3. 저술 목적 • 350
2. 교리의 개혁 • 352
   2.1. 하나님 예배(cultus Dei): 바른 교리의 목적 • 352
   2.2. 이신칭의 교리의 쟁점들 • 357
   2.3. 이신칭의 교리의 종교개혁적 의의 • 363
3. 교회의 개혁의 참된 기초와 방식 • 367
   3.1. 교회의 참된 기초 • 367
   3.2. 로마 가톨릭 교회론 비판 • 371
   3.3. 교황수위권 비판 • 373
4. 성례의 개혁 • 379
   4.1. 성례의 참된 본질 • 379
   4.2. 거짓 성례들 • 384
   4.3. 잘못된 의식과 의무들 • 391
5. 종교개혁의 목적과 자세 • 399

제9장 세르베투스 논박(1553) • 403

1. 배경: 세르베투스의 도전 • 403
   1.1. 세르베투스의 이단 사상 • 403
   1.2. 세르베투스에 대한 재판 • 408
   1.3. 변호와 반박의 필요성 • 412
2. 종교개혁과 세속 권세 • 417
   2.1. 세속 권세의 권한 • 417
   2.2. 세속 정부의 정치적 통치와 그리스도의 영적 통치 • 421
   2.3. 세속 권세의 정당성 논쟁 • 426
   2.4. 세속 권세 사용의 방식과 목적 • 431
3. 종교개혁의 핵심 교리 • 437
   3.1. 삼위일체론과 기독론 • 439
   3.2. 구원론 • 444
   3.3. 성례론 • 446
4. 정통교리의 중요성과 종교개혁을 위한 책임 • 454

제10장 칼빈의 종교개혁, 그 개념과 의의 • 457

1. 종교개혁의 본질 • 457
2. 종교개혁의 다섯 가지 원칙에 따른 칼빈의 종교개혁 이해 • 460
3. 종교개혁의 자세와 그 의의 • 465

참고문헌 • 469

약어

BOL	*Martini Buceri Opera Latina*. 6 volumes. Eds. C. Augustijn et als. Leiden: E. J. Brill, 2014-2022.
CO	*Ioannis Calvini opera quae supersunt omnia*. 59 volumes. Eds. G. Baum, Edward Cunitz, and Edward Reuss. Brunsvigae: C.A. Schwetschke und Son, 1863-1900.
Comm	*Calvin's Commentaries*. 46 volumes. Edinburgh: Calvin Translation Society, 1844-1855; reprinted as 22 volumes. Grand Rapids: Baker, 1979.
COR	*Ioannis Calvini opera monia. Denuo recognita et adnotatione critica instructa notisque illustrata*. Series 1-6. Ed. Brian G. Armstrong. Geneva: Librairie Droz, 1992ff.
Institutes	*Institutes of the Christian Religion* (1559): Library of Christian Classics, vols. XX and XXI. Trans. Ford Lewis Battles. Philadelphia: Westminster Press, 1960.
LW	*Luther's Works*. 55 volumes. Ed. J. Pelikan and H. T. Lehmann. St. Louis: Concordia, 1955-1986.
MPL	*Patrologiae cursus completus*. Series Latina Ed. J. P. Migne, 1841-1855.
OS	*Joannis Calvini Opera Selecta*. Eds. Peter Barth, Wilhelm Niesel, and Dora Schenuner. 5 volumes. München: Christian Kaiser, 1926-1962.
TT	*Tracts and Treatises of John Calvin*. 8 volumes. Ed. J. K. S. Reid. Grand Rapids: Eerdmans, 1958.
WA	*Martin Luthers Werke: Kritische Gesamtausgabe*. Weimar: Hermann Böhlaus Nachfolger, 1883-1929.

저자 서문

16세기 서유럽에서 일어났던 종교개혁에 대한 많은 연구와 해석, 그리고 다양한 평가와 그에 따른 적용의 시도들이 지난 500여 년 동안 많이 있었습니다. 이 다양성은 해석자 개인의 신앙고백의 차이, 종교관이나 세계관의 차이, 각 해석이 이루어진 여러 지역과 시대의 사상적 흐름이나 역사적 맥락 때문에 발생했습니다. 과거의 역사와 사상에 대한 해석과 평가는 후대의 특권이며 의무입니다. 그러나 조금 더 공정한 해석과 설득력 있는 평가를 위해서는 과거에 제시된 그 사상을 되도록 그대로 읽고 되도록 그 시대의 목소리를 따라 경청하는 태도가 필요하다고 생각합니다.

본서는 16세기를 대표하는 종교개혁자 중 한 명인 칼빈(John Calvin, 1509-1564)이 주장한 종교개혁의 본질과 목적, 그리고 실현을 위한 방안을 그의 작품들을 되도록 충실하게 검토하여 분석하는 연구입니다. 이 연구는 필자가 『종교를 개혁하다』(2021)에서 주장한 종교개혁에 대한 신앙적 해석을 구체적인 증거를 통해 증명하려는 목적으로 계획되었습니다.[1] 저 책에서는 루터(Martin Lutehr, 1483-1546)와 녹스(John Knox, c. 1513-1572)의 종교개혁 개념과 더불어 칼빈의 종교개혁에 대한 이해를 개괄적으로 분석했

---

[1] 김요섭, 『종교를 개혁하다: 16세기 유럽 기독교 종교개혁, 그 본질의 재조명』 (서울: 솔로몬, 2021), 21-50.

습니다. 세 명의 종교개혁자들을 선택하고, 그들의 대표적인 저술들에 집중하는 전략적 선택은 간명한 연구가 되는 데에는 일정 정도 성과를 거두었지만 포괄적이며 상세한 증명을 제시하는 데에는 아쉬움이 있었습니다. 따라서 본서에서는 한 종교개혁에게 집중해 그의 원전들을 더 심층 분석하여 16세기 종교개혁자들이 종교개혁을 정의했던 주된 내용과 강조점들을 구체적으로 확인하려 합니다.

앞서 다루었던 루터나 녹스, 혹은 다른 종교개혁자들이 아닌 칼빈을 검토의 대상으로 선택한 데에는 개인적인 이유가 있습니다. 제가 석사와 박사과정에서 학위 논문을 위해 연구한 주제가 칼빈의 종교개혁 신학이었고 지난 16년 동안 학교 강단에서 가르치며 가장 많이 연구한 인물도 칼빈이었습니다. 당연히 칼빈의 신학이 저에게 가장 익숙한 연구의 대상입니다. 원전을 검토하는 데 있어서도 칼빈의 저술들이 가장 용이했습니다. 라틴어와 프랑스어 원전들이 국내 도서관에 많이 소장되어 있을 뿐만 아니라, 여러 가지 미디어들을 통해 잘 공개되어 있기 때문입니다. 칼빈의 저술들에 대한 한글 번역도 상당히 진척되고 있습니다. 은사이신 박건택 교수님께서 오랜 기간 번역하고 개정해 놓으신 칼빈의 소논문들이 전체 8권으로 구성된 『칼뱅작품선』으로 나와 있습니다. 칼빈의 서간문과 설교문도 계속 역간되고 있습니다. 이 번역과 출간 과정에 저도 부족하지만 조금 참여했었기 때문에, 이 저술들을 분석하고 검토하는 연구는 저에게는 일종의 다 마치지 못한 숙제와도 같았습니다. 최근에 문병호 교수님께서 10년에 걸친 수고 끝에 직접 라틴어에서 한글로 번역한 『기독교강요』도 칼빈의 원자료에 대한 더 정확하고 새로운 연구를 가능하게 해 주고 있습니다.

본서는 『기독교강요』 서문을 제외하고는 『칼뱅작품선』에 실린 7편의 논쟁적 저술들을 선택하여 분석했습니다. 물론 이 8편 이외에도 칼빈의 변증적이며 논쟁적인 작품들은 너무 많습니다. 그러나, 다시 한 번 이 모든 저술들을 다 검토하는 시도는 적절하지도 가능하지도 않기 때문에 본서는 칼빈의 종교개혁 개념이라는 주제를 파악하기에 가장 적합한 저술들을 취사선택 했습니다. 각 저술들은 1530년대 작품 두 편과, 1540년대 초반 작품 세 편, 그리고 1540년대 후반부터 1550년대 초반의 작품 세 편입니다. 물론 각 저술들을 검토하는 과정에서 관련성이 있는 칼빈의 다른 저술들도 여러 편 함께 다루었습니다. 칼빈의 주석은 그 저술 성격의 차이와 지면의 제한으로 인해 의도적으로 배제했습니다. 칼빈은 각 논쟁서에서 성경해석을 놓고 그의 논적들과 치열한 해석을 벌이지만 해당 주석에서는 되도록 신학적 논쟁을 피하는 경향이 뚜렷합니다. 책의 목차를 로마 가톨릭과 급진주의자, 그리고 위선적인 개신교인들이라는 대상을 기준으로 묶어 정할 수도 있었지만 원전의 내용만큼이나 출판 순서도 있는 그대로 존중하는 것이 바람직하다고 생각하여 출간된 연도 순서에 따라 각 장을 배열했습니다. 각 저술들을 선택한 이유와 그 배경은 서론에 해당하는 제1장과 각 장의 서두에서 자세히 밝혔습니다. 조금 더 매끄러운 인용을 위해 여러 곳에서 적절한 수정을 하기는 했지만 기본적으로는 두 분 교수님들의 한글 번역을 존중했습니다. 서론에서는 주로 2차 자료에 근거하여 칼빈의 생애를 개괄하면서, 본서의 연구 목적을 정당화하기 위해 그를 평생 수많은 대적들과 논쟁을 벌어야만 했던 종교개혁자로 평가했습니다.

본서는 제가 그동안 연구하고 가르쳤던 칼빈의 종교개혁 신학에 대한 연구들과 연속 선상에 있습니다. 여기서 시도하는 칼빈의 종교개혁 개념에 대한 연구를 기반으로, 그가 제네바에서 시도했던 종교개혁의 실제에 대한 평가적 연구까지 진행하면 칼빈의 종교개혁 신학과 실천에 대한 연구를 어느 정도 매듭지을 수 있으리라 생각합니다. 그리고 이후에는 16세기 종교개혁 신학의 역사적 의의와 그 현대적 적용 가능성에 대한 연구를 계획하고 있습니다.

본서에서 사용하는 용어에 대해서 몇 가지 해명이 필요할 것 같습니다. 우선 "종교"라는 단어입니다. 16세기 개혁자들이 개혁하려 했던 것은 기독교 종교였습니다. 칼빈의 『기독교강요』(Institutio Christianae Religionis)의 라틴어 원제목이 이와 같은 사실을 대변합니다. "종교"라는 용어는 16세기에 교회나 신학이나 제도나 체제와 같은 용어들을 다 포괄하는 종합적이며 근본적인 개념으로 사용되었습니다. 이 문제에 대해서는 『종교를 개혁하다』에서 충분히 설명했습니다.

두 번째, 천주교에 대한 호칭입니다. "로마 가톨릭 교회", "로마 가톨릭 체제" 등 다양한 용어로 종교개혁자들이 문제 삼은 개혁의 대상을 명명할 수 있을 것입니다. 그러나 특정한 명사로 종교개혁의 대상을 명명하는 것은 종교개혁자들이 목표로 삼았던 근본적이고 포괄적인 개혁을 다소 협소하게 만들 수 있습니다. 무엇보다도 16세기 종교개혁자들은 "로마 가톨릭 교회"라는 용어를 즐겨 사용하지 않았음을 기억해야 합니다.[2] 종교개혁자들은 교회를 예수 그리스도께서 통치하시는 택함 받은 하나님의 자녀들이라고 규정했고, 지상에 존재하는 가시적 교회는 이 자녀들을 위해 가르침과 예배 집례의 사역을 담당하는 영적 기관이라고 정의했습니다. 교회는 맡겨진 이 두 가지 사역을 충실하게 감당할 때 참된 교회라고 불릴 수 있었고, 이와 같은 종교개혁자들의 교회론적 관점에서 볼 때, 당시 로마 가톨릭은 교회라고 불릴 수 없었습니다. 따라서 본서는 비록 형용사이지만 칼빈이 종교개혁의 가장 중대한 적대세력으로 보았던 대상을 "로마 가톨릭"으로 통칭했습니다. 이는 16세기 종교개혁을 주도했던 세력을 형용사

---

2 매터슨(Matheson)은 부처의 경우 로마 가톨릭을 지칭할 때 "교회"라는 이름을 조건 없이 부여하지 않았고, 종교개혁이 추구하는 그리스도의 참된 교회를 "보편 교회"(Catholic Church)로 불렀다고 분석한다. Peter Matheson, "Martin Bucer and the Old Church," in *Martin Bucer: Reforming Church and Community*, ed. David F. Wright (Cambridge: Cambridge University Press, 1994), 5-6.

에 해당하는 "프로테스탄트"라는 명칭으로 통칭하는 것과 일맥상통할 수 있을 것입니다. 본서는 로마 가톨릭과 대조되는 종교개혁 진영을 부를 때 "프로테스탄트"와 "개신교"라는 명칭을 병행하여 사용할 것입니다.

끝으로 변증서, 논쟁서라는 용어입니다. 본론에서도 말하겠지만 사실 칼빈의 거의 모든 저술들이 변증적이며 논쟁적입니다. 그럼에도 불구하고 본서가 검토하는 칼빈의 저술들이야말로 변증서 혹은 논쟁서라고 부를 수 있습니다. 이는 칼빈의 이 저술들은 종교개혁을 방해하고 위협하는 가장 대표적인 세 가지 대적들의 주장을 적극적으로 반박하거나, 혹은 그들의 비판에 맞서서 종교개혁의 정당성을 적극적으로 변호하는 것을 일차적인 목표로 삼고 있기 때문입니다. 이런 차원에서 1550년대 들어서 칼빈이 루터파 신학자들과 벌인 성찬논쟁과 관련된 논쟁서들은 본서의 연구 범위에서 제외되었습니다.

2년간에 걸친 계획과 자주 중단된 집필 과정에서 단순 명료함을 강조했던 칼빈의 신학 저술 지침이 본서에는 완벽하게 반영되지 못했다는 아쉬움이 있습니다. 각 장에서 다소 반복되는 내용과 분석은 칼빈의 저술 자체를 충실하게 분석하려 한 이 연구의 목적 때문에 발생한 결과이기도 하지만, 실제로 칼빈의 저술에서 발견할 수 있는 특징 때문이기도 합니다. 즉 다양한 종교개혁의 대상들과 논쟁을 벌일 때, 칼빈은 일관된 종교개혁의 대의와 목적, 그리고 실현을 위한 방법을 반복해서 강조했습니다. 차이가 있다면 자신의 논적들과 성경해석을 놓고 벌이는 본문들의 차이 정도입니다. 다양한 대상을 상대한 여러 저술들에서나, 오랜 기간 증보했던 『기독교강요』의 내용 가운데 큰 개정이나 삭제 없이 유지되는 신학적 입장과 논리의 일관성은 다른 종교개혁자들과 비교할 때도 쉽게 발견할 수 있는 칼빈 신학의 두드러진 특징입니다.

본서가 나오기까지 많은 도움의 손길이 있었습니다. 바쁜 와중에도 늘

힘이 되어 주는 총신대학교 신학대학원의 선배 및 동료 교수님들께 진심으로 감사의 마음을 전합니다. 특히 본서의 집필이 마무리되는 시점에 박성규 총장님께서 신학대학원의 교무업무를 맡아 학교를 섬길 수 있는 귀한 기회를 허락해 주셨습니다. 지난 10여 년 동안 국내의 여러 학회에서 함께 동역하며 한국 교회를 위해 헌신해 온 선배, 동료, 후배 신학자 여러분께도 감사를 드립니다. 일일이 다 성함을 기록하지 못해 매우 송구스럽습니다. 제가 임원으로 섬기고 있는 학회의 회장님들께서 너무 흔쾌히 추천사를 써 주셨습니다. 한국복음주의신학회의 임원택 회장님과 개혁신학회의 문병호 회장님, 그리고 한국복음주의역사신학회의 이성호 회장님이십니다. 급박한 일정임에도 불구하고 본서를 출간할 수 있도록 배려해 주신 솔로몬출판사의 박영호 장로님께 심심한 감사의 말씀을 드립니다. 원고의 초기 단계에서 오탈자와 형식까지 살펴 준 곽진수 목사님의 도움이 없었더라면 본서는 예정된 시간에 출간되지 못했을 것입니다. 분주하게 집과 학교를 오가며 작업하는 동안 대견하고 성실한 모습을 꾸준히 보여 준 가족들에게도 고맙다는 말을 전합니다.

여전히 종교개혁은 연구와 강의에 부담이 되는 주제입니다. 종교개혁은 기본적으로 선언적이며 당위적이기 때문입니다. 모쪼록 본서가 16세기 종교개혁자들의 목소리를 되도록 있는 그대로 파악하는 일과, 우리 시대의 종교개혁을 실천하는 일에 작게나마 도움이 될 수 있기를 바랍니다. Soli Deo Gloria!

2024. 3. 20.
용인 양지 총신대학교 신학대학원 연구실에서
김요섭

제1장
종교개혁자 칼빈

1. 칼빈의 생애 개관

1.1. 유년기와 대학 시절

프랑스어 본명이 쟝 꼬뱅(Jean Cauvin, 1509-1564)인 칼빈은 1509년 7월 10일에 프랑스 북부 피카르디 지방의 대성당 도시인 누아용(Noyon)에서 제라르 꼬뱅(Gérard Cauvin, c. 1480-1531)의 둘째 아들로 태어났다.[3] 칼빈의 가족들에 대해서는 많은 정보가 남아 있지 않다. 다만 아버지인 제라르 꼬뱅은 1479년 누아용에 정착하여 대성당 참사회의 행정과 재정 운영을 담당하던 교회 직원이었음이 알려져 있다. 칼빈의 어머니 쟌느 르프랑(Jeanne Lefranc, 1485-1515)은 칼빈이 어린 시절 세상을 떠났다. 형인 샤를(Charles)은

---

[3] Bernard Cottret, *Calvin: A Biography*, trans. M. Wallace McDoland (Grand Rapids: Eerdmans, 2000), 8-12. 칼빈이 태어날 당시 피카르디 지방은 인문주의와 신비주의가 모두 영향을 끼치고 있었다. Alexandre Ganoczy, "칼빈의 생애", in *Cambridge Companion to John Calvin*, ed. Donald K. McKim (Cambridge: Cambridge University Press, 2004); 『칼빈 이해의 길잡이』, 한동수 역 (서울: 부흥과개혁사, 2012), 19-20.

사제가 되었지만 1537년 이단으로 고발되어 파문당한 후 곧 세상을 떠났다. 제라르가 재혼하여 칼빈에게는 두 명의 남동생과 두 명의 여동생이 생겼는데 그 가운데 잘 알려진 인물은 남동생 앙투안(Antoine)과 여동생 마리(Marie)이다. 이들은 칼빈이 제네바에서 사역할 때 그를 도왔다.[4] 칼빈은 아버지의 지원을 받아 누아용 지역의 귀족인 몽모르(Montmor) 가문에서 가정교육을 받았다. 제라르는 행정력을 발휘해 칼빈이 1521년 5월부터 성직록을 받게 하여 그 재정으로 그에게 대학교육까지 받을 수 있는 기회를 마련해 주었다.

칼빈은 1523년 파리 대학교(Universite de Paris)에 입학했다. 파리 대학교 안에는 1520년 이전부터 루터의 종교개혁 사상이 퍼져 있었고 로마 가톨릭 당국은 종교개혁 사상의 확산을 강하게 억압했다. 1521년 4월 소르본느 대학(Collège de Sorbonne) 신학자들이 루터의 신학을 비판한 지 얼마 후, 그의 모든 책이 금서로 지정되었다. 칼빈이 파리 대학교에 입학한 1523년 8월 8일에는 루터의 사상을 추종하던 쟝 발리에르(Jean Vallière)가 이단 혐의로 정죄되어 화형을 당하는 일이 발생했다. 칼빈은 파리의 마르슈 대학(College de la Marche)에서 문법, 수사학, 논리학의 3학과 산술, 기하학, 천문학, 음악의 4과로 구성된 예비과정을 이수했다. 이 시기 칼빈이 인문주의자인 코르디에(Mathurin Cordier, 1480-1564)에게 라틴어 배우며 학문적인 영향을 받았다.[5] 2년 후 칼빈은 본격적으로 신학을 공부하기 위해 명문 몽테규 대학(Collège de Montaigu)에 진학했다. 몽테규 대학은 새로운 인문주의

---

[4] Bruce Gordon, *Calvin* (New Haven: Yale University Press, 2009); 『칼뱅』, 이재근 역 (서울: IVP, 2018), 37.

[5] 칼빈은 1562년 코르디에를 제네바에 초청해 학생들을 가르칠 수 있도록 배려했다. Wulfert de Greef, *The Writings of John Calvin: An Introductory Guide*, trans. Lyle D. Bierma (Grand Rapids: Baker, 1993); 『칼빈의 생애와 저서들』, 황대우, 김미정 역 (부산: SFC, 2006), 21.

교육 방식보다는 중세 스콜라 신학 교육 방식을 여전히 고수하고 있었다.[6] 칼빈은 몽테규 대학에서 스코틀랜드 출신의 유명론자인 존 메이저(John Major, 1467-1550)와 스페인 출신 철학자 코로넬(Antonio Coronel) 등에게 배웠을 것으로 추정된다.[7]

칼빈이 파리 대학교에서 공부하는 동안 얼마나 종교개혁 신학에 관심을 가졌는지는 정확히 알 수 없다. 그러나 그가 당시 파

젊은 시절의 칼빈

리 대학교에 확산되던 인문주의의 영향을 받은 것은 분명하다. 칼빈의 최초의 저술이 『세네카 관용론 주석』(De Clementia)이었다는 사실이 이를 증명한다.[8] 당시 르페브르 데타블(Jacques Lefèvre d'Étaples, 1450-1537)은 파리 대학교의 젊은 학자들과 함께 성경 원어 연구 모임을 만들어 인문주의 확산에 기여했다. 데타블은 소르본느 신학자들이 자신을 루터파라고 공격하자 파리를 떠나 모(Meaux)라는 도시로 옮겨 그곳에서 제자들과 연구 모임을 계속했다. 이들의 배후에는 당시 프랑스 군주 프랑수아 1세(François I, 재위 1515-1547)의 누이였던 앙굴렘의 마가레트(Marguerite d'Angoulême, 1492-1549)

---

6 칼빈이 재학하던 당시 학장은 피에르 탕페르(Pierre Tempête)였는데 그는 소르본느의 보수적 로마 가톨릭 신학을 대표하는 노엘 베다(Noël Beda, 1470-1537)의 후계자였다. 칼빈의 파리 대학교 시절의 학문적 흐름에 대해서는 다음을 참고하라. Alister E. McGrath, *A Life of John Calvin* (Oxford: Blackwell, 1990), 31-50.

7 칼빈의 몽테규 대학에서 배운 신학과 그 가운데 메이저에게 받은 영향에 대해서는 다음을 참조하라. Alister E. McGrath, *A Life of John Calvin*, 36-39.

8 칼빈의 『세네카 관용론 주석』의 동기와 주요 내용 및 인문주의가 칼빈에게 끼친 영향에 대해서 다음을 참고하라. François Wendel, *Calvin: the Origins and Development of his Religious Thought*, trans. Philip Mairet (New York: Labyrinth, 1987);『칼빈: 그의 신학사상의 근원과 발전』, 김재성 역 (고양: 크리스챤다이제스트, 2002), 30-42.

의 보호와 지원이 있었다.[9] 칼빈은 모에서 데타블의 성경공부 모임에 참여했던 주요 인사들과 교제했을 것으로 추정된다. 그 가운데에는 프랑수아 1세의 담당 의사였던 기욤 콥(Guillaume Cop, ?-1532)의 아들들과 칼빈의 사촌인 올리베탕(Pierre Robert Olivetan, c. 1506-1538)이 있었다. 올리베탕은 칼빈이 성경의 권위와 중요성을 깨닫고 원어에 충실한 성경 연구를 평생 계속할 수 있는 동기와 기회를 제공했다. 칼빈이 가장 먼저 출간한 연구서인 『세네카 관용론 주석』은 칼빈의 인문주의적 소양과 관심을 잘 엿볼 수 있는 작품이다.

칼빈은 1527년에 신학에서 법학으로 전공을 바꾸었다. 이런 변화의 원인은 누아용에서 교회와 갈등을 빚게 된 아버지의 권유로 추측된다. 칼빈은 늦어도 1528년에 오를레앙 대학교(Université d'Orléans)로 옮겨 에스투알(Pierre de L'Estoile, 1480-1537)에게 법학을 배웠다. 그리고 루터의 신앙을 받아들인 볼마르(Melchior Wolmar, 1497-1560)를 만나 헬라어를 배웠다. 칼빈은 1529년 다시 한 번 부르쥬 대학교(Université de Bourges)로 옮겼다. 그는 이 학교에서 이탈리아 출신의 법학자 알치아티(Andrea Alciati, 1492-1550)에게 인문주의적 법학을 배우려 했다. 그러나 그는 1531년 5월 세상을 떠난 아버지의 임종을 위해 고향 누아용에 잠시 머물다가 파리로 돌아와 1530년 새로 창설된 왕립대학에서 공부했다.[10] 칼빈은 이 시기 파리에서 종교개혁을 지지하는 사람들과 교제했는데 이들은 루셀(Gérard Roussel, 1500-1550)을 중심으로 부자 상인 포르쥬(Etienne de la Forge)의 집에서 모임을 가졌다.[11]

---

9 Gordon, 『칼뱅』, 52-8.
10 이 대학은 프랑수아 1세기 소르본 대학에 대응하기 위해 설립했다. Ganoczy, "칼빈의 생애", 『칼빈 이해의 길잡이』, 20.
11 가노치(Ganoczy)는 칼빈이 이 무렵부터 종교개혁 신학을 접했고 1535년에 이르러서야 확실하게 개혁 진영에 참여하게 되었다고 주장하면서 1534년 쓴 "영혼수면론 논박"(Psychopannychia)에는 교황제도에 대한 아무런 비판도 없다는 점을 한 증거로 제시한다.

1.2. 종교개혁으로 회심

파리 대학교의 새 총장에 취임한 니콜라스 콥(Nicholas Cop, 1501-1540)은 1533년의 만성절, 즉 11월 1일 보수적인 신학자들과 로마 가톨릭 성직자들 앞에서 연설했다. 그의 연설에는 율법의 공로가 아닌 믿음으로만 죄인이 의롭게 여김 받는다는 루터의 칭의론이 포함되어 있었다.[12] 파리 의회가 문제를 제기하고 프랑수아 1세가 이 문제를 처벌하려 하자, 콥을 비롯한 젊은 학자들은 파리를 떠나 몸을 피했다. 그 가운데 칼빈이 포함되어 있었다. 칼빈은 샤를 데스페이어(Charles d'Espeville)라는 가명을 사용하면서 프랑스 남부 여러 도시들을 전전하며 피난 생활을 했다. 특히 클레(Claix)의 교구 사제였던 루이 뒤 티에(Louis du Tillet)의 집에 머무를 때 그 집에 있는 큰 서재를 활용해 자신의 대표적인 신학적 저술인 『기독교강요』의 초판을 집필했다.[13] 칼빈은 1534년 자신이 누리던 성직록의 수입을 포기했다. 이는 칼빈이 종교개혁에 동참하게 되었음을 의미하는 중요한 결정이었다.

그해 10월 마르쿠르(Antoine Marcourt, 1490-1561)가 미사를 신랄하게 비판하는 내용이 담긴 벽보가 파리 시내 곳곳에 부착되는 플래카드 사건이 발생했다. 프랑수아 1세는 이때부터 강력하게 종교개혁을 박해하기 시작했다. 많은 사람들이 체포되고 포르쥬를 포함한 여러 사람들이 처형당했다.[14] 칼빈은 이번에는 마르티누스 루키아누스(Martinus Lucianus)라는 가명을 사용하면서 뒤 티에와 함께 스트라스부르크(Strasbourg)를 거쳐 바젤(Basel)

Ganoczy, "칼빈의 생애", 『칼빈 이해의 길잡이』, 23-5.
[12] 칼빈은 이 연설문의 저자로 알려져 왔지만 이는 분명하지 않다. 그가 직접 연설문을 썼든지 아니면 자문 역할을 했든지 이 연설문에 관여한 것은 틀림없어 보인다.
[13] Greef, 『칼빈의 생애와 저서들』, 27.
[14] Gordon, 『칼뱅』, 96-9.

로 피했다. 칼빈은 바젤에서 여러 종교개혁자들을 만나 교제할 수 있었다.[15] 그는 또 이 시기에 성경 주석을 비롯한 신학적 저술의 중요성과 집필 방법 등을 배웠다. 칼빈은 1535년 6월 4일 사촌 올리베탕이 번역한 프랑스 성경의 추천사를 작성했고 이후 이 번역 성경의 개정 작업에도 동참했다.[16]

칼빈이 바젤에서 이루어낸 성과들 가운데 가장 중요한 일은 『기독교강요』 라틴어 초판의 출판이었다.[17] 그는 이 책을 프랑스 왕 프랑수아 1세에게 헌정했는데 이 헌정 서문은 1535년 8월 23일 완성된 것으로 기록되어 있다. 『기독교강요』 초판은 1536년 3월에 출판되었다. 칼빈은 바젤에만 머문 것이 아니라 앙굴렘(Angoulême)과 프랑스 여러 도시들을 거쳐 이탈리아의 페라라(Ferrara)까지 여행했다. 이 피난 과정 속에서 칼빈은 여러 인물들과 서신을 주고받았는데, 이 서신들은 칼빈의 종교개혁 사상이 어떻게 형성되었으며 무엇을 강조하고 있는지를 보여 주는 좋은 자료들이다. 칼빈은 프랑수아 1세가 개혁자들의 복귀를 잠시 허락하는 사면령을 발표하자 프랑스로 돌아와 누아용 남아 있던 동생 앙투안과 마리를 데리고 스트라스부르크로 이주하려 했다. 그는 인쇄술이 발달해 있는 이 국경 도시에 머물며 자신의 신학적 연구를 계속할 계획이었다. 그러나 마침 프랑수아 1세와 독일 황제 칼 5세(Karl V, 재위 1519-1556)가 전쟁을 시작했기 때문에 스트라스부르크로 가는 길이 막히고 말았다. 칼빈은 길을 우회하여 제네바에서 하루를 묵기로 했다.[18]

---

15 칼빈은 바젤에서 외콜람파디우스의 후계자인 미코니우스(Oswald Myconius, 1488-1552)와 스트라스부르크의 카피토(Wolfgang Capito, c. 1478-1541)와 그리네우스(Simon Graynaeus, 1493-1541), 그리고 취리히의 불링거(Heinrich Bullinger, 1504-1575) 등을 만나 교제했다. 고든은 칼빈이 이 무렵 세르베투스와 처음으로 만났을 것이라고 주장한다. Gordon, 『칼뱅』, 101.
16 Greef, 『칼빈의 생애와 저서들』, 31.
17 Ganoczy, "칼빈의 생애", 『칼빈 이해의 길잡이』, 29-30.
18 Greef, 『칼빈의 생애와 저서들』, 33.

1536년에 칼빈이 도착한 제네바는 한 해 전에 사부아 공작의 지배를 벗어나 스위스 연방에 가입했으며 그 조건으로 종교개혁을 수용한 상황이었다.[19] 베른은 프랑스 출신의 개혁자 파렐(Guillaume Farel, 1489-1565)을 1532년에 파견해 제네바의 종교개혁을 지도하게 했다.[20] 파렐의 노력은 마침내 결실을 거두어서 1536년 5월 제네바의 모든 시민들은 종교개혁을 수용하기로 맹세했다. 그러나 제네바의 개혁은 이제 막 시작한 것에 불과했다.[21] 파렐은 칼빈이 제네바에 머물고 있다는 소식을 듣고 그의 숙소를 찾아와 제네바의 종교개혁을 위해 같이 동역해 줄 것을 요청했다. 칼빈은 파렐의 강한 요청을 받아들여 제네바에 머물기로 했다. 그는 1536년 9월경에 제네바의 생피에르 교회(Saint Pierre Cathedral)에서 바울서신을 강해하기 시작했다. 정확한 시점이나 과정은 알려져 있지 않지만 칼빈은 1537년 이전부터 목사로서 설교도 시작했다.[22]

기욤 파렐

칼빈은 제네바에 종교개혁을 확립하기 위해 자신의 법학적 지식을 활용했다. 그는 다른 목회자들과 함께 1537년 1월 제네바 시의회에 "신앙고

---

19 몬터(Monter)는 이 과정을 "제네바의 혁명"이라고 정의한다. E. William. Monter, *Calvin's Geneva* (London: John Wiley and Sons, 1967); 『칼빈의 제네바』, 신복윤 역 (수원: 합신대학원 출판부, 2015), 55-102.
20 칼빈이 도착하기 이전 제네바의 상황과 주변 프랑스어권 스위스 지역의 상황에 대해서는 다음을 참고하라. Philip Schaff, 『스위스 종교개혁』, 교회사전집 제8권, 박경수 역 (서울: 크리스챤다이제스트, 2004), 223-43; Gordon, *The Swiss Reformation* (Manchester: Manchester University Press, 2002), 152-4.
21 Gordon, 『칼뱅』, 136-145.
22 Gordon, 『칼뱅』, 146.

백서"(Confession de la foy)를 제출했으며 이를 해설하고 가르치기 위한 "신앙교육서"(Instruction et confession de foy dont on use en l'Eglise Genève)도 작성했다.[23] 이는 단순한 맹세에 머무르지 않고 모든 시민들이 종교개혁 신앙에 명시적으로 동의하게 함으로써 예배와 교회 제도를 실질적으로 변화시키려 한 시도였다. 칼빈은 다른 목회자들과 함께 "교회 설립 시안"(Articles baillés par les prêcheurs)을 시의회에 제출했다.[24] 이 "시안"은 종교개혁을 실질적으로 구현하기 위한 일종의 법령이었다. 제네바의 목사들은 이 법령을 통해 신앙고백에 동의하지 않는 교인은 성찬에 참여할 수 없다는 원칙을 지키려 했다. 그러나 이런 원칙은 미사가 구원의 조건이라는 로마 가톨릭적 이해를 여전히 가지고 있던 시민들의 반발에 직면했다.[25] 정치적 이해관계에 따라 종교개혁을 수용하고 적용하려 했던 시의회의 집권자들은 일단 모든 시민들에게 성찬을 주라고 목사들에게 명령했다. 그러나 파렐과 칼빈 등 제네바의 목사들은 이 명령을 거부하고 1538년 4월 25일 부활절에 신앙고백에 동의하지 않은 사람들에게 성찬을 주지 않았다. 시의회는 이 목사들에게 추방을 명령했다. 파렐은 뇌샤텔로 떠났으며, 칼빈은 바젤을 거쳐 그 해 9월 스트라스부르크에 도착했다.

1.3. 목회 훈련

1538년부터 1541년까지 스트라스부르크에 머문 기간은 칼빈이 목회

---

[23] 일반적으로 학자들은 신앙고백서는 파렐의 작품으로, 신앙교육서는 칼빈의 작품이라고 분석한다. Gordon, 『칼뱅』, 148; 박건택, "역자 편역", 『칼뱅작품선』 1: 44-5.
[24] 이 내용은 『칼뱅작품선』 1:162-172에 수록되어 있다.
[25] 방델은 칼빈의 이 시도가 실패한 이유를 "개혁자의 정치적 경험 미숙"이었다고 평가한다. Wendel, 『칼빈』, 61.

적으로나 신학적으로 성숙해진 유익한 시간이었다.[26] 스트라스부르크의 개혁자 부처(Martin Bucer, 1491-1551)와 카피토가 칼빈을 초청했고 김나지움(Gymnasium)의 신약성경 강사직과 더불어 그 도시에 있는 프랑스 난민 교회의 목회직을 맡겼다. 칼빈은 1539년 7월 29일 스트라스부르크의 시민권을 얻었으며 부족하지 않은 급여도 받았다.[27] 그는 이곳에서 저술활동도 활발하게 전개했다. 『기독교강요』의 분량을 3배 정도 증보해 1539년 출판했으며 그의 최초의 성경 주석인 『로마서 주석』도 1540년에 출간했다.[28] 이후 츠빙글리의 후계자들 및 루터의 후계자들과 더불어 오랫동안 논쟁을 벌이게 될 성찬론을 정리한 『성만찬 소고』(Petit traicté de la saincte Cene)도 1541년 스트라스부르크에서 출판했다.

스트라스부르크에 머무는 동안 칼빈은 여러 차례 다양한 논적들과 논쟁을 벌였다. 그중 하나는 제네바에서 칼빈과 파렐을 반삼위일체론자라고 공격했던 피에르 카롤리(Pierre Caroli, 1480-1545)가 스트라스부르크에서 목사가 되려 한 일 때문에 벌어진 논쟁이었다.[29] 또 칼빈은 스트라스부르크에 있는 재세례파들과 논쟁을 벌였다. 그는 이 논쟁 과정에서 재세례파 중의 여러 사람들을 개혁신앙으로 돌이키는 데 성공했다. 칼빈은 개종한 재세례파의 미망인이었던 이들레트 드 뷔르(Idelette de Bure, 1506-1549)

---

[26] William G. Naphy, *Calvin and the Consolidation of the Genevan Reformation* (Manchester: Manchester University Press, 1994), 16-18. 칼빈의 스트라스부르크 체류 기간에 대한 대표적인 연구들은 다음과 같다. Willem van't Spijker, "Bucer's Influence on Calvin: Church and Community," in *Martin Bucer: Reforming Church and Community*, ed. David F. Wright (Cambridge: Cambridge University Press, 1994), 32-44; Matthieu Arnold (ed.), *John Calvin: The Strassbourg Years (1538-1541)*, trans. Felicity McNab (Eugene: Wipf & Stock, 2016).

[27] Gordon, 『칼뱅』, 168-171.

[28] 칼빈의 첫 성경주석인 『로마서 주석』에 대해서는 다음을 보라. Cottret, *Calvin*, 143-6. 『기독교강요』의 증보 과정과 내용에 대해서는 본서의 제2장에서 상세하게 다룰 것이다.

[29] Gordon, 『칼뱅』, 148-156.

마틴 부처

와 1540년 8월에 결혼했다.[30] 칼빈은 부처와 함께 독일에서 열린 여러 차례 종교회의에 참여하면서 신학적 논쟁에 참여했다. 부처는 칼빈을 1539년 1월에 라이프치히에서 벌어진 논쟁에 데려갔고, 6주 후에 열린 프랑크푸르트 제국의회에도 참석하게 했다.[31] 황제 칼 5세가 약속한 종교회의가 1540년 하게나우(Hagenau)에서 열렸고, 이어서 보름스(Worms)와 레겐스부르크(Regensburg)에서 열렸는데 칼빈은 이 회의들에 참석했다. 칼빈은 이후에 회의의 과정과 내용에 대해 비판적인 글을 써서 출판했다.[32]

칼빈의 스트라스부르크 체류 기간 중 가장 중요한 논쟁은 카펜트라(Carpentras)의 추기경 사돌레토((Jacopo Sadoleto, 1477-1547)와 서신으로 벌인 논쟁이었다. 칼빈은 비록 제네바에서 치욕스럽게 추방당했지만 그곳 성도들을 향한 관심과 기도를 멈추지 않았다. 당시 제네바는 베른에서 강요한 교회 의식에 반발한 사람들로 인해 어려움에 처해 있었다. 이에 추기경 사돌레토는 제네바 시의회에 공개편지를 보내서 종교개혁을 포기하고 로마 가톨릭 신앙으로 복귀할 것을 요구했다. 이는 일종의 공개적인 위협이었다. 칼빈은 제네바 내의 종교개혁 지지 세력의 요청에 응해 사돌레토의 편지에 대한 답신을 작성했다.[33] 칼빈은 이 공개서신을 통해 제네바에서 전개되고 있는 종교개혁의 정당성을 주장했을 뿐 아니라 이에서 더 나아가

---

30 Gordon, 『칼뱅』, 172-3. 재세례파에 대한 자세한 내용은 본서의 제5장에서 다룰 것이다.
31 Gordon, 『칼뱅』, 191.
32 Greef, 『칼빈의 생애와 저서들』, 236-9.
33 Greef, 『칼빈의 생애와 저서들』, 233-235.

종교개혁이 추구하고 있는 목적과 이 목적을 달성하기 위한 합당한 태도를 적극적으로 밝혔다.[34]

파렐과 칼빈이 떠난 후 제네바 시 안에는 파렐이 도입했던 종교개혁을 지지하는 기에르맹파(Guillermins)와 베른이 요구한 종교 형식을 수용하려 한 아르티퀼랑파(Articulants) 사이의 갈등이 벌어졌다.[35] 베른과 제네바의 관계가 최악으로 치닫자 제네바 시민들은 그들이 추방했던 사부아 공작의 도움을 요청하기까지 했다.[36] 칼빈은 제네바의 상황에 깊은 우려를 가지고 있었지만, 일방적으로 기에르맹파의 입장을 지지하고 아르티퀼랑파를 공격하기보다는 다만 목회자들의 권위가 존중을 받고 교회가 화평을 이루기를 바랐다.[37] 그리고 개인적으로는 제네바로 다시 돌아갈 생각이 없었지만, 기에르맹파 측의 강력한 요청과 파렐 등 동료 목회자들의 의견을 심사숙고한 결과, 자신을 추방했던 제네바로 다시 돌아갈 것을 결심했다. 1540년 10월, 제네바 시의회가 칼빈의 복귀를 요청하는 서신을 공식적으로 보냈고, 이에 칼빈은 파렐에게 보낸 편지에서 자신의 심장을 주님께 신속하고 신실하게 바치겠다고 고백했다. 칼빈은 이듬해 초까지 스트라스부르크와 여러 종교회의의 일정을 마무리하고 파렐을 만나기 위해 뇌샤텔에 잠시 들른 후에 마침내 9월 13일 제네바로 다시 돌아왔다.[38]

---

34 Cottret, *Calvin*, 152-6. 이 답신의 배경과 내용에 대해서는 본서의 제3장에서 다룰 것이다.
35 기에르맹파의 지도자는 페렝(Ami Perrin), 소니에(Antoine Saunier), 코르디에(Maturin Cordier) 등이었다. 이들은 칼빈의 복귀를 적극 추진했으나 이후에는 칼빈을 반대하는 입장에 서게 되었다. Wendel, 『칼빈』, 78.
36 Monter, 『칼빈의 제네바』, 107-111; Gordon, 『칼뱅』, 184-5.
37 Greef, 『칼빈의 생애와 저서들』, 46-7.
38 Greef, 『칼빈의 생애와 저서들』, 53-4.

1.4. 제네바의 개혁을 위한 사역

제네바로 복귀하기 위해 칼빈이 시의회에 제시한 조건은 새로운 교회법을 수용하는 것이었다. 새로운 "교회 법규"(Ordinances ecclesiastiques)는 9월 26일에 시의회에 제출되었다.[39] 목사, 교사, 장로, 집사로 이루어지는 네 직분론과 신앙과 도덕 문제를 심의하는 교회법정인 컨시스토리(Consistoire)의 수립과 운영 등 스트라스부르크에서 피난민 교회를 목회하면서 완숙해진 칼빈의 목회적 식견이 이 법안에 포함되었다.[40] 칼빈은 제네바에서 목회 사역도 재개했다. 그가 복귀한 첫 주일에 설교한 성경본문은 1538년, 추방되기 전에 마지막 주일 본문의 다음 구절이었다. 이는 자신의 종교개혁 사역이 일관성을 가지고 있음을 선언하기 위한 선택이었다.

그러나 제네바에서 칼빈이 시도한 여러 개혁 정책들이 모두 좋은 반응을 얻은 것은 아니었다. 그는 1559년 12월까지 체류민(habitants) 신분에 머물러 있어서 피선거권과 선거권을 가지지 못했다.[41] 제한된 칼빈의 정치적 입지는 그가 추진한 종교개혁이 확립되는 데 많은 지장을 초래했다. 제네바의 토박이 시민들은 무엇보다도 칼빈과 목회자들이 시도했던 철저한 권징을 통한 경건 회복 노력에 대해 반감을 가졌다. 특히 컨시스토리를 통해 제네바 시민들의 신앙생활과 도덕적 상황을 점검하기로 한 것이 가장 큰 문제였다. 제네바 시의회를 장악하고 있던 토박이 시민들은 성찬 참여를 금지하는 출교 결정의 권한이 컨시스토리가 아닌 시의회에 있다고 결정했

---

[39] 1541년 "교회 법규"의 번역은 다음에 수록되어 있다.『칼뱅작품선』1: 232-50.
[40] Monter,『칼빈의 제네바』, 112-4. 이 법안의 주요 내용은 1547년 추가되었고 1561년에는 많은 부분에서 수정되었다. Greef,『칼빈의 생애와 저서들』, 55.
[41] 제네바의 주민들은 제네바에서 태어난 세례를 받은 시민(citoyens)과, 오랜 시간 머물면서 시민권을 구입한 시민권자(bourgeois), 그리고 외국인에 해당하는 체류민(habitants)으로 구분되었다. Greef,『칼빈의 생애와 저서들』, 57.

다. 출교를 둘러싼 논쟁은 단순히 종교개혁의 엄격한 도덕적 요구에 대한 정서적 반대가 아니라 출교권을 둘러싼 정치적 이해관계의 충돌이었다.[42]

칼빈과 목사들이 추진한 엄격한 권징 시행에 반대한 이들은 자유방임파(Libertines)라고 불렸다. 이들은 칼빈에게서 교리적 문제로 반박을 당한 리베르탱파와는 다르다. 이들 제네바의 자유방임파가 세르베투스(Michael Servetus, c. 1509-1553) 사건이 발생해 재판이 진행되던 중 세르베투스의 사상을 지지했다는 주장도 있지만 이것도 사실은 아니다.[43] 이들이 여러 상황 가운데 칼빈을 괴롭힌 것은 사실이지만, 분명한 이단인 세르베투스를 지지한다는 것은 불가능한 일이었기 때문이다. 세르베투스의 재판이 진행되고 있던 1553년 9월 칼빈과 반대파 사이의 갈등은 절정에 이르렀다. 이때 그 이전에 저지른 잘못된 행동으로 인해 컨시스토리의 결정에 따라 성찬 참여를 금지당한 필리베르 베르틀리에(Philibert Berthelier)가 이에 불복하여 시의회에 성찬 참여를 요구했다. 시의회는 일단 베르틀리에를 성찬에 참여시키라고 목사들을 압박했지만, 칼빈과 목사들은 성찬 참여 여부를 결정하는 출교권은 시의회가 아닌 컨시스토리에 있다고 주장했다. 목사들이 보기에 성찬 참여 문제는 세속적, 정치적 사안이 아니라 교회적, 신앙적 사안이었기 때문이다. 칼빈과 목사들이 출교에 대한 입장을 강경하게 고수한 결과, 베르틀리에는 성찬이 베풀어진 날 예배에 참석하지 못했다. 칼빈은 시의회를 설득하는 데 어려움을 겪었지만 주변 개혁자들의 도움을

---

42 대표적인 갈등은 트럼프 제작자였던 아모(Pierre Ameax)의 재판 사건이었다. 아모는 간통을 명목으로 아내와 이혼을 원했지만 컨시스토리는 이를 즉각 허용하지 않았다. 아모는 이에 칼빈과 목회자들에게 반발하여 크게 항의했는데 시의회는 이를 중한 범죄로 여겨 처벌했다. Monter, 『칼빈의 제네바』, 117.
43 Roland H. Bainton, "Servetus and the Genevan Libertines," *Church History* 5/2 (1936): 141-149.

받아 교회 권징에 대한 자신의 단호한 입장을 유지할 수 있었다.[44]

아미 페렝(Ami Perrin, c. 1500-1561)은 칼빈을 반대한 제네바 자유방임파의 지도자였다. 그는 제네바 시의회 안의 유력한 정치가였고, 1541년 칼빈의 복귀를 주도했던 기예르맹파의 지도자였다. 그러나 그는 1540년대 중반 이후 자신과 처가에서 일어난 도덕적 일탈을 컨시스토리가 권징하여 부인과 장인이 투옥되자 칼빈에게 앙심을 품고 반대파를 대표하는 자리에 섰다. 칼빈의 종교개혁을 반대하는 목소리는 1547년 극단에 치달았다. 그해 6월에는 칼빈을 공개적으로 비방하고 심지어 살해하겠다는 위협 편지가 게시되었다. 당국의 수사 결과, 자크 그뤼에(Jacques Gruet)가 범인으로 체포되었고 재판 결과, 7월에 교수형에 처해졌다.[45] 정치적 상황이 변화하여 칼빈을 지지하는 세력이 힘을 얻게 되었고 결국 칼빈을 강하게 비난한 페렝도 결국 의장 직분을 박탈당하고 시의회를 모독한 혐의로 체포되었다. 그러나 페렝은 정치력을 발휘해 곧 석방되었고 1549년 2월에는 제네바의 4명의 장관 중 수석 장관으로 선출되었다.

1550년대로 넘어오면서 더 많은 프랑스 출신 피난민들이 제네바로 들어와 시민권을 획득하면서 페렝과 그의 지지자들의 정치적 입지가 좁아졌다. 1555년 2월 실시된 선거에서 페렝파는 완전히 패배했고 칼빈을 지지하던 당파가 승리했다. 새로 구성된 시의회는 더 많은 프랑스 난민들에게 시민권을 허락했다. 이에 의회의 결정을 반대하고 프랑스 난민들의 지위를 제한하려 했던 페렝과 그를 지지하는 시민들이 5월 16일 대규모 시위를 일으켰다. 시의회는 이 시위를 폭동으로 간주해 주동자를 체포했고 새 반해 그 가운데 세 명을 처형했다. 페렝은 다른 주동자들과 함께 제네바를

---

44 Gordon, 『칼뱅』, 380-1.
45 Wendel, 『칼빈』, 116-7; Greef, 『칼빈의 생애와 저서들』, 64-5.

제네바 아카데미

탈출했다. 칼빈을 반대하던 세력은 이제 완전히 패배했다. 칼빈은 이때부터 비로소 자신이 계획했던 종교개혁을 구체적으로 시도할 수 있었다. 그리고 그는 제네바를 넘어서서 스위스의 다른 개혁도시들과 프랑스를 비롯한 여러 나라들의 종교개혁 상황에 대해 더 적극적으로 자신의 의견을 제시하며 영향력을 행사했다.[46]

1555년 이후 칼빈이 제네바에서 본격적으로 시도한 개혁 방안들 중 가장 눈에 띄는 것은 제네바 아카데미의 개교이다. 칼빈은 스트라스부르크에서 제네바로 돌아올 때부터 잘 훈련받은 목사들을 배출하기 위한 교육기관 설립을 계획했다. 그는 기존의 학교인 콜레쥬 드 라 리브(College de la Rive)를 변혁하여 전문적 교육기관인 아카데미를 설립하려 했다. 1555년까지 칼빈을 반대하던 제네바의 권력자들은 칼빈의 계획을 지지하지 않았다. 학교 설립에 많은 지원과 예산이 필요했기 때문이었다. 칼빈은 아카데미의 설립을 위해 재정 모금과 다른 학교들에 대한 답사 등 여러 면에서

---

[46] Greef, 『칼빈의 생애와 저서들』, 66-9.

노력을 기울였다.⁴⁷ 1559년 6월 5일 생피에르 교회에서 새로운 대학의 규정들이 낭독됨으로써 제네바 아카데미가 개교했다.⁴⁸ 기존의 라 리브는 7개의 학급으로 구성된 초등학교(Schola privata)로 재편되어 프랑스어와 라틴어 읽기와 쓰기 등을 아이들에게 가르쳤다. 이곳에서는 아이들에게 교리문답과 시편 찬송도 가르쳤고 사도신경과 주기도문을 암송하도록 지도했다. 사립학교를 졸업한 학생들은 중등학교(Schola Publica)에 진학했다. 이 학교에서는 5명의 교수가 27개의 교과를 가르쳤다. 이 과정은 변호사와 목사 양성이 주된 목표였다. 신학을 전공하는 학생들은 심도 있는 신학 교육을 받았으며 설교를 발표하여 목사들의 지도와 평가를 받았다.⁴⁹ 교수진을 구성하는 데 적지 않은 어려움이 있었으나 로잔에서 발생한 정치적 갈등을 피해 로잔 아카데미(Lausanne Academy)의 헬라어 교수직을 버리고 제네바에 온 베자(Theodore Beza, 1519-1605) 등 여러 학자들이 제네바 아카데미의 교수가 되었다.⁵⁰ 베자는 새로 설립된 제네바 아카데미의 초대 학장이 되었다. 1564년 아카데미 건물이 완공되었고 수많은 학생들이 다른 나라에서 아카데미로 찾아 왔다. 이들 중 프랑스에서 온 피난민들의 수가 가장 많았다. 제네바 아카데미는 칼빈이 세상을 떠난 이후에도 프랑스어권 개혁교회들뿐 아니라 잉글랜드와 스코틀랜드, 화란 등 유럽 각국에서 이곳을 찾은 목사 후보생들을 양성하는 기관으로 중요한 역할을 담당했다.

---

47 정치적 상황이 변한 후 칼빈은 스트라스부르크를 방문해 그곳 아카데미의 학장이었던 요한 스투틈(Johann Sturm, 1507-1589)의 의견을 청취했다. 그리고 제네바에서는 1558년부터 새로운 학교의 신물을 짓기 위해 기부금 모금에 나섰다. Greef, 『칼빈의 생애와 저서들』, 76-8.

48 "제네바 아카데미 규정"(L'ordre du Collège de Genève, Leges Academiae Genevensis)의 프랑스어와 라틴어 원문은 CO.10a: 65-90에 수록되어 있으며, 번역본은 『칼뱅작품선』 1:434-58에 수록되어 있다.

49 Greef, 『칼빈의 생애와 저서들』, 75-6.

50 Monter, 『칼빈의 제네바』, 169-171.

1.5. 개혁의 정착과 확산

칼빈은 제네바에서 개혁의 확립을 위해 목회적, 제도적 노력을 경주했을 뿐 아니라 당시에 벌어진 여러 신학적 논쟁에도 깊이 개입했다. 제네바에서는 라틴어 학교의 교장인 카스텔리오(Sebastian Castellio, 1515-1563)가 칼빈과 신학 논쟁을 벌였다. 그는 칼빈이 스트라스부르크에서 처음 알게 된 인물로서 이후 칼빈은 그를 제네바로 초청해 콜레쥬 드 라 리브에서 가르치게 해 주었다.[51] 카스텔리오는 솔로몬의 아가서의 정경성에 문제를 제기하고 예수님의 지옥강하 교리를 예수님이 당한 수난이라고 해석한 제네바 교리교육서에 반대하는 등 신학적 논란을 불러 일으켰다. 칼빈과 동료 목사들이 권고했음에도 불구하고 카스텔리오는 자신의 입장을 굽히지 않고 1544년에 교장직을 사임한 후 로잔으로 옮겼다. 칼빈은 그를 로잔에 적극 추천했다. 그러나 카스텔리오는 로잔에서도 정착하지 못하고 다시 제네바로 돌아왔다. 그는 돌아온 이후에도 자신의 독특한 성경해석 때문에 제네바의 목사들과 충돌했다. 결국 카스텔리오는 다시 제네바를 떠나 바젤에 정착하여 활동하면서 1553년에 헬라어 교수직을 맡았고, 이후에도 자유로운 신앙을 주장하면서 칼빈의 신학과 개혁 시도를 줄기차게 공격했다.[52]

1551년에는 예정론을 둘러싼 논쟁이 발생했다. 자크 드 부르고뉴(Jacques de Bourgogne)의 궁정 의사로서 제네바 외곽에 머물던 제롬 볼섹(Jerome Bolsec, ?-c. 1584)은 성경공부 모임에서 공식적으로 칼빈의 예정론은 비성경적이며 하나님을 죄의 조성자로 만드는 교리라고 공격했다. 제네바 목사회뿐 아니라 스위스 여러 개혁도시들의 개혁자들도 이 논쟁에 관

---

[51] Cottret, *Calvin*, 225-33; Gordon, 『칼뱅』, 287-290.
[52] Gary W. Jenkins, *Calvin's Tormentors* (Grand Rapids: Baker, 2018), 63-76.

여했다. 칼빈은 동료 개혁자들이 볼섹을 향해 보여 준 미온적 태도에 불만을 느끼고 그해 12월 예정론에 대한 여러 편의 설교를 전했고, 여러 저술들을 썼다. 볼섹은 칼빈의 교리를 지지하기로 한 시의회에 의해 제네바에서 추방당했다.[53] 이듬해에는 시의회의 감사였던 쟝 트롤리에(Jean Trolliet)가 칼빈의 예정론을 비난했다. 10월에 두 사람 사이의 신학적 논쟁이 시의회에서 벌어졌다. 트롤리에는 『기독교강요』의 여러 구절을 활용해 멜란히톤(Philip Melanchthon, 1497-1560)의 주장을 인용하면서 칼빈의 예정론이 죄의 기원을 하나님께 돌리고 있다고 비판했다. 칼빈을 돕기 위해 파렐과 비레(Pierre Viret, 1509-1571)가 제네바를 찾아왔다. 결국 트롤리에는 자신의 입장을 철회했다.[54] 1553년 9월에는 세르베투스가 사형 선고를 받은 비엔을 탈출해 제네바에 와서 칼빈과 신학적 논쟁을 벌였다. 제네바 시의회는 세르베투스를 이단 혐의로 체포해 재판했는데 그 과정에서 칼빈이 세르베투스의 반삼위일체적인 교리를 비판하는 역할을 담당했다.[55]

칼빈의 신학적 논쟁은 제네바 안에 머물지 않았다.[56] 스위스 개혁교회 동역자였던 파렐과 비레뿐 아니라 스트라스부르크의 부처 등은 여러 신학적 논쟁이 벌어질 때 자주 칼빈에게 신학적 대응을 요청했다. 한 예로 칼빈은 1543년 파렐이 목회한 뇌샤텔의 목사였던 쿠르투와와 샤포노 등이 예정론을 비판하자 그들과 신학적 논쟁을 벌였다.[57] 뒤에서 살펴볼 "재세

---

[53] Jenkins, *Calvin's Tormentors*, 109-124.
[54] Naphy, *Calvin and the Consolidation of the Genevan Reformation*, 175; Gordon, 『칼뱅』, 377.
[55] Wendel, 『칼빈』, 109-18; Jenkins, *Calvin's Tormentor's*, 47-61. 제네바에서 진행된 세르베투스에 대한 재판 과정과 주된 신학적 논쟁점에 대해서는 본서의 제9장에서 상세하게 다룰 것이다.
[56] Emidio Campi, "Calvin, the Swiss Reformed Churches, and the European Reformation," in *Calvin & His Influence, 1509-2009*, eds., Irena Backus and Philip Benedict (Oxford: Oxford University Press, 2011), 119-143.
[57] Gordon, 『칼뱅』, 422-30; Greef, 『칼빈의 생애와 저서들』, 85-7.

례파 논박", "트렌트 공의회 법령과 해독제", "교회 개혁의 참된 방식" 등, 칼빈의 여러 논쟁서들은 동료 목회자들의 요청에 응해 작성된 저술들이다.

칼빈은 취리히의 불링거와는 서로 조언을 주고받는 좋은 관계를 유지했다. 취리히와 비텐베르크 사이의 성찬 논쟁이 격렬해지는 상황에서 칼빈은 1549년에 불링거와 여러 차례 서신을 주고받으며 토론한 결과, 1549년 5월에 "취리히 일치신조"(*Consensus Tigurinus*)를 발표했다.[58] 칼빈은 이후 자신의 성찬론을 반대한 루터파 베스트팔(Joachim Westphal, 1510-1574)과 헤수시우스(Tilemann Heshusius, 1527-1588)와 치열한 논쟁을 펼쳤다.[59] 성찬론을 둘러싼 독일 루터파와 스위스 개혁파 사이의 논쟁은 16세기 종교개혁 내의 분열을 가져온 안타까운 일이지만, 칼빈은 이 과정에서 되도록 성경의 가르침에 충실한 성찬론을 제시함으로써 "오직 성경으로", "오직 그리스도", "오직 하나님께 영광"과 같은 종교개혁의 중요한 원칙들이 예민한 신학적 논쟁 과정에서 어떻게 적용되어야 하는지를 잘 보여 주었다.

칼빈은 1550년대 초 독일 프랑크푸르트(Frankfurt)의 잉글랜드 피난민 교회에서 발생한 예전 논쟁에 대해서도 의견을 보냈다. 그는 교회의 화평과 일치를 촉구하면서 분쟁을 중재하려 했지만 이 노력이 여의치 않자 녹스를 제네바로 불러 그곳에서 피난민 교회를 목회할 수 있도록 후원했다. 칼빈은 이후 잉글랜드와 스코틀랜드의 종교개혁에 많은 영향을 끼쳤다.[60]

---

[58] Paul Rorem, *Calvin and Bullinger on the Lord's Supper* (Bramcote: Grove Books, 1989); "The Consensus Tigurinus (1549): Did Calvin Compromise?," in *Calvinus Sacrae Scripturae Professor: Calvin as Confessor of Holy Scripture*, ed. Wilhelm H. Neuser (Grand Rapids: Eerdmans, 1994), 72-90.

[59] Wendel, 『칼빈』, 418-29; Gordon, 『칼뱅』, 417-45.

[60] J. D. Douglas, "칼빈주의가 스코틀랜드에 끼친 공헌", in *John Calvin: His Influence in the Western World*, ed. W. Stanford Reid (Grand Rapids: Zondervan, 1982); 홍치모, 이훈영 역, 『칼빈이 서양에 끼친 영향』 (서울: 크리스찬 다이제스트, 1993), 263-292; Gordon, 『칼뱅』, 463-8.

칼빈이 가장 관심을 기울였던 국가는 모국인 프랑스였다. 프랑수아 1세에 이어 즉위한 앙리 2세(Henry II, 재위 1547-1559)가 아버지보다 더 심하게 종교개혁 신앙을 억압하자, 수많은 종교 난민들이 프랑스를 탈출했다. 그들 가운데 적지 않은 사람들이 제네바를 피난처로 선택했다. 그 가운데는 이후 칼빈의 후계자가 된 베자도 있었다. 칼빈은 앙리 2세의 종교개혁 억압 정책에 맞서 여러 차례 서신을 보내고 직접 스위스와 독일의 여러 도시를 방문해 프랑스 개신교도들을 돕기 위해 노력했다.[61] 1553년 4월 리용(Lyon)에서 체포된 로잔 출신 신학생들에게 보낸 칼빈의 편지와, 이들의 구명을 위해 노력한 것이 대표적인 사례이다.[62] 칼빈은 제네바 아카데미 출신의 목사들을 파리를 비롯한 프랑스 주요 도시들의 교회에 파송해 핍박 중에서도 고국의 신자들이 참된 기독교 신앙을 지키도록 돕고 종교개혁을 확산시키기 위해 노력했다.

1.6. 칼빈의 유산

칼빈은 생애 말기까지도 제네바 종교개혁의 지도자로서 서유럽 전체의 개혁교회의 신학을 정립하는 중요한 사역을 수행했다. 16세기에 국한해 보아도 칼빈의 저술들과 서신들은 스위스와 프랑스와 독일, 잉글랜드와 스코틀랜드, 그리고 독립전쟁을 시작한 저지대 지방을 넘어서 멀리 폴란드와 트란실베니아까지 직접적인 영향을 끼쳤다.[63] 본서에서는 칼빈의

61　칼빈은 프랑스에서 벌어진 종교전쟁의 초반에 앙투안(Antoined de Navarre, 1518-1562), 콩데(Louis de Condé, 1530-1569), 콜리니(Gaspard de Coligny, 1519-1572) 등 위그노 지도자들에게 서신을 통해 많은 의견을 전했다. Gordon, 『칼뱅』, 537-79.

62　Greef, 『칼빈의 생애와 저서들』, 96,

63　W. Fred Graham (ed.), *Later Calvinism: International Perspectives* (Kirksville: Sixteenth Century Journal, 1994).

노년의 칼빈 초상

대외적 활동과 그 영향에 대해서는 상세하게 다루지 않지만, 16세기 후반 유럽의 종교개혁 상황이 칼빈의 신학과 저술에 끼친 영향에 대해서는 분명히 별도의 심도 있는 연구가 필요하다. 막중한 책임과 과로에 시달리던 칼빈은 1556년부터 여러 가지 질병 때문에 심한 고통에 시달렸다. 그는 이런 고통 속에서도 그동안 저술한 주석들과 논쟁서들의 주요 내용들을 정리하여 1559년 『기독교강요』 라틴어 최종판을 출판했다. 『기독교강요』 1536년 초판은 6장으로 구성된 작은 책이었지만 이제는 4권 80장으로 구성된 방대한 저술로 확장되었다.

칼빈은 1560년에 들어서 병세가 더 악화되어 많은 활동을 할 수 없게 되었다. 그는 1564년 2월 에스겔서에 대한 마지막 성경 강의를 했으며, 3월에 마지막 공식 일정을 마친 후 4월 2일 부활주일에 성찬식에 참석했다. 그는 4월에 제네바의 지도자들과 동료 목회자들에게 마지막 인사를 남긴 후 베자를 목사회의 후임 대표로 추천했다. 5월 2일 그의 오랜 동료 파렐의 방문을 받은 후 5월 27일 세상을 떠나 다음날 매장되었다.[64] 칼빈은 자신이 죽은 후 자기를 기념하는 행사나 기념비가 만들어지는 것을 많이 우려했다. 그 결과 칼빈의 죽음을 기리는 장례식이나 설교도 없었고 그의 매장지조차 근래까지 알려지지 않았다. 그럼에도 불구하고 칼빈의 삶에 대한 회고와 긍정적인 평가는 베자와 콜라동 등 그의 후배들에 의해 그의 죽음 직후부터 출간되기 시작했다. 그러나 그와 동시에 칼빈에 대한 비판적인 평

---

64 칼빈의 마지막 시간들은 그의 사후 출간된 베자의 "칼빈 전기"(*Joannis Calvini vita*)에 특히 상세하게 기록되어 있다. Theodore Beza, "칼뱅 전기", 『칼뱅작품선』 1: 83-161.

가가 볼섹과 마송(Jean-Baptiste Masson) 등에 의해 나타났다.[65] 평생을 고국을 떠난 피난민으로서, 하나님의 진리를 지키기 위한 투사로서 살았던 칼빈은 잠시 머무는 이 땅에 자신의 이름과 기념비를 남기기보다는 본향인 하늘에 소망을 두고 삶을 하나님께 드렸고 죽음까지도 담대히 맞이했다.

2. 칼빈의 종교개혁 신학

2.1. 칼빈에 대한 평가

칼빈에 대한 평가는 다양하다. 그는 우선 기독교 인문주의자였다.[66] 그는 파리 대학교에서 공부하던 때부터 원어에 입각한 성경 연구와 교부 연구를 훈련받았으며, 이후 오를레앙과 부르쥬 대학교에서 법학을 연구하면서 인문주의적 방법론을 터득했다. 앞서 언급한 것과 같이 그의 최초의 저술은 1532년에 출판된 『세네카 관용론 주석』이었다. 이 작품은 당대 최고의 인문주의자였던 에라스무스가 1529년에 발표한 같은 제목의 연구를 수정하고 발전시키려 했던 한 젊은 인문학자의 야심작이었다. 칼빈은 이후

---

65 Gordon, 『칼뱅』, 594-5.
66 칼빈과 인문주의의 관계에 대해서는 다음의 연구들이 대표적이다. Josef Bohatec, *Budé und Calvin: Studien zur Gedenkenwelt des französischen Humanismus* (Granz: Böhlaus, 1950); Quirius Breen, *Jonn Calvin: A Study in French Humanism* (Hamden: Archon Books, 1968); William J. Bouwsma, *John Calvin: A Sixteenth-Century Portrait* (Oxford: Oxford University Press, 1988); Ford Lewis Battles, "Calvin's Humanistic Education," in *Interpreting John Calvin*, ed. Robert Benedetto (Grand Rapids: Baker, 1996), 47-64; Bénédicte Boudou and Anne-Pascale Pouey-Mounou (eds.), *Calvin et l'Humanisme Actes du symposium d'Amiens et Lille III* (Geneva: Droz, 2012); Olivier Millet, "French Humanism," in *Calvin in Context*, ed. R. Ward Holder (Cambridge: Cambridge University Press, 2020), 34-41.

에도 평생 인문주의적 방식에 입각한 성경 연구와 교부 연구를 계속했으며 그 결과들을 자신의 신학 저술들과 목회 활동에 많이 활용했다.⁶⁷ 1555년 칼빈의 계획과 주도하에 개교한 제네바 아카데미의 교육 내용과 운영 방식 역시 인문주의적 특징을 뚜렷이 보여 주었다.⁶⁸

칼빈은 설교자이며 목회자였다.⁶⁹ 그는 동시대의 다른 개혁자들처럼 서품 받은 사제나 수도사는 아니었다. 1536년, 그가 제

세네카 관용론 주석

네바에서 목회자로 설교 사역을 시작한 것도 파렐의 강권 때문이었다. 그러나 일단 강단에서 말씀을 선포하는 사역을 시작한 후부터 칼빈은 평생 설교자와 목회자로 헌신했다. 칼빈은 1541년 스트라스부르크에서 제네바로 복귀한 후부터 매 주일 두 번 설교했으며 주중에는 월요일과 수요일, 그리고 금요일에 한 번 설교했다. 제네바 시의회는 1542년 9월에는 매 주일 한 번 이상 설교할 수 없다고 결정해 칼빈의 부담을 덜어 주려 했지만 그는 실제로 거의 매일 설교하거나 혹은 성경을 강의했다.⁷⁰ 칼빈이 자신

---

67 칼빈의 교부 연구와 인용에 대해서는 다음의 연구를 참고하라. Anthony N. S. Lane, *John Calvin: Student of the Church Fathers* (Edinburgh: T.&T. Clark, 1999).

68 Karin Maag, "Reformed Education and the Genevan Academy," in *Calvin in Context*, 111-118.

69 칼빈의 설교 사역에 대한 중요한 연구는 다음과 같다. T.H.L. Parker, *The Oracles of God: An Introduction to the Preaching of John Calvin* (London: James Clark & Co., 1943); *Calvin's Preaching* (Philadelphia: Westminster John Knox Press, 1992); Dawn DeVries, "Calvin's Preaching," in *Cambridge Companion to John Calvin*, ed. Donald K. McKim (Cambridge: Cambridge University Press, 2004), 106-124; Steven L. Lawson, "The Expository Pulpit of John Calvin," in *John Calvin: For a New Reformation*, ed. Derek W. Thomas and John W. Tweeddale (Wheaton: Crossway, 2019), 159-197.

70 Greef, 『칼빈의 생애와 저서들』, 165.

의 저술 작업 가운데 가장 많은 노력을 기울인 성경 주석과 성경 강의는 사실 설교를 위해 그가 심혈을 기울인 노력의 열매였다. 칼빈 자신은 설교를 출판할 계획이 없었지만, 제네바 성도들과 동시대의 청중들은 그의 설교를 원했다. 시민들은 라그니에(Denis Raguenier)를 필사자로 고용해 1549년 8월부터 칼빈의 설교를 속기하여 출판하게 했다. 비록 방대한 양의 설교문이 오늘날까지 남아 있지만 이것은 칼빈이 전한 모든 설교를 담아내지는 못한다.[71] 이와 같은 사실을 고려할 때, 칼빈을 설교자라고 부르는 것에는 전혀 무리가 없다.

그는 자신의 설교뿐 아니라 동료 목회자들의 설교에도 관심을 기울였다. 매주 금요일 아침마다 제네바의 목회자들과 함께 모인 목사회(Congregation)는 설교를 위한 성경공부 모임이었다.[72] 1525년 츠빙글리가 취리히에서 시작했던 예언회(Prophezei) 모임을 선례로 삼은 목사회는 제네바의 목사들이 함께 모여 설교를 준비하고 훈련했으며, 목회 사역 중 발생한 문제들을 함께 점검했다.[73]

칼빈은 당대의 사회 구조와 경제 체제를 변혁하려 했던 정치 사상가였다.[74] 법학을 전공했던 칼빈은 제네바의 개혁을 주도하면서 단순히 교회와 신앙의 문제뿐 아니라, 제네바의 정치와 경제 구조를 변화시키는 데 있어

---

71 Gordon, 『칼뱅』, 362-3. 출판된 칼빈의 설교집 목록은 다음에서 찾을 수 있다. Greef, 『칼빈의 생애와 저서들』, 167-178.
72 이 모임은 칼빈이 도착하기 전인 1535년에 파렐이 제네바에서 시작했다. Gordon, 『칼뱅』, 242-3.
73 칼빈과 제네바 목시회에 대해서는 마네치(Manetsch)의 연구를 참고해야 한다. Scott M. Manetsch, *Calvin's Company of Pastors: Pastoral Care and the Emerging Reformed Church, 1536-1609* (Oxford: Oxford University Press, 2015).
74 크누센(Knudsen)은 칼빈이 근대적 인권의 후원자였으며 근대적 경제 개념 성립에도 지대한 영향을 주었다고 주장하면서 "칼빈과 칼빈주의는 우리 현대 서구사회를 형성했던 주요 세력들 중에 한 자리를 차지하고 있다"고 평가한다. Robert D. Knudsen, "문화적 세력으로서의 칼빈주의," 『칼빈이 서양에 끼친 영향』, 15.

서도 중요한 역할을 담당했다. 그는 실제로 제네바 시민법 개정을 위한 소위원회의 위원이 되어 제네바 정치 개혁에 기여했다. 칼빈이 제네바에서 시도한 여러 가지 사회 정책들과 교육, 복지, 외교 정책들의 내용과 그 영향에 대한 연구는 지금도 활발하게 이루어지고 있다.[75] 특히 칼빈이 네 직분론과 컨시스토리를 통해 제네바 교회에 도입했던 민주적 대의 제도는 이후 유럽뿐 아니라 대서양을 건너서 신대륙과 전 세계 개혁교회들에 적용된 장로교회 제도의 근간이 되었다. 장로교 제도는 잉글랜드와 뉴잉글랜드의 청교도들을 통해 근대 정체제도로서 민주주의적 대의제도가 자리 잡게 하는 데 영향을 주었다고 볼 수 있다. 칼빈은 교회의 개혁뿐 아니라 16세기의 급변하는 정치 외교적 상황 가운데 여러 나라의 정치인들과 서신을 주고받으며 정치적 영향력을 발휘했다.[76] 특히 자신의 모국인 프랑스에서 벌어진 종교적 갈등과 전쟁 과정에서 칼빈의 역할은 실제로 지대했다.[77] 칼빈의 선구적 정치사상은 이후 프랑스 위그노와 잉글랜드의 청교도(Puritans), 그리고 스코틀랜드의 언약도(Covenanters)의 저항사상에 영향을 끼쳤다.[78]

---

[75] Jeannine E. Olson, *Calvin And Social Welfare: Deacons and the Bourse Francaise* (Selingsgrove: Susquehanna University Press, 1989).

[76] Quentin Skinner, *The Foundations of Modern Political Thought*, 2 vols. (Cambridge: Cambridge University Press, 1978); Ralph C. Hancock, *Calvin and the Foundations of the Modern Politics* (Ithaca: Cornell University Press, 1989); William R. Stevenson Jr. "Calvin and Political Issues," in *Cambridge Companion to John Calvin*, 173-187; Gordon, 『칼뱅』, 447-90.

[77] 킹돈(Kingdon)의 책들은 여전히 이 분야의 대표적인 연구이다. Robert M. Kingdon, *Geneva and the Coming of the Wars of Religion in France, 1555-1563* (Geneva: Droz, 1956); *Geneva and the Consolidation of the French Protestant Movement, 1564-1571* (Geneva: Droz, 1967); Geoffrey Treasure, *The Huguenots* (New Haven: Yale University Press, 2023), 75-83.

[78] Andrew Pettegree, "칼빈 사상의 전파", 『칼빈 이해의 길잡이』, 327-52; Harro M. Höpfl, "The Ideal of *Aristocratia Politiae Vicina* in the Calvinist Political Tradition," in *Calvin & His Influence, 1509-2009*, 46-66.

그러나 본서는 종교개혁자로서의 칼빈에게 주목하려 한다. 여기에서 말하는 종교개혁이란 기독교의 가장 근본적인 진리와 신앙의 체계인 "종교"(religio)를 성경의 가르침과 그 가르침에 충실했던 초대교회의 모범을 따라 다시 회복하려 했던 신앙 운동을 일컫는다.[79] 이 말은 종교개혁이 가지고 있는 사상적, 정치적, 사회적, 문화적 변화가 심대했음이 분명하지만, 그럼에도 불구하고 이 운동을 주도했던 16세기의 종교개혁자들은 기본적으로 하나님 앞에서 올바른 기독교의 근간을 다시 세우려고 했던 신앙의 사람들이었음을 의미한다. 그들이 시도한 다양한 분야에 걸친 변화의 시도와, 그 결과로 나타난 여러 측면의 변혁은 과정이며 산물이지, 개혁의 본질은 아니었다. 종교개혁의 본질은 하나님의 말씀에 따라 하나님의 영광을 온전히 드러내기 위한 신앙적 헌신이었다. 이와 같은 의미에서 칼빈은 인문주의자, 목회자, 신학 저술가, 정치 사상가이기에 앞서 종교개혁자였다. 그의 학문적 방법론과, 평생을 기울인 설교와 목회의 노력, 방대한 저술과 서신들, 그리고 그 결과 나타난 제네바의 정치, 사회, 문화의 변화 및 국제적 영향은 모두 종교개혁을 위한 노력이었으며 그 결과였다.

종교개혁자로서 칼빈의 사상과 그 사상을 구현하기 위한 활동의 목표는 그의 저술 전체에 걸쳐 뚜렷하다. 그는 평생에 걸쳐 증보한 『기독교강요』를 비롯한 여러 신학적 저술들뿐 아니라, 방대한 분량의 주석과 설교, 그리고 수많은 사람들과 주고받은 서신들을 통해 자신이 이해하고 추진했던 종교개혁의 방향과 목적을 언급했다. 우리는 그의 저술 곳곳에서 칼빈이 생각한 종교개혁의 개념과, 개혁을 위한 구체적인 방법과 태도를 읽어볼 수 있다. 그러나 칼빈이 이해하고 추구한 종교개혁의 개념과 목적을 가장 뚜렷하게 확인할 수 있는 곳은 그가 개혁의 대상 혹은 개혁의 장애라고

---

[79] 김요섭, 『종교를 개혁하다』, 33-50.

생각한 세력들을 향해 쓴 여러 변증서들과 논쟁서들이다.

2.2. 종교개혁을 위한 변증과 논쟁

칼빈은 평생 논쟁했다. 앞에서 약술한 칼빈의 생애를 살펴보면 그의 삶과 사역 전체를 논쟁의 삶과 사역이라고 불러도 무리가 없을 정도이다.[80] 그의 모든 저술들도 변증과 논쟁으로 채워져 있다. 무엇보다도 그의 대표작인 『기독교강요』는 기본적으로 성경의 진리를 왜곡하고 위배하는 잘못된 주장들을 반박하기 위해 쓴 논쟁적인 저술이었다. 그의 설교와 주석에서도 로마 가톨릭의 잘못된 교리나 의식들뿐 아니라 개혁을 주장하면서도 실제로는 바른 기독교 신앙을 벗어나 버린 급진주의자들에 대한 신랄한 비판이 자주 나타난다. 칼빈의 모든 저술에서 발견할 수 있는 변증과 논쟁은 자신의 행동을 정당화하거나 자신의 사상을 선전하기 위한 것은 아니었다.[81] 칼빈의 논쟁적 저술들의 공통된 목적은 종교개혁이었다. 즉 그는 언제나 하나님의 말씀의 기준에 입각해 모든 영역에서 하나님의 영광을 온전히 드러내기 위해 기독교 신앙을 왜곡하고 타락시킨 잘못된 주장들과 행태들을 비판하고 극복하려 한 것이다.

본 연구의 목적은 칼빈의 대표적인 변증서와 논쟁서들을 직접 분석하여 종교개혁자로서의 칼빈의 면모를 재확인하고, 그가 일관되게 강조했던 종교개혁의 개념과 원칙, 그리고 목적을 재조명하는 것이다. 이 목적을 위해 살펴보려고 하는 칼빈의 대표적인 저술들과 주요 배경은 다음과 같다.

---

[80] 갬블(Gamble)은 칼빈을 목사, 성경 주석가, 신학자로 규정하면서도 칼빈의 신학과 저술이 논쟁적, 논증적 성격을 가지고 있다고 평가한다. Richard C. Gamble, "칼빈의 논쟁", 『칼빈 이해의 길잡이』, 307.

[81] Michael A. G. Haykin, "The Young Calvin," in *John Calvin: For a New Reformation*, 21-23.

생피에르 교회

첫 번째 저술은 칼빈의 대표작인 『기독교강요』의 서문이다. "프랑수아 왕에게 보내는 헌사"(Praefatio ad Christianissimum pregem Franciae)로 작성된 이 서문은 1536년 『기독교강요』의 라틴어 초판부터 포함되었다. 칼빈은 이후 여러 차례 『기독교강요』를 증보하면서도 이 서문을 교체하거나 크게 수정하지 않았다. 심지어 1547년 프랑수아 1세가 세상을 떠난 후에 출판한 1559년 라틴어 최종판에서도 이 서문은 그대로 유지되었다. 이런 사실은 이 서문이 『기독교강요』의 내용을 잘 개괄할 뿐 아니라 평생 동안 변하지 않았던 칼빈의 저술 의도를 대변함을 증명한다. 이 서문은 기본적으로 변증적이며 논쟁적이다. 우리는 이 서문에서 칼빈이 어떻게 종교개혁에 대한 오해와 비난을 반박하고, 더 나아가 자신이 추구하는 종교개혁의 대의와 방법, 그리고 목적을 밝혔는지를 확인할 수 있다.

두 번째 저술은 칼빈이 1539년에 쓴 "사돌레토에게 주는 답신"(Iohaniis Calvini Responsio Iacobo Sadoleto Cardinali)이다. 앞서 살펴보았듯이 칼빈은 이 편지에서 제네바 시민들에게 종교개혁을 포기할 것을 종용한 추기경 사돌레토의 도전적 서신에 답하면서 다시 한 번 종교개혁의 정당성과 주요 과

제, 그리고 목적이 무엇인지 밝혔다. 특히 이 서신은 3년 전 작성한 『기독교강요』의 서문에서 밝힌 내용을 더 구체적이고 종합적으로 정리했다는 점에서 중요한 의미를 가지고 있다. 특히 칼빈은 사돌레토가 주장한 로마 가톨릭 교회론을 적극적으로 반박하면서 종교개혁이 추구하는 교회의 모습과 교회의 참된 일치가 무엇인지를 명확하게 설명했다.

세 번째로 살펴볼 칼빈의 저술은 1544년 발표된 "니고데모파에게 주는 해명"(*Excuse à Messieurs les Nicodémites*)이다. 칼빈은 종교개혁의 목적을 이해하고 충분히 그 목적에 동참할 수 있음에도 불구하고 자신의 기득권을 지키고 또 다른 세속적 이익을 얻기 위해 여전히 로마 가톨릭의 우상숭배에 참여하고 있는 사람들을 니고데모파라고 부르며 강하게 비판했다. 니고데모파에 대한 칼빈의 비판은 1537년에 발표된 "두 서신"(*Epistolae duae de rebus hoc saeculo cognitu necesariis*)에서부터 시작되었다. 그는 이 두 편지에서 각각 로마 가톨릭 체제하에서 고위 성직을 유지하려 했던 과거의 동료 뒤슈맹(Nicholas Duchemin)과 루셀을 비판했다. 그리고 그 비판 위에서 참된 신앙을 지키고 종교개혁을 이루기 위해 신자가 마땅히 가져야 할 헌신의 태도를 강조했다. 그는 1543년 "신도의 처신"(*Petit traicte monstrant que c'est que doit faire un homme fidele congnoissant la verité de l'Evangile quand il est entre les papistes*)을 통해 다시 한 번 니고데모파의 위선적인 신앙생활을 비판했다. 1544년에 발표한 "니고데모파에게 주는 해명"은 칼빈이 현실의 어려움을 무시한 채 너무 가혹하게 자신들을 비판한다는 니고데모파의 불평에 대답하기 위해 쓴 글이다. 이 저술은 칼빈이 지난 7년간 꾸준히 지적해 온 니고데모파의 문제를 요약하고 정리했다는 의미에서 검토의 가치가 있다. 본서는 이 저술을 중심으로 앞서 발표된 "두 서신"과 "신도의 처신"도 검토할 것이다. 그는 1549년에 "네 편의 설교"(*Quatre sermons fort utiles pour nostre temps avec exposition du Psaume 87*)를 출판해 다시 한 번 니고데모파의 위선을 비판하고 종교개혁의 목적을 성취하기 위해 교회와 신자들이 가져야 할 합당한 태도를 설명했다. 이렇게 칼빈이 1540년대 내내 주력했던 니고데모파에 대한 비판을 통해 우리는 그가 주장했던 종교개혁의 본질이 무엇인지를 확인할 수 있다. 특히 종교개혁을 성취하기 위해 신자들이 반드시 지켜야 할 삶의 헌신을 칼빈이 어떤 목적 의식을 따라 강조했는지를 파악할 수 있다.

네 번째 검토할 칼빈의 저술은 1544년에 발표된 "재세례파 논박"(*Brive instruction pour armer tous bon fideles contre les erreurs de la secte commune des anabaptistes*)이다. 칼빈은 이 저술에서 스위스의 재세례파 공동체가 1527년에 발표한 슐라이트하임 신조(*Schleitheim Articels*)의 조항들을 대상으로 삼아 재세례파의 잘못된 주장과 행태를 조목조목 비판했다. 칼빈은 재세례파가 추구하는 기독교 종교의 급진적 재건설은 불가능하며 위험한 일이라고 말한다. 종교개혁의 목적은 파괴와 신흥 종교 설립이 아니라 진리의 재발견과 참된 신앙의 회복이었다. 우리는 이 저술을 검토하면서 재세례파에 대한 칼빈의 이해와 판단이 얼마나 정확했는지를 판단하기보다는 그가 재세례파의 과격한 주장을 반박하면서 강조하려 했던 종교개혁 본질과 그 성취 방법을 재확인하려 한다.

본서에서 검토하려는 칼빈의 다섯 번째 저술은 1545년 발표된 칼빈의 "리베르탱파 논박"(*Contre la secte phantastique et furieuse ds liberine, qui se nomment spirituelz*)이다. 그는 이 저술에서, 프랑스 일부 지역을 중심으로 잘못된 신학 사상을 퍼뜨림으로써 기독교 종교의 급진적 변혁을 추구했던 위험한 분파의 문제를 지적하고 이들의 주장을 비판했다. 칼빈이 보기에 리베르탱파는 로마 가톨릭이나 재세례파보다 더 위험한 세력이었다. 그들은 기독교 종교의 변혁이 아니라 기독교의 해체를 추구하고 있었기 때문이다. 이들의 주장에 대한 칼빈의 비판을 통해 우리는 칼빈이 기독교 종교의 본질을 어떻게 이해하고 있으며 이 본질을 회복하기 위한 종교개혁을 어떻게 설명했는지 확인할 수 있다.

여섯 번째로 검토할 칼빈의 저술은 "트렌트 공의회 법령과 해독제"(*Acta synodi tridentinae cum antidoto*)이다. 그는 1547년 발표한 이 글에서 종교개혁에 대응하기 위해 교황이 1545년 개최한 트렌트 회의의 첫 일곱 회기에서 결정된 주요 법령들을 반박했다. 당시 많은 종교개혁자들은 교황이 주도한 이 회의가 종교개혁에 큰 위협이 될 것을 직감했고, 이에 대한 가장 효과적이고 즉각적인 대응을 칼빈에게 부탁했다. 그는 분주한 일정과 상황에도 불구하고 이 부탁에 응해 이 글을 6개월 만에 완성했다. 우리는 물론 칼빈의 반박서가 다루는 교리적 주제들에 대해서도 살펴볼 것이지만, 로마 가톨릭 진영이 당시 자신들 안에 있던 여러 문제들을 스스로 개선하기 위해 결정하고 시도한 이른바 "개혁 법령"들에 대한 칼빈의 반박에 주목할 것이다. 그리고 이 검토에서 그가 1543년에 황제 칼 5세에게 쓴 "교회 개혁의 필요성"(*Supplex exhortatio ad Carolum Quintum*)을 함께 검토할 것이다. 이 두 저술은 모두 1540년대 칼빈이 정리한 기독교 종교의 "개혁"과 그 실천 방식을 가장 적극적으로 제시하고 있기 때문이다. 실제로 칼빈은 "해독제"에서 먼저 "교회 개혁의 필요성"을 읽어 볼 것을 권유했다. 이 두 책에서 칼빈이 주장한 개혁은 로마 가톨릭이 트렌트 회의를 통해 시도한 "개혁"과 분명 달랐다. 칼빈이 보기에 로마 가톨릭이 시도한 "개혁"은 기독교 종교의 본질을 회복하려는 것이 아니라 오히려 로마 가톨릭 체제의 기득권과 이익을 보존하고 강화하기 위한 미봉책에 불과했다. 칼빈이 추구한 종교개혁은 모든 신자와 교회가 오직 하나님의 영광을 위하여 모든 세속적 이익을 포기하는 헌신으로 이루어 낼 수 있는 참된 신앙의 회복이었다.

일곱 번째 검토할 칼빈의 저술은 그가 1549년 발표한 "교회 개혁의 참된 방식"(*Interim adultero-germanum: cui adjecta est, vera christianae pacificationis et Ecclesiae reformandae ratio*)이다. 이 글은 독일의 루터파 목사들이 로마 가톨릭 측과 합의한 아우크스부르크 임시안(Augsburg Interim)을 비판하기 위해 저술되었다. 아우크스부르크 임시안은 아직 트렌트 회의가 종교개혁에 대한 최종적인 입장을 확정하지 않은 상황 속에서 전쟁에서 승리한 황제 칼 5세가 루터파 지도자들에게 압력을 가해 작성한 타협안이었다. 칼빈은 이 글에서 본질이 아닌 사안, 즉 아디아포라 문제에 있어서는 로마 가톨릭의 주장을 받아들일 수 있다고 생각한 루터파 인사들을 비판한다. 그리고 종교개혁을 위한 참된 방식은 굴복과 타협이 아니라 하나님의 진리를 지키기 위해 삶과 죽음을 다 드리는 참된 헌신이라고 말한다. "교회 개혁의 참된 방식"은 칼빈이 1543년에 발표한 "교회 개혁의 필요성"과 그 내용이 유사하다. 그는 로마 가톨릭 진영과 루터파 진영이 전쟁을 벌이기 전에 쓴 "교회 개혁의 필요성"에서는 황제에게 종교개혁의 목적을 완곡하게 설명하고 호의적인 태도를 간곡하게 청원했다. 그러나 1540년대 후반, 황제가 전쟁에서 승리한 후 독일 루터파에게 로마 가톨릭의 우상숭배와 잘못된 교리를 강요하자 "교회 개혁의 참된 방식"에서는 한층 더 선명하고 단호하게 종교개혁의 취지와 실현 방법을 선언했다. 독일의 종교개혁 상황을 염두에 두었으며, 종교개혁을 위한 올바른 방식을 제안했다는 점에서 서로 밀접한 관계가 있는 이 두 저술에서 칼빈은 이신칭의 교리의 가르침과 올바른 성례의 시행을 다시 한 번 가장 중요한 개혁의 과제로 내세운다. 그리고 이 두 가지 과제를 "하나님 예배"(Cultus Dei)의 회복과 보존이라는 근본적 목적 아래에서 설명했다.

끝으로 검토할 칼빈의 저술은 1553년에 발표한 "세르베투스 논박"(*Defensio orthodoxae fidei de trinitate contra Michaelis Serveti*)이다. 이 저술은 1553년 제네바로 도망쳐 와서 이단 혐의로 재판을 받고 결국 화형 당한 세르베투스를 비판하기 위해 작성되었다. 칼빈은 재세례파, 리베르탱파와 더불어 세르베투스의 반삼위일체 교리를 종교개혁에 가장 위협이 되는 급진적 사상으로 꼽았다. 칼빈은 세르베투스를 비판한 이 저술에서 이단에 대한 세속 정부의 처벌이 정당한지의 문제를 먼저 다루고, 이어서 세르베투스의 재판과정에 대한 해명과 평가를 제시한 후, 세르베투스의 이단성을 구체적으로 논박한다. 그의 논박은 주로 성경해석에 대한 것이지만, 그와 더불어 교부들의 주장에 대한 정당한 해석의 문제도 상세하게 제시된다. 우리는 당연히 칼빈이 비판하는 세르베투스의 신학적 문제를 살필 것이다. 그러나 그에 앞서 이 글의 목차를 따라 종교개혁의 성취를 위해 세속 정부가 담당해야 할 의무와 그 시행 방식에 대한 칼빈의 이해를 검토할 것이다. 이 두 가지 주제에 대한 검토를 통해 우리는 우선 신학적 차원에서 칼빈이 강조했던 종교개혁 신학의 핵심 교리들을 파악할 수 있으며, 실천적 차원에서는 칼빈이 종교개혁의 완수를 위해 세속 정부가 어떤 역할을 해야 한다고 주장했는지를 확인할 수 있을 것이다.

1530년대 후반부터 1550년대 전반에 걸쳐 칼빈이 연속적으로 발표한 이상의 저술들 이외에도 그가 로마 가톨릭과 급진주의자들을 각각 비판하기 위해 발표한 여러 논쟁서들이 있다. 또 1550년 중반 이후 칼빈의 또 다른 중요한 논쟁서들은 엄격한 루터파와 벌인 성찬 논쟁의 결과물이었다.[82] 칼빈은 독일의 루터파와 스위스의 츠빙글리파 사이에 갈수록 심화되고 있는 성찬 논쟁과 그로 인해 발생한 종교개혁 진영의 분열에 큰 우려를 가지고 있었다. 그러나 칼빈은 성찬에 대한 교리와 그 실천을 기독교 신앙의 본질과 거리가 먼 아디아포라의 사안이라고 생각하지 않았다. 즉 성찬 교

---

[82] 성찬론에 관련해 칼빈이 벌인 논쟁의 배경과 주요 내용 및 그 결과로 발표된 저술들은 다음의 글이 잘 정리했다. Gamble, "칼빈의 논쟁", 314-319; Greef, 『칼빈의 생애와 저서들』, 287-304.

리는 루터파와 츠빙글리파 사이의 적절한 타협을 추구할 사안이 아니라 모든 선입견과 편리 추구를 내려놓고 성경의 명확한 가르침을 확인하여 정립해야 할 사안이었다.[83] 본서는 이 주제를 다루지 않지만 칼빈이 1550년 후반부터 루터파 신학자들과 치열하게 전개한 성찬 논쟁에서도 우리는 그가 생각했던 종교개혁의 목적과 본질, 그리고 종교개혁을 위한 합당한 방식과 태도 등을 분명히 확인할 수 있을 것이다.

본서는 종교개혁 진영 외부에서 종교개혁을 방해하고 위협했던 세력들에 대한 칼빈의 논박에 초점을 맞추었다. 루터파는 칼빈에게 논쟁의 대상이기는 했지만 종교개혁을 가로막는 적대 세력은 아니었다. 칼빈은 로마 가톨릭과 급진주의자들이 종교개혁을 방해하고 왜곡하는 대표적인 양 측면의 위협이라고 생각했다. 따라서 우리는 본서에서 검토할 여덟 편의 대표적인 저술들을 통해 칼빈이 참된 기독교 종교의 본질을 제시하고 또 실제로 실현하기 위해 거절하고 반박했던 가장 중요한 주장들을 거의 모두 파악할 수 있다.

---

[83] 성찬론을 둘러싼 칼빈과 베스트팔의 논쟁에 대해서는 다음의 글들을 보라. Joseph N. Tylenda, "The Calvin – Westphal Exchange: The Genesis of Calvin's Treatises against Westephal," *Calvin Theological Journal* 9 (1974): 182-209; Robert Letham, "칼빈 신학의 전반적 맥락에서 본 그의 성찬 교리", 김진흥 역, 『칼빈과 예배』, 개혁주의 학술원 편 (부산: 고신대학교 개혁주의 학술원, 2011), 135-156.

제2장
『기독교강요』 서문(1536)

1. 배경: 참된 종교에 대한 변호와 선언

1.1. 『기독교강요』의 증보와 저술 목적

칼빈은 불과 27살의 나이인 1536년 3월, 종교개혁 시대를 넘어서 기독교 신학의 역사상 가장 위대한 신학적 저술들 가운데 하나인 『기독교강요』를 *Christianae Religionis Institutio*라는 라틴어 제목으로 출판했다. 프랑스 왕 프랑수아 1세에게 주는 헌정사인 서문에 따르면 이 책은 1535년 8월에 이미 완성된 것으로 추정된다. 이 저술의 초판은 6장으로 구성된 작은 책이었다.[84] 칼빈은 1536년, 뜻하지 않게 제네바에서 목회 사역을 시

---

[84] 라틴어 초판의 각 장 제목은 다음과 같다. "1. De lege (율법에 대하여), 2. De fide (믿음에 대하여), 3. De Oratione (기도에 대하여), 4. De Sacramentis (성례들에 대하여), 5. Sacramenta non esse quinque reliqua quem pro sacramentis hacteus vulgo habita sunt declarantur (다섯 개의 성례가 아닌 것들에 대하여), 6. De libertate Christiana (그리스도인의 자유에 대하여)". 문병호, "본서를 이해를 돕는 역자의 논단", John Calvin, 『기독교강요』, 제1권, 문병호 역 (서울: 생명의말씀사, 2020), 37. 이하 『기독교강요』의 한글 번역은 이 번역본에서 인용하며 라틴어 원문은 OS[=*Iohannis Calvini Opera Selecta*]에서 인용한 후 권수와 페이지를 표기한다.

작하게 되었을 때, 『기독교강요』의 주요 내용을 요약한 "제네바 신앙교육서"를 1537년에 출판하기도 했다. 그는 이 "신앙교육서"의 작성 이유를 단순한 지식의 제공이 아닌 경건에 필요한 "교리의 열매"를 맺기 위해 하나님의 순수한 복음을 가르치는 것이라고 밝혔다.[85]

칼빈은 거의 평생에 걸쳐 이 책을 프랑스어로 번역하고 증보했다.[86] 앞서 살펴보았듯이 첫 증보는 그가 스트라스부르크에 머물던 1539년에 이루어졌다. 전체 17장으로 확장된 이 라틴어 증보판은 프랑스어로 번역되어 그가 제네바로 돌아온 후 1541년에 출판되었다. 1539년 증보판의 제목은 초판과 약간 달리 *Institutio Christiane Religionis*로 바뀌었다. 이 증보판의 구성도 변화되었는데, 초판이 가지고 있던 변증 목적의 간명한 체계를 뛰어넘어서 중요한 신학적 주제를 가르치고 제시하기 위한 신학적 체계를 갖추기 시작했다.[87] 1539년 증보판은 칼빈이 1540년 스트라스부르크에서 첫 성경주석으로 발표한 『로마서 주석』의 저술과 관련이 있다고 볼 수 있다. 즉 그는 이 증보판의 구성을 변경하면서 자신이 평생에 걸쳐 계속 진

---

85 "Instruction et confession," CO. 5: 317. 칼빈의 "제네바 신앙교육서"의 작성 배경과 그 의의에 대해서는 다음을 참고하라. John Hesselink, *Calvin's First Catechism: A Commentary* (Louisville: Westminste John Knox Press, 1997), 7-38.

86 『기독교강요』의 증보 과정과 중요한 구조와 내용의 변화에 대해서는 다음의 글들을 참고하라. Jean-Daniel Benoît, "The History and Development of the *Institutio*: How Calvin Worked," in *John Calvin*, ed. G. E. Duffield (Grand Rapids: Eerdmans, 1966), 102-117; Ford Lewis Battles, *Analysis of the* Institutes *of the Christian Religion of John Calvin* (Phillipsburg: R&R, 1980); Richard A. Muller, *The Unaccommodated Calvin: Studies in the Foundation of a Theological Tradition* (Oxford: Oxford University Press, 2000), 118-139; Greef, 『칼빈의 생애와 저서들』, 199-222.

87 아마도 칼빈은 츠빙글리의 『참 종교와 거짓 종교에 대한 주석』(*De vera et falsa religione commentarius*, 1525)이나 멜란히톤의 『신학총론』(*Loci communes theologici*)의 1535년 판, 그리고 불링거의 『하나님의 하나이며 영원한 언약 혹은 계약』(*De testamento seu foedere Dei unico et aeterno*, 1534) 등 다른 개혁자들의 교리적 주제에 따른 신학적 저술의 영향을 받은 것으로 볼 수 있다. 멀러는 특히 멜란히톤의 영향에 주목한다. Muller, *The Unaccommodated Calvin*, 120.

행하려 한 주석 저술 작업과 신학적 변증을 위한 저술 작업 사이의 어떤 규칙을 확정한 것이다. 칼빈은 되도록 주석에서는 성경본문의 맥락과 의미에 충실하기 위해 관련된 신학적 주제들은 『기독교강요』를 증보하면서 다루기로 했다.[88]

1541년 제네바로 돌아온 칼빈은 2년 후인 1543년 『기독교강요』의 새로운 증보판을 출판했다. 이 증보판에서는 1539년 판에서 세 장에 걸쳐 믿음에 대해 다룬 내용이 네 장으로 확장되었고 수도원에 대한 비판을 다루는 장이 추가되어 총 21장으로 증보되었다. 그리스도인의 자유를 다룬 장의 위치가 변경되는 등 구조에 있어서도 약간의 변화가 있었다. 각 장의 내용에 있어서는 아우구스티누스 등 교부들의 작품 인용들이 많이 추가되었고, 교회의 제도와 예배에 대한 내용들이 해당 장에 추가되었다. 이는 1541년 복귀 이후 칼빈이 제네바 교회의 개혁을 위해 제출했던 새로운 교회법과 예배 모범에서 제시한 교회 직제와 예배 형식을 신학적으로 증명하기 위한 의도가 반영된 결과였다고 볼 수 있다. 1543년 증보판은 1545년에 프랑스어로 번역되었다.[89]

칼빈은 1550년에 제네바에서 『기독교강요』를 *Institutio totius christianae religionis*라는 새로운 제목으로 증보해 출판했다. 1543년 판과 비교할 때 각 장이 절로 구분된 것 이외에는 전체적인 구조 변화는 없었다. 그러나 성경 본문과 교부들의 글이 설명과 주장의 근거로서 많이 첨가되었고 교회의 제도와 법에 대한 내용이 곳곳에 추가되었다. 이 증보판

---

[88] 칼빈의 의도는 1539년 판 『기독교강요』 서문에 잘 나타나 있다. "여기에서 이 길이 잘 닦여진 다면, 이후에 제가 성경을 주석하는 글들을 출판하게 되더라도 긴 교리적인 논쟁들을 벌일 필요나 일반적인 주제들로 빗나갈 필요가 없어질 것이기 때문에 언제나 개요만 간략하게 제시하면 될 것입니다." Institutes, "Epistolam ad Lectorem," OS 3: 6. Wendel, 『칼빈』, 171; John L. Thompson, "칼빈, 성경해석자", 『칼빈 이해의 길잡이』, 107-108.

[89] Greef, 『칼빈의 생애와 저서들』, 315-6.

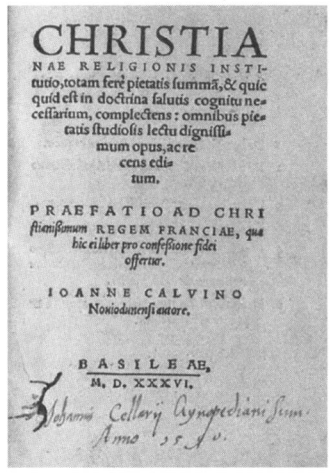
기독교강요 초판

은 이후 여러 차례에 걸쳐 프랑스로 번역되었다.⁹⁰

1559년 라틴어판 『기독교강요』는 일반적으로 최종판으로 불린다. 1555년 선거 이후 제네바 시의회에 실질적인 지원을 받게 된 칼빈은 1559년에 드디어 시민권을 획득하게 되어 신분을 보장받았다. 그 해에는 제네바 아카데미가 개교하여 칼빈이 그토록 바라던 바였던 말씀에 충실한 목회자 훈련과 양성이 구체적으로 현실화되었다. 그는 이제 『기독교강요』의 완결된 형태를 발표함으로써 이제까지 그가 다루었던 많은 신학적 논쟁들과 제네바 교회 건설을 위한 제안들을 이 책에 담아 종합하려 했다. 이런 목적에 따라 『기독교강요』 최종판의 규모가 대폭 확장되었다. 전체 80장에 달하는 내용은 네 권으로 구분되었는데, 각 권은 사도신경의 구조를 따라 성부, 성자, 성령, 교회의 순으로 제목이 붙여졌다.⁹¹ 칼빈은 특히 이 최종판에 1550년대에 치열한 논쟁을 벌였던 내용들을 정리해 추가했다. 그 가운데는 칼빈이 성찬론과 관련해 루터파인 베스트팔과 벌인 논쟁, 그리스도의 사역과 칭의와 관련해 오시안더(Andreas Osiander, 1489-1552)와 벌인 논쟁, 그리고 삼위일체론과 관련해 세르베투스와 벌인 논쟁, 그리스도의 공로와 육체적 부활을 둘러싸고 소키누스(Laelius

---

90 Wendel, 『칼빈』, 136.
91 각 권의 제목은 다음과 같다. 1권은 "De cognitione Dei creatoris (창조주 하나님을 아는 지식에 대하여)," 2권은 "De cognitione Dei redemptoris (구속주 하나님을 아는 지식에 대하여)," 3권은 "De modo percipiendae Christi gratiae (그리스도의 은혜를 받는 방법에 대하여)," 4권은 "De externis mediis vel adminiculis (외적인 방편 혹은 도움에 대하여)."

Socinus, 1525-1562)와 벌인 논쟁들이 포함되었다.[92] 이 라틴어 최종판은 1561년 프랑스어로 번역되어 출판되었다. 칼빈은 이 라틴어 최종판의 형식이 자신이 추구했던 "가장 적합한 방식에 이른"(ad aptissimam methodum) 것이라고 평가했다.[93]

칼빈의 대표작이라고 불릴 수 있는『기독교강요』의 목적과 성격에 대해서는 다양한 의견이 제시되어 왔다. 다양한 의견들 사이의 쟁점은 이 저술을 신학적 주제에 따른 조직신학적 저술로 볼 것인가, 아니면 특정한 목적을 지향하는 실천적 저술로 볼 것인가에 있었다.[94] 그리고 칼빈의『기독교강요』를 신학적인 저술로 볼 경우 그 중심점이 어디에 있는가에 대한 논의도 있었다. 이 저술을 체계적인 신학적 저술로 보지 않고 경건이나 종교개혁을 위한 실천적이며 수사학적인 저술로 평가하고 이에 따라서 어떤 일관적 체계나 신학적 중심점이 부족하다고 평가하는 것은 정당하지 않다.[95]『기독교강요』는 틀림없이 체계적인 신학적 저술이다. 앞서 살펴보았듯이 칼빈은 이 저술을 수차례 증보하고 번역하면서 전체적 구조를 수정하고, 논거를 추가하고 문장을 수정하는 등 정교한 논증으로서의 특성을 강화했기 때문이다.

그럼에도 불구하고『기독교강요』는 그 제목인 "강요"(Institutio)가 보여주듯이 모든 신학적 주제를 망라하는 "대전"(summa)가 아니라 종교개혁이 회복하고 명확히 하려 했던 중요한 주제에 집중한다. 이런 점에서『기독

---

92 Greef, "칼빈의 저술",『칼빈 이해의 길잡이』, 81-2.
93 Institutes, "Epistola ad Lectorem," 109, OS 3: 5.
94 다양한 견해들에 대한 요약과 비판은 다음의 글을 참고하라. 문병호, "본서를 이해를 돕는 역자의 논단", 89-93.
95 William Bouwsma, *John Calvin: A Sixteenth Century Portrait* (Oxford: Oxford University Press, 1988);『칼빈: 16세기의 초상』, 이양호 역 (서울: 나단, 1993); Serene Jones, *Calvin and the Rhetoric of Piety* (Louisville: Westmisnte John Knox Press, 1995).

교강요』는 변증적이며 교육적이며, 목회적이며 실천적이다. 따라서 이 저술에서 특정한 신학적 중심점을 추출해 내고, 이를 바탕으로 특정 해석자나 특정 신학적 전통의 입장을 칼빈주의적이라고 주장하려는 시도에는 무리가 따른다. 칼빈의 『기독교강요』는 먼저 16세기 종교개혁이라는 역사적 맥락에서 해석되어야 한다. 칼빈은 스스로를 종교개혁자로 자처했으며, 베자를 비롯한 그의 동역자들도 칼빈을 종교개혁자라고 불렀다.[96]

칼빈은 프랑수아 1세에게 보낸 헌사를 심지어 1547년 국왕이 세상을 떠난 후에도 계속 『기독교강요』 증보판들의 서문으로 사용했다. 이는 이 서문이 자신의 저술 목적을 대변한다고 여겼음을 증명한다. 그는 이 서문에서 『기독교강요』의 종교개혁적 목적을 분명하게 밝힌다. "제가 이 작품을 쓴 유일한 목적은 종교에 대한 얼마만큼의 열의로 감동된 사람들이 참된 경건을 형성하는 데 필요한 어떤 근본적인 것들을 가르치려는 데 있었습니다."[97] 이는 어쩌면 『기독교강요』 저술의 목적만이 아니라, 20년이 넘도록 이 저술을 증보하면서 칼빈이 추구했던 종교개혁의 목적이기도 하다. 이 선언적인 문장에서 주목할 수 있는 용어는 "종교"(religio)와 "참된 경건"(vera pietas), 그리고 "근본적인 것들"(rudimenta), 그리고 "가르침"이다.

1.2. 참된 종교

칼빈이 여기에서 언급하는 "종교"는 근대 이후 일반화된 이 용어의 의미와 차이가 있다. 여기에서 말하는 종교는 사실상 경건과 유사한 개념으

---

[96] 베자는 칼빈 사후 발표한 전기에서 칼빈을 "우리의 개혁자"라고 불렀다. Theodore de Beze, *A Life of Calvin*, trans. Francis Sibson (Philadelphia: Wetham, 1837), 1-98.

[97] Institutes, "Praefatio," 118, "Tantum erat animus rudimenta quaedam tradere, quibus formaternut ad veram pietatem qui aliquo religionis studio tanguntur." OS 3: 9.

로서 『기독교강요』 본문에서는 다음과 같이 교호적(交互的)으로 사용된다. "물론 적절하게 표현하면, 아무 종교도 없고 경건도 없는 곳에는 하나님이 인식되지 않는다고 우리는 말할 것이다. … 왜냐하면 하나님의 능력에 대한 이러한 지각이 우리에게 경건을 가르쳐 주는 데 안성맞춤인 선생이며, 이 경건으로부터 종교가 태어나기 때문이다."[98] 종교 혹은 경건은 칼빈이 『기독교강요』뿐 아니라 자신의 저술과, 더 넓게는 자신의 사상과 사역을 통해 재조명하고 회복하려 했던 가장 중요한 주제였다. 그는 "경건" 혹은 "종교"를 다음과 같이 정의한다.

내가 경건이라고 부르는 것은 하나님을 향한 사랑과 결합된 경외심인데, 하나님의 은총을 아는 지식이 그것을 불러일으킨다. 사람들은 자기들이 모든 것을 하나님께 빚지고 있다는 것, 자기들이 그의 부성적 돌보심에 의해서 양육된다는 것, 그가 그들 자신에게 모든 은총을 베푸는 조성자시라는 것을 지각해야만 어느 것 하나도 하나님 밖에서 찾지 않게 된다. 이렇듯 전적으로 하나님을 찾기 전에는 아무도 자발적으로 복종하여 자기를 그에게 맡기지 않을 것이다.[99]

이 문장에서 "경건"과 관련해 칼빈이 강조하는 것은 세 가지이다. 첫째

---

[98] Institutes, I.2.1, "Neque enim Deum, proprie loquendo, cognosci dicemus ubi nulla est religio nec pietas … Nam hic virtutum Dei sensus nobis idoneus est pietatis magister, ex qua religio nascitur." OS.3: 34-35.

[99] Institutes, I.2.1, "Pietatem voco coniunctam cum amore Dei reverentiam quam beneficiorum eius notitia conciliat. Donec enim sentiant homines, Deo se omnia debere, paterna se eius cura foveri, eum sibi omnium bonorum esse autorem, ut nihil extra ipsum quaerendum sit, numquam ei se voluntaria observantia subiicient." OS.3: 35. 칼빈은 이어서 경건한, 혹은 종교적인 태도를 "전적으로 하나님을 찾는 것," "자발적으로 복종하여 자기를 그에게 맡기는 것," "그분 안에서 자기의 순수한 행복을 만들어 가려 하는 것," 그리고 "자기 전부를 진실하게 마음을 다하여 그분에게 바치는 것"이라고 구체적으로 설명한다.

는 지식이다. 즉, 하나님의 은총을 아는 지식 혹은 하나님만이 은총을 베푸시는 조성자라는 사실에 대한 자각으로부터 참된 경건이 가능하다는 점이다. 칼빈은 "경건한 마음"의 여러 특징들을 열거하는 가운데 무엇보다도 하나님을 바르게 아는 참된 지식을 강조한다. "우선 경건한 마음은 자기 마음대로 하나님을 몽상하지 않고 오직 한 분 참 하나님을 바라보기 때문이다."[100]

둘째는 경외심이다. 칼빈이 생각하는 경건은 근본적으로 하나님에 대한 거룩한 두려움을 의미한다. 물론 이 두려움은 심판을 향한 공포심은 아니다. 경건을 구성하는 두려움은 반드시 은혜를 베푸시는 아버지 하나님을 향한 사랑과 결합되어야 한다.

셋째는 절대성이다. 참된 경건은 "모든" 일들이 하나님께서 주신 선물이며, "모든" 은총이 하나님께서만 주시는 것임을 인정함으로써 "어느 것 하나"도 하나님 밖에서는 찾지 않으려는 태도이다. 이 태도는 일부분이 아닌 인격과 삶이 전체가 전적으로 하나님을 찾고 하나님께 복종함을 의미한다. 이런 개념은 일반적으로 종교개혁의 여러 원칙들을 설명할 때 활용되는 "오직"(sola)이라는 부사로 표현되는 이 배타적 절대성과 관련이 있다. 이 절대성은 『기독교강요』를 비롯한 칼빈의 저술 전반에 걸쳐 종교개혁이 추구하는 참된 경건과, 로마 가톨릭이 조장해 놓은 거짓 경건을 구별하는 중요한 개념으로 활용된다.

칼빈이 『기독교강요』의 서문 첫 머리부터 "참된 경건"에 대해 강조하는 것은 참된 경건과 대조되는 잘못된 경건을 비판하기 위함이다. 거짓 경건과 대조되는 참된 종교는 "하나님에 대한 진지한 경외와 결합된 믿음"

---

[100] Institutes, I.2.2, OS 3: 36.

이다.¹⁰¹ 그리고 이 참된 경건은 반드시 "합법적인 예배"(legitimus cultus)를 수반한다.¹⁰² 칼빈이 여기에서 말하는 "합법적인 예배"는 단순히 공적 예배나 성례와 같은 어떤 특정한 외형적 의식을 뜻하는 것이 아니다. 종교개혁의 궁극적인 목표로서 칼빈이 자주 언급하는 "하나님 예배"는 하나님의 은혜를 바르게 지각하는 신자들이 마땅히 하나님을 향해 가져야 할 삶의 태도 자체를 지칭하는 포괄적이며 근본적인 개념이다.¹⁰³

정리하자면 칼빈이 『기독교강요』에서 참된 경건 혹은 참된 종교에 대해 설명하려 한 목적은 기독교의 참된 종교를 왜곡하여 경건을 위협하고 있는 로마 가톨릭의 오류들을 지적하고 이를 개혁하기 위함이었다. 그러므로 종교개혁의 가장 중요한 주제는 하나님에 대한 바른 지식, 그리고 그 지식에 따라 나타나야 할 합법적인 예배였다. 이 두 가지 주제는 『기독교강요』가 집중적으로 다루는 주제였다. 칼빈은 1539년 판 『기독교강요』에 서부터 추가한 "독자에게 드리는 글"(*Epistola ad Lectorem*)에서도 "교회의 교사 직분"을 맡은 자신의 사명은 교회의 유익을 위해 "경건에 대한 순수한 가르침"을 선명하게 설명하는 것이었다고 밝힌다.¹⁰⁴

---

101 Institutes, I.2.2, "En quid sit pura germanaque religio, nempe fides cum serio Dei timore coniuncta." OS 3: 37.
102 "이 경외는 그 자체 안에 자발적인 경배를 포함하고 있다. 그리고 그 자체에 율법의 규정을 따르는 합법적인 예배가 수반된다." Institutes, I.2.2, OS 3: 37.
103 "하나님 예배"(cultus Dei)에 대해서는 칼빈이 1549년에 작성한 "교회 개혁의 참된 방식"을 다루는 제8장에서 더 구체적으로 논의할 것이다.
104 Institutes, "Epistola ad Lectorem," 110; "… nihil ex quo officium doctoris in ecclesia suscepi, mihi fuisse propositum quam eccelsiae prodesse, sinceram pietatis doctrinam asserendo." OS 3: 6.

1.3. 근본적인 문제들

하나님에 대한 바른 지식과 그에 따른 합법적인 예배야말로 칼빈이 말하려고 하는 기독교 종교의 "근본적인 것들"에 해당한다. 이 "근본적인 것들"은 성경이 가르치는 진리를 의미한다. 따라서 칼빈은 『기독교강요』를 비롯한 자신의 다른 저술들에서 성경의 가르침과 무관한 어떤 다른 교리를 설명하려 하지 않았다. 그는 "독자에게 드리는 글"에서 "성경"을 반복적으로 언급함으로써 이 점을 특별히 강조한다.

> 본서에서 저는 종교의 요체를 모든 부분에 걸쳐서 아우른 후 순서에 따라 배열함으로써 누군가 그 요체에 대한 올바른 지식을 견지하고자 할 때 성경에서 특별히 추구해야 할 것이 무엇인지와 성경 안에 담겨 있는 모든 것이 지향해야 할 목표가 무엇인지를 별 어려움 없이 확고하게 파악할 수 있도록 했습니다.[105]

칼빈이 여기에서 말하는 "근본적인 것들"이라는 개념에서 종교개혁의 근본적 원칙 가운데 하나인 "오직 성경으로"(sola scriptura)의 원칙이 그의 신학 사상에 철저하게 적용되고 있음을 확인할 수 있다.

실제로 『기독교강요』는 처음부터 독창적인 신학체계를 제시하기 위해 저술된 것이 아니었다. 이 저술은 처음부터 성경이 가르치는 내용을 더 정확하게 이해하기 위해 기획되었다. 이는 칼빈이 1536년 초판 이후 『기독

---

[105] Institutes, "Epistola ad Lectorem," 111; "… siquidem religionis summam omnibus partibus sic mihi complexus esse videor, et eo quoque ordine digessisse, ut si quis eam recte tenuerit, ei non sit difficile statuere et quid potissimum quaerere in scriptura, et quem in scopum quidquid in ea continetur referre debeat." OS 3: 6.

교강요』를 계속 증보한 목적이기도 하다. 그는 또한 이러한 목적이 자신이 동시에 진행하던 성경주석을 위한 것이라고 밝힌다. "여기서 이 길이 잘 닦여진다면, 이후에 제가 성경을 주석하는 글들을 출판하게 되더라도 긴 교리적인 논쟁들을 벌일 필요나 일반적인 주제들로 빗나갈 필요가 없어질 것이기 때문에, 언제나 개요만 간략하게 제시하면 될 것입니다."[106]

프랑수아 1세

1541년 불어판『기독교강요』에 첨부한 "본서의 주제"(Argument du présent liver)는 이 저술의 목적이 "기독교 교리의 요체"(une somme de la doctrine Chrestienne)에 대해 설명하는 것이라고 말한다. 그리고 이 작품과 성경 사이의 관계에 대해 더 상세하게 진술한다. 성경은 하나님의 말씀으로서 자명하며 충족적이다. 하나님께서는 자기 "지혜의 무한한 보화"를 성경 안에 드러내려 하셨기 때문에 성경에는 완전한 교리가 담겨져 있다. 따라서 그 누구도 성경에 "아무것도 덧붙이지 말아야 한다."[107] 따라서 칼빈은『기독교강요』가 새로운 교리를 설명하는 글이 되기보다는 다만 하나님의 자녀들에게 성경에 대한 바른 이해의 길의 문을 여는 열쇠가 되기를 바랐다. 그리고 이와 같은 이해를 바탕으로 독자들이 적극적으로 이 책에 담겨 있는 각 내용들이 성경에 부합하는지 확인해 볼 것을 추천했다.[108]

---

106 Institutes, "Epistolam ad Lectorem," 112, OS 3: 6.
107 Institutes, "Argument," 114, "Combien qu la saincte Escriture contienne une doctrine parficte, à laquelle on ne peut rien adiouster: comme en icelle nostre Seigneur a voulu desployer les Thrésors infiniz e sa Sapience." OS 3: 7.
108 "무엇보다 나는 그 사람에게 강권하지 않을 수 없는 바, 성경으로 돌아가서 내가 성경으로부터 이끌어 낸 증언들의 경중을 달아볼 일이다." Institutes, "Argument," 117, OS 3: 8.

교리는 성경의 진리에 대한 해석이며 설명이다. 교리는 그것이 진리의 해석이라는 측면에서 합리적이어야 하며 다양한 함의들을 포함해야 한다. 또 교리는 설명이라는 측면에서 명확하고 용이해야만 한다. 그러나 이 합리성과 용이성은 사람들에게서 얻을 수 있는 지지와 호응을 주된 목적으로 삼아서는 안 된다. 교리는 성경의 진리에 대한 해석과 설명이기 때문에 성경의 가르침에 부합한지 여부가 그 정당성을 결정짓는 가장 핵심적인 기준이다. 아무리 합리적이고 탁월하며 많은 호응을 얻는다고 해도 성경의 가르침과 무관하거나 심지어 성경의 진리를 왜곡한다면 그것은 결단코 좋은 교리가 될 수 없다.

1.4. 바른 가르침

"가르침" 혹은 "전달함"은 『기독교강요』의 실제적인 저술 목적이었다. 여기에서 말하는 가르침은 기본적으로 로마 가톨릭의 오류를 지적하고 그들의 비난에 대응하는 변증적인 목적을 가지고 있었다. 칼빈이 보기에 기독교 교리의 핵심에 대한 변증적 가르침은 지금 아주 절박한 과제였다. 왜냐하면 이 저술의 첫 대상이었던 모국 프랑스 안에는 그리스도를 아는 아주 적은 지식이라도 경험한 사람들이 극소수에 불과할 뿐 아니라 "사악한 자들의 광란이 여태껏 기승을 부리고" 있었기 때문이었다.[109] 따라서 칼빈은 이런 사악한 자들을 교육하고 서문의 수신인인 프랑스 국왕이 종교개혁 신학의 요점을 편견 없이 파악할 수 있도록 돕기 위하여 이 책을 저술했다고 밝힌다. "저는 그들이 행한 너무나 신랄한 밀고들이 폐하의 귀와 마음을 가득 채워서 폐하로 하여금 우리의 명분을 얼마나 혐오스럽게 여

---

109 Institutes, "Praefatio," 119, OS 3: 9.

기시게 했는지를 알고 있습니다."¹¹⁰ 칼빈은 특히 1535년 독일 뮌스터에서 과격한 재세례파들이 일으킨 혼란을 염두에 두고 있는 것으로 보인다. 그는 급진세력의 무정부주의적 폭동은 자신이 주장하는 종교개혁과 관련이 없는 일임을 힘주어 강조한다.

> 마치 우리의 교리가 지향하는 바가 왕들의 손에서 그들의 홀을 탈취하고, 모든 법정과 재판을 붕괴시키며, 모든 왕사와 정치를 전복시키며, 평화를 교란하며, 모든 법을 폐지시키며, 왕의 주권과 소유물을 흩어 버리며, 끝내 모든 것을 뒤집어엎으려는 것 외에는 아무것도 없는 듯이 모함을 일삼는, 얼마나 많은 거짓 비방들이 매일 폐하의 면전으로 상달됩니까?¹¹¹

칼빈은 이와 같은 중상모략에 맞서기 위해 두 가지 전략을 취한다. 첫째는 법학자로서의 자신의 역량을 동원해 전개하는 상식적, 법리적 설득이다. "교리를 반박하는 피의 판결들이 이유를 고지하지도 않고 내려지는 것은 폭력이며, 소(訴)의 이익도 없이 선동과 비행으로 무고를 일삼는 것은 사기입니다."¹¹²

그러나 이와 같은 법리적 논증은 이차적인 것이다. 칼빈은 변증의 핵심은 적대자들의 정당성을 무력화시키는 것보다는 참된 교리를 선명히 확인시켜 주는 것이라고 말한다. "진정 변증의 보루, 그것은 교리 자체를 부인하는 것이 아니라 참된 교리를 지키는 것입니다. 이에 대해서는 심지어 수군거리는 권한조차도 박탈됩니다."¹¹³ 『기독교강요』와 다른 저술에서 칼빈이

---

110 Institutes, "Praefatio," 120, OS 3: 9.
111 Institutes, "Praefatio," 120-1, OS 3: 10.
112 Institutes, "Praefatio," 120, OS 3: 10.
113 Institutes, "Praefatio," 121; "Id autem erat defensionis praesidium: non doctrinam

시도하는 변증적인 가르침은 사변적인 논의나 법리적 논쟁이 아니었다. 그가 취한 변증의 방향은 성경의 가르침에 기초한 기독교 교리의 요체를 명확하고 간결하게 설명함으로써 진리 자체가 스스로를 증명하게 하는 것이었다.

오늘날 기독교 신앙을 변호하고 증명하는 과제에 있어서도 칼빈과 16세기 종교개혁자들이 취했던 변증 방법은 시사하는 바가 크다. 변증을 위해서는 기독교를 모르거나 인정하지 않는 세상의 논리와 설명 방식을 차용하지 않을 수 없다. 그러나 이 과정에서 신중함이 요구된다. 우선 변증의 대상이 아직 복음을 듣지 못한 비신자들인지, 아니면 복음을 알면서도 이를 의도적으로 거부하는 불신자들인지 식별해야 한다. 복음을 처음 접하는 사람들을 향한 전도적 변증과 기독교를 반대하는 적대적인 사람들을 향한 방어적 변증은 서로 차이가 있어야 하기 때문이다. 그리고 대상이 누구이든지 간에 변증의 결론은 예수 그리스도를 믿음으로써만 얻을 수 있는 구원의 진리여야 한다는 점을 잊지 말아야 한다. 기독교 변증을 통해 적대적인 세속 사회 속에서 교회나 신자들이 일정한 사회적, 정치적 입지를 확보할 수 있겠지만 이런 입지 확보만이 남게 된다면 자칫 구원의 복음을 증거하라고 명령하신 예수 그리스도의 명령이 간과될 위험이 있기 때문이다. 대상이 누구이든 상황이 어떠하든 변증은 단순한 방어를 넘어선 전도가 되어야 한다. "너는 말씀을 전파하라 때를 얻든지 못 얻든지 항상 힘쓰라 범사에 오래 참음과 가르침으로 경책하며 경계하며 권하라"(딤후 4:2).

---

ipsam abnegare, sed pro vera tueri. Hic mussitandi quoque facultas praeciditur." OS 3: 10.

2. 참된 종교의 교리

칼빈은 『기독교강요』 서문에서 자신의 이 대표적인 저술과 자신의 전체 신학을 통해 변증하려 한 기독교의 참된 종교의 핵심적 내용이 무엇인지를 밝힌다. 칼빈이 여기에서 밝히는 참된 종교의 주요 내용은 이후 계속된 그의 많은 저술들과 제네바에서의 개혁 시도들에서도 일관된 기준과 목표로 견지되었다. 우리는 그가 서문에서 말한 참된 종교의 주요 내용을 몇 가지 교리 주제에 따라 정리할 수 있다.

2.1. 인간론

『기독교강요』 서문에서 칼빈이 가장 먼저 언급하는 신학적 주제는 인간론이다. 칼빈은 자신이 변호하려는 교리가 중요한 이유를 이 가르침이 인간의 고안물이 아니라 "살아 계신 하나님의 것이요, 아버지가 바다에서부터 바다까지와 강에서부터 땅 끝까지 다스리도록 왕으로 세우신 하나님의 기름부음 받으신 그리스도의 것이기 때문"이라고 주장한다. 그리고 이 교리의 가장 일차적인 핵심 내용으로서 인간의 현재 상황에 대한 바른 이해에 대해 진술한다. 먼저 인간은 모두 하나님 앞에서 비참한 죄인임을 인식해야 한다. 16세기 이래 개혁신학에서 가장 중요한 인간론적 요점으로 강조된 "전적 타락"의 교리는 이처럼 칼빈의 초기 저술에서부터 분명하게 제시된다. 여기에서 칼빈이 말하는 인간의 비참함은 무엇보다도 하나님 앞에서의 문제이다. 칼빈은 『기독교강요』 본문의 첫머리에서 하나님을 아는 지식과 사람을 아는 지식의 중요성을 강조할 때, 가장 먼저 이 점에 대해 다음과 같이 지적한다. "사람은 하나님의 얼굴을 묵상하고 하나님에 대한 직관적 지식을 얻음으로써 낮아져서 자기 자신을 면밀히 바라보기 전에는 결코 자기 자신을 아는 순수한 지식에 이를 수 없다."¹¹⁴ 하나님의 거룩하심과 엄연한 거룩의 명령 앞에 서게 되면 교만했던 인간은 결국 스스로가 비참한 죄인이라는 사실을 부인할 수 없다. "진정 우리 자신을 돌아볼 뿐만 아니라 이러한 심판에서 요구되는 유일한 규범인 여호와를 함께 바라볼 때, 비로소 우리 자신에 대해서 유죄 판결을 내리게 된다."¹¹⁵

따라서 인간에 대한 탐구, 혹은 자연 세계에 대한 탐구를 통해 하나님을 바르게 깨닫고 하나님께서 원하시는 참된 종교에 이를 수 있다는 적극적인 신학은 칼빈에게 낯선 것이다. 물론 일반계시에 해당하는 자연 세계나 인간 본연의 도덕성에 대한 강조는 하나님의 선하심을 고백하게 하는 요소임에는 틀림없다. 그러나 문제는 인간은 타락한 이후부터 하나님의 선하심을 발견해야 할 대상들 속에서조차 자기 자신을 높여 하나님의 은혜와 자비의 필요성을 거부한다는 점이다. "그들은 헤아릴 수 없는 하나님의 작품들로 유명한 공장과 측량할 수 없이 풍부한 능력이 가득한 상점을 동시에 자기들 속에 지니고 있다. 그럼에도 불구하고 그들은 마땅히 드려야 할 찬송을 터뜨리지 않고 거꾸로 교만이 더해져 한껏 바람이 들어 있다."¹¹⁶ 그러므로 인간들 속에 심겨져 있는 "신성의 씨앗"(semen divinitatis)에 주목하여 인간의 자연적 가능성이나 역량을 부각시키는 것은 칼빈의 인간론이 권장하는 내용이 아니다.¹¹⁷ 칼빈의 인간론은 그의 초기 신학에

---

114 Institutes, I.1.2, OS.3: 32.
115 Institutes, I.1.2, OS.3: 32.
116 Institutes, I.5.4, OS.3: 47. 1559년 라틴어 최종판에 추가된 이 내용에서 칼빈은 일반계시를 우상숭배로 전용하는 인간의 추악한 배은망덕을 반복적으로 강조한다. "그럼에도 불구하고 그들은 내적으로 그 표징들을 짓누른다. … 그럼에도 불구하고 그들은 하나님을 자연의 휘장으로 은폐한 채 내팽개치고 있다."
117 "그렇지만 실상 오늘날 이 땅은 인간의 본성에 뿌려진 신성의 씨앗을 전부 하나님의 이름을 파괴하는 데 내주기를 마다하지 않는 기괴한 영혼들을 길러내고 있다." Institutes, I.5.4, OS.3: 48.

서부터 인간의 전적 타락과 하나님을 부인하고 끊임없이 우상숭배로 향하는 인간의 교만을 분명하게 지적한다.

그러나 칼빈과 이후의 개혁신학이 일관되게 강조한 전적 타락의 교리(Doctrine of Total Depravity)는 염세주의나 비관론은 아니다. 이 교리는 인간의 교만과 배은망덕을 지적함과 동시에 하나님의 은혜가 절대적임을 강조함으로써 하나님을 향한 참된 경건을 회복하기 위한 가르침이다. 참된 경건은 하나님의 은혜를 확인하고 붙잡을 때만 가능하기 때문이다. "그러므로 하나님 앞에서는 하나님 자신의 자비 외에는 아무것도 우리를 영화롭게 할 수 없습니다. 그 하나님의 자비로 우리는 아무 공로 없이 구원을 받았습니다."[118] 전적 타락과 은혜의 절대성을 강조하는 칼빈의 인간론은 적극적인 사고를 강조하는 현대의 시각에서는 신자들의 자존감을 높이고 적극적인 삶의 동기는 증대하는 데 있어서 그다지 유용해 보이지 않을 수 있다. 그러나 그의 인간론은 자신의 존재 의미와 삶의 가치를 늘 연약하며 자주 요동하는 자신의 가능성이 아니라 변함없고 무한한 하나님의 은혜에서 찾게 함으로써 신자들에게 훨씬 더 튼튼하고 변함없는 새로운 삶의 동기를 마련하게 한다. "경건한 마음은 하나님은 선하시고 자비로우신 분이라는 것에 감동이 되었기 때문에, 확실한 신뢰를 가지고 그를 의지하며 그의 자비 속에 모든 악한 것을 치료하는 약이 준비되어 있다는 것을 의심하지 않는다."[119]

하나님의 은혜와 자비에 대한 전적 의지는 하나님 앞에서만이 아니라 사람들 앞에서의 우리의 신앙 생활도 규정한다. 물론 사람들 앞에서 "우리

---

[118] Institutes, "Praefatio," 124; "…ut, quo apud Deum gloriemur, nihil restet, praeter unam eius misericordiam, qua in spem aeternae salutis nullo nostro merito asciti simus." OS 3: 12.

[119] Institutes, I.2.2, OS 3: 36.

자신의 연약함을 인정하는 것 자체가 최고의 수치로" 여겨질 수 있음에도 불구하고 우리의 연약함과 부족함을 숨김없이 인정해야만 하는 이유는 이 인정이 있어야만 우리가 하나님의 영광을 드러낼 수 있기 때문이다. 칼빈은 『기독교강요』 서문에서 하나님의 영광을 위해 우리의 영광과 자랑을 포기해야 함을 다음과 같이 역설한다.

> 우리는 벌거벗은 것처럼 모든 능력이 결여되어 있으므로 하나님에 의해서 옷 입혀져야 하고, 우리는 선이 전체적으로 결여되어 있으므로 하나님에 의해서 채움을 받아야 하며, 우리는 죄의 노예들이므로 하나님에 의해서 해방되어야 하며, 우리는 소경들로서 하나님에 의해서 빛을 조명 받아야 하며, 절름발이들로서 하나님에 의해서 곧추세움을 받아야 하며, 불구자들로서 하나님에 의해서 지탱되어야 하며, 우리는 우리 자신을 자랑하고자 하는 각양 기회를 모두 떨쳐쳐 냄으로써 오직 하나님 자신만이 영광스럽게 높임을 받으시고 우리의 자랑거리가 되도록 해야 합니다.[120]

칼빈은 위의 진술을 인정하는 것보다 종교개혁자들의 믿음에 부합하는 더 낫고 적확한 것이 달리 없다고 주장한다. 그리고 이 진술이야말로 로마서 12장 6절에서 모든 예언을 분별하는 잣대로서 언급된 "믿음의 분수"(analogia fidei)에 따른 "믿음의 규범"(regula fidei)이라고 주장한다.[121] 즉 인간 자신에 대한 바른 이해야말로 성경을 해석하고 더 나아가 삶을 해석하는 가장 중요한 신앙의 준칙인 것이다. 종교개혁 신학이 주장하는 믿음의 규범인 성경적 인간론은 하나님 앞에서 우리들의 비참함과 전적 무능

---

120 Institutes, "Praefatio," 125, OS.3: 12-13.
121 "그렇기 때문에 이러한 믿음의 규범을 좇아 성경을 해석한다면 승리는 우리의 손 안에 있게 될 것입니다." Institutes, "Praefatio," 125, OS.3: 12.

함을 직시하고, 하나님의 은혜와 자비만을 구함으로써 하나님의 영광만 높이려 하는(soli Deo gloria) 경건에 대한 가르침이다.

2.2. 구원론

"오직 하나님께 영광"이라는 종교개혁의 목적론적 원칙은 『기독교강요』 서문에서 다루는 참된 종교의 두 번째 교리적 요점인 구원론에도 적용된다. 칼빈은 『기독교강요』 서문에서 인간론과 관련한 진술에 이어 참된 종교가 취하는 구원론의 핵심 내용에 대해 다음과 말한다. "'자기 아들을 아끼지 아니하시고 우리 모든 사람을 위하여 내주신 이'(롬 8:32)가 되실 만큼 우리를 향한 형언할 수 없는 사랑을 베푸신 아버지에게서 확신 가운데 모든 것이 복되고 번성하기를 기대하는 것보다 더욱 믿음에 부합되는 것이 달리 어디에 있겠습니까?"[122] 이처럼 참된 종교를 회복하기 위한 바른 구원론은 예수 그리스도의 대속의 은혜를 강조하고 그 구원의 은혜를 소망하는 것이다. 이를 위해서는 특히 이 은혜에 대한 정확한 지식의 중요하다.[123] 참된 종교는 구원의 은혜에 대한 바른 지식에 기초하기 때문이다. 칼빈과 이후 개혁파 신학이 신앙의 지적인 측면을 많이 강조했다는 해석은 다소 치우친 측면이 있지만 전혀 근거가 없지는 않다. 무엇보다도 칼빈이 『기독교강요』의 첫머리를 하나님을 아는 지식과 우리 자신을 아는 지식이라는 주제로 시작한 점, 그리고 1559년 라틴어 최종판의 각 권의 제목에 "지식"(cognitio)라는 단어를 포함시킨 점을 주목할 수 있기 때문이다. 다

---

[122] Institutes, "Praefatio," 126, OS 3: 13.
[123] "그 속에 존귀한 보화가 숨겨져 있는 그리스도를 아버지가 주셨다는 사실을 구원과 영생에 대한 확실한 소망을 의지하고 신뢰하는 가운데 아는 지식보다 더욱 믿음에 부합되는 것이 달리 어디에 있겠습니까?" Institutes, "Praefatio," 126-7, OS 3: 13.

만 그가 여기에서 말하는 "지식"은 단순한 지적 이해나 인정이 아니라 하나님을 향한 진정한 경건으로만 이를 수 있는 깨달음이다. "물론 적절하게 표현하면, 아무 종교도 없고 경건도 없는 곳에는 하나님이 인식되지 않는다고 우리는 말할 것이다."[124] 바른 이해와 타당한 교리는 그 자체로 의미를 갖는 것이 아니라 참된 종교와 경건의 회복을 위한 기본적인 조건으로서 그 의미를 갖는다.

칼빈은 참된 종교를 위한 바른 구원론의 정립이 중요하다고 강조하면서 중세 로마 가톨릭 신학자들이 성경적 근거 없이 구원론과 관련해 전개해 놓은 사변적 개념들을 열거함으로써 책의 본론에서 이 개념들이 비판될 것을 예상하게 한다. "우리의 반대자들은 … 우리가 이러한 방식으로 개념조차 모호한 '자연의 맹목적 빛', '가공적 준비', '자유의지', '영원한 구원에 이르는 공로적 선행,' 심지어 '잉여 공로'라고 칭해지는 자기들의 교리를 전복시켰다고 불평합니다."[125]

칼빈은 『기독교강요』 서문에서 로마 가톨릭 구원론이 어떤 점에서 문제가 있는지를 간략하게 지적한다. 첫째, 로마 가톨릭의 구원론은 구원과 영생에 대한 확신을 부인함으로써 신자들의 양심을 속박한다. "여기서 우리의 반대자들은 이러한 확신에 대한 확실성을 말하는 우리에게 교만과 억측이 없지 않다고 강변합니다."[126] 구원의 확신이 가능한지에 대한 문제는 종교개혁 시대 로마 가톨릭 진영과 종교개혁 진영 사이의 가장 중요한 논쟁점이었다. 로마 가톨릭은 구원의 확신은 이 세상을 사는 동안 불가하며 항상 교회의 지도와 공로적 행위를 통해 구원을 완성해 가는 삶의 과정이

---

[124] Institutes, I,2,1, "Neque enim Deum, proprie loquendo, cognosci dicemus ubi nulla est religio nec pietas." OS.3: 34. 이 문장은 1559년 라틴어판에서 추가된 것이다.

[125] Institutes, "Praefatio," 126, OS.3: 13.

[126] Institutes, "Praefatio," 127, OS.3: 13.

있을 뿐이라고 가르쳤다. 칼빈은 로마 가톨릭 구원론을 비판하면서 1545년에 개최된 트렌트 회의가 결정한 공식 교령을 다음과 같이 비판했다.

> 유일한 논점은 우리가 하나님의 목전에서 어떻게 의롭게 여겨지는가이며, 우리에게 의를 얻게 해 주는 우리의 믿음은 그 의를 어디에서 찾아야 하는가이다. … 즉, 하나님이 우리에게 관대해지신 것은 그리스도의 죽음 때문이라는 것과, 우리가 그의 목전에 의롭게 여겨지는 것은 그리스도의 희생으로 우리의 죄가 사해지기 때문이라는 것이다.[127]

종교개혁자들은 로마 가톨릭의 구원론을 반대하면서 하나님의 은혜에 대한 깨달음을 통해 구원을 확신할 수 있다고 주장했다. 이 확신이야말로 이신칭의 교리의 가장 중요한 목적이며, 성령께서 하나님의 자녀들에게 주시는 가장 큰 위로와 소망이다. "더 나아가 믿음은 더욱 완전하고 요동치 않는 확실성을 요구한다. … 성령이 우리가 위에서 언급한 바 있는 질병을 치유하기 원하시는 것은 하나님이 약속하신 것들에 대한 완전한 믿음을 우리가 가지도록 하시기 위함이다."[128]

참된 종교는 진리에 대한 무지나 무시, 경멸이 있는 한 불가능하다. "그들은 성경에 의해서 전승된 참된 종교(vera religio)가 우리 가운데 확고하게 서야 함에도 불구하고 자기 자신들과 다른 사람들이 그것에 대해 무지하거나, 그것을 무시하거나, 그것을 경멸하는 것을 쉽게 허용합니다."[129] 따라서 로마 가톨릭이 인정하는 "불명확한 믿음"(fides implicita)은 가장 부

---

[127] "트렌트 공의회 법령과 해독제", 『칼뱅작품선』 4: 259-260, CO.7: 450. 이 내용은 이 저술을 분석하는 제7장에서 다룰 것이다.
[128] Institutes, III.2.15. OS.4: 25.
[129] Institutes, "Praefatio," 128, OS.3: 14.

당한 교리이다.[130] 부당한 "불명확한 믿음" 교리는 로마 가톨릭이 자신들의 권세를 보존하기 위해 하나님의 영광을 모욕한 결과이다. "그들은 자기들이 가한 모욕들로 인해 하나님의 영광이 더럽혀졌음을 깨닫게 되는 경우에도 실제로 괴로워하지 않습니다. 누군가 사도적 교구의 수위권과 거룩한 어머니 교회의 권위에 대항해서 손가락을 쳐들지 않는 이상 말입니다."[131]

둘째, 로마 가톨릭의 잘못된 구원 교리는 하나님의 영광에 큰 손상을 입힌다. "이는 모든 선, 능력, 의, 지혜에 대한 찬양과 영광이 순전히 하나님께만 머문다는 사실을 그들이 용인할 수 없기 때문입니다."[132] 칼빈이 보기에 로마 가톨릭 종교는 "부엌 종교"(culina religio)에 불과하다. "그 이유는 단지 그들의 신은 배이기 때문입니다. 달리 표현하면 부엌이 그들의 종교이기 때문입니다. 부엌을 없애 버리면 자기들이 그리스도인이 될 수 없을 뿐만 아니라 사람조차 될 수 없을 것이라고 믿기 때문입니다."[133] 로마 가톨릭의 부엌 종교를 거부하고 참된 종교를 세우고자 하는 종교개혁의 구원론은 예수 그리스도의 대속의 은혜를 분명하게 이해하고 믿음으로써 하나님의 영광을 가장 확실하게 높이는 성경적인 가르침이었다.

구원론을 인간론의 차원에서 이해하면 성경의 가르침에 충실한 이해에 이르기 어렵다. 즉, 하나님의 전적인 은혜에 의해 예수 그리스도의 의를 전가 받았다는 칭의의 측면만을 일방적으로 강조한다면 자칫 믿음과 순종의 반응을 약화시키는 방만한 신앙생활을 조장할 수 있다. 반대로 그리스도

---

130 "그들은 교회의 판단에 비추어 볼 때 누군가 자기들이 말하는 불명확한 믿음을 흡족하게 가지고 있다고 여겨지기만 하면 정작 그가 하나님과 그리스도를 믿은 믿음을 올바르게 견지하고 있는지 없는지에 대해서는 거의 문제 삼지 않습니다." Institutes, "Praefatio," 128, OS 3: 14.
131 Institutes, "Praefatio," 128, OS 3: 14.
132 Institutes, "Praefatio," 126, OS 3: 13.
133 Institutes, "Praefatio," 129, OS 3: 14.

를 닮아 의로움과 거룩함을 이루어 가야 한다는 성화의 측면만을 일방적으로 강조한다면 구원의 확실성을 약화시키고 율법주의적인 신앙생활을 조장할 수 있다. 이와 같은 오류를 방지하기 위해서는 칭의와 성화의 구별되지만 불가분리적인 관계에 대한 신학적 설명이 중요하다. 즉, 칭의가 성화의 기초이며 시작점이지만 이 둘이 분리되는 단계가 아니라 모두 그리스도와의 연합 가운데 이루어지는 하나님의 구원 은혜의 분리되지 않는 측면이라는 점이 잘 이해되어야 한다.[134] 그보다 앞서 칭의와 성화 모두 그 목적이 우리들의 천국의 상급이나 지상의 복락이 아니라 하나님의 영광이라는 점이 항상 명확하게 강조되어야 한다. 우리는 천국에서 영원히 복되게 살기 위해서만 구원을 받은 것이 아니라 하나님의 영광의 찬송이 되기 위해 구원을 받았기 때문이다. "그 기쁘신 뜻대로 우리를 예정하사 예수 그리스도로 말미암아 자기의 아들들이 되게 하셨으니, 이는 그의 사랑하시는 자 안에서 우리에게 거저 주시는 바 그의 은혜의 영광을 찬미하게 하려는 것이라"(엡 1:5-6).

2.3. 교회론

칼빈은 『기독교강요』 서문에서 자신의 교회론을 개략적으로 전개한다. 여기에서 그가 밝히는 종교개혁적 교회론의 특징은 교회의 가시적 측면만 인정하는 로마 가톨릭의 주장과 대비되는 비가시적 교회에 대한 설명이라는 점에 있다. "주님은 오직 자기 외에 자기 백성을 아는 자가 없으므로 (딤후 2:19) 때로는 사람의 눈을 감추어서라도 자기의 교회에 관한 외부적인

---

[134] 칼빈의 구원론에 있어서 칭의와 성화에 대한 정당한 해석에 대해서는 다음의 글에서 다루었다. 김요섭, "하나님의 주권적 은혜: 칼빈의 구원론의 구조와 요점", 김요섭 외 5인 공저, 『성경의 구원과 오늘의 한국교회』(광주: 파피루스, 2019), 145-188.

지식을 사람이 갖지 못하도록 하십니다."[135]

여기에서 교회의 가시적 측면이란 교회 직제, 성례, 그리고 교회와 국가와의 관계와 같은 지상교회에서 확인할 수 있는 요소들을 의미한다. 이와 대비되는 교회의 비가시적 측면이란 교회의 영적 기초로서의 하나님의 선택, 예수 그리스도의 주권적 통치, 신자들의 영적 공동체로서의 교회의 영속성과 같은 요소들을 뜻한다.[136] 대부분의 종교개혁자들은 교회의 가시적 측면을 무시하지 않았다. 칼빈 역시『기독교강요』를 여러 차례 증보하면서 특별히 교회의 가시적 측면과 관련한 논의를 많이 추가했다.[137]

그러나 종교개혁자들은 교회의 가시적 측면 가운데 교황을 수위에 둔 사제위계체제를 교회의 근간으로 여기는 로마 가톨릭의 교회론을 반대했다. 칼빈은 이와 같은 입장을 서문에서 분명히 밝힌다. "그러나 우리의 반대자들은 진리와 매우 동떨어져서 육신의 눈으로만 교회를 알고자 하고, 절대 가두어 놓을 수 없는 교회를 어느 한계에 묶어 두려고 시도하고 있습니다."[138] 칼빈은 이어지는 서술에서 로마 가톨릭이 주장하고 있는 특정한 제도를 지적하여 이처럼 가시적 교회만을 인정하는 교회론을 분명하게 거

---

[135] Institutes, "Praefatio," 147, "Quin potius permittamus hoc Domino, ut quando ipse solus novit qui sui sint, interdum etiam Ecclesiae suae exteriorem notitiam ab hominum aspectu auferat." OS.3: 24.

[136] "이와는 달리 성경에서 '교회'라는 이름은 자주 한 분 하나님과 그리스도를 예배한다고 고백하는, 세계에 흩어진 사람들의 모든 무리를 가리킨다. 세례로써 그리스도를 믿는 믿음이 시작되었음에 대한 인침에 있게 되고, 성찬에 참여함으로써 참된 교리와 사랑에 있어서의 하나 됨이 입증되며, 주님의 말씀 안에서 일치가 있으며, 말씀의 선포를 위하여 그리스도가 제정하신 사역이 보존된다." Institutes, IV.1.7, OS.5: 12.

[137] 한 예로 칼빈은 가시적 교회의 중요성과 관련해 다음의 문장을 1559년 라틴어 최종판에 추가했다. "왜냐하면 하나님은 교회의 사역과 수고로써 자기의 말씀에 대한 선포가 순수하게 보존되기를 원하셨을 뿐만 아니라, 우리에게 영적인 양식을 먹이시고 우리의 구원을 위하여 유익한 모든 것을 우리에게 베푸시면서 자기를 우리의 아버지로 나타내고자 원하셨기 때문이다. … 이로부터 귀결되는 바, 교회를 떠나는 것은 하나님과 그리스도를 부인하는 것이다." Institutes, IV.1.10, OS.5: 15.

[138] Institutes, "Praefatio," 144, OS.3: 23.

절한다.

우리의 논지는 다음 두 문지도리를 축으로 돕니다. 첫째, 그들은 교회의 체제는 언제나 밝히 드러나며 목도될 수 있다고 주장합니다. 둘째, 그들은 교회의 체제 자체를 로마 교회의 교황청과 고위 성직자들의 직제 위에 수립합니다. 우리는 이와 정반대의 입장에 서서 교회는 밝히 드러나는 어떤 체제에 의해서 세워질 수 없으므로 외형적인 광채에 이끌려 교회의 체제를 숭배하는 것은 어리석다고 주장합니다.[139]

칼빈은 구체적으로 로마 가톨릭이 내세우는 제도적 본질의 내용을 조목조목 비판한다. "사도적 교구를 차지한 로마의 대사제와 그에 의해서 기름부음을 받고 주교관과 주교장으로 성별된 주교들은, 교회를 대표하고 교회를 위해서 없어서는 안 되므로, 오류를 범할 수 없다고 그들은 말합니다."[140] 칼빈은 성경에서 아론과 그의 아들들이 성별된 제사장들이었음에도 불구하고 금송아지를 만드는 잘못을 범한 사례와, 아합을 속였던 사백 명의 선지자들, 예레미야에게 대적했던 거짓 선지자들, 그리고 예수님을 죽이려 모의한 제사장들과 서기관들과 바리새인들의 예를 들어 성별된 직분이 교회의 본질과 정체성을 확증하지 못한다고 주장한다.[141] 역사적으로는 바젤 회의를 통해 폐위된 교황 에우게니우스 4세(Eugenius IV, 재위 1431-1447)를 대신해 새로 교황이 된 아마데우스의 경우를 사례로 들어 교황의 존재 자체가 참된 교회의 존속을 보장해 주지 않는다고 주장한다.[142] "허울

---

[139] Institutes, "Praefatio," 145, OS.3: 23-24.
[140] Institutes, "Praefatio," 148, OS.3: 25.
[141] Institutes, "Praefatio," 149, OS.3: 25.
[142] "아마데우스처럼 반역적이고 완고한 이단자들로부터 이후의 모든 교황, 추기경, 주교, 수도

뿐인 교회라는 이름을 내걸고 오랫동안 세상을 향하여 거만을 떨어 왔지만 실제로는 교회에 치명적인 역병이었던 사람들은 교회가 외적인 자랑거리들에 의해서 좌지우지되지 않는다는 반증이 되는 풍부한 자료들을 우리에게 제시할 수 있을 것입니다."[143]

교회의 본질은 로마 가톨릭이 주장하는 것과 같이 성별된 직분자들이나 특정한 체제에 달려 있는 것이 아니다. 교회의 본질과 정체성은 교회의 유일한 머리이신 예수 그리스도의 통치에 달려 있다. "우리가 의심 없이 믿어야 할 바는 그리스도가 언제나 땅을 다스려 오셨다는 사실입니다."[144] 칼빈은 그리스도의 통치가 교회의 정체성의 기초라고 주장하면서 특히 비가시적 교회의 영속성을 강조한다. "진실로 그리스도가 아버지의 우편에서 다스리시는 한, 그리스도의 교회는 살아 건재하여 왔으며, 여전히 살아 있을 것입니다. 교회는 그리스도의 손으로 존속되고, 그의 보호로 무장되며, 그의 능력으로 강해집니다. 의심할 나위 없이 그는 일단 일을 맡으시면 반드시 성취하십니다."[145]

그리스도의 영적인 통치가 교회의 정체성의 기초라는 점은 교회의 지체인 성도들이 두 가지 의무를 부여받았음을 의미한다. 첫째, 예배 공동체이자 제도적으로 드러나야 하는 가시적 교회는 비가시적 교회, 즉 예수 그리스도의 영적인 통치를 위한 사역을 충실히 수행해야 한다. 칼빈은 가시

원장, 사제가 나왔습니다. ⋯ 이러하니 어느 편에 교회의 이름을 두어야 합니까?" Institutes, "Praefatio," 150, OS.3: 25. 사부아 공작 아마데우스 8세(Amadeus VIII of Savoy, 1383-1451)는 바젤 공의회의 추대를 받아 1439년 교황 펠릭스 5세로 즉위했지만 대립교황으로서 일부 지역의 지지만 받았고, 결국 1449년 퇴위했다.

143 Institutes, "Praefatio," 150-1, OS.3: 26.

144 Institutes, "Praefatio," 146, "Nec dubium nobis esse debet quin semper in terris regnaverit Christus ex quo caelum ascendit." OS.3: 24.

145 Institutes, "Praefatio," "Vixit sane Christi Ecclesia, et vivet quandiu Christus regnabit ad dexteram Patris: cuius manu sustinetur, cuius praesidio defenditur, cuius virtute suam incolumitatem retinet." OS.3: 23.

적 교회가 담당해야 할 본질적 사역 두 가지를 가시적 교회들의 진위를 분별하는 두 가지 표지로 삼는다. 이 두 표지는 "하나님의 말씀의 순수한 선포"와 "성례의 합법적인 거행"이다.[146] 칼빈은 『기독교강요』 본문에서 이 두 가지 표지를 제시함으로써 지상의 교회들이 그리스도의 통치를 선포하고 구현하기 위해 담당해야 할 두 가지 사역의 중요성을 강조한다. "만약 무리 가운데 말씀의 사역이 있고 그 사역이 영예롭게 여겨지며 성례들이 거행되고 있다면, 그 어떤 의심의 여지도 없이 그곳에는 교회가 있다고 여기고 간주해야 함이 마땅하다. 왜냐하면 이러한 것들에는 열매가 없지 않음이 확실하기 때문이다."[147]

이 두 사역을 표지로 삼아 볼 때, 잘못된 구원 교리를 가르치며, 우상숭배적인 성례를 시행하는 로마 가톨릭은 참된 교회가 아니다. "자기의 진리에 복종하기를 원치 않고 자기의 빛을 꺼뜨려 버린 자들이 눈이 멀어 어리석은 거짓말에 희롱당하고 짙은 어두움에 잠겨서 고난을 받게끔 하셨고, 끝내 그들에게 참 교회의 어떤 모양도 존재하지 않도록 하셨습니다."[148]

둘째, 교회의 비가시적 본질을 인정하면 모든 신자들은 교회를 다스리는 주권이 전적으로 하나님께 있음을 증거해야 한다.[149] 하나님의 전적인 주권은 교회가 가시적으로 잘 보이지 않을 때에 먼저 성도들에게 회개와 반성을 촉구한다. "저는 이것이 땅 위에 미치는 하나님의 무서운 징벌임을 인정합니다. 사람들의 불경건에는 마땅히 심판이 따라야 할진대, 하나님의

---

[146] "오히려 교회에는 전혀 다른 표지가 있으니 곧 하나님의 말씀의 순수한 선포와 성례의 합법적인 거행으로 이루어집니다." Institutes, "Praefatio," 146, OS 3: 24.

[147] Institutes, IV.1.9, "… quae si ministerium habet verbi, et honorat, si sacramentorum administrationem: Ecclesia proculdubio haberi et censeri meretur: quia sine fructu illa non esse certum est." OS 5: 14.

[148] Institutes, "Praefatio," 148, OS 3: 25.

[149] "우리는 이를 주님께 맡겨야 합니다." Institutes, "Praefatio," 147, OS 3: 24.

의로운 징벌에 맞서려 들 이유가 어디에 있겠습니까?" 그러나 이 회개와 반성의 끝은 낙심과 좌절이 아닌 인내와 소망이다. 왜냐하면 비록 하나님의 통치와 보호가 우리들의 눈에 선명하게 보이지 않는다고 해도 "어둠 가운데에서도 주님은 흩어져 숨어 있는 자기 백성을" 지키시기 때문이다.[150]

참 종교를 위한 종교개혁적 교회론의 쟁점은 사제들의 도덕성이나 교회 제도의 효율적 운영의 문제가 아니었다.[151] 문제의 궁극적 원인은 교회의 가시적 요소인 특정한 제도적 정체성만을 내세우는 로마 가톨릭 교회론이었다. 칼빈은 로마 가톨릭이 "교회를 교회 되게 하는 것이라고 칭하는 그것, 바로 그 교리가 영혼의 치명적인 도살이자 교회를 태우는 불, 교회의 폐허, 교회의 죽음"이라고 규정한다. 참된 종교를 세우기 위한 올바른 교회론은 교회의 외형적 자랑거리를 늘어놓거나 강화하려 하지 않고, 도리어 예수 그리스도의 주권적 통치를 인정하고 그 통치에 합당하게 말씀의 진리를 선포하고 합당하게 성례를 집행하는 참된 교회를 회복하려는 성경적 이해이다. 그리고 비록 확실하게 눈에 보이는 교회의 회복과 성장이 없다 할지라도 머리이신 예수 그리스도의 보호와 인도하심을 믿고 인내하는 것이 바른 교회론의 합당한 귀결이다. 이런 점에 있어서 칼빈의 종교개혁적 교회론은 그리스도의 주권을 강조하는 기독론적 교회론이며, 그리스도의 주권에 따라 교회가 회복될 것을 기대하는 소망의 교회론이라고 평가할 수 있다.

---

[150] "왜냐하면 주님은 바벨톤의 혼란 자체와 격렬히 타는 풀무불 이 둘 모두로부터 자기 백성을 지키는 방법을 알고 계셨기 때문입니다." Institutes, "Praefatio," 148, OS 3: 25.

[151] 칼빈은 당대 교회의 도덕적 문제에 대해서는 상세하게 언급하지 않겠다고 말한다. "굳이 저는 이곳에서 그들의 삶 전체에 가득한 부도덕한 행위들과 비극적인 비행들에 대해서 일일이 말하지 않겠습니다." Institutes, "Praefatio," 151, OS 3: 26. 그러므로 16세기 종교개혁을 당시 만연한 교회의 부패와 고위성직자들의 타락에 대한 개혁의 노력이었다고 정의하는 것은 지나치게 협소한 해석이다.

2.4. 국가론

국가론은 16세기 종교개혁이 추구했던 참 종교와 직접적인 연관이 없는 주제로 보일 수도 있다. 그러나 국가의 본질과 역할에 대한 논의는 칼빈의 종교개혁 신학 전체에서 볼 때 중요한 의미를 가지고 있다. 그는 『기독교강요』의 1536년 라틴어 초판의 가장 마지막 장에서 "그리스도인의 자유"라는 제목으로 시민정부에 대해 논의했다. 국가에 대한 논의는 1559년 라틴어 최종판에서는 "하나님이 우리를 그리스도의 공동체에 초청하시고 그 안에 머물게 하시는 외적인 방편과 도움"이라는 제목을 가진 마지막 제4권의 가장 마지막 제20장에 배치되었다.[152] 이 주제에 대한 칼빈의 이와 같은 일관된 배치는 그가 기독교의 참 종교를 설명함에 있어 국가론을 결론적인 주제로 여겼음을 의미한다.

더 일차적으로는 칼빈이 『기독교강요』 서문을 세속군주인 프랑수아 1세에게 헌정했다는 사실로부터 그가 종교개혁을 개인적, 교회적 문제로 제한하지 않고 세속사회의 구조까지 포괄하는 문제로 여겼다고 볼 수 있다. 이는 이 저술을 처음 작성할 당시 발생한 정치적 상황과 무관하지 않다. 앞서 언급했듯이 1534년부터 1535년까지 독일 뮌스터에서 발생한 급진적 재세례파의 무정부주의 운동은 종교개혁자들에게 큰 위협이 되었다. 이 사건으로 인해 로마 가톨릭 진영은 종교개혁 전체가 무정부적이며 무질서한 위험한 운동이라고 공격했다. 이런 상황 속에서 『기독교강요』는 종교개혁이 추구하는 참 종교의 회복이 국가를 향해 어떤 이해와 입장을 가지고 있는지 밝혀야만 했다. 『기독교강요』 서문은 종교개혁이 무정부주의

---

[152] Institutes, IV, "De externis mediis vel adminiculis, quibus Deus in Christi societatem nos invitat, et in ea retinet." OS.5: 1; Institutes, IV.20. "De politica administratione." OS.5: 471.

적이거나 혁명적인 정치 운동이 아니라는 점을 분명히 밝힌다.

> 그들은 우리가 나라를 전복시키려는 궁리를 하고 있다고 여기는데, 과연 그렇습니까? 우리는 우리 중에 어느 누가 하는 단 한마디의 선동적인 말도 들은 적이 없었고, 폐하 치하의 고요하고 순박한 삶을 언제나 받아들였으며, 비록 고향으로부터 떨어져 망명객이 되었지만 폐하와 폐하의 나라의 전적인 번영을 위하여 기도하기를 쉬지 않았습니다.[153]

진정한 종교개혁은 고난과 핍박을 마주했을 때 이를 정치적으로 대응하는 것이 아니라, 오히려 겸비하게 하나님께서 약속하신 영적인 평화를 추구하고, 이 땅의 나그네로서 피난의 삶을 선택하는 것이었다. 칼빈은 지금 자신이 프랑수아 1세에게 바라는 것은 왕이 종교개혁자들을 향해 등을 돌리고 그들을 경원시하며, 심지어 그들을 향해 분노를 불태우고 있는 마음을 가라앉혀서 차분히 종교개혁의 대의를 듣게 되는 것이라고 말한다. "만약 폐하께서 한 차례 그 고백을 평온하고 침착하게 읽게 되신다면 우리는 폐하의 은혜를 다시 얻을 수 있으리라 확신합니다."[154]

그럼에도 불구하고 『기독교강요』 서문에서 발견할 수 있는 칼빈의 정치사상은 일방적으로 타계적이고 수동적인 것은 아니다. 그는 참 종교의 회복을 위해 군주가 가져야 할 지식과 취해야 할 태도가 무엇인지에 대해서 적극적으로 설명한다. 먼저 군주는 세 가지 지식을 갖추고 있어야 한다.

어떻게 하나님의 영광이 손상되지 않고 땅 위에서 계속될 것인지, 어떻게 하

---

[153] Institutes, "Praefatio," 156, OS 3: 29.
[154] Institutes, "Praefatio," 158, OS 3: 30.

나님의 진리가 그 고상함을 유지할 것인지, 어떻게 그리스도의 나라가 회복되어 은밀하게 우리 가운데 머물 것인지에 대하여 들으시는 것이 폐하께 합당하고 폐하의 지식에 합당하며, 폐하의 보좌에 합당합니다.[155]

종교개혁자들은 세속국가와 관련된 사안들도 그리스도의 나라의 통치권이 미치는 영역에 포함시켰다. 다만 교회가 주로 담당하는 그리스도의 나라의 영적 통치 영역과 국가가 주로 담당하는 그 나라의 시민적 통치 영역의 구별을 중시했다. "그러나 영혼과 육체 사이와, 현세의 이 지나가는 삶과 미래의 저 다가올 삶 사이를 구별할 줄 아는 사람이라면 그리스도의 영적인 왕국과 시민적 국가의 관할권이 서로 간에 전적으로 별개의 사안이라는 사실을 별 어려움 없이 이해하게 될 것이다."[156] 만일 이 구별을 제대로 인식하지 못한다면 그리스도의 나라의 종말론적 특징이 무시되고, 그 결과 신자들과 교회는 지상의 이해관계에 매몰되어 참된 경건을 추구하지 못하게 될 수 있다. "지금 우리 가운데 존재하는 하나님의 나라가 현세의 삶을 소멸시키고 만다면 이 모두가 헛되다는 것을 나는 인정한다. 하나님의 뜻은 우리가 참된 본향을 갈망하면서 지상을 순례하는 데 있다."[157] 칼빈과 종교개혁자들은 세속의 영역과 영적 영역의 구별과 관련해 당시 로마 가톨릭이 이 구별을 의도적으로 무시함으로써 교회가 세속적 기관으

---

155 Institutes, "Praefatio," 123, OS.3: 11.

156 Institutes, IV.20.1, "At vero qui inter corpus et animam, inter praesentem hanc fluxamque vitam et futuram illam aeternamque discernere noverit, neque difficile intelliget, spirituale Christi regnum et civilem ordinationem res esse plurimum sepositas." OS.5: 471-472. 볼스터(Vorster)는 두 왕국을 구별하는 칼빈의 견해가 구별되나 분리되지 않는 영혼과 육체의 관계 이해로부터 나온 것으로 보고, 칼빈이 여기에서 그의 인간론에서와 마찬가지로 두 구별된 부분의 상이성보다는 차이에도 불구하고 긴밀한 연합에 이루어지는 일치성(unity)에 무게를 둔다고 말한다. Nico Vorster, *The Brightest Mirror of God's Works: John Calvin's Theological Anthropology* (Eugene: Pickwick, 2019), 137-140.

157 Institutes, IV.20.2, OS.5: 473.

로 변질되었다고 비판했다.¹⁵⁸

다른 방향에서 볼 때, 세속군주 역시 이 구별을 망각하여 착각에 빠질 수 있음을 인식하고 주의를 기울여야 한다. 칼빈은 교회의 신자들과 더불어 세속국가의 군주들도 참 종교의 영적인 성격을 인정해야 함을 강조한다. 그리고 군주들은 스스로 통치자가 된 것이 아니라 유일한 최고의 통치자이신 하나님의 "사역자"에 불과함을 깨달아야 한다고 조언한다. 이 깨달음이 참된 왕이 될 수 있는 첫 번째 조건이다. 칼빈은 이 조언 후에 강력한 경고를 덧붙인다. "이로 미루어 보건대, 나라를 다스리되 하나님의 영광을 위해 섬기지 않는 왕은 다스리는 것이 아니라 강도질을 하는 것입니다. 부연하자면, 자기의 나라가 하나님의 홀, 즉 하나님의 거룩한 말씀으로 다스려지지 않는데도 끝없이 번영하리라고 기대하는 왕은 어리석습니다."¹⁵⁹ 정리하면 칼빈이 제시하는 참된 왕의 신앙적 책무는 자신이 통치하는 나라가 하나님의 말씀에 의해 잘 다스려짐으로써 하나님의 영광이 분명하게 드러나게 하는 것이다. 이는 하나님께서 군주뿐 아니라 모든 시민정부에게 부여하신 공통된 의무이다.

> 시민 정부의 목적은, 우리가 사람들 가운데서 살아가는 동안, 하나님께 드리는 외적인 예배를 지원하고 보호하며, 경건에 대한 건전한 교리와 교회의 위치를 변호하며, 우리의 삶을 사람들의 사회에 적응시키며, 우리의 시민적 관습을 시민적 의에 따라 형성하며, 우리를 서로 간에 화목하게 하며, 공공의

---

158 "그런데 주교들이 아무 짐도 지지 않고 아무 고생도 없이 자기들의 직무에 따르는 칭호와 영예와 부를 움켜쥘 수 있는 명분이 고안되었다. 다만 그들이 완전히 한가하게 쉬지는 못하도록 이후에 칼의 권세가 그들에게 부여되었다. 아니 그들이 스스로 그것을 강탈하였다." Institutes, IV.11.9, OS.5: 204.

159 Institutes, "Praefatio," 124, OS.3: 11.

화평과 평안을 육성하는 데 있다.¹⁶⁰

　그렇다면 과연 프랑수아 1세는 자신에게 헌정된 이 서문을 읽고 어떤 영향을 받았을까? 불행히도 프랑수아 1세가 이 서문이나『기독교강요』를 읽고서 자신의 종교정책에 변화를 주었다는 증거는 발견하기 어렵다. 이전과 동일하게 프랑수아 1세는 그의 통치기 내내 정치적 이해관계를 따라 종교개혁을 억압했다. 칼빈은 이미 프랑수아 1세의 종교정책이 크게 변하지 않을 것을 예상한 것으로 보인다. 그는『기독교강요』초판에서부터 군주의 역할에 대한 자신의 제안이 다른 목적을 가지고 있다고 밝혔다. "여기서 내가 통치자들의 직분을 설명하는 이유는 그들 자신을 교훈하고자 해서가 아니라 다른 사람들에게 그들이 누구이며 어떤 목적으로 하나님에 의해 세움 받았는지를 가르치려는 데 목적이 있기 때문이다."¹⁶¹ 이 말로 미루어 볼 때, 칼빈이 자신의 여러 저술들에서 세속 통치에 대해 다룬 목적은 인문학자로서 새로운 정치 이론을 제시하거나, 이를 통해 세속적 영향력을 확대하고 정치적 변혁을 이루려 함이 아니었음을 알 수 있다. 그가 제시한 정치적 논의의 목적은 그리스도의 나라에 속한 신자들이 참된 종교를 억압하는 세속 사회 속에서 어떻게 바른 경건을 지킬 수 있는지를 가르치는 것이었다. 신자들이 가져야 할 바른 경건은 고난을 감수하며 진정한 통치자이신 그리스도에게 순종하는 삶의 고백이다. "우리는 경건을 버리기보다는 차라리 무슨 일에든지 고난을 당하는 편이 주님이 요구하시는 순종을 다하는 것이라는 생각을 가지고 위로를 삼도록 하자."¹⁶²

160　Institutes, IV.20.2, OS.5: 473.

161　Institutes, IV.20.9, OS.5: 481.

162　Institutes, IV.20.32, OS.5: 502. 칼빈이『기독교강요』제4권 제20장에서 많은 분량을 할애하여 다루는 악한 독재자에 대한 신자의 순종의 의무 역시 정치적 논의라기보다는 참된 경건에 대한 교훈이라고 말할 수 있다. 이는 로마서 주석에서도 강조된다. "어떤 악이 동반된다 하

칼빈의 국가론 혹은 정치신학은 참된 경건의 회복과 이를 위한 그리스도의 몸인 교회의 개혁을 목적으로 삼았다. 이는 신학의 공공성이라는 명분으로 교회의 사회적 영향력을 확보하려는 최근의 일부 신학적 경향과는 분명한 차이가 있다. 16세기 종교개혁이 그 당시와 이후 시대에 정치, 경제, 사회, 문화 등 다양한 영역에 큰 영향을 끼친 것은 분명한 사실이다. 그러나 16세기 종교개혁자들은 이런 부차적인 영향을 추구하거나 목적으로 삼지 않았음을 간과해서는 안 된다. 그들은 종교개혁을 통해 하나님 앞에 신자들이 마땅히 가져야 할 바른 지식과 그 지식으로부터 나타나야 할 참된 경건의 삶 전체를 회복하려 했다. 이 점에 있어서 16세기 종교개혁은 근본적으로 신앙 회복 운동이었음을 간과하지 말아야 한다.

3. 종교개혁의 방법

칼빈은 『기독교강요』 서문에서 종교개혁은 기독교의 참된 종교를 재확인하고 그에 따라 신자들의 신앙과 교회 전체를 회복하기 위한 노력이라고 말한다. 그리고 종교개혁에 대한 여러 방면의 비판들이 부당함을 주장한다. 칼빈은 이 주장의 과정에서 참 종교를 회복하는 개혁의 구체적인 방법들을 제안한다. 이 제안을 살펴보면 칼빈이 말하려 한 성경해석의 원리, 교회 역사와 전통에 대한 이해의 원칙, 그리고 종교개혁을 위한 실천적 태도들을 확인할 수 있다.

더라도 우리가 자신에게 전가한다면 쉽게 행할 수 있는 하나님의 선한 뜻을 계속 존중하자." Comm. Rom. 13:3, CO,52: 250.

3.1. 올바른 성경해석: 구속사적 언약신학적 해석

참된 종교를 회복하기 위한 종교개혁은 기본적으로 성경의 가르침에 충실한 가르침과 삶의 회복이다. 당연히 성경은 기독교 신앙의 최종적인 권위이며 절대적인 기준이다. 실제로 칼빈은 『기독교강요』 서문에서 자신의 주장을 변호할 때 그 근거로서 성경 본문들을 가장 많이 활용한다. 더 정확히 말하자면 성경 본문이 『기독교강요』을 위해 활용되는 것이 아니라, 이 작품 자체가 성경의 가르침을 바르게 이해하는 데 도움이 되기 위해서 저술된 것이다. 칼빈은 1541년 불어판에 삽입한 "본서의 주제"에서 이와 같은 저술의 목적을 분명히 밝힌다. "만약 그들이 첫째로 기독교 교리의 요체를 지니기를 원하고, 둘째로 신약뿐만 아니라 구약을 읽음으로써 그곳에서 큰 유익을 얻는 길에 들어서고자 원한다면, 본서를 읽고 부지런히 새기며 기억하라고 권고한다." 그는 이에 덧붙여 『기독교강요』에서 제시한 내용들을 그대로 수용하기보다는 다시 성경으로 돌아가서 자신의 증언들의 경중을 달아 보라고 권고한다.[163]

성경의 권위와 중요성에 대한 칼빈의 초기 사상은 1535년 2월에 출간된 올리베탕의 프랑스어 성경 번역본을 위해 그가 라틴어로 쓴 "프랑스어 성경 서문"(*Praefationes bibliis gallicis Petri Roberti Olivetani*)에서부터 뚜렷이 나타난다. 그는 이 글에서 성경을 "최고의 왕이요, 천지와 바다의 주시며, 왕중의 왕이신 이의 말씀과 진리"라고 말한다.[164] 그는 성경이 여러 언어로 번역되는 것을 반대한 로마 가톨릭 학자들을 비판하면서 성경이 계시로서

---

163 Institutes, "Argument," 117, OS 3: 8.
164 "올리베탕 성서 라틴어 서문", 『칼빈작품선』 3: 19, "Oraculum ergo et aeterna veritas summi regis, coeli terrae malisque domini, regumque regis, diploma est privilegii, quod nobis magnifice splendideque ipsum commendat." CO 9: 787.

가지고 있는 권위와, 신앙을 위한 필요성에 대해 다음과 같이 주장한다.

> 하나님은 지극히 작은 자에서부터 지극히 큰 자에게 이르기까지 알려지길 원하시기 때문이며, 모두가 하나님의 교사가 될 것이라고 약속하시기 때문이며 … 그러므로 하나님의 학교에서 유익을 얻는 사람들이 모든 계층에 있는 것을 볼 때, 우리는 모든 육체에 부어지는 성령에 대해 약속하시는 그의 진리의 말씀을 깨닫습니다.[165]

성경은 참된 종교의 가르침과 그에 따른 삶을 위한 최종적이며 절대적인 기준이다. 따라서 어떤 교리가 참되다는 것을 증명하기 위해서는 그 근거가 성경에서 정당하게 제시되어야 한다. 이런 이유에서 칼빈은 『기독교강요』 서문에서 어떤 다른 신조나 논리적 진술이 아닌 성경 본문을 직접 인용하여 종교개혁의 교리의 정당성을 증명하려 노력했다. 예를 들어 그는 종교개혁의 대의를 프랑수아 1세에게 요약적으로 설명할 때, 디모데전서 4장 10절과 요한복음 17장 3절을 직접 인용한다.[166] 또 로마 가톨릭이 주장하는 종교가 참된 종교가 아니라고 비판할 때에도 로마 가톨릭의 타락상을 나열하거나 그들의 교리적 오류들을 논리적으로 반박하기에 앞서 우선 빌립보서 3장 19절을 성경적 근거로 제시한다.[167]

칼빈이 구체적으로 참된 종교의 주요 교리적 내용들을 설명할 때 제시하는 근거도 모두 성경 본문들이다. 우선 인간론과 구원론에 관련해서는

---

165 "올리베탕 성서 라틴어 서문", 『칼빈작품선』 3: 20, CO 9: 788.
166 "가장 능하신 왕이시여. 우리가 제시한 모든 부분의 대의를 일별이나마 해 주시옵소서. '이를 위하여 우리가 수고하고 힘쓰는 것은 우리 소망을 살아 계신 하나님께 둠이니'(딤전 4:10)라는 말씀을 분명히 붙으시옵소서." Institutes, "Praefatio," 127, OS 3: 13.
167 "그 이유는 단지 그들의 신은 배이기 때문입니다. 달리 표현하면 부엌이 그들의 종교이기 때문입니다." Institutes, "Praefatio," 128-9, OS 3: 14.

주로 바울서신의 본문들을 적극 인용한다. 성경해석을 위해 일정한 믿음의 규범이 필요하다는 칼빈의 기본적 주장 역시 "믿음의 분수대로"를 말하는 로마서 12장 6절에 기초한다.[168] 교황수위권에 기초한 로마 가톨릭의 사제위계체제적 교회관을 비판하고 교회의 비가시적 특징을 주장할 때에도 가장 중요한 근거는 열왕기상 19장의 성경 본문이다. "엘리야가 혼자 남겨졌다고 원망했을 때, 교회가 무슨 보이는 체제로서 그에

기독교강요 라틴어 최종판

게 제시되었고 폐하는 생각하십니까? … 그러나 엘리야는 바알 앞에 무릎을 꿇지 않은 든든한 칠천 명이 있다는 음성을 여호와께 들었습니다."[169]

칼빈이 『기독교강요』 서문에서 가장 무게를 두고 변증하려 한 주제는 종교개혁이 주장하는 종교는 최근에 생겨난 신흥 종교이며, 수 세기 동안 교회가 없었다고 여기는 분파주의에 불과하다고 비판한 로마 가톨릭 진영의 공격이었다. 이 공격에 맞서기 위해 칼빈이 제시한 가장 중요한 근거도 성경 본문들이다. 칼빈은 로마 가톨릭에게 새로운 것은 종교개혁의 교리가 아니라 성경이 가르치는 복음 자체라고 지적한 후, 종교개혁의 교리가 곧 그리스도의 가르침이며 복음이라는 사실을 로마서 4장 25절을 인용하여 주장한다.[170] "그러나 '예수 그리스도는 우리가 범죄한 것 때문에 돌아가셨고 또한 우리를 의롭다 하시기 위하여 살아나셨느니라'는 바울의 설

---

168 "바울은 모든 예언이 믿음의 분수대로(롬 12:6) 행해지기를 원한다고 전했을 때, 이를 성경 해석을 시험하는 가장 확실한 잣대로 삼았습니다." Institutes, "Praefatio," 125, OS 3: 12.
169 Institutes, "Praefatio," 146, OS 3: 24.
170 "전혀 의심할 바 없이 실로 그들에게는 그리스도도 새롭고 복음도 새롭기 때문에 우리의 교리도 새롭습니다." Institutes, "Praefatio," 130, OS 3: 15.

교를 오래된 것으로 알고 있는 사람이라면 우리 가운데 어떤 새로운 것도 발견해 내지 못할 것입니다."[171]

칼빈은 참된 가르침은 기적을 통해 확증되어야 한다는 로마 가톨릭의 주장을 반박할 때에도 성경 본문들을 적극적으로 인용한다. 칼빈은 기적의 가능성과 효과를 부인하지 않는다. 그러나 교리와 기적의 우선순위가 뒤바뀌어서는 안 된다. "이로 보건대, 복음서 기자가 말하듯이 마땅히 먼저 우리는 기적들보다 우위에 있는 교리를 탐구하고 살펴보아야 합니다. 그리고 교리가 증명되고 난 이후에 비로소 기적들로써 교리를 확정해야 함이 옳습니다."[172] 칼빈이 보기에 마가복음 16장 20절이 "표적"보다 "선포"를 앞에 말했다는 사실은, 기적이 그 자체로 어떤 권위를 가질 수 없고 단지 선포를 확증하기 위한 부가적인 요소임을 가르치려는 것이다. 참된 교리의 기준은 기적의 수반 여부가 아니다. 참된 교리의 표지는 그 목적에 있으며, 그 목적은 사람들의 영광이 아닌 하나님의 영광을 구하는 데 마음을 쏟게 하는 것이다. 기적들 역시 사람들의 만족이나 기쁨을 위해서가 아니라 오직 "한 분 하나님의 이름을 존귀하게 높이는 목적"으로 이루어질 때 선포된 내용을 확증하는 효과를 가질 수 있다.[173] 칼빈은 더 구체적으로 마태복음 24장 24절, 데살로니가후서 2장 9절, 고린도후서 11장 14절을 비롯한 신약의 여러 구절들을 인용하면서 거짓 선지자들과 사탄도 기적을 활용하여 신자들을 미혹할 수 있다고 말한다. 로마 가톨릭이 주장하는 기적도 이런 의미에서 "사탄의 환상들에 불과"하다. 왜냐하면 "그들이 말하는 기적들은 사람들로 하여금 자기들의 하나님을 참되게 예배하는 것으로

---

[171] Institutes, "Praefatio," 130, OS.3: 15.
[172] Institutes, Praefatio. 132, OS.3: 16.
[173] Institutes, "Praefatio," 132-3, "Probe autem doctrinae, authore Christo, isthaec nota est, si non in hominum sed Dei gloriam quaerendam vergit [Ioan. 7. c. 18, et 8. f. 50]." OS.3: 16. 이 문장은 1539년에 추가된 것이다.

부터 멀어지게 해서 공허함에 빠지도록" 이끌 뿐이기 때문이다.[174] 하나님의 영광을 드러내지 못하는 기적은 도리어 사탄의 미혹에 활용되어 참된 종교를 방해한다.

칼빈은 로마 가톨릭의 주장을 반박하기 위한 소극적 목적만이 아니라, 더 적극적인 목적을 위해 성경의 바른 해석 방법에 대해 적극적으로 설명한다. 그는 먼저 참된 종교를 회복하기 위해 취해야 할 바른 성경해석의 태도에 대해서 구체적으로 말한다. 첫째, 참 종교의 회복을 위해 필요한 올바른 성경해석은 불필요한 논쟁과 사변을 멈추고 성경 본문을 되도록 단순하게 이해하는 것이다. 칼빈은 여기에서 성경의 단순성(simplicitas scripturae)과 중세 스콜라주의의 사변적 신학(theologia speculativa)을 명확하고 날카롭게 대조한다. "그러므로 일생 동안 궤변론자들보다 더 악한 논쟁들을 끝없이 일삼으며 성경의 단순성을 시비 삼고 훼손시키는 우리의 반대자들이 어찌 이 경계 안에 머물러 있다고 할 수 있겠습니까?"[175]

둘째, 칼빈이 참된 종교의 회복을 위한 성경해석은 구속사적 관점에서 전체 성경을 바라보면서 각 성경 본문들을 일관성 있게 이해하는 것이라고 보았다. 『기독교강요』 서문에서는 구속사적 성경해석의 구체적인 내용이 진술되지 않는다. 칼빈의 성경해석학적 원칙은 올리베탕의 프랑스어 성경을 위해 프랑스어로 쓴 "서문"에서 발견할 수 있다.[176] 칼빈은 여기에

---

[174] Institutes, "Praefatio," 134, OS.3: 17.

[175] Institutes, "Praefatio," 142, OS.3: 22.

[176] 1535년에 작성된 것으로 보이는 이 프랑스어 서문은 이후 사라졌다가 1544년에 제네바에서 발간된 프랑스어 성경에 다시 포함되었다. Greef, 『칼빈의 생애와 저서들』, 134-135. 학자들은 칼빈은 상당한 수준의 신학적 내용을 포함하고 있는 이 서문을 위해 1532년에 출간된 로베르 에스티엔(Robert Esteinne, 1503-1559)의 벌게이트 성경 라틴어 서문의 형식과 1543년에 출간된 불링거(Heinrich Bullinger, 1505-1564)의 "하나님의 유일하고 영원한 언약"의 내용을 참고했다고 주장한다. *La Vraie Piété: Divers traités de Jean Calvin et Confession de foi de Guillaume Farel*. eds. I. Backus and C. Chimelli (Paris: Labor et Fides, 1986), 20-22. 박건택, "편역자 서문", 『칼빈작품선』 1: 41-42.

서 창조와 타락, 그리고 이스라엘의 역사를 개괄한 후 구약과 신약을 관통하는 언약적 관점에 대해 다음과 같이 말한다. "따라서 유대인이건, 이방인이건 사람들을 하나님께 접근시키기 위해 새 언약 곧 확실하고 안전하며 깨어질 수 없는 언약이 필요했다."[177] 칼빈은 구약의 율법은 아무도 완성으로 이끌 수 없는 초등 교사였으며, 율법의 목적이며 완성이신 그리스도께서 성취하실 진정한 복의 상징이요 그림자에 불과했다고 말했다. 따라서 그가 말하는 언약적 성경관의 핵심은 예수 그리스도께서 언약의 주인공이시며 성취자시라는 사실에 있다. "이 모든 것이 이 언약에 선포되고, 증언되고, 쓰이고, 인준되었는바 이 언약을 통해 예수 그리스도는 우리로 자신의 아버지 하나님 나라에 상속자들이 되게 하시고, 그의 상속자들에게 하나의 유언자처럼, 자기 뜻이 실행되도록 그 뜻을 우리에게 선포하신다."[178]

성경 전체를 예수 그리스도를 통해 성취된 하나님의 구속 역사로 해석하는 것이 칼빈의 초기 사상에서부터 발견할 수 있는 종교개혁적 성경해석의 원리이다. 이 점에 있어서 "오직 그리스도"(solus Christus)의 원칙은 성경해석에도 적용된다고 말할 수 있다. 이와 같은 원칙에 따른 칼빈의 종교개혁적 성경관은 『기독교강요』 서문에서도 다음과 같이 피력된다. "그 속에 존귀한 보화가 숨겨져 있는 그리스도를 아버지가 주셨다는 사실을 구원과 영생에 대한 확신한 소망을 의지하고 신뢰하는 가운데 아는 지식보다 더욱 믿음에 부합되는 것이 달리 어디에 있겠습니까?"[179]

셋째, 참된 종교의 회복을 위한 바른 성경해석은 성경 본문에서 개혁

---

[177] "올리베탕 성서 프랑스어 서문", 『칼빈작품선』 3: 30; "Parquoy pour approcher les hommes de Dieu tant Iuifz que gentilz, il estoit mestier que une nouvelle alliance feust faicte, certaine, asseurée, et inviolable." CO.9: 797.

[178] "올리베탕 성서 프랑스어 서문", 『칼빈작품선』 3: 35, CO.9: 807.

[179] Institutes "Praefatio," 126; "Rursum quid fidei convenientius quam Deum sibi polliceri propitium Patrem, ubi Christus frater ac propitiator agnoscitur?" OS.3: 13.

의 기준과 사례들을 발견하기 위해 노력하는 것이다. 『기독교강요』 서문에서 칼빈이 어떻게 성경의 가르침과 사례들을 참 종교의 회복을 위한 확실한 기준과 모범으로 삼았는지를 관찰할 수 있다. 칼빈은 로마 가톨릭뿐 아니라 급진세력의 위험성을 경계할 때에도 성경의 중요성을 재차 언급한다. 그가 볼 때, 반세례주의자들이나 급진주의자들의 봉기는 바른 교리에 대한 반목과 분쟁을 조장함으로써 "진리를 모호하게 하여 없애 버리기 위해" 사탄이 취한 새로운 전략이었다. 로마 가톨릭의 억압이나 급진주의자들의 봉기에 흔들리지 않을 수 있도록 하나님께서 주신 보호 장비는 "주님이 들려주시는 말씀"이다.[180] 칼빈은 이 주장의 근거로 열왕기상 18장의 엘리야의 가르침을 비롯해 "무식한 자들과 굳세지 못한 자들"을 말하는 베드로전서 3장 16절, 로마서 6장 1절과 15절, 고린도후서 11장 1-19절, 빌립보서 1장 15절과 17절, 2장 21절, 베드로후서 2장 22절 등 신약 본문을 다수 인용한다. 이 본문들에서 발견할 수 있는 사도들의 모범은 좌로나 우로 치우치지 않는 종교개혁의 기준이다. "복음의 항구적인 특성에 대해서 증언하듯이, 우리의 입장도 이와 동일한 사상에 기초해서 견지되어야 합니다."[181] 이 문장은 1543년에 『기독교강요』 서문에 추가된 것이다. 그는 이 선언을 통해 자신들이 하나님의 은혜에 대한 배은망덕에 빠지지 않고 구원의 보루가 되는 복음을 변질시키지 않는 한, 사도들이 경험했던 승리와 회복을 누리게 될 것이라고 주장한다.[182]

---

[180] "우리를 감찰하시는 주님이 들려주시는 말씀에 우리가 주의를 기울이면 사탄에게 속한 모든 것이 공허하게 됩니다." Institutes, "Praefatio," 153, OS.3: 27.

[181] Institutes, "Praefatio," 155, "Eadem et nos cogitatione sustentari decet, quando hunc perpetuum Evangelii genium esse testatur Paulus, ut sit odor mortis in mortis in mortem iis qui pereunt [2. Cor. 2, d. 16]" OS.3: 28.

[182] Institutes, "Praefatio," 155, OS.3: 28-29.

3.2. 올바른 교회 역사 해석: 그리스도의 역사 주권

"오직 성경으로"의 원칙은 성경을 교리와 종교개혁의 가장 중요하며 최종적인 기준으로 삼는 것이다. 그러나 칼빈에게 이 원칙은 교회의 역사와 신학적 유산들을 무시하는 전적 배제를 뜻하지 않는다. 그는 항상 성경의 가르침과 함께 교부들의 건전한 가르침을 존중했다. 그 대표적인 예로 "올리베탕 프랑스어 성서 라틴어 서문"에서 칼빈은 성경번역의 정당성을 주장하기 위해 히에로니무스(Hieronymus, c. 342-420), 크리소스토무스(Chrysostomos, c. 347-407), 아우구스티누스(Augustinus, 354-430) 등 초대 교부들의 주장과 사례를 자주 인용한다.[183]

칼빈은 『기독교강요』 서문에서도 초대 교부들의 주장은 종교개혁의 정당성을 증명해 주는 근거로 적극 활용한다. 그는 종교개혁이 주장하는 내용이 완전히 새로운 것이며 교회의 전통적인 가르침을 무시했다는 로마 가톨릭 진영의 비판에 맞서 주요 쟁점에 있어 종교개혁 신학이 초대교회 교부들의 가르침에 더 부합한다고 주장한다.[184] 물론 교부들의 주장이라고 해서 무조건 권위를 갖는 것은 아니다. 칼빈은 자신이 인정하는 교부들이란 "교회가 여전히 더 순수했을 때의 고대 저술가"를 의미한다고 말한다. 그리고 곧 이어서 그 시대의 위대한 저술가들도 때로는 오류를 범했다고

---

[183] "히에로니무스는 공동으로 배우는 여자들을 부당하게 여기지 않았습니다. 크리소스토무스와 아우구스티누스가 평민들로 하여금 이런 배움을 취하도록 권하시 않은 적이 있습니까? 집에 가는 즉시 교회에서 들은 것을 가르치도록 말입니다." "올리베탕 성서 라틴어 서문", 『칼빈작품선』 3: 21, CO.9: 788.

[184] "그들은 교부들을 우리에게 대적하는 자들의 편에 부당하게 세우고, 교부들이 마치 자기들의 불경건을 변호하는 사람들이라도 되는 것처럼 여깁니다. … 만약 교부들의 권위에 의해서 판가름이 나는 시합이 우리와 우리의 반대자들 사이에 성사된다면, 매우 완곡한 표현을 써서 승리는 우리의 편이 될 것입니다." Institutes, "Praefatio," 134-5, OS.3: 17.

지적한다.[185]

로마 가톨릭의 문제는 교부들의 건전한 가르침은 곡해하거나 변질시키고 그들의 타락한 것들과 과오들만을 숭배하는 데 있다. "대체로 사람들은 자기들이 교부들의 경건한 후손들이라고 자처하면서도 그나마 자기들의 천품과 판단과 마음에 남아 있는 민활함이 무색하게도 교부들의 타락한 것들과 과오들만 숭배합니다."[186] 이런 의미에서 볼 때 칼빈의 종교개혁 신학이 성경과 교부의 권위를 동등하게 인정했으며 종교개혁의 정당성을 확보하기 위해 아무런 조건 없이 교부들의 권위에 의존했다는 주장은 잘못된 이해이다. 칼빈은 로마 가톨릭이 내세우는 교회 전통의 권위를 반박하기 위해 그들이 내세우는 초대 교부들의 주장을 재인용하고 성경의 기준에 따라 평가함으로써 종교개혁의 정당성을 변호하려 했을 뿐이다.

교부와 전통은 중요하지만 최종적 권위는 항상 성경에 있다. 교부들의 주장은 『기독교강요』에서 진술되는 종교개혁의 대의, 즉 성경이 명확하게 증거하는 복음의 진리에 합당할 경우에 존중될 수 있다.[187] 그렇다면 교부들의 주장이 정당한지 혹은 부당한지 판단할 수 있는 성경의 기준은 무엇일까? 이 기준은 앞서 언급한 성경해석의 원리와 같이 유일한 중보자이신 예수 그리스도이시다. "우리는 교부들의 작품들에 더 깊이 몰입할수록 만물이 우리의 것으로서 우리를 섬기려 하지 우리를 다스리려고 하지 않으며, 우리는 한 분 그리스도의 것으로서 모든 일에 아무 예외 없이 그에게 순종해야 한다는 것을 언제나 기억하게 됩니다."[188] "오직 그리스도"의 원

---

185 Institutes, "Praefatio," 134, OS.3: 17.

186 Institutes, "Praefatio," 135, OS.3: 17.

187 "그러나 우리는 교부들을 경멸하지 않습니다. 지금 이 글을 쓰는 목적에 부합하기만 한다면, 저는 아무 어려움 없이 오늘날 우리가 말하고 있는 교리들 가운데 대부분이 교부들의 승인을 받기에 합당하다는 것을 증명할 수 있습니다." Institutes, "Praefatio," 135, OS.3: 17.

188 Institutes, "Praefatio," 135, "Sic tamen in eorum scriptis versamur, ut semper

칙이 교부들에 대한 해석에 있어서도 다시 한 번 강조된다. 이 원칙은 칼빈에게 종교개혁을 위한 해석학적 원리이기도 하다.

칼빈은 교회의 의식, 사순절의 육식금지, 수도사들의 부패, 형상 숭배, 성찬 등 약 13가지에 이르는 구체적인 사안들에 있어서 교부들의 주장이 로마 가톨릭이 아닌 종교개혁자들의 입장을 지지한다고 말한다. 교부들의 주장을 열거하는 가운데 칼빈은 그들의 이름을 직접 거명하지는 않는다. 그러나 두 가지 점은 이후 칼빈의 종교개혁 사상과 관련해 확인할 가치가 있다.

첫째는 성찬에 대한 칼빈의 주장이다. 그는 교부들을 적극 인용해 로마 가톨릭의 미사를 비판한다. 칼빈은 축성을 통해 떡과 포도주의 실체가 그리스도의 몸과 피로 바뀐다는 화체설을 교부의 말을 인용하여 반박한다.[189] 더불어 로마 가톨릭에서 시행하는 사적 미사의 매매와 일종 성찬의 행태도 비판한다. 이와 같은 미사의 내용과 그 행태에 대한 칼빈의 비판은 그가 1540년대에 니고데모파의 미사 참여 행위를 가장 혹독하게 비판했던 것과 일맥상통한다. 칼빈이 보기에 미사의 문제는 단순한 아디아포라 사안이 아니라, 참 종교와 거짓 종교를 결정짓는 종교개혁의 결정적인 사안이었다. 이 결정적 사안에 대해 칼빈은 교부들과 이후의 교회 역사가 화체설을 거절한다고 주장한다.

둘째, 칼빈은 성경의 절대적 권위를 존중하는 올바른 성경해석의 방법론을 제시할 때, 교부들의 주장을 적극 인용한다. "한 교부는 불명확한 일

---

meminerimus, omnia nostra esse, quae nobis serviant, non dominentur: nos autem unius Christi, cui per omnia, sine exceptine, parendum sit [s. Cor. 3. d. 21]." OS.3: 17-18.

[189] "그러므로 우리의 반대자들이 주님의 말씀이 낭독되면 떡과 잔의 실체가 그치고 몸과 피로 변화되기라도 하듯이 가식을 일삼는 것은 이 경계를 짓밟고 지나가는 것입니다." Institutes, "Praefatio," 138, OS.3: 19. 화체설과 사적 미사에 대한 칼빈의 이 비판은 1543년 라틴어 판에서 서문에 추가되었다.

을 정의할 때 명료하고 뚜렷한 성경의 증언 없이 이것저것 중에 어느 한 부분만 취해서 사용하는 것은 어리석다고 주장했습니다."190 따라서 하나님의 말씀에 근거하지 않고 수립한 일체의 교회법과 교리적 결정들은 효력이 없다. 칼빈은 이어지는 논박에서 더 구체적으로 성경과 교부들의 주장들을 해석하는 근본적인 원리로서 "오직 그리스도"의 원칙을 다음과 같이 명시한다. "한 교부는 '너희는 그의 말을 들으라'(마 17:5)라고 성경에 기록된 바와 같이 오직 그리스도의 말씀만 들어야 하므로 다른 사람들이 우리 앞에서 말했거나 행했던 것이 아니라 오직 모든 것보다 뛰어나신 그리스도가 정하신 것만을 숙고하라고 말했습니다."191 칼빈은 성경해석과 관련한 교회의 권위를 내세우는 로마 가톨릭의 문제를 지적할 때에도 아우구스티누스의 주장을 인용하면서 그들이 그리스도의 주권을 침해하고 있다고 비판한다. "한 교부는 '교회는 그 자신을 그리스도 위에 두어서는 안 되는바 이는 그리스도는 항상 진실한 재판을 하는 반면에 교회의 재판관들은 다른 사람들과 다름없이 자주 오류를 범하기 때문이다'라고 말했습니다."192 칼빈은 이에 덧붙여 성경의 단순성을 손상시키는 사변적 신학을 비판하면서 모든 교부들이 종교개혁이 취하는, 성경에 대한 이해를 지지한다고 주장한다. "모든 교부는 하나님의 거룩한 말씀이 궤변론자들의 교활한 말장난으로 인해 오염되었으며 변증론자들의 논쟁에 뒤얽히게 되었

---

190 Institutes, "Praefatio," 140; "Pater erat qui temeritatem esse asseruit, de re obscura in utramvis partem definire sine claris atque evidentibus Scripturae testimoniis." OS.3: 20-21. 이 문장은 아우구스티누스의 다음 작품에서 인용한 것으로 추정된다. *De peccatorum meritis et remissione et de baptismo parvulorum* II, xxxvi, 59 (MPL. 44: 186).

191 Institutes, "Praefatio," 141, "Pater erat qui censui unum Christum audiendum esse, de quo dictum sit, Ipsum audite: nec respiciendum quid alii ante nos aut dixerint aut fecerint, sed quid (qui primus omnium est) Christus praeceperit." OS.3: 21.

192 Institutes, "Praefatio," 141, OS.3: 21-22.

다는 사실을 한 마음으로 미워하고 한 입으로 비난했습니다."¹⁹³

교회의 현실을 반성하여 개혁하고, 미래를 전망하여 대비할 때, 교회의 과거를 뒤돌아보는 것인 필수적인 단계이다. 특히 긴 역사의 검증 과정을 거친 교회의 전통은 개혁과 대비를 위해 반드시 참고해야 할 가장 값진 신앙적 유산이다. 그럼에도 불구하고 교회의 전통과 과거 역사는 부차적 참고 자료일 뿐이다. 궁극적인 기준은 성경이다. 성경은 역사의 기록이 아니라 역사 가운데 자신의 뜻을 계시하신 하나님의 말씀이다. 어떤 의미에서 볼 때, 종교개혁은 지난 교회의 역사와 전통을 성경의 명확한 진리에 따라 재해석하여 그 정당한 의미를 재발견하려 한 역사 이해의 개혁 시도였다고 말할 수 있다.¹⁹⁴

3.3. 올바른 신앙적 삶: 종말론적 소망

칼빈은 『기독교강요』 서문에서 종교개혁을 위한 실천적 삶의 자세를 고백적인 문장을 통해 밝힌다. 그가 말하는 개혁을 위한 삶은 종말론적인 소망의 삶이다. 그는 『기독교강요』 1539년 라틴어 판 제17장의 다음의 문장에서 고난을 대하는 그리스도인의 종말론적 소망에 대해 다음과 같이 말했다. "어떤 종류의 시련이 우리를 억누를지라도 언제나 우리는 우리 자신을 현세의 삶의 모욕에 적응시키고, 다시 경성하여 오히려 그것을 통하여 미래의 삶을 묵상하는 데 이르는 목적을 추구해야 한다."¹⁹⁵ 이런 종말

---

193 Institutes, "Praefatio," 141, OS.3: 22.
194 교회 역사에 대한 칼빈의 종교개혁적 이해에 대해서는 다음을 보라. 김요섭, "칼빈의 교회 역사 해석 연구: 교황제도의 역사에 대한 비판을 중심으로", 「신학지남」 89/4 (2022): 213-252.
195 Institutes, III.9.1, OS.4: 170-171. Cf. Heinrich Quistorp, *Calvin's Doctrine of the Last Things* (Philadelphia: John Knox Press, 1955), 41-54; Ronald S. Wallace, *Calvin's Doctrine of the Christian Life* (Grand Rapids: Eerdmans, 1961), 94-100; David E.

론적 소망은 칼빈 자신이 가진 태도에 대한 고백일 뿐 아니라, 참 종교를 회복하기 위해 그리스도의 교회 전체가 지켜야 할 신앙적 자세이기도 하다.

그러나 앞에서 언급했듯이 종말론적 소망에 대한 칼빈의 가르침은 그가 견지한 소수자 교회론, 혹은 피난민 신학의 귀결이다. 그는 당시 성경의 바른 지식에 근거해 바른 기독교 종교를 지키는 참된 신자의 수는 매우 적다고 보았다.[196] 그리스도의 진리는 불경건에 둘러싸여 거의 보이지 않는 지경이었다.[197] 이런 상황 가운데 참 그리스도인들은 심각한 핍박을 받고 있었다.[198] 이와 같은 부당한 비난과 극렬한 핍박 가운데 그리스도의 진리를 제대로 확인하기 어려운 프랑스의 교회는 아주 어려운 상태에 처해 있었다. "진정 가련하고 연약한 교회는 너무나 잔인한 학살로 파괴되었고, 추방으로 내침을 당했으며, 협박과 공포로 압도당해 왔기 때문에 감히 입을 열어 말할 수조차 없는 지경에 이르렀습니다."[199] 이와 같은 현실 인식으로부터 칼빈은 자신의 신학을 피난민을 위한 신학으로 규정한다. "저는 모국을 떠나 사는 저의 삶을 후회하지 않습니다. 오히려 저는 모든 성도의 삶에 있어서 일반적인 대의가 되시는 그리스도 자신을 품고 즐거워합

Holwerda, *Exploring the Heritage of John Calvin* (Grand Rapids: Baker, 1976), 110-139.

[196] "특히 제가 이 일에 땀을 흘리며 애쓴 것은 제가 목도한, 그리스도를 향한 배고픔과 목마름을 지닌 모국의 수많은 프랑스인들을 위해서였습니다. 그들 중에 그나마 그리스도를 아는 아주 적은 지식에라도 제대로 젖어 있는 사람들은 극소수에 불과합니다." Institutes, "Praefatio," 118, OS 3: 9.

[197] "왜냐하면 불경건한 자들이 지금껏 압도해서, 그리스도의 진리가 흩어지고 소멸될 정도로 축출되지는 않았을지라도 여전히 파묻혀서 비천하게 숨겨져 있을 뿐이기 때문입니다." Institutes, "Praefatio," 122, OS 3: 11.

[198] "이런 소망을 위해서 우리 중에 어떤 사람은 쇠사슬에 매이고, 어떤 사람들은 매로 맞으며, 어떤 사람들은 악의적인 조롱에 농락당하며, 어떤 사람들은 심판의 형벌에 넘겨지며, 어떤 사람들은 야만적인 고문을 당하며, 어떤 사람들은 추방을 강요당합니다. 우리 모두는 물질의 빈곤으로 억눌리고, 무시무시한 저주의 희생물이 되며, 비방으로 상처를 입으며, 가장 수치스러운 방식으로 취급당합니다." Institutes, "Praefatio," 127, OS 3: 13-14.

[199] Institutes, "Praefatio," 122, OS 3: 11.

니다."²⁰⁰

이런 힘든 형편에도 불구하고 그리스도의 교회에 속한 신자들은 담대하게 고난을 이길 수 있다. 그리스도께서 이 교회를 친히 통치하시며 보존하기 때문이다. 사도들은 바로 이 확신으로 무장해서 "모든 소요와 재난의 위험을 무릅쓰고 담대하게 앞으로" 나아갈 수 있었다. 칼빈은 진리를 보존하고 하나님의 영광을 구한다면 모든 신자들도 사도들이 가졌던 담대함을 공유할 수 있을 것이라고 주장한다.²⁰¹

이 담대함은 또 다른 어떤 목적을 위한 것이 아니라 오직 하나님의 영광을 위한 것이어야 한다.²⁰² 지금처럼 그리스도의 진리가 감추어지고 참된 교회를 향한 핍박이 강화되는 상황 속에서 뒤로 물러서 타협하는 태도는 합당하지 않다. "심지어 진리에 대하여 최고의 호의를 보이는 모습으로 비춰길 원하는 사람들조차 무식한 사람들의 오류와 미련함을 눈감아 주어야 한다고 여깁니다. … 이렇듯 그들 모두는 복음을 부끄러워하고 있습니다."²⁰³ 그는 『기독교강요』(1539) 제17장에서 그리스도인들은 현실의 삶

---

200 Institutes, "Praefatio," 122; "… quam tametsi quo decet humanitatis affectu prosequor, ut nunc tamen res sunt, ea non moleste careo. Verum communem piorum omnium, adeoque ipsam Christi causam complector." OS 3: 11. 오버만(Oberman)은 칼빈의 신학의 동기 가운데 피난민들을 위한 위로와 격려의 주제가 중심에 있다고 주장한다. Heiko A. Oberman, "Initia Calvini: The Matrix of Calvin's Reformation," in *Calvinus Sacrae Scripturae Professor: Calvin as Confessor of Holy Scripture*, ed. Wilhelm H. Neuser (Grand Rapids: Eerdmans, 1994), 152-4. 한편, 볼트(Bolt)는 칼빈이 강조한 종말론적인 소망과 그에 따른 현실의 필연적 불완전성에 대한 인식을 지적하면서 이 지점에서 칼빈은 몰트만이 대표하는 "삼위일체적-혁명적 역사인식"이 아닌 아우구스티누스가 대표하는 "종말론적 역사인식"의 전통에 서 있다고 평가한다. John Bolt, "'A Pearl and a Leaven': John Calvin's Critical Two-Kingdoms Eschatology," in *John Calvin and Evangelical Theology: Legacy and Prospect*, ed. Sung Wook Chung (Milton Keynes: Paternoster, 2009), 257-260.

201 Institutes, "Praefatio," 155, OS 3: 28.

202 "우리는 사나 죽으나 하나님의 이름이 거룩히 여김을 받기를 간구합니다." Institutes, "Praefatio," 157, OS 3: 29.

203 Institutes, "Praefatio," 123, OS 3: 11. 칼빈이 여기에서 말하는 이들은 아마도 에라스무스(Desiderius Erasmus, 1466-1536)와 같은 인문주의자들로 추정된다. 에라스무스의 교회론

을 "주님께서 우리를 부르셔서 세우신 초소"로 이해하라고 말한다. 그리고 이 초소에 머무는 동안 취해야 할 담대한 소망에 대해 다음과 같이 말한다. "그러므로 주를 위해 살고 주를 위해 죽는 것이 우리에게 합당하다. 우리의 죽음과 삶의 기한은 하나님의 뜻에 맡겨 두자. 다만 죽음에 대한 열정에 불타는 동시에 그것에 대한 계속적인 묵상을 그치지 않은 채, 그렇게 하도록 하자."[204]

칼빈의『기독교강요』서문은 다음과 같은 소망의 선언으로 마무리된다.

그럼에도 불구하고 우리는 우리의 인내로 우리의 영혼을 얻을 것이며, 의심할 나위 없이 때를 따라 현존하는, 주님의 강한 손을 기다릴 것입니다. 주님은 무장한 그 손을 펼쳐 가난한 사람들을 그들의 고통에서 구출하시고, 그들을 멸시하는, 자만에 빠져 기고만장한 자들을 심판하실 것입니다.[205]

칼빈은 이 진술을 통해 종교개혁은 영적인 회복을 위한 운동이며, 예수 그리스도의 주권을 실제로 구현하여 하나님의 영광을 높이려 한 운동이고, 이를 위해 인간들의 오류와 교만을 시정하려는 운동임을 밝힌다. 소망

에 대해서는 다음을 참고하라. Hilma M. Pabel, *Erasmus' Vision of the Church* (Kirksville: Sixteenth Century Journal, 1995); A. G. Dickens and Whitney R. D. Jones (eds.), *Erasmus: the Reformer* (London: Methuen, 2000). 교회의 현실과 개혁의 필요성을 둘러싼 칼빈과 에라스무스의 이해 차이에 대해서는 다음을 참고하라. Timothy J. Gwin, "The Theological Foundation and Goal of Piety in Calvin and Erasmus," *Puritan Reformed Journal* 2/1 (2010): 143-165; Kirk Essary, "Milk for Babes: Erasmus and Calvin on the Problem of Christian Eloquence," *Reformation and Renaissance Review* 16/3 (2014): 246-265.

204 Institutes, III.9.4, OS.4: 174.
205 Institutes, "Praefatio," 158, "…sic tamen, ut in patientia nostra possideamus animas nostras, et manum Domini fortem expectemus: quae indubie tempore aderit, et sese armata exeret tum ad pauperes ex afflictione eruendos, tum etiam ad vindicandos qui tanta securitate nunc exultant contemptores." OS.3: 30.

의 신앙을 선언한 이 진술은 『기독교강요』 전체가 표방하는 신학의 태도를 표방하며, 더 나아가 종교개혁을 위한 신앙적 자세가 무엇인지 가장 잘 보여 준다.

　『기독교강요』 서문은 칼빈이 평생에 걸쳐 추구했던 종교개혁의 개념을 가장 요약적으로 선언한 글이다. 이 글을 통해 칼빈이 추구했던 종교개혁은 로마 가톨릭 체제하에서 왜곡되고 파괴된 기독교의 참된 종교 혹은 경건을 회복하는 것임을 확인할 수 있다. 성경은 이 회복의 가장 중요한 기준이며, 예수 그리스도를 통해 확증되고 성취된 하나님의 은혜가 회복의 주제이다. 이 모든 회복의 노력은 우리의 어떤 만족과 성취를 위함이 아니라 오직 하나님의 영광을 위함이다. 칼빈은 이 짧은 글에서 성경해석과 교회역사 해석의 올바른 원칙을 제시했으며 종교의 개혁을 위한 신자의 삶의 태도가 무엇인지 고백했다. 이 짧은 서문에서 확인할 수 있는 칼빈의 종교개혁 개념과 그 실천을 위한 기준과 자세에 대한 가르침의 의의는 과거 16세기 유럽의 기독교에 머물지 않고 오늘날 한국교회를 향해서도 여전히 실제적인 의미를 지닌다. 복음의 주제인 예수 그리스도의 십자가의 은혜에 대한 성경의 진리와, 그리고 그 은혜를 증거하고 높여야 할 교회의 의무는 시대와 장소를 뛰어넘어 항상 동일해야 하기 때문이다.

제3장
사돌레토에게 주는 답신(1539)

1. 배경: 칼빈 추방 이후 위기에 처한 제네바

1538년 4월, 칼빈은 동료 종교개혁자인 파렐과 쿠로(Elie Couraud) 목사와 함께, 제네바 시의회에 의해 추방당했다. 이들의 추방은 종교개혁을 원했던 목회자들과 정치적 이익을 추구했던 시의회 지도자들 사이의 갈등의 결과였다. 목사들은 성찬의 순수성을 지키기 위해 출교(excommunication)가 교회의 결정권에 속한다고 주장했다. 그러나 정치적 이해관계에 따라 로마 가톨릭 주교를 추방한 시의회 지도자들의 생각은 달랐다. 그들은 오랜 기간 출교와 파문으로 제네바를 정치적으로 통치해 온 사부아 공작(Duke of Savoy)으로부터 정치적 독립을 원했다. 따라서 그들은 출교의 권한을 시의회에 두려 했다.[206] 2년 전 칼빈은 우연히 방문했던 이 도시에서 파렐이

---

[206] T.H.L. Parker, *John Calvin: A Biography* (Oxford: Lion Hudson, 2006), 139-145. "[칼빈에게는] 시의회의가 누가 성찬에 참여할 것인지를 결정하게 된다는 것은 곧 선포되는 설교의 내용이 어떠해야만 하는지도 시의회가 최종적으로 결정하게 된다는 의미였다." Wallace, *Calvin, Geneva and the Reformation* (Eugene: Wipf & Stock, 1998), 62. Wendel, 『칼빈』, 100-102; 권징의 철저한 시행 여부를 둘러싼 페렝 가문과 칼빈의 대립에 대해서는 William G.

촉구한 헌신 요청을 하나님의 부름으로 이해했다. 그러나 이 헌신은 출교를 둘러싼 시의회와 갈등 때문에 실패하고 말았다. 이 실패의 경험은 젊은 칼빈에게 적잖은 충격이 되었을 것이 분명하다.[207]

제네바 개혁을 위해 동역했지만 이제 로마 가톨릭 신앙으로 돌아간, 칼빈의 친구 뒤 티에(Louis Du Tillet)는 1538년에 칼빈에게 여러 차례 편지를 써 보냈다. 이 편지에서 그는 여러 문제들이 있음에도 불구하고 로마 가톨릭은 여전히 하나님의 교회이며 이 교회에서 이루어진 임직만이 정당하다고 주장했다. 따라서 자신은 칼빈이 과연 하나님으로부터 합당한 소명을 받은 것이 맞는지 의심을 가지고 있으며, 칼빈과 함께 제네바에서 시도했던 종교개혁이 과연 정당한 것이었는지 장담할 수 없다고 말했다. 그리고 칼빈에게 그의 소명이 합법적인 것인지 아닌지 스스로 심사숙고해 보라고 충고했다.[208] 칼빈은 뒤 티에가 말하는 직분 이해에 동의하지 않았으며, 심사숙고하라는 충고도 받아들이지 않았다.[209] 다만 옛 친구와의 논쟁을 피하기 위해 뒤 티에에게 보낸 답신에서는 교리적 논의를 벌이거나, 자신의 목회직분의 합법성에 대한 본격적인 해명을 제시하지는 않았다.

그러나 추기경 사돌레토가 제네바 시민들에게 보낸 편지는 더 심각한 사안이었다. 사돌레토는 제네바 의회를 향해, 이제까지 진행된 종교개혁을

Naphy, *Calvin and the Consolidation of the Genevan Reformation*, 84-111. 학자들은 칼빈이 스트라스부르크 체류 기간 동안 교회 권징 제도에 대한 이해를 정립해 갈 때 재세례파를 본격적으로 접한 것이 교회의 표지 가운데 권징의 시행을 포함시키지 않은 역사적 정황이라고 추정한다. 그러나 화이트가 말하고 있듯이 칼빈이 교회의 표지에 권징을 포함시키지 않은 것은 스트라스부르크 체류 이전인 1536년에 출판된 『기독교강요』 초판에서부터 일관된 입장이었다. Robert White, "Oil and Vinegar: Calvin on Church Discipline," *Scottish Journal of Theology* 38 (1985): 27-29. [25-40]

207 Gordon, 『칼뱅』, 159-162.

208 George H. Tavard, "Calvin and the Nicodemites," in *Calvin and Roman Catholicism: Critique and Engagement, Then and Now*, ed. Randall C. Zachman (Grand Rapids: Baker, 2008), 62-68.

209 Greef, 『칼빈의 생애와 저술들』, 233.

추기경 자콥 사돌레토

중단하고 로마 가톨릭 교회로 복귀할 것을 권유하면서 가장 앞서 종교개혁자들의 정당성을 공격했다. 이탈리아 모데나의 부유한 가문 출신인 사돌레토는 인문주의 교육을 받은 지식인으로서 제네바를 향해 이 편지를 쓸 당시 프랑스 카펭드라의 주교였다. 그는 1536년에는 추기경으로 임직한 로마 가톨릭의 지도자였다.[210] 사돌레토는 일찍부터 로마 가톨릭의 입장에서 종교개혁자들을 경고하는 서신을 여러 차례 보낸 바 있었다. 즉, 그는 1537년에는 비텐베르크의 멜란히톤에게, 1538년에는 스트라스부르크의 요한 슈트룸(Johannes Sturm, 1507-1589)에게 편지를 써서 종교개혁을 위한 시도를 이제 그만 포기하고 로마 가톨릭 신앙으로 복귀하라고 촉구했다. 제네바 시의회가 종교개혁을 수용하는 과정에서 추방했던 로마 가톨릭 주교 봄(Pierre de la Baume, 1477-1544)은 리용에서 열린 주교회의에서 제네바 시의 복귀를 요청하는 서신을 요청했고 이 요청에 응해 사돌레토는 다시 한 번 펜을 들었다.[211]

사돌레토의 편지는 1539년 3월 18일에 작성되었다. 그는 이 편지에서 이제까지 제네바에서 활동했던 개혁자들의 사역이 완전히 실패했으니 제네바 시민들은 이제 모든 신자들의 "어머니 교회"인 로마 가톨릭 교회로 돌아오라고 강력하게 요구했다. 이 요구는 일종의 경고였으며 이에 응하지 않을 경우 정치적, 경제적, 군사적 보복이 뒤따를 수 있었다. 제네바 시

---

210 사돌레토의 생애와 활동에 대해서는 다음을 참조하라. Jenkins, *Calvin's Tormentors*, 31-46.
211 Greef, 『칼빈의 생애와 저술들』, 233-234.

의회는 3월 27일에 회의를 열어 사돌레토의 편지에 대한 공식적 대처를 베른 교회에 요청했다. 그러나 베른 당국과 교회는 적절한 답을 내놓지 못했다. 그러나 당시 스트라스부르크에 체류 중이었던 칼빈에게 답신을 작성할 책임이 돌아왔다. 부처와 카피토 등 스트라스부르크 종교개혁자들도 칼빈을 적극적으로 독려했다. 결국 칼빈은 8월, 사돌레토의 편지에 대답하는 서신 집필을 시작해 단 6일 만에 완성했다. 그 편지는 9월에 스트라스부르크에서 사돌레토의 편지와 함께 라틴어로 출판되었으며, 이후 제네바에서는 1540년 1월 30일에 일반시민들도 읽을 수 있도록 프랑스어로도 출판되었다.[212]

칼빈은 이 답신에서 추기경을 향한 예의를 갖추면서도 자신의 논점을 선명하게 강조한다. 그가 집중한 논점은 제네바에서 자신과 동료들이 전개한 종교개혁을 정당화하는 것과, 이 개혁이 목표로 삼았던 신학적 내용을 선명하게 밝히는 것이었다. 칼빈은 제네바에 도착하기 전인 1536년에 이미 프랑수아 1세에게 쓴 『기독교강요』의 서문에서 자신이 추구하는 종교개혁의 정당성과 그 주요 내용들을 개괄한 바 있었다. 그러므로 3년 후 작성한 사돌레토에게 보낸 답신에서는 칼빈이 제네바에서 첫 목회 사역 이후 종교개혁의 명분과 주요 과제에 대한 이해를 얼마나 더 심화시켰는지를 확인할 수 있다.

---

[212] Greef, 『칼빈의 생애와 저술들』, 235.

2. 종교개혁의 정당성

2.1. 목회직분 정당성의 근거

칼빈은 답신의 서두에서 이 편지를 쓰고 있는 동기와 서신의 목적을 밝히는 데 집중한다. 이 점이 『기독교강요』의 서문보다 훨씬 발전된 내용 가운데 하나이다. 그는 특히 자신의 사적인 필요가 아니라 종교개혁의 대의를 변호해야 할 공적인 필요 때문에 이 답신을 쓰게 되었다고 밝힌다. "나는 학문 세계에서 그대의 이름을 들먹이며 다음과 같은 이의제기를 하는 것에 대해 매우 주저했습니다. 또한 어떤 강한 필요성이 나로 하여금 이와 같은 일을 하도록 강요한 것이 아니라면 결코 하지 않았을 것입니다."[213] 그가 여기에서 말하는 "강한 필요성"(*magna necessitas*)은 무엇일까? 그것은 어떤 사적인 필요성이 아니었다. 그것은 사돌레토가 부당하게 공격한 제네바의 종교개혁의 정당성을 변호해야 할 변증적 필요성이었다. "그러나 내가 하나님으로부터의 소명에 의해 지지받고 또 인정되었다고 확신하고 있는 나의 사역이 도전받고 공격당하는 것을 보았을 때, 내가 여기에서 침묵을 지키며 그대의 말들을 무시하고 지나친다면 그것은 인내가 아니요 배신행위가 될 것입니다."[214]

칼빈은 이어서 사돌레토가 제네바 시민들에게 보낸 편지의 주요 내용을 요약하여 정리한다. 사돌레토가 보낸 서신의 궁극적인 목적은 "제네바 시민들을 로마 교황의 세력 아래, 소위 그대가 말하는 바 교회의 믿음

---

213 "사돌레토에게 주는 답신",『칼뱅작품선』4: 6, CO.5: 385.
214 "사돌레토에게 주는 답신",『칼뱅작품선』4: 7-8, "Sed quum ministerium meum, quod Dei vocatione fundatum ac sancitum fuisse non dubito, per latus meum sauciari videam, perfidia erit, non patientia, si taceam hic atque dissimulem." CO.5: 386.

과 복종"으로 돌아오게 하려는 것이었다. 칼빈에 의하면 사돌레토는 서신의 전반부에서 "영생"의 가치에 대해 장황한 설명을 늘어놓으며 제네바 시민들의 감정에 호소했다. 칼빈은 이 부분에 대해서는 많은 관심을 기울이지 않는다.[215] 그러나 종교개혁의 대의와 목적을 부정하고 비판한 편지의 후반부에 대해서는 상세하게 정리한다. 이 후반부는 여섯 가지 점에서 제네바 시민들에게 심각한 위협이 될 수 있는 주장을 담고 있었다. 첫째는 하나님을 잘못 섬기는 것이 영혼에 가장 해로운 일이라는 점, 둘째는 교회가 하나님을 바르게 섬기는 가장 좋은 규율을 제정한다는 점, 셋째는 교회의 일치를 깨뜨린 자는 결코 구원을 얻을 수 없다는 점, 넷째는 자신이 속한 사제위계체제와의 친교를 중단하는 것은 교회에 대한 공개적 반항이라는 점, 다섯째는 제네바 시민들이 개혁자들에게 배운 교리는 불경건한 잡동사니에 불과하다는 것, 마지막 여섯째는 그러므로 제네바 시민들이 사돌레토의 말에 순종하지 않을 경우 하나님의 심판을 받게 될 것이라는 점이다. 칼빈은 사돌레토가 이런 위협을 전개하는 가운데 개혁자들이 탐심과 야심 때문에 제네바에서 활동했다는 부당한 주장으로 제네바 시민들의 증오와 불신을 조장하려 했다고 비판한다.[216]

사돌레토의 서신에 대한 답신에서 칼빈은 개인적 차원의 변명보다는 종교개혁의 목적과 방법의 정당성, 그리고 개혁을 통해 추구하는 바른 신앙과 성경적 교회의 모습을 제시하는 데 초점을 맞춘다. 그러나 이에 앞서 칼빈은 상대적으로 간략하게 자신이 동료 개혁자들이 합법적인 하나님의 사역자였음을 증명하는 데 많은 지면을 할애한다. 칼빈은 자신이 제네바에서 "처음에는 교사로, 그 다음에는 목회자로서" 적법한 직분을 담당했다

---

[215] "영원한 복의 좋은 점을 설명한 그대의 서한의 삼분의 일에 해당하는 서문에 대해서는 길게 답변할 필요가 없다고 생각합니다." "사돌레토에게 주는 답신", 『칼뱅작품선』 4: 17, CO.5: 391.
[216] "사돌레토에게 주는 답신", 『칼뱅작품선』 4: 12, CO.5: 388.

고 주장한다.²¹⁷ 그리고 자신의 사역은 하나님의 부르심에 의해 시작된 것이었다고 강조한다. "이 직분들을 받음에 있어서 나는 진정한 소명을 받았음을 주장하는바 내 주장이 옳다고 믿습니다."²¹⁸ 그리고 자신이 얼마나 이 직분을 성실하게 수행했는지 "양심의 주가 되시는 그리스도와 그의 모든 천사들"과 "모든 선한 사람들"이 증인이 되어 줄 것이라고 말한다.²¹⁹

자신이 제네바에서 얻게 된 목회직의 정당성에 대한 이와 같은 주장은 옛 동료 뒤 티에의 공격에 대한 답변이었다고 볼 수도 있다. 앞서 언급했듯이 한때 칼빈의 친구였던 뒤 티에는 1538년 12월 1일자로 칼빈에게 쓴 편지에서 칼빈이 수행한 목회직의 정당성에 대해 의문을 제기했다. "나는 … 하나님이 진정 그대를 그 직분에 부르고 세우셨는지를 보지 못합니다. 왜냐하면 그대가 그들이나 다른 이들에 의해, 우리 주님의 영이 그의 교회에 있기를 원했던 성례와 형식에 따라 이 직분에 부름을 받거나 임명되지 않았기 때문입니다."²²⁰ 이때 칼빈은 뒤 티에의 의문에 대해서 즉시 답을 하지 않았다. 그는 이미 1538년 10월에 뒤 티에에게 보낸 편지에서 자신의 입장을 밝혔기 때문이다. 그는 이 편지에서 합법적인 임직은 어떤 특정한 절차 여부로 결정되는 것이 아니라, "진리에 의한 검열"을 통해 확정되는 것이라고 주장했다.

> 나의 소명에 대해 논하는 것이 문제라면 그대에겐 그 소명을 비난할 만한 이유가 없고, 오히려 주님께서 그 소명 가운데서 나를 확고히 하기 위해서 보

---

217 "사돌레토에게 주는 답신", 『칼뱅작품선』 4: 8, "Doctoris primum, deinde pastoris munere in ecclesia illa functus sum." CO.5: 386.
218 "사돌레토에게 주는 답신", 『칼뱅작품선』 4: 8, CO.5: 386.
219 "사돌레토에게 주는 답신", 『칼뱅작품선』 4: 8, CO.5: 386.
220 "서신 90: 루이 뒤 티에가 칼뱅에게"(1538. 12. 1), 『칼뱅서간집』, 박건택 편역 (용인: 크리스천 르네상스, 2016), 1: 249, CO.10: 295.

다 흔들리지 않는 이유들을 주신다고 믿습니다. 설사 그 소명이 그대에게 의심스럽다고 하더라도 그것은 내게 확실할 뿐 아니라, 진리에 따라 검열하기를 원하는 자들에게 그것을 입증할 수 있는 것으로도 충분합니다.²²¹

칼빈은 사돌레토에게 쓴 답신에서도 목회 직분의 정당성은 임직을 수여한 조직의 권위나 특정한 절차에 달려 있는 것이 아니라, 그 사람이 얼마나 성실하게 하나님이 맡기신 직무를 수행하는가에 달려 있다고 말한다.

방종적이고 불법적인 권위로 교회를 다스리도록 목자들이 하나님께로부터 파송된 것이 아니라, 그들은 그들이 넘어서는 안 되는 어떤 의무규정에 의해 제한된바, 그와 같이 교회도 그런 의미에서 있어서 교회 위에 임명된 자들이 그들의 소명에 따라 직분을 잘 감당하고 있는가를 살펴보도록 명령받았기 때문입니다. … 하나님이 복음을 전파하도록 보냄을 받은 사람들에게만 그와 같은 권한을 주셨던 것입니다.²²²

이와 같은 칼빈의 견해에 따르면 목회직분의 정당성은 외적인 형식이 아니라 내적인 직무에 의해 결정되는 것이다. 즉, 목회자가 자신에게 부여

---

221 "서신 88: 칼뱅이 뒤 티에에게"(1538. 10. 28), 『칼뱅서간집』 1: 235-6, "S'il estoit question de disputer de ma vocation, je croy que vous n'aves pas telles raysons pour l'impugner, que le Seigneur ne m'en donne de plus fermes pour me confermer en icelle. Si elle vous est en doubte, ce m'est assez qu'elle me soit certaine: et non seulement cela, mais que je la puisse approuver a ceulx qui vouldront submettre leurs censures a la verité." CO.10: 270.
222 "사돌레토에게 주는 답신", 『칼뱅작품선』 4: 40, "Nam ut ad regendam ecclesiam non emittuntur ab ipso cum licentiosa exlegique potestate pastores, sed ad certam officii formulam adstringuntur, quam excerdere non liceat, ita explorare iubetur ecclesia quam fideliter vocationi respondeant suae, quos ea lege sibi praefectos habet (1 Thess. 5, 21; 1 Ioann. 4, 1.)." CO.5: 404.

된 "복음 전파"라는 사역의 본분을 얼마나 충실하게 수행했는지 여부에 따라 임직의 합법성이 결정된다. 물론 칼빈은 목사 임직의 합법적인 절차나 교회의 권위를 무시하지 않았다. "제대로 된 생각을 가진 사람이라면 사람들이 감독을 지명하는 것이 소명의 합법적인 질서에 조금도 어긋남이 없다는 것을 인정할 것이다. 많은 성경 본문들은 감독들이 이렇게 선발되었음을 증언한다."[223] 다만 임직 절차나 교회의 권위가 그 자체로 소명을 확보하는 것으로 여겨지거나 목회자의 권위를 증명하는 것은 아니라는 점이 더 중요하다. "그러므로 만약 어떤 사람이 교회의 사역자로 여김을 받으려면 먼저 합당하게 소명을 받아야 한다. 그리고 자기의 소명에 응답해야 한다. 즉, 자기에게 명령된 역할을 받아들여서 수행해야 한다."[224]

칼빈은 "사돌레토에게 주는 답신"에서 목자가 마땅히 행해야 할 의무는 교회가 견고하게 설 수 있도록 "온순한 영혼들을 그리스도께 평화롭게 인도하는" 것이며, 이와 함께 무장을 갖추어 "하나님의 사역을 방해하려 애쓰는 자들의 계략"을 물리치는 것이라고 말한다.[225] 칼빈은 이와 같은 직

---

[223] Institutes, IV.3.14, OS.5: 54. 이 점에 있어서 칼빈은 소위 무교회주의 혹은 교회제도 무용론을 배격한다. "그러므로 우리가 논의하고 있는 이 직제와 이런 종류의 정치를 없애 버리려고 애를 쓰거나 그것들이 거의 필요 없는 것처럼 깎아내리는 것은 교회를 해체하거나 나아가 황폐하게 만들고 멸망시키려고 드는 것이다. 왜냐하면 … 지상의 교회가 존속되는 데 있어서 사도적이고 목회적인 직무보다 더 필요한 것은 없기 때문이다." Institutes, IV.3.2, OS.5: 44.

[224] Institutes, IV.3.10, OS.5: 52. 여기에서 칼빈은 사도 바울 역시 자신에게 주어진 사명을 잘 감당했기 때문에 스스로 사도라고 주장했음을 상기시킨다. "이 위대한 그리스도의 종도 자기가 주님의 명령으로 이 자리에 임명을 받았다는 사실과 자기가 맡겨진 일을 충실하게 수행하고 있다는 사실에 근거하지 않고서는 감히 자기에게 권위가 있다는 소리를 교회에서 듣고자 하지 않는데, 이것들 중 하나 혹은 둘이 결여된 죽을 수밖에 없는 인생이 그 누구라도 이런 영예를 자기의 것이라고 외친다면 얼마나 부끄러운 노릇이겠는가?"

[225] "사돌레토에게 주는 답신", 『칼뱅작품선』 4: 11, "Sic enim demum ecclesiam aedificant pastores, si non dociles modo animas ad Christum placide manu ducunt, sed armati etiam sunt ad propulsandas eorum machinationes, qui Dei opus impedire enituntur." CO.5: 388. 『기독교강요』에서는 목사의 직무를 다음의 세 가지로 정리했다. "즉, 그들이 교회를 감독하게 되는 것은 한가한 품위를 누리는 데 있지 않고, 그리스도의 교리로 회중을 교육시켜 참된 경건에 이르게 하고, 거룩한 성례들을 거행하며, 올바른 권징을 존속시키고 시행하는

무 중심적인 목회직 이해에 기초해 자신이 제네바에서 하나님의 부르심에 합당한 충성의 의무를 최선을 다해 수행했다고 주장한다.[226] 그리고 지금은 비록 제네바로부터 추방되어 직접적인 관계가 없다고 볼 수도 있겠지만 자신에게는 여전히 제네바 교회에 대한 "부성적 애정"이 남아 있다고 고백한다. 칼빈은 이에 덧붙여 하나님 앞에서 가지고 있는 이런 영적 사명감이 아니라 하더라도 "제네바의 공익"을 지키고 제네바의 파멸을 초래할 수 있는 사돌레토의 노력에 대항하고, 자신보다는 동역자들의 사역에 대해 변호하는 것이 "인간의 법에 부합"된다고 주장한다.[227]

칼빈은 사돌레토의 다소 무례한 공격에 맞서 자신이 답신에서 취하고자 하는 태도에 대해 밝힌다. 그는 우선 사돌레토가 사용한 불의한 비난이나 표현, 혹은 격정적인 거친 언사를 사용하지 않겠다고 말한다.[228] 그러나 이처럼 칼빈이 자신의 어조를 미리 밝히는 것은 사돌레토가 얼마나 무례한 어조로 개혁자들을 부당하게 공격했는지 드러내기 위해서였다.

> 더군다나 그대는 로마의 교황청에서 요즈음 학습되고 있는 로마식 기술, 즉 모든 술수와 계략을 꾸며 내는 것이 어렸을 적부터 철저히 익숙해 있었고, 클레멘트에게서 직접 교육을 받았으며 추기경으로까지 선출된 사람이므로, 대부분의 사람은 이 문제에서 그대에 대해 많은 의구심을 품지 않을 수 없을

데 있다." Institutes, IV.3.6, OS.5: 48. 이 내용은 『기독교강요』 1543년 판에서 처음으로 추가되었다.

226 "하나님께서 내게 교회를 맡기셨을 때는 그 교회에 영원토록 충성하도록 매어 놓으셨기 때문입니다." "사돌레토에게 주는 답신", 『칼뱅작품선』 4: 8, CO.5: 386.

227 "사돌레토에게 주는 답신", 『칼뱅작품선』 4: 9, CO.5: 387.

228 "첫째, 나는 그대가 전에 나를 공격했던 그 불의한 비난과 같은 표현들은 반드시 사용하지 않으면 안 되는 그런 경우들을 제외하고는 결코 사용하지 않을 것입니다. 둘째, 격정이나 신랄함에 이를 정도나 또는 건방지게 보임으로써 순진한 사람들에게서 반감을 가져올 정도의 거친 언사들은 피할 것입니다." "사돌레토에게 주는 답신", 『칼뱅작품선』 4: 10, CO.5: 387.

것입니다.²²⁹

탁월한 논리와 감동적인 수사는 예나 지금이나 전도와 변증을 위한 유용한 수단이다. 그러나 칼빈은 어떤 술수와 계략을 적극 활용해서 사람들의 지지와 호응을 이끌어내는 것을 권장하지 않았다. 변증과 전도의 내용이 진리인 만큼 그 제시의 방법 역시 진실해야 한다. 따라서 비록 사람들의 반응이 많지 않다고 해도, 단순하고 명료하게 성경의 명확한 가르침에 기초해 진리를 증거하는 것이 진정한 변증과 참된 종교개혁의 방법이다.

2.2. 참된 사역자의 증거: 희생과 헌신

하나님께서 맡기신 직무에 얼마나 충성했는가는 이 사역을 위해 얼마나 희생하고 헌신했는가를 통해 증명된다. 잘 알려진 바와 같이 칼빈은 자기의 저술 전체에 걸쳐 개인적 동기나 생활에 대해 말하는 것을 삼갔다.²³⁰ 그러나 사돌레토의 서신에 대한 이 답신에서는 제네바 사역의 정당성을 변호하기 위해 자신과 동료들이 제네바에서 실천했던 헌신에 대해 비교적 구체적으로 밝힌다. 첫째, 칼빈과 동료 개혁자들은 로마 가톨릭 체제 안에 머물렀다면 누릴 수 있었던 성공의 기회와 안락함을 모두 포기했다.

나는 나와 같은 나이에 이미 고위 성직에 오른 많은 사람을 알고 있습니다. 그들 중 어떤 사람들은 나와 대등한 인물들이며 어떤 사람들은 나보다 못한

---

[229] "사돌레토에게 주는 답신", 『칼뱅작품선』 4: 10, CO.5: 387.
[230] "나는 내 자신에 대해서는 잘 말하지 않습니다. 그러나 그대가 나로 하여금 잠잠히 있게 해 주지 않으므로 나는 겸손하게 내 입장을 밝히려 합니다." "사돌레토에게 주는 답신", 『칼뱅작품선』 4: 12, CO.5: 389.

자들로 생각됩니다. … 내게는 내가 바랐던 최정상, 즉 문자 그대로 자유롭고 명예로운 지위에서 안락함을 즐기는 위치에 도달하는 것이 어렵지 않았을 것입니다.[231]

여기에서 칼빈이 말하는 사람들 가운데에는 아마도 한때 그의 동료였던 루셀이 포함되어 있었을 것이다. 루셀은 르페브르 데타블의 모(Meaux) 인문주의 모임의 일원이었으며 프랑수아 1세의 누이이자 나바르의 왕비였던 마그레트(Marguerite of Navarre, 1492-1549)의 개인 설교자였다. 개혁적 성향을 가지고 있었던 나바르의 왕비는 1535년에 루셀을 나바르에 위치한 올로롱(Oloron)의 교구의 주교로 임명했고 교황 바울 3세(Paul III, 재위 1534-1549)가 이를 재가했다.[232] 칼빈은 1537년 작성한 "두 서신" 가운데 두 번째 서신을 통해 루셀이 로마 가톨릭 주교직을 받아들인 일에 대해 강한 유감을 표명했다.[233]

칼빈은 루셀과 같이 개인적 야심이나 부득이함으로 인해 로마 가톨릭 체제 안에 머물렀던 사람들과 비교해 보면, 자신과 동료들이 종교개혁 사역에 참여함으로써 포기하고 잃게 된 세속적 이익이 훨씬 더 많았다고 주장한다.[234] 이와 같이 개혁자들이 세속적 이해를 포기한 것은 하나님께서 주신 사명에 대한 합당한 헌신의 결과였다. 이 헌신은 개혁자들이 수행한 사역이 하나님께로부터 받은 사명임을 증명한다. "우리가 하나님의 말씀

---

[231] "사돌레토에게 주는 답신", 『칼뱅작품선』 4: 13, CO.5: 389.
[232] Greef, 『칼빈의 생애와 저술들』, 231.
[233] 그러나 루셀이 올로롱의 주교로 임직된 시기나 칼빈과 루셀의 개인적 관계 등을 고려할 때 "두 서신"의 두 번째 서신이 루셀을 대상으로 한 것인지에 대한 논란이 있다. 황정욱, 『칼빈의 초기 사상이해』, 242-8.
[234] "우리와 함께 이 대의명분에 동참한 사람들 가운데는 이 세상에서 새로운 인생의 계획을 추구하는 데 요구되는 좋은 지위와 부귀를 그대가 누리는 것과 같이 누리지 못할 사람이 한 사람도 없습니다." "사돌레토에게 주는 답신", 『칼뱅작품선』 4: 14, CO.5: 389.

으로부터 승인을 받지 않았다면 어찌 수많은 영혼에 대한 주교나 사제들의 지배, 아니 오히려 고문이라고 불러야 할 그 전부를 뒤집어엎으려는 그와 같은 노력을 했겠습니까?"235

앙굴렘의 마가레트

둘째, 더 구체적으로 개혁자들은 하나님께 받은 사명을 바르게 수행하기 위해 경제적 이익을 포기했다. 칼빈은 자신과 동역자들이 제네바에서 수행한 사역이 돈을 벌기 위한 것이라고 비난한 사돌레토의 공격을 반박하는 맥락에서 이 점에 대해 언급한다. 칼빈이 보기에 당시 로마 가톨릭 고위 성직자들이 보여 주고 있는 물질적 탐욕은 당시 교회를 타락시킨 중요한 요인들 가운데 하나였다.236 칼빈은 이런 타락을 방지하기 위해 개혁자들이 제네바에서 어떤 제도를 세우려 했는지에 대해 상세하게 밝힌다.

> 또한 우리는 협의하기를 성직자에게는 호사스러운 풍요가 아니라, 그들의 직임에 합당한 검소한 생활을 영위하기에 충분한 정도로 지불하고, 그 밖의 교회 수입은 초대교회의 예를 따라 처분하는 것이 옳다고 했습니다. 그리고 연례적으로 교회와 시당국에게 회계를 보고한다는 책임하에 권위와 비중이 있는 사람이 교회의 수입을 관리하도록 선출되어야 한다고 했습니다.237

---

235 "사돌레토에게 주는 답신", 『칼뱅작품선』 4: 14, CO.5: 389.
236 "우리는 분명한 목소리로 교회 수입 중에서 검소하고 수수한 생활을 유지하는 데 필요한 이상의 것을 자신의 개인적 사용을 위해 충당하는 어떤 주교라도 도둑이라고 비난했습니다. 우리는 목사들이 자체 무게에 깔리고 말 정도의 그런 풍요로움에 빠져 있는 한, 교회는 치명적인 독약에 감염된 것임을 항변해 왔습니다." "사돌레토에게 주는 답신", 『칼뱅작품선』 4: 15, CO.5: 390.
237 "사돌레토에게 주는 답신", 『칼뱅작품선』 4: 15, "… ut ministris tantum erogaretur, quantum

칼빈은 1541년에 스트라스부르크에서 제네바로 복귀하면서 제네바 시 의회에 제출한 "교회법령"(Ordonances ecclesiastique)에서 교회의 재정을 관리하는 독립된 선출 직분으로서 성경에서 발견할 수 있는 집사 직분의 회복이 필요하다고 제안했다.[238] 그러나 그 이전인 1537년 쓴 이 "사돌레토에게 주는 답신"에서부터 그가 교회 재정 운영을 위한 독자적인 직분을 세우려 했음을 발견할 수 있다. 즉, 칼빈은 교회 재정과 관련한 사역을 목사 개인에게 맡기지 않고 제네바 교회 안에서 집사 직분의 수립을 통해 제도적으로 확립하려 한 것이다. 이 제도를 통해 회복하려 한 교회 재정 운영의 합당한 방식은 성경과 초대교회의 모범에 따른 것이었다. 그는 이후 저술한 사도행전 주석에서 로마 가톨릭 체제가 집사직을 미사를 돕는 "부제"의 직분으로 변경했음을 비판하면서 구제와 봉사를 담당하는 집사 직분의 성경적 정당성을 다음과 같이 강조했다.

> 우리는 가난한 사람들을 돌보는 이 직무가 얼마나 거룩한 일인지를 안다. 사도들이 복음을 선포하는 일을 더 중요하게 여긴 만큼 우리가 복음 앞에 함께 모인다면 이보다 더 하나님 앞에 합당한 순종이 없다. 그럼에도 불구하고 만약 그들이 복음 선포의 직무와 구제의 직무 모두를 다 감당할 수 없다는 이것은 완고함일 뿐이라는 사실도 선언되었다.[239]

---

ad frugalitatem ordine suo dignam sufficeret, non quod ad luxum redundaret, reliqua pro more veteris ecclesiae dispensarentur; quum ostendimus eligendos esse graves viros, qui illis praeficerentur, ea lege ut ecclesiae et magistratur rationem quotannis rederent." CO,5: 390.

238 "고대 교회에는 언제나 두 종류의 집사들이 있었다. 한 부류는 가난한 자들을 위한 재산, 즉 매일매일의 구호금뿐 아니라 재산, 대출 및 생활 보조금을 수납하고 분배하며 보관하는 일을 위임받았다. 다른 한 부류는 병자들을 돌보고 치료하며 가난한 자들의 식사를 담당하는 일을 위임받았는데, 이런 관습은 오늘날에도 여전히 우리 중에 있다." "1541년 제네바 교회 법규", 『칼뱅작품선』1: 240, OS,2: 340.

239 Comm. Acts 6:3, CO,48: 119. 맥키는 칼빈이 사도행전 6:1-6을 "교회 직제를 위한 규정"으

교회의 개혁을 위해서는 말씀의 직무를 담당한 목사부터 가장 먼저 헌신해야 했다. 그리고 소명에 따른 목사의 헌신은 삶 속에서 실제적으로 나타나야 했다. 이와 같은 당위에 부응하기 위해 많은 종교개혁자들은 토지를 소유하는 주교들이 누렸던 불필요한 경제적 부요함을 기꺼이 포기하고 시의회가 지급하는 급여를 받기로 했다. 이와 같은 헌신과 희생의 목적은 어떤 또 다른 이익이나 영예를 얻기 위한 것이 아니었다. 칼빈은 하나님께 부름을 받은 목회자로서의 헌신이 지향했던 영적인 목적이 "그리스도의 왕국의 확장"이었다고 고백한다.

> 그러나 우리가 의도했던 목표들은 그 결과에 의해서 판단되어야 한다고 생각한다면, 그대는 우리가 우리 자신의 가난함과 미천함을 통해 그리스도의 왕국의 확장만을 위해 노력해 왔음을 알게 될 것입니다. 우리는 결코 우리 자신의 탐심을 위해 그리스도의 거룩한 이름을 남용한 적이 없습니다.[240]

칼빈의 주장을 요약하면 참된 목회자는 자신의 뜻이나 사람들의 뜻이 아닌 하나님의 뜻을 전하는 직무를 맡은 사람들이다. 이와 같은 직무는 헌신과 희생으로 하나님께서 주신 말씀을 선포할 때 수행될 수 있다. 그러므로 하나님의 말씀을 증거하고 예수 그리스도의 주권을 드러내기 위해 얼마나 헌신하고 희생하는지에 따라 참된 목회자를 분별할 수 있다. 이것이

로 여기고 그중 "집사 직분을 합당한 교회 직제를 위한 필수적이고 항구적인 요소"라고 본 것은 16세기 다른 개혁자들과 비교할 때에도 독창적인 관점이었다고 평가한다. Elsie Anne McKee, *John Calvin on the Diaconate and Liturgical Almsgiving* (Geneva: Droz, 1984), 157-158.

[240] "사돌레토에게 주는 답신", 『칼뱅작품선』 4: 16, "Quod si a re ipsa aestimandum animum nostrum censes reperietur non alio nos spectasse, quam ut nostra tenuitate atque humilitate regni Christi amplitudo promoveretur. Tantum abest, ut regnandi cupiditate sacrosancto eius nomine fuerius abusi." CO.5: 390.

사돌레토의 부당한 비난에 맞서 칼빈이 "사돌레토에게 주는 답신"에서 주장한 직분론의 핵심적 내용이다.

칼빈이 이 편지에서 주장한 목회직에 대한 종교개혁적 이해는 이후 개혁교회와 장로교회 직제의 중요한 신학적 기초로서 영향을 주었다. 21세기 한국교회는 16세기 종교개혁자들이 성경의 가르침으로 믿고 회복하려 했던 목회직분이 무엇이었는지 숙고하고 이에 따라 현재 교회의 제도와 그 운영을 반성해 보아야 한다. 원칙은 이것이다. 직분이 직무를 결정하는 것이 아니라 직무에 따라 교회 안에 직분이 세워진 것이다. 따라서 목사를 비롯한 교회 안에 모든 직분자들은 자기에게 맡기진 직무에 최선을 다해야 한다. 자의적으로 자신의 역할과 사역을 축소 혹은 확대하거나, 불필요하고 장애가 되는 별도의 직분들을 교회 안팎에 너무 많이 만들어서 교회의 본질적인 사역인 예배와 전도를 방해하는 것은 결코 건전한 교회 직분의 개념과 수행이 아니다. 자신의 직분에 최선을 다한다는 것은 자신의 직무를 하나님께서 맡기신 소명으로 알고 항상 최선을 다해 준비하고 성실하게 수행해야 함을 의미하며, 이와 더불어 다른 직분들을 존중하고 교회 전체의 일치와 성숙을 위해 협력해야 함을 의미한다. 예수 그리스도께서 교회에 세우신 다양한 직분은 "성도를 온전하게 하여 봉사의 일을 하게 하며 그리스도의 몸을 세우게 하심"이기 때문이다(엡 4:12).

3. 종교개혁의 과제

3.1. 참된 예배의 회복

"사돌레토에게 주는 답신"의 초두에서 칼빈이 변호한 자신의 목회직분의 합법성이나 제네바 사역의 정당성에 대한 주장은 사돌레토의 부당한 비난에 대한 변호의 서론에 해당한다. 칼빈의 "사돌레토에게 주는 답신"의 더 중요한 관심사는 칼빈과 개혁자들이 제네바에서 가르쳤던 내용이 하나님의 복음 진리였다는 점과 그들이 세우려 했던 교회의 개혁이 성경이 가르치는 참된 교회의 일치라는 점을 증명하는 데 있었다. 칼빈은 이 두 가지가 사돌레토가 제네바에 보낸 위협에 대응하는 핵심 사항들이라고 생각했다.

> 제네바 시민들은 우리 설교를 통해 가르침을 받고 그들이 이전에 빠져 있던 오류의 수렁에서 빠져나와 복음의 순수한 교훈으로 나아간바, 그대는 그것을 하나님의 진리에 대한 포기라고 주장했습니다. 그들은 스스로 더 나은 형태의 교회를 세우기 위해 로마 교황의 폭정을 벗어던지려 했는데 그대는 그것을 교회로부터의 실제적인 분리라고 했습니다.²⁴¹

칼빈은 개혁자들이 제네바에서 전한 가르침의 진정성과 관련해 불건전한 신학과 올바른 신학의 차이에 대해 언급한다. 불건전한 신학이란 자기중심적인 탐구와 주장을 의미한다. "자기 자신의 일차적 존재 동기로서 하나님의 영광을 제시하려는 열의를 보이지 않고, 모든 생각을 자기중심에서만 전개하는 것은 그다지 건전한 신학은 못되는 것입니다. 우리는 우선적으로 하나님을 위해서 태어났지 우리 자신을 위해 태어난 것이 아니기 때문입니다."²⁴² 이와 달리 올바른 신학은 하나님의 영광을 추구하는 신학이다. "저는 우리 주님이 인간들이 더욱 주님 자신의 이름의 영광을 위해 살게 하시려고 자신의 이름의 영광과 우리의 구원을 불가분리하게 결

---

241 "사돌레토에게 주는 답신", 『칼뱅작품선』 4: 16-7, CO.5: 391.
242 "사돌레토에게 주는 답신", 『칼뱅작품선』 4: 17, CO.5: 391.

합시켜 놓으심으로써 자신의 영광을 증진하고 확장하려는 열심을 부드럽게 조정하셨음을 인정합니다."²⁴³ "하나님의 영광" 혹은 "예수 그리스도의 영광"을 신학의 궁극적인 목적으로 삼아야 한다는 주장은『기독교강요』의 서문에서부터 칼빈이 일관되게 강조했던 기본적 원칙이었다.²⁴⁴

"오직 하나님께 영광"이라는 원칙은 종교개혁이 추구한 신학의 궁극적 기준일 뿐 아니라 모든 신자들이 지향해야 할 삶의 궁극적인 목적이었다. 칼빈은 참된 교회의 의무가 사람들에게 단순히 영혼 구원을 확보해 주는 것보다 더 숭고한 것이라고 말한다. 그것은 "하나님의 영광을 높이려는 열심"이 우리 안에서 더욱 커지게 하는 것이다. 이런 의미에서 볼 때 하나님의 영광을 높이는 것을 목적으로 삼는 구원의 삶에서 가장 중요한 신자의 의무는 올바른 예배이다. "나는 또한 하나님께 대한 왜곡되고 잘못된 예배보다 우리 구원에 해로운 것이 없다고 한 그대의 주장에 기꺼이 동의하는 바입니다."²⁴⁵

그러나 문제는 사돌레토가 속해 있는 로마 가톨릭은 하나님께만 영광을 돌려 드리는 바른 예배를 드리지 않고 있다는 데 있었다. 칼빈은 하나님의 영광을 올려 드리기 위해 날마다 노력하는 그리스도의 제자들에게 필요한 경건 훈련의 기초 원리 두 가지를 다음과 같이 제시한다. "즉, 자신들 임의로 자기 자신의 기쁨을 위해 하나님께 대한 예배 형태를 새로이 만

---

243 "사돌레토에게 주는 답신",『칼뱅작품선』4: 18, "Sic quidem fateor, Dominus ipse, quo nominis sui gloriam magis commendabilem hominibus faceret, eius promovendae atque amplificandae studium temperavit, ut cum nostra salute perpetuo coniunctum foret." CO.5: 391.
244 "그리스도가 저자가 되어 가르치신 바대로, 사람들의 영광이 아니라 하나님의 영광을 구하려고 마음을 쏟는 것이 올바른 교리의 표지입니다." Institutes, "Praefatio," OS.3: 16.
245 "사돌레토에게 주는 답신",『칼뱅작품선』4: 18, "Hoc quoque tibi non aegre concedo, non aliunde esse gravius saluti nostrae periculum, quam a praepostero perversoque Dei cultu." CO.5: 392.

들어서는 안 되며, 유일하게 합당한 예배는 태초로부터 하나님이 직접 인정하셨던 바로 그 예배임을 알아야 한다는 것입니다."²⁴⁶ 칼빈이 보기에 로마 가톨릭의 의식들은 하나님의 영광이 아닌 사람들의 필요를 목적으로 삼았고, 그 형식에 있어서도 하나님께서 정해 주신 한계를 넘어서 많은 잡다한 요소들을 첨가했다. 따라서 로마 가톨릭의 의식으로는 참된 경건에 이를 수가 없다. 칼빈은 예배 개혁을 제네바에서 진행했고 이것이 지금 스트라스부르크에서 진행하고 있는 종교개혁의 가장 중요한 과제라고 말한다. "요약하면 우리는 그들로 하여금 하나님에게 직접 받았던 예배의 유일한 규범을 지키고 모든 거짓된 예배에서 떠나도록 모든 수단을 다해 가르치고 있습니다."²⁴⁷

3.2. 참된 교회의 수립

"사돌레토에게 주는 답신"은 『기독교강요』의 서문보다 더 상세한 교회론을 제시한다. 칼빈은 사돌레토가 로마 가톨릭 교회만이 참된 예배를 규정하고 실행할 수 있다고 말한 점에 주목한다. 그리고 이런 이해는 큰 오산이라고 비판한다. 문제는 사돌레토가 "교회"라는 용어를 오해하고 있다는 점에서 비롯되었다. 칼빈은 사돌레토의 교회 정의에는 결정적인 요소가 누락되었다고 지적한다. 그것은 바로 "하나님의 말씀"이었다.

사돌레토는 자신의 편지에서 로마 가톨릭의 권위를 주장하기 위해 지금 그리스도의 성령께서 친히 전 세계에 흩어진 모든 신자들을 교회 안에서 다스리신다고 주장했다. "간단하게 정의하자면, 가톨릭 교회는 모든 곳,

---

246 "사돌레토에게 주는 답신", 『칼뱅작품선』 4: 18-9, CO.5: 392.
247 "사돌레토에게 주는 답신", 『칼뱅작품선』 4: 19, CO.5: 392.

과거와 현재, 세계의 모든 지역에 그리스도 안에서 연합하여 공감하고 있으며 모든 곳에서 그리스도의 한 성령에 의해 항상 지배를 받는 교회입니다."[248] 그러나 칼빈이 보기에 하나님의 말씀에 대한 아무런 언급 없이 단순히 성령이 교회를 다스리신다고 주장하는 것은 무의미하며 위험했다. 그는 이 비판의 근거로서 요한복음 10장 27절, 에베소서 2장 20절과 5장 26절, 베드로전서 1장 23절을 직접 인용하면서 교회의 기초는 말씀임을 강하게 주장한다. "주님은 말씀 없이 성령을 자랑하는 것이 대단히 위험스러운 일임을 아시고 계셨으므로, 교회가 진실로 성령에 의해 다스림을 받고 있음을 선포하시면서도 성령의 다스림이 막연하고 불안정한 것이 되지 않게 하시기 위해 주님이 교회를 말씀에 기초하도록 만드셨던 것입니다."[249]

말씀과 무관하게 성령을 앞세워 로마 가톨릭의 권위를 주장하는 사돌레토의 주장은 재세례파의 오류와 별반 다를 바가 없다. 흥미롭게도 칼빈은 여기에서 기존 로마 가톨릭의 교회론이 겉으로 보기에는 완전히 상반된 재세례파의 급진적인 교회론과 사실상 다르지 않다고 평가한다. "양쪽 모두 성령에 대해 지나칠 정도로 자랑하고 있는바, 그것은 불가피하게 하나님의 말씀을 묻어 버리고 사장시키는 경향이 생겨나게 하고 스스로 오류를 범할 여지를 만들게 됩니다."[250] 하나님의 말씀이 모든 교리를 검증

---

[248] "사돌레토의 편지", TT.1: 14, "Est enim catholica ecclesia, ui breviter definiamus, quae in omni anteacto et hodierno tempore, omni in regione terrarum, in Christo una et consentiens, uno Christi spiritu ubique et semper directa est, in qua nullum potest dissidium exsistere: omnis enim ea inter se connexa et conspirans est." CO.5: 378.

[249] "사돌레토에게 주는 답신", 『칼뱅작품선』 4: 20, CO.5: 393. 칼빈은 자신의 교회론을 증명하기 위해 성경 본문을 직접 인용하지만 그리소스토무스의 주장도 함께 인용한다. "크리소스토무스는 성령을 핑계로 우리를 복음의 단순한 교리에서부터 호도하려는 어떤 사람도 용납하지 말라고 충고했던바 매우 옳은 말이라고 생각합니다. 성령이 우리에게 약속된 것은 새로운 교리를 밝혀 주시기 위함이 아니요, 복음의 진리를 우리 마음에 새겨 주시기 위한 것이기 때문입니다." "사돌레토에게 주는 답신", 『칼뱅작품선』 4: 20-21, CO.5: 393.

[250] "사돌레토에게 주는 답신", 『칼뱅작품선』 4: 21, "Spiritum enim quum fastuose iactant, non alio certe tendunt, quam ut oppresso sepultoque Dei verbo locum faciant suis ipsorum

하는 시금석이며, 성령은 그 말씀을 이해할 수 있도록 교회를 밝혀 주시는 분이시다. 따라서 "성령 없이 말씀 자체만 강조하는 것이 불합리하듯이 말씀 없는 성령만을 자랑하는 것 역시 못지않게 불합리한 일"이다.[251]

칼빈은 말씀을 간과하는 사돌레토의 교회 정의에 맞서 자신의 교회 정의를 다음과 같이 제시한다. "즉, 교회란 전 세계에 퍼져 있고 모든 시대에 걸쳐 존재하나 그리스도의 한 영과 교리로 묶여 있으며, 믿음의 통일과 형제적 연합을 지키고 배양하는 모든 성도의 모임이라는 것입니다."[252] 사돌레토의 교회 정의와 비교할 때 칼빈의 교회 정의에서 눈에 띄는 것은 "한 교리"와 "믿음의 통일"이다. 물론 "사돌레토에게 주는 답신"의 후반부에서 더 집중적으로 다룰 주제이기는 하지만, 칼빈은 제네바에서 종교개혁자들이 전한 가르침에 대한 사돌레토의 부당한 비판을 논박하는 과정에서 자신의 보편 교회론을 전개한다. 사돌레토는 제네바 개혁자들이 지난 1500년 동안의 교회 역사를 무시하고 새로운 교회와 신흥 종교를 세우려 한다고 비난했다. "그것은 최근 25년 동안에 교활한, 혹은 그들의 표현에 따르면, 명민한 사람들, 그러나 결코 가톨릭 교회에 속하지 않은 자들에 의해 도입된 새로운 것들입니다."[253] 그러나 칼빈은 지상교회의 보편성이 어떤 외적인 계승이나 전통에 의존해 있는 것이 아니라, 동일한 가르침과 그에

---

mendaciis." CO.5: 393. 칼빈은 『기독교강요』 서문에서도 로마 가톨릭과 "반세례주의자들 및 다른 급진주의자"들 모두는 종교개혁을 억압하고 어지럽히기 위해 사탄이 사용한 두 가지 무기라고 평가했다. Institutes, "Praefatio," OS.3: 27.

251 "사돌레토에게 주는 답신", 『칼뱅작품선』 4: 21, CO.5: 393-4. 성령은 기록된 성경 말씀만을 조명하신다는 칼빈의 성령론은 성경의 기록과 무관하거나 이를 초월하는 직접 계시를 받는다거나 하나님의 음성을 듣는다고 주장하는 근래의 급진적 신학 사상과는 확연히 구별된다.

252 "사돌레토에게 주는 답신", 『칼뱅작품선』 4: 21-2, "··· societatem esse sanctorum omnium, quae per totum orbem diffusa, per onmes aetates dispersa, una tamen Christi doctrina et uno spiritu colligata, unitatem fidei ac fraternam concordiam colit atque observat." CO.5: 394.

253 "사돌레토의 편지," TT.1: 14, CO.5: 378.

대한 통일된 믿음에 달려 있다고 주장한다. 보편교회에 대한 이런 이해로부터 보자면 로마 가톨릭이 아니라 종교개혁자들이 회복한 개혁교회야말로 초대교회와 함께하는 보편교회이다.

> 즉, 우리가 주장하는 교회 형태가 로마 가톨릭 교회보다 초대 교회 형태에 훨씬 가까울 뿐 아니라, 처음에는 무식한 사람들에 의해 왜곡되고 더렵혀졌으며 후에는 교황과 그의 도당들에 의해 극악무도하게 난도질당하고 거의 파괴되다시피 한 교회의 본래의 형태를 새롭게 하고자 우리가 노력해 왔다는 사실 말입니다.[254]

칼빈과 동료 개혁자들이 추진한 개혁은 결코 교회 분열을 조장한 분파주의가 아니었다. 그들은 새로운 종교를 수립하거나 완전히 새로운 교회를 창설하려 하지 않았다. 개혁자들의 목표는 말씀 위에 선 참된 교회를 세우는 것이었으며 이를 위해 "고대의 경건함과 거룩함"을 회복하기 위해 온갖 종류의 우상숭배로 타락한 교회의 현 상황을 개선하고, "초대교회의 영광"을 되돌려 놓는 것이었다.[255]

교회가 말씀의 기초 위에 세워졌다는 것은 곧 교회의 가장 중요한 사역이 말씀의 선포임을 의미한다.[256] 그런 이유로 그는 하나님의 말씀을 바르게 선포하는 것을 참된 교회의 첫 번째 표지라고 말한다.[257] 그리고 『기

---

[254] "사돌레토에게 주는 답신", 『칼뱅작품선』 4: 22, CO.5: 394.

[255] "사돌레토에게 주는 답신", 『칼뱅작품선』 4: 23, CO.5: 394.

[256] "간단히 말해, 복음의 전파가 그와 같이 자주 하나님의 나라라고 불린 이유는 그 복음이야말로 하나님이 자기 백성을 다스리시는 왕권이기 때문이 아니고 무엇이겠습니까?" "사돌레토에게 주는 답신", 『칼뱅작품선』 4: 20, CO.5: 393.

[257] "하나님의 말씀이 순수하게 선포되고 경청되며, 그리스도의 제도를 좇아서 성례가 거행되는 것을 우리가 보게 되는 것에는 어디든지 하나님의 교회가 어떤 모습으로 존재한다는 데는 전혀 모호함이 없다." Institutes, IV.19, OS.5: 13.

독교강요』의 연속되는 증보판에서 변함없이 바른 교리의 가르침과 성례의 올바른 시행이라는 이 두 가지를 참된 교회를 인정할 수 있는 표지라고 말했다. 그러나 흥미롭게도 사돌레토에게 보낸 "사돌레토에게 주는 답신"에서는 교회를 안전하게 유지시켜 주는 근거로 바른 교리와 더불어 권징과 성례, 그리고 의식까지 포함해 모두 네 가지를 언급한다.[258] 칼빈이 여기에서 말하는 네 가지 사항은 교회의 진정성을 인정할 수 있는 최소한의 두 가지 표지라기보다는 제네바에서 그와 동료 개혁자들이 회복하려 했던 교회의 중요한 사역들이었다고 보는 것이 타당하다. 그는 이 네 가지 교회의 주된 사역에 있어서 개혁과 회복이 필요하다고 주장한다. 이는 로마 가톨릭 안에서는 이 네 가지 사역이 거의 제대로 이루어지지 않고 있기 때문이다.

첫째, 교리의 진리가 로마 가톨릭의 폭압에 의해 억압당하고 있다. "교회가 기초를 두어야 하는 그 선지자적 및 복음적 교리의 진리가 그대의 교회에서는 대부분 소멸되었을 뿐 아니라 불과 검에 의해 무참하게 제거되었습니다."[259] 둘째, 권징을 통한 참된 경건 훈련이 자취를 감추었다. "그대의 교회에 이전의 옛 주교들이 교회 안에서 행하던 참되고 경건한 훈련의 흔적이 남아 있는지 묻고 싶습니다." 셋째, 성례 역시 심각하게 변질되었다. "성례에 대한 그대들의 극악한 신성모독에 대해 생각할 때, 나는 엄청난 전율을 느끼지 않을 수 없습니다." 칼빈은 개혁자들이 새로운 성례를 만들어낸 것이 아니며, 다만 "그 본래의 영예와 위엄"을 회복하려 했다고 말한다. 마지막으로 각종 의식들은 "대부분이 너무 유치한 의미를 지니고" 있으며, "수많은 형태의 미신들"로 더럽혀져서 "교회의 보전을 위해서는

---

[258] "교회가 기초하고 안전하게 유지되는 것은 다음의 세 가지에 근거하는바 그것은 교리, 권징, 및 성례입니다. 여기에 한 가지 더 첨가시키면 의식이 있습니다. 이 의식들을 통해 거룩한 직임을 맡은 자들을 훈련시키는 것입니다." "사돌레토에게 주는 답신", 『칼뱅작품선』 4: 23, CO,5: 394.

[259] "사돌레토에게 주는 답신", 『칼뱅작품선』 4: 23, CO,5: 394.

전적으로 무용"하게 되어 버렸다.²⁶⁰ 칼빈은 개혁자들이 로마 가톨릭의 의식들 대부분을 폐지했는데, 그 이유는 이것들의 수가 너무 많은 데다가 일종의 형식적 유대주의에 빠져 버렸기 때문이라고 밝힌다. 그럼에도 불구하고 개혁자들이 여러 의식들 가운데 "시대적 상황에 적합하다고 판단한 의식들"은 여전히 간직하려 한다고 말한다.

이 모든 교회의 사역들에 있어서 개혁자들이 추진한 것은 새로운 변화가 아니라 본질의 회복이었다. 교회가 그리스도의 몸으로서, 그리고 그리스도의 제자들의 공동체로서 마땅히 수행해야 할 본래의 사역들을 회복하는 것이 칼빈과 종교개혁자들이 제네바에서 추구했던 종교개혁의 가장 중요한 과제였다. 칼빈은 『기독교강요』에서 자신이 추구하는 교회의 개혁은 본질적으로 하나님께서 교회에게 맡기신 본질적 사역인 말씀과 성례의 회복을 통해 가능하다고 말했다. "말씀이 받아들여지고 견고하게 자리 잡은 곳에는 어디에서든지 그 교회가 나타난다. 어떠하든지 간에 복음의 선포가 경의를 다하는 가운데 경청되고 성례들이 간과되지 않으면 한동안이라도 거짓되지도 않고 모호하지도 않은 교회의 모양이 제시된다."²⁶¹

3.3. 참된 교리의 확립

칼빈은 올바른 보편교회의 개념과 교회 개혁을 위한 사역의 내용을 설명하는 가운데 특히 "교리" 개혁에 집중한다. 종교개혁은 신흥종교 창설이 아니었다. 개혁은 본래의 모습을 회복하는 것이기 때문에 교리 개혁도 새로운 가르침의 창안이 아니라 성경의 진리를 정확하게 재확인하는 것이었

---

260 "사돌레토에게 주는 답신", 『칼뱅작품선』 4: 23-4, CO,5: 395.
261 Institutes, IV.1.10, OS,5: 14.

다.²⁶² 여기에서 "오직 성경으로"의 원칙은 다시 한 번 강조된다. "세부 설명에 들어가기에 앞서 나는 성경 말씀만을 설명하려 노력해 온 우리 개혁파 백성을 그대가 무슨 이유로 잘못되었다고 비난하고 있는지 스스로 거듭 생각해 볼 것을 경고하려 합니다."²⁶³

칼빈은 성경적 진리의 회복에 대한 내용을 설명하기에 앞서 로마 가톨릭의 스콜라 신학의 문제점을 다음과 같이 지적한다. "그대 자신은 그들이 배운 교리가 단지 궤변에 불과할 뿐 아니라 스콜라 신학은 너무 복잡하고 뒤틀리고 혼돈스러우며 의문투성이라 비밀에 싸인 마술이라고 불릴 정도였음을 너무 잘 알고 있습니다."²⁶⁴ 칼빈이 보기에 스콜라 신학의 문제는 첫째, 복잡하고 성가신 수수께끼들을 늘어놓아 자신들의 예리함과 학식에 대한 명성을 추구한다는 점이다. 둘째, 이런 학자들이 학문적 기술을 늘어놓을 때 결코 교회가 온전히 세워지지 못한다는 점이다. 앞서 지적했듯이 하나님의 영광이 아닌 사람의 명예와 학식을 높이는 교리, 그리고 교회를 세우는 것이 아니라 교회를 이용하고 넘어지게 하는 교리는 결코 건전한 교리가 아니다. 칼빈은 이와 관련해 당대 로마 가톨릭에서 시행되고 있는 설교를 신랄하게 비판한다. "당시의 설교는 통상 두 부분으로 나뉘었는데 전반부에서는 신학교에서 배웠던 모호한 질문들을 다루어 무식한 백성을 놀라게 했고, 후반부에서는 부드러운 이야기나 재미있는 추리들로 채워 청중을 흥분시켜 즐겁게 만들곤 했습니다."²⁶⁵

칼빈이 보기에 현학적인 스콜라 신학과 그로부터 나오는 무성의한 설

---

262 "우리가 교회의 신앙에 대적하려고 그와 같은 것들을 고안해 낸 것이라고 주장한 그대의 비난이 얼마나 불공정하고 거짓된 것인가 하는 점을 간략하게 설명하려 합니다." "사돌레토에게 주는 답신", 『칼뱅작품선』 4: 25, CO.5: 395.
263 "사돌레토에게 주는 답신", 『칼뱅작품선』 4: 25, CO.5: 395.
264 "사돌레토에게 주는 답신", 『칼뱅작품선』 4: 25, CO.5: 396.
265 "사돌레토에게 주는 답신", 『칼뱅작품선』 4: 26, CO.5: 396.

교는 골로새서 2장 8절에서 바울이 비판하는 "헛된 철학"에 해당한다. 이와 달리 성경에서 바울이 가르친 것은 "단순함을 보여 주는 설교"였다. 개혁자들은 바로 이런 단순한 설교를 통해 기존의 "모든 속임수들"을 일순간에 제거하려 했다. "따라서 우리의 설교 진행 방법을 이전의 방법과 비교하거나 그대들 가운데 아직도 대단한 평판을 받고 있는 설교 방법과 비교해 본다면, 그대의 비난은 정말로 터무니없는 것임을 누구나 알게 될 것입니다."[266]

그렇다면 칼빈이 여기에서 강조하려는 교리는 무엇일까? 종교개혁자들이 가장 먼저 재확인하려 한 성경적 진리는 이신칭의 교리였다. "이신칭의에 대한 지식이 제거된 곳에서는 그리스도의 영광은 소멸되고, 종교는 무너지고, 교회는 파괴되며, 구원의 소망은 완전히" 없어지기 때문이다.[267] 칼빈은 "사돌레토에게 주는 답신"에서 이신칭의 교리를 『기독교강요』 서문보다 조금 더 상세하게 설명한다. 이런 상세한 설명을 제시한 것은 사돌레토가 개혁자들의 이신칭의 교리가 윤리를 약화시키고 사랑의 필요성을 간과한다고 주장한 다음의 비판에 대해 답해야 했기 때문이다. "종교개혁자들은 가르치기를 '우리는 의와 구원을 얻는 데 있어 오직 믿음만을 신뢰하며 특히 교회에서 칭찬을 받고 선포되는 선행은 신뢰하지 않습니다. … 그러므로 우리는 당신을 향한 이 한 믿음을 의지함으로써 우리가 좋아하는 것이라면 무엇이든 아주 자유롭게 할 수 있습니다'라고 한다."[268]

---

[266] "사돌레토에게 주는 답신", 『칼뱅작품선』 4: 26, CO.5: 396.
[267] "사돌레토에게 주는 답신", 『칼뱅삭품선』 4: 27, "At, sublata eius cognitione, et Christi gloria, exstincta est, et abolita religio, et ecclesia destructa, et spe salutis penitus eversa." CO.5: 396-7.
[268] "사돌레토의 편지", TT.1: 18, "solamque fidem in te, non e iam bona opera, quae maxime extolluntur et praedicantur in ecclesia, iustitiam nobis et salutem parere confideremus … ut nos hac una fide in te freti, liberius deinde agere quaecunque nobis libuisset possemus." CO.5: 381.

칼빈은 이와 같은 비방에 대해 먼저 이신칭의 교리는 믿음을 강조하는 것이 아니라 하나님의 은혜를 강조하는 것임을 분명히 말한다.

> 우리가 주장하는 바는 이와 같이 인간은 자신의 공적이나 가치 있는 행위를 통해서가 아니라 값없이 주시는 은혜로써 그리스도 안에서 하나님 아버지와 화해된다는 것입니다. 우리가 믿음으로 그리스도를 영접하고 그리스도와 교제할 때 우리는 이것을 성경의 표현을 따라 "믿음의 의"라고 부릅니다.[269]

칼빈은 이신칭의 교리가 사용하는 두 용어를 명확하게 이해하면 사돌레토의 공격은 근거를 잃게 될 것이라고 주장한다. 먼저 "칭의"라는 용어는 사람이 스스로 이룰 수 있는 의를 가리키는 것이 아니라 오직 하나님의 자비를 의미하는 것이다. 대조는 행위와 믿음 사이에 있는 것이 아니라 인간의 공로와 하나님의 자비 사이에 놓여 있다. 그리고 "믿음"이라는 용어 역시 성경의 용례를 따라 정확하게 규정되어야 한다. 칼빈은 성경에서 말하는 믿음에 여러 용례가 있다고 인정하면서도, 바울이 칭의와 관련해 믿음을 말할 때에는 "믿음 역시 거룩한 은혜의 무조건적인 약속에 묶이는 것이며, 인간의 행위와는 전혀 상관이 없음을 강조"했다고 주장한다.[270] 따라서 종교개혁자들이 주장하는 이신칭의 교리는 신자들의 믿음 자체나 믿음

---

[269] "사돌레토에게 주는 답신", 『칼뱅작품선』 4: 28, "In hunc ergo modum dicimus hominem Deo patri in Christo reconciliari, nullo suo merito, nulla operum dignatione, sed gratuita clementia. Quum autem fide amplectamur Christum, et velut in eius communionem veniamus, hanc, secundum scripturae morem, vocamus fidei iustitiam." CO.5: 397.

[270] "사돌레토에게 주는 답신", 『칼뱅작품선』 4: 29, "At amplum est vocabulum fides, inquis, et cuius significantio latius patet. Imo vero Paulus, quoties iustificandi facultatem ei tribuit, simul adstringit ad gratuitam divinae benevolentiae promissionem; ab omni autem operum respectu procul averit." CO.5: 398.

의 강조, 혹은 그 결과를 강조하는 것이 아니었다. 이신칭의 교리는 칭의가 "공로와는 상관이 없으며, 만일 공로에 따른 것이라면 믿음과는 상관이 없다"는 점을 강조한다. 이렇게 볼 때 이신칭의 교리가 선행의 의무를 약화시킨다는 사돌레토의 공격 역시 터무니없는 주장이다. 그리스도께서 오셔서 사람들에게 선행을 요구하고 이 선행이 하나님께 받아들여지기를 원하셨기 때문에 "하나님의 은혜를 핑계로 삼아 선행을 부정한다면, 그것은 그리스도에게 해를 입히는 일"이 될 것이다.[271] 선행은 반드시 있어야 한다. 다만 선행이 칭의를 이루는 조건이 되거나 필수적 역할을 하는 것은 아니다. 칼빈은 "사돌레토에게 주는 답신"에서 믿음과 칭의, 그리고 칭의와 성화의 유기적 관계를 다음과 같이 명료하고 유려하게 서술한다.

> 우리가 값없이 주어지는 것으로 주장하고 있는 믿음을 통한 칭의가 있는 곳에는 반드시 그리스도도 계십니다. 또한 그리스도가 계시는 곳에는 인간을 새로운 삶으로 중생시키시는 성결의 영이 함께 계십니다. 반대로 정결함과 거룩함을 향한 열심이 없는 곳에는 그리스도의 영도 그리스도 자신도 결코 존재하지 않습니다. 그리스도가 계시지 않은 곳에는 의가 없을 뿐 아니라 믿음도 전혀 없습니다. 성화의 성령의 도움 없이는 믿음도, 칭의의 사역을 감당하는 그리스도도 이해할 수가 없기 때문입니다.[272]

칼빈이 보기에 사랑이 구원을 주는 제일 원리라고 하는 사돌레토의 주

---

[271] "사돌레토에게 주는 답신", 『칼뱅작품선』 4: 29, CO.5: 398.
[272] "사돌레토에게 주는 답신", 『칼뱅작품선』 4: 30, "Ubi Christus, illic spiritus sanctificationis: qui animam in vitae novitatem regeneret. Contra vero ubi non viget sanctitatis innocentiaeque studium, illic nec spiritus Christi nec Christus ipse est. Ubi non est Christus, neque etiam illic est iustitia, imo neque fides: quae Christum in iustitiam, sine spiritu sanctificationis, apprehendere non potest." CO.5: 398.

장은 매우 놀라운 견해이다. 사랑이 아니라 하나님의 택하심이 구원의 첫 단계이다.273 성경이 말하는 사랑은 신자들의 사랑이 아니라 죄인들을 향한 하나님의 무조건적인 사랑이었다. "성경이 일관되게 가르치고 있는 바는 우리가 하나님을 먼저 사랑한 것이 아니요, 다만 하나님에 의해 사랑과 은총 가운데 무조건적으로 영접되었다는 사실입니다."274

칼빈은 개혁자들이 회복하려 했던 이신칭의 교리와 관련해 그들이 폐지한 잘못된 로마 가톨릭의 잘못된 교리들을 열거한다. 첫째는 미사에 대한 교리이다. 칼빈은 개혁자들이 화체설을 부인하며 하나님의 무한한 능력을 한계가 있는 육체적 속성으로 제한했다는 비난에 대응해 아우구스티누스의 "다르다누스에게 보낸 서한"을 인용하며 반박한다. "한 분 동일하신 그리스도는 그의 충만하신 거룩하심으로 모든 하늘과 땅을 채우시고도 넘치시지만, 그의 인간성의 측면에서는 모든 곳에 편재해 계시는 것이 아님을 알게 될 것입니다."275 칼빈은 개혁자들이 그리스도의 실제적 임재를 분명하게 인정한다고 말하고, 지금 그들이 문제로 삼고 있는 것은 성찬에서 주어지는 거룩한 은총과 그 은총의 합당한 사용이라고 말한다. 이 합당한 사용에 대한 설명을 제대로 하지 않은 채 사람들로 하여금 눈에 보이는 표식들만 "멍청하게 바라보는 것으로 충분"하다고 생각하게 만드는 것이 로마 가톨릭 미사의 심각한 오류이다.

칼빈이 1543년 파리 신학대학이 발표한 신조를 반박하기 위해 저술해 1544년 발표한 "파리 신학대학 신조와 해독제"(*Articuli a facultate sacrae*

---

273 "확실히 맹인 된 자들은 자신들의 어둠 속에서 하나님의 자비를 너무 확신한 나머지, 자기들의 구원의 첫 단계는 사랑이라고 주장하고 있으나, 한줄기 거룩한 빛을 소유한 자들은 자신들의 구원은 전적으로 하나님의 택하심에 의존함을 느끼고 있습니다." "사돌레토에게 주는 답신", 『칼뱅작품선』 4: 31, CO.5: 399.
274 "사돌레토에게 주는 답신", 『칼뱅작품선』 4: 31, CO.5: 399.
275 "사돌레토에게 주는 답신", 『칼뱅작품선』 4: 32-3, CO.5: 400.

theologiae parisiensi determinati super materiis fidei nostrae hodie controversis, cum antidoto, 1544)는 그가 사돌레토에게 보낸 답신의 주요 내용들을 반복하여 잘 요약하고 있다. 칼빈은 이 글에서 화체설에 근거한 미사의 문제를 반박하면서 "오직 그리스도"라는 종교개혁의 원칙을 가장 앞에 내세운다. "그러므로 제물을 드리는 권리가 다른 이들에게로 옮겨 간다면, 그리스도는 제사장의 영예를 빼앗기신다. … 그러나 우리가 읽어본바 그리스도 외에 누구도 이 일에 부름 받은 자가 없다."[276]

둘째는 고해성사에 관련한 교리이다. 칼빈은 특히 비밀고해성사를 문제 삼는다. 이 제도는 성경적 근거도 없으며 고대교회의 사례도 갖지 못한다. 더 큰 문제는 이와 같은 제도가 하나님의 은총에 대한 확신으로만 얻을 수 있는 경건한 양심의 평안을 가로막는다는 점에 있다. 고해성사가 겸손을 촉진한다는 주장 역시 큰 설득력이 없다. "하나님의 말씀과 일치해 행하는 겸손만이 진실한 겸손"이기 때문이다.[277] "파리 신학대학 신조와 해독제"에서는 로마 가톨릭이 성경이 도처에서 성도들에게 요구하는 "회개"를 왜곡했다고 비판하면서 다시 한 번 "오직 그리스도"의 원칙을 언급한다. "대속에 대해 성경은 그리스도를 위해 다음과 같은 영예를 계속 주장한다. 즉, 그가 속죄자라는 것, 우리의 평화를 위해 징계가 그에게 임했다는 것, 그의 이름을 통해서만 죄 사함을 얻는다는 것이다."[278]

셋째는 성자들을 향한 중보기도이다. 성자들을 향한 다양한 중보기도

---

[276] "파리 신학대학 신조와 해독제", 『칼뱅작품선』 4: 143, "Sacerdotii itaque honore spoliatur Christus, quum ius ipsum offerendi transfertur ad alios … Nemo autem praeter Christum vocatus legitur." CO.7: 16. 칼빈은 이 글에서 로마 가톨릭이 시행하는 일종성찬의 문제와 사제들의 독점적인 축성 권세 주장, 축성의 의도까지 종교개혁의 원칙을 따라 조목조목 비판한다. "파리 신학대학 신조와 해독제", 『칼뱅작품선』 4: 143-9, CO.7: 16-20.

[277] "사돌레토에게 주는 답신", 『칼뱅작품선』 4: 34, "Itaque, veram demum humilitatem Paulus esse docet (Col. 2, 18), quae ad verbi Dei regulam est composita." CO.5: 401.

[278] "파리 신학대학 신조와 해독제", 『칼뱅작품선』 4: 136, CO.7: 11.

는 "그리스도의 중재가 사람들의 생각 속에서 아주 지워지게" 만드는 미신이다. 하나님의 고유한 직무는 결코 성자들에게 분배될 수 없기 때문에 성자숭배는 우상숭배와 다름이 없다.[279] 칼빈은 "파리 신학대학 신조와 해독제"에서도 성자를 향한 기도를 두 가지 종교개혁적 원칙에 따라 비판했다. 첫째는 "오직 성경으로"의 원칙이다. 성자를 향한 기도는 성경에서 그 근거를 찾을 수 없다. "그러므로 성자의 중보를 구하라고 우리에게 요구하는 명령이 없고 무슨 약속이 어디에도 발견되지 않으므로, 우리는 이런 종류의 기도가 성경의 법을 거스른다는 결론을 내린다." 두 번째는 "오직 그리스도"의 원칙이다. "우리가 하나님 말씀에 복종하길 원한다면, 우리는 그리스도의 이름으로만 하나님께 기도해야 한다. 하나님은 이것이 그의 이름에 대한 영적 예배임을 우리에게 확신시켜 주시고, 그의 아들을 유일한 중보자로서 제시하시기 때문이다."[280]

마지막은 연옥 사상이다. 칼빈은 연옥 사상이 당대 로마 가톨릭 안에서 가장 문제가 되는 교리라고 비판한다. 왜냐하면 이 교리로 인해 참된 예배가 크게 훼손되었으며, 죽은 자들을 돕는 일들 때문에 오히려 살아 있는 신자들을 향한 사랑의 의무가 약화되었기 때문이다. 연옥설과 관련해 "치욕스럽게도 그리스도의 십자가를 대신하려고" 면벌부 판매 행위가 교회 안에 기어들어 왔다.[281] 칼빈은 이상의 문제들이 모두 오직 믿음으로만 의롭게 여김을 받을 수 있음을 가르치는 이신칭의 교리에 위배되는 잘못된 교리들이라고 주장한다. "따라서 우리는 하나님이 우리에게 맡겨 주신

---

279 "사돌레토에게 주는 답신", 『칼뱅작품선』 4: 35, CO.5: 401.
280 "파리 신학대학 신조와 해독제", 『칼뱅작품선』 4: 154, "Iam vero, si verbo Dei obedire volumus, solum Deum invocare convenit in Christi nomine. Nam et Deus hunc spiritualem esse cultum nominis sui perhibet (Psal. 50, 15 et 91, 15; Ioel. 2, 32; Ier. 29, 12), et mediatorem unum nobis proponit, filium suum." CO.7: 23.
281 "사돌레토에게 주는 답신", 『칼뱅작품선』 4: 37, CO.5: 402.

교회들에서 이런 해독 요소들을 정화하는 일에 조심스럽게 노력해 왔습니다."[282] 칼빈은 "파리 신학대학 신조와 해독제"에서 연옥에 대한 성경 구절이 하나도 제시되지 않음을 지적한 후, 죽음과 종말에 대한 성경의 가르침이 충분하다는 점을 다음과 같이 강조한다. "성경에서 살아 있는 사람을 향한 자비의 모든 임무를 실행하는 것보다 더 주의 깊게 우리에게 명령되는 것은 없다. 죽은 자들을 돕는 것에 대해서는 아무 언급이 없다. … 더욱이 성경이 그것들을 자세히 설명하면서 중요한 순간에 속한 부분을 빠뜨렸다는 것은 말도 안 된다."[283]

오늘날에도 바른 교리를 정립하는 일은 신학자들만의 과제가 아니다. 교회는 하나님의 은혜와 구원의 역사에 대한 올바른 이해와 정확한 선포 위에서만 모든 민족에게 가서 복음을 전할 수 있으며, 초신자들과 신자들의 어린 자녀들을 양육할 수 있다. 교회가 다른 외적인 관심사나 여러 행사에 집중하면서 교리에 대한 가르침의 노력과 배움에 충분한 관심을 기울이지 않는다면 신자들의 신앙생활은 방향을 잃게 될 것이며, 더 나아가 잘못된 교리로 유혹하는 이단들에 대한 분별과 방어에 어려움을 겪게 될 것이다. 종교개혁 시대에 뜨거운 쟁점이 되었던 구원과 관련한 교리들은 500년이 지난 지금까지도 여전히 중요한 신앙과 교회의 근간들이다. 구원의 올바른 길과 그 길을 걸어가는 합당한 자세에 대한 교리적 정립은 비성경적인 세속 문화와 수많은 이단들이 거세게 도전해 오는 오늘날 교회가 더 큰 노력을 기울여야 할 과제이다.

---

282 "사돌레토에게 주는 답신", 『칼뱅작품선』 4: 37, CO.5: 402.
283 "파리 신학대학 신조와 해독제", 『칼뱅작품선』 4: 163, CO.7: 29.

4. 진정한 교회의 일치

4.1. 교회의 직분에 대한 바른 이해

이유가 무엇이 되었든 간에 교회를 분열시켰다는 주장은 16세기 종교개혁자들을 향한 로마 가톨릭 측의 가장 대표적이고 중대한 공격의 이유였다. 칼빈은 『기독교강요』 서문에서부터 이 로마 가톨릭 측에서 제기하는 공격에 대해 적극적으로 응답했다.[284] 그의 응답의 핵심 논지는 종교개혁자들이 교회를 분열시킨 것이 아니라 불경건으로 인해 오랫동안 감추어져 있었던 초대교회의 올바른 전통과 진리를 바르게 회복하여 계승하려 한다는 것이었다. "그러나 우리는 교부들을 경멸하지 않습니다. 지금 이 글을 쓰는 목적에 부합하기만 한다면, 저는 아무런 어려움 없이, 오늘날 우리가 말하고 있는 교리들 가운데 대부분이 교부들의 승인을 받기에 합당하다는 것을 증명할 수 있습니다."[285]

종교개혁을 분파운동이라고 비난하는 데 있어서 사돌레토도 동참했다. 그는 제네바 시민들에게 보낸 편지에서 종교개혁자들이 어머니 교회를 분열시켰다는 사실 하나만으로 오류이며 죄악이라고 비난했다. 이 비난에 대해 칼빈은 "사돌레토에게 주는 답신"에서 『기독교강요』 서문보다 더 적극적인 해명을 시도한다. 그리고 이 해명을 통해 종교개혁의 대의와 정당성을 교회론적인 차원에서 체계적이고 명확하게 제시한다.

---

[284] "그들은 우리로 하여금 우리의 교리는 교회에 맞서서 전쟁을 선포하고 있으므로 분파주의적이라고 시인하든지, 아니면 우리의 교리에 대해서 들을 수 없었던 수 세기 동안 교회는 죽어 있었다고 시인하든지, 둘 중의 하나를 선택하라고 강요합니다." Institutes, "Praefatio," OS 3: 14.

[285] Institutes, "Praefatio," OS 3: 17. 칼빈은 여기에서 자신이 생각하는 교부들에 대해 다음과 같이 정의한다. "제가 여기서 교부들이라고 칭하는 사람들은 교회가 여전히 더 순수했을 때의 고대 저술가들을 의미합니다."

종교개혁은 단순히 교회에 만연한 여러 가지 도덕적 사악함을 개선하기 위한 시도가 아니었다. 칼빈은 종교개혁은 "그보다 더욱 강력한 필요에" 따라 더 큰 대의를 목적으로 삼고 있다고 밝힌다. 그 필요는 "바로 거룩한 진리의 빛이 꺼졌고 하나님의 말씀이 사장되었으며, 그리스도의 덕은 아예 망각되었으며 목회적 직무는 파괴되었다는 사실"이었다. 그리고 이와 같은 문제들로 인해 널리 퍼진 "불경건"으로 인해 "거의 모든 종교적 교리들"이 혼란에 빠졌으며 기독교의 의식들이 부패하여 "거룩한 예배"의 대부분이 미신에 감염되어 버렸다.[286] 이처럼 칼빈은 기독교의 "종교적 교리"와 "거룩한 예배"의 회복을 종교개혁의 궁극적인 대의와 목적으로 삼았다. 이 두 가지 사항은 참된 교회를 구별해 주는 표지이기도 하다.

칼빈은 교회의 개혁과 일치를 위한 근본적 태도로서 오직 하나님의 말씀을 기준으로 삼아 하나님을 진심으로 경외하는 자세를 추천한다. 그리고 교회를 향한 참된 겸손의 기준으로서 다시 한 번 "오직 그리스도"의 원칙을 언급한다. "가장 낮은 곳에서부터 시작해 각 사람을 그 사람의 분량에 따라 존경하며, 교회의 머리가 되시는 그리스도에게 복종하는 그런 교회에 가장 높은 경의와 존경을 돌리는 그와 같은 겸손이 우리의 겸손이 되게 합시다."[287]

우선 "그리스도의 유일한 머리이심"이라는 교회론적 원칙은 로마 가톨릭의 사제위계체제가 제대로 된 교회가 아님을 확실히 알게 한다. 칼빈은 사돌레토가 관할하는 사람들 가운데도 "그리스도의 교회"에 속하는 지체들이 있다는 사실은 인정한다. 그러니 개인과 체제는 별개의 문제이다.

---

[286] "사돌레토에게 주는 답신", 『칼뱅작품선』 4: 38, CO.5: 402-3.
[287] "사돌레토에게 주는 답신", 『칼뱅작품선』 4: 38, "··· sit inter nos humilitas, quae ab infimo exorsa, suo quemque gradu ita colat, ut ecclesiae summam dignationem observantiamque deferat, quae tamen ipsa demum ad Chrsitum, ecclesiae caput, referatur." CO.5: 403.

바티칸 성베드로 성당

칼빈은 로마 가톨릭 종교 체제를 참된 교회라고 보지 않았다. "그러나 우리는 로마 교황 및, 목자의 직무를 강탈한 거짓 사제들의 무리는 야만적인 늑대들로서 그들의 유일한 관심은 그리스도의 왕국을 파괴와 파멸로 채우면서 유린하는 것뿐이었다고 주장하는 바입니다."[288]

로마 가톨릭 체제의 근간인 교황 이하 사제위계체제가 가지고 있는 가장 중대한 문제는 자신들만이 보편교회라고 생각하는 데 있다. 칼빈은 이와 같은 로마 가톨릭의 오류를 비판함과 동시에, 종교개혁자들이 회복하려 한 성경적 교회 직분 개념을 소개한다. 칼빈은 교회의 사역자들이 특정한 "의무규정에 의해 제한"을 받아야 한다고 주장한다. 그리고 목회자들에게 주어진 가장 중요한 의무는 "복음을 전파하는 것"이다.

---

[288] "사돌레토에게 주는 답신", 『칼뱅작품선』 4: 39, CO.5: 403. 칼빈은 여기에서 에우게니우스와 동 시대 주교들에 대해 베르나르두스가 제기한 비판을 언급하면서 당시 로마 가톨릭 교회제도를 다음과 같이 비판한다. "로마 교황의 폭정이 지배하는 모든 곳에서는 교회가 반 정도는 매몰되었고 살아 있다 해도 흩어진 자취들조차 거의 찾아볼 수가 없기 때문입니다."

따라서 우리는 목자들의 설교를 그리스도 자신의 말씀과 같이 들어야 함은 인정하지만 그 목자들은 하나님이 자기들에게 맡겨 주신 바로 그 직분을 감당하는 자들이어야만 하는 것입니다. 이 직분은 자기들 마음 내키는 대로 성급하게 고안된 어떤 것을 소개하는 것이 아니고, 그들이 하나님의 입에서 받은 말씀을 신실하게 전달하는 것이라고 우리는 주장합니다.[289]

따라서 사역자들이 교회를 지배하는 것이 아니라 신자들의 공동체가 사역자들이 자신들의 직무에 충실한지 여부를 판단해야 한다. "사실 신자들의 교회는 그대들에게 하나님이 정하신 질서 외에 다른 것을 강요하지 않는바, 하나님 스스로 신자들 가운데 제정해 놓으신 질서 곧 그대들의 모든 권세를 한계 짓는 질서라는 규정에 의거해 그대들을 판단합니다."[290]

칼빈의 이와 같은 직분론은 그리스도의 유일 주권과 그에 수반되는 모든 신자들의 동등한 지체 의식을 바탕으로 한 장로교 제도의 교회론적 요체이기도 하다. 칼빈은 1541년 제네바 시의회에 제출한 목사, 교사, 장로, 집사의 네 직분을 합당한 교회의 직분으로 제시했다. "교회의 정치를 위해 우리 주님께서 제정하신 네 가지 직분들이 있다. 첫째는 목사들이고 그 다음은 교사들이며, 다음은 장로들이고 네 번째는 집사들이다."[291] 칼빈이 이와 같은 직분 제도를 제시한 목적은 행정적, 정치적인 것이기보다는 신학

---

[289] "사돌레토에게 주는 답신", 『칼뱅작품선』 4: 40, "Audiendos ergo fatemur, non secus ac Christum ipsum, ecclesiasticos pastores, sed qui munus sibi iniunctum exsequantur. Id porro ipsum esse dicimus, non quae a se ipsis placita temere excuderint, confidenter ingerere, sed quae ex ore Domini oracula acceperint, religiose ac bona fide proferre." CO.5: 404.

[290] "사돌레토에게 주는 답신", 『칼뱅작품선』 4: 41, "Non enim in alium ordinem vos cogit ecclesia fidelium quam in quo stare vos Dominus voluit: ubi ad eam vos regulam exigit, qua tota vestra potestas continetur." CO.5: 404.

[291] "Ordinances," LCC.22: 58, OS.2: 328.

적이며 교회론적인 것이다. 그는 『기독교강요』에서 교회의 직분제도와 관련한 가장 근본적인 원칙을 다음과 같이 선언한다. "주님은 자기 교회가 직제에 의해서 통치되기를 원하셨다. 이제 그 직제에 대해서 말해야 한다. 오직 주님만이 교회에서 다스리시고 지배하시며 또한 감독하시고 높이 계신다. 이 통치권은 오직 그의 말씀으로 행사되고 처리되어야 한다."[292]

4.2. 일치의 기준과 조건

칼빈은 종교개혁이 교회를 분열시켰다는 사돌레토의 공격에 맞서 교회 일치의 합당한 조건이 무엇인지 더 구체적으로 설명한다. 그 첫째 조건은 하나님 말씀의 진리에 합치해야 한다는 것이다. 교회의 기초와 일치의 근거가 되는 이 진리는 하나님께서 스스로 증명하시는 자명한 진리이므로 다른 권위에 의한 증명을 필요로 하지 않는다.

> 하나님의 진리를 깨닫도록 우리 마음을 밝히시는 분은 하나님 한 분뿐이며 그가 성령을 통해 그 진리를 우리 마음에 인치시며, 진리에 대한 확실한 증언을 통해 우리 양심에 확증을 심어 주신다고 하는 이 기초적인 원리를 받아들이지 않는 사람은 그 속에 그리스도께 속한 어떤 것도 소유하고 있지 못한 사람입니다.[293]

---

[292] Institutes, IV.3.1, "Iam de ordine dicendum est quo Eccleisam suam gubernari voluit Dominus. Tametsi enim solum ipsum regere ac regnare in Ecclesia, in ea quoque praeesse vel eminere, et iimperium hoc solo eius verbo exerceri atque administrari oportet." OS.5: 42. 칼빈 직분 제도에 대한 칼빈의 성경적이며 교회론적 이해에 대해서는 다음의 글을 참고하라. 김요섭, "그리스도의 몸인 교회: 칼빈 교회 제도 제안의 신학적 기초", 『개혁논총』 15 (2010): 193-225.

[293] "사돌레토에게 주는 답신", 『칼뱅작품선』 4: 43, "Itaque nihil habet Christi, qui haec elementa non tenet: Deum unum esse, qui mentes nostras ad perspiciendam suam veritatem illuminat, qui eodem illam spiritu cordibus obsignat, qui certa eius

물론 사람은 이 진리를 깨닫는 데 있어 오류를 범할 수 있으며 일관성을 유지하지 못할 수 있다.[294] 그러나 진리를 수용하는 사람들의 한계가 곧 진리의 한계는 아니다. 믿음의 확신은 수용의 정확성이 아니라 하나님 말씀이 진리라는 사실에 기초한다. "하나님의 진리의 말씀에 대한 그들의 확신은 너무 분명하고 확실해 어떤 사람이나 천사들도 그것을 뒤집어엎을 수가 없습니다."[295] 칼빈은 종교개혁자들이 회복하려 한 성경적 교리가 로마 가톨릭의 사변적 교리보다 우월하다고 주장한다.[296] 이는 개혁자들의 교리가 하나님의 말씀에 더 충실하기 때문이다. "우리의 교리가 진리라는 확신이 있기에 우리는 하늘의 심판자를 두려워하지 않습니다. 우리는 우리의 교리가 의심할 바 없이 하나님에게서 나온 것임을 믿습니다."[297]

칼빈은 "사돌레토에게 주는 답신"의 후반부에서 하나님을 향한 탄원 형식의 서술을 통해 종교개혁자들이 교회의 기초로서 붙잡은 교리의 주요 내용이 무엇이었는지를 밝힌다. 그의 탄원은 당시 로마 가톨릭 신학의 여러 가지 문제들을 "오직 그리스도"라는 신학적 기준에 따라 비판하는 내용으로 이루어져 있다.

그리스도가 십자가상에서 제공하신 대속과 그것을 통해 우리를 주님과 화해

---

testificatione conscientias confirmat." CO.5: 405.

[294] "나는 경건하며 진실로 종교적인 사람조차도 하나님의 신비들을 항상 깨닫는 것은 아니며, 때로는 가장 명확한 문제들을 보지 못할 수도 있음을 인정합니다. 주님은 그와 같이 하여 사람들이 겸손과 순종에 익숙해지게 훈련시키는 것이 분명합니다." "사돌레토에게 주는 답신", 『칼뱅작품선』 4: 43, CO.5: 406.

[295] "사돌레토에게 주는 답신", 『칼뱅작품선』 4: 44, CO.5: 406.

[296] "우리의 교리는 그대에게 즐거움을 가져다주는 그런 경박한 것들을 다루는 것이 아니고 매우 잘못된 것이 분명한 사항들에 대해 강조하고 있는 것입니다. 하나님 면전에서 온갖 어리석은 것들을 고안해 내고 즉시로 깨지고 말 불합리한 변론을 우리 자신을 위해 꾸며대는 일보다 더 한심한 일이 어디 있겠습니까?" "사돌레토에게 주는 답신", 『칼뱅작품선』 4: 45, CO.5: 407.

[297] "사돌레토에게 주는 답신", 『칼뱅작품선』 4: 45, CO.5: 407.

시켰음을 합당하게 깊이 생각하는 자가 한 명도 없었나이다. 그리스도의 영원한 제사장 직분 및 그에 따르는 그리스도의 중재에 대한 생각을 꿈꾸는 자조차 한 명도 없었나이다. 그리스도의 의를 믿는 자조차 아무도 없었나이다. 주님 말씀에 의해 명해졌고 주님 말씀 위에 기초를 두고 있는 구원의 그 확실한 소망도 거의 사라져 버렸나이다. 주님 말씀은 일종의 신탁으로 받아들여졌으나 당신의 선하심과 독생자 예수의 의를 믿고 또 확실하고 변하지 않는 구원의 소망을 가지는 것은 어리석기 짝이 없는 교만이요 가정에 불과하다고 저들을 말하고 있나이다.[298]

칼빈은 이와 같은 내용이 기독교와 교회가 바로 서는 "교리의 제일 원리"라고 말하면서 이를 회복하는 것이 종교개혁의 근본적인 목적이었다고 주장한다.

교회 일치의 두 번째 조건은 거룩한 예배의 회복이었다. 실제로 칼빈뿐 아니라 대부분의 16세기 종교개혁자들은 거룩한 예배의 회복을 가장 중요한 개혁의 주제로 여겼다. 칼빈은 "사돌레토에게 주는 답신"에서 로마 가톨릭 체제하에서 많은 사람들은 세례와 성만찬의 참된 의도를 망각한 채 이를 죄 사함을 받고 주님께 배상하기 위한 공로적 선행으로 여김으로써 하나님의 은총을 심각하게 모욕했다고 비판한다. 그리고 이런 문제에 대해 종교개혁자들은 이 하나님의 "선하심과 공의의 영광을 가려왔던 안개를 제거함으로써 그 영광을 찬란히 빛나게 하며, 모든 가식을 벗겨 냄으로써 그리스도의 덕과 복이 온전하게 드러나게 하는 것"을 가장 중요한 목표로 삼았다고 주장했다.[299] 칼빈이 여기에서 말하는 "하나님 예배"의 개념

---

[298] "사돌레토에게 주는 답신", 『칼뱅작품선』 4: 47-8, CO.5: 408.
[299] "사돌레토에게 주는 답신", 『칼뱅작품선』 4: 49, "Nempe ut bonitatis iustitiaque tuae gloria, discussis quibusantea obtegebatur nebulis, conspicua emineret; ut virtutes

은 성례 등과 같은 단순한 몇 가지 의식에 대한 것이 아니다. 이후의 다른 장에서 더 구체적으로 논의하겠지만 "하나님 예배"는 하나님에 대한 바른 이해와 그에 따른 신자의 삶 전체에 걸친 반응을 포함하는 포괄적이며 궁극적인 개념이다.[300]

칼빈은 참된 교회 일치의 조건을 하나님께 드리는 탄원의 형식을 빌어 다음과 같이 요약한다. "그러나 제가 바라는 교회의 일치는 주님과 함께 시작해 주님 안에서 끝나는 그런 것이었나이다. 평화와 일치를 말씀하실 때는, 주님은 그와 동시에 그것을 보전하기 위한 유일한 끈은 주님 자신뿐이심을 보여 주셨기 때문입니다."[301] 이와 같이 "오직 그리스도"라는 종교개혁의 원칙은 교회 직제, 교회 일치의 조건, 교회 개혁의 원칙 등 칼빈의 중요한 교회론적 주제 전체에 걸쳐 일관되게 적용된다.

최근에도 칼빈의 교회론적 입장을 에큐메니컬적 관점에서 해석하려는 연구가 계속 나타나고 있다. 이 연구들은 당시 개혁파와 루터파 사이에서 성찬론 때문에 발생한 갈등을 해결하기 위해 칼빈이 기울인 노력을 강조한다. 그리고 더 나아가 칼빈을 비롯해 16세기 여러 종교개혁자들이 당시 로마 가톨릭이 교회라는 사실을 부인하지 않았으며 심지어 교황제도 자체

---

beneficiaque Christi tui, abstersis omnibus fucis, ad plenum effulgerent." CO.5: 409.

[300] 칼빈은 1536년 『기독교강요』 초판에서부터 이 개념을 다음과 같이 설명했다. "우리가 '감사제물'(εὐχαριστικόν)이라고 부른 또 다른 종류의 제물에는 모든 사랑의 의무가 포함된다. … 또한 우리의 모든 기도, 감사함, 그리고 하나님의 예배함에 있어(*in Dei cultum*) 우리가 행하는 모든 것이 여기에 포함된다. … 하나님께 온전히 복종하기 위해서는 우리의 외적인 행위만으로 충분하지 않다. 이를 위해서는 먼저 우리 자신과 우리 속에 속한 모든 것이 성별되어서 하나님께 바쳐져야 한다. 그 가운데서 우리 안에 있는 모든 것이 그의 영광을 위하여 섬기고 그것을 더하기 위하여 간절히 소망하여야 한다." *Institutes*, IV.18.16, OS.5: 431.

[301] "사돌레토에게 주는 답신", 『칼뱅작품선』 4: 50, "Verum illa mihi erat ecclesiae unitas, quae abs te inciperet, ac in te desineret. Quoties ehim pacem et consensionem nobis commendasti, simul ostendisti, te unicum esse illius conservandae vinculum. me, si pacem habere vellem cum iis qui se iactabant ecclesiae praesules et fidei columnas, eam redimere oportebat veritatis tuae abnegatione." CO.5: 409-410.

도 인정했다고 주장한다. 즉, 종교개혁자들이 원했던 것은 교황제도의 폐기가 아니라 그 안에서 발생한 많은 부패의 척결이었다는 것이다.[302] 그러나 개신교 진영 내의 화해와 협력을 위해 칼빈이 기울인 노력을 로마 가톨릭의 신학과 제도에 대한 화해의 시도로까지 확대하는 것은 지나친 해석이다. 칼빈은 1539년에 작성한 "사돌레토에게 주는 답신"뿐 아니라 이후의 여러 저술들에서도 분명한 종교개혁적 원칙에 입각해 당시 로마 가톨릭의 교황수위권과 사제위계체제를 강력하게 비판했다. 그가 보기에 로마 가톨릭의 문제는 잘못된 교회 운영에 있는 것이 아니라 비성경적인 교회론에 있었다. 아무리 도덕적으로 고결하고 많은 성과를 낸다고 해도 잘못된 구원 교리와 교회론에 기초해 있다면 참된 교회일 수 없다.[303]

5. 종교개혁을 위해 합당한 자세

칼빈은 "사돌레토에게 주는 답신"의 결론에서 제네바 시민의 고백이

---

[302] 예를 들어 가노치(Ganoczy)는 "칼빈은 결코 가톨릭 교회의 일치에 대한 그의 흔들림 없는 애착을 중단한 적이 없으며 칼빈이 원했던 것은 가톨릭 교회의 교체가 아니라 그 회복이었다"라고 주장했다. Alexandre Ganoczy, *The Young Calvin*, trans. David Foxgrover and Wade Provo (Philadelphia: Westminster, 1987), 307. 타버드(Tarvard)는 칼빈의 초기 저작들에는 교황제도나 수위권에 대한 칼빈의 비판이 없었다고 주장한다. George H. Tavard, *The Starting Point of Calvin's Theology* (Grand Rapids: Eerdmans, 2000), 19. 에큐메니칼 관점에서 칼빈의 교회론을 분석한 다른 연구들은 다음과 같다. Adrian A. Helleman, "The Nature of Calvin's Rejection of Papal Primacy," *Calvin Theological Journal* 29 (2009): 432-450; Gerard Mannion and Eduardus van der Borght (eds.), *John Calvin's Ecclesiology: Ecumenical Perspective* (London: T&T Clark, 2011); Randall C. Zachman (ed.), *John Calvin and Roman Catholicism: Critique and Engagement, Then and Now* (Grand Rapids: Baker, 2008); André Birmelé, *Johannes Calvin ökumenish gelesen* (Liepzig: Bonifatius, 2012).

[303] 교황수위권에 대한 칼빈의 종교개혁적이며 교회론적 비판에 대해서는 다음의 글을 참고하라. 김요섭, "교황 수위권에 대한 칼빈의 비판 연구", 「개혁논총」 32 (2014): 141-175.

라는 수사학적 형식을 취해 자신이 동역자들과 함께 제네바에서 추진했던 종교개혁의 본질과 이를 위한 자세에 대해 설명한다.[304] 종교개혁자들의 추구했던 개혁의 본질은 순수한 신앙고백의 회복(restitution)이었다. "그때 매우 다른 형태의 교회가 시작되었으며 그 교리는 우리로 하여금 기독교의 신앙고백에서 멀어지게 만드는 그런 것이 아니라 기독교의 신앙고백을 그 원천이 되는 곳으로 되돌려 놓으며 모든 불순물을 제거해 본래의 순수성을 회복시키는 그와 같은 것이었나이다."[305]

칼빈이 보기에 당시 종교의 개혁이 절실히 필요했던 가장 큰 이유는 오랫동안 로마 가톨릭이 조장해 놓은 "교회에 대한 숭배"때문이었다. 로마 가톨릭은 자신들의 체제를 유지하기 위해 성경을 독점해 잘못 해석했으며 구원의 진리를 왜곡해 놓았다. 교황의 수위권이 선언된 곳마다 교회 권징의 근거가 되는 열쇠권이 심각하게 악용되었고, 그리스도인들의 자유가 심각하게 붕괴되어 그리스도의 통치권이 철저하게 무시되었다.[306] 따라서 개혁자들은 교회가 진리를 결정하는 것이 아니라 진리가 교회를 지도하게 하는 것을 교회 개혁의 핵심 과제로 삼았다. 이를 위해 개혁자들은 "당시 교황의 우월성을 확립하기 위해 공통적으로 끌어다 대던 온갖 주장들을 분명히 제거"하려 했다.[307] 이 점에 있어서 종교개혁자들은 자신들의 주장과 활동이 교회를 분열시킨 것이 아니라 성경 진리의 기초 위에 교회를 바르게 회복하려는 시도라고 확신했다. 진리에 따른 교회의 회복을 위해 헌

---

[304] "우리 설교를 통해 가르침을 받고 우리를 지지하게 된 사람들도 자신들을 위해 어떤 말을 할 것인가에 대해 당황하지 않을 것입니다. 모든 사람이 나음과 같은 고백을 할 준비가 되어 있기 때문입니다." "사돌레토에게 주는 답신", 『칼뱅작품선』 4: 52, CO.5: 411.

[305] "사돌레토에게 주는 답신", 『칼뱅작품선』 4: 54, "quum interim excitata est longe diversa doctrinae forma, non quae a christiana professione fontem reduceret, et velut a faecibus repurgatam suae puritati restitueret." CO.5: 412.

[306] "사돌레토에게 주는 답신", 『칼뱅작품선』 4: 55, CO.5: 413.

[307] "사돌레토에게 주는 답신", 『칼뱅작품선』 4: 55, CO.5: 413.

신했던 칼빈은 그리스도의 유일 주권이 통치하는 그리스도의 왕국과 로마 교황의 수위권을 인정하는 로마 가톨릭을 날카롭게 대조했다. 그리스도의 유일한 주권을 인정하지 않는 로마 가톨릭 체제하에서는 합당한 목회적 직무가 시행될 수 없다. "단지 나는 그들에게 한 번만이라도 자기 자신으로 돌아가, 하나님의 말씀으로만 양육해야 하는 기독교 백성을 얼마나 충실하게 양육했는지 반성하도록 권고하고 싶을 뿐입니다."[308]

로마 가톨릭의 지도자들과는 달리 개혁자들은 개인적인 명예나 사익을 추구하지 않았다. "만일 개혁자들의 활동이 조금이라도 탐심에 의해 충동되었던 것이라면, 손쉽게 그리고 빠르게 부와 명성을 키울 수 있는 길이 있었음에도, 그들이 왜 영원한 가난함을 선택하고 자신들의 행운을 증진시키려는 모든 소망을 스스로 잘라 버렸겠습니까?"[309]

개혁자들은 하나님의 말씀의 법칙에 일치한 경우라면 초대교회의 교부들과 종교회의의 권위를 인정하고 존중했다. 물론 성경이 모든 권위들을 판단하는 절대적이며 가장 궁극적인 기준이다. 그러나 개혁자들은 교회를 분열시키거나 신흥 종교를 창설하려 한 것이 아니다. 다만 "교회를 그리스도의 정결한 신부"로 돌려 드리고, "그리스도를 위해 교회를 흠 없이 보전하려는 거룩한 열의"에 따라 "비열한 유혹자들에 의해 오염되는 교회"를 보면서 "교회의 순결에 덫을 놓는 모든 음행자들에 대항해 주저함 없이 싸움을" 벌인 것뿐이었다.[310]

칼빈을 비롯한 종교개혁자들의 유일한 소망은 종교의 부흥과 교회의 진정한 일치였다. "우리가 지금까지 노력하면서 일관되게 품고 있었던 것

---

[308] "사돌레토에게 주는 답신", 『칼뱅작품선』 4: 57, CO 5: 414.
[309] "사돌레토에게 주는 답신", 『칼뱅작품선』 4: 58, CO 5: 414. "처음 개혁의 대의명분에 동참했던 사람들은 온 세상에게 경멸당할 것 외에 기대한 바가 없었으며, 후에 동참한 사람들 역시 모든 사방에서 끊임없는 모욕과 비난을 당할 것임을 알면서도 기꺼이 감수했던 것입니다."
[310] "사돌레토에게 주는 답신", 『칼뱅작품선』 4: 59, CO 5: 414.

은 종교가 다시 부흥하고, 불화로 흩어지고 분산되었던 교회들이 진정한 통일체로서 다시 하나로 모이게 하려는 열망 외에 다른 것이 없었습니다."³¹¹ 그는 자신과 개혁자들 역시 최근 수 년 사이에 일어난 많은 잘못된 분파들에 반대하며 로마 가톨릭이 침묵하고 있는 동안 분파들의 오류를 말씀의 진리에 따라 반박해 왔다고 말한다. 그리고 "사돌레토에게 주는 답신"의 결론에서 예수 그리스도의 중보 사역을 기초로 삼아 교회의 일치와 회복을 이루어야 한다는 점을 다음과 같이 촉구한다.

> 우리를 하나님 아버지와 화해시키셨던 우리 주님 그리스도가 뿔뿔이 흩어진 우리를 그의 몸의 교제 안으로 다시 모으시고, 그렇게 하심으로써 그의 말씀과 성령을 통해 우리 역시 한 마음과 한 영혼으로 연합되게 하시는바 여기에만 교회 일치의 유일한 참된 결합이 있음을 주님이 사돌레토 그대와 그대 쪽 사람들로 하여금 마침내 깨달을 수 있게 해 주시기를 바랄 뿐입니다.³¹²

---

311 "사돌레토에게 주는 답신", 『칼뱅작품선』 4: 60, "Sed nostris hominibus immerito id imputetur, qui nihil toto actionis suae decursu quaesierunt, nisi ut instaurata religione in veram unitatem discordiis fusae ac dispersae ecclesiae colligerentur." CO.5: 416.
312 "사돌레토에게 주는 답신", 『칼뱅작품선』 4: 62, CO.5: 416.

제4장
니고데모파에게 주는 해명(1544)

1. 배경: 믿음과 삶의 불일치

칼빈은 종교개혁자로 활동을 시작한 초기부터 예배 개혁 문제에 대해서만큼은 단호한 입장을 고수했다. 예배의 개혁, 즉 성경이 가르치는 구원의 진리를 확인하고 경험하는 참된 예배의 회복은 종교개혁에 있어서 가장 시급하고 중요한 과제였기 때문이다. 그는 1542년 스트라스부르크에서 제네바로 복귀하면서 새로운 예배 모범을 제시했으며, 이 모범의 주요 내용은 기존 로마 가톨릭의 미사와 예식들을 극복하려는 개혁적 의지를 잘 보여 주었다.[313] 칼빈은 합법적인 성례는 하나님께서 직접 제정하셔서 "자신의 약속을 확정하시기 위해 세우신 외부적인 의식"들뿐이라고 규정한

---

[313] 칼빈의 제네바 예배 모범의 원문은 "La forme des prieres et chantz ecclesiastuques avec la maniere d'administrer les sacremens et consacrer le mariage selon la coustume de l'Eglise ancienne, 1542"이다. 원문은 CO.6: 165-210에 수록되어 있다. 칼빈이 제시한 예배 모범에 대한 평가와 분석은 다음의 논문을 참고하라. 김요섭, "'제네바 예배모범'에 나타난 칼빈의 예배 개혁 신학과 실천적 의미 연구", 「한국개혁신학」 33 (2012): 72-101.

다.³¹⁴ 그를 비롯한 종교개혁자들은 이 정의에 따라 당시 로마 가톨릭이 구원의 은혜를 그 내용과 목적으로 삼아야 할 성례를 구원을 얻기 위한 조건적 행위로 왜곡해 놓았다고 여겼다. 예배에 참여하는 신자들은 이제 더 이상 구원의 은혜에 대한 감격과 그에 따르는 마땅한 순종과 헌신의 결단을 위해서가 아니라 교회의 강요로 말미암아 자신의 죄책을 해결하기 위한 공로적 행위로서 의식에 참여하고 있었다. 로마 가톨릭에서 칠성례로 대표되는 예배 참여는 이생에서의 징계와 내생에서의 저주를 피하기 위해 부득이하게 행하는 의무적 행위가 되어 있었다. 세례를 받아야만 원죄를 해결할 수 있다는 미신적인 인식은 산파들에 의한 비상세례와 같은 기형적 행태를 용인하게 만들었다.³¹⁵ 임종 시, 이후 맞이할 연옥의 징벌을 피하기 위해서는 반드시 종부성사에 참여해야 했다. 예배를 공로적 행위로 이해하는 오류는 현생에서뿐 아니라 내생의 문제에 관련된 많은 오해와 남용들을 양산했다. 루터의 95개조 반박문의 직접적인 원인이었던 면벌부의 판매는 연옥에 빠진 조상들을 위한 공로적 행위로 이해되었기 때문에 이 또한 로마 가톨릭이 왜곡해 놓은 예배 변질의 한 귀결이었다고 볼 수 있다.³¹⁶

특히 종교개혁자들은 미사를 가장 심각한 예배 타락이라고 보았다. 미사는 구원의 완성을 위해 모든 신자들이 매주 참여해야 하는 가장 필수적

---

314 Institutes, IV.19.34, OS.5: 424.

315 칼빈은 목회자가 아닌 평신도나 여성에 의한 예외적인 세례는 성경적 근거가 없다고 비판했다. "이와 관련하여 또한 우리는 사람들이 사적으로 세례를 거행하는 것이 그릇됨을 알아야 한다. … 내가 보기에 이를 변호할 확고한 논리는 그 어디에도 없다." Institutes, IV.15.20, OS.5: 300.

316 맥키(McKee)는 16세기 종교개혁에서 가장 중요한 주제는 예배의 회복이었다고 주장한다. Elsie Anne McKee, "Reformed Worship in the Sixteenth Century," in *Christian Worship in Reformed Churches Past and Present*, ed. Lukas Vischer (Grand Rapids: Eerdmans, 2003), 3.

이며 일상적인 성례였다. 많은 신자들은 구원에 이르지 못할 수 있다는 두려움과 사회적 관계에 매인 부득이함 때문에 미사에 매주 참여했다. 또 다른 어떤 사람들은 개인적인 종교적 만족을 위해 미사를 활용하기도 했다. 정해진 시간과 장소가 아닌 특별한 사적인 미사의 시행이 이루어졌고 이때 사제와 참여자 사이의 금전적 거래가 이루어지기도 했다.[317]

로마 가톨릭 미사는 그 형식에도 문제가 많았다. 영성체를 먹는 것이 가장 중요한 절차였기 때문에 미사는 이 의식 행위에 집중하여 형식주의에 빠졌다.[318] 미사에서 사제들이 주로 라틴어를 사용하여 읊조렸기에, 수동적으로 참여하는 신자들은 성경의 가르침이나 구원의 진리에 대해서는 제대로 들을 기회가 없었다. 미사에 참여하는 행위 자체가 구원을 위한 공로 행위였기 때문에 사실 예배의 근거가 되는 성경의 진리나 구원의 은혜와 같은 주제들은 별로 중요하지 않았다. 이와 같은 구원의 은혜에 대한 간과와 무관심은 미사의 외적 형식을 장식하고 그에 대한 반응을 강화하기 위한 여러 가지 의식과 행태들의 추가를 조장했다. 다양한 행위들이 미사를 비롯한 여러 의식들 안에 첨가되었다. 성인 숭배, 죽은 자를 위한 기도, 기름을 바르는 의식, 성수를 뿌리는 행위, 소금을 뿌리는 의식 등이 참석한 신자들의 감각적 경험에 포함되었다.

종교개혁자들은 어떤 다른 로마 가톨릭의 성례들보다도 미사를 강력하게 비판했다. 그리고 미사가 아닌 성경의 가르침에 충실한 올바른 예배의

---

[317] 칼빈은 『기독교강요』에서 사적 미사에 대해 다음과 같이 비판한다. "많은 사람들 가운데서 행해져야 마땅한 것을 한 사람이 사적으로 낚아챈다면 이는 하나님을 공공연히 모독하는 것이 아닌가? … 거짓된 모방은 타락이다. 나아가 이토록 큰 비밀에 대한 타락에는 불경건이 없지 않다. 그러므로 사적인 미사는 불경건한 오용이다." Institutes, IV.18.8, OS 5: 424.

[318] 완델(Wandel)은 1570년 트렌트회의가 미사의 형식을 확정하기 전까지 중세와 근대 초기 미사는 시대 변화와 지역적 특징에 따라 다양한 형태로 시행되었다고 주장한다. Lee Palmer Wandel, *The Eucharist in the Reformation: Incarnation and Liturgy* (Cambridge: Cambridge University Press, 2006), 14-16.

마틴 루터

회복을 강조했다. 이는 로마 가톨릭의 미사가 그 내용과 형식이 부당할 뿐 아니라, 예수 그리스도의 구원의 공로를 왜곡하고 도리어 사람들 사이의 미신과 공로주장을 조장하는 타락한 의식에 불과하다고 보았기 때문이다.[319]

칼빈에 앞서 루터는 『교회의 바벨론 포로』(1520)에서 로마 가톨릭의 미사를 다음과 같이 비판했다. "이 성례에 의한 세 번째 포로 됨은 모든 것들 중에 가장 악한데, 그 결과로 오늘날 교회 안에서 이보다 더 일반적이고 확고하게 신뢰를 받고 있는 의견이 없기 때문이다. 즉 미사가 선행이며 희생이라는 것이다."[320] 츠빙글리도 "떡이 날마다 드려지는 헌신의 행위라고 가르치는 것은 잘못된 종교"라고 비판하면서 "모든 미사는 즉각 폐지되어야 하며 그리스도의 제정대로 드리는 성찬이 이루어져야 한다"고 주장했다.[321] 스트라스부르크의 개혁자 부처 역시 미사를 우상숭배이고 미신이며, 금전을 목적으로 삼은 예식이라고 비판했다.[322]

---

[319] Brian A. Gerrish, *Grace and Gratitude: The Eucharistic Theology of John Calvin* (Minneapolis: Fortress, 1993), 146; Yosep Kim, "Significance of Calvin's Criticism of the Mass for the Reformation of the Church," *Chongshin Theological Journal* 25 (2020): 165-197.

[320] Martin Luther, *The Babylonian Captivity of the Church*, LW 36: 35, WA 6: 512.

[321] Ulrich Zwingli, *Commentary on the True and False Religion*, trans. Samuel M. Jackson (Durham: Labyrinth, 1981), 233-235; Z.3: 261.

[322] Martin Bucer, *De Coena Dominica*, BOL 1: 50. Cf. Matheson, "Martin Bucer and the Old Church," in *Martin Bucer: Reforming Church and Community*, 7-8. 방델은 부처가 주도하여 스트라스부르크에서 시행된 예배 개혁 시도가 칼빈의 예배 개혁 사상과 실천에 직접적인 영향을 주었다고 분석한다. 실제로 칼빈이 스트라스부르크로부터 제네바로 복귀해 1542년 시의회에 제시한 제네바 예배 모범은 여러 순서에서 스트라스부르크 예배 모범의 내용과 동일하다. Wendel, 『칼빈』, 60, 80.

로마 가톨릭의 미사의 내용과 형식에 대한 비판과 함께 종교개혁자들이 심각하게 다루었던 문제는 진정한 신자가 과연 로마 가톨릭의 미사를 인정하거나 참여할 수 있느냐의 문제였다. 아직까지 종교개혁 신앙을 공식적으로 인정한 도시나 국가가 많지 않았던 16세기 초반에는 로마 가톨릭을 옹호하는 지역에서 많은 사람들이 종교개혁의 취지에 동의하면서도 여전히 로마 가톨릭의 의식에 참여하는 현상이 나타나고 있었다. 이들은 어쩔 수 없는 형편을 구실로 삼아 미사를 비롯한 로마 가톨릭 의식 참여를 변명하고 있었다. 심지어 종교개혁의 대의와 성경적 신앙고백에 동의하면서도 사적인 이익과 기존의 사회적 관계를 고려해 로마 가톨릭 내에서 고위직을 담당하는 사람들도 있었다. 이들은 신앙이 영적이며 내적인 문제라고 주장하면서, 미사와 같은 성례에 참석하는 문제나 교황제 안에서 일정한 직분을 소유하는 문제는 올바른 종교의 본질에 해당하지 않는 "아디아포라"에 해당하는 사안이라고 주장했다.

　그러나 칼빈을 비롯한 종교개혁자들은 로마 가톨릭의 우상숭배적 의식에 참여하거나 이 의식을 인도하는 행위를 "아디아포라"의 문제라고 생각하지 않았다. 예배는 기독교의 참된 종교의 가장 중요한 요소였다. 신자들은 온전한 예배를 드리기 위해 구원받은 자들이며, 교회는 바른 예배를 드리기 위해 세워진 공동체였기 때문이다. 칼빈은 『기독교강요』 초판에서부터 바른 종교의 가장 중요한 요소인 예배를 훼손했기 때문에 미사를 결코 용납할 수 없는 죄악이라고 강하게 비판했다.

　이 미사는 아무리 화려하게 치장한다고 하더라도, 그리스도께 현저한 모욕을 끼치고, 그의 십자가를 매장하고 짓누르며, 그의 죽음을 망각 속으로 이끌며, 그 죽음으로부터 우리에게 이르게 된 열매를 걷어 내며, 그의 죽음에 대한 기억들이 남아 있는 성례를 약화시키고 흩어져 사라지게 한다는 것이 하나님의 말씀으로써 가장 분명하게 증명될 때, 내가 하나님의 말씀이라고 말하는 이 가장 강력한 도끼를 사용해도 캐낼 수 없을 만큼 깊은 뿌리들이 어디 있겠는가?[323]

칼빈이 보기에 미사가 조장해 놓은 많은 문제들을 못 본 척 외면하거나, 이런 저런 핑계를 대면서 미사에 참여하는 행위를 용인하는 것은 신자의 정체성과 교회의 본질, 그리고 종교개혁의 목적을 포기하는 중대한 잘못이었다. 칼빈은 1537년 라틴어로 쓴 공개서신인 "두 서신"(Epistolae duae de rebus hoc saeculo cognitu necesariis)에서부터 이 문제를 심도 있게 다루었다. 스트라스부르크에서 제네바로 돌아온 이후에도 이 문제에 대한 칼빈의 관심은 계속되었다. 그는 1540년대에는 1543년 불어로 발표한 "신도의 처신"(Petit traicte monstrant que c'est que doit faire un homme fidele congnoissant la verité de l'Evangile quand il est entre les papistes)과 이듬해 발표한 "니고데모파에게 주는 해명"(Excuse à Messieurs les Nicodémites)을 통해 자신의 비판적 견해를 더 선명하게 주장했다. 특히 이 "니고데모파에게 주는 해명"에서는 미사 참여에 대한 그의 비판이 너무 몰인정하며 가혹하다는 프랑스인들의 불평에 대한 자신의 견해를 간략하게 잘 정리했다.[324] 그는 1549년 라틴어로 "피해야 할 미신들에 관하여"를 출판했는데 이는 이전에 발표한 "신도의

---

[323] Institutes, IV.18.1, OS.5: 417. 틸렌다(Tylenda)는 칼빈이 성찬에 제시된 찬양의 희생과 십자가 위에서 완성된 화해의 희생을 구별했으며, 성찬이 찬양과 기념인 이유는 "단순히 개인이 과거 사건을 기억하는 것이 아니라, 현재의 현실로 기념하기 때문"이라고 보았다고 주장한다. Joseph N. Tylenda, "A Eucharistic Sacrifice in Calvin's Theology?" *Theological Studies* 37 (1976): 464.

[324] 여전히 미사에 참여하고 있던 프랑스의 개신교 인사들은 칼빈에 대한 자신들의 불평을 루터, 멜란히톤, 부처에게 호소했다. 이들의 호소는 다음에 수록되어 있다. CO.11: 776-777. 박건택, "편역자 서문", 『칼뱅작품선』 1: 58.

처신"과 "니고데모파에게 주는 해명"을 번역한 내용이었다.[325] 칼빈은 이후 1549년에 발표한 "네 편의 설교"(*Quatre sermons fort utiles pour nostre temps avec exposition du Psaume 87*)를 통해 여전히 위선적인 신앙을 변명하는 사람들을 비판했다.[326] 20년 넘게 계속된 칼빈의 이와 같은 연속적 저술 작업은 니고데모파라고 칭해진 위선적인 신앙인들의 행태에 대한 칼빈의 우려가 얼마나 컸는지를 알게 해 준다. 그리고 미사 참여가 가능하다고 주장하는 자들에게 대한 칼빈의 비판적 논의로부터 그가 일관되게 주장했던 신자의 삶의 목적과 교회의 진정한 토대, 그리고 더 나아가 종교개혁의 본질에 대한 이해 등을 확인할 수 있다. 본 장에서는 "니고데모파에게 주는 해명"을 중심으로 다른 저술들을 분석하여 칼빈의 종교개혁 이해를 재구성해 보려 한다.

2. 종교개혁을 위한 삶의 고백

2.1. 외적 고백의 중요성

칼빈이 1544년 프랑스어로 발표한 "니고데모파에게 주는 해명"은 미사 참여가 가능하다거나 잠정적으로 불가피하다고 주장했던 사람들에 대한 그의 비판적 견해를 간명하게 보여 준다.[327] 칼빈은 이 작품을 "공개적인 견책은 감춰진 사랑보다 낫고, 한 친구의 책망은 선하고 신실하다"는 잠언 27장 5절과 6절을 인용하면서 시작한다. 그리고 이어서 자신이 지

---

325 Greef, 『칼빈의 생애와 저술들』, 210-211.
326 박건택, "편역자 서문", 『칼뱅작품선』 1: 66-7.
327 이 저술의 전체 제목은 다음과 같다. "Excuse de Iehan Calvin a Messieurs les nicodemites, sur la complaincte qu'ilz font de sa trop grand riguere." CO.6: 589-614.

난 여러 작품을 통해 제시한 입장을 설명한다. "내가 이것을 말하는 이유는 내가 교황파 가운데 있는 신자가 하나님께 죄짓지 않고 그들의 미신에 참여할 수 없다고 책망하는 논문을 썼기 때문이다."328 따라서 이 작품은 1540년대까지 소위 "니고데모파"의 주장을 반박하기 위해 그가 연속적으로 발표했던 여러 저술들을 간략히 정리하는 성격을 가지고 있다. 실제로 그는 종교개혁자로서 활동을 시작한 1537년부터 "두 서신"을 발표해 니고데모파의 변명을 비판했을 뿐 아니라 참된 신자가 취해야 할 바람직한 태도에 대해 선명하게 제안했다. 칼빈은 이후 1550년, 제네바에서 "두 서신"을 휴대하기 좋은 소형판으로 다시 출간했다.

"니고데모파에게 주는 해명"이 출간되었을 때, 프랑스 내 개신교 지도자들 중 일부는 칼빈이 미사 참여의 가능성에 대해 너무 강하게 비판한다는 불평을 독일의 종교개혁자들에게 토로했다. 그러나 멜란히톤, 부처와 버미글리(Peter Martyr Vergmili, 1466-1562)는 모두 칼빈의 입장을 지지하는 의견을 보냈고, 칼빈은 이에 1546년 이들의 의견서와 "니고데모파에게 주는 해명"을 비롯한 다른 문서들을 묶어 재출간했다.329 이 모든 과정은 니고데모파의 오류와 위험에 대한 칼빈의 관심이 반복적이며 지속적이었음을 증명한다.

앞서 말했듯이 니고데모파에 대한 칼빈의 비판과 질책은 자신의 친구들을 대상으로 삼아 쓴 편지들을 1537년 바젤에서 라틴어로 출판한 "두 서신"에서부터 시작되었다.330 칼빈은 두 편의 서신 중 첫 번째 서신을 자신의 오랜 친구였던 뒤슈멩(Nicholas Duchemin)에게 썼다. 이 편지에서 칼

---

328 "니고데모파에게 주는 해명", 『칼뱅작품선』 7: 185, CO.6: 593.
329 황정욱, 『칼빈의 초기사상이해: 칼빈의 두 서신과 니코데미즘』 (서울: 선학사, 1998), 24-26.
330 "두 서신"(*Epistolae duae de rebus hoc saeculo cognitu apprime necessariis*)는 CO.5: 233-312에 수록되어 있다. "두 서신"의 역사적 배경에 대해서는 다음을 참고하라. 황정욱, 『칼빈의 초기사상이해』, 13-31.

빈은 주로 "불경건한 자들의 불법적인 의식들을 피하는 일과 기독교 종교의 순수성을 보존하는 일에 대해" 설명했다.[331] 칼빈은 이 편지에서 기독교 종교의 순수성을 회복하고 지키는 것이 개혁의 가장 중요한 목적이라고 밝히고, 따라서 미사로 대표되는 로마 가톨릭의 우상숭배적 의식에 참여하는 행위는 용납될 수 없다고 말했다. 참된 종교와 참된 경건은 반드시 참된 고백을 낳아야 하기 때문이다. "주의 나라에 속할 자들에게 일생토록 공포된 영원한 칙령이란 그들이 참된 마음의 경건으로 주의 가르침을 받았다면 자신의 경건을 외적 고백을 통해 선포해야 한다는 것임을 기억해야 합니다."[332]

내적 경건과 외적 고백의 일치는 "니고데모파에게 주는 해명"에서도 가장 중요한 신앙의 원칙으로 제시된다. 외적 고백이 결여된 내적 신앙은 사실 의미가 없다. 칼빈은 이와 같은 강한 주장을 증명하기 위해 먼저 인간론적 논의를 전개한다. "그것은 하나님이 우리 영혼과 마찬가지로 우리 육신도 만드셨으며, 그것을 먹이시고 양육하시므로, 그가 육신으로 섬김 받고 영광 받으시는 것이 너무 당연하다는 것이다."[333] 영혼과 육체의 일체성을 강조하는 이와 같은 통전적 인간론은 칼빈의 저술 전체에 걸쳐 일관되게 나타난다. 칼빈은 인간의 영혼과 육체의 구분을 인정한다. 이는 성경의 진술이기도 하며, 동시에 일반적으로 경험되는 현실이기 때문이다. 그러나 그는 하나님 앞에서의 타락과 그 타락의 결과, 그리고 구원을 통한

---

[331] "De fugiendis impiorum illicitis sacris, et puritate christiane religionis observanda" (CO.5: 239); "Comme il faut eviter et fuir les ceremonies & superstitutions Papales, & de la pure obseruation de la religion Chrestienne" (RO). "두 서신", 『칼뱅작품선』 7: 8에서 재인용.

[332] "두 서신", 『칼뱅작품선』 7: 15-16, "hoc perpetuum esse edictum, in omnem vitam iis promulgatum, qui in eius regno censeri volent: ut si vera cordis pietate eius amplexi sunt doctrinam, eam ipsam cordis pietatem externa professione declarent." CO.5: 244.

[333] "니고데모파에게 주는 해명", 『칼뱅작품선』 7: 185, CO.6: 593.

회복과 관련해서는 영혼과 육체의 이분법을 내세우지 않는다. 인간의 영혼과 더불어 육체 역시 하나님의 구원의 은혜가 적용되는 대상이다.

칼빈은 인간의 타락을 플라톤주의적인 이분법에 따라 육체의 욕망에 의한 영혼의 손상이라고 여기지 않았다. 죄는 하나님의 계명에 대한 인간의 불순종이다. 불순종의 죄로 발생한 인간의 타락은 영혼과 육체 모두에 심각한 영향을 끼쳤다.

> 그러므로 부패를 제한시켜, 사람들이 말하는 감각적인 충동들에 있어서만 그것이 일어난다고 보거나 혹은 그것을 "불쏘시개"라고 부르면서 그것이 죄를 부추기고 일으키고 유발시키는 영역은 오직 사람들이 "관능"이라는 용어를 사용하는 부분에 한정된다고 보는 것은 논점이 흐리고 어리석을 뿐이다.[334]

죄로 인해 육체뿐 아니라 "영혼의 탁월함과 고유함이 빛나야 할 부분"도 심각하게 손상되었다. 영혼의 가능성을 개발하고 진작시켜서 죄와 타락의 문제를 해결할 가능성은 전혀 없다. 칼빈이 주장하는 전적 타락은 전 인류의 타락이며, 인간 전 부분의 타락이고, 하나님께서 주시는 새 본성이 아니고서는 전혀 회복될 수 없는 완전한 타락을 의미한다. "여기에서 내가 간단히 제시하기를 원하는 것은 사람 전체가 마치 홍수를 만난 듯이 머리로부터 발끝에 이르기까지 압도되어 죄를 면한 부분은 하나도 없으며 사

---

[334] Institutes, II.1.9, OS.3: 239. 칼빈은 이 점에 있어서 롬바르두스의 바울 해석이 잘못되었다고 비판한다. "이 문제를 다룸에 있어서 페트루스 롬바르두스는 자기의 아둔한 무지를 표출하였다. 부패의 자리가 어디인지를 묻고 찾는 가운데 그는 바울이 증언하듯이 그곳이 육체라고 말한다. 다만 고유한 뜻에서 그렇다는 것이 아니라 육체에 있어서 더 많이 나타나기 때문이라고 그는 주장한다."

람으로부터 기인하는 것은 모두 죄로 돌려야 한다는 사실이다."[335]

타락이 전적이기 때문에, 예수 그리스도의 공로에 의한 회복 역시 전적이어야 한다. 즉 인간의 모든 부분이 구원에 의한 회복의 대상이다. 인간의 영혼과 육체를 죄의 타락에서 건지는 회복은 오직 은혜로만 이루어질 수 있다. 따라서 영혼의 가능성을 고양시키기 위해 육체적 요소들을 제어하는 행위는 구원을 얻는 데 결정적인 유익을 주지 못한다. 칼빈은 금욕주의적 삶이나 육체적 고행을 올바른 신자의 삶의 모습이라고 말하지 않았다. 그는 주기도문을 해석하면서 "일용할 양식"을 어떤 초실체적이며 영적인 대상이라고 여겨 하나님의 자녀들이라면 이 땅에서 필요한 육적인 일에 마음을 쓰거나 연루되어서는 절대 안 된다는 해석을 거절한다. "죄 사함이 몸의 양분보다 훨씬 더 중요한 것은 사실이지만, 그리스도는 더 하위의 것을 앞에 두셔서 우리가 점차 하늘 생명에 대한 나머지 두 간구로 나아가게 하신다. 이는 우리의 우둔함을 염두에 두셨기 때문이다."[336]

칼빈은 부활에 대해 설명할 때에도 최후의 부활에서 신자들이 이전에 가졌던 육체와 완전히 다른 새로운 육체를 갖게 될 것이라는 주장에 반대한다. "죽음으로써 죽을 몸을 벗어 버리게 될 때, 모든 사람이 갱신될 것이라는 점과, 그럼에도 불구하고 갑작스런 변화가 있을 것이라고 해서 몸과 영혼의 분할이 필히 있게 되지는 않을 것이라는 점이 서로 조화된다."[337] 생전의 상태와 비교할 때, 부활한 육체가 완전히 새로운 것은 사실이지만

---

[335] Institutes, II.1.9, OS.3: 239.

[336] Institutes, III.20.44, "Etsi autem peccatorum remissio longe pluris est quam alimenta corporis, quod tamen inferius erat priore loco posuit Christus, ut nos ad reliquas duas petitiones gradatim eveheret, quae propriae sunt caelestis vitae: in quo tarditati nostrae consuluit." OS.4: 357.

[337] Institutes, III.25.8. OS.4: 450. "그러므로 우리가 다시 살아나기 위해 우리의 썩을 몸은 소멸되지도 않고 사라지지도 않을 것이며, 다만 썩음을 내버리고 썩지 아니함을 입게 될 것이다."

그것은 생전에 가지고 있던 육체와 동일한 정체성을 보존한다. 칼빈은 이와 같은 통전적 인간 이해 위에서 하나님께서 신자들의 육신을 성전이라고 칭하셨음을 지적한다. 칼빈이 보기에 이 말씀은 곧 영혼만이 아니라 육체까지 포함하는 인간의 모든 부분이 하나님의 영광을 드러내야 하며, 하나님 나라의 영생에 참여한다는 것을 가르친다.[338]

칼빈은 예수 그리스도의 나라에 속한 하나님의 성전인 몸을 우상 앞에 "굽히는 것과 같은, 어떤 모독에 내던져지는 것은 너무 불합리한 일"이라고 주장한다. 종교개혁과 예배의 회복을 위해서 신자들은 자신의 모든 영역에서 전적으로 헌신해야 한다. 즉 영혼의 내적 고백뿐만 아니라 육체의 외적인 고백까지 모두 하나님께 영광을 돌려드려야만 하는 것이다. 여기에서 "오직 하나님께 영광"이라는 궁극적인 종교개혁의 목적이 다시 한 번 분명하게 강조된다. "더욱이 신자의 몸은 하나님의 영광을 목적으로 하고 그의 나라의 영생에 참여해야 하며, 우리 주 예수 그리스도의 나라에 적합하게 만들어져야 하므로, 우상 앞에서 그 몸을 굽히는 것과 같은 어떤 모독에 내던져지는 것은 너무 불합리한 일이다."[339]

칼빈은 "니고데모파에게 주는 해명"에 앞서 1540년에 발표한 "신도의 처신"에서는 만일 우리가 예수 그리스도를 다른 사람들 앞에서 부끄러워한다면 마지막 날에 그리스도께서도 우리를 부끄러워하실 것이라고 기록된 누가복음 9장 26절을 인용한다. 그리고 이 말씀 위에서 마음의 인정과 외적인 고백은 항상 반드시 일치되어야 한다고 강조한다.

그러므로 이처럼 우리 주님은 우리가 은밀하게 우리 마음속에서 그를 인정

---

338 Institutes, III.25.10, OS.4: 454.
339 "니고데모파에게 주는 해명", 『칼뱅작품선』 7: 186, CO.6: 593.

한다면, 그것으로 만족하지 않으신다. 오히려 그는 우리가 그의 것임을 외적 고백을 통해 사람들 앞에서 선언하길 엄중하게 요구하신다. 그리고 그는 이런 조건 외에는 우리에게 그의 나라를 결코 보증하지 않으신다. … 이 말씀으로 그가 의미하는 바는 참된 믿음이란 그것이 사람들 앞에서 고백될 때에만 하나님 앞에서도 있을 수 있다는 것이다.[340]

칼빈이 니고데모파를 비판하는 또 하나의 교리적 관점은 교회론이다. 교회는 진리의 기둥과 터 위에서만 존재할 수 있다. "교회의 근본이 선지자들과 사도들의 가르침에 있고 그 가르침이 신자들로 하여금 자기들의 구원을 오직 그리스도께만 맡기도록 명령할진대, 그 가르침을 제거한다면 어찌 교회가 그 건물 자체로만 더 오래 견고하게 존재할 수 있겠는가?"[341] 칼빈은 『기독교강요』에서 참된 교리와 더불어 올바른 예배의 시행 여부를 참된 교회와 거짓 교회를 가르는 두 기준으로 삼는다. "말씀에 대한 순수한 사역과 성례들을 거행하는 순수한 예식은 이른바 적합한 보증과 증표가 되므로 우리는 이 두 가지 모두를 가지고 있는 연합체를 교회로 신중하게 포용하게 된다."[342] 이 기준에 의해 평가할 때, 로마 가톨릭은 참된 교회가 아니다. 그 안에는 바른 교리에 대한 참된 고백인 진정한 예배가 없기 때문이다. 특히 참된 예배가 완전히 사라져 버렸다. "성찬의 자리가 가장 더러운 신성모독으로 대체되었다. 하나님에 대한 예배가 참을 수 없을 만

---

[340] "신도의 처신", 『칼뱅작품선』 7: 134, CO,6: 544-545. 불어로 작성된 이 작품의 제목 전문은 다음과 같다. "복음의 진리를 아는 신자가 교황주의자들 사이에 있을 때 어떻게 처신해야 하는지를 보여 주는 소논문" (*Petit traicté monstrant que c'est que doit faire un homme fidele congnoissant la verité de l'evangile, quand il est entre les papistes*). CO,6: 537-588.

[341] Institutes, IV.2.1, OS.5: 31.

[342] Institutes, IV.1.12, OS.5: 16.

큼 다양한 미신 덩어리로 흉측하게 되었다."³⁴³ 그러므로 사도적 계승이나 외적인 권세를 내세워 자신들만 교회라고 하는 로마 가톨릭의 주장을 인정하거나, 이들이 강요하는 우상숭배에 참여하는 것은 참된 신자들에게는 절대 있을 수 없는 일이다. "그러므로 그들이 성전과 제사장직과 다른 종류의 가면들을 보여 준다고 해서 단순한 사람들의 눈을 멀게 하는 이 공허한 광채에 우리의 마음이 아주 조금이라도 움직여서 마치 하나님의 말씀이 드러나지 않는 곳에도 교회가 있기라도 하듯이 받아들이는 일이 없도록 해야 한다."³⁴⁴

참된 교리는 교회의 기초이며 영혼이다.³⁴⁵ 그리고 성례는 하나님의 약속을 우리에게 표상하고 눈앞에 세워 주는 "보이는 말씀"이다.³⁴⁶ 교회는 선포되는 말씀을 청종하고 진심으로 예배에 참여함으로써 하나님의 은혜에 대한 마땅한 고백을 드린다. 칼빈은 『기독교강요』에서 바른 예배는 하나님께서 제정하신 성례에 잘못된 요소를 첨가하는 잘못과 성례 참여 가운데 자신의 공로를 주장하는 오류를 피함으로써 가능하다고 말한다. "성례의 유일한 직분은 하나님의 약속을 우리 눈앞에 두어 보이게끔 하는 것이다. … 반면에 우리의 직분은 우리의 확신을 다른 피조물들에 두지 않는 것이며, 그것들이 마치 우리의 선의 원인이라도 되는 것처럼 경배하고 선포하지 않는 데 있다."³⁴⁷ 외적 의식들의 순수성이 참된 종교를 위한 필수 조건이라는 칼빈의 견해는 "신도의 처신"에 부록으로 추가된 "다른 서

---

343 Institutes, IV.2.2, OS.5: 32.
344 Institutes, IV.2.4, OS.5: 36.
345 칼빈은 유기체적 교회 이해를 제시했다. "그리스도의 구원 교리가 교회의 영혼이듯이, 그곳의 힘줄을 대신하여 권징이 있다." Institutes, IV.12.1, OS.5: 212.
346 "하나님은 성례로써 자기 자신을 드러내시되 우리가 우리 자신의 우둔함을 인식하는 한에 있어서 그리하시며, 또한 말씀보다 더 분명하게 우리를 향한 자기의 선한 뜻과 사랑을 입증하신다." Institutes, IV.14.6, OS.5: 263.
347 Institutes, IV.14.12, OS.5: 269.

신"(S'ensuit l'autre epistre)에서도 분명히 표명된다. "곧 명백한 불경건이 있는 어떤 의식도 섞여서는 안 된다는 것입니다. … 그의 영광에 어긋나게 우상 숭배와 사악한 미신이 있는 의식들과 같은 의식을 준수하는 자는 하나님의 이름을 오염시키며 스스로 부패됩니다."[348]

2.2. 핑계와 해명

칼빈은 "니고데모파에게 주는 해명"에서 사람들 앞에서의 외적 행위와 무관하게 내적 예정은 하나님께 달려 있다고 말하는 니고데모파의 주장을 "비참한 핑계"에 불과하다고 비판한다. 외적 행위와 내적 고백이 분리된 방식의 신앙은 하나님을 만족시켜 드릴 수 없기 때문이다. 칼빈은 물론 불가피한 연약함으로 인해 "바벨론의 포로 상태"에 빠져 있는 사람 전부를 폄훼할 수는 없음을 인정한다. 칼빈의 비판의 칼날은 자신의 우상숭배 행위를 변명하고 정당하기 위해 "가능한 모든 핑계거리를 구하고, 사람들이 자기들에게 해 주는 권고를 비웃고, 이를 유감스럽게 생각하고 원통해 하는 사람들을 비판하며 하나님을 모독"하는 위선자들을 향한다.[349] 그리고 칼빈은 자신이 이들의 변명을 거절하는 더 적극적인 목적이 있음을 밝힌다. "내 의도란 우리 모두가 순수하게 하나님을 섬길 수 있게 해 주는 것 외에 다른 것이 아니라고, 솔직한 심정으로 주장할 수 있기 때문이다."[350] 순수하게 하나님을 섬기게 하는 것이야말로 칼빈이 주장하는 종교개혁의 궁극적인 목적이었다.

---

348 "신도의 처신", 『칼뱅작품선』 7: 177, CO,6: 581.
349 "니고데모파에게 주는 해명", 『칼뱅작품선』 7: 187-188, CO,6: 595.
350 "니고데모파에게 주는 해명", 『칼뱅작품선』 7: 188, "Car je puis protester en verité, devant Dieu et ses anges, que mon intention n'est pas autre, que de procurer, entant qu'en moy est, que nous servions Dieu tous ensemble purement." CO,6: 596.

성체보관함 – 스페인 세비야 대성당

칼빈은 종교개혁을 위해 니고데모파의 이중성을 비판하는 자신의 태도가 상당히 몰인정해 보일 수 있다는 점을 인정한다. 그럼에도 불구하고 자신은 하나님께서 내리신 엄중한 판단을 결코 수정하거나 완화할 수 없다고 고백한다. 이와 같은 칼빈의 자기변호적 언급들은 니고데모파 가운데 한때 자신과 가까웠던 동료와 친구들이 포함되어 있었음을 반영한다. 한 예로 "두 서신" 가운데 두 번째 편지의 수신자였던 루셀은 대표적인 니고데모파였다. 한때 칼빈의 동료였던 루셀은 칼빈이 프랑수아 1세의 체포령을 피해 나바르에 도주해 머무는 동안 교제를 나누었던 인물이었다. 앞서 제3장에서 언급했듯이 칼빈은 나바르의 왕비 마그레트가 1535년에 루셀을 올로롱(Oloron)의 주교로 임명하고, 이를 교황 바울 3세가 재가한 사실을 문제 삼았다.[351]

루셀의 주변 사람들 대부분이 그의 주교 취임을 축하했다. 그러나 칼빈

---

[351] George H. Tarvard, "Calvin and the Nicodemites," in *John Calvin and Roman Catholicism: Critique and Engagement, Then and Now*, ed. Randall C. Zachman (Grand Rapids: Baker, 2008), 61.

은 "그리스도인이 교황제 교회에서 받은 사제 직무에 대해, 그것을 수행할 것인가, 기피할 것인가?"라는 제목의 편지를 써 보내 루셀의 주교직 수용을 강하게 비판했다.352 칼빈은 이 편지에서 주교를 포함한 모든 목회자들의 기본적인 목회적 의무에 대해 상세하게 설명했다.353 그리고 이 설명을 바탕으로 특히 건전한 교리를 가르칠 수 없게 된 교황제 아래에서 고위 성직을 담당하는 것은 사실상 불가능하며 부당한 일이라고 주장했다. 칼빈이 이처럼 루셀과 같은 형편에 있는 동료들을 강하게 경고한 이유는 단순한 시기심이나 개인적 우려 때문이 아니었다. 칼빈은 이 편지를 공개적으로 출판하여 자신이 말하고자 했던 종교개혁의 대의를 분명히 밝히려 했다.

> 오늘날 교회가 처해 있는 상태를 자세히 주시해 본다면 … 사탄의 일꾼들이 종교를 전복시키고 멸망시키는 일을 진행했으므로, 종교는 그들의 불경에서 해방되지 않는 한 인간의 마음에 들어올 수 없습니다. 그들이 하나님의 진리를 말소하고 매장하는 일을 진행했으므로 진리는 그들의 거짓에서 보호되지 않는 한 빛 가운데 드러날 수 없습니다.354

칼빈은 이 문장에서 당대 기독교 종교가 "전복"되었으며 "멸망"의 기로에 들어섰다고 강한 용어를 사용해 비판한다. 그리고 그 이유를 불경건

---

352 "Epistolae secunda: De christiani hominis officio in sacerdotiis papalis ecclesiae vel administrandis vel abiiciendis" (CO 5: 279), "Seconde epistre: Du devoir de l'homme chrestien, en l'administration ou rejection des benefices de l'eglise Papale" (RO, 110) 『칼뱅작품선』 7: 72에서 재인용.
353 칼빈이 말하는 목회자의 직무는 "교회를 말씀의 양식으로 먹이며, 사탄의 공격에 대항해 말씀의 엄호로 무장시키며, 마지막으로 삶의 거룩함으로써 하나님 나라를 위해 노력하며 지향하는 자들이 지켜야 할 길을 보여 주는 것" 이렇게 세 가지이다. "두 서신", 『칼뱅작품선』 7: 82, CO 5: 285.
354 "두 서신", 『칼뱅작품선』 7: 100, CO 5: 295.

과 거짓의 어둠 때문이라고 분석한다. 따라서 불경건에 빠져 있는 바른 기독교 종교를 해방시키고, 오류의 어둠에 가려진 하나님의 진리를 다시 드러내는 일이 종교개혁의 목적이었다.

하나님을 향한 순수한 섬김을 회복하려 한 종교개혁은 당대 모든 성도들에게 요구되는 보편적인 사명이었다. 그러나 이 사명의 책임감은 모든 교회의 지체들에게 동일한 것은 아니었다. 칼빈은 특히 교회 안에서 가르침의 직무를 담당한 사람들의 사명 의식과 헌신을 더 강조했다. 이런 이해 위에서 칼빈은 루셀에게 질문을 던진다. "그대는 얼마나 신실하고 간절하게 종교를 다시 세우고 회복하려고 노력하고 있습니까?"[355] 그러므로 일반 성도들과 달리 말씀의 책무를 맡은 사역자들이 니고데모파와 같은 변명을 내세우는 것은 더욱 용납할 수 없는 일이었다. 물론 만약 루셀이 종교개혁을 위한 분명한 동기와 능력이 있어 자신의 능력을 전적으로 "하나님의 영광을 위해 신실하게 사용한다면 복음을 전진시킴에 있어 좋은 수단"이 될 것이다. 그러나 칼빈은 당대의 절망스러운 상황을 직시하라고 루셀에게 다음과 같이 권면한다. "만일 그대가 참되고 신실한 목자의 직무를 행하기에 적합하지 않다고 본다면, 두 번째 방법은 그대가 부적당하고 불충하게 직무를 수행하는 것보다 그대에게 잘못 부과된 직무를 차라리 포기하는 것입니다."[356]

칼빈은 "니고데모파에게 주는 해명"에서도 교황제 안에서 차지하고 있는 지위와 형편을 내세우면서 미사 참여를 정당화하려는 니고데모파의 시

---

[355] 이에 덧붙여 종교의 현실에 대한 루셀의 인식에 대해서도 질문한다. "그대가 한편으로 하나님의 모든 종교가 찢기고 짓밟히며 오염되며 심지어 파멸되는 것과, 다른 한편으로 불쌍한 백성을 허다한 사기꾼들이 비열하게 기만하고 악용하고 착취하며 즉 도살장에 끌려가는 것을 보고도 눈감을진대, 그대는 어떤 핑계로 변명할 수 있겠습니까?" "두 서신", 『칼뱅작품선』 7: 87, CO.5: 288.
[356] "두 서신", 『칼뱅작품선』 7: 124-125, CO.5: 309.

도를 다음과 같이 강하게 비판한다.

> 그래서 나는 그들에게 솔직히 그것이 가벼운 죄악인지, 아니면 예수 그리스도 자신을 대신하고 그에게서 파견된 대사로서 그의 이름과 그의 권위로 말하기 위해 강단에 오르는 사람이 복음의 주된 교리를 직접적인 것 이상으로 어기는 일인 우상숭배에 동의하는 체하는 것을 숨겨 주어야 하는 것인지 묻는다. … 나는 즉시 그들에게 선한 일이 일어나게 하기 위해 악을 행해서는 안 된다고 대답할 것이다.[357]

2.3. 네 종류의 니고데모파

칼빈은 "니고데모파에게 주는 해명"에서 이 문제와 관련한 책임 소재를 규명하기 위해 더 구체적으로 니고데모파를 크게 네 부류로 구별해 설명한다. 첫 번째 부류는 "명성을 얻기 위해 복음을 설교한다고 떠벌리고, 백성에 그 맛을 조금 보여 주어 달콤한 말로 녹이는 사람들"이다.[358] 칼빈이 이렇게 정의한 위선적인 설교자들은 당시의 여러 가지 문제들을 해결할 수 있는 복음의 진리를 알고 있으면서도 자기들의 이익을 채우기 위해 복음을 악용하는 가장 악질적인 사람들이다. 이들이 노리는 이익은 수도원장이나 주임 사제직과 같은 고위 성직이나, 많은 기부금을 통한 부유한 생활환경 같은 경제적 이익이었다. 칼빈은 이들이 "교화"를 핑계로 삼아 "가증스러운 신성모독"인 미사를 드리면서 다른 이들을 이에 끌어들이고

---

[357] "니고데모파에게 주는 해명", 『칼뱅작품선』 7: 197, CO.6: 603.
[358] "니고데모파에게 주는 해명", 『칼뱅작품선』 7: 189, "Les premieres sont ceux qui pour entrer en credit, font profession de prescher l'Evangile: et en donnent quelque goust au peuple, pour l'ameiller." CO.6: 597.

있는 현실을 신랄하게 비판한다. "자신들의 우상숭배를 유지하기 위해 이처럼 분노하고, 교화라는 구실로 그것을 얼버무리려 하는 자들은 자신들을 존중히 여기는 중이고, 내가 말했듯이, 하나님의 교회를 세우기는커녕, 그들의 육신의 편안함과 안락함을 위해 자신들의 집을 세우고 있음이 확실하다."359 칼빈은 이들이 "예수 그리스도를 자신들의 요리사로 삼아 식사준비나 잘하려고 하는 설교자"라고 비판한다.

위선적인 설교자들에 대한 칼빈의 비판을 통해 칼빈이 주장하고 시도한 예배 개혁의 목적을 재확인해 볼 수 있다. 참된 목회자는 자기들의 육적인 필요와 명예욕을 채우기 위해 예수 그리스도를 이용하는 것이 아니라 "하나님에 대한 진정한 예배를 높이기 위해 모든 우상숭배를 없앰으로써 죽음에 뛰어들" 수 있는 헌신자이다.360 기독교 종교의 개혁은 이와 같은 목회자들의 신실한 설교를 통해 하나님께 드리는 참된 예배가 회복될 때 이루어질 수 있다.

니고데모파의 두 번째 부류는 "고상한 성직자들"(prothonotaires)이다. 이들은 첫 번째 부류와는 달리 적극적으로 위선과 오류를 조장하지는 않지만, 복음을 알고 있으면서도 이를 적극적으로 선포하거나 증거하지 않고, 다만 자기들의 멋진 삶을 방해하지 않는 한 복음을 여흥과 한담거리로 삼는 데 만족한다. 이 소극적인 위선자들은 예배 개혁 문제와 관련해 칼빈이 준 권고가 너무 엄격하다고 크게 불평하면서 칼빈이 세상이 돌아가는 이치를 잘 모른다고 비난한다. 칼빈은 이들의 비겁하면서도 타협적인 태도에 대해 다음의 질문으로 답한다. "하지만 내가 그들을 대질시키게 한다면, 그들은 심판의 나팔 소리로 그들을 부르실 하나님에게 무엇을 말할 것

---

359 "니고데모파에게 주는 해명", 『칼뱅작품선』 7: 191, CO.6: 598.
360 "니고데모파에게 주는 해명", 『칼뱅작품선』 7: 191, CO.6: 598.

인가?"³⁶¹ 그리고 사명자의 올바른 기준은 하나님의 심판에 있다고 다음과 같이 선언한다.

> 그러나 우리는 앞의 그런 식으로 어떤 사제와 계산을 치르는 대신에, 이제 하나님과 계산을 치러야 한다. 내가 그들에게서 얻어 낼 수 있길 바라는 것은, 그들이 내 권고를 비웃으면서 내게 대하여 완강하게 버티는 대신에, 하나님 앞에 한 번 나타나 내가 지금 그들에게 제시하는 바로 이 말씀에 따라 판단받는 것이다.³⁶²

세 번째 부류는 기독교를 철학으로 바꾸어 이해하고, 사태를 별로 진지하게 생각하지 않기 때문에, "어떤 좋은 개혁이 일어나기를 기다리며 보고" 있는 관망자들이다. 칼빈은 이와 같은 관망자들 가운데 학식이 높은 사람들이 많이 있다고 말한다.³⁶³ 이 관망자들 안에는 여러 변호사, 재판관, 의사, 철학자나 논리학자와 같은 전문직들이 포함된다. 칼빈은 관망자들을 비판하면서 종교개혁을 위해 철학자나 논리학자들이 마땅히 취해야 할 태도에 대해 다음과 같이 말한다.

> 만약 이들이 철학자들이거나 논리학자들이라면, 진리의 수단과 도구로 사용되도록 하나님이 세상에 드러내어 보이신 학문을 바꾸어 거짓으로 색칠하지 말 것이며, 성경에서 어떤 것도 이길 수 없다고 하고 있는 하나님의 진리가

---

361 "니고데모파에게 주는 해명", 『칼뱅작품선』 7: 192, CO,6: 599.
362 "니고데모파에게 주는 해명", 『칼뱅작품선』 7: 193, CO,6: 599-600.
363 칼빈은 이들의 주장을 무익한 사변이라고 비판하면서 이 사변을 다음과 같이 요약한다. "하나님을 알고 무엇이 구원의 올바른 길인지 이해하고 자신들의 서재에 앉아 만사가 어떻게 되어야만 하는가를 생각하는 것으로 충분하며, 나아가, 마치 그런 일이 자신들의 직무가 결코 아닌 양, 자신들이 쉬고 방해됨이 없이 하나님이 은밀하게 치료해 달라고 부탁하는 것으로 충분하다." "니고데모파에게 주는 해명", 『칼뱅작품선』 7: 193, CO,6: 600.

결국에는 멋진 모습의 이성으로나 날카로운 변명술로도 압도될 수 있을 만큼 허약하다고 생각하지 말 것이다.³⁶⁴

종교개혁은 교회에서 설교의 직무를 맡은 목사나 교회 사역자들만의 과제가 아니었다. 종교개혁은 하나님께 드려야 할 예배와 그 예배에 합당한 삶을 각자의 영역에서 하나님의 말씀에 따라 실현해야 하는 모든 신자들의 과제였다. 이런 견해는 그의 글인 "신도의 처신"에서 더 명확하게 나타난다. "그러나 각자는 자신의 위치에서 그의 현재 신분과 하나님이 베푸신 은혜를 항상 고려하면서, 자신이 가질 수 있는 모든 수단에 따라 이 일을 충실하게 수행하는 데 전념함이 합당하다."³⁶⁵ 칼빈은 "니고데모파에게 주는 해명"에서 특히 "성경을 읽는 데 전념하고 있는 사람들"을 언급한다. 이는 아마도 에라스무스처럼 성경에 대한 전문적인 지식을 가진 당시의 인문주의자를 염두에 둔 것으로 추정된다.³⁶⁶ 이들에 대하여 칼빈은 악을 선이라고 말하는 모든 사람들에게 임할 저주를 성경이 분명하게 경고하고 있음을 말한다. 그리고 각자가 처해 있는 상황 가운데 벌어지고 있는 예배의 타락과 진리의 왜곡을 명백하게 목격하면서도 개혁을 위한 아무런 노력을 기울이지 않고 수수방관하는 행위를 결코 범죄가 아니라고 변명할 수 없다고 경고한다.

---

364 "니고데모파에게 주는 해명", 『칼뱅작품선』 7: 194, "Si ce sont philosophes ou dialecticiens, qu'ilz ne convertissent point, à colorer le mensonge, les sciences que Dieu a revelées au monde à fin de les faire servir comme aydes et instruments à le verité: et ne pensent point que la verité de Dieu, que l'escriture appelle invincible, soit si foible, qu'ilz la puisent en la fin poorimer par belles apparences de raisons, ou subtilité de subterfuges." CO,6: 601.
365 "신도의 처신", 『칼뱅작품선』 7: 135, CO,6: 545.
366 젠킨스(Jenkins)는 칼빈이 여기에서 데타블이 이끌던 모(Meaux)의 인문주의자들 가운데 개혁에 미온적인 인물들을 겨냥했다고 평가한다. Jenkins, *Calvin's Tormentors*, 3-4.

니고데모파의 마지막 네 번째 부류는 주로 상인들과 평민들에게 해당하는 사람들이다. 칼빈은 이들이 앞서 세 부류의 니고데모파보다는 "더 소박하고 솔직하기는 하지만" 이들 역시 자신들의 위선의 죄악을 핑계할 수 없다고 질책한다. 이 부류의 사람들은 대개 자신의 삶이 종교개혁과는 무관하다고 생각한다. 따라서 이들은 칼빈의 강한 권고가 자신들의 삶의 현실을 충분히 고려하지 않은 조언이라고 불평한다. 아마도 그때 칼빈은 제네바의 시민들을 염두에 두고 이 부류의 사람들에 대해 말했다고 볼 수 있다. 칼빈은 1536년부터 제네바의 목회자로 일했고, 종교개혁의 실질적인 확립을 위해 엄정한 신앙고백과 그에 따른 순수한 성찬 시행을 주장했다. 그러나 이 모든 일은 결코 쉬운 과제가 아니었다. 그는 1537년 쓴 "제네바 신앙교육서"의 서문에서 당시 제네바의 상황에 대해 다음과 같이 평가했다.

> 비록 교황제의 가증함이 여기서 말씀의 능력으로 무너지고 이어서 신앙고백서가 시의회의 긴급 법령에 의해 공표됨으로써 도시의 종교가 제거된 미신과 그 도구를 떠나 순수한 복음의 모양을 갖추긴 했지만 그렇다고 아직 우리에게 교회의 외양이 있는 것으로 보이지는 않습니다. 왜냐하면 우리 책임의 적법한 수행이 요구되기 때문입니다.[367]

앞서 제1장에서 설명했듯이 칼빈 시대의 제네바 시의회는 성찬 금지 권한이 목회자들이 아닌 자신들에게 있다고 주장했다. 시의회의 명령에도 불구하고 제네바 목사들이 1538년 부활절 성찬에서 신앙고백서에 대한

---

[367] CO.5: 318, COR. III/II: 115. John Calvin, 『칼뱅서간집』, 1: 177. 칼빈 시대 제네바 종교개혁의 정치사회적 배경에 대해서는 다음의 논문을 참고하라. 김요섭, "제네바 종교개혁: 역사적 배경과 신앙적적",「신학과교회」 8 (2018): 307-349.

서명을 거부한 자들에게 성찬을 주지 않자 시의회는 즉각 이들을 추방했다.[368] 그러나 칼빈이 추방당한 지 3년이 지나지 않아 제네바의 종교적, 정치적 상황은 더 큰 혼란에 빠졌다. 그러자 일부 시의원들이 칼빈에게 제네바로 복귀해 달라고 요청해 왔다.[369] 칼빈은 이들의 요청을 심사숙고한 끝에 1541년에 다시 제네바로 돌아왔다. 복귀에는 확실한 종교개혁을 보장해 달라는 칼빈의 조건이 달려 있었다. 당연히 철저한 예배의 개혁은 가장 중요한 조건들 가운데 하나였다.[370] 그러나 복귀의 조건에 대한 약속에도 불구하고 제네바 시민들은 칼빈의 개혁 시도에 또 다시 저항했다. 본래부터 제네바의 종교개혁은 경제적, 정치적 이익에 따른 선택이었지, 하나님의 말씀에 대한 신앙적 순종과 헌신은 아니었기 때문이다.[371]

칼빈은 "니고데모파에게 주는 해명"에서 자신이 겪고 있는 극렬한 불평을 "진리의 대가"라고 말한다. 그리고 자신은 그 대가를 기꺼이 치르려한다고 개인적 입장을 밝힌다.[372] 그러나 자신이 개인적으로 감수해야 할 일과 종교개혁을 위해 양보할 수 없는 일은 분명 구별되어야 한다. 칼빈은 자신의 임무는 자신이 "선포하는 교리가 모든 사람에게 구원의 수단이 되기를 힘쓰며 바라는 것이다"라고 말했다. 그리고 그 의무를 다한 결과 어

---

[368] Greef, 『칼빈의 생애와 저술들』, 37.

[369] Wendel, 『칼빈』, 77-78.

[370] 칼빈은 자신이 추진할 개혁의 법적 보장을 확보하기 위해 "교회법령"(Ordonnances ecclésiastiques de l'Église de Genève)을 제출했다. 그는 파렐에게 보낸 편지에서 이 법령은 성경과 초대교회의 모범에 따라 바른 교회의 정치체제를 수립을 목적으로 삼고 있다고 밝혔다. CO.11: 281. Cf. Parker, *John Calvin: A Biography*, 82-84.

[371] John T. McNeil, 『칼빈주의 역사와 성격』, 정성구, 양낙홍 역 (서울: 크리스챤다이제스트, 1994), 156.

[372] "나로 말하면, 내가 그들이 너무 자신들에게 골몰해 있는 것을 보므로, 하나님이 전적으로 그들의 마음에 들지 않는 경우, 즉시 그에 대해 분개해하지만 않는 한 … 복음이 그들에게 듣기 좋은 노래를 들려주지 않을 때, 이내 모든 것을 거부하려 들지만 않는다면, 그 진리의 대가가 나를 아프게 하지 않는다." "니고데모파에게 주는 해명", 『칼뱅작품선』 7: 195, CO.6: 601.

떤 일이 생긴다고 할지라도 이는 하나님의 뜻에 맡기는 것이다. 그러므로 결과의 유불리를 계산하지 않고 오직 하나님의 뜻과 구원의 진리에 충실하게 가르치며 행하는 것이 칼빈이 주장하는 종교개혁을 위한 신자의 바람직한 태도이다.[373]

칼빈은 결론적으로 이 네 부류의 사람들이 왜 모두 니고데고파로 불릴 수 있는지를 다음과 같이 설명한다.

> 즉 하나님을 두려워하는 약간의 흔적을 가지고 있고, 그의 말씀에 어느 정도 경의를 보이나, 그래도 아직도 하나님의 영광에 봉사하는 것이 자신을 포기하는 것이고, 세상과 자신의 삶을 잊는 것임을 알 만큼 예수 그리스도의 학교에서 충분히 배우지 못한 사람들은 이 네 종류 안에 포함시켰다.[374]

이 정의로부터 칼빈이 생각한 참된 종교개혁과 이를 위해 가장 시급한 예배의 개혁의 과제가 무엇인지 재구성해 볼 수 있다. 첫째, 종교개혁은 하나님을 두려워하고 오직 그의 영광 위해 봉사할 때 가능하다. 둘째, 하나님의 영광을 위한 봉사는 어떤 적극적 행위나 성취이기보다는 일차적으로 자신의 이익을 포기하고 세상과 자신을 부인하는 것이다. 셋째, 종교개혁을 위한 삶은 오직 예수 그리스도의 학교에서 배우는 하나님의 말씀에 대한 정확한 이해와 이 말씀에 대한 전적인 헌신에서 가능하다. 철저한 자기 부인의 헌신은 목회자들만의 의무가 아니다. 모든 신자들은 이 의무를 가지고 있다. 칼빈은 "신도의 처신"에서 이와 같은 종교개혁을 위한 삶의 태도에

---

[373] "그런데 모든 어려움이 우리가 항상 하나님을 기쁘게 하기보다는 우리를 세상의 은총 속에서 보존하려는 데서 비롯되므로, 나는 각 신도가 자신의 마음을 다해 주인의 뜻에 순종하는 자가 되라고 예수 그리스도의 이름으로 권면한다." "신도의 처신", 『칼뱅작품선』 7: 131, CO,6: 542.
[374] "니고데모파에게 주는 해명", 『칼뱅작품선』 7: 195-6, CO,6: 602.

대해 다음과 같이 정리한다. "그러나 우리가 예수 그리스도의 학교에서 배워야 하는 첫 번째 교훈이 우리 자신을 부인하는 게 아니고 무엇인가?"[375]

3. 종교개혁의 기준

3.1. 성경의 명확한 진리

칼빈은 "니고데모파에게 주는 해명"에서 니고데모파의 위선을 향한 자신의 비판이 성경의 진리에 근거하고 있다고 주장한다. 그는 이 주제에 있어서도 성경이 바른 신앙을 결정하는 유일한 기준이라고 여겼다. "여기서는 내 의견이나 그들의 의견이 문제가 아니다. 나는 성경에서 내가 찾아내는 것을 보이고 있다."[376] "오직 성경으로"의 원칙은 니고데모파에 대한 비판에도 일관되게 적용된다.

그러나 "오직 성경으로"의 원칙은 성경의 진술 이외에 모든 기준이나 모범을 배척하자는 주장은 아니었다. 칼빈은 "두 서신"과 "신도의 처신"에서 니고데모파의 변명을 비판할 때, 정경이 아닌 외경의 두 가지 사례들도 인용한다. 첫째는 마카베오하 6-7장의 내용이다. 이 본문은 돼지고기를 먹으라는 강요에 저항하다가 고문을 당하고 죽임 당한 엘르아잘과 일곱 아들의 어머니 이야기를 기록하고 있다. 칼빈은 하나님의 인정과 후대의 교훈을 위해 위선을 거부한 이들의 행위야말로 본받을 만한 가치가 있는 모

---

[375] "신도의 처신", 『칼뱅작품선』 7: 131, "Mais qulle est la premiere leçon qu'il nous fault apprendre en l'escole de Iesus Christ, sinon de renoncer à nous mesmes?" CO,6: 542.

[376] "니고데모파에게 주는 해명", 『칼뱅작품선』 7: 196, "Il n'est pas icy question de leur opinion ou de la miene. Je monstre ce que i'en trouve en l'escriture." CO,6: 602.

범이라고 말한다.377

둘째는 바룩서 6장 3절의 내용이다. 니고데모파는 이 외경의 본문을 인용하여 마음으로 하나님을 경배하는 것으로 충분하다고 주장한다. 칼빈은 바룩서의 교훈은 우상숭배에 참여해도 좋다는 허용이 아니라, 은밀한 신앙고백을 지키기 위해 신성모독 행위에 참여하지 않음을 외적 행동으로 드러내지 않도록 조심하라는 경고로 해석한다.378 이렇게 외경의 사례들을 인용하는 칼빈의 의도는 명백하다. 즉 정경에 포함되지 않는 내용임에도 불구하고 이 역사적 사건들로부터 배울 것이 있다는 것이다. "이 이야기는 실제로 있었던 사건이며 결코 우화가 아니다. 우리가 이 인물들을 순교자로 존경하고 그들의 꿋꿋함을 찬양한다면, 그 반대로 행하는 것을 정죄함이 합당하지 않겠는가?"379

이처럼 칼빈은 성경 이외의 외경에 기록되어 있는 내용의 역사성이나 교훈의 의의를 부인하지 않는다. 이는 그가 교부들의 가르침이나 순교자들의 모범을 자신의 주장의 근거로 삼는 것과 그 맥락과 의의를 같이 한다. 칼빈은 "니고데모파에게 주는 해명"에서 니고데모파의 변명을 비판할 때 순교자들의 모범을 하나의 평가 기준으로 삼는다. "옛 순교자들의 모든 신학은 찬양해야 할 유일하신 하나님만이 있음과, 전적으로 그분만 온전히 신뢰해야 함과, 그가 원하는 진정한 예배는 그를 경배하며 그에게 기도하는 것이며 … 예수 그리스도 외에 다른 데에는 구원과 생명이 없음을 아

---

377 "두 서신", 『칼뱅작품선』 7: 55-56, CO.5: 267-268.
378 "두 서신", 『칼뱅작품선』 7: 61-62, CO.5: 271-272. 바룩서의 교훈에 대한 칼빈의 해석은 "신도의 처신"에서도 나타난다. "하지만 이 서신의 저자가 마음으로 하나님께 영광을 돌리라고 이스라엘 백성을 권면하면서, 우상 앞에 무릎 꿇는 것을 허용하는가? … 오히려 그들에게 하나님을 공식적으로 경배하는 것이 적법하지 않은 곳에서 최소한 마음으로 그를 영화롭게 하라고 요구한다." "신도의 처신", 『칼뱅작품선』 7: 154, CO.6: 560-561.
379 "신도의 처신", 『칼뱅작품선』 7: 166, "Ceste histoire n'est pas de la saincte Escriture, mais c'est un faict qui est advenu à la verité: et non pas fable." CO.6: 570.

는 것이었다."³⁸⁰

그럼에도 불구하고 칼빈이 니고데모파의 변명을 반박하고 참된 예배의 본질을 설명할 때 가장 많이, 그리고 중요하게 근거로 삼는 것은 성경 본문이다. 그리고 여기에서 말하는 "오직 성경으로" 원칙은 파편적으로 필요한 본문을 발췌하는 것이 아니라, 일관되고 명확한 신학적 해석의 원칙에 따른 성경해석과 그 적용이었다. 칼빈은 니고데모파가 자기들의 위선을 변명할 때 인용하는 성경 본문들을 자신의 종교개혁적 관점에 따라 해석한다. 한 예로 그는 "니고데모파에게 주는 해명"에서 니고데모파가 요한복음에 등장하는 니고데모를 파리의 카르멜 수도사들이 자랑하는 성모 외투로 삼아 오용하고 있다고 비판한다. "이 니고데모의 외투는 그들이 스스로 속고 있는 그릇된 상상 외에 아무것도 아니다. 이는 마치 남들이 자신들을 보지 못하게 하려고 자신들의 눈을 가리는 것과도 같다."³⁸¹ 칼빈은 요한복음의 본문을 해석하면서, 비록 처음 니고데모가 밤에 예수님을 찾아 왔을 때에는 주님의 제자가 되기를 원하지 않았지만, "의의 태양이 그에게 비춰고 난 이후"에는 당당하게 빌라도에게 가서 예수님의 시신을 요구했다고 말한다. 예수님을 십자가에 못 박아 죽인 후 주님의 제자들을 향한 바리새인들과 서기관, 그리고 제사장들의 분노가 극에 달한 상황임에도 불구하고 스스로를 예수 그리스도의 제자라고 밝힌 니고데모의 요구는 그의 분

---

380 "니고데모파에게 주는 해명", 『칼뱅작품선』 7: 198, CO.6: 604. Cf. "나는 그들에게 우리를 앞서 갔던 수천의 순교자들이 행했던 것을 따르라는 것 외에 다른 아무것도 요구하지 않는다. 그러므로 이 교리는 내가 마음대로 만들어 낸 사색이 아니라, 예수 그리스도의 기록한 순교자들이 그들이 견뎌야 했던 모든 고통 가운데서 묵상한 것이다. 그들은 이 묵상을 통해 힘을 얻어 감옥, 고문, 화형, 교수형, 목 베임, 기타 모든 종류의 죽음을 이겼다." "신도의 처신", 『칼뱅작품선』 7: 170, CO.6: 573.

381 "니고데모파에게 주는 해명", 『칼뱅작품선』 7: 203, "Ainsi ce manteau de Nicodeme, soubz lequel ilz se pensent mettre à sauveté, n'est sinon une faulse imagination, de laquelle ilz se deçoyvent." CO.6: 608.

명한 신앙고백이었다.[382]

칼빈은 참된 니고데모화(Nicodemiser)에 대해 재정의하면서 니고데모의 행동을 핑계로 삼아 자신들의 이중적 행태를 옹호하는 사람들에게 다음과 같이 요구한다. "예수 그리스도가 누구인지 알기 이전인 무지 상태에서가 아닌 그리스도인인 니고데모를 생각할 때, 바로 이것이 니고데모화하는 것이다."[383] 참된 니고데모화는 스스로의 비겁한 행위를 정당화하는 것이 아니라, "매일 하나님에게 영광을 돌리려고 나아가기 위해 시간이 갈수록 확고해 지는 것"이었다.[384] 참된 니고데모화의 핵심 내용은 하나님의 영광만을 구하는 담대함이다. 칼빈은 "오직 하나님께 영광"이라는 종교개혁의 원칙을 니고데모 사건을 기록하는 요한복음의 본문뿐 아니라 다른 성경 본문들을 해석할 때에도 일관되게 적용했다.

니고데모파의 변명을 비판하기 위해 칼빈의 성경해석적 논의는 앞서 발표한 "두 서신"과 "신도의 처신"에서 반복적으로 나타난다. 먼저 칼빈은 로마 가톨릭 의식에 참여하는 것이 아무래도 좋은 중립적인 것들이라는 식의 변명을 반박하기 위해 구약 시대의 세 가지 사례를 든다. 첫째, 민수기에서 모세가 만든 놋 뱀의 경우이다. 칼빈은 이 놋 뱀이 광야에서 특별한 용도를 위해 사용된 것은 사실이지만, 이후 이스라엘 백성들이 하나님의 영광을 위해 경배하려 했던 "선한 종교"라는 이유를 내세워 이 형상을

---

[382] "요컨대 니고데모는 그가 무지 가운데 있을 때에는, 밤에 예수 그리스도에게 왔다. 가르침을 받고 난 후, 그는 낮에뿐 아니라 그 어느 때보다도 위험한 시각에 공공연하게 예수 그리스도를 고백하고 있다." "니고데모파에게 주는 해명", 『칼뱅작품선』 7: 204, CO,6: 609.

[383] "니고데모파에게 주는 해명", 『칼뱅작품선』 7: 204, "Voila Nicodemiser: si nous prenons Nicodeme Christien, et non pas en son ignorance, devant qu'il sceust que c'estoit de Iesus Chrsit." CO,6: 609.

[384] "니고데모파에게 주는 해명", 『칼뱅작품선』 7: 205, "Voila donc la vraye façon de Nicodemiser. C'est de se confermer avec le temps pour s'avancer journellement à donner gloire à Dieu." CO,6: 609.

경배한 것에 대해 열왕기하 18장 4절이 우상숭배로 규정했음을 지적한다. 그리고 미사에서 빵 조각에 무릎을 꿇는 행위는 놋 뱀을 경배하는 것과 비교해 보면 결코 용납할 수 없는 훨씬 더 심각한 우상숭배라고 주장한다.[385]

둘째, 출애굽 중 아론이 만든 금송아지의 사례이다. 칼빈은 니고데모파의 해석과 달리 아론은 금송아지를 만들 때 하나님을 부인하지도 않았으며, 단지 금송아지를 통해 눈에 보이지 않는 하나님의 임재를 가시화하려 했을 뿐이고, 이스라엘 백성들도 "가시적 표상"인 금송아지를 통해 하나님께 영광을 돌리려 했다고 해석한다. 그리고 이에 덧붙여 아론과 백성들의 의도에도 불구하고 성경 본문은 이스라엘 백성들이 금송아지를 숭배한 사실을 우상숭배라고 명백하게 지적했다고 말한다.[386]

셋째, 열왕기상 12장에 기록된 여로보암의 송아지도 마찬가지이다. 여로보암은 참 종교를 경멸하거나 거룩한 의식들을 부인하지도 않았으며, 단지 자기 백성들이 예루살렘 성전에서 제사를 드림으로써 자신을 떠날까 하는 두려움 때문에 새로운 제의를 만든 것뿐이었다. 그러나 칼빈은 호세아를 비롯한 선지자들이 영원한 하나님의 이름으로 위장한 이 송아지 숭배를 미신적인 우상숭배라고 비판했음을 지적한다. 그리고 이를 바탕으로 "사마리아인들의 종교를 모방하는 것"은 부당하며 그 이유는 이 종교가 "이방 신 제의와 혼합되어 있을 뿐만 아니라, 하나님에 대한 부정하고 불법적인 제의로 더럽혀졌기 때문"이라고 말한다.[387]

칼빈은 이른바 "중립적인 의식(儀式)"의 가능성을 부인하지는 않는다. "만일 요사이 구별을 위해 '아무래도 좋은 것'이라는 명칭을 부친 지 중립적인 의식들에 대해 그들이 여기서 말하는 것이라면, 나는 그 의식들을 허

---

[385] "두 서신", 『칼뱅작품선』 7: 46-47, CO.5: 262.
[386] "두 서신", 『칼뱅작품선』 7: 47, CO.5: 263.
[387] "두 서신", 『칼뱅작품선』 7: 47-48, CO.5: 263.

용하는 것에 대해 심하게 반대하지 않을 것입니다."388 그러나 미사는 중립적이거나 아무래도 좋은 문제가 아니다. 칼빈은 구약 성경의 여러 사례들을 인용하면서 우상숭배적인 미사가 참된 종교를 파괴하는 데 얼마나 심각한 문제인지 역설한다. "이 중립적인 의식이 하나님에 대한 명백한 불경건과 참을 수 없는 모독으로 표시되는 저 의식들을 포함하고 있을 때, 우리는 성경에서 끄집어 낸 몇 가지 예를 통해 그들이 얼마나 서투르게 주장하는가를 드러낼 것입니다."389

칼빈은 "두 서신"에서 니고데모파가 연약한 자들의 연약함을 돌보기 위해서는 적절한 타협이 필요하다고 주장하기 위해 그 근거로 삼는 열왕기하 5장의 나아만의 사례도 다룬다. 니고데모파는 나아만이 병이 낫고서 고국으로 돌아간 후 엘리사에게 자신이 왕과 함께 림몬 신전에 들어가 경배하는 것을 허용받았듯이 자신들도 미사를 비롯한 로마 가톨릭의 의식들의 참여할 수 있다고 수상했다. 칼빈은 이 변명과 관련해 이들이 성경의 특정한 사례를 잘못 해석하고 있다고 비판한다. "다른 모든 일에서 사람들이 하나님의 특별한 허락으로 어떤 일을 했다고 하는 특별한 실례를 고집하는 것이 거의 안전하지 않은 한편, 각자가 자기에게 부여된 지식의 분량에 따라 스스로 결정해야 할 신앙고백에 있어서는 이것은 특별히 위험합니다."390 칼빈이 보기에 나아만의 요청은 미신 숭배를 허용해 달라고 한

---

388 "두 서신", 『칼뱅작품선』 7: 46, "Haec si de mediis ritubus, quos docendi causa indifferentes nuper vocavimus, disputarent, eorum permissioni non vehemeter relcamarem." CO.5: 262.

389 "두 서신", 『칼뱅작품선』 7: 46, "At quum eas quoque caeremonias complectantur, quae manifesta sunt impietate ac non ferendo Dei opprobrio insignes, quam inscite ratiocinentur, paucis e scriptura petitis exemplis ostendemus." CO.5: 262. 이상의 세 가지 성경의 사례를 근거로 한 니고데모파의 변명에 대한 비판은 조금 더 간략한 형태로 "신도의 처신"에도 진술된다. "신도의 처신", 『칼뱅작품선』 7: 141, CO,6: 550.

390 "두 서신", 『칼뱅작품선』 7: 59, CO.5: 270.

것이 아니라, 다만 "그가 부축하고 잡아 주는 왕의 구부리는 동작에 자신이 따르는 것을 허용해 달라"고 부탁했을 뿐이다.[391] 칼빈은 "신도의 처신"에서도 이 사례를 언급하면서 나아만의 요청은 공적인 책임과 왕에 대한 관례적 예의범절의 행위를 허용해 달라고 부탁한 것이라고 해석한 후, "자신을 핑계하기 위해 나아만의 예를 내세우는 것"은 어처구니없는 일이라고 비판한다.[392]

신약의 사례를 인용하여 자신의 행동을 정당화하는 니고데모파의 주장 역시 칼빈이 보기에 정당하지 않다. 첫째, 사도행전 21장에서 바울이 율법의 요구가 폐지되었음을 알면서도 "율법의 규정에 따라 머리를 깎고 정결례를 행한 후 성전에 들어간" 경우를 예로 들어 바울의 계략을 모방하는 것이 가능하지 않느냐는 식의 주장이 있을 수 있다. 칼빈은 바울의 그 행동은 "어떤 불순한 미신의 흔적이 전혀 없는" 행동이었으며, 이를 "신성모독적인 의식"과 비교하는 것은 전적으로 부당하다고 비판한다. 즉 삭발은 미사와 아무런 유사점이 없다.[393] 그리고 사도 바울의 그 행동은 본래 하나님의 영광을 위해 제정된 것이었고 고린도전서 9장 20절을 볼 때 바울이 "유대인을 얻기 위해 당분간 유대인들에게 유대인이 되려 한 것"은 합법적인 일에 해당한다.[394] 칼빈은 "신도의 처신"에서 바울의 행동을 근거로 삼아 자신들의 미사 참여를 일종의 전략적 선택이라고 말하는 니고데모파의 주장을 다음과 같이 강하게 비판한다. 첫째는 하나님께서 제정하신 의

---

[391] "이것은 그러나 우상숭배를 위장한 것이 아니라 그의 군주에 대한 의무를 수행하고 복종하기 위함이었습니다." "두 서신", 『칼뱅작품선』 7: 60, CO.5: 271.

[392] "신도의 처신", 『칼뱅작품선』 7: 154, CO.6: 561.

[393] "이것은 본질상 단순히 하나님께 드려진 찬양과 감사 행위의 제사였기 때문이다. 삭발과 정결례는 율법의 그림자였지만, 그리스도인이 교화를 위해 그것을 사용하기에 결코 지장이 없었다." "신도의 처신", 『칼뱅작품선』 7: 155, CO.6: 561.

[394] "두 서신", 『칼뱅작품선』 7: 63, CO.5: 272-273.

식을 교황제의 미사와 동일시함으로써 하나님을 모욕하는 것이며, 둘째로는 사도 바울을 그런 우상숭배에 참여한 것으로 매도함으로써 모욕하는 것이다.395

칼빈은 "신도의 처신"에서 로마서 14장을 근거로 삼아 니고데모파의 주장을 반박한다. 즉 니고데모파는 양심의 가책을 받는 연약한 자를 위하여 먹고 마시는 일에 집착하지 말라는 로마서 14장의 가르침을 인용해 자신들의 미사 참여를 옹호하려 했다. 칼빈은 니고데모파의 행위와 주장이 바로 본문에서 경고하는 "거치는 것"(scandale)이라고 말한다.

> [스캔들은] 곧 우리가 우리의 경솔함으로서, 연약한 사람이 장애물에 부딪혀 파멸 가운데서 비틀거리거나, 연약한 사람이 장애물에 부딪혀 파멸 가운데서 비틀거리거나, 올바른 길에서 이탈하거나 뒤떨어지게 되는 일의 원인이 되는 경우다. 간단히 말하면, 우리가 그를 돕기는커녕, 그가 예수 그리스도에게서 유익을 얻지 못하게 막는 경우다.396

성경의 구체적인 사례들을 자신의 입장을 옹호하기 위해 단순하게 인용하는 것은 건전한 성경해석이 아니다. 칼빈은 성경해석에 있어서 의도와 목적이 중요하다고 말한다. 바울 서신의 본문을 해석할 때 기준으로 삼아야 하는 신학적 원리는 "오직 하나님께 영광"이라는 종교개혁적 원칙과 "성도의 교화"라는 실천적 목적이다. 사도행전 21장에 기록된 바울의 행동과 로마서 14장의 교훈을 미사 참여의 근거로 삼는 것은 세 가지 점에서 부당하다. 첫째, 이들은 하나님의 영광을 위해 큰 열심을 내지 않는다. 둘

---

395 "신도의 처신", 『칼뱅작품선』 7: 155, CO.6: 561-562.
396 "신도의 처신", 『칼뱅작품선』 7: 158, CO.6: 563.

째, 이들은 다른 사람들의 교화는 그만 두고 자신들이 참여하는 우상숭배에 참여하도록 유도한다. 셋째, 그들은 더 나아가 "불신자들을 억세게 하고 강퍅하게 한다."397

성경을 정확하게 해석하면 "아무래도 좋은 것들"에 대한 분별과 바른 이해가 가능하다. 이런 사안들을 대할 때 일차적인 기초는 "우리가 하나님께 범죄함없이 이렇게 또는 저렇게 그것들을 사용할 수 있을 만큼 그것들이 우리에게 자유로운 일인가"를 분별하는 것이다. 칼빈은 "우상숭배를 이 대열에 포함시키는 것"은 말도 되지 않는 것이라고 분명하게 거절한다.398 범죄의 판단에 있어서 중요한 것은 어떤 특정한 사례들이나 율법의 명령 사항이 아니다. 칼빈은 명령이나 금지된 사항보다 명령을 주신 하나님을 바라보아야 한다고 주장한다. "그의 위엄을 멸시하지 않고서는 그의 말씀을 불복종할 수 없기" 때문에, 범죄에 대해 판단할 때에는 하나님의 위대함이 판단의 기준이 되어야 한다. 칼빈은 여기에서 구약 스가랴서 5장 3절과 신약 야고보서 2장 10-11절을 인용하면서 범죄는 우리의 자의적인 판단이나 주변 사람들의 반응이 아니라 우상을 숭배함으로써 위반한 "하나님의 뜻"과, 로마 가톨릭 체제하에서 경멸당하고 말살된 "하나님의 권위"에 따라 평가되어야 한다고 주장한다. 이런 기준으로 볼 때 우상숭배의 죄악은 "우리에게 결코 작지 않다."399

"오직 성경으로"의 원칙은 칼빈이 니고데모파를 반박하는 데 있어서

---

[397] "신도의 처신", 『칼뱅작품선』 7: 158, CO.6: 564.
[398] "신도의 처신", 『칼뱅작품선』 7: 159, CO.6: 564.
[399] "신도의 처신", 『칼뱅작품선』 7: 162, "Or afin de ne nous tromper point: ce n'est pas sculement à la chose commandée ou defendue qu'il nous faut regarder, mais à Dieu qui parle: d'autant que nous ne pouvons desobeir à sa parolle, sans mespriser sa maiesté: C'est donc de sa grandeur qu'il faut estimer l'offense: et en ce faisant elle ne nous semblera iamais petite." CO.6: 566.

가장 기본이 되는 기준으로 작동한다. 로마 가톨릭 진영이나 니고데모파도 모두 성경의 권위를 존중했고 자신들의 주장과 변명을 위해 성경 본문과 사례들을 적극 활용했다. 그러나 그들의 해석에 문제가 있었다. 칼빈이 보기에 이들의 성경해석은 자신들의 이익과 잘못된 관행을 위한 정당화 시도에 불과했다. 건전한 성경해석은 하나님의 뜻과 권위를 존중함으로써 오직 하나님의 영광을 드러낼 수 있는 해석이다. 이런 점에서 "오

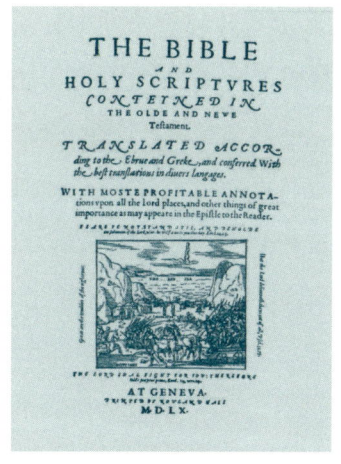

제네바 성경

직 성경으로"라는 종교개혁의 기본 원칙은 "오직 하나님께 영광"이라는 궁극적 목적을 포함할 때 바르게 적용될 수 있었다. 로마 가톨릭과 니고데모파에 맞서 칼빈이 주장한 이와 같은 성경해석의 기준과 태도는 실용과 편의에 따라 성경 본문을 취사선택하고 그 본문을 주관적으로 해석하는 경향을 가진 오늘날의 강단과 개인 묵상 행태를 향해서도 경종을 울린다.

3.2. 진정한 예배

종교개혁의 기준이자 참된 신앙의 기준은 하나님께 드리는 참된 예배였다. 앞서 여러 차례 언급했듯이 종교개혁자들은 예배를 바르게 회복하는 것을 가장 시급하고 중대한 개혁의 과제로 여겼다. 이 과제가 가장 시급했던 이유는 무엇보다도 로마 가톨릭이 명백하고 중대한 우상숭배인 미사를 통해 하나님의 영광을 가리고 있기 때문이었다. 하나님께 영광을 돌리는 것은 신자의 본분이며 존재 이유였다. 따라서 로마 가톨릭의 우상숭배적인 미사에 참여하는가 여부는 참 신자와 거짓 신자를 판가름하는 가

장 결정적인 기준이었다. 칼빈은 "두 서신"에서 로마 가톨릭에서도 미사 참여 여부를 신자인지 아닌지 판단하는 기준으로 삼을 정도로 중시하고 있다고 말한다. "누가 미사에 참석하고 누가 하지 않느냐를 주의 깊게 관찰하는 것이 바로 오늘날 그들이 각 개인의 신앙을 시험하기 위해 사용하는 시금석입니다."[400] 그리고 "신도의 처신"에서 종교개혁자들의 입장에서도 미사 참여 여부는 참된 신앙으로 실제로 돌아왔는지 아닌지를 판단할 수 있는 결정적인 기준이라고 말한다.

> 만일 누가 헌신적으로 미사에 간다면 그는 적그리스도의 선하고 충실한 졸개로 여겨진다. 반대로 미사를 경멸하는 것은 교황의 나라를 부인하는 것과 같다. 따라서 이것이 사실일진대, 미사에 가는 그리스도인은 오늘날 세상에 편만한 우상숭배와 모든 가증함에 따라 살려함을 증언하고 공언하는 것이다. 이것은 예수 그리스도와 그의 복음을 은근히 부인하는 게 아닌가?[401]

어떤 신중함을 내세우면서 교황파의 우상숭배에 참여해도 좋다고 변명하고 이것이 복음을 "진척시키는 방법이라고 확신"하는 니고데모파의 주장은 명백한 "신성모독"이다. "하나님이 그렇게도 책망하고 거부하는 그들의 가장으로 그들이 하나님을 돕지 않는다면 하나님이 자기 교회를 확고히 할 수 없으리라는 게 과연 하나님에게서 나온 생각일까?"[402]

---

[400] "두 서신", 『칼뱅작품선』 7: 54, "Hic enim illis hodie ad explorandam uniuscuiusque fidem lapis lydius est, curiose observare quis missam audiat, necne." CO.6: 267. 칼빈은 이어서 미사 참여 여부가 참 신앙과 거짓 신앙을 결정짓는 가장 중요한 기준이라고 설명한다. "그래서 그들은 단 한 번의 미사 참석을 그들의 모든 가증스러운 것에 대한 일종의 무언의 고백으로써 충성을 맹세하는 것으로 이해하며, 반면 미사를 단순히 경멸함에 따라 그들은 그들의 다른 모든 의식이 폐해지고 부인된다고 이해합니다."

[401] "신도의 처신", 『칼뱅작품선』 7: 165, CO.6: 569.

[402] "니고데모파에게 주는 해명", 『칼뱅작품선』 7: 199, CO.6: 605.

참다운 예배는 오직 하나님의 영광을 구하는 경배이다. 칼빈은 순교자들의 모범으로부터 참다운 예배의 목적을 발견해야 한다고 말한다. "우리는 그들이 그토록 힘 있게 존속시켰던 진리를 부인해서는 안 되며, 그들이 너무 소중히 여겨 피를 흘리기까지 견고히 했던 하나님의 영광을 질식시키고 부패시켜서는 안 된다."403 하나님의 영광만을 구하려 한 종교개혁의 궁극적인 원칙은 예배의 개혁뿐 아니라 신자의 모든 처신의 기준이 되어야 한다. 칼빈은 "두 서신"의 두 번째 편지에서 교황제하에서 신자가 취해야 할 태도의 기준은 하나님의 영광을 구하는 것임을 분명하게 밝힌다. "주의 영광을 드러낼 이런 계기를 놓치지 않는 것이 더 바람직하고 더 택할 만한 일인바, 그대가 이런 일을 할 수 있는 능력이 있어서 그 능력이 전적으로 하나님의 영광을 위해 신실하게 사용된다면 복음을 전진시킴에 있어 좋은 수단을 제공할 수 있을 것입니다."404

"니고데모파에게 주는 해명"에서도 하나님의 영광에 대한 강조는 일관되게 나타난다. 칼빈은 니고데모파의 변명들이 가지고 있는 궁극적인 문제는 그들이 여러 핑계를 둘러대면서 결코 "하나님에게 영광을 돌리는 데 이를 수" 없다는 점에 있다.405 앞서 언급했듯이 칼빈은 위선적인 신앙인들에게 참된 니고데모화를 촉구하면서 이는 날마다 하나님께 영광을 돌리기 위한 최선의 노력을 확고하게 하는 것이라고 말했다.

칼빈이 강조하는 "오직 하나님께 영광"이라는 원칙은 교회론적 차원의 의의를 가지고 있다. 하나님의 영광은 그의 교회를 통해 이 땅에서 뚜렷이

---

403 "신도의 처신", 『칼뱅작품선』 7: 171, CO.6: 574.
404 "두 서신", 『칼뱅작품선』 7: 124, CO.5: 309.
405 "니고데모파에게 주는 해명", 『칼뱅작품선』 7: 200, CO.6: 606. "그들이 가진 이런 소심함은 하나님이 하나님 사역을 행하는 것을 지체시키는 또 다른 장애이다. … 하나님의 영광을 위해 감히 어떤 것도 시도하기 전에, 모든 이들은 한 목소리로 말하길, 아무것도 이용할 수 없으므로 포기해야 한다고 말한다." "니고데모파에게 주는 해명", 『칼뱅작품선』 7: 209, CO.6: 613.

드러난다. 이 교회는 "하나님을 경배하고 그에게 부르짖기 위해, 그의 말씀을 듣고 그의 성례를 이용하기에 적합"해야 한다. 칼빈은 당시 로마 가톨릭하에서 하나님의 교회를 확인할 수 있는 표지들이 사실상 확인할 수 없게 된 현실이 하나님의 징계 때문이라고 진단한다. "하나님이 자신의 존재를 세상에 증명하는 표지들을 우리에게서 앗아가실 때, 우리가 다른 모든 것보다 두려워해야 하는 것이 바로 이 채찍이다."[406]

이와 같은 위기의 상황에서 종교를 개혁하는 사명은 모든 신자들이 외면해서는 안 되는 가장 시급한 의무이다. "그러므로 명백한 표적으로 하나님이 우리에게 노하고 있음을 보일 경우, 그것도 질병과 전쟁과 기근 모두로 우리를 괴롭게 할 때보다도 더욱 심할 경우, 조금도 마음에 움직임이 없고 거의 웃기까지 하는 것은 하나님에 대한 지나친 멸시가 아니겠는가?"[407] 종교개혁의 목적은 단순히 로마 가톨릭에 맞서 개혁교회를 강화하거나 신자의 수를 늘리는 것이 아니었다. 종교개혁은 궁극적으로 예수 그리스도의 왕국을 이 땅에서 다시 세우는 영적 사역이다. "이처럼 각자는 사람들이 흔히 말하듯 스스로 일을 처리할 더 나은 용기를 갖기 위해, 다시 말해 사탄의 모든 저항에 대항해 싸우면서 우리 주 예수의 왕국을 찬양하는 일에 수고하기 위해 하나님을 신뢰하는 가운데 굳건히 되어야 한다."[408] 이를 위해 설교자들은 자신의 안위를 고려하지 말고 주 예수의 이름으로 "공언하고 약속하는 것"을 전할 자신들의 사명에 집중해야 한다. 백성들은 "자신들이 받은 교리를 값지게" 여기고 "손에서 손으로 알림으로써 교리가 결실을 맺게" 최선을 다해야 한다.[409]

---

[406] "니고데모파에게 주는 해명", 『칼뱅작품선』 7: 208, CO,6: 612.
[407] "니고데모파에게 주는 해명", 『칼뱅작품선』 7: 209, CO,6: 612.
[408] "니고데모파에게 주는 해명", 『칼뱅작품선』 7: 210, CO,6: 614.
[409] "니고데모파에게 주는 해명", 『칼뱅작품선』 7: 210, CO,6: 614.

종교의 개혁을 위해서는 무엇보다도 하나님의 영광을 위한 담대함이 필요하다. 하나님의 영광을 위해 예수 그리스도의 나라를 회복하는 개혁의 헌신은 결코 쉬운 일이 아니기 때문이다. 종교개혁은 고통스럽고 슬픈 일이며, 아주 큰 용기가 요구되는 일이다. 무엇보다도 자신의 여러 가지 변명들을 내려놓고 하나님의 용서와 자비를 구하는 용기가 필요하다.[410] 신자들은 이 담대한 헌신의 대가로 하나님께서 주시는 참된 위로를 얻을 수 있다. 이와 달리 니고데모파가 추구하는 이중적인 삶은 결코 참된 위로를 주지 못한다. 하나님이 주시는 참된 위로는 세상에서 얻을 수 있는 위로와 완전히 다르다. "사실 기독교적 위로는 악이 선이라고 믿게 하면서 죄인들을 잠재우는 것이 아니라, 이들을 겸허하게 하고 하나님 앞에 굴복하게 한 뒤, 유일한 구제책으로 이들을 이끌어 하나님께 기도하고 자비를 구하게 하여, 그들이 처해 있는 진흙에서 벗어나게 하는 것이다."[411]

기독교는 죄와 죽음의 절망으로 고통당하는 이 땅의 모든 사람들에게 참된 위로를 제공한다. 그러나 성경이 말하는 참된 위로는 이 세상에 고착되어 있지 않다. 현실뿐 아니라 세상의 가치까지 뛰어넘는 천상과 내세의 소망이 참된 위로이다. 이 참된 위로는 하나님의 영광만을 바라며 이 세상의 가치와 이익을 부인하고 포기할 때 누릴 수 있다. 고난과 핍박 가운데 하나님 말씀의 진리와 하나님의 영광만을 구하며 참된 위로를 소망했던

---

410 "내가 세상이 즐기는 방법이 아니라, 하나님이 나에게 허락하는 방법을 채택한 것은 사실이다. 그것은 내가 그들의 죄에 아첨하지 않고 그들로 하여금 슬프고 괴로워하는 마음으로 자신들의 초라함을 고백해 그의 용서를 구하면서 끊임없이 하나님에게 기도하기를 권고했다는 것이다." "니고데모파에게 주는 해명", 『칼뱅작품선』 7: 207, CO.6: 611.

411 "니고데모파에게 주는 해명", 『칼뱅작품선』 7: 207, "Et de faict les consolations Chrestiennes, ne sont pas d'endormir les pecheurs, leur saisant à croire que le mal est bien: mais apres les avoir humiliez, et mesme abatuz devant Dieu, les induire pour remede unique, à prier Dieu, demander mercy et implorer son ayde, pour sortir de la fange où on est." CO.6: 611.

16세기 종교개혁자들의 신앙은 너무 현세적이기 때문에 세속화되기 쉬운 오늘날 교회와 신자들이 다시 기억해야 할 성경적 모범이다.

4. 망명: 종교개혁을 위한 선택

니고데모파의 변명에 반대하면서 칼빈이 신자들에게 추천한 방법은 망명이었다. 칼빈은 "두 서신" 가운데 두 번째 편지에서 망명을 권유한다. "나는 그대가 그리스도의 영광을 위해 어떤 행동을 강하고 용기 있게 할 수 있는 계기를 갖게 되기를 선호하지만, 만일 더 나은 것을 할 수 있지 않다면, 가능한 한 거기서 나와야 한다고 생각합니다."[412] "신도의 처신"에서는 가증한 우상숭배의 나라에서 신자가 취할 수 있는 가장 좋은 첫째 방법은 "할 수 있는 한 그곳에서 나오는 것"이라고 조언한다.[413] 만일 우상숭배의 자리에서 나올 수 없다면 "모든 우상숭배를 물리쳐 몸과 영으로 하나님을 향해 순수하고 흠 없이 스스로를 보존할 수 있는지 살펴보고" 자신의 자리에서 개인적으로 참된 경배와 기도, 그리고 교회의 사명을 감당하라고 말한다. 그리고 그 대가로 주어질 고난과 죽음을 당당하게 감당하라고 조언한다. "그러나 여기에서 문제가 되는 하나님의 영광은 육체적이고

---

[412] "두 서신", 『칼뱅작품선』 7: 124, CO.5: 308. 칼빈은 특별히 로마 가톨릭하에서는 성경이 가르치는 대로 목회자직을 감당하는 것이 사실상 불가능하다고 평가한다. 따라서 신실한 목자의 직무를 감당할 수 없을 때 취할 수 있는 방법은 "잘못 부과된 직무를 차라리 포기하는 것"이다. "두 서신", 『칼뱅작품선』 7: 125, CO.5: 309.

[413] "그러므로 마치 그런 오물에 동조나 하는 듯 침묵하고 위장하면서 그것에 억지로 섞이지 않고 하나님의 이름과 그의 말씀을 모독하지 않아도 되는 장소로 물러나든지, 아예 그리스도인들의 회중에서 자신의 기독교를 고백하고 복음의 거룩한 가르침에 참여하며, 성례들을 순수하고 온전하게 사용하며, 공적 기도로 교통하는 장소로 물러나야 한다." "신도의 처신", 『칼뱅작품선』 7: 173, CO.6: 576.

일시적인 이생, 실로 그림자에 불과한 이생보다 우리에게 더 귀중해야 한다."⁴¹⁴

칼빈은 "두 서신"에서 우상숭배를 멀리하고 참된 예배를 드리기 위해 신자들이 마땅히 가져야 할 순교적인 삶의 태도를 강조했다. "실로 우리가 이 짧고 비참한 삶이 그런 불경건을 통해 보상받을 만한 값어치가 있다고 생각한다면 이생을 너무 소중하게 평가하는 것입니다. … 죽음에 대한 두려움 때문에 영원한 삶의 희망을 포기한다면 우리는 죽음을 너무 두려워하는 것입니다."⁴¹⁵ 종말론적 관점에서 삶 전체를 이해하고 이 관점에 따라 피난민과 나그네로서의 삶을 선택하는 것은 칼빈의 신학에서 일관되게 나타난다.

> 그대가 비참한 가운데 정직성을 추구하든지, 악행 속에서 비참을 회피하든지 둘 중 하나를 선택해야 한다면, 왜 그대는 하나님의 진노와 영원한 죽음의 대가로 얻은 현재적 쾌락보다는 차라리 궁핍 속에서 더 나은 것에 대한 기대를 신뢰하며 소명에 따라 거룩하고 품위 있는 삶을 살지 않습니까?⁴¹⁶

칼빈의 나그네 신학은 니고데모파의 변명을 반박하는 데 있어서도 일관되게 적용되는 중요한 관점이다. 다른 한편, 그의 나그네 신학이 1530년대부터 니고데모파를 반박하기 위해 여러 차례 발표한 저술들을 통해 심화되고 발전되었다고 말할 수도 있다.⁴¹⁷

---

414 "신도의 처신", 『칼뱅작품선』 7: 173-4, CO.6: 576.
415 "두 서신", 『칼뱅작품선』 7: 70, CO.5: 276-277.
416 "두 서신", 『칼뱅작품선』 7: 126-7, CO.5: 310.
417 황정욱은 니고데모파에 대한 칼빈의 연속적인 저술이 1552년 발표한 "네 편의 설교" 이후 계속되지 않은 것은 이 주제가 더 이상 독자들의 반응을 끌어내지 못했기 때문이라고 주장한다. 황정욱, 『칼빈의 초기사상이해』, 26.

칼빈은 "니고데모파에게 주는 해명"에서 망명이라는 방법을 반대하는 니고데모파의 주장을 반박한다. 니고데모파는 교회를 보존하고, 하나님의 말씀을 진작시키기 위해서라면 인간의 지혜를 따라 본질적이지 않은 문제에 대해서는 적절하게 타협하고 지혜롭게 처신해야 한다고 주장했다. 그러나 칼빈은 자신들이 남아 있지 않으면 여러 나라들이 복음의 씨앗을 잃고 황폐해질 것이라는 니고데모파의 변명에 대해 "이에 대비하는 것은 하나님께 속한 일"이라고 답한다. 칼빈이 보기에 우상숭배에 참여하면서 남아 있는 것보다 망명을 택하는 것은 그 자체로 "입으로 할 수 없는 대단한 효과로 설교하는" 일에 해당한다. 우상숭배의 나라를 떠나는 것이 바람직한 이유는 로마 가톨릭하에서 어떤 자리를 차지하고 사역을 하는 것보다 "순수한 양심으로 하나님을 섬기는 것"이 더 중요하기 때문이다. 그곳에 남아서 이웃을 돌봐야 한다는 주장도 불경건의 핑계거리가 될 수 없다. 이웃을 돌보는 것은 "지체하거나 물러설 기회를 잡기 위해서"가 아니라 참된 경건을 위한 "상호 협력"이어야 하기 때문이다. 끝으로 참된 예배를 위해 신자들이 자기 나라를 떠나게 되면 결국 그 여러 나라에 그리스도인들이 사라지게 될 것이라는 주장에 대해서 칼빈은 다음과 같이 응답한다. "오히려 복음은 백배나 더 열매를 맺을 것이다."[418]

칼빈은 어떤 사역이나 교회의 필요를 위해 예배가 이용되어서는 안 된다고 말한다. 교회의 사역과 교회의 연합은 모두 참된 예배를 위해 존재하기 때문이다. 따라서 교회를 유지하고 목회 사역을 지속해야 한다는 핑계를 삼아 로마 가톨릭의 우상숭배에 참여하거나 그것을 용인하는 행위는 모두 배은망덕이며 신성모독일 뿐이다. 참된 예배의 회복을 주장하기 위해 생명을 걸고 헌신할 수 없다면, 교회의 존속이나 목회의 필요성은 하나

---

[418] "니고데모파에게 주는 해명",『칼뱅작품선』7: 201, CO, 6: 606.

님께 맡기고 우상숭배의 자리를 떠나는 것이 더 합당하며 적절하다.

니고데모파에 대한 칼빈의 강한 비판은 본인이 스스로 인정했듯이 다소 가혹하고 독선적인 것으로 보일 수 있다. 그러나 칼빈의 비판은 니고데모파 개인들에 대한 것이라기보다는 그들이 내세우는 잘못된 성경해석과 기독교 신앙에 대한 이해를 향하고 있다. 참된 종교의 회복을 추구한다면 미사가 대표하는 로마 가톨릭의 우상숭배적 의식은 결코 용납될 수 없었다. 우상숭배는 하나님의 영광을 구하지 않고 우리의 만족과 이익을 위해 성경의 가르침을 왜곡하고 잘못된 요소들을 예배에 첨가하는 것이다.

예배와 관련한 문제에 대해 이토록 선명하고 강력한 입장을 표명했던 16세기 종교개혁자들의 주장 앞에서 오늘날 교회와 신자들도 스스로 이 질문을 던져야 한다. 우리가 지금 행하고 있는 예배는 하나님의 영광을 위해 우리 자신을 온전히 산 예물로 드리는 고백과 헌신인가? 아니면 우리의 유익과 만족을 위해 하나님의 도움을 구하는 행사인가? 우리는 하나님의 영광을 드러내기 위해 우리가 가진 것들 중 얼마나 많은 것들을 버릴 준비가 되어 있는가? 이 땅이 아니라 하늘나라에 궁극적인 소망을 두고 그 본향을 사모하는 나그네의 삶을 사는 것이 진정한 예배의 삶이다. 우리가 진정한 헌신의 삶으로 거룩한 산 예배를 드릴 때 하나님께 온전한 영광을 돌릴 수 있다.

제5장
재세례파 논박(1544)·

1. 배경: 재세례파의 위험성

20세 후반 활동한 종교개혁 학자 윌리엄스(George H. Williams)는 16세기 종교개혁 운동들을 세속 정부에 대한 입장 차이를 기준으로 삼아 관협력형 종교개혁(magisterial reformation)과 급진종교개혁(radical reformation)으로 구별했다.[419] 몇 가지 이견이 있음에도 불구하고 윌리엄스가 제시한 이와 같은 구분은 오늘날까지 널리 활용되고 있다. 실제로 16세기 종교개혁 시대 칼빈을 포함한 주요 종교개혁자들이 추구한 "개혁"의 노력은 당시 나타난 급진개혁세력의 혁명적 "재건설" 시도와도 분명한 차이가 있었다.[420]

· 이 장의 내용은 다음의 논문을 수정 및 보완을 한 것이다. 김요섭, "재건설과 개혁: '재세례파 논박'에 나타난 칼빈의 종교개혁", 「한국개혁신학」 56 (2017): 8-47. 이는 필자의 다음 졸저에도 수록되어 있다. 『종교를 개혁하다: 16세기 유럽 기독교 종교개혁, 그 본질』 (서울: 솔로몬, 2021), 161-215.

[419] George H. Williams, *The Radical Reformation*, 3rd ed. (Kirksville: SCSC, 2000), 121.

[420] 급진종교개혁자들(Radical Reformers)의 혁명적 주장과 이들과 대조되는 관협력형 종교개혁자(Magisterial Reformers)의 종교개혁 이해의 차이를 설명할 때 래이(Wray)가 사용한 개념이 유용하다. 래이는 개신교 종교개혁자들이 기존 기독교회의 체제와 교리를 성경의 진리에

특히 칼빈은 급진세력을 대표하는 재세례파의 기독교 신앙에 대한 이해와 혁명적 변화의 시도를 강하게 비판했다. 이 비판의 표면적 이유는 여러 가지이다. 그러나 칼빈이 급진세력의 과격한 이해와 급진적 시도를 비판했던 근본적인 이유는 그가 생각했던 기독교 신앙의 회복으로서의 "개혁"이 재세례파의 급진적 변화 주장과 분명한 차이가 있다고 보았기 때문이다.

16세기 급진개혁세력들에 대한 칼빈과 종교개혁자들의 이해가 얼마나 정확했으며, 그들의 비판이 얼마나 공정했는지에 대해서는 별도의 논의가 필요하다. "재세례파"라는 호칭 하나로 모든 급진주의자들을 엮어 버리기에는 주류 종교개혁자들이 비판했던 급진세력 내에는 신학적, 실제적 입장이 달랐기 때문에 서로 충돌했던 많은 조류들이 존재했다. 칼빈 역시 당시의 급진주의 세력들 안에 다양한 의견들이 있음을 알고 있었다. 또 급진세력들의 많은 이해와 주장들이 종교개혁들의 개혁 주장과 유사한 면을 가지고 있음을 인정해야 한다. 칼빈도 재세례파가 성경을 신앙과 신학의 궁극적이며 유일한 권위로 삼은 점, 권징을 강조함으로써 신앙 공동체의 거룩함을 지키려 한 점, 그리고 순교를 감수하면서까지 실제로 헌신했던 점 등을 긍정적으로 평가했다.[421]

그러나 급진세력들의 다양한 주장들을 구체적으로 분석하는 것은 칼빈의 관심사가 아니었으며, 이들과 개혁을 위해 협력 시도하는 것은 칼빈의 선택지가 아니었다. 칼빈은 평생에 걸쳐 재세례파와 반삼위일체주의자들과 같은 급진주의자들의 신학적 오류와 실제적 위험을 비판하는 데 집중

따라 재평가하여 바르게 회복하는 "개혁"(reformatio)이었다면 이에 반해 재세례파는 기존 로마 가톨릭의 체계를 전면 부정하고 기독교 신앙을 새롭게 세우는 "재건설"(restitutio)이었다고 구분한다. Frank K. Wray, "The Anabaptist Doctrine of the Restitution of the Church," *Mennonite Quarterly Review* 28 (1954): 186-187.

[421] Hans Rudolf Lavarter, "Calvin, Farel, and the Anabaptists: On the Origins of the Briève Instruction of 1544," *Mennonite Quarterly Review* 88 (2014): 363-364.

했다.⁴²² 그의 비판은 단순한 배제와 혐오의 결과가 아니었다. 칼빈은 재세례파 개개인들을 향해서는 목회적 관심과 배려를 아끼지 않았다. 뒤에서 살펴보겠지만 재세례파에 속한 인물들을 개혁 신앙으로 돌아오게 하려 애쓴 칼빈의 사역들은 그가 재세례파 개인들을 무조건 혐오한 것은 아님을 증명한다.⁴²³ 무엇보다도 칼빈은 본래 재세례파 출신이었던 이들레트와 결혼했다. 따라서 칼빈은 재세례파를 비판함으로써 단순히 개혁신학의 우월성을 주장하고 또 이로써 개혁파 교회를 정치적으로 옹호하려 한 것이 아니라, 재세례파에 대한 비판과 반박을 통해 그가 주장하려 했던 종교개혁의 궁극적 목적과 그 올바른 구현 방법을 증명하려 했다고 볼 수 있다.⁴²⁴

---

422 스토페르(Stauffer)는 세밀하지 못한 한계에도 불구하고 다른 종교개혁자들에 비해 칼빈이 재세례파 내의 다양한 견해를 잘 이해하고 있었다는 사실을 높이 평가했다. Richard Stauffer, "Zwingli et Calvin: Critiques de la confession de Schleitheim," *Archives internationales d'histoire de idées* 87 (1977): 130; 발케(Balke) 역시 칼빈의 이해가 세심한 측면이 있었다고 평가한다. Balke, *Calvin and the Anabaptist Radicals*, trans. William Heynen (Grand Rapids: Eerdmans, 1981), 132. 그러나 리텔(Littell)과 같은 학자들은 칼빈이 자신의 적대자들을 전혀 이해하지 못했다고 비판한다. Franklin H. Littell, *The Anabaptist View of the Church* (Boston: Starr King Press, 1958), 147. 팔리(Farley)와 부스마(Bouwsma) 역시 칼빈이 보여 주는 재세례파에 대한 일반화는 불공정하며 부정확했다고 평가한다. 그는 특히 재세례파에 대한 칼빈의 지나친 비난의 용어들 좋게 보지 않는다. William Bowsma, *John Calvin: A Sixteenth Century Portrait* (Oxford: Oxford University Press, 1989), 330. Benjamin Wirt Farley, "Editor's Introduction," in *John Calvin, Treatises against the Anabaptists and Against the Libertines*, trans. and ed. Benjamin Wirt Farley (Grand Rapids: Baker, 2001), 32.

423 상대적으로 1553년 10월 반삼위일체주의를 표방한 세르베투스를 제네바 시의회가 체포하여 화형에 처한 사건과 이와 관련한 칼빈의 입장에 대해서는 조금 다른 평가가 가능할 것이다. Roland Bainton, *Hunted Heretic: The Life and Death of Michael Servetus, 1511-1553* (Boston: Beacon Press, 1952); Maria Tausiert, "Magus and Falsarius: A Duel of Insults between Calvin and Servetus," *Reformation and Renaissance Review* 10/1 (2008): 59-87. 그러나 이 평가에 있어서도 이단을 엄격하게 처벌했던 16세기의 시대 상황과, 당시 제네바가 처해 있던 정치적 형편, 그리고 제네바에서 칼빈이 가지고 있던 입지 등에 대한 종합적인 고려가 함께 병행되어야 한다.

424 존슨(Johnson)은 재세례파에 대한 칼빈의 해석과 비판은 정교하거나 세밀하지는 못한 면이 있다고 말한다. 그러나 재세례파에 대한 칼빈의 비판 주장의 논리와 목적은 일관성이 있다고 평가한다. Galen Johnson, "The Development of John Calvin's Doctrine of Infant Baptism in Reaction to the Anabaptists," *Mennonite Quarterly Review* 73 (1999): 808.

재세례파를 비롯한 급진주의자들에 대한 칼빈의 비판은 그의 저술 전반에 걸쳐 나타난다. 그러나 칼빈의 비판 논의를 가장 잘 확인할 수 있는 곳은 그가 1544년 발표한 "재세례파 논박"이다. 『재세례파의 분파 무리들의 오류들에 맞서 모든 선한 신자들을 무장시키기 위한 간략한 지침』(Brieve instruction pour armer tous bons fideles contre les erreurs de la secte commune des anabaptistes)이라는 제목으로 출판된 이 저술은 급진주의자들에 대한 칼빈의 비판적 논의를 가장 많이 포함하고 있으며 그의 다른 작품들에 산발적으로 등장하는 재세례파에 대한 비판 논의를 가장 체계적으로 정리해 진술하고 있다. 그러므로 이 작품을 중심으로 칼빈의 주장을 분석하는 것은 재세례파의 급진적 입장에 대한 그의 비판을 이해하는 데 가장 효과적인 길이라고 말할 수 있다. 물론 이 분석을 위해서는 "재세례파 논박"뿐 아니라 칼빈의 대표작인 『기독교강요』를 비롯해 그의 여러 저술들에 나타난 재세례파 비판 논의들도 적절하게 포함되어야 한다.

본 장은 먼저 이 저술이 등장하기까지 칼빈과 재세례파의 관계에 대한 역사적 배경을 살필 것이다. 그리고 그에 이어서 본격적으로 성경, 교회, 그리고 세속 사회, 이상 세 가지 주제를 선정해 이 주제와 관련한 칼빈의 재세례파 비판 논의를 차례대로 검토할 것이다. 성경관과 성경해석 방법론의 특징을 밝히는 검토는 "오직 성경으로"의 원칙을 내세운 종교개혁의 성격을 규명하는 데 필수적이다. 신앙공동체로서 교회에 대한 칼빈의 이해와 그가 거부한 재세례파의 이해의 차이는 종교개혁이 회복하려 했던 성경적인 교회 개혁의 방법상 특징이 무엇이었는지 선명하게 드러내

라바터(Lavater)는 두메르그(Émile Doumergue)가 세르베투스에 대해 쓴 글을 인용하면서 재세례파에 대한 칼빈의 비판은 당시 시대 상황의 한계를 인정한 가운데 평가해야 한다고 주장한다. Hans Rudolf Lavarter, "Calvin, Farel, and the Anabaptists: On the Origins of the Brieve Instruction of 1544," *Mennonite Quarterly Review* 88 (2014), 364.

줄 것이다. 끝으로 세속 사회를 향한 그리스도인의 태도와 관련한 칼빈과 재세례파의 상이한 입장은 개혁의 대상으로서 "종교"를 기독교 신앙의 전 영역으로 삼았던 개혁자들의 포괄적 관점을 잘 보여 줄 것이다.

이 검토의 목적은 종교개혁 당시 나타난 급진주의세력의 여러 입장들을 탐구하는 것은 아니다. 또 재세례파에 대한 칼빈의 비판이 얼마나 정확하며 공정했는지를 평가하는 것도 아니다. 이런 탐구와 평가는 종교개혁사 연구에서 아주 중요한 주제임에 틀림이 없지만, 본 장의 초점은 "재세례파"로 통칭되는 16세기 급진개혁세력의 주장들에 대한 칼빈의 반박 논의들을 분석함으로써 그가 주장하려 한 "종교개혁"의 개념을 확인하는 것이다. 16세기 당시와 이후에 남긴 칼빈의 큰 영향력을 생각할 때, 칼빈이 주장했던 종교개혁에 대한 이해를 확인하는 작업은 그가 대표하는 개혁파 진영과 더 넓게는 16세기 주요 종교개혁자들이 추구했던 종교개혁의 목적과 특징이 어떤 것이었는지를 더 선명하게 밝히는 데 도움이 될 것이다.

2. 역사적 배경

2.1. 재세례파에 대한 칼빈의 반박 과정

칼빈이 재세례파에 대해 처음 언급한 곳은 그가 저술한 최초의 신학적 작품인 『영혼수면론 반박』(*Psychopannichia*)이다. 1533년부터 1534년 사이에 작성된 이 작품은 육체의 죽음 후 인간의 영혼은 무의식 상태에 처하게 된다는 "영혼수면론"을 주장하는 무리를 비판한다. 칼빈은 영혼수면론을 주장하는 사람들을 "재세례파들"(Anabaptistae) 혹은 "반세례파들"(Catabaptistae)이라고 지칭했다.[425] 이 작품 이후 칼빈은 그의 다른 저술들에서도 "재세례파"라는 용어를 폭넓게 사용하면서, 종교개혁 당시 나타난 급진적 입장들을 비판했다.[426] 칼빈이 급진주의자들 안에 다양한 입장이 있었음을 알면서도 이들을 "재세례파"라고 통칭한 것은 그 내부의 다양한 주장들에도 불구하고 이들이 몇 가지 중요한 점에서 같은 입장을 갖고 있다고 보았기 때문이다. 칼빈은 특히 이들의 공통적 주장이 종교개혁의 명분과 방향을 위협하고 있다고 생각했다.[427]

재세례파의 급진적 주장에 대한 칼빈의 비판은 1536년 『기독교강요』 서문에서도 분명히 나타난다.

> 처음에 사탄은 사람들을 부추겨서 위력을 행사하게 함으로써 서광이 비취는 진리를 격렬하게 억압하고자 획책했습니다. 그러나 이것이 아무 유익이 없음이 드러나자 이제 전략을 바꾸어서 진리를 모호하게 하여 없애 버리려고 자기의 수하에 있는 반세례주의자들 및 급진주의자들을(per Catabaptistas suos

---

[425] "Catabaptistae", 즉 "반세례주의자"라는 명칭은 재세례파가 유아세례를 반대하는 측면을 강조하면서 칼빈이 채택한 명칭이다. Institutes, III.3.14, IV.1.2. Williams, *The Radical Reformation*, 901-902. Karl H. Wyneken, "Calvin and Anabaptism," *Concordia Theological Monthly* 36 (1965): 19. 육체 사후 영혼의 상태뿐 아니라 그리스도인의 완전한 거룩함이나 그리스도의 천상의 육체이론에 대해서도 모든 재세례파가 동일한 입장을 가진 것은 아니었다. George H. Williams and Angel M. Mergal (eds.), *Spiritual and Anabaptist Writers* (Philadelphia: Westminster Press, 1958), 34-35. William R. Estep, *Anabaptist Story* (Grand Rapids: Eerdmans, 1995), 24. Johnson, "The Development of John Calvin's Doctrine of Infant Baptism in Reaction to the Anabaptists," 818-19.

[426] Wyneken, "Calvin and Anabaptism," 18-19. Lavater, "Calvin, Farel, and the Anabaptists," 323-24. 칼빈은 슈펭크펠트의 신령주의나 세르베투스의 반삼위일체주의, 그리고 소시누스와 같은 합리주의자들까지도 모두 "재세례파"라고 불렀고 재세례파와 리베르탱파를 동일시하기도 했다. Williams, *The Radical Reformation*, xxix, 901-914.

[427] 칼빈은 『영혼수면론 반박』에서 다룬 중요 내용들을 1544년 발표한 "재세례파 논박"에 요약해 첨부했다. Farley, "Editor's Introduction," 20; Lavater, "Calvin, Farel, and the Anabaptists," 326-27.

et alia nebulonum) 봉기하도록 충동해서 교리에 대한 반목과 분쟁을 조장했습니다. 지금도 사탄은 이 두 가지 무기를 모두 사용해서 진리 자체를 공격하는 일을 그치지 않습니다.428

칼빈이 프랑수아 1세에게 보낸 이 헌사에서 재세례파를 비판한 배경에는 불과 1년 전인 1535년 뮌스터에서 벌어진 재세례파의 무정부주의적 폭동 사건이 있었다. 이 사건 이후 로마 가톨릭 진영에서는 프로테스탄트 진영 전체를 무정부주의적인 폭력적인 집단으로 매도하는 공격이 심화되었다. 그 여파로 칼빈의 고국 프랑스에서도 잠시 잠잠해졌던 개혁자들에 대한 박해가 격화되었다. 칼빈은 『기독교강요』 서문에서 저술 목적을 다음과 같이 밝힌다. "제가 이 작품을 쓴 유일한 목적은 종교에 대한 얼마큼의 열의로 감동된 사람들이 참된 경건을 형성하는 데 필요한 어떤 근본적인 것들을 가르치려는 데 있었습니다."429 칼빈이 여기에서 "유일한" 목적을 언급하는 것은 자신이 추구하는 종교개혁이 뮌스터의 폭동세력들이 보여 준 혁명적 시도와 전혀 무관하다는 점을 증명하려 했기 때문이라고 볼 수 있다.

재세례파에 대한 칼빈의 비판은 『기독교강요』가 증보되면서 지속적으로 더 구체화되고 명확해졌다. 칼빈은 『기독교강요』 초판에서는 단 두 차례만 "재세례파"에 대

뮌스터 람베르트 교회

---

428 Institutes, Preface, OS 3: 27.
429 Institutes, Preface, OS 3: 9.

해 언급했다. 그러나 1539년 라틴어 증보판에서는 이들을 여러 차례 언급하며 비판했다. 칼빈은 성경관 및 성경해석의 방법론, 가시적 교회의 의의와 한계에 대한 교회론, 그리고 세속 권세에 대한 그리스도인들의 태도 등 1539년 판에 추가한 여러 부분들에서 급진세력의 주장을 비판했다.[430] 특히 1539년 증보판에서 주목할 만한 부분은 유아세례의 정당성을 변호하기 위해 추가된 내용이다. 여기에서 칼빈은 재세례파에 대한 자신의 입장을 다음과 같이 밝혔다. "그러나 이 시대에 광적인 영혼을 지닌 어떤 자들이(phrenetici quidam spiritus) 유아세례를 빌미로 사람들을 선동하며 교회를 심각하게 교란시키고 있으므로 여기에 부록을 첨가해 미쳐 날뛰는 그들의 작태를 억제시키려 한다."[431]

2.2. 재세례파와의 접촉

1530년대, 재세례파에 대한 칼빈의 반박이 지속적으로 강화된 배경에는 그가 제네바와 스트라스부르크에서 실제로 그들을 만나 접촉한 경험이 있었다. 칼빈이 제네바에서 첫 사역을 시작한 지 얼마 지나지 않은 1537년 3월 9일, 왈룬 출신의 재세례파 제르비앙(Herman de Gerbihan)과 베누아(Andry Benoit)가 제네바에 찾아와 파렐에게 공개 신학 논쟁을 요청했다. 이들이 논쟁하려고 한 주제는 유아세례의 정당성, 목회자의 합법적 소명의

---

[430] "기괴한 악한인 세르베투스와 광란에 빠진 어떤 재세례주의자들의 분파는 이스라엘 사람들을 단지 돼지 떼에 불과하다고 여기고 여호와가 그들에게 이 땅에서는 비육해지는 먹이를 주셨지만 하늘 영생의 소망은 그 어떤 것도 주시지 않았다고 주장하니 그렇지 않았더라도 더 없이 우리에게 유익했을 이 일이 이제는 하지 않으면 안 될 일이 되었다." Institutes, II.10.1, OS.3: 403-404.

[431] Institutes, IV.16.1, OS.5: 303-304; Cf. Wyneken, "Calvin and Anabaptism," 21-22; Johnson, "The Development of John Calvin's Doctrine of Infant Baptism in Reaction to the Anabaptists," 806.

근거, 그리고 육체의 죽음 이후 영혼의 상태 등이었다.⁴³² 제네바 시의회는 불필요한 소요를 막기 위해 파렐에게 이들과 토론하지 말 것을 명령했다. 재세례파의 무정부주의를 우려한 시의회는 두 재세례파를 즉각 추방했다. 그러나 곧이어 3월 29일 왈룬 출신의 또 다른 재세례파 보메로메우스(Iohannes Bomeromeus)와 토되르(Iehan Todeur)가 제네바를 찾아왔고, 이들은 다시 제네바 목회자들에게 신학 토론을 요청했다. 파렐은 이번에는 이들의 도전을 받아들였고 공개 신학 토론회가 개최되었다. 칼빈은 이 토론에 참석해 재세례파의 주장과 과격한 태도를 신학적으로 반박했다.⁴³³ 토론이 끝난 직후 시의회는 이 두 재세례파를 추방했다.

제네바에 대한 재세례파의 침투 노력은 탁월한 목회자들로 인해 성공을 거두지 못했다. 그러나 일 년 뒤인 1538년 부활주일 후 수요일에 재세례파를 방어했던 파렐과 칼빈도 제네바 시의회에 의해 추방당했다. 앞서 살펴보았지만 이들이 추방당한 가장 큰 이유는 권징 시행에 대한 단호한 입장 때문이었다. 파렐과 칼빈 등 제네바의 목회자들은 종교개혁을 실제로 정착시키기 위해 권징을 교회의 독립적 치리로 확립하려 했다. 그러나 제네바 시의회는 생각이 달랐다. 제네바는 오랜 기간 지속된 사부아 공국의 정치, 경제적 지배로부터 독립하기 위해 스위스 연방에 가입하려 했고 그 일환으로써 종교개혁을 수용했다. 그 과정에서 사부아 공국과 함께 제네바를 종교적으로 통제하던 로마 가톨릭 주교를 축출했다. 제네바 시의회는 이전까지 주교가 정치적 목적으로 남용했던 파문과 출교의 최종 결

---

432 Lavater, "Calvin, Farel, and the Anabaptists," 328, Dominique-Antonio Troilo, *Pierre Viret et l'anabaptisme* (Lausanne: Association Pierre Viret 2007), 46.

433 인쇄업자인 보메로메우스와 목공업자인 토되르는 1533년 왈룬 리에쥬에서 이단 혐의로 추방당해 제네바에 왔다. 라바터는 이 가운데 토되르가 이후 칼빈과 결혼한 이들레트의 첫 남편 스토되르(Jean Stodeur)와 동일 인물이라고 추정한다. Lavater, "Calvin, Farel, and the Anabaptists," 329.

정권을 자신들의 권한 아래 두려 했다. 그러나 파렐과 칼빈은 권징을 영적이며 교회적인 방편으로 간주하고 이를 교회의 권위 아래 두려고 했다.

가장 강력한 권징의 형태인 출교(excommunication)가 목회자들과 시의회 사이의 첨예한 대립의 주제로 부상했다. 출교 행사권을 둘러싼 개혁자들과 시의회의 갈등은 1538년 부활절 성찬식에서 폭발하고 말았다. 파렐과 칼빈은 분명한 회개의 표시가 확인되지 않은 시민들에게 성찬을 베풀지 않으려 했고, 시의회는 분명한 결정이 있기 전에는 이들에게 성찬을 베풀 것을 명령했다. 부활주일에 파렐과 칼빈이 시의회의 명령을 거부하고 성찬을 베풀지 않자 시의회는 즉각 이들의 추방을 명령했다. 1530년대 후반 제네바에서 칼빈과 파렐이 타협하지 않고 추진한 교회적 권징의 독립적 시행 노력은 재세례파의 주장을 닮은 면이 있다. 그러나 차이점도 분명했다. 무엇보다도 재세례파가 권징의 철저한 시행을 참 교회의 본질(substance)로 본 반면, 종교개혁자들은 권징을 참 교회의 두 표지, 즉 말씀과 성례의 순수함을 지키기 위한 일종의 방편(means)으로 보았다.

칼빈은 제네바에서 추방된 후 스트라스부르크에서 정착해 활동하는 동안에도 재세례파와 접촉했다. 스트라스부르크 시의회는 1539년 7월 29일에 칼빈에게 시민권을 부여했다. 칼빈은 이 도시의 개혁자였던 부처의 후원과 지도 아래 프랑스 난민교회를 목회하면서 구체적인 목회와 교회의 운영을 경험했다. 당시 황제 직할 도시였던 스트라스부르크는 스위스 형제단을 비롯한 여러 지역의 재세례파에게도 어느 정도 신앙의 자유를 허용해 주었다. 그 결과 수많은 재세례파가 이 도시에 들어와 활동하고 있었다.[434] 이런 상황 속에서 칼빈은 재세례파를 설득해 개혁교회로 돌아오게

---

[434] 1530년대부터 뎅크(Hans Denk), 프랑크(Sebastian Frank), 슈벵크펠트(Caspar Schwenckfeld), 마르펙(Pilgrim Marpeck), 많은 재세례파 지도자들이 스트라스부르크를 거쳐갔다. "재세례파 논박"의 주요 반박 내용을 제시한 자틀러(Michael Sattler)와 호프

하는 사역을 수행했다. 이를 위해 칼빈은 아마도 시의회의 요청에 따라 재세례파의 영향력이 컸던 방직공 조합(tailors' guild)에 가입했다.[435] 칼빈의 사역은 어느 정도 성공을 거두었다. 칼빈의 노력을 통해 여러 명의 재세례파 지도자들이 개혁신앙으로 돌아온 것이다. 그들 가운데에는 1539년, 제네바에서 공개 토론을 요청했던 제르비앙(Herman de Gerbihan)도 있었다. 제르비앙은 본래 호프만(Melchior Hoffman, 1495-1543)의 "그리스도의 천상의 육체론"을 신봉하던 철저한 재세례파였다.[436] 또한 칼빈의 설득에 의해 이전에 제네바를 찾아와 신학 토론을 요청했던 보메로메우스와 토되르도 개혁신앙을 받아들였다. 칼빈은 이들 재세례파와의 대화와 개종 사역을 통해 그들의 주장을 직접 접하고 다양한 의견과 신학적 근거들을 구체적으로 인지할 수 있었다. 재세례파와 관련한 여러 내용들이 많이 추가된 1539년 이후『기독교강요』의 증보 내용에서 확인할 수 있듯이 이 기간의 칼빈이 재세례파와 접촉해 나눈 경험들은 이후 급진주의자들의 주장을 더 체계적으로 반박하는 신학적 논리 발전에 많은 도움을 주었다.[437]

만(Melchior Hoffman) 역시 스트라스부르크에서 활동하며 영향력을 남겼고 리더만(Peter Riedemann) 같은 재세례파 지도자는 칼빈이 머물렀던 1538년부터 1542년 기간에도 이 도시에 와 있었다. Lavater, "Calvin, Farel, and the Anabaptists," 331. 팔리(Farley)는 칼빈이 이미 스트라스부르크에서 자틀러에 대해서 알게 되었으며 그가 주도한 "슐라이트하임 신조"를 알게 되었을 것이라고 추정한다. Farley, "Editor's Introduction," 35.

435 Lavater, "Calvin, Farel, and the Anabaptists," 332-33, Emil Doumergue, *Jean Calvin, les hommes et les choses de son temps* (Neuilly-sur-Seine: G. Bridel, 1899-1927), 7: 536.

436 멜키오르 호프만은 영육 이원론에 입각해 그리스도께서는 이미 성육신 이전에 온전한 인성을 가지고 계셨고 따라서 마리아로부터 일체의 인성을 얻지 않으셨으며 다만 그를 도구로 사용했을 뿐이라고 주장했다. Balke, *Calvin and the Anabaptist Radicals*, 134-35, 202-204; Farley, "Editor's Introduction," 23; Williams, *The Radical Reformation*, 916-19.

437 Balke, *Calvin and the Anabaptist Radicals*, 153; Johnson, "The Development of John Calvin's Doctrine of Infant Baptism in Reaction to the Anabaptists," 806.

2.3. 저술 과정

1541년 제네바로 돌아온 이후 칼빈은 『기독교강요』를 다시 증보해 출판했다. 그 가운데는 재세례파에 대한 반박 논리들이 1539년 증보판에서처럼 많이 추가되지는 않았다. 그러나 칼빈은 재세례파를 반박하는 독립적인 작품으로 1544년에 "재세례파 논박"을 발표했다. 이 작품은 서문에 이어 본론에서 세 가지 부분에 걸쳐 재세례파의 급진적 주장들을 반박한다. 첫째 부분은 7개 조항으로 이루어진 재세례파 신앙고백에 대한 반박이다. 둘째 부분은 멜키오르의 "그리스도의 천상의 육체이론"에 대한 반박이다. 셋째 부분은 영혼수면론에 대한 반박이다.[438] 이 작품의 배경과 관련해 먼저 서문을 살피고, 이어서 종교개혁의 주요 주제와 가장 직접적인 관련이 있는 첫 번째 부분을 중심으로 재세례파에 대한 칼빈의 비판 논리를 분석해 보려 한다.

"뇌샤텔 교구의 신실한 목회자들에게"로 제목이 붙여진 이 저술의 서문은 이 작품의 저술 목적을 말해 준다. 칼빈이 이 글을 쓰게 된 배경은 불어권 스위스 도시인 뇌샤텔(Neuchâtel) 지역 안에서 발생한 소동이었다. 당시 뇌샤텔과 주변 지역들에서는 파렐의 지도하에 종교개혁이 추진되고 있었다. 그런데 1540년대부터 이 지역에 들어온 재세례파의 활동으로 인해 여러 차례 소요가 발생했다. 여러 마을에서 유아세례를 거부하고 시의회의 권위를 부인하는 혼란이 확산된 것이다.[439] 뇌샤텔 북쪽에 위치한 뇌브빌(Neuveville)의 혼란이 특히 심각했다.[440] 이 도시에 들어온 재세례파들은

---

[438] Farley, "Editor's Introduction," 27-35.
[439] Balke, *Calvin and the Anabaptist Radicals*, 171-74.
[440] 뇌브빌은 1536년에 생블레즈(Saint-Blaise)의 교구 사제에 맞서 종교개혁을 받아들였는데 이후 필로(Pierre Pillot)나 벨로(Tivent Bellot) 등 스위스 형제단에 속한 재세례파가 이곳에서 재세례파의 문서들을 유포하여 급진적 사상을 전파했다. Lavater, "Calvin, Farel, and the

신자들에게 성경과 예수님의 모범을 있는 그대로 따라야 한다고 강변하면서, 유아세례와 같은 비성경적 관습뿐 아니라 시민으로서의 세속적 의무도 거절해야 한다고 선동했다. 이런 혁명적인 주장은 이 지역 평민들에게 호응을 얻기 시작했다. 특히 뇌브빌 근교에 위치한 코르노(Cornaux) 마을은 크레시에르(Cressier)에서 들어온 재세례파 포도주 상인 자콜렛(Antoine Jaccolet)의 선동에 의해 큰 혼란에 빠졌다. 코르노 교구의 담임목사 토마셍(Antoine Thomasin)은 이 혼란을 해결하기에 역부족이었다.[441]

결국 불미스러운 사건이 터지고 말았다. 1543년 3월 11일 주일 토마셍 목사가 잠시 교회를 비운 주일에 그를 대신해 생블래즈 교회 목사 뮐로(Michel Mulot)가 유아세례를 베풀었다. 그때 한 여인이 "성경 어느 곳에 유아세례의 근거가 있느냐"라고 소리치며 유아세례를 방해했다. 다음 주일 토마셍은 이 문제를 조사해 처리하기 위한 모임을 소집했다. 그러나 자콜렛에 의해 마음이 돌아선 교구민들은 도리어 토마셍 목사를 반대하는 7가지 조항을 선언했다.[442] 이 사건을 기화로 뇌샤텔 캔톤(canton) 일대에서 큰 논란이 벌어졌다.

재세례파로 인해 발생한 혼란을 수습하기 위해 베른이 정치적 개입을 시도했다. 파렐은 베른의 정치적 개입이 더 큰 문제를 일으킬 수 있을 것이라고 우려했다. 그가 보기에 외세에 의한 정치적 개입은 재세례파 문제에 대한 합당한 대응이 아니었다. 파렐은 종교개혁을 정치적 문제가 아닌 신앙의 문제로 추진하기 원했다.[443] 사실 불어권 스위스에 포함되는 보(Vaux)

Anabaptists," 333-38.

[441] Balke, *Calvin and the Anabaptist Radicals*, 171-172; Farley, "Editor's Introduction," 17.
[442] 7개 조항은 체계적인 진술보다는 토마셍에 대한 불만과 문제를 시의회를 통해 해결하려는 회중들의 요구가 더 많이 포함되었다. Balke, *Calvin and the Anabaptist Radicals*, 173-74.
[443] "거의 모든 방향에서 베른의 권세자들이 이 문제에 대해 손을 쓰고 있다네 … 나는 이 사태를 다룸에 있어 사도들의 방법보다 교황청의 방법이 도입될 것만 같아 두렵네." A. L. Herminjard

지역과 제네바의 종교개혁은 가까운 독어권 스위스 도시 베른의 후원하에 진행되었다. 1530년대에 들어서면서 베른은 스위스 연방 내에서 정치적 영향력을 강화하기 위해 더 적극적으로 불어권 스위스의 종교개혁을 독려하고 지원했다. 파렐이 이 지역의 종교개혁 사역에 착수할 수 있었던 것도 베른의 지원이 있었기 때문이다. 제네바 역시 베른의 정치, 군사적 지원하에 사부아 공국과 로마 가톨릭 주교를 축출할 수 있었다. 그러나 스위스 연방 내 정치적 이해관계가 종교개혁의 바람직한 진행에 항상 도움이 되었던 것은 아니었다. 1538년, 파렐과 칼빈의 제네바 추방 사건에서 보았듯이 정치적 계산은 바른 종교개혁 추진에 있어 가장 큰 장애물 중 하나였다.

파렐은 베른이 정치적 이해관계에 따라 취한 결정들이 종교개혁에 어떤 지장을 주었는지 제네바에서 이미 경험한 바 있었다. 권징의 바른 시행을 주장한 파렐과 칼빈의 주장에 맞서 제네바 시의회 베른의 사례를 근거로 삼아 교회 권징에 있어 시의회가 최종 권한을 가져야 한다고 주장했다. 베른은 제네바를 향해 자신들이 지키는 교회 절기의 준수를 강요했으며, 성찬의 시행을 1년에 네 차례로 축소할 것을 요구했다. 파렐과 칼빈이 볼 때 베른이 준수를 요구한 교회 절기는 성경적 근거가 없는 불필요한 풍습이었다. 무엇보다도 절기나 성찬 횟수와 같은 문제에 대한 베른의 요구는 교회에 대한 세속 정부의 부당한 간섭이었다. 칼빈과 파렐은 재세례파처럼 교회와 국가의 분리를 주장하지 않았다. 그러나 베른과 제네바 시의회가 주장하는 교회의 국가 종속적 관계도 지지하지 않았다. 이후에 더 구체적으로 검토하겠지만 칼빈이 주장한 교회와 국가 사이의 바람직한 관계는 서로 존중하며 협력하되 각자의 영역과 관할권의 범위를 바르고 합당하게 구별하는 것이었다.

(ed), *Correspondance des reformateurs dans les pays de langue francaise*, vol. 3 (Genève: H. Georg, 1897), nr. 1341. Lavater, "Calvin, Farel, and the Anabaptists," 335.

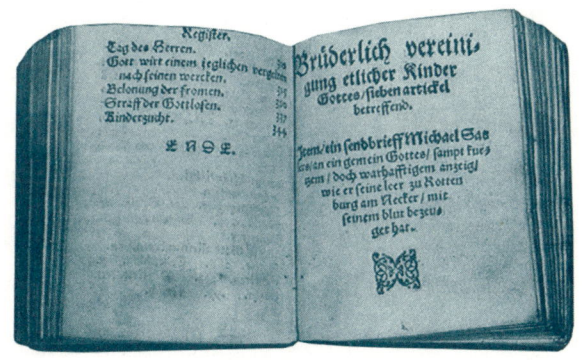

슐라이트하임 신조

파렐은 정치적 해결이 아닌 신학적 대응을 원했다. 그는 1544년 2월 23일 칼빈에게 편지를 써 보내 뇌샤텔 지역에서 재세례파로 인해 발생한 혼란에 대한 소식을 전했다. 그리고 이 편지에서 한 문서를 첨부해 보내면서 칼빈에게 이에 대한 신학적인 반박문을 작성해 줄 것을 부탁했다.[444] 파렐이 첨부한 문서는 "슐라이트하임 신조"의 프랑스어 번역판일 가능성이 크다.[445] 이 신앙고백은 1527년, 스위스 형제단에서 자틀러(Michael Sattler, 1490-1527)가 주도해 작성한 문서이다. 이 문서는 여러 교리 주제들을 포괄하는 일반적인 형태의 신앙고백서는 아니며, 자신들의 정체성과 관련한 여러 주제들에 대한 신앙적 입장과 이에 입각한 생활 준칙을 제시하는 공

---

[444] CO. 11: 680-683.
[445] Farley, "Editor's Introduction," 18-19. 슐라이트하임 신조의 작성 배경과 주요 조항들에 대한 해석은 다음을 참조하라. Balke, *Calvin and the Anabaptist Radicals*, 174-175; Daniel L. Akin, "An Expositional Analysis of the Schleitheim Confession," *Criswell Theological Review* 2 (1988): 345-370. 에르멩자르(Herminjard)와 윌리엄스(Williams) 그리고 라바르트(Labarthe)는 이 글이 후브마이어(Balthasar Hubmaier, 1480-1528)가 1525년에 발표한 "기독교의 믿음의 세례에 관하여"(*Von der christlichen Taufe der Gläubingen*)일 것이라고 주장한다. 그러나 발케와 팔리, 라바터는 모두 첨부된 문서가 "슐라이트하임 신조"라고 주장한다. Lavater, "Calvin, Farel, and the Anabaptists," 350-51. 실제로 본문에서 칼빈은 7개 조항으로 구성된 "일종의 신앙고백"을 인용해 반박하며 어떤 "미셸(Michel)"에 대해 언급한다.

동규약 성격의 문서였다.[446]

칼빈은 바쁜 일정 때문에 파렐의 요청에 대해 곧바로 응답하지 못했다. 답변이 늦어지자 파렐은 3월 31일에 다시 칼빈에게 편지를 보내 반박문을 완성해 줄 것을 재촉했다. 상황의 급박함을 깨달은 칼빈은 반박문 작성에 착수했고, 6월 1일에 "재세례파 논박"을 완성해 출판했다. 이상과 같은 저술 배경을 볼 때, "재세례파 논박"은 목회 현장의 필요에 부응해 작성된 실천적 저술이라고 볼 수 있다. 그러나 이 저술은 급박한 상황 맞추어 신속하게 쓰였음에도 불구하고 칼빈이 재세례파를 비판하면서 강조했던 종교개혁의 신학적 토대와 개념을 잘 제시하고 있다. 이 작품에 나타난 성경에 대한 이해와 올바른 성경해석의 방법, 교회에 대한 성경적인 이해, 그리고 세속 사회에 대한 합당한 태도 등의 주제 등을 살펴보면, 재세례파의 급진적 "재건설" 주장과 차별되는 주요 종교개혁자들, 혹은 관협력형 종교개혁자의 "개혁"이 무엇이었는지를 분명히 확인할 수 있다.

3. 성경: 바른 종교의 최종 기준

3.1. 성경의 권위에 대한 바른 이해

칼빈과 재세례파 모두 성경이 기독교 신앙과 교회의 가르침을 결정하는 최종적이며 유일한 기준이라는 점에 대해서는 의견이 다르지 않았

---

[446] 이 신앙고백의 역사적 영향에 대해서는 다음을 참조하라. Arnold Snyder, "The Influence of the Schleitheim Articles on the Anabaptist Movement: An Historical Evaluation," *Mennonite Quarterly Review* 63 (1989): 323-344. 슐라이트하임 신조의 한글번역은 다음에 포함된 한글 번역에서 인용한다. Calvin, "재세례파 논박,"『칼뱅작품선』6: 101-220.

다.447 그러나 이와 같은 "오직 성경으로"의 원리를 구체적으로 적용하는 데 있어서는 서로 생각이 달랐다. 재세례파의 슐라이트하임 신조는 제1조에서 세례에 관해 말하면서 오직 "사도들의 토대와 증언"만이 유일한 기초라고 고백한다. 그리고 이 원리에 따라 유아세례는 성경에서 근거를 찾을 수 없는 교황의 왕국의 산물이라고 부정한다. 칼빈은 "재세례파 논박"에서 이 점에 대해 재세례파가 "오직 성경"을 편협하게 적용해 교회의 전통과 역사적 유산들을 부당하게 부인하고 있다고 비판한다. 칼빈은 "오직 성경으로"의 원리가 성경에 기초한 합리적 추론이나 합당한 교회 전통을 거부하는 원리라고 보지 않았다.

칼빈이 보기에 성경에 입각한 정당한 추론의 대표적인 한 사례가 바로 유아세례였다. 그는 도리어 성경을 근거로 삼아 유아세례를 거부하는 재세례파의 논리가 부당하다고 주장한다. 첫째, 유아세례가 전적으로 인간적 고안물이라는 재세례파의 주장은 잘못된 것이다. 유아세례는 최근에 도입된 것이 아니며 교황제도에 의한 왜곡도 아니고, 기독교 교회에서 오래전부터 항상 지켜져 왔던 거룩한 규례이기 때문이다.448 둘째, 성경에 그 구체적인 사례가 없기 때문에 유아세례가 부당하다는 재세례파의 해석은 합당하지 않다. 어린 아이들에게 세례를 베푼 기록이 성경에 없기 때문에 유아세례가 부당하다면 "사도들이 단 한 명의 여성들에게 주의 성찬을 베풀었다는 기록도" 없으므로 여성들에게도 성찬을 베풀 수 없을 것이다.449

---

447 "나는 아무리 오래되었다고 해도 그것이 하나님의 말씀에 근거를 두고 있지 않는 한 그것을 증명하는데 무슨 도움이 되도록 요구하지는 않는다. 나는 인간의 관례가 성례에 권위를 부여하지 못함을 안다. 또한 그것을 잘 사용하는 문제도 관례에 따라 해결되어서는 안 됨을 안다." "재세례파 논박", 『칼뱅작품선』 6: 109, COR. IV/2, 42.

448 "재세례파 논박", 『칼뱅작품선』 6: 109, COR. IV/2, 42.

449 "재세례파 논박", 『칼뱅작품선』 6: 119, COR. IV/2, 50. 성경의 사례가 없음을 근거로 삼는 논리는 후브마이어가 내세웠다. Balke, *Calvin and the Anabaptist Radicals*, 105.

칼빈은 유아세례를 포함한 성례의 정당성을 결정하는 바람직한 해석은 성경 안에 구체적 사례가 있는지의 여부에 있는 것이 아니라 성경 전체가 말하는 성례의 "성격과 실체"를 따른 해석에 있다고 주장했다. "하나님께서 자신의 자녀로 인정하심"이라는 세례의 실체를 고려할 때 유아에게 베푸는 세례도 세례의 근본적인 실체를 충족시킨다는 점에서 정당하다.[450]

유아세례를 위한 성경적 근거를 둘러싼 재세례파와의 논쟁을 통해 칼빈이 말하려 했던 "오직 성경으로" 원리는 그가 추진한 종교개혁의 가장 중요한 원리였다. 칼빈은 이 원리의 적용이 곧 교회의 모든 전통을 부인하고 모든 합리적 추론을 중단하는 것이라고 생각하지 않았다. 이 원리의 바른 적용은 성경 전체가 증거하는 근본적 진리와 영적 실체를 바르게 파악하고 그 진리에 따라 교회의 전통과 행태들 및 현재 기독교 종교를 재점검하는 것이다. 즉 성경 전체가 말하는 영적 실체를 파악하고 이로부터 현실을 재점검하는 것이 칼빈이 주장했던 종교개혁의 방법이었다. 이런 점에서 칼빈의 종교개혁이 취한 "오직 성경으로"의 원리는 급진주의자들이 주장한 배제의 원리(principle of exclusion)가 아니라 진리의 회복을 위한 반성의 원리(principle of reflection)였다.

3.2. 성경해석의 바른 방법

"반성의 원리"로서 "오직 성경으로"의 원리가 어떻게 적용되는지를 잘 이해하기 위해서는 그 구체적인 적용 사례를 살펴보는 것이 필요하다. 칼빈은 구체적인 성경 본문들을 거론하면서 재세례파가 자신들의 주장을 증명하기 위해 이 본문들을 자의적으로 잘못 해석하고 있다고 비판한다. 한

---

[450] "재세례파 논박", 『칼뱅작품선』 6: 119, COR. IV/2, 50.

예로 칼빈은 로마서 15장 8-9절과 에베소서 2장 14절을 인용하면서 하나님께서 모든 사람들에게 차별 없이 은혜를 주신다는 점을 강조하고, 이를 바탕으로 하나님의 은총은 유대민족에게 그러했듯이 오늘날 신자들의 자녀에게도 베풀어진다고 주장한다. 그리고 재세례파가 성경에 나오는 "자녀"라는 단어를 "악한 자들"을 의미하는 것이라고 우의적(友誼的)으로 해석하는 것은 무리한 우의적 해석의 오류라고 비판한다.[451] 칼빈은 "자녀"는 연령에 따른 어린 아이들을 의미하는 경우가 더 많음을 지적하고, 구체적으로 고린도전서 7장 14절을 인용하면서 이 본문을 기록하게 하신 성령께서 그리스도인들의 어린 자녀들을 거룩하다고 하셨다고 해석한다. 그리고 세례를 통해 베풀어지는 하나님의 은혜에서 이들을 제외시키는 일은 부당하다고 주장한다.

칼빈은 재세례파가 자기들이 성경을 바르게 해석할 수 있는 성령의 특별한 조명을 소유하고 있다고 주장하고 있음을 지적한다.[452] 그러나 성령의 조명이란 특정 단어의 어떤 영적 의미를 깨닫기 위해 매번 구해야 할 초자연적인 은사가 아니다. "우리는 하나님이 하시는 말씀을 그날그날 하늘로부터 듣는 것이 아니다. 하나님은 자기의 진리를 거룩하게 하셔서 오직 성경 안에서 영원히 기억되게 하시기를 기뻐하셨다."[453] 성령의 조명은 도리어 우리의 판단을 낮추고 성경의 신적 권위를 인정하게 한다. "그러므로 성령의 능력으로 조명을 받은 우리는 성경이 우리의 판단이나 다른 사

---

[451] "나는 재세례파가 여기서 착안한 계략을 잘 아는데 그들은 자녀들이란 말을 나이로 계산된 자녀들이 아니라 악의 자녀들을 의미하도록 우의적으로 해석한다. 그러므로 그들은 우리가 이것을 문자적으로 받아들일 만큼 너무 단순하다고 하여 우리를 조롱하고 있다." "재세례파 논박", 『칼뱅작품선』 6: 116, COR. IV/2, 47-48.

[452] "더욱이 우리에게 성령보다 더 낫고 더 확실히 설명해 줄 수 있는 자가 누가 있겠는가?" "재세례파 논박", 『칼뱅작품선』 6: 116, COR. IV/2, 48.

[453] Institutes, I.7.1, OS 3: 65.

람들의 판단으로부터가 아니라 하나님으로부터 존재한다는 사실을 믿는
다."⁴⁵⁴ 또 성령의 조명은 신자로 하여금 구약 율법의 약속과 신약 복음의
성취를 하나로 이어 주는 성경 전체의 근본적인 원리를 깨닫게 한다.⁴⁵⁵ 칼
빈은 "오직 성경으로"의 원리를 바람직하게 적용한 해석 방법은 이와 같
은 성령의 조명을 구하면서 성경 전체(tota Scriptura)의 진리에 부합한 해석
을 추구하는 것임을 강조한다.⁴⁵⁶

"재세례파 논박"에서 발견할 수 있는 또 다른 두 가지 해석의 사례는
칼빈이 말하려고 한 바른 성경해석 방법이 무엇이었는지를 잘 보여 준다.
첫 번째 사례는 사도행전 19장에 기록된 성령 세례에 대한 해석이다. 칼
빈은 이 본문에 기록된 성령 세례를 죄를 회개하고 깨달은 이후 다시 받
는 성인 세례로 보지 않는다. 이 본문이 기록하고 있는 성령 세례는 성령
의 어떤 가시적 은사를 뜻한다. 칼빈은 이와 같은 해석의 근거로서 사도행
전 전체의 맥락과 근본적 동기를 제시한다.⁴⁵⁷ 그는 성령 세례의 의미를 바
르게 해석하기 위해서는 사도행전을 넘어서서 성경 전체의 명확한 진리
를 고려해야 한다고 주장한다. 즉 하나님께서 성령으로 그의 종들을 거룩
하게 하신다는 사실은 사도행전뿐만 아니라 모든 선지자들이 성경 전체에
걸쳐 증거하는 사실이라는 것이다.⁴⁵⁸ 사도행전의 맥락과 성경 전체가 말
하는 성령의 사역을 도외시한 채 이 본문에서 유아세례의 부당성만을 읽

---

454 Institutes, I.7.5, OS 3: 70.
455 "성령은 일찍이 선지자들에 의해 선포되었던 것을 사도들을 통해 해석해 주었다." "재세례파 논박", 『칼뱅작품선』 6: 116, COR. IV/2, 48.
456 "그러나 만약 여호와의 율법이 성령을 통하여 효과적으로 마음에 새겨진다면, 만약 그것이 그리스도를 제시한다면, 그것은 영혼을 소성시키며 소자들을 지혜롭게 하는 생명의 말씀이 될 것이다." Institutes, I.9.3, OS 3: 84.
457 "그런데 성 누가가 여기에서 성령의 가시적인 은사를 말하고 있음이 분명하다. 왜냐하면 그렇지 않을 경우 그가 말하는 것 곧 그의 말의 대상인 유대인들이 성령이 주어진 것조차 모른다고 답한 것은 걸맞지 않기 때문이다." "재세례파 논박", 『칼뱅작품선』 6: 117, COR. IV/2, 48.
458 "재세례파 논박", 『칼뱅작품선』 6: 117, COR. IV/2, 49.

어 내는 재세례파의 해석은 편협하며 부적절하다.

칼빈은 합리적 추론을 사용해서 사도행전 19장에 대한 재세례파의 해석을 반박한다. "만일 무지한 사람에게 다시 세례를 주어야 했다면 확실히 이런 무지야말로 두 번째 세례가 필요했을 것이다. 우리의 경우 만일 우리 주님께서 우리의 잘못을 씻어 주실 때마다 새로운 세례를 받아야 하는 것이라면 우리는 언제나 호수나 강에 길게 줄을 서야 할 것이다."[459] 올바른 성경해석을 위해 구해야 할 성령의 조명은 본문의 맥락과 동기에 부합하며 성경 전체의 진리에 일관된 바른 깨달음이다. "그러므로 우리에게 약속된 성령의 임무는 아직 들어 보지도 못한 새로운 계시를 만들어 내거나 어떤 새로운 교리 자체를 날조하여, 용인된 복음의 교리에서 우리를 떠나게 하는 것이 아니라 다만 복음이 말하는 바로 그 교리를 우리 마음에 인 쳐 주는 데 있는 것이다."[460] 칼빈은 이처럼 "오직 성경"의 원리와 더불어 성령의 깨닫게 하시는 조명의 은혜를 강조한다. 그러나 이 은혜는 초월적이고 신비적인 뜻을 발견할 수 있도록 특정한 사람들에게만 주어진 배타적 특권이 아니다. 성령의 조명은 누구라도 성경 전체가 일관되게 말하는 진리의 내용을 확증하고 쉽게 이해하게 해 주시는 하나님의 특별한 도우심을 뜻한다.[461]

두 번째 사례는 사후 영혼의 수면 상태에 대한 누가복음 23장 43절의 "오늘날 네가 나와 함께 낙원에 있으리라"라는 본문이다. 재세례파는 이

---

[459] "재세례파 논박", 『칼뱅작품선』 6: 118, COR. IV/2, 50.

[460] Institutes, I.9.1, OS.3: 83.

[461] "누군가 그런 우화로 자신들을 만족시키기 원하는 자들이 내게서 그런 것들을 찾으려 한다면 잘못하는 일이 될 것이다. 왜냐하면 나는 명민한 존재로 비춰지기 위해 쓸데없이 엉뚱한 생각을 하기보다는 알기에 적절한 것을 가르치기 위해 성경의 단순성(simplicité de l'escriture)으로 만족하기를 더욱 좋아하기 때문이다." "재세례파 논박", 『칼뱅작품선』 6: 197, COR. IV/2, 119.

말씀이 사후 영혼이 각성 상태에 있음을 가르친다는 사실을 부인하기 위해 "주님 앞에서는 천 년이 하루 같다"라는 시편 구절을 인용하거나, 누가복음 본문이 말하는 "오늘"이 신약 시대 전체를 의미한다고 주장한다. 또 재세례파는 히브리서 13장 8절을 인용해 영원히 계시는 예수 그리스도에게 "오늘"이라는 시간의 개념은 무의미하다고 주장하기도 한다. 칼빈은 특정한 의도에 따라 성경 본문을 이렇게 자의적으로 해석하는 것은 성경 전체의 용례에도 부합하지 않으며 해당 본문의 단순한 의미를 무리하게 왜곡하는 잘못이라고 강하게 비판한다.[462]

> 하나님이 천 년 후에 하실 것을 의미하면서 "내가 오늘 이것을 할 것"이라고 말씀한 것을 성경에서 찾아 볼 수 없다. 이런 식으로 요나가 니느웨 사람들에게 4일 안으로 그들의 도시가 멸망할 것이라고 경고했을 때 만일 그들이 이것을 사천 년으로 해석했다면 그것은 그들에게 엄청난 어리석음이었을 것이다.[463]

그렇다면 칼빈이 재세례파의 자의적 성경 인용을 비판하면서 강조하는 성경해석의 바른 태도는 무엇일까? 그것은 성경 본문이 말하는 바를 먼저 순수하고 단순하게 받아들이는 겸손이다. "그러나 참 종교가 우리를 비추기 위해서는 그 기원이 하늘의 교리로부터 주어져야 하며 또한 성경의 제자가 되지 않고서는 도무지 참되고 건전한 교리를 최소한의 맛조차 감지할 수 없다는 사실이 고려되어야 한다."[464] 성경은 하나님의 뜻을 특별한 사람들에게만 드러내고 대다수의 사람들에게 감추는 숨김의 말씀(the

---
462 "재세례파 논박", 『칼뱅작품선』 6: 190, COR. IV/2, 113.
463 "재세례파 논박", 『칼뱅작품선』 6: 190, COR. IV/2, 113.
464 Institutes, I.6.2, OS 3: 63.

Word of Concealment)이 아니다. 성경은 기록된 말씀을 그대로 순수하고 성실하게 청종하면 누구라도 그 뜻을 깨달을 수 있는 드러내는 말씀(the Word of Revelation)이다.[465] 하나님께서 친히 자신을 드러내신 계시의 은혜 앞에서 신자는 겸손하게 그 말씀을 청종해야 한다. "그러므로 우리도 여기에서 멈추자. 그리고 결정에 대해선 어떤 진술이 있든지 간에 이 척도를 넘어가지 않도록 하자."[466] 그러므로 겸손한 태도에 따른 올바른 성경해석 방법은 "성경의 문장들을 가까이 살펴서 그것의 참되고 자연스러운 의미를 끄집어내며, 공통의 언어에서 동떨어지지 않은 단순하고 솔직한 말을 사용하는 것이다."[467] 칼빈은 성경해석뿐 아니라 종교개혁을 추진하는 합당한 태도 역시 겸손이라고 주장했다. 정리하자면 종교개혁을 위한 바른 성경해석법은 진리를 깨닫게 하시는 성령의 조명을 구하면서 성경 본문을 기록된 그대로 겸손히 듣고 그 말씀대로 순종하는 것이다.

3.3. 성경해석의 바른 적용

그렇다면 성경 전체가 증거하고 성령께서 조명해 주시는 진리의 핵심은 무엇일까? 칼빈은 구약으로부터 신약에 이르기까지 성경 전체가 일관되게 증거하는 진리는 죄인을 구원하시는 하나님의 약속과 성취의 주권적 은혜라고 말한다. "그들[구약 족장들]이 주님과 화목하게 된 언약은 자기

---

[465] "그러나 주목해야 할 것은 하나님께서 사람들에게 말씀하실 때 그 자신을 그들의 지각에 맞추신다는 점이다." "재세례파 논박", 『칼뱅작품선』 6: 190, COR. IV/2, 113. Cf. "이와 같이 그냥 두면 혼돈스러운, 하나님을 아는 지식을 우리 마음속에서 한데 묶어 주는 성경은 어둠을 깨뜨리면서 우리에게 참 하나님을 분명하게 보여 준다. 따라서 이것은 특별한 선물이다. 하나님은 교회를 가르치기 위해서 무언의 교사들을 사용하실 뿐만 아니라, 그 자신의 가장 거룩한 입을 여신다." Institutes, I.6.1, OS 3: 60.

[466] "재세례파 논박", 『칼뱅작품선』 6: 197, COR. IV/2, 120.

[467] "재세례파 논박", 『칼뱅작품선』 6: 218, COR. IV/2, 142.

들의 어떤 공로에 의해서가 아니라 오직 자기들을 부르시는 하나님의 자비에 의해 지탱되었다. … 그들은 그리스도를 통하여 하나님과 결합되었으며 하나님의 약속에 동참하는 자들이 되었다."⁴⁶⁸ 이와 같은 칼빈의 성경 이해는 언약적 관점을 따른다. 언약적 관점은 유아세례의 정당성을 증명하는 데 적용된다. 칼빈은 구약 할례의 근본적인 원리였던 하나님의 주권적 언약이 신약 시대 유아세례에도 동일하게 적용된다고 주장한다. "그러나 이제 어떤 사람이 하나님에 의해 신도의 회중으로 받아들여질 때, 그에게 주어지는 구원의 약속이 그 자신을 위한 것일 뿐 아니라 또한 그의 자녀들을 위한 것임을 주목해야 한다. 왜냐하면 그는 다음과 같은 말을 듣기 때문이다. '내가 너와 네 자손 대대의 하나님이 되리라'(창 17:7)."⁴⁶⁹

죽음 이후의 영혼의 상태 역시 약속과 성취라는 언약적 관점에 따라 설명되어야 한다. 칼빈은 베드로전서 3장 19절의 "우리 주 예수께서 그의 영으로 옥에 있는 영들에게 가셨다"라는 구절을 해석할 때, 이 본문의 요점은 예수님의 부활을 통해 성취된 구원의 은혜라고 강조한다.

> 따라서 우리로 하여금 그의 부활의 능력이 우리에게 속함을 확신하게 하려고, 그는 살아 있는 자뿐 아니라 죽은 자들도 그리고 믿음이 있는 자들뿐만 아니라 믿음이 없는 자들과 반역자들도 이것을 감지했다고 말한다. … 즉 그리스도가 성취하신 구원의 능력이 신자건 불신자건 간에 죽은 자들의 영혼에 나타났다는 것이다.⁴⁷⁰

---

468 Institutes, II.10.2, OS.4: 404.
469 "재세례파 논박", 『칼뱅작품선』 6: 110-111, COR. IV/2, 42. 발케는 세례의 목적에 대한 견해 차이와 관련해 재세례파가 세례를 믿음의 증거로서 신자의 믿음을 증명하고 공동체의 순수성을 확인하는 증거로 보았다면, 칼빈은 이와 달리 세례를 하나님의 은혜의 확증으로서 신자의 믿음을 강화하고 공동체의 일치를 이루는 표징으로 보았다고 분석한다. Balke, *Calvin and the Anabaptist Radicals*, 222.
470 "재세례파 논박", 『칼뱅작품선』 6: 187, COR. IV/2, 108-109.

칼빈은 언약적 관점에 따라 구약과 신약 모두 하나님의 구원의 약속과 성취의 진리를 증거하고 있다고 강조한다. "모든 족장과 맺은 언약은 실제로 그리고 그 자체에 있어서 우리와 맺은 언약과 아무것도 다르지 않고 전적으로 하나이며 동일하다."471 따라서 재세례파가 유아세례를 거부하는 것은 구약과 신약에 걸쳐 일관된 하나님의 은혜의 언약적 연속성을 무시하는 교만이다. 이들의 유아세례 부인은 성경에 따른 것이 아니며, 다만 자신들의 배타적 정의감과 완전주의의 결과이기 때문이다.472 재세례파의 교만은 그들의 잘못된 성경관과 성경해석을 만들어 냈다. 칼빈은 유아세례와 관련한 문제뿐 아니라 사후 영혼의 각성상태, 교회의 완전한 거룩함에 대한 문제, 세속 위정자에 대한 문제, 그리고 합당한 맹세 등 논점들에 대해서도 재세례파의 자의적 성경해석 사례들을 반박한다. 그리고 이에 맞서 "하나님의 주권적인 구원의 약속과 성취의 일관된 증언"이라는 언약적 관점의 성경 이해를 지속적으로 강조한다.473

칼빈이 볼 때 교회의 모든 가르침과 유산들을 무조건 폐기처분을 하려는 재세례파의 급진적 입장은 위험한 오류이다. 이들의 급진적 성경해석은 결국 하나님께서 성경이 증거하는 영적인 생명의 결합의 진리를 지지하며 교회를 통해 전수해 주셨음을 부인하기 때문이다. 물론 성경의 진리 여부가 교회에 의해서 결정되는 것은 아니다. 그러나 하나님께서는 분명 신실한 자신의 종들과 교회를 통해 여러 위협과 오류들에 맞서 성경의 진리를

---

471 Institutes, II,10,2, OS.4: 404.
472 "모든 성경의 조성자시요 근원이신 성령이 증거하기를 그리스도인들의 자녀들은 거룩하다고 증언하실진대, 그들을 이런 축복에서 제외시키는 것이 우리에게 속한 일인가?" "재세례파 논박", 『칼뱅작품선』 6: 116, COR. IV/2, 48. 발케는 재세례파가 구약과 신약의 불연속성을 강조한 데 반해 칼빈이 언약사상에 기초해 그 연속성을 강조한 것은 재세례파가 성경을 주관적인 신앙의 규범으로 이해한 데 비해 칼빈은 성경을 공동체적 규범으로 보았기 때문이라고 분석한다. Balke, *Calvin and the Anabaptist Radicals*, 309-313.
473 Balke, *Calvin and the Anabaptist Radicals*, 320-327.

재확인하고 보존하게 하셨음이 분명하다. 한 예로 칼빈은 재세례파가 주장하는 영혼수면론이 최근 나타난 이단적 사상이라고 비판한다. "영혼의 잠에 대한 재세례파의 이런 망상은 약 130년 전에 아랍 족속이라 불리는 이단들과 로마 교황 요한을 제외한다면 누구도 주장한 적이 없었다."[474]

요약하자면 칼빈은 성경을 자기들만을 위한 배타적 근거로 삼았던 재세례파의 입장을 거부하고, 하나님의 주권적 구원 은혜를 확고한 기초로 삼는 일관된 적용을 추구했다. "그러므로 하나님과 그의 말씀에 순종하고자 하는 모든 사람으로 하여금 내가 성경을 통해 지적한 것에 머물게 하자. 그들로 하여금 이 아름다운 약속을 묵상하게 하자."[475] 따라서 종교개혁을 위한 바른 성경해석은 자기의 필요에 따른 자의적 해석의 욕구를 삼가고, 항상 하나님의 주권적 구원 약속에 집중하여 이 은혜의 언약을 선명하게 증언하는 것이다.

4. 교회: 종교개혁의 현장

4.1. 교회 정체성의 토대

칼빈은 그의 교회론에서도 재세례파의 분리주의를 거절하고 언약신학적이며 종말론적인 교회 이해를 따라 하나님의 주권적 은혜를 강조했다. 교회의 정체성, 교회의 일치, 그리고 교회의 권세, 이상 세 가지 주제들은 재세례파의 완전주의적 교회론과 차별되는 칼빈의 종교개혁적 교회론

---

[474] "재세례파 논박", 『칼뱅작품선』 6: 202, COR. IV/2, 124.
[475] "재세례파 논박", 『칼뱅작품선』 6: 202, COR. IV/2, 124.

을 살펴볼 수 있는 가장 대표적인 주제들이다. 첫째, 칼빈은 교회의 토대와 관련해 재세례파의 완전주의를 거절한다. "나는 어떤 사람이 아직 복음적 완전함에 이르지 못했다고 해서 그 사람을 그리스도인이 아니라고 치부할 만큼 그것을 엄격하게 요구하지 않는다. 그렇게 한다면 모든 사람이 교회로부터 배제될 것이다."[476]

다른 한편 재세례파의 슐라이트하임 신조의 제2조는 권징의 엄격한 시행을 통해 교회의 모든 구성원들이 완전한 거룩함에 이르기를 추구해야 한다고 밝힌다.[477] 앞서 말했듯이 칼빈 역시 출교가 선하고 거룩한 제도로서 교회 전체를 위해 필수적이며 유용하다는 사실을 인정했다. 그러나 권징의 엄격한 시행을 통해 구성원들의 모든 과오를 시정함으로써 교회와 예배의 완전한 거룩함을 이룰 수 있다고 생각하지 않았다. "모든 논쟁거리는 그들이 다음과 같이 생각하는 데 있다. 곧 이 제도가 제대로 된 상태에 있지 않거나 합당하게 시행되지 않는 곳은 어디든지 교회가 존재하지 않으며 거기에서 그리스도인들이 성찬을 받는 것도 위법이라는 것이다."[478] 이와 관련해 칼빈은 고린도 교회와 갈라디아 교회의 사례를 근거로 든다. "확실히 성 바울이 고린도 교회 교인들에게 편지를 쓰던 때에 그가 그것을 지적하고 한탄했듯이 그 교회에는 이런 결핍이 있었다. 그럼에도 불구하고 그는 그들 회중을 그리스도의 교회라 부르는 영예를 베풀었다."[479]

칼빈이 볼 때 교회의 토대는 구성원들의 완전함이 아니라 교회가 고백

---

[476] Institutes, III.6.5, OS.4: 150.
[477] "재세례파 논박", 『칼뱅작품선』 6: 120, COR. IV/2, 51.
[478] "재세례파 논박", 『칼뱅작품선』 6: 121, COR. IV/2, 52.
[479] "재세례파 논박", 『칼뱅작품선』 6: 121, COR. IV/2, 52. "현존하는 교회들을 너무나 괴팍하게 배척하는 음흉한 자들이 과연 갈라디아 사람들에게는 어떻게 할 것인가? 그들은 복음을 거의 버린 자들이었지만, 동일한 사도는 그들 가운데 교회를 발견하지 않았던가?" Institutes, IV.1.14, OS.5: 18.

하고 증거해야 할 하나님의 구원의 은혜이다. 물론 지체들의 거룩함은 중요하다. 그러나 이는 교회가 함께 추구해야 할 지향점이며 구원의 교리를 고백할 때 나타나는 결과이다. 결과와 열매가 토대와 뿌리가 될 수는 없다. 이는 무엇보다도 구원 진리는 완전하나 그 결과인 성도들의 삶은 이 지상에서 늘 불완전할 수밖에 없기 때문이다. "첫째로 교회의 구성원 중 누구도 많은 불완전함에 둘러싸이지 않을 만큼 깨끗하거나 완전한 사람은 없다. … 교회가 더러워지는 두 번째 방식은 선한 자들의 무리 속에 사악한 위선자들이 늘 있어 그들의 오물로 회중을 오염시키는 것이다."[480] 이런 의미에서 지상에 존재하는 가시적 교회의 거룩함은 종말론적이다. "주 예수께서 교회를 깨끗하게 하사 티나 흠이 없게 하려고 그의 피를 흘리셨다고 기록된 것은(엡 5:27) 당장에 교회가 모든 오점에서 깨끗함을 의미하지 않는다. 오히려 교회는 이 세상에서는 결코 도달하지 못할 이 목표를 향해서 나아가면서 나날이 성장하고 발육한다."[481] 그러므로 결과가 부족하거나 열매가 완전하지 못하다고 해서 여전히 바른 진리 위에 서 있는 교회를 교회가 아니라고 정죄하는 것은 바람직한 교회 개혁의 관점이 아니다.[482] 이런 교회론 위에서는 포기나 위선만이 가능할 뿐이다.

교회 개혁은 교회의 토대이자 설립 목적인 구원의 교리를 확고히 승거하는 데 그 목적을 두어야 한다. 칼빈은 이와 같은 교회 개혁의 목적이 말씀의 순수한 선포와 성례의 올바른 시행을 통해 성취될 수 있다고 주장했

---

[480] "재세례파 논박", 『칼뱅작품선』 6: 123, COR. IV/2, 54.
[481] "재세례파 논박", 『칼뱅작품선』 6: 124, COR. IV/2, 53.
[482] [마태복음 13장의] 이 비유들이 우리에게 가르쳐 주는 바는, 비록 우리가 교회의 절대적 순결을 갈망하고 그것을 성취하기 위해 수고를 해야 하지만, 그럼에도 불구하고 결코 우리는 많은 부패가 없을 만큼 순수한 교회를 볼 수 없다는 것이다." "재세례파 논박", 『칼뱅작품선』 6: 122, COR. IV/2, 53. Cf. Institutes, IV.8.12, OS.5: 144-145.

다.⁴⁸³ 그렇다면 권징의 역할은 무엇일까? 칼빈은 교회의 건강과 일치를 위한 "힘줄"로서의 권징의 역할을 강조한다.⁴⁸⁴ 그는 실제로 권징의 바른 시행을 위해 제네바에서의 추방까지도 불사했다. 그러나 칼빈은 권징의 역할을 교회의 영혼인 교리를 보조하는 것임을 항상 지적했다. "그러므로 권징은 그리스도의 교리에 맞서 광포하게 날뛰는 자들을 제어하고 길들이는 굴레나, 거의 의기소침해 있는 자들을 일깨우는 박차와 같다."⁴⁸⁵ 즉 권징은 참된 교회의 두 가지 표지인 말씀 선포와 성례의 시행과 비교할 때, 이 두 가지 사역을 올바르게 시행하기 위한 방편에 해당한다. 권징이 잘 시행되어 모든 성도들의 삶이 거룩해지는 것으로 참 교회의 정체성이 확보되는 것은 아니다. 교회의 교회 됨을 결정짓는 토대는 말씀으로 선포되고 성례로 증거되는 그리스도의 구원 교리이다.

마치 출교가 전혀 실시되지 않는 경우처럼 어느 곳에 선한 통치 조직이 없다면 교회의 참된 형태는 그만큼 손상된다고 고백한다. 그렇다고 이것이 교회가 온전히 파괴된다거나 건축물이 남아 있지 않음을 말하지는 않는다. 왜냐하면 그곳에는 교회가 그 토대로 가져야 하는 교리(la doctrine)가 있기 때문이다.⁴⁸⁶

---

483 "우리가 이 말씀이 선포되는 것을 보는 곳과 말씀이 우리에게 주는 규칙을 따라 하나님이 미신 없이 순전히 경배되는 곳 그리고 성례가 집행되는 곳은 어디든지 그곳에 교회가 있다고 우리는 어려움 없이 결론을 내린다." "재세례파 논박", 『칼뱅작품선』 6: 124, COR. IV/2, 54. Cf. "하나님의 말씀이 순수하게 선포되고 경청되며 그리스도의 제도를 좇아서 성례가 거행되는 것을 우리가 보게 되는 곳에는 어디든지 하나님의 교회가 어떤 모습으로 존재한다는 데는 전혀 모호함이 없다." Institutes, IV.1.9, OS 5: 13.

484 "그리스도의 구원 교리가 교회의 영혼이듯이, 그곳의 힘줄을 대신하여 권징이 있다. 이 힘줄을 통하여 그 몸의 지체들은 서로 합하여 하나가 되고 각자가 자기의 자리를 차지한다." Institutes, IV.12.1, OS 5: 212.

485 Institutes, IV.12.1, OS 5: 212.

486 "재세례파 논박", 『칼뱅작품선』 6: 124, COR. IV/2, 55.

다시 말해 참된 교회를 판단하고 분별하는 기준은 교회가 고백하고 선포해야 할 복음이다. "요컨대 교회가 무언가를 평가하는 문제에서, 하나님의 판단이 우리의 것보다 더 귀히 여겨져야 마땅하다. 그런데 재세례파는 우리가 지적한 대로 하나님의 판단에 동의하지 않는다."[487]

칼빈은 자신의 저술 전체에 걸쳐 재세례파의 완전주의를 비판하면서 이에 맞서 하나님의 주권적 구원 은혜의 순수한 선포가 참 교회의 여부를 결정짓는 기준임을 강조했다. 교회 지체들의 완벽한 도덕성이나 탁월한 영적인 수준은 진리에 순종할 때 나타날 수 있는 결과이다. 완전한 거룩함은 지상 교회가 종말론적인 소망이며 따라서 지상에서 성취할 수 없는 이상이다. 이와 같은 이해 위에서 참 교회를 다시 회복하여 세우는 것이 칼빈이 추구한 교회 개혁의 목적이었다. 그는 『기독교강요』(1559) 제4권 제1장에서 자신이 말하려 하는 교회 개혁의 궁극적인 목적을 다음과 같이 밝힌다.

> 그러나 여기에서 우리가 목적으로 삼는 것은 비록 마귀가 모든 우둔한 자를 움직여 그리스도의 은혜를 파괴하려 들고 또한 하나님의 적들이 이와 동일한 광기에 충동되어 날뛰지만 그 은혜가 소멸될 수 없을 뿐만 아니라 그리스도의 피가 쓸모없는 것으로 될 수도 없고 오히려 어떤 선한 것들이 그 피로부터 나온다는 사실을 아는 데 있다.[488]

4.2. 교회 일치의 기준

둘째, 교회의 일치는 "사돌레토에게 주는 답신"과 더불어 "재세례파 논

---

[487] "재세례파 논박", 『칼뱅작품선』 6: 125, COR. IV/2, 55.
[488] Institutes, IV.1.2, OS 5: 3.

박"이 가장 중요하게 논의하는 주제이다. 로마 가톨릭이 잘못된 기준과 목적으로 교회의 일치를 강제했다면, 재세례파는 독선적인 기준과 목적을 내세워 교회 일치를 파괴하고 있었다. 칼빈은 교회 일치의 바른 기준과 관련해 재세례파가 엄격한 출교 시행을 구실로 삼아 도덕적으로 결함이 있는 교회로부터의 분리를 부당하게 주장한다고 비판한다. "그리하여 그들은 출교에 합당한 자들을 추방하지 않기에 그런 오염된 곳에 참여하지 않겠다는 구실을 내세우면서 하나님의 교리가 순전히 전파되고 있는 교회들에서 스스로를 분리한다."[489] 칼빈은 예수님의 사례를 구체적인 근거로 삼아 참 교회의 기초는 권징을 통해 추구해야 할 거룩함이 아니라 "하나님의 교리를 순전하게 전하는 것"임을 다시 한 번 강조한다.

> 무엇보다 그 당시 예루살렘 교회의 상태가 어떠했는지 우리가 알고 있다. 그럼에도 불구하고 우리 주 예수는 다른 사람들과 똑같이 할례를 받기 원하셨다. … 하나님께 기도하고 자신의 신앙을 고백하기 위해서 사특한 자들이 추방당하지 않은 회중에 들어가는 것이 하나님께 범죄하는 것이라면 서기관들과 바리새인들 및 그토록 타락한 백성들과 함께 제사하러 예루살렘 성전으로 가신 우리 주님은 무엇이 되며, 무슨 모범을 보이시는 걸까?[490]

그렇다면 로마 가톨릭과 분리한 종교개혁의 입장은 어떻게 정당화할 수 있을까? 칼빈은 당시 로마 가톨릭이 구원 진리를 왜곡했을 뿐 아니라

---

[489] "재세례파 논박", 『칼뱅작품선』 6: 121, COR. IV/2, 52. 윌킨슨(Wilkinson)은 슐라이트하임 신조의 단어와 문장을 다각도로 해석해 종교개혁자들이 말하는 "교리적 일치"보다 오히려 이 신조가 추구한 교회 일치가 "삼위일체적이고 구원론적"이라는 점에서 신학적이며 "신앙고백과 삶의 헌신"을 조건으로 한다는 점에서 현실적이라고 평가한다. Michael D. Wilkinson, "Brüderliche Vereinigung: A Brief Look at Unity in the Schleitheim Confession," *Southwestern Journal of Theology* 56 (2014): 199-213.

[490] "재세례파 논박", 『칼뱅작품선』 6: 126, COR. IV/2, 56.

공공연하게 부인하고 있기 때문에 그들의 조직은 단지 "불완전한 교회"가 아니라 그리스도께서 세우신 교회도 아니며 그저 "혼돈스러운 집단"일 뿐이라고 규정한다.[491] 참 교회의 가시적 표지인 말씀과 성례가 참 교회와 거짓 "모임"을 구별하는 시금석(lydium lapidem)이다.[492] 따라서 로마 가톨릭의 미사에 참여하며 교황의 권위를 인정하는 니고데모파의 행위는 교회의 일치를 위한 인내와 겸손이 아니다. 이런 위선은 진리를 거슬리는 불신앙이며 배교이다.

성찬을 통해 드러나야 할 교회 일치의 기초 역시 교회 안의 성도들이 갖고 있는 완전함이나 공동체의 도덕성이 아니다. 교회의 일치는 하나님 말씀 진리의 신실함과 확실함에 달려 있다. 즉 성례의 완전함은 참여자들의 도덕적 완전함이 아닌 하나님의 약속의 완전함에 의존한다. 따라서 성례에 참여하는 성도들의 마땅한 자세는 다른 성도들의 거룩함을 판단해 흠이 있는 사람들을 일방적으로 배척하는 것이 아니라 이미 이루어 주신 구원의 약속에 비추어 자기 자신의 신앙과 삶을 정직하게 반성하는 것이다.[493] 교회의 바른 일치를 위한 출교의 시행도 이와 같은 자기반성의 목적에 충실하게 적용해야 한다. "오히려 각 교회는 자신의 위치에서 출교를 세우고 정비하도록 시도해야 한다. … 그러나 개인이 원하는 대로 사태가

---

[491] "그러나 우리는 그곳[로마 교황청]에서 바울이 교회에 요구한 어떤 것도 찾지 못한다. 우리가 할 수 있는 말은 그것은 불구의 몸으로서 스스로 조각나버릴 혼돈스러운 집단이라는 것이다." Comm. Col. 2:19, CO 52: 113.

[492] "다음이 그 시금석이다. … 그 모임이 말씀과 성례가 없이 교회의 이름을 과시하는 데만 급급하다면, 한편으로 무모함과 교만을 피해야 하며, 이에 못지않게 다른 한편으로 이런 구실들에 현혹되지 않도록 독실한 주의를 기울여야 한다." Institutes, IV.1.11, OS 5: 15.

[493] "첫째, 분별하지 않고 주의 떡을 먹는다는 것은 그것을 받을 자격이 없는 사람들과 친교하지 말라는 것이 아니라, 자신의 믿음과 회개가 있는지 없는지를 살피면서 잘 준비하지 않는다는 말이다. 둘째로 우리가 성찬에 참여해야 할 때, 다른 사람들에 대해 조사를 시작해야 하는 것이 아니라 각자 자신에 대해 살펴보아야 한다는 것이다." "재세례파 논박", 『칼뱅작품선』 6: 128, COR. IV/2, 58.

진행되지 않을 때마다 그에게 교회에서 이탈할 정당한 이유가 있음을 의미하는 것은 아니다."[494]

교회 안의 모든 지체들이 온전함을 소망하고 이를 위해 함께 노력해야 함은 분명하다. 그러나 이 일이 잘 이루어지지 않는다고 해서 섣불리 그 공동체부터 분리하는 것은 옳지 않다.

> 우리가 우리의 의무와 직무에 속한 것을 했을 때 우리가 원하는 것 또는 바람직한 것을 얻을 수 없다면 나머지는 하나님께 맡기자. 그것이 그의 일이기에 그가 손대시도록 말이다. 비록 우리가 완전한 상태의 하나님의 교회를 보지 못하는 것을 유감으로 여기는 것이 당연하지만 그럼에도 불구하고 우리가 고칠 수 없는 이 불완전함을 짊어지자.[495]

칼빈은 『기독교강요』에서 재세례파의 완전주의를 교회 일체를 파괴하는 전형적인 분파주의적 오류라고 비판한다. "고대의 도나투스주의자들뿐만 아니라 카타리파에 속한 자들이 이런 자들과 유사한 광증을 지니고 있었다. 오늘날은 자기들이 다른 사람들보다 더 앞서가는 듯이 보이길 바라는 일부 재세례파가 이런 부류에 속한다."[496] 칼빈이 제시한 종교개혁의 목적은 불순한 사람들로부터 완전히 분리된 순수한 교회를 설립하는 것이 아니었다. 그의 종교개혁은 진리 안에서의 교회의 하나 됨을 추구했다. 이런 올바른 일치는 로마 가톨릭이 주장하는 교황수위권에 따른 위계질서체제의 확립이나 재세례파가 집착하는 권징의 엄격한 시행과 같은 방편으로 이루어질 수 없다. 이와 같은 인간적인 방편들은 도리어 그리스도의 몸인

---

[494] "재세례파 논박", 『칼뱅작품선』 6: 129, COR. IV/2, 59.
[495] "재세례파 논박", 『칼뱅작품선』 6: 129, COR. IV/2, 59.
[496] Institutes, IV.1.13, OS.5: 17.

교회의 정체성을 훼손하며 참된 일치를 손상시킨다. 교회의 참된 일치를 위해서는 무엇보다도 먼저 하나님의 전적인 구원의 은혜에 대한 신뢰와 소망을 확고하게 붙잡아야 한다.[497] 교회는 구원 진리의 선포와 진정한 예배의 시행을 위해 하나님께서 친히 세우셔서 지켜 주시는 그리스도의 몸이기 때문이다.

4.3. 교회 권세의 한계

셋째, 칼빈은 교회가 행하는 죄 사함의 권세의 근거가 무엇인가의 문제에 있어서 재세례파의 엄격주의를 거절한다. "그 한 가지 사항이란 고의적인 악의 없이 우연히 죄를 범한 사람은 은밀히 두 번의 훈계를 받은 후에 공개적으로 징벌 받거나 출교되어야 한다는 그들의 주장이다."[498] 칼빈은 재세례파가 세 번에 걸친 훈계와 권징 절차를 마태복음의 지침을 따라 시행하려 한 점은 비판하지 않는다. 그러나 재세례파가 이 가르침을 기계적으로 적용해서 성경의 본래 의도를 왜곡해 해석하고 적용하는 점은 강하게 비판한다.

칼빈에 의하면 재세례파는 "은밀한 죄"만을 말하고 있는 본문의 구별을 바르게 파악하지 못하고 고의로 죄를 범한 사람들은 모두 성령훼방죄를 저지른 것이라고 정죄했다. 그러나 이런 엄격주의는 사실상 하나님의 은총에 반대되는 "신성모독"이며 "해로운 망상"이다.[499] 성령훼방죄를 범

---

[497] 발케는 재세례파는 개별 교회의 완벽함에 집중하는 원자론적인(atomistic) 교회론을 전개한 반면 칼빈은 보편 교회의 일치를 강조하는 유기체적(organic)이며 성령통치론적(pneumatocratic) 교회론을 취했다고 분석했다. Balke, *Calvin and the Anabaptist Radicals*, 235.
[498] "재세례파 논박", 『칼뱅작품선』 6: 131, COR. IV/2, 60.
[499] "재세례파 논박", 『칼뱅작품선』 6: 131, COR. IV/2, 61. "그러나 모든 자발적 죄가 성령을 거슬

했는지의 여부는 그 고의성 여부에 앞서 하나님의 진리를 대적했는지 여부에 따라 판정되어야 한다. "왜냐하면 노골적으로 하나님의 진리를 비난하고 가능한 한 마치 홧김에 그것을 무너뜨리려 애쓰는 자가 성령을 훼방하는 사람이기 때문이다."500

마찬가지로 교회의 모든 권세 시행에 있어서 그 판단의 기준은 하나님의 구원의 진리여야 한다. 죄 용서 가능성을 결정하는 권한은 인간에게 속하지 않는다. 이 판단은 하나님의 주권에 속한다. "사실 죄를 용서하는 권한을 그 자신만이 보유하시기 때문에 또한 어느 죄가 용서받고 못 받는지를 결정하는 것도 그에게 속한다."501 특히 교회가 권징을 시행할 때, 그 권세의 범위와 한계를 명확하게 인식해야 한다. 권징은 하나님 앞에서의 죄 용서 여부를 결정짓는 것이 아니다. 권징은 그리스도와의 합당한 교제로부터 잠시 멀어져 있음을 확정할 뿐이다.502 그러므로 권징을 비롯한 교회의 권세 시행은 항상 "절제의 규범"을 따라 하나님의 판단에 스스로를 맡기는 자세로 이루어져야 한다.

> 사람은 오직 하나님의 손과 의지 안에 있으므로 사람 그 자신이 죽음에 팔려 가도록 정죄해서는 안 되며, 오직 각 사람의 행위가 어떠한지를 주님의 법에 따라서 헤아리는 데 전념해야 한다. 우리는 이런 절제의 규범을 좇아 우리

린다고 말하는 것은 지나치다. … 그러나 하나님과 충돌하거나 그의 말씀을 거슬러 모독하기를 원하지 않는 사람이 그럼에도 불구하고 고의로 죄를 범할 수 있다." "재세례파 논박", 『칼뱅작품선』 6: 132, COR. IV/2, 61.
500 "재세례파 논박", 『칼뱅작품선』 6: 132, COR. IV/2, 61.
501 "재세례파 논박", 『칼뱅작품선』 6: 132, COR. IV/2, 61.
502 "그러므로 교회로부터 축출된 자들을 택함 받은 자들의 수에서 삭제하거나 마치 그들이 이미 버림을 받은 것처럼 절망하는 것은 우리가 할 일이 아니다. 그들이 교회로부터 멀어지고 그리스도로부터 멀어진 상태에 있다고 여기는 것은 합법적이다. 그러나 단지 어느 시간 동안에만 그들이 교회에서 단절된 상태로 머물러 있다고 보아야 한다." Institutes, IV.12.9, OS.5: 220.

자신의 입장을 내세우지 말고 도리어 우리 자신을 하나님의 판단에 맡겨야 한다.[503]

칼빈은 교회 권세의 올바른 시행의 기준으로서 구약의 제사법을 비롯한 여러 규례들이 가지고 있는 의의에 주목한다. 그러나 구약에서 율법을 통해 약속된 하나님의 용서의 은혜는 신약에서 복음을 통해 성취되고 더 확대되었음을 주장한다. 즉 하나님께서는 고의적으로 죄를 범하는 이스라엘 백성들을 용서하셨다. 하나님께서는 이제 예수 그리스도의 십자가의 공로로 구원받은 믿음의 백성들 역시 고의성 여부와 무관하게 용서하기를 원하신다. "왜냐하면 우리가 알기로 하나님의 무한하신 관대함은 우리 주 예수의 오심으로 제지되지 않고 오히려 증가되었기 때문이다."[504] 이와 같은 언약의 발전성이라는 관점에서 보면 재세례파의 엄격한 권징 이해는 심각한 오류임이 분명하다. 이들은 완전한 도덕적 순결함을 추구하는 과정에서 도리어 자신들이 추구하는 도덕적 완전함을 위해 하나님의 용서하시는 은혜를 제한해 버리고 "하나님의 손을 묶고 그 긍휼을 방해"한다.

칼빈은 재세례파의 완전주의를 바른 종교개혁의 정신으로 여기지 않았다. "이것이 두 가지 오류로서 재세례파가 얼마나 위대한 선생들인지 그리고 모든 것을 개혁하기 위해 어떤 정신을 갖고 있는지 잘 보여 준다."[505] 칼빈이 추구한 종교개혁은 불완전한 모든 사람들을 일방적으로 비난하고 불완전한 제도나 가르침들을 폐기하는 급진적 변화가 아니었다.[506] 칼빈

---

503 Institutes, IV.12.9, OS.5: 220.
504 "재세례파 논박", 『칼뱅작품선』 6: 133, COR. IV/2, 62.
505 "재세례파 논박", 『칼뱅작품선』 6: 131 COR. IV/2, 60.
506 "그럼에도 우리가 주의해야 할 것은 악습을 개선하고 시정하는 방법은 그것을 올바른 사용과 혼합시키고 혼돈하게 해서 이것과 저것을 함께 무차별하게 비난하는 것이 아니라는 점이다." "재세례파 논박", 『칼뱅작품선』 6: 159, COR. IV/2, 83.

이 생각한 종교개혁은 하나님의 주권적인 구원의 은혜 위에, 그리고 그 은혜를 기준으로 삼아, 오직 그 은혜를 증거와 기념의 대상으로 여기는 참된 교회를 세우고, 그 교회 안에서 성도들을 온전케 하는 기독교 종교의 총체적 회복이었다.[507]

5. 세속 사회: 종교개혁의 범위

5.1. 소명으로서의 위정자 직분

하나님의 주권적 구원 은혜의 진리를 강조하려는 칼빈의 종교개혁 이해는 세속 권세에 대한 재세례파의 급진적 입장을 반박하는 논증에서도 분명히 드러난다. 슐라이트하임 신조의 제6조는 그리스도인들은 그리스도께서 말씀하신 대로 무력을 사용할 수 없으며, 세상의 법정에 호소해서도 안 된다고 말한다. 그리고 그리스도인들은 무력으로 군립한 위정자를 인정할 수도 없으며, 위정자의 자리에 오를 수 없다고 고백한다.[508] 칼빈은 "재세례파 논박"에서 재세례파의 여러 분리주의적 주장들을 비판하면서 재세례파의 급진적 주장과 차별되는 종교개혁의 합당한 범위를 제시했다.

첫째, 칼빈은 세속 위정자의 직무가 하나님께서 주신 소명에 모순되지 않는다고 주장한다.[509] 그는 『기독교강요』에서 다음과 같이 역설한다. "주

---

[507] 발케는 재세례파가 목회자의 직분을 거절한 반면 칼빈은 교회 안에서 목사를 통한 가르침의 중요성을 강조한 것 역시 완전주의 교회론과 종말론적 교회론의 차이에 따른 결과라고 분석한다. 칼빈이 보기에 성령은 질서의 영이며 이 질서는 말씀의 진리를 최선을 다해 분별하고 가르칠 구별될 직무를 요구한다. Balke, *Calvin and the Anabaptist Radicals*, 235-248.
[508] 슐라이트하임 신조, 제6조, "재세례파 논박", 『칼뱅작품선』 6: 140, COR. IV/2, 68.
[509] 비시커-마스트(Beksecker-Mast)는 슐라이트하임 신조의 제6조를 극단적인 이분법적 사고로

님은 통치자의 직능이 자기에 의해서 인정되며 받아들여진다는 사실을 입증하셨을 뿐 아니라 그것의 가치를 가장 영예로운 이름들로써 높이셨으며 놀랍게도 그것을 우리에게 위탁하셨다."[510] "재세례파 논박"에서는 세속통치의 신적 정당성을 증명하기 위해 먼저 구약의 여러 사사들과 왕들이 하나님의 구원 역사를 위해 쓰임 받은 인물들이었음을 지적한다. 신약 해석과 관련해 칼빈은 재세례파가 산상수훈을 가장 중요한 규범으로 삼고 있다고 말한다. 그리고 그들이 산상수훈의 여러 교훈들을 세속과 단절된 새로운 삶을 명령하는 것으로 해석하고 있음을 비판한다.[511] 칼빈은 공관복음 주석에서 산상수훈이 신약적 교훈으로서의 의의에도 불구하고 이 교훈들이 갖고 있는 종말론적이며 역설적인 성격을 놓치지 말아야 한다고 주장한다.[512] 재세례파의 해석은 본문의 종말론적 특징을 무시하고 산상수훈을 현실 상황에 그대로 적용한 점에 문제가 있다. 재세례파의 무리한 단선적 성경해석이 가져오는 분리주의적 오류에 빠지지 않으려면 구약의 율법과 신약의 새로운 계명 사이의 연속성을 이해하는 해석적 태도가 중요하다.

> 그러므로 다음의 입장을 고수하자. 즉 진정한 영적인 의에 대해서, 다시 말해 신자가 선량한 양심으로 행하고 자신의 소명과 자신의 모든 일에 있어 하나님 앞에 온전하게 되는 일에 대해서는 모세의 율법에 명백하고 완전한 선

이해하기보다는 초기 재세례파의 정치적 입지와 당시 수사학적 흐름에 따라 재평가해야 한다고 주장한다. Gerald Biesecker-Mast, "Anabaptist Separation and Arguments against the Sword in the Schleithim Brotherly Union," *Mennonite Quarterly Review* 74 (2000): 381-402.

[510] Institutes, IV.20.4, OS 5: 474.
[511] 흥미롭게도 슐라이트하임 신조의 제6조는 구약의 사례들에 대한 언급은 전혀 없이 오직 신약의 사례들만을 각 조항의 근거로 제시한다. "재세례파 논박", 『칼뱅작품선』 6: 142, COR. IV/2, 70.
[512] Comm. Matt. 5:2, CO 45: 159.

포가 있는바 우리가 옳은 길을 따라 가려 한다면 단지 그것에 매달리기만 하면 된다는 것이다.[513]

구약과 신약의 언약적 연속성에 대한 이해는 세속 정부의 정당성을 증명하는 데 있어서도 중요하다. "결과적으로 그 당시에 거룩하고 합법적이었던 소명이 오늘날 그리스도인들 가운데서 비난받을 수 없다. … 우리 주님께서 그것을 제정했고 이스라엘 백성에게 선한 것으로 인정했으며 그리고 그 백성에게 가장 뛰어난 종들, 심지어 그의 예언자들을 세웠기 때문이다."[514] 칼빈은 하나님께서 구약 이스라엘 백성들을 위해 허락해 주신 정부는 그리스도의 영적 정부의 모형에 불과한 것이 아니라고 말한다. 이 정부는 당시 실제로 모든 백성들을 다스리기 위해 하나님께서 세워 주신 통치기구였다. 그는 시편과 선지서에서 그리스도의 왕국에 대해 예언할 때, "왕들이 나와서 그리스도를 경배하며 그에게 경의를 표할 것이라고 기록"함으로써 새로운 시대에도 위정자들과 왕들이 그 지위를 유지할 것을 말해 주었다고 주장한다.[515] 또 칼빈은 세속 통치의 정당성과 관련해 신약 어느 구절에서도 구약 제사장 직분의 폐지와 같은 수준의 불연속성을 발견할 수 없다고 설명한다. 따라서 칼빈은 구약의 "노예적인 통치 방식"과 신약 시대 그리스도의 복음으로 성취된 "오늘날의 완전함"이 양립할 수 없다고 주장하면서 "무정부 상태를 획책하는 자들"은 성경에 대한 "자기들의 무지뿐 아니라 마귀적인 오만불손도 폭로하고 있다"라고 강하게 비판한다.[516]

---

513 "재세례파 논박", 『칼뱅작품선』 6: 142, COR. IV/2, 70.
514 "재세례파 논박", 『칼뱅작품선』 6: 142, COR. IV/2, 70.
515 "재세례파 논박", 『칼뱅작품선』 6: 144, COR. IV/2, 71.
516 Institutes, IV.20.5, OS.5: 475.

칼빈은 모든 직업이 신자들에게 주어진 소명이라고 생각했다.[517] 그 가운데에서도 특별히 왕과 위정자들은 하나님께서 특별히 존엄한 자리에 세우신 소명자들이라고 말한다. "사실 우리 주님께서 [시편 82:6에서] 군주들을 신이라고 부르는 은총을 베푸신 것은 그들 자신 때문이 아니라 그들이 존엄한 위치에 있음을 고려했기 때문이다. 우리 주 예수는 하나님이 그들을 임명하여 그런 책임을 주셨기 때문이라고 설명한다(요 10:34)."[518]

물론 세속 위정자의 정당성은 그들 자신의 자격이나 능력에서 나오지 않는다. 모든 소명의 정당성은 오직 하나님의 소명에 의존한다. 이와 관련해 칼빈은 "오직 하나님께 영광"이라는 종교개혁의 목적론적 원리를 언급한다.

> 요컨대, 하나님은 자신의 이름의 영광을 전적으로 유지하고 그것을 파손하거나 감소시키는 사람들을 처벌하기 위해 다만 그의 이름의 영광 외에 아무 것도 중하게 여기시지 않음을 세상으로 하여금 알게 한다는 것이다. 그러므로 아무도 커다란 존경심 없이 그의 이름을 취해서는 안 되며 오직 하나님이 자신의 이름으로 영광 받으신다는 이 목적을 위해서만 그렇게 해야 한다.[519]

하나님 이름의 영광은 곧 하나님의 주권적인 구원 역사 속에서 구체적

---

517 "양치기들과 농부들, 수공업자들, 그리고 이와 유사한 사람들은 그들의 신분을 거룩하게 여겨야 하며, 그리스도의 완전함이라는 이름으로 그들을 결코 방해해서는 안 된다." "재세례파 논박", 『칼뱅작품선』 6: 144, COR. IV/2, 71.
518 "재세례파 논박", 『칼뱅작품선』 6: 144-145. COR. IV/2, 72. "하나님은 군주들과 모든 권세자를 자신의 사역자들임과 그들로 하여금 선한 자들과 순수한 자들의 보호자가 되고 사악한 자들을 징벌하도록 그들을 세웠다고 선포하신다. 그리고 그들이 그 일을 할 때 그들은 자신이 그들의 손에 위임한 자신의 일을 수행하는 것이라고 선포하신다." "재세례파 논박", 『칼뱅작품선』 6: 146, COR. IV/2, 73.
519 "재세례파 논박", 『칼뱅작품선』 6: 160-161, COR. IV/2, 85.

으로 드러난다. 그런데 이 구원의 역사는 신자들의 영적인 삶뿐 아니라 세상의 모든 영역을 포괄한다. 당연히 세속 권세 역시 하나님께서 자기 자녀들을 보호하고 질서 가운데 살게 하시는 구원 역사의 영역에 포함된다. "지상의 모든 일에 대한 뜻이 왕들과 다른 통치자들의 수중에 있는 것은 인간적 사악함이 아니라 하나님의 섭리와 거룩한 작정으로 말미암은 것이다. 하나님은 사람들의 일이 이렇게 다스려지기를 원하신다."[520] 그러므로 성스러운 영역과 세속적인 영역을 이분법적으로 분리해 세속 위정자의 정당성과 권위를 부인하는 재세례파의 분리주의는 합당하지 않다. 이들은 궁극적으로는 세속 위정자들도 사용하셔서 구원의 역사를 이루시는 하나님의 주권을 제한하고 무시하기 때문이다. "따라서 나는 하나님께서 그토록 높이신 이 소명을 경멸하는 사람은 누구든지 하나님의 천상의 존엄을 참람하게 하는 것이라고 결론짓는다."[521]

5.2. 세속 법정 사용 가능성

둘째, 칼빈은 재세례파의 분리주의적 입장과 달리 하나님의 주권적 구원 은혜를 근거로 삼아 세속 법정의 사용 가능성을 인정한다. 슐라이트하임 신조의 제6조는 요한복음 8장의 간음하다가 현장에서 잡힌 여인의 경우를 근거로 삼아 그리스도인들은 세속 형사 법정을 사용할 수 없다고 선언한다. 이에 대해 칼빈은 우선 이 본문이 예수님께서 로마 가톨릭의 파문

---

[520] Institutes, IV.20.4, OS.5: 475.
[521] "재세례파 논박", 『칼뱅작품선』 6: 145, COR. IV/2, 72. 칼빈은 세속 권세뿐 아니라 세상에 속한 모든 것이 올바른 동기를 가졌다면 정당한 사용의 대상이라고 보았다. "하나님은 우리의 파멸이 아니라 우리의 선을 위해 만물을 창조하셨으므로 그의 선물은 조성자 자신이 우리를 위해 지으시고 지정하신 목적에 따라 그릇됨 없이 사용되어야 한다. 그러므로 이 목적을 부지런히 반추하는 사람이야말로 곧은 길을 아무 일탈 없이 가고 있는 것이다." Institutes, III.10.2, OS.4: 178.

처럼 이 여인에게 사형선고를 할 수 있는지 없는지의 문제를 다루는 것이 아니라고 말한다. 이 본문을 바르게 해석하기 위해서는 이 본문뿐 아니라 성경의 다른 모든 곳을 살펴보아야 한다. 성경을 보면 예수님께서 "통치 제도나 시민 질서를 바꾸는 것을 전혀 원하지 않으셨으며 다만 그것을 조금도 위반하지 않은 채 자신이 세상에 오신 목적인 죄를 용서하는 자신의 임무를 행하셨다"는 사실이 분명하다.[522] 따라서 예수 그리스도께서 성취하신 죄 용서의 사역은 세속 정부의 역할과 정당성을 배제하지 않았다고 해석하는 것이 타당하다.

민사소송의 경우도 마찬가지이다. 슐라이트하임 신조의 제6조는 예수님께서 형제들 사이의 재산 분할 판결을 거절하신 누가복음 12장 14절을 인용하여 그리스도인들도 이처럼 해야 한다고 주장한다.[523] 칼빈은 여기에서 다시 재세례파의 편협한 성경해석을 비판한다. 이 역시도 성경의 다른 곳을 충분히 살펴보아야 한다. 예를 들어 고린도전서 6장과 같은 바울 서신 여러 곳이 그리스도인들도 세속 법정에 호소할 수 있음을 예시한다. 편협한 성경해석에 따른 이분법적 적용은 결국 그리스도인의 삶에서 무질서를 조장한다. "그러나 그들의 의도대로 그리고 그들이 엄하게 명하는 것에 따라 모든 재판과 중재를 세상에서 없애도록 내비려 두자. 방탕한 강도짓 외에 무슨 일이 생길까?"[524] 앞서 검토했듯이 칼빈이 말하는 올바른 성경해석은 관련된 성경 구절들을 전체적 맥락 가운데 살피고 단순한 의미를 추구하면서 성령이 주시는 깨달음을 겸손하게 구하는 해석이다.[525] 형

---

[522] "재세례파 논박", 『칼뱅작품선』 6: 148. COR. IV/2, 75.
[523] "재세례파 논박", 『칼뱅작품선』 6:149, COR. IV/2, 75-76.
[524] "재세례파 논박", 『칼뱅작품선』 6: 170, COR. IV/2, 77.
[525] "만약 우리가 예수 그리스도의 본을 따라 모든 중재와 재판들을 거부해야 한다면 성 바울이 우리를 이렇게 이끌어 가는 것은 잘못일 것이다. 그런데 확실한 것은 그의 입을 통해 말씀하고 계시는 분이 성령이라는 것이다." "재세례파 논박", 『칼뱅작품선』 6: 150, COR. IV/2, 76.

취리히의 재세례파 추모비

사법정과 마찬가지로 민사법정 역시 하나님께서 주신 일반적 은총의 영역이다. 칼빈은 『기독교강요』에서 다음과 같이 선언한다.

> 그러나 자기들 마음속에 이러한 공평과 절제에 대한 의식이 있다고 해서, 그리스도인들이 자기들의 적들에 대한 순수한 우의를 지키면서도 자기들의 소유를 보존하기 위해서 통치자의 도움을 구하는 것이나, 죽음 외에는 달리 개선의 여지가 없다고 여겨지는 해롭고 위험한 자에게 통치자가 형벌을 가할 것을 공공의 선에 대한 열의 가운데서 요구하는 것은 가로막지 않는다.[526]

칼빈 역시 재세례파와 유사하게 세속 법정 사용을 자제함으로써 신자들의 공동체가 이루어야 할 구별된 삶의 모범을 강조한다.[527] 그러므로 세속 법정을 남용하는 것은 그리스도인에게 바람직하지 않다. 그러나 그리

---

[526] Institutes, IV.20.20, OS.5: 492.
[527] 발케는 재세례파가 추구했던 차별적 삶의 방식은 공산주의적 특징까지 포함한 것이었다고 평가한다. Balke, *Calvin and the Anabaptist Radicals*, 276-77.

스도인들이 하나님의 주권하에 있다는 것을 구실로 삼아 세속 법정 사용은 절대 불가능하다고 말할 수는 없다. 세속 통치의 질서 역시 자기 백성을 보호하고 궁극적으로는 자신의 구원 역사를 이루기 위해 하나님께서 세우신 질서에 속하기 때문이다.[528] 이런 점에서 볼 때, 재세례파는 합당한 구별을 넘어서서 성과 속, 교회와 세상을 이분법적으로 여기는 분리주의적 오류에 빠져 있다. 가시적 교회와 지상의 신자들 역시 하나님께서 세우신 질서인 세속 권세를 따라 중재와 조정을 받아야 할 필요에서 예외가 아니다.[529] 따라서 도덕적으로 완전하기 때문에 세속 정부의 관여와는 전혀 무관하게 되었다는 재세례파의 생각은 망상에 불과하다. "우리가 참으로 이 표본으로부터 유익을 얻고 그것을 따르려 한다면 성 바울이 우리에게 주는 규칙을 취하자. 즉 각자는 그가 무엇에 부름을 받았는지를 고려하고 우리가 주 안에서 한 몸이기에 팔이 눈을 침해할 수 없고 손도 발을 침해할 수 없다는 것이다(고전 12:21)."[530]

5.3. 세속 정부 참여 가능성

셋째, 슐라이트하임 신조는 "위정자들의 통치는 육을 따르는 것이며 그리스도인들의 통치는 영을 따르는 것이다"라고 선언한다. 그들은 이와 같은 이분법적 세계관에 따라 그리스도인이 세속적 직임을 맡아서는 안 된

---

[528] "그의 직무는 죄를 용서하고 죄인들의 양심에 그의 말씀을 전하는 것이다. 그는 육체적 형벌을 가하는 것을 그것에 쓰지 않으시며 오히려 그런 일을 그 일에 권한을 갖고 책임을 위임 받은 자들에게 넘기신다." "재세례파 논박", 『칼뱅작품선』 6: 149, COR. IV/2, 75.
[529] "심지어 선량한 양심을 가진 두 사람도 우리의 본성에 있는 연약성에 따라서 약간의 분쟁에 빠질 수 있기 때문이다. 우리는 자신의 입장에 눈이 멀어 있으므로 각자 자신이 올바르다고 생각할 것이다." "재세례파 논박", 『칼뱅작품선』 6: 150, COR. IV/2, 76.
[530] "재세례파 논박", 『칼뱅작품선』 6: 151, COR. IV/2, 77.

다고 말한다. 칼빈은 이와 같은 재세례파의 폐쇄적 이해를 비판한다. 그의 비판은 올바른 세속 정부로 대표되는 교회 외부의 세상과 관련된 종교개혁의 방식과 범위를 제시하는 것으로 이어진다.

예수 그리스도께서는 세상의 왕이 되기를 원하지 않으셨고 그분의 세운 왕국은 온전히 영적인 왕국이었다. 그러나 이로부터 그리스도께서 모든 세속 권세를 부정하셨다고 말해서는 안 된다. 모든 세속 권세는 궁극적으로 최고의 통치자이신 예수 그리스도께 속해 있으며 그분께서 세우신 것임을 인정해야 한다.[531] 누가복음 22장에서 "이방의 임금들은 저희를 주관하나 너희는 그렇지 않을지니"라는 말씀 역시 분리가 아닌 구별을 의미할 뿐이다. "이 구절은 그리스도인이 왕이 될 수 있는지 없는지에 관해 말하는 것이 아니라 단지 사도들과 교회의 목회자들이 통치를 위한 왕들과는 같지 않다는 것을 말하기 때문에 예수 그리스도께서 우리에게 모든 우월적인 권세를 금했다고 이 구절로부터 추론하는 것은 엄청난 헛소리이다."[532]

칼빈은 베드로후서와 유다서 등 신약 여러 본문이 세속 위정자의 권위와 합법성을 인정하고 있다고 주장한다.[533] 이렇게 명백한 성경의 가르침을 무시하는 재세례파의 분리주의적 사고는 도리어 더 큰 혼란을 불러일

---

[531] "예수 그리스도는 개인적으로는 왕이 아니시지만 모든 왕국들의 보호자인바 이는 그가 그것들을 만드시고 세우셨기 때문이다." "재세례파 논박", 『칼뱅작품선』 6: 153, COR. IV/2, 78.

[532] "재세례파 논박", 『칼뱅작품선』 6: 153, COR. IV/2, 78. 다른 한편 이 점에 있어서 칼빈이 교회의 목회자들이 세속 통치자의 직무를 동시에 수행하는 것을 기본적으로 거부했음을 분명히 알 수 있다. "그러므로 왕들은 자신의 한계 안에서 자제해야 하고 마찬가지로 영적 목사들은 그들에게 속하지 않은 것을 찬탈하지 않은 채 자신들의 임무를 수행하는 것으로 만족해야 한다. 그러면 모든 것이 순조롭게 진행될 것이다." "재세례파 논박", 『칼뱅작품선』 6: 153, COR. IV/2, 78.

[533] 칼빈은 구약 성경에서는 모세와 다윗, 그리고 여러 선지자들과 사사들의 예를 들면서 이들이 이스라엘 백성들에 대한 세속적 통치권을 가지고 있었으면서도 "희망과 소망 가운데 하늘에 그들의 거주를 갖고 있었다"라고 말한다. "재세례파 논박", 『칼뱅작품선』 6: 156, COR. IV/2, 82.

으킬 수 있다. 즉 분리주의적 시각에 따라 위정자들이 자신의 직무를 거룩한 사명으로 여기지 않고 온전히 자신들의 세속적 욕구에 따라 수행해도 된다는 오해를 할 수 있다는 것이다. 이런 오해의 결과는 무서운 무질서와 제한 없는 방탕일 것이다.[534] 칼빈은 통치자들의 소명의식이 올바른 통치의 자세를 만들어 낸다고 말한다. "하나님의 의의 사역자들로서 자기들이 세움을 받았다는 것을 아는 사람들은 순전함, 현명함, 온유함, 절제심, 정직함을 지니려고 얼마나 많은 열정을 가지고 그들 자신을 편달하겠는가?"[535]

그러므로 그리스도인들은 모든 직업을 하나님의 소명이라고 인정하는 가운데 세속의 검을 가진 권세의 자리에도 앉을 수 있다. "이 경우에도 역시 그리스도인은 그가 그 나라의 질서에 따라 자신의 군주를 섬기도록 부름을 받았다면 무기를 손에 쥠으로써 하나님을 격노시키지 않을 뿐만 아니라 하나님을 모독하지 않고서는 자신을 비난할 수 없는 거룩한 소명 가운데 있는 것이다."[536]

칼빈에게 하나님의 주권적 구원 은혜의 역사는 세속 권세의 영역뿐 아니라 교회가 수행하는 영적인 권세의 영역에 있어서도 동일한 근본 원리이다. 이와 같은 근본 원리에 따른 교회의 개혁은 하나님의 통치권을 임의로 제한하는 재세례파의 분리주의에서는 불가능하다. 칼빈은 『기독교강요』에서 그리스도의 영적 나라와 시민국가의 관할권이 다르다는 점을 인

---

[534] "이 점에 있어서 그들은 그들 스스로 하나님과 인류의 적임을 드러내고 있다. … 왜냐하면 하나님께서 존귀하게 하신 것을 비난하려고 하는 것과 그가 높이신 것을 발로 밟으려 하는 것은 그의 화를 돋우는 일이기 때문이다. 그리고 시민 정부나 검의 권세를 폐기하려 애쓰는 것보다 차라리 세상의 파괴를 꾀하고 도처에 강도짓 같은 것을 도입하는 편이 나을 것이다." "재세례파 논박", 『칼뱅작품선』 6: 157, COR. IV/2, 82.

[535] Institutes, IV.20.6, OS.5: 476.

[536] "재세례파 논박", 『칼뱅작품선』 6: 138, COR. IV/2, 67.

정하면서도 이 둘의 분리를 내세우는 주장을 "광란자들의 고삐 풀린 방자함"이라고 강하게 비판한다. 그리고 두 관할권의 구별은 해야 하나 분리되지 않는 관계를 역설한다. "이러한 종류의 정부는 저 영적이고 내적인 그리스도의 나라와는 구별된다. 그러나 우리는 이와 함께 이 둘이 서로 충돌되지 않는다는 것도 알아야 한다."537 칼빈은 『기독교강요』(1559) 제4권의 가장 마지막 장에서 이 두 관할권의 관계를 설명하는 목적을 다음과 같이 말한다.

> 제정신이 아니고 야만적인 사람들은 하나님이 수립한 이 질서를 전복시키려고 광폭하게 덤벼드는 모습을 보이는 반면에 자기의 권능을 과도하게 치켜세우는 군주들에게 아첨하는 자들은 주저 없이 하나님 자신의 통치권에 반발하며 그 반대편에 서는 모습을 보이니 이 두 가지 악에 대한 특별한 대책을 강구하지 않으면 믿음의 신실함(fidei sinceritas)이 파괴되고 말 것이다.538

이처럼 칼빈은 급진적 무정부의자들과 신앙을 정치적 이익을 위해 악용하는 아첨꾼들을 모두 경계하고, 기독교 종교와 관련된 믿음의 중요성을 강조한다. 여기에서 말하는 "믿음의 신실함"은 곧 『기독교강요』 서문에서 밝힌, 진작되어야 할 바른 "경건에 대한 열의"(pietatis studium) 즉 참된 기독교 종교의 회복으로서의 종교개혁의 궁극적 목적을 의미한다. "그뿐만 아니라 자애로우신 하나님이 이러한 영역에서 베풀어 주시는 것이 얼마나 대단한지를 아는 것은 우리 속에 경건에 대한 열의를 더욱 힘차게 진작시켜 우리의 감사가 입증되도록 하는 데 매우 중요하다."539

---

537 Institutes, IV.20.2, OS.5: 472-473.
538 Institutes, IV.20.1, OS.5: 471.
539 Institutes, IV.20.1, OS.5: 471-472. 칼빈은 위에서 인용한 두 문장을 1559년 라틴어 최종판에

재세례파의 분리주의는 세속적 권세와 영적인 권세를 분리하여 하나님의 주권을 영적인 영역에만 제한한다. 이와 같은 제한된 관점으로는 온전한 종교개혁을 이룰 수 없다. 칼빈은 종교개혁의 궁극적인 목적을 하나님의 구원의 은혜를 인정하고 그 영광을 드러내는 데 두었다. 하나님의 주권적인 구원의 역사에는 세속 영역에 허락하신 여러 기능들과 역할들도 포함된다. 이처럼 하나님의 주권과 영광은 신앙적 영역뿐 아니라 세속적 영역에서도 드러나는 것이므로 칼빈이 추구한 올바른 종교개혁의 범위 안에는 세속과의 단절이 아닌 구별 속에서 세속 영역의 올바른 변화까지 포함되어 있었다.

6. 종교개혁의 개념과 그 의의

재세례파는 그들이 당한 많은 고난이 자신들의 개혁 노력의 정당성을 입증한다고 주장했다. 그러나 칼빈은 이런 주장도 거절한다. "확실한 것은 한 사람의 죽음이 그가 누구든 하나님의 진리를 조금이라도 손상시킬 수 있거나 손상해야 할 정도로 그렇게 귀한 것은 아니라는 것이다."[540] 물론 신자의 삶과 신앙 공동체의 거룩함이나 헌신은 이 종교개혁을 통해 기대할 수 있는 하나님의 은혜의 열매들이다. 그러나 이 결과를 종교개혁의 목적과 기준으로 삼아서는 안 된다. 거룩함과 헌신에 대한 기념과 자랑은 자칫 또 다른 영웅 종교 혹은 자기 의의 종교를 조장할 수 있기 때문이다. 종교개혁자들은 성인 숭배와 성물 숭배를 적극 활용했던 로마 가톨릭의 오

서 처음 삽입했다. 이는 그가 국가 통치에 관한 논의를 그의 대표작인 『기독교강요』의 최종판에서 종교개혁의 궁극적 목적에 따라 정리해 설명하려 했음을 보여 준다.
540 "재세례파 논박", 『칼뱅작품선』 6: 219, COR. IV/2, 142.

류를 경계했다. 칼빈은 이미 "사돌레토에게 주는 답신"에서 16세기 당시 만연했던 성자숭배를 다음과 같이 비판했다.

> 이 수많은 우상숭배들은 제거되어야만 합니다. [성자숭배는] 여기에서 계속 나타나서, 그리스도의 중보가 사람들의 생각 속에서 지워져 버렸습니다. 성자들이 하나님을 대신해 기도를 받아 왔으며 하나님의 사역에 고유한 일들이 그들에게 분배되어 왔습니다. 고유한 직무들이 성자들에게 분배되었습니다. 이런 그들에 대한 숭배와 모두가 마땅히 혐오하는 오랜 우상숭배 사이에는 아무 차이도 없습니다.[541]

칼빈은 성자숭배의 궁극적인 문제를 기독교 신앙의 핵심, 즉 그리스도의 유일한 중보 사역의 의의를 손상시키는 것이라고 보았다. 그러므로 왜곡된 종교를 바르게 회복하기 위해서는 신앙의 표현이나 결과가 아니라 기독교 신앙의 기초인 성경의 진리에 집중해야 한다. "그러나 만약 우리가 지나치게 나아갈 경우 졸지에 속을 수가 있으므로 문제는 확고한 기초로 돌아가는 것에 있다. 이 기초가 없다면 우리는 이 영역에서 확실하고 분명한 판단을 할 수 없다."[542] 칼빈은 기독교 종교의 기초를 성경 전체가 일관되게 증거하는 하나님의 주권적 구원의 은혜와 그 약속과 성취의 역사라고 주장했다. 성경에서 직접적인 사례와 명령을 찾을 수 없는 모든 전통과 주장을 일단 철폐하려 했던 재세례파의 급진적 재건설을 반박한 이유는 이들의 주장과 방법이 이 기초의 회복을 추구하지 않기 때문이었다. 이와

---

[541] "사돌레토에게 주는 답신", 『칼뱅작품선』 4: 34, CO.5: 401.
[542] "재세례파 논박", 『칼뱅작품선』 6: 219, "Mais parce que nous pourrions estre tous les coups deceuz en cela si nous ne passions outre, il est question de revenir au fondement, sans lequel nous ne saurions assoir jugement seur, ny certin en cest endroit." COR. IV/2, 142.

달리 칼빈이 추구했던 종교개혁은 성경 전체가 가르치는 하나님의 주권적 구원 은혜의 진리를 재확인하고 그 위에서 교회와 신앙을 점검해 회복하는 것이었다. "재세례파 논박"보다 한 해 전 발표된 칼빈의 "교회 개혁의 필요성"은 이 점을 분명히 밝힌다. "그 주된 기초는 하나님을 모든 덕, 의, 성결, 지혜, 진리, 능력, 선, 자비, 생명, 구원의 유일한 원천으로 인정하는 것이며 그에 따라 모든 선한 것의 영광을 하나님께 돌리고 오직 그에게서만 모든 것을 구하며 필요할 때면 언제나 오직 그에게만 의뢰하는 것입니다."[543]

오늘날 한국교회의 종교개혁을 위해서는 과거의 신앙고백을 답습해서는 안 되고 현재 우리가 처한 문제를 극복하기 위한 새로운 대안을 시도해야 한다는 목소리가 들린다. 물론 단순한 과거의 답습은 무의미하며 부당할 뿐 아니라 사실상 불가능하다. 칼빈과 종교개혁자들 역시 자신들의 주장과 개혁 시도를 그대로 본받으라고 후대뿐 아니라 당대에도 강요하지 않았다. 그러나 16세기 종교개혁의 본질을 바르게 파악하여 오늘날 한국교회에 합당하게 적용하기 위해서는 칼빈을 비롯한 종교개혁자들이 왜 로마 가톨릭의 적폐를 비판하면서 동시에 재세례파 등의 급진적 주장도 거부했는지를 세심하게 검토할 필요가 한다. 하나님의 주권적 구원의 진리를 종교개혁의 기초와 목적으로 밝혔던 종교개혁자들의 강조점을 무시한다면 종교개혁의 역사적 유산들뿐 아니라 심지어 성경이 계시하는 구원의 진리마저 현실의 필요나 공동체적 욕구에 따라 남용되거나 오용될 수 있기 때문이다. 예를 들어 인류의 죄를 구원하신 대속자 그리스도의 십자가와 부활의 진리가 아니라, 차별받고 소외된 이웃들을 돌보는 섬김과 희생을 곧 복음이라고 일반화해 버리는 탈기독교적 주장으로까지 나아가버릴

---

[543] "교회 개혁의 필요성", 『칼뱅작품선』 2: 11, 650. CO 6: 460.

수 있다. 또 그 내용이나 방법이 무엇이든 간에 모범적이고 평등하며 순결한 공동체를 만들어서 그 영향력을 확대하는 시도를 개혁이라고 내세우며 자신들의 급진적 행동을 일방적으로 정당화하려 할 수도 있다.

오늘날 한국교회에 필요한 것은 칼빈이 제시했던 "기독교의 종교개혁"(reformatio religionis christianae), 즉 "기독교 신앙의 본질"에 대한 질문과 그 해답을 하나님의 말씀 가운데 찾아 겸손하게 순종하려는 회복의 결단과 실천이다. 물론 현재 한국교회의 상황을 볼 때 신자의 거룩한 삶과 교회 공동체의 건전함은 기독교 신앙의 현주소를 진단하고 회복의 정도를 가늠할 수 있는 중요한 지표임이 틀림없다. 그러나 예수 그리스도 안에서 성취된 하나님의 구원 은혜의 진리를 희석해 버리고 간과하면서까지 삶과 공동체의 거룩함을 추구하는 노력을 "제2의 종교개혁"이라고 부를 수는 없다. 예수 그리스도께서는 인류 공동체의 자기만족과 자아실현을 위해 이 땅에 오신 것이 아니라 하나님의 뜻을 거역한 죄로 인해 타락한 죄인들을 구원하시기 위해 십자가에서 죽으셨기 때문이다. 역사적 사건으로서 16세기 종교개혁은 근본적으로 예수 그리스도의 십자가를 통해 확증된 하나님의 주권적 은혜를 드러냄으로써 하나님께만 영광을 돌리기 위한 반성과 회복의 노력이었다. 그리고 개혁을 위한 500년 전의 이 노력은 박물관에서나 찾을 수 있는 케케묵은 과거의 유산이 아니라, 성경 전체가 일관되게 가르치는 진리이며 교회가 변함없이 증언해야 할 신앙의 고백이다.

제6장
리베르탱파 논박(1545)

1. 배경: 기독교 신앙에 대한 가장 큰 위협

1.1. 리베르탱파의 정체

칼빈은 1544년 발표한 재세례파에 대한 반박에 이어 이듬해 또 하나의 위협적인 분파주의자들을 겨냥한 논박문을 발표했다. 이들은 잘못된 신관과 세계관 위에서 성경을 잘못 해석했으며 구원에 대한 이해를 왜곡했고, 특히 그리스도인의 삶의 윤리와 사회 질서를 파괴하는 위험한 주장을 전개했다. 특별히 이 분파주의자들은 로마 가톨릭과 세속군주들이 종교개혁의 대의를 비방하고 거절하는 한 빌미를 제공했다. 칼빈은 자신의 논박문에서 이 분파를 스스로 신령파라고 칭하는 "리베르탱파"(libertins)라고 명명했다.[544]

이 논박문에 대한 연구는 칼빈의 다른 저술들에 비해 그동안 많이 이루

---

[544] John Calvin, "Contra la secte phantastique et furieuse des libertins, qui se nomment spirituelz." COR. IV/1, 43.

어지지 않았다.⁵⁴⁵ 그간의 연구들이 주목했던 주제는 칼빈이 비판한 이 리베르탱파의 정체에 대한 것이었다. 특히 칼빈이 16세기 활동했던 리베르탱파에 대해 얼마나 정확한 이해를 가지고 있었는지에 대한 논쟁이 있었다. 20세기 초 벌어진 이 논쟁은 뮐러(Karl Müller)가 1922년 발표한 논문으로부터 시작되었다. 그는 16세기 당시 리베르탱파는 도덕적으로 방종하거나 범신론적 주장을 펼치지 않았으며, 다만 루터가 『독일신학』(*Theologia Germanica*)에서 언급한 바 있는 경건주의적인 신비주의자들이었을 뿐이라고 주장했다. 따라서 그는 이들을 향한 칼빈의 비판은 부정확하며 가혹하다고 평가했다. 뮐러는 칼빈이 1544년에 접촉한 적 있는 두 명의 홀란드인들에게서 전해 들은 리베르탱파에 대한 잘못된 해석에 따라 캥탱(Quintin Thiery)의 글을 보았기 때문에 이런 오해를 갖게 되었다고 주장했다.⁵⁴⁶

노이저(Wilhelm Neuser)는 뮐러의 주장을 반박하면서 1539년 판 『기독교강요』와 칼빈이 다른 개혁자들과 주고받은 서신들을 인용했다. 그는 칼빈이 두 명의 홀란드인들이 방문하기 이전부터 리베르탱파에 대해 구체적으로, 정확하게 인지하고 있었다고 주장했다. 그리고 칼빈 이외의 여러 개혁자들의 언급들을 살펴보면 이들이 칼빈이 비판한 바와 같은 범신론적 신령파였음이 분명하다고 분석했다.⁵⁴⁷

20세기 후반에 들어서 영미 학자들을 중심으로 칼빈의 "리베르탱파 논박"에 대한 연구가 다수 이루어졌다. 16세기 급진종교개혁에 대한 전문

---

545 국내에서는 심창섭 교수의 연구가 대표적이다. 심창섭, "리베르틴파의 범신론에 대한 칼빈의 신학적 입장: 인성, 중생, 부활을 중심으로", 『칼빈신학해설』, 한국칼빈학회 편 (서울: 대한기독교서회, 1998), 241-267.

546 Karl Müller, "Calvin und die Libertiner," *Zeitschrift für Kirchengeschichte* 40 (1922): 83-129.

547 Wilhelm Neuser, "Calvin und die Libertiner," *Zeitschrift für Krichengeschichte* 48 (1929): 58-74.

가인 윌리엄스(George H. Williams)는 기본적으로 노이저의 견해에 동의했다. 그리고 칼빈이 자신의 논박문에서 비판했던 캥탱파는 광범위한 스펙트럼을 가지고 있던 신령주의자(spiritualizer)의 한 하위 그룹이었으며 "사변적 신령주의"라고 분류할 수 있다고 말했다.[548] 에어(Carlos M. N. Eire)는 니고데모파에 대한 칼빈의 비판을 분석한 연구에서 칼빈이 비판한 리베르탱파에 대해 언급했다. 에어는 이들은 오랜 기간에 걸쳐 칼빈이 비판했던 니고데모파와는 확실하게 구별되는 분파주의자들이었으며 도덕적 방임주의를 조장했다는 점에서 위험성을 가진 자들이었다고 분석했다.[549] 비르헤이(Allem Verhey)는 리베르탱파에 대한 칼빈의 비판 내용을 더 심층적으로 분석했다. 그는 그 결과 이들이 종교개혁자들이 일반적으로 주장했던 교리와 확연하게 구별되는 섭리에 대한 주장을 제시한 일종의 결정론자들(determinists)이었다고 평가했다.[550] 팔리(Benjamin W. Farley)는 기존의 연구들을 종합하여 칼빈의 비판은 리베르탱파에 대한 비교적 정확한 정보에 기초하고 있다고 판단했다. 그는 다만 칼빈이 캥탱을 리베르탱파 전체의 견해를 대표하는 인물로 이해했다는 점을 지적한다. 그리고 캥탱과 다른 세 그룹의 리베르탱파가 있었으며 이들을 구분해서 볼 필요가 있다고 주장했다. 이들은 캥탱에 동조했지만 구체적인 주장에서는 차이를 가지고 있던 포케(Antoine Pocquet), 캥탱의 범신론적이며 결정론적인 신령주의에 실제로 동의했던 "사변가들", 그리고 캥탱의 견해들 중 도덕적 방임주의 경향을 따랐던 단순한 "신성모독적 백성"들이었다.[551] 그러나 비교적 최근에

---

[548] Williams, *Radical Reformation*, 602.

[549] Carlos M. N. Eire, "Calvin and Nicodemism: A Reappraisal," *The Sixteenth Century Journal* 10/1 (1979): 51. [49-69]

[550] Allen Verhery, "Calvin's Treatise Against the Libertines," *Calvin Theological Journal* 15/2 (1980): 190-219.

[551] Benjamin W. Farley, "Editor's Introduction," 173.

빈(Mirjam van Veen)은 급진세력에 대한 칼빈의 비판이 다소 지니쳤다고 평가하면서, 리베르탱파의 정체 역시 칼빈의 비판만으로는 확정할 수 없다고 주장했다.[552]

칼빈이 얼마나 리베르탱파를 정확하게 해석했는지, 그가 비판한 리베르탱파의 정체가 무엇인지에 대해서는 이처럼 학자들 사이에 견해 차이가 있었지만, 대부분의 학자들은 칼빈이 "리베르탱파 논박"에서 제시하고 있는 내용이 16세기 종교개혁 시대에 등장했던 리베르탱파의 정체성과 신학적 주장들에 대해 가장 정확하고 풍부한 정보를 제공하고 있다는 사실에 대해서는 동의한다. 다만 칼빈의 다른 저술들과 비교할 때 상대적으로 풍부하지 않은 연구 분량에도 불구하고 리베르탱파에 대한 칼빈의 반박에 대해서 그동안 다양한 해석과 평가가 나타난 것이 사실이다. 리베르탱파의 정체와 주요 내용에 대한 정확한 파악은 쉬운 일이 아니다. 그러나 이들에 대한 칼빈의 반박이 어떤 목적과 논지를 취하고 있는지는 16세기 종교개혁의 주요 원칙과 대의를 이해하는 데 여전히 유용하다고 말할 수 있다. 그리고 이 유용성을 확보하기 위해 이 저술을 되도록 공정하고 정확하게 이해하고 평가하기 위해서는 가장 먼저 이 저술 자체를 직접 검토하는 것이 최선의 방법이며 필수적인 과정이다.

1.2. 저술 동기

가장 먼저 확인해야 할 것은 리베르탱파에 대한 칼빈의 이해이다. 칼빈은 "리베르탱파 논박"의 서언에서 자신이 알고 있는 이 분파에 대한 기본적인 정보에 대해 말한다. 그는 이들이 1524년경, 의해 홀란드와 브라반

---

552 Mirjam van Veen, "'Supporters of the Devil': Calvin's Image of the Libertines," *Calvin Theological Journal* 40 (2005): 21-32.

트, 그리고 독일 저지대 지방 일대에서 등장했다고 말하면서 이는 복음의 거룩한 가르침이 회복되는 것을 가로막기 위한 사탄의 계략에 따른 것이라고 주장한다.553 칼빈은 "리베르탱파 논박" 제4장에서 더 구체적으로 이 분파의 출현 배경과 주요 활동에 대해 말한다. 그는 이 글에서 프랑스어권 지역에서 활동한 리베르탱파만을 반박의 대상으로 다룰 것이라고 밝히면서 이 지역 최초의 리베르탱파는 릴 출신의 플랑드르 사람 코펭(Coppin)이었다고 말한다. 그리고 코펭의 뒤를 이어 이 분파를 대표했던 인물로 하이나우트 지역이거나 아니면 다른 지역 출신인 퀸틴 캥탱이 있으며, 자신이 물랭(Bertrand des Moulins)을 따라 다니던 캥탱을 직접 만난 적이 있다고 밝힌다.554 그리고 이후 자신의 친구이며 후원자였던 포르쥬(Etienne de la Forge)로부터도 캥탱이 잘못된 행악으로 인해 자신의 나라에서 추방되었다는 소식을 들었다고 말한다. 칼빈은 프랑스어권에서 활동한 리베르탱파를 대표하는 세 번째 인물로서 페르스발(Claude Perceval)이 있었다고 하면서, 그의 조력자였던 사제 앙투안 포케는 자신이 3년 전에 직접 만나 보았다고 말한다. 칼빈은 이상의 인물들이 프랑스어권에서 찾을 수 있는 리베르탱파의 "첫째가는 교사들이요 마치 족장들"과 같다고 평가한다.555

칼빈은 이처럼 리베르탱파를 대표하는 인물들의 이름을 거론하면서 자신이 비판하는 내용은 이들을 직접 만나 확인한 내용이라고 주장한다. 이 주장과 관련해 칼빈이 굳이 사실이 아닌 경험과 내용을 과장해서 말할 이유가 있었다고 보기 어렵다. 물론 리베르탱파에 대한 칼빈의 비판이 일방적이고 너무 가혹했다고 판단할 수 있지만 칼빈이 이들의 주요 주장들을

---

553 "리베르탱파 논박", 『칼뱅작품선』 6: 221, COR. IV/1, 43.
554 "리베르탱파 논박", 『칼뱅작품선』 6: 232, COR. IV/1, 56.
555 "리베르탱파 논박", 『칼뱅작품선』 6: 233, "Voila, tous les premiers docteurs de la bende et comme le patriarches." COR. IV/1, 57.

오해하거나 남용한 것 같지는 않다. 이런 점에서 볼 때, 칼빈이 리베르탱파를 오해했다는 뮐러나 빈의 주장보다는 칼빈이 이들에 대해 어느 정도 확실한 이해와 정보를 가지고 있었다고 보는 니젤이나 팔리의 주장에 더 무게가 실린다.

중요한 것은 칼빈이 리베르탱파에 대한 상세한 논박문을 쓰게 된 동기이다. 칼빈은 리베르탱파를 대표하는 인물들의 이름을 구체적으로 거론한 두 가지 이유를 다음과 같이 밝힌다.

> 첫째, 리베르탱이라는 말이 무엇을 의미하는지 모르는 몇몇 사람이 그것을 캥탱이라는 이름으로 인식할 것이기 때문이다. 둘째, 이토록 위험스런 짐승들은 각자가 그것들을 인식할 때까지 표시를 해 두어, 누군가가 경고를 받지 않음으로 말미암아 피해를 입지 않게 해야 함이 적절하기 때문이다.[556]

이 주장으로부터 우리는 두 가지 사실을 파악할 수 있다. 첫째, 칼빈은 비록 캥탱이 가장 중요한 인물이기는 하지만 리베르탱파 안에 캥탱 이외에도 여러 가지 다양한 주장들이 있었음을 인식했다는 점이다. 그럼에도 불구하고 칼빈은 캥탱을 주된 반박의 대상으로 선택했다. 이는 캥탱이 리베르탱파가 공통적으로 전개했던 잘못된 교리들을 가장 핵심적으로 주장했기 때문이다. 둘째, 칼빈에게는 리베르탱파의 주장에 대한 논박을 통해 추구한 더 궁극적인 목표가 있었다. 그는 이 저술에서 반박하려 한 대상들을 되도록 구체적으로 지목함으로써 사람들이 이들이 주장하는 오류들로 인해 입을 수 있는 피해를 방지하고 이로써 종교개혁의 대의와 목적을 분명하게 밝히려 했다. 칼빈은 "리베르탱파 논박"의 서두에서 자신이 이들을

---

[556] "리베르탱파 논박", 『칼뱅작품선』 6: 234, COR. IV/1, 58.

비판하는 것이 불가피한 의무였다고 말한다. "만약 내가 길을 막고 있는 강도들을 알고 있다면, 가련한 여행객들이 그들의 수중에 빠질 것을 우려해 그 강도들을 폭로해야 하지 않겠는가?.. 그러나 내가 침묵하게 되면, 나는 악에 동의한 꼴이 되므로 살인자로 여겨져 마땅할 것이다."557

칼빈은 "리베르탱파 논박"의 제4장에서 이 논박문을 쓰게 된 개인적인 이유도 밝힌다. 즉, 자신은 상당 기간 리베르탱파를 상

논쟁가 칼빈

대하려 하지 않았으나 이제는 이들의 세력이 확장되어 갈 뿐 아니라, 이들을 반박하는 글을 써 달라는 동료들의 요청이 여러 차례 있었기 때문에 더 이상 기다릴 수 없게 되었다는 것이다.558 그가 리베르탱파에 대한 논박문 작성을 서둘러야 했던 직접적인 이유는 이들이 칼빈 자신을 비롯한 여러 종교개혁자들의 권위를 함부로 인용하고 있기 때문이었다. 칼빈은 앙투안 포케가 2년 전 제네바에 머물 때 자신의 악한 가르침을 숨기고 도리어 자신으로부터 일종의 보증을 얻어 내려 했다고 말한다. 포케는 이 계획이 실패하자 스트라스부르크로 가서 그곳의 개혁자 부처의 신용을 악용하려 했다. 실제로 부처는 페르스발과 물랭을 자신의 집에 초대해 교제한 적이 있었다.559

---

557 "리베르탱파 논박", 『칼뱅작품선』 6: 234-5, COR. IV/1, 59.
558 풀렝(Valérnad Poullain)은 1544년 5월 26로 칼빈에게 보낸 편지에서 캥탱의 저술 여러 편을 함께 보내며 발렌시엔느 시민들을 위한 답변을 써 줄 것을 요구했다. 파렐 역시 같은 해 10월 2일 칼빈에게 편지를 보내 "시몬 마구스의 제자들"에 맞서 글을 써 줄 것을 요청했다. 같은 달 13일 풀렝은 칼빈에게 한 번 더 편지를 보내 칼빈이 자신의 요청에 동의한 것에 대한 감사를 표했다. Farley, "Editor's Introduction", 161-2.
559 "그는 나에게서 아무것도 얻을 수 없음을 보자, 내가 그에게 거부했던 것을 모든 기독교 세계에서 존경받는 우리의 형제 마르틴 부처가 인정했다고 주장했다." "리베르탱파 논박", 『칼뱅작

이들은 칼빈이 "리베르탱파 논박"을 쓸 당시에 나바르의 왕비 앙굴렘의 마가레트의 궁정으로 피신해 그곳에서 보호를 받으며 공직까지 수여받고 마치 개혁자인 양 활발하게 활동하고 있었다.[560] 칼빈이 볼 때 리베르탱파의 이와 같은 위장된 행동은 올바른 종교개혁과 전혀 무관할 뿐만 아니라 도리어 종교개혁의 명분과 대의를 위험에 빠뜨릴 가능성마저 있었다. 그러므로 "리베르탱파 논박"의 궁극적인 관심사는 종교개혁이라는 허울을 뒤집어쓰고 있는 이단적이며 분파적인 사상과 분명하게 차별되는 종교개혁의 대의와 주장을 드러내고 변호하는 것이었다.

칼빈은 리베르탱파는 로마 가톨릭보다 더 위험한 "하나님의 원수들"이며 "진리의 더 큰 파괴자들"이라고 말한다.[561] 칼빈은 이들의 위험성에 대해 다음과 같이 지적한다.

> 이자들이 더 악한 이유는 교황은 여전히 종교의 어떤 형식을 남겨 두기 때문이다. 그는 영생의 소망을 결코 제거하지 않으며, 하나님의 경외하는 것을 가르치며, 선과 악 사이를 어느 정도 구별하며, 우리 주 예수를 참 하나님과 참 사람으로 인식하며, 하나님 말씀에 권위를 부여한다. 그러나 이자들의 모든 목적은 하늘과 땅을 혼합하고, 모든 종교를 파괴하며, 인간 오성의 모든 인식을 말살하며, 양심을 죽이며, 사람과 짐승 사이에 아무 차이를 두지 않는 것이다.[562]

품선』 6: 237, COR. IV/1, 61.

560 Farley, "Editor's Introduction," 163. Greef, 『칼빈의 생애와 저서들』 261-2.

561 "내가 오직 하나님의 교회를 파괴하려고 음모를 꾸미는 자들에 대해 싸우면서만 그 교회를 세울 수 있을진대, 할 수 있는 한, 교황과 그의 공모자들은 비난하면서, 한편 훨씬 더 악한 하나님의 원수들이요 그의 진리의 더 큰 파괴자들인 이자들을 용서하는 게 가히 보기 좋으리라." "리베르탱파 논박", 『칼뱅작품선』 6: 235, COR. IV/1, 60.

562 "리베르탱파 논박", 『칼뱅작품선』 6: 235-6, "Car encore le pape laisse il qulque forme de religion. Il n'oste point l'esperance de la vie eternelle. Il instruit de craindre Dieu.

칼빈은 이처럼 로마 가톨릭 안에는 기독교 종교의 중요한 내용들이 어느 정도 남아 있다고 보았다. 리베르탱파와 같은 급진세력의 문제를 지적하는 맥락에서 칼빈이 당시 로마 가톨릭에 대해 이처럼 긍정적인 평가까지 내렸다는 사실은 주목할 만하다. 그러나 로마 가톨릭의 긍정적인 측면이 그들이 자행한 부정적인 문제를 결코 정당화할 수는 없다. 종교개혁자들이 볼 때 로마 가톨릭의 문제는 올바른 기독교 종교의 중요한 내용들을 왜곡하고 그 성경적이며 역사적 기초를 허물어뜨려서 참된 기독교 종교의 혼동을 불러일으켰다는 점에 있었다. 그러나 로마 가톨릭의 변조와 왜곡과 비교할 때, 리베르탱파와 같은 분파주의자들은 기독교의 종교 자체를 부인하고 파괴하려 한다는 점에서 더 위험했다. 칼빈을 비롯한 16세기 종교개혁자들은 로마 가톨릭이 왜곡하고 남용하는 기독교의 종교를 성경의 가르침과 초대교회의 성경적인 모범에 따라 회복하려 했다. 이들이 추구했던 종교개혁은 회복이었지 파괴와 재건설이 아니었다. 이런 관점에서 볼 때, 아예 새로운 교리와 그 적용을 내세우면서 사실상 완전히 새로운 종교를 세우려 하는 분파들이 점점 더 그 세력을 넓혀 가는 현상은 훨씬 더 위험해 보였다. 따라서 칼빈은 재세례파나 리베르탱파, 그리고 반삼위일체주의자들과 같은 위험한 분파주의자들의 문제를 지적하고 이들을 적극 반박하는 것이 기독교의 종교를 성경의 진리에 따라 회복하는 중요한 과제라고 여긴 것이다.

급진세력에 대한 칼빈의 논박은 그가 스트라스부르크에서 제네바로 돌아온 1540년대 중반에 주로 이루어졌다. 이 무렵 칼빈은 스트라스부르크

Il met quelque discretion entre le bien et le mal. Il recognoist nostre Seigneur Jesus vray Dieu et vray homme. Il attribue authorité à la parolle de Dieu. Mais tous le but de ceux cy est de mesler le ciel et la terre, aneantir toute religon, effacer toute congnoissance de l'entendement des hommes, amortir les consciences et ne laisser difference entre les hommes et les bestes." COR. IV/1, 60.

와 제네바 등에서 직간접적으로 만나고 들으며 접촉했던 급진세력의 오류들을 구체적으로 비판해야 할 필요를 절감했다. 그는 특히 리베르탱파의 오류를 논박하는 것이 하나님의 영광과 구원의 진리를 확립하는 종교의 개혁을 위해 중요한 과제라고 주장했다. "따라서 그들이 그들의 저주받을 계획을, 즉 하나님의 영광뿐 아니라 영혼 구원을 뒤집는 것을 더 쉽게 수행하기 위해 착용하고 있는 가면을 벗겨 내는 것은 매우 타당하다."563 칼빈이 서두에서부터 밝힌 저술의 동기를 고려할 때, 리베르탱파에 대한 칼빈의 논박으로부터 그가 주장하고자 했던 종교개혁의 개념과 목적, 그리고 그 합당한 방식을 재구성하는 것은 오늘날에도 가능한 작업이며 충분히 의미를 가진 연구이다.

2. 비판의 방식

2.1. 역사적 비판: 종교개혁의 역사적 정당성

칼빈은 개인적 감정이나 사회적 평판에 따라 리베르탱파를 비판하지 않는다. 그가 리베르탱파를 반박하는 가장 주된 근거는 재세례파의 경우와 마찬가지로 성경의 가르침이다. 그러나 그는 "리베르탱파 논박"의 첫 장의 첫머리에서는 먼저 역사적 관점에 따라 이들의 문제점들을 비판한다. 이와 같은 역사적 관점에 따른 논박은 칼빈이 종교개혁의 정당성을 역사적 차원에서 주장하려 했음을 보여 준다. 즉, 그는 자신의 다른 저술들에서와 마찬가지로 종교개혁이 "오직 성경으로"의 원칙을 강조하지만, 이 원

---

563 "리베르탱파 논박", 『칼뱅작품선』 6: 238, COR. IV/1, 63.

칙을 편협하게 내세워 교회 역사의 모든 전통과 유산들을 무시하는 것이 아니며, 오히려 성경에 충실했던 교회의 역사와 전통의 가치를 재조명하고 이를 계승하려 함을 강조하려 한 것이다.

칼빈이 전개한 리베르탱파에 대한 역사적 반박은 기본적으로 그들이 역사상 가장 해로운 종파임을 밝히는 데 그 목적이 있다.[564] 칼빈이 볼 때 이들의 잘못된 주장은 완전히 새로운 것이 아니었다. 리베르탱파의 주장은 사도시대로부터 이후 오랫동안 문제를 일으켜 왔던 여러 이단들의 오류와 공통점이 있기 때문이다.[565] 칼빈은 교회 역사에 등장했던 많은 이단들의 배후에는 궁극적으로 악한 영적 세력의 활동이 있다고 말한다. "우리는 거짓의 아비가 태초부터 있었음을 우리 주님의 경고를 통해 알고 있으므로[요 8:44], 과거에 있었고 지금도 여전히 있는 모든 오류가 그의 작업실에서 만들어졌다는 것은 의심의 여지가 없다."[566] 칼빈이 보기에 리베르탱파는 역사상 최악의 위험성을 가진 분파임에 분명하지만 그들의 "신조들과 모든 교리에서 새로이 주장한 것"은 전혀 없으며, 사도 시대부터 존재했던 여러 유사한 이단이나 이후 등장한 "악마적인 망상"으로 세상을 오염시키려 했던 여러 이단들의 계보를 이어받고 있을 뿐이다.

칼빈은 "리베르탱파 논박"의 제3장에서 더 구체적으로 리베르탱파와 고대 이단들 사이의 있는 연속성에 대해 주장한다. 먼저 리베르탱파의 주장은 이원론에 따라 잘못된 교리를 가르쳤던 케르도(Cerdo)의 주장과 유사하다. "그는 자신이 선과 악이라 명명한 두 가지 원리를 만들고는, 이 세상에 있는 모든 것이 이중 하나에게서 비롯되며 그 고유 본질에 속한다고 말

---

[564] "우리는 모든 고대 역사에 걸쳐 오늘날 리베르탱파라고 불리는 것만큼 그렇게 해로운 종파가 있었음을 결코 읽지 못한다." "리베르탱파 논박", 『칼뱅작품선』 6: 223, COR. IV/1, 47.
[565] "나머지는 1400년 동안 교회를 시끄럽게 했던 발렌티누스파, 케르도파, 마니교도들의 주장과 유사하다." "리베르탱파 논박", 『칼뱅작품선』 6: 224, COR. IV/1, 47.
[566] "리베르탱파 논박", 『칼뱅작품선』 6: 224, COR. IV/1, 47.

한다."⁵⁶⁷ 헬레니즘의 전형적인 영육이원론에 충실했던 케르도는 결국 예수 그리스도의 성육신과 부활을 부인했으며, 가현설적인 교리를 설파했다. 케르도의 뒤를 이어 등장한 마르키온(Marcion) 역시 유사한 주장을 펼쳤다. 그는 같은 시기 나타난 영지주의자들보다 "선과 악을 두 원리로 삼으면서 영혼이 하나님의 본질에 속한다고 주장"했고, "인간 육체에서 순결하게 지켜지는 영혼은 선한 하나님의 본성으로 되돌아가고, 세상의 더러움에 오염된 영혼은 악으로 돌아간다"고 가르쳤다. 칼빈은 이들이 모두 같은 계열에 속하는 이단들이라고 비판하면서 영지주의적 이원론에 동의했던 대표적인 인물들로서 벨렌티누스(Valentinus)와 아펠레스(Appelles) 등을 꼽는다.⁵⁶⁸

칼빈이 리베르탱파와 유사한 고대 이단이라고 지적하는 또 하나의 대표적인 종파는 마니교이다. 이들은 구약의 율법과 선지자들을 조롱하면서 구약 전체를 비난했다. 이들이 보기에 구약에 나타난 하나님이 지나치게 잔인했기 때문이다. 마니교는 신약에서도 자신들의 마음에 들지 않는 내용을 마음대로 비판하고 거부했다. 이 종파는 선과 악의 이원론에 따라 자신들만의 신론과 인간론을 주장했다.

> 다음으로 그들은 상이한 두 신을 만들었는데 하나는 선의 시작이요, 다른 하나는 악의 시작이다. 마찬가지로 그들은 인간 안에 두 영혼을 세웠는데, 하나는 선한 신에게서 온 것으로, 그들은 그것이 열등한 것들에 의해 오염되어 있어서 처음 기원으로 돌아가기 전까지 정화되어야 한다고 말한다. 다른 하나에 대해 그들은 그것이 결코 교정될 수 없으며, 다만 언제나 자신의 소속인 암흑의 기원으로 돌아간다고 말한다.⁵⁶⁹

---

567 "리베르탱파 논박", 『칼뱅작품선』 6: 227, COR. IV/1, 51.
568 "리베르탱파 논박", 『칼뱅작품선』 6: 227-8, COR. IV/1, 52.
569 "리베르탱파 논박", 『칼뱅작품선』 6: 228-9, COR. IV/1, 53. 칼빈은 여기에서 마니교도들이 정

칼빈은 리베르탱파가 이상의 초대교회 시대 이단들의 주장을 일부분씩 취해 하나로 혼합시켰다고 분석한다. 그러나 리베르탱파는 방탕함과 어리석음에 있어서는 고대의 모든 종파를 능가한다고 평가한다.

칼빈은 초대교회에 등장했던 대표적인 이단과 리베르탱파의 두 가지 유사점에 주목한다. 첫째는 성경관이다. 리베르탱파는 초대교회의 이단들과 같이 기록된 성경을 무시하고 사도들을 조롱했다. "처음에 그들은 대담하게도 성경을 거부했으며, 심지어 각 사도들에게 별명을 붙여 그들의 권위를 조롱했다." 이와 같은 무례함에 신자들이 반발하자 리베르탱파는 태도를 바꾸어 "성경을 부인하지 않는 척하면서 그것을 알레고리로" 바꾸는 방식을 취했다.[570] 칼빈은 리베르탱파가 취한 알레고리의 기원 역시 초대교회의 이단에게서 찾는다. 이는 몬타누스파에서 활동한 여성 예언자 프리스킬라와 그의 추종자들이다.

고대 이단들과 리베르탱파의 두 번째 유사점은 이들의 이원론적 세계관에 있다. 리베르탱파 역시 영지주의자들이나 마니교도들과 마찬가지로 선과 악의 이원론을 주장했다.

즉, 그들은 하나님이신 오직 하나의 영이 있고 다른 쪽에는 세상이 있다는 것, 인간에게 있는 하나님의 영이 거기서 물러날 때까지 그들을 붙들어 주지 않는 한 모든 피조물은 아무것도 아니라는 것, 이것 외에 그들이 갖고 있는 것은 세상이거나 사탄이거나 아무것도 아니라는 것이다.[571]

화를 위해 제안한 행위들이 사악한 마법술과 가증하고 야비한 짓에 불과했다고 강하게 비판한다.
[570] "리베르탱파 논박", 『칼뱅작품선』 6: 229, "C'est qu'en faisant semblant de ne point rejecter l'escriture, ilz l'ont convertie en allegorie …" COR. IV/1, 54.
[571] "리베르탱파 논박", 『칼뱅작품선』 6: 230, COR. IV/1, 54.

그들은 이와 같은 이원론에 따라 오직 자신들의 종파에 속하는 자들만 하나님의 영혼을 소유한다고 주장했다. 칼빈은 이와 같은 교리를 따르게 되면 그리스도의 성육신과 부활은 비실제적인 것이 될 뿐이며, 따라서 그리스도인들의 영생과 부활 역시 우화에 불과하게 될 것이라고 경고한다.572 칼빈은 리베르탱파의 기원과 주장을 철저하게 추적하면 "두 원리에 관계된 그들의 모든 생각이 마니교의 기초 위에 세워지고 있음을 발견할 것"이라고 주장한다. 마니교가 신도들 가운데 교사들을 "마카리안"(Macariens) 혹은 "정결인"(Catharites)으로 부르고 생도들을 "택자"와 "청중"의 계급으로 나누었던 것과 마찬가지로 리베르탱파 역시 생도들을 다양한 등급으로 나누었다. 그리고 하위 등급에 속하는 자들에게는 그들이 마법에 걸려들어서 맹세하기 전까지 비밀한 지식을 암시만 할 뿐 제대로 알려 주지 않았다. 다만 차이점이 있다면 마니교가 악한 "영혼의 정화를 위해 푸닥거리와 같은 노력"에 매진한 것과 달리 리베르탱파는 "그저 눈을 감고 선과 악의 분별을 포기하고 양심을 잠재우면 된다는 아주 손쉬운 방식"을 채택했다는 점이었다.573

칼빈이 마니교와 리베르탱파의 차이점과 유사점에 대해 이처럼 상세하게 논의하는 이유는 16세기 초반에 등장했던 이단적 주장들에 어떤 역사적 기원이나 연속성이 있음을 주장하기 위함이다. 분파주의자들은 항상 자신들이 독점적인 성경해석의 권리를 가지고 있으며, 그 결과 이제까지 드러나지 않았던 새로운 진리를 발견했다고 주장하지만, 그것은 사실

---

572 "즉, 하나님이신 인간의 영혼은 인간이 죽을 때 하나님 자신에게로 돌아가는 바, 이는 그가 인간의 영혼으로 살기 위함이 아니라, 하나님이 처음부터 행하신 것처럼 사시기 위함이라는 것이다." "리베르탱파 논박", 『칼뱅작품선』 6: 231, COR. IV/1, 55.

573 "그런데 그들이 악의로 이렇게 하는 게 사실인바, 이는 계략을 통한 은밀함으로 단순한 사람들을 속이기 위함이다. 그들이 이미 맹세한 사람들을 제외하고는 그들의 속에 감추어진 혐오스러운 신비들을 결코 드러내 보이지 않는다. 동시에 그들은 초보자 같은 경우 아무 이해 없이 입을 벌린 채 얼어 버리게 내버려 둔다." "리베르탱파 논박", 『칼뱅작품선』 6: 244, COR. IV/1, 69.

이 아니다. 성경에서 계시하신 하나님께서는 이후 교회 역사를 섭리하신 하나님이시기도 하다. 따라서 종교개혁은 성경의 진리를 최종적이며 궁극적인 권위로 여기지만 이와 더불어 성경의 진리에 충실했던 역사적 전통과 교리들을 존중했다. 칼빈도 "리베르탱파 논박"의 서문에서 진리의 계승에 따른 교회의 일체성을 주장한다. 이는 천 년이 넘는 긴 시간 동안 수많은 이단들의 도전에 맞서 성경이 가르치는 중요한 진리를 확고하게 지키려 애써 온 교회의 노력 가운데 당대의 종교개혁이 시도되고 있음을 주장하려는 것이다. "게다가 사탄이 우리가 우리 주 예수 안에서 그의 말씀으로 맺은 이 거룩한 일체성(saincte unité)을 모든 방법을 통해 끊임없이 붕괴시키려 획책하므로, 교회의 보존을 위해 더욱 요구되는 것은 바로 이 말씀을 검과 방패로 쓰고 사용해 그런 음모에 맞대결하는 것이다."[574]

마니교와 리베르탱파의 유사성을 지적하면서 칼빈이 재확인하려 했던 바른 교리에는 성경에 대한 정확하고 충실한 해석, 예수 그리스도의 성육신과 부활의 실제성, 그리스도의 공로에 의한 부활과 영생의 확실성, 그리고 이에 덧붙여 진리 안에서 그리스도의 몸의 지체인 모든 신자들이 소유하고 있는 신분의 동등성이 포함되어 있었다. 이처럼 칼빈은 허황된 교리로 하나님의 진리를 공격해 왔던 악한 영적 세력의 실제를 공식화함으로써 이런 오류와 이단들에 맞서 바른 진리를 지키고자 했던 종교개혁의 대의와 정당성을 주장했다. 이런 측면에서 종교개혁 신학은 역사적 신학으로서의 면모와 특징을 가지고 있었다고 평가할 수 있다.

---

[574] "리베르탱파 논박", 『칼뱅작품선』 6: 223, COR. IV/1, 46.

2.2. 성경적 비판

다른 논쟁서들과 마찬가지로 칼빈이 리베르탱파를 비판할 때 취했던 최종적인 기준은 성경이었다. 칼빈은 "리베르탱파 논박" 제2장에서 리베르탱파의 가르침이 성경이 경고하고 있는 초대교회 이단들과 그 내용과 행태를 같이한다고 주장한다. 칼빈이 언급하는 성경 본문은 베드로후서 2장과 유다서이다. 칼빈이 볼 때, 16세기의 리베르탱파는 베드로후서 2장 12절이 경고한 바 있는 "본래 잡혀 죽기 위해 난 이성 없는 짐승"에 해당한다. 특히 이들이 "기독교라는 이름 아래 단순한 자들을 방탕한 삶으로 이끌어" 가고 있으며 "그리스도인의 자유를 남용하여 육적 방종의 고삐를 늦추고, 세상을 혼란스럽게 하길 기뻐하되 모든 인간 제도와 질서와 정직성을 뒤엎으면서, 양심의 가책 없이 멋대로" 살게 하고 있다는 점에서 그렇다.[575] 칼빈은 유다서 10절에 기록되어 있는 "마치 야수처럼 육적 감정 외에 다른 지식을 갖지 못한" 자들도 바로 16세기 당시 리베르탱파를 예고한 것이라고 해석한다. 칼빈에 따르면 성령께서는 사도들의 기록을 통해 이와 같은 자들을 조심하라고 이미 경고하셨다.

칼빈은 "리베르탱파 논박"의 서문과 제5장에서 리베르탱파와 같은 자들의 등장은 궁극적으로 하나님의 섭리적 허용에 따른 결과라고 주장한다. 하나님께서는 이런 위험한 이단들을 통해 겉으로만 신앙을 고백할 뿐 실제로는 자신을 믿지 않는 위선적인 불신자들을 심판하려 하셨다. 위선적인 불신자들은 결국 리베르탱파와 같은 자들의 주장에 동조함으로써 자신들의 위선을 드러내기 때문이다. "내가 언급한 대로 우리 주님은 이런 일이 일어나는 것을 허용하시고 준비하시는데, 이는 자기 백성을 승인하

---

[575] "리베르탱파 논박", 『칼뱅작품선』 6: 225, COR. IV/1, 49.

시기 위함일 뿐 아니라, 그들의 불신이 드러나기 전까지 신자라고 고백한 자들의 위선 또는 허영을 드러내시기 위함이다."576 그러나 다른 한편, 하나님께서는 이런 이단들의 유혹에 동조하지 않고, 하나님의 말씀에 따라 이들을 분별하고 거절하게 이끄셔서 자신의 자녀들을 훈련시키신다. "이는 장래에 그들을 겸손하게 하여 더 나은 유익으로 이끌어 가시기 위함이며, 지난날 그들의 미온함과 뻔뻔함을 고치고 그의 말씀 안에서 더 견고하고 더 확고한 토대를 갖게 하시기 위함이다."577

칼빈은 성경의 여러 기록들도 섭리적 이해에 따라 해석한다. 즉, 성경의 경고가 역사 안에서도 계속 반복해서 나타난다고 본 것이다. 그리고 리베르탱파의 문제를 두 가지 차원에서 지적한다. 첫째, 이들은 수직적인 차원에서 신자들이 마땅히 가져야 할 하나님에 대한 경외심을 약화시킨다. 둘째, 수평적인 차원에서는 인간의 정직성을 조롱하면서 모든 질서를 혼잡하게 한다. 이 모든 문제는 공통적으로 리베르탱파의 잘못된 자유 개념으로부터 비롯한다. "그들이 약속하는 자유란 이렇다. 즉, 사람은 마치 율법이나 이성에 종속되지 않거나 한 것처럼 아무 난관이 없이 자신의 마음이 바라고 탐하는 모든 것에 열중할 수 있다는 것이다."578 리베르탱파의 이런 잘못된 자유 개념은 율법을 하나님의 말씀으로 인정하지 않는 잘못된 성경관에서 시작된다. 특히 구약에 기록된 율법에 대한 리베르탱파의 의도적인 무시는 하나님을 향한 합당한 경건을 파괴한다.

칼뱅은 "리베르탱파 논박" 제9장에서 리베르탱파의 성경관이 어떤 문

---

576 "리베르탱파 논박", 『칼뱅작품선』 6: 222, COR. IV/1, 46. "이 질문에 나는 이것이 하나님의 정당한 보복으로, 하나님은 그들을 이처럼 유기된 자 편에 두시어 그들이 인간의 형상을 취한 것을 제외하곤 짐승들과 하나도 다를 바 없게 하신다고 답한다." "리베르탱파 논박", 『칼뱅작품선』 6: 239, COR. IV/1, 64.
577 "리베르탱파 논박", 『칼뱅작품선』 6: 222, COR. IV/1, 46.
578 "리베르탱파 논박", 『칼뱅작품선』 6: 226, COR. IV/1, 50.

제를 가지고 있는지를 더 구체적으로 비판한다. 첫째, 이들은 문자는 죽이는 것이며 영이 살리는 것임을 강조하면서 특히 구약의 본문들을 알레고리적으로 해석하고, 이로부터 성경 기록을 넘어서는 새로운 계시를 사색했다.[579] 칼빈은 이런 해석 방식을 반대하면서 문자와 영을 대조하는 고린도후서 3장 6절을 다음과 같이 해석한다. 이 문장은 율법과 복음의 관계에 대한 칼빈의 언약신학적 이해를 잘 보여 준다.

> 이 구절에서 사도는 율법과 복음을 비교한다. 예수 그리스도와 율법을 분리하자면 말이다. 그는 율법을 "문자"라고 부른다. 율법은 하나님의 은혜 없이는 냉랭하고 효과 없는 교리로서 결코 심장에 이르지 못하기 때문이다. … 반대로 그는 복음을 영적 교리(doctrine sprituelle)라고 부르는바, 이는 예수 그리스도가 그 안에 있어 말씀에 생기를 넣고, 그의 영으로 말미암아 우리 영혼 안에서 그의 말씀이 효력을 발휘하기 때문이다. 사도는 이어서 말하길 문자로 남아 있는 율법은 죽일 뿐인데 이는 우리가 그 안에서 정죄만을 발견하기 때문이라고 말한다. … 반대로 복음은 우리에게 예수 그리스도의 은혜를 가져다주어 그 은혜로 말미암아 우리 안에 구원의 열매를 맺으므로 생명을 준다. 이것이 성 바울의 단순한 의미(simple sens)로서, 누구도 이 의미에서 하나님 말씀을 나누지 않는 법을 배워야 하는 것 외에 다른 것을 끌어낼 수 없다.[580]

---

[579] "사실 그들은 언제나 다음의 원리를 고수하고 있는바, 즉 성경은 있는 그대로의 의미로 받아들일 경우 죽은 문자로써 죽일 뿐이므로, 성경으로 하여금 살리는 영에 이르도록 내버려 두어야 한다는 것이다." "리베르탱파 논박", 『칼뱅작품선』 6: 252, COR. IV/1, 75.

[580] "리베르탱파 논박", 『칼뱅작품선』 6: 252-3, COR. IV/1, 76. 칼빈은 『고린도후서 주석』에서도 이 본문이 오리게네스 이후 많은 이단들에 의해 알레고리적 해석의 우월성을 옹호하는 방식으로 오용되었다고 지적한다. 그리고 이 말씀의 본래 의미를 다음과 같이 해석한다. "만일 하나님의 말씀이 입으로만 말하면 그것은 사망의 일이며, 마음으로 받아들여질 때에만 생명을 준다. 그러므로 문자와 영이라는 용어는 영은 말씀 해석에 대한 것이 아니라 말씀의 효과와 열매에 대한 것이다." Comm. 2 Cor. 4:6, CO.50: 53.

둘째, 리베르탱파는 재세례파와 유사하게 성령의 사역을 오해하여 성경을 잘못 해석한다. 이들은 자신들에게만 특별한 성령의 조명이 있으며 이 조명으로 인해 자신들만 바르게 성경을 해석할 수 있다고 주장했다. 이에 대해 칼빈은 하나님께서 "무슨 목적으로 그의 영을 우리에게 약속했는지 주목해야 한다"고 말한다. 성령의 약속은 "우리가 성경을 버리면서 그에게 인도되어 구름 속을 걷게 될 목적에서가 아니라, 성경의 참 뜻을 알고 그것에 만족"하게 하시려고 주어졌다.[581] 칼빈은 요한복음 14장 26절, 누가복음 24장 27-32절에 이어 디모데후서 3장 16절, 고린도후서 3장 8절, 데살로가전서 5장 19절을 인용하여 바울이 전한 성령의 조명 사역에 대해 다음과 같이 해석한다. "이것을 통해 그는 하나님 말씀에서 물러서는 것은 그의 성령의 빛을 끄는 것이라고 지적한다. 나는 우리에게 전파된 그대로의 말씀을 말한다. 사실 설교와 성경이야말로 하나님의 영의 참된 도구이다."[582]

성령을 특별히 소유했다고 말하면서 하나님께서 유지시켜 주신 인간 이성을 부정하는 리베르탱파의 과도한 견해는 사람들 사이에서 지켜져야 할 합당한 관계의 질서도 파괴한다. 칼빈은 이 점에 있어 리베르탱파가 비이성적이라고 비판한다. 특히 그들이 사람들 사이에 의사소통을 위해 사용하는 정상적인 언어의 기능을 무시한 점을 다음과 같이 비판한다. "실로 언어란 우리가 서로 의사소통할 때까지 사고를 표현하도록 하나님이 만드신 것이다. 그러므로 이해되지 않는 혼란스러운 소리로 허공을 치는 것이나, 넌지시 돌려 말하여 청중으로 꿈꾸게 한 다음 그 상태로 내버려 두는

---

[581] "리베르탱파 논박", 『칼뱅작품선』 6: 253, COR. IV/1, 77.

[582] "리베르탱파 논박", 『칼뱅작품선』 6: 254, "En quoy il denote, que c'est suffoquer la clarté de l'espcirt de Dieu que de se retirer de sa parolle. Je dis selon qu'elle nous est preschée, car c'est le vray instrument de l'esprit de Dieu que la predication et l'escriture." COR. IV/1, 78.

것은 하나님의 질서를 왜곡하는 것이다."⁵⁸³

2.3. 종교개혁을 위한 성경해석의 원칙

이단의 출현을 예고한 성경 본문을 리베르탱파에 대한 사전 경고라고 해석하는 칼빈의 논박으로부터 우리는 종교개혁이 내세웠던 "오직 성경으로"의 원칙에 포함된 세 가지 요점을 재구성해 볼 수 있다. 첫째, "오직 성경으로"의 원칙은 성경의 가르침을 신앙과 신학의 가장 근본적인 기준으로 삼는 것이다. 로마 가톨릭의 교리나 행태가 잘못된 오류인 이유는 이것들이 성경의 명확한 가르침에 위배되기 때문이다. 재세례파나 리베르탱파와 같은 분파들의 주장들 역시 같은 기준에서 볼 때 용인될 수 없다. 칼빈은 "리베르탱파 논박" 제5장에서 리베르탱파의 주장이 왜 문제인지 명확하게 밝힌다. "이제 누구든지 우리를 바른 길로 인도하는 유일한 빛인 하나님 말씀에서 빠져나갈 때, 성 바울을 통해 주신 심판이 그들 위에 행해져야 마땅하다."⁵⁸⁴ 하나님의 말씀은 말씀의 길을 가로막는 모든 이단들의 장애물을 제거하고 분쇄할 수 있는 강력한 능력이며, 교회는 말씀의 능력에 의해 박해 가운데에서도 자라날 수 있다. 따라서 기독교 종교의 개혁을 성취하는 유일한 방법은 하나님 말씀의 진리를 벗어난 오류와 이단들을 철저하게 배격하고 하나님의 말씀 위에 교회를 세우는 것이다. "어둠을 쫓아낼 수 있는 유일한 빛인 하나님의 순수한 진리를 일으키는 것 외에 사악한 종파들과 이단들을 근절시킬 어떤 방법도 없기 때문이다."⁵⁸⁵

---

583 "리베르탱파 논박", 『칼뱅작품선』 6: 245, COR. IV/1, 70.
584 "리베르탱파 논박", 『칼뱅작품선』 6: 240, COR. IV/1, 65.
585 "리베르탱파 논박", 『칼뱅작품선』 6: 241, COR. "… ilz n'y gaignerons rien, d'autant qu'il n'y a nul moyen d'exterminer toutes meschantes sectes et heresies qu'en donnant lieu à la pure verité de Dieu, laquelle est la clarté unique pour deschasser les tenebres;

둘째, "오직 성경으로"의 원칙은 성경에 기록된 분명한 진리를 단순하고 명료하게 해석해야 함을 뜻한다. 칼빈은 리베르탱파가 선호하는 모호한 언어 사용과 신비한 해석에 반대하면서 다음과 같이 주장한다. "더욱이 하나님의 신비들을 취급함에서 성경은 우리에게 규범으로 있다. 그러므로 성경이 부조리함 없이 우리에게 보여 주는 언어를 따르자."586 단순하고 명료한 해석이 가능할 뿐 아니라, 또 반드시 필요한 이유는 하나님께서 자신의 거룩한 뜻을 계시하실 때 인간들의 언어로 분명하게 기록해 주셨기 때문이다. "사실 주님은 자신이 그의 존엄에 맞는 방법으로 우리에게 말할 경우 우리의 지성이 그렇게 높이 도달할 수 없음을 아시고, 우리의 미숙함에 적응하신다. 마치 유모가 아이와 함께 말을 더듬는 것처럼, 마찬가지로 그는 우리에게 조잡한 화법을 사용하사 알아듣게 하신다."587 칼빈은 "단순성이야말로 우리가 천거해야 할 으뜸 되는 덕"이라고 말하면서 리베르탱파가 잘못 적용하는 성경 본문의 한 사례로서 시편 2편을 언급한다. 리베르탱파는 "위에 거하시는 이가 그들을 비웃으리라"는 시편 2편 4절의 말씀을 근거로 삼아 하나님께서는 자신을 스스로 위장하신다고 말하고, 이로부터 자신들이 선호하는 위장적이며 이중적인 성경해석 방법을 옹호한다. 칼빈은 이들의 주장에 맞서 시편 2편 4절은 하나님의 성품이나 계시의 방식에 대한 말씀이 아니라고 지적한다. 이 말씀은 하나님께서 자신에게 반역하는 자들을 향한 심판의 의지를 드러냄으로써 신자들에게 용기와 위로를 주시는 말씀이다.588

칼빈은 예수님의 비유에 대한 리베르탱파의 잘못된 해석도 비판한다.

---

comme de vray on voit l'experience.' IV/1, 66.
586 "리베르탱파 논박", 『칼뱅작품선』 6: 245, COR. IV/1, 70.
587 "리베르탱파 논박", 『칼뱅작품선』 6: 245, COR. IV/1, 70.
588 "리베르탱파 논박", 『칼뱅작품선』 6: 247-8, COR. IV/1, 72.

이들은 예수님께서 비유를 많이 사용하셨다는 점을 강조하면서 자신들이 행하는 모호한 알레고리적 해석과 주장을 정당화한다. 칼빈은 이에 맞서 예수님께서 비유를 사용하신 이유를 다음과 같이 밝힌다. "내가 이미 지적했듯이 그가 비유로 말씀한 것은 두 얼굴로 이야기하기 위함이거나, 이해 없이 헛소리를 지껄이기 위함이 아니라, 오히려 자신의 교리를 신자들의 마음에 더 잘 새기고 그 교리로 더욱 윤이 나게 하시기 위함이었다."[589] 칼빈은 리베르탱파의 잘못된 성경해석 방식을 비판하면서 종교개혁을 위해 마땅히 취해야 할 단순 명료한 성경해석의 중요성을 다음과 같이 밝힌다. "따라서 그들이 진정 우리 주님을 닮은 자들로 여겨지길 원한다면 성 바울처럼 행해야 한다. 즉, 수치의 상징인 모든 베일을 벗어 버리고 불신으로 말미암아 그들의 지각에서 멀어진 자들 외에 이해하기 어렵지 않은 순수하고 명백한 복음(un evangile pur et net)을 우리에게 가르쳐야 한다."[590]

셋째, "오직 성경으로"의 원칙은 예수 그리스도를 신앙과 경건의 근본적인 기준으로 삼는다. 칼빈은 "리베르탱파 논박" 제6장에서 리베르탱파의 오류에 빠지지 않을 수 있는 기초적인 구제책을 다음과 같이 제시한다. 그것은 "우리 주 예수 그리스도 안에서" 하나님을 알기 위해 두려움과 겸손 가운데 노력하는 것이다. "우리 주 예수 안에서 유일하신 하나님을 아는 것만 바라고 다른 목표를 열망하지 말라. 실로 하나님이 자신의 말씀을 통해 다른 지식을 우리에게 가르치지 않기 때문이다."[591] 이 겸손한 추구

---

[589] "리베르탱파 논박", 『칼뱅작품선』 6: 249, COR. IV/1, 73. 물론 칼빈은 비유에 대한 적합한 해석의 필요를 인정한다. 그러나 더 중요한 것은 비유를 사용하신 예수님의 의도이다. "첫째, 그것은 청중의 정신을 깨우치고 더 주의를 기울이게 하면서 이야기에 생기와 위엄을 주려는 것이다. 둘째, 그것은 똑같은 청중을 간접적으로 비꼬아 그들로 의미를 숙고하게 만들려는 것이다. 물론 비유들이 설명을 필요로 하는 것은 확실하다. 사물들이 상징적으로 은근하게 제시되기 때문이다." "리베르탱파 논박", 『칼뱅작품선』 6: 248, COR. IV/1, 73.

[590] "리베르탱파 논박", 『칼뱅작품선』 6: 250, COR. IV/1, 74.

[591] "리베르탱파 논박", 『칼뱅작품선』 6: 242, "Que nous ne desirions sinon de congnoistre un

안에는 하나님께서 계시하신 "단순하고 순수한 진리"에 만족하여 "하나님의 말씀을 헛되고 결실 없는 학문으로 변화시키거나, 교화(edification) 이외의 다른 방법으로 사용함으로써 그것을 모독하지" 않는 일이 포함된다.[592] 예수 그리스도께서 성경의 주인공이며 하나님의 약속의 실체이며 복음의 주제이다.

> 우리 주님은 그의 무한한 긍휼로 말미암아 자신의 말씀을 통해 사람들에게 찾아오기 시작하셨다. 많은 사람이 복음을 기분전환으로 받아들이려 했다. … 그러므로 온갖 바람에 흔들리는 갈대와 같이 되지 않게, 우리 주 예수 안에 뿌리를 내리자. 그리고 모든 속임수에 쉽게 넘어가는 어린아이와 같이 되지 않게 장성하여 그 안에서 확신을 갖자. 나는 우리 주 예수 안에서 말하는 바, 그가 선지자들을 통해 오랫동안 드러내시고 복음 안에서 명백하게 설명하신 그대로 말한다.[593]

칼빈은 구약과 신약을 통틀어 성경 전체가 예수 그리스도의 대속의 희생을 통해 죄인들을 구원하신 하나님의 은혜의 복음을 증거한다고 이해했다. 이 단순하고 순수한 복음의 목적을 "하나님이 원하시는 그대로" 받아들이는 것이 성경을 대하는 바른 태도이다. 다른 차원의 적용이나 이해가 성

---

　　seul Dieu en nostre Seigneur Jesus et ne pretendions à autre but, comme à la verité Dieu ne nous apprend autre science par sa parolle." COR. IV/1, 67.
592 "리베르탱파 논박", 『칼뱅작품선』 6: 242, COR. IV/1, 67. 칼빈은 『기독교강요』(1559) 제1권에서 천사와 마귀에 대해 논할 때, 성경이 가르치는 단순한 교리를 벗어나지 말라고 경계하면서 성경의 목적이 "교화" 혹은 "건덕"에 있다고 말한다. "이를 염두에 두고 우리는 경건의 규범에 따라 요구되는 한도 내에서 주의를 다하여 독자들이 필요한 것 이상으로 깊이 사색함으로 신앙의 단순성을 벗어나 방황하지 않도록 해야 한다. 분명 성령은 언제나 우리의 소용에 닿는 것을 가르치지만 건덕(edificatio)에 이르는 가치가 거의 없는 사소한 것들에 대해서는 절대적으로 침묵을 지키시거나 가볍게 잠시 그것들을 손 대실 뿐이다." Institutes, I.14.3, OS 3: 156.
593 "리베르탱파 논박", 『칼뱅작품선』 6: 243, COR. IV/1, 68.

경에 대한 바른 이해를 결정해서는 안 된다. 예수 그리스도 안에서 성경 전체를 해석하는 것이 종교개혁이 취하는 성경관의 기본이다. 의의 태양이신 예수 그리스도께서 성경의 주인공이며 주제이기 때문이다. "오히려 우리를 비추기 위해 세상에 오신 의의 태양으로 말미암아 자신을 깨우게 하자."⁵⁹⁴

리베르탱파의 오류에 대한 칼빈의 경고는 일차적으로 그가 강조하려 했던 종교개혁적 성경관과 성경해석 방법에 대한 선언이었다. 그는 성경만이 교리와 신앙의 유일한 최종적 기준임을 강조했다. 그리고 성경이 분명하게 전하고 있는 진리를 단순하고 명료하게 파악하고 이에 전적으로 순종하는 헌신을 주장했다.⁵⁹⁵ 이것이 16세기 종교개혁자들이 로마 가톨릭이나 여러 이단적 사상들에 맞서 일관되게 견지했던 "오직 성경으로"의 원칙이었다.

그러므로 우리는 직접이든 간접이든 우리를 성경에서 벗어나게 하려는 모든 사람을 마귀로 간주하고, 그들을 독처럼 피하자. 하나님이 우리에게 자신의 뜻을 명백히 나타낸 순전하고 단순한 하나님 말씀을 충실히 따르자. 그리고 하나님이 자신의 성령을 통해 우리 마음에 자신의 말씀을 심기를 원하시도록 기도하자. … 다윗과 함께 그에게 말하자. 주님 내 눈을 열어 주의 법의 기이한 것을 보게 하소서(시 119:18).⁵⁹⁶

---

594 "리베르탱파 논박",『칼뱅작품선』 6: 243, COR. IV/1, 68.
595 칼빈은 "논박" 제23장에서 포케의 자의적인 성경해석 사례들을 거론하면서 "단순하고 명료한 해석"을 강조한다. "그는 어떤 구절은 날조하고 다른 구절은 왜곡하며, 자신에게 보기 좋은 것들을 그의 머리로 만들어 내며, 그가 생각한 게 기록되어 있다고 믿게 하며, 마치 성경이 혼란스럽게 되고 질서가 잡히지 않은 부품들로 뒤죽박죽된 건축물을 형성하기 위해 만들어진 것처럼, 모든 것을 뒤범벅으로 만든다." "리베르탱파 논박",『칼뱅작품선』 6: 329, COR. IV/1, 153.
596 "리베르탱파 논박",『칼뱅작품선』 6: 254, "Parquoy estimons comme diables tous ceux qui nous en voudront faire forvoyer, ou directement ou obliquement, et fuyons les comme une poison. Tenons nous, dis je, à la pure et simple parolle de Dieu, où il nous a pleinement revelé sa volonté et prions le que par son sainct esprit il la vueille imprimer

리베르탱파에 대한 칼빈의 비판으로부터 16세기 종교개혁의 "오직 성경으로"의 원칙이 가지고 있는 몇 가지 보편적 의의를 발견할 수 있다. 첫째, 바른 신앙은 성경본문의 의미를 단순명료하게 드러내는 올바른 해석을 기초로 세워질 수 있다. 오늘날 신앙이 성경의 진리에 기초해 있는 것인지, 아니면 주관적 경험이나 시대정신에 기초해 있는 것인지 점검이 필요하다. 둘째, 올바른 성경해석은 궁극적으로 예수 그리스도의 복음을 드러내야 한다. 칼빈은 성경 본문들을 자신들의 교리에 맞추어 풍유적으로 해석한 리베르탱파의 해석을 비판하면서 단순명료한 해석은 예수 그리스도의 대속의 복음에 초점을 맞추어야 한다고 주장했다. 오늘날 우리의 성경 읽기와 설교와 전도가 무엇을 목적으로 삼고 있는지 생각해 보아야 한다. 셋째, "오직 성경으로"의 원칙은 교회의 역사와 전통을 존중한다. "오직 성경으로"의 원칙은 모든 교리와 전통을 배제하는 원칙이 아니라 성경의 명확한 진리에 따라 역사와 전통, 그리고 현실을 반성하고 바르게 세우고자 한 개혁의 원칙이었다. 이와 같은 의의를 존중한다면 성경의 명확한 가르침에 따라 지난 교회의 역사를 꾸준히 되돌아보고 현재의 모습을 항상 반성하는 것이 16세기 종교개혁의 의의를 오늘날 충실하게 적용하는 태도일 것이다.

---

en noz cueurs, comme c'est son vray office. Disons luy avec David: Seigneur, ouvre moy les yeux et je considereray les merveilles de ta loy." COR. IV/1, 78.

3. 리베르탱파의 교리 비판

3.1. 신론

칼빈은 "리베르탱파 논박"의 각 장에서 리베르탱파의 잘못된 교리들을 조목조목 비판한다. 칼빈의 비판으로부터 종교개혁이 회복하려 했던 성경적 교리의 핵심 내용들을 확인해 볼 수 있다. 제11장에서 제13장까지는 리베르탱파의 신론에 대해서, 이어지는 제14장에서 제16장까지는 섭리론에 대해서, 제17장과 제18장에서는 기독론과 중생론에 대해서, 제19장에서 제21장까지는 그리스도인의 자유와 윤리에 대해서, 제22장에서는 종말론에서 대해서 비판한 후 제23장과 제24장에서는 앙투안 포케의 글을 직접 인용하면서 이제까지 비판한 교리적 내용들을 구체적으로 다시 한 번 정리한다.[597]

가장 먼저 칼빈은 리베르탱파 교리의 가장 큰 문제점으로 그들의 범신론적 신관을 지적한다. "우선 그들은 모든 피조물에 존재하며 살고 있는 하나님의 유일한 영만이 있다고 주장한다. 이런 방식으로 그들은 인간 영혼의 본질뿐 아니라 천사들의 본질을 없애 버린다."[598] 칼빈은 리베르탱파의 범신론적인 신론의 기원을 고대 철학에서 찾는다.[599] 세상 모든 곳에 오직 하나의 영만이 존재한다는 리베르탱파의 이해는 "지금까지 있었던 모

---

[597] "리베르탱파 논박"에서 전개되는 칼빈의 교리적 비판의 구조와 내용에 대해서는 다음을 참조하라. Farley, "Editor's Introduction," 177-183.
[598] "리베르탱파 논박", 『칼뱅작품선』 6: 258, COR. IV/1, 82.
[599] "물론 고대 철학자들 가운데, 오직 하나의 유일한 영이 사방에 퍼져 있으며 살아 있고 움직이며 느끼는 모든 피조물은 그 영의 일부일 뿐이어서 그에게서 나오고 그에게로 돌아간다고 상상할 정도로 미친 자들이 있었던 게 사실이다." 박건택은 칼빈이 여기에서 지적하는 고대의 철학은 플로티누스(Plotinus, c. 204/5-270)의 신플라톤주의라고 말한다. "리베르탱파 논박", 『칼뱅작품선』 6: 258, COR. IV/1, 82.

제네바의 칼빈 강당

든 이단을 능가"하는 이교도들의 옛 망상으로의 회귀이다. 칼빈은 만물의 근원과 기원이 하나님 한 분이심은 성경이 분명히 가르치는 진리이지만 "모든 피조물이 하나님에게서 온다는 말과 하나님이 창조한 것이 바로 하나님이라고 말하는 것은 매우 다른" 말임을 지적한다.[600]

리베르탱파의 범신론을 비판할 때에도 칼빈은 성경해석을 둘러싼 논의를 끌어들인다. 리베르탱파는 하나님만이 홀로 불멸하신다는 디모데전서 6장 16절을 자신들의 견해를 지지하는 증거로 사용한다. 그러나 칼빈이 볼 때, 이 성경 본문이 가르치는 것은 "하나님만이 스스로 자신의 고유한 본성으로 이 특권을 가지시며, 따라서 그가 불멸의 근원"이시라는 점뿐이다.[601] 칼빈은 하나님께서는 유한한 인간과 다른 고유한 본성을 가지신 존재이시며 불멸의 특권을 가지신 창조주이시라고 말한다. 그리고 리베르

---

[600] "우리가 그 안에서 생존하고 있는 것은 사실이다. 우리가 우리 안에 우리의 근거를 갖고 있지 않기 때문이다. 하지만 작품이 되는 것과 작업자 자신이 되는 것은 큰 차이가 있다." "리베르탱파 논박", 『칼뱅작품선』 6: 259, COR, IV/1, 83.
[601] "리베르탱파 논박", 『칼뱅작품선』 6: 260, COR, IV/1, 84.

탱파의 터무니없는 성경해석과 망상적인 주장을 비판하면서 이 주제와 관련해 올바른 성경해석의 원칙이 무엇인지 언급한다. "성경의 가르침은 단순명료하다. 하나님은 그의 형상대로 우리 영혼을 창조했고, 우리 영혼을 우리 육체와 거하게 하다가 영혼이 육체에서 분리될 때, 각각 이 세상에서 준비된 장소로 가되, 어떤 영혼은 안식과 위로로, 다른 영혼은 지옥의 고통과 고뇌로 가게 하신다."[602]

리베르탱파의 범신론적인 신론은 마귀와 세상의 실재성에 대한 부정으로 이어진다.[603] 이들은 오직 하나님의 영만 실재한다고 보기 때문에 마귀, 악, 심지어 세상조차도 "상상"(cruider)일 뿐이라고 주장한다.[604] 그리고 "우상은 아무것도 아니다"라고 말하는 고린도전서 8장 4절을 인용하면서 선과 악의 구별은 무의미하며, 죄가 어떤 존재인 것처럼 생각하여 죄로 인해 고통당하는 것은 어리석은 일이라고 가르쳤다. 그러므로 죄는 하나의 상상에 불과하기 때문에 사람들이 더 이상 문제 삼지 않게 되면 사라져 없어져 버린다고 주장했다.[605]

칼빈은 악을 "선의 결핍"이라고 규정했던 아우구스티누스의 견해를 간략하게 언급하면서, 리베르탱파가 말하는 죄에 대한 주장이 얼마나 큰 해악을 낳게 되는지 경고한다. 그러나 칼빈의 비판은 주로 성경적 관점에 따라 제시된다. "이제 성경의 순수한 가르침으로 돌아가자."[606] 성경에 의하

---

[602] "리베르탱파 논박", 『칼뱅작품선』 6: 261, COR. IV/1, 85.
[603] "그들은 마귀, 세상, 죄를 아무것도 아닌 상상으로 여기기 때문이다. 그리고 사람도 그들 종파에서 다시 만들어지기까지는 그와 마찬가지라고 말한다." "리베르탱파 논박", 『칼뱅작품선』 6: 261, COR. IV/1, 86.
[604] "cruider"는 현대 프랑스어 "croire"와 어원을 같이 하는 용어로서 "믿음", "견해", "생각"을 뜻한다. Jean-Daniel Benoit, "Glossaire, Tables et References," in *Instruction de la Religion Chretienne* (Paris: Vrin, 1963), vol. 5, 440. Farley, "Editor's Introduction," 177에서 재인용.
[605] "리베르탱파 논박", 『칼뱅작품선』 6: 262, COR. IV/1, 86.
[606] "리베르탱파 논박", 『칼뱅작품선』 6: 262, "Venons maintenant à la pure doctrine de

면 마귀는 단순한 공상적 존재가 아니라 "우리로 하여금 지속적으로 전쟁을 치르게 하여 우리를 멸망으로 이끄는 악한 영들"이며, "하나님의 진노의 도구"로서 불신자들과 반역자들의 눈을 멀게 하여 "폭정을 행하여 악행을 자극하는 집행자들이다."[607] 세상 역시 공상적 존재가 아니다. 성경은 "세상"이라는 용어를 여러 가지 의미로 사용한다. "그것은 나쁜 면으로 사용될 때, 죄로 인해 인류에게 생긴 부패를 의미하는바, 여기서 인간들이 저지르는 모든 악덕, 즉 야심, 인색, 증오, 중상, 탐식, 교만, 호색, 뻔뻔함, 모든 악의 근원인 불신이 나온다."[608] 따라서 칼빈은 죄를 일종의 상상이라고 부름으로써 악에 대한 경계를 모호하게 하는 리베르탱파의 교리를 아주 위험하며 무엇보다도 비성경적이라고 비판한다.

중요한 것은 성경의 가르침이다. 성경은 "죄의 본성이 무엇인지, 뿌리가 무엇인지, 그리고 그 열매가 무엇인지 부지런히 우리에게" 가르쳐 준다.[609] 각 사람의 영혼 역시 만물 가운데 존재하는 보편적인 영의 일부가 아니라 지적이며 도덕적인 차원에서 각각의 고유한 책임을 가지고 있는 구별된 실체이다. 칼빈은 성경이 사람의 영혼을 "이해하고 판단할 수 있는 지각과 이성"과 "동작을 유발하는 것을 원하고 선택할 수 있는 의지"를 가진 "영적 실체"(une substance spirituelle)라고 규정했다고 말한다. 따라서 "영혼은 항상 그 본질 안에 머물며 하나님이 세운 질서에 따라 그 본성에서 분리할 수 없는 것을 보유"하고 있다고 보는 것이 합당하다.[610]

칼빈은 제13장에서 불멸하는 하나의 영만이 존재한다고 가르치는 리

---

l'escriture." COR. IV/1, 87.
[607] "리베르탱파 논박", 『칼뱅작품선』 6: 262, COR. IV/1, 87.
[608] "리베르탱파 논박", 『칼뱅작품선』 6: 263, COR. IV/1, 87.
[609] "리베르탱파 논박", 『칼뱅작품선』 6: 263, COR. IV/1, 88.
[610] "리베르탱파 논박", 『칼뱅작품선』 6: 264, COR. IV/1, 88.

베르탱파의 문제가 무엇인지 두 사례를 구체적으로 사용해 비판한다. 첫 번째는 살인 사건을 목격한 캥탱의 대처이다. 모든 영혼이 하나의 영이라고 주장한 캥탱은 자신이 곧 살인자라고 고백할 수밖에 없을 것이다. 두 번째는 에티엔 드 라 포르주(Étienne de la Forge)를 찾아 온 파리의 어느 구두 수선공의 사례이다. 하인에게 도둑을 맞은 이 수선공에게 포르주는 모든 일이 하나님께서 하신 일이므로 도둑 당한 일도 비난할 수 없는 찬양의 대상일 뿐이라고 말했다는 것이다.[611] 칼빈은 이와 같은 잘못된 범신론적 신론이 어떤 "저주스런 결과"를 낳게 되는지 세 가지 사례를 지적하면서 섭리론과 관련한 논의를 전개한다.

> 첫째, 이것이 인정되면 하나님과 마귀 사이에 더 이상 차이가 없다는 것이다. … 둘째, 사람들은 더 이상 악을 피하기 위해 양심적이지 않을 것이고, 오히려 짐승처럼 아무 분별없이 육감적 욕구만 따라갈 것이다. 셋째, 우리는 어떤 것도 감히 판단할 수 없을 것이고 오히려 호색이든, 살인이든, 도둑질이든, 모든 것을 선으로 여겨야 하며 우리가 상상할 수 있는 가장 악한 범죄들을 칭찬할 만한 일들로 여겨야 한다.[612]

칼빈은 리베르탱파의 범신론을 강하게 비판하면서 하나님과 피조물 사이의 분명한 실체적 구별을 강조하고 인간의 죄가 실재임을 주장한다. 즉, 하나님께서 자신의 형상대로 창조한 인간은 독자적인 실체와 책임을 가진 존재였으며, 하나님의 말씀에 대한 순종보다 자신의 교만에 따른 불순종을 선택함으로써 죄인이 된 것이다. 이런 의미에서 죄는 상상이나 공상이

---

611 "리베르탱파 논박", 『칼뱅작품선』 6: 265-7, COR. IV/1, 89-90.
612 "리베르탱파 논박", 『칼뱅작품선』 6: 267-8, COR. IV/1, 91-92.

아닌 실재이며 이 실재는 하나님께서 창조하신 선의 상실을 의미한다.[613]

3.2. 섭리론

칼빈은 리베르탱파의 잘못된 범신론적 신론이 불러일으킨 가장 큰 문제는 하나님의 섭리에 대한 잘못된 가르침이라고 보았다. 그는 리베르탱파의 오류를 비판하는 데에서 더 나아가 이 비판을 바탕으로 성경의 가르침에 충실한 섭리론을 적극적으로 제시한다. 섭리론은 1540년대 칼빈이 정리한 종교개혁의 가장 중요한 교리적 주제들 가운데 하나이다. 칼빈은 1539년 라틴어판 『기독교강요』에서 하나님의 섭리에 대한 자신의 설명을 예정에 대한 설명과 함께 다루었다. 그러나 1559년 라틴어 최종판에서는 섭리를 예정과 분리하여 "창조주 하나님을 아는 지식"을 다룬 1권에 배치하고, 예정은 "구속주 하나님을 아는 지식"을 다루는 3권으로 옮겨 배치했다.[614] 이는 칼빈이 섭리 교리에 대해 지속적인 관심을 가지고 있었음을 증명한다. 그리고 『기독교강요』 1539년 판에 제시한 내용 중에는 리베르탱파에 대한 논박의 내용이 포함되어 있음도 주목할 수 있다. 이는 노이저의 지적과 같이 1540년대 이전부터 칼빈이 리베르탱파의 잘못된 섭리론을 인지하고 있었음을 보여 준다.[615]

---

[613] 칼빈은 『기독교강요』에서 아담의 원죄가 모든 후손들에게 사악함과 오염이라는 실질적 내용으로서 전가되어 죄의 열매를 맺게 한다고 설명한다. "내가 보기에, 원죄는 우리 본성이 지닌 물려받은 사악함과 오염으로서 영혼의 모든 부분에 퍼져 있는데, 먼저는 하나님의 진노를 유발하여 우리로 그 책임 아래 놓이게 하고, 그 다음으로는 성경이 '육체의 일'(갈 5:19)이라고 부르는 것들을 또한 우리 안에서 산출한다." Institutes, II.1.8, OS.3: 236-7.

[614] 『기독교강요』의 증보에 따른 주제별 내용의 위치 변화에 대해서는 다음을 참고하라. Ford Lewis Battles, "Calculus Fidei: Some Rumination on the Structure of the Theology of John Calvin," in *Interpreting John Calvin*, ed. Robert Benedetto (Grand Rapids: Baker, 1996), 139-178.

[615] Wilhelm Neuser, "Calvin und die Libertiner," 58-74. 1539년판과 비교할 때 1559년판에

칼빈은 "리베르탱파 논박"에서 하나님의 섭리를 다음과 같이 정의한다.

> 우리 편에서도 만사가 하나님의 뜻에 따라 이루어짐을 부인하지 않는다. 우리가 하나님이 전능자로 불리는 이유를 설명할 때, 우리는 그가 한때 세상을 창조하신 것처럼 세상을 다스리시고 만물을 본래의 상태로 유지하시고 그가 보기에 좋은 대로 배열하기 위해 항상 작품에 손을 대신다고 가르치면서, 모든 피조물 안에서 활동하는 힘을 그에게도 돌린다.[616]

칼빈은 하나님의 섭리하시는 방식을 크게 세 가지로 분류한다. 첫째는 "자연의 질서"(l'ordre de nature)이다. 이는 하나님께서 모든 피조물을 만들면서 각 피조물에게 부여하신 조건과 속성에 따라 만사를 이끌어 가시는 보편적인 활동이다. 칼빈은 이를 "일반적인 섭리"(providence universelle)라고 부른다. 물론 이 섭리로 인해 각 피조물들이 소유하고 있는 "각자의 고유한 성질과 성품"이 사라지거나, 각자의 "성향에 따르는 것"이 막히는 것은 아니다. 주목해야 할 것은 칼빈이 일반적 섭리에 대해 말할 때 "오직 하나님께 영광"이라는 종교개혁의 목적론적 원칙을 강조한다는 점이다. 즉, 자연세계를 주장하는 하나님의 일반적 섭리의 목적은 우리로 하여금 하나님이 하시는 "모든 일 속에서 하나님을 영화롭게" 하는 것이다.[617]

둘째는 "특별한 법칙"(ordonnance speciale)으로서 만물 안에서 공의를 나

추가된 내용은 주로 카스텔리오의 잘못된 주장에 대한 반박이다.
616 "리베르탱파 논박", 『칼뱅작품선』 6: 268, COR. IV/1, 93.
617 "리베르탱파 논박", 『칼뱅작품선』 6: 269, COR. IV/1, 93. "하나님의 영광"은 『기독교강요』에서 섭리를 설명할 때에도 강조되는 중요한 주제이다. "온당하게도 하나님은 자기의 전능하심을 주장하실 뿐만 아니라 우리에 의해 그것이 자기에게 돌려지기를 원하신다. … 다윗은 아직 어머니의 젖에 매달려 있는 아이들까지도 하나님의 영광을 송축하리만큼 유창한 입을 가지고 있다고 외친다." Institutes, I.16.3, OS 3: 191.

타내시는 하나님의 섭리이다. 칼빈은 하나님께서 "피조물들을 자신의 선함과 정의와 심판에 소용이 되게 하신다"고 말하면서 세상에서 일어나는 일들을 운명으로 돌리는 이방인의 견해를 배척한다.[618] 모든 일은 하나님의 섭리에 따라 이루어진다. 하나님께서는 지각이 없는 피조물들뿐 아니라, 사람들과 마귀들까지 사용하신다.[619] 그러나 이 과정에서 쓰임 받는 존재들의 의지나 천성이 무력화되지는 않는다.[620] 칼빈은 성경에서 발견할 수 있는 특별한 섭리의 방향은 하나님의 변함없는 공의와 그 가운데 성취하시는 구원의 은총이라고 말한다. "그것은 구원과 선인의 보존을 위해 그의 정의를 실행하시고, 그의 선하심과 은총을 자신의 신자들에게 베푸시며, 처벌받아 마땅한 자들을 처벌하시는 것이다."[621] 하나님의 선한 뜻과 그 과정에서 쓰임 받는 악인들의 악행은 구별되어야 한다. 칼빈은 여기에서 욥기 1장 21절의 "주의 이름이 찬양 받을지라"는 고백을 근거로 삼아 자신의 주장을 증명한다. 더불어 다윗이 시므이에게 당한 박해에 대한 말씀인 사무엘상 16장 11절과 열왕기상 2장 9절도 인용한다.[622] 이와 같은 성경 본

---

[618] "우리는 하나님의 섭리, 즉 우리가 말한 일반적인 힘이 아니라, 자신이 보기에 적절한 것에 따라 상황을 이끄는 특별한 법칙으로 돌려야 한다." "리베르탱파 논박", 『칼뱅작품선』 6: 270, COR. IV/1, 94.

[619] "따라서 사탄과 악인들도 그의 뜻의 수행자들이다." "리베르탱파 논박", 『칼뱅작품선』 6: 270, COR. IV/1, 94.

[620] "하나님이 불의한 사람들을 돌이나 나무 조각처럼 사용하신다고 상상해서는 안 되기 때문이다. 오히려 그는 그가 그들에게 준 천성에 따라 그들을 이성적 피조물로 사용하신다." 칼빈은 이 점에 있어서 성경이 분명하면서도 기이한 사실을 보여 준다고 말한다. "성경은 하나님이 불신자들을 부르시되 북을 쳐서 그들로 무기를 들고 나오게 하며 그들 마음을 강퍅하게 하거나 불붙게 하시리라고 표현하는 것과 마찬가지로, 성경은 그들이 가졌던 계획과 의도를 이야기하면서 그들이 하나님의 명령을 행한 일을 그들의 것으로 돌린다." "리베르탱파 논박", 『칼뱅작품선』 6: 271, COR. IV/1, 96.

[621] "리베르탱파 논박", 『칼뱅작품선』 6: 272, COR. IV/1, 96.

[622] "리베르탱파 논박", 『칼뱅작품선』 6: 272, COR. IV/1, 97. 욥의 고백과 다윗을 향한 시므이의 비난을 통해 하나님의 섭리를 설명하려 한 논의는 1539년 판 『기독교강요』에 이미 포함되어 있었다. Institutes, I.17.8, OS 3: 212.

문을 잘못 해석하면 결코 하나님의 섭리를 바르게 이해할 수 없다.[623] 이 점에 있어서 리베르탱파는 하나님과 마귀를 구별하지 않는 이단적 주장을 펼쳤다. 하나님께서 악한 자들과 사탄을 통해 자신의 뜻을 이루시는 것은 사실이지만, 하나님의 "거룩함이 그들을 정당화하거나" 악한 존재들의 "악취가 하나님의 어떤 부분이라도 오염"시킬 수 있는 것은 아니다.[624]

셋째는 "성령에 의한 초자연적 통치"이다. 칼빈은 이 세 번째 섭리와 관련해 "오직 은혜로"(sola gratia)의 원칙을 강조한다.[625] 우리에게 천성적인 선택과 의지가 있는 것이 사실이지만, 이는 완전히 죄로 인해 부패했기 때문에 구원을 위해서는 아무것도 이루어낼 수 없다. 구원의 모든 시작과 과정, 성취는 전적으로 하나님의 은혜에 의존한다.

> 그러므로 우리가 분별하고 원하고 행할 수 있다고 하는 것은 선천적 은사에 속하는 것이다. 그러나 우리가 악을 선택하고 바라고 행할 수밖에 없는 것은 죄로 말미암은 부패에 속한다. 우리가 잘하길 바라는 것과 그것을 수행할 능력을 갖는 것은 우리를 거룩한 삶으로 거듭나게 하는 성령의 초자연적 은혜에 속한다. 바로 이것이 하나님이 자신의 자녀들에게 행하시는 방법이다.[626]

---

[623] "당분간 우리는 다음 같은 사실로 만족하자. 즉, 하나님은 자신의 피조물들을 통해 활동하시고 그들을 자신의 섭리를 위해 사용하시되, 그가 쓰시는 도구가 종종 악하기까지 하다는 것이다." "리베르탱파 논박", 『칼뱅작품선』 6: 272-3, COR. IV/1, 97. 칼빈은 『기독교강요』에서도 성경 해석에 있어 겸손한 태도의 필요성을 재차 강조했다. "왜냐하면 우리의 지혜는 가르침 받을 만한 유순한 마음을 가지고 성경이 전하는 것은 무엇이든 예외 없이 포용하는 것 외에 다른 무엇이 될 수 없기 때문이다." Institutes, I,18.4, OS 3: 227.

[624] "리베르탱파가 이런 자들로서 그들은 마귀를 하나님의 동료로 만들 뿐 아니라, 마귀가 하나님이 명하신 것만을 행한다는 구실로 그의 행위를 칭송하면서 하나님을 변질시킨다." "리베르탱파 논박", 『칼뱅작품선』 6: 273, COR. IV/1, 97.

[625] "간단히 말해 우리의 모든 본성은 사악하다. 그러므로 우리는 선에 전념할 힘이 없을 뿐 아니라, 성 바울이 말했듯이 단 하나의 선한 생각도 할 수 없고 오히려 모든 우리의 능력은 하나님에게서 나온다." "리베르탱파 논박", 『칼뱅작품선』 6: 274, COR. IV/1, 98.

[626] "리베르탱파 논박", 『칼뱅작품선』 6: 274, COR. IV/1, 99. 칼빈은 여기에서 리베르탱파의 오류

칼빈은 『기독교강요』에서도 자기 자녀들을 향한 하나님의 특별한 섭리와 관련해 하나님의 부성적인 은혜를 반복해서 강조한다. "내가 지금 말하고 있는 것은 인류와, 하나님이 처소로 택하시고 다스리심에 있어서 자기의 부성적 사랑의 고유한 증거들을 의심할 바 없이 보여 주시는 교회에 모두 관계된다."[627]

칼빈은 하나님의 섭리에 대한 설명에 이어 리베르탱파의 잘못된 섭리관이 그리스도인의 삶에 끼치는 해악에 대해 구체적으로 지적한다. 첫째, 이들은 하나님의 섭리를 핑계 삼아 죄와 악에 대한 자각은 무의미하며 불가능하다고 주장한다. 칼빈이 보기에 리베르탱파의 이와 같은 주장의 제일 목적은 단지 "양심을 잠재워 각자가 자신에게 찾아 오는 것과 마음이 원하는 것을 걱정 없이 행하게 하는" 것뿐이었다.[628] 칼빈은 바울이 로마서 2장 14절에서 말하는 "가슴에 새겨진 양심의 법"을 근거로 삼아, 무지를 내세워 하나님 앞에서 자신의 죄를 변명하려는 시도는 불가능하다고 주장한다. 또 리베르탱파와 같이 모든 일이 하나님의 뜻에 따라 이루어지기 때문에 우리의 책임이 아니라고 핑계하는 것에 대해서는 "우리가 행하는 일과 관련해 하나님의 뜻을 살피되, 그가 우리에게 밝혀 주시는 것에 따라 해야 한다"고 일갈한다.[629]

를 지적하면서 그들이 잘못 해석하는 "모든 것 속에서 만사를 행하시는 하나님"을 말하는 고린도전서 12:6을 해석한다. "사실 성 바울이 이 말을 사용할 때, 그는 오직 성령의 은사에 대해서만 말하고 있다. … 그가 말하듯 모든 선의 기원이 성령으로 말하지 않고서는 누구도 예수 그리스도에 대한 칭송을 한마디도 할 수 없기 때문이다(고전 12:3)."

[627] Institutes, I.17.6, OS 3: 210. 칼빈은 철학자들이 신적 섭리에 대해 깨닫지 못하는 점 역시 하나님의 부성적인 은혜라고 지적한다. "실로 세계의 모든 부분이 일반적으로 하나님의 은밀한 영감에 의해서 생기를 얻는다고 철학자들을 가르치고 사람의 마음은 그렇게 지각한다. 그러나 … 그들은 … 바울의 말씀에 동의한다고 하더라도 그가 서술하고 있는 은혜에 대한 진정한 자각과는 거리가 멀다. 왜냐하면 그들은 하나님이 자기의 부성적 호의를 알려 주시는 유일한 길인 그의 특별한 돌보심에 대한 맛을 조금도 보지 못하기 때문이다." Institutes, I.16.1, OS 3: 188.

[628] "리베르탱파 논박", 『칼뱅작품선』 6: 276, COR. IV/1, 100.

[629] "그는 우리가 누구에게도 잘못하거나 해를 끼치지 않고 각자 자신을 돌보아야 한다고 명령

이처럼 성경이 명확하게 말하는 곳에서 멈추는 것이 올바른 섭리론을 견지하는 첫 번째 조건이다. 인간의 지혜로서 하나님의 섭리를 모두 다 이해하는 것은 불가능하기 때문이다. "그러나 모든 문제의 핵심은 우리에게 비밀스러운 하나님의 섭리를 결코 알아보려 해서는 안 된다는 것이다. 우리는 그가 우리에게 무엇을 요구하는지 무엇을 인정하고 무엇을 정죄하는지를 알기 때문이다."[630] 『기독교강요』에서도 동일한 원칙이 강조된다. "하나님의 뜻에 대해 가르침을 받은 사람은, 그 뜻에 따라 부름을 받은 일을 이루고자 애쓰는 가운데 그에게 순종하게 될 것이다. … 그러므로 우리는 하나님의 말씀에 의해 선포된 하나님의 뜻을 우리가 행하는 일들 가운데서 주시해야 한다."[631] 이런 의미에서 리베르탱파의 문제는 자신들의 잘못된 범신론적 관점에 따라 하나님의 섭리를 곡해한 점에 있다. "오직 성경으로"의 원칙은 성경이 가르치는 내용을 순수하게 받아들이는 겸허한 해석의 태도를 의미한다. "성경에 드러난 계시에 만족하기는커녕 하나님의 뜻을 찾기 위해 구름 위로 올라가려 하다가 짐승 같은 부조리에 빠진 자들에게서 이런 경험을 우리는 갖고 있다."[632]

둘째, 리베르탱파의 잘못된 섭리관은 결국 도덕적 방종을 조장한다.[633]

한다. 이것이 가장 명백한 그의 뜻이다." "리베르탱파 논박", 『칼뱅작품선』 6: 278, COR. IV/1, 102.

[630] "리베르탱파 논박", 『칼뱅작품선』 6: 278, COR. IV/1, 102.

[631] Institutes, I.17.5, OS 3: 208.

[632] "리베르탱파 논박", 『칼뱅작품선』 6: 279. 칼빈은 동일한 비판을 1539년 판 『기독교강요』에서도 다음과 같이 언급한다. "이렇듯 악의 질료와 그에 따른 비난이 악한 사람에게 있을진대 하나님이 자기의 뜻에 따라 그 사람의 사역을 사용하실지라도, 무슨 논거로 하나님이 오물과 계약을 맺고 계신다고 생각할 수 있는가? 그러므로 하나님의 의에 대해서 짖어 대기는 하나 그것을 만지지는 못하는 개와 같은 오만불손함에서 멀리 떠나도록 하자." Institutes, I.17.5, OS 3: 209.

[633] "리베르탱파는 하나님에게 인도함을 받는다는 구실로 각자가 보기에 좋은 것을 행하고 고삐를 느슨하게 한 뒤, 판단하는 것은 잘못 행하는 것이라는 바로 이 원리를 추출한다." "리베르탱파 논박", 『칼뱅작품선』 6: 279, COR. IV/1, 103.

리베르탱파의 오류에 의해 발생한 구체적인 사례들은 제19장 이후에서 더 구체적으로 논의된다. 여기에서는 주로 성경해석과 관련한 논쟁이 전개된다. 칼빈은 그리스도인들에게는 모든 일이 협력하여 선을 이룬다"는 성경 본문을 리베르탱파가 오해했다고 지적하면서 이 본문을 이렇게 해석한다. "그것은 자신의 행악 속에서 즐거워하거나 악을 보지 않기 위해 눈을 감는 식이 아니라, 오히려 자신과 이웃이 하나님께 범죄 하는 것을 보고 슬퍼하고 유감스럽게 여기면서 앞으로 조심하기 위해 회개와 겸손과 하나님 경외함과 염려의 교훈을 얻는 방식이다."[634]

리베르탱파는 "아무도 판단하지 말라"는 마태복음 7장 1절도 잘못 해석한다. 하나님만이 유일한 입법자이시며 우리의 영혼을 심판하실 수 있는 유일한 재판장이라는 것은 성경이 가르치는 사실이지만, 이 사실로 인해 우리가 마땅히 해야 할 선악 간의 판단과 회개의 필요성이 소멸되는 것은 아니다. "그러므로 우리가 음행과 도둑질과 신성모독과 술 취함과 야망을 악한 것으로 판단할 때, 우리는 스스로 판단하는 게 아니라 다만 하나님이 하신 판단을 인정하는 것이다."[635] 마태복음 7장 5절이 가르치는 먼저 네 눈 속의 들보를 빼라는 가르침이나 요한복음 8장 7절에 기록된 죄 없는 자가 먼저 돌로 치라는 명령도 마찬가지이다. 이 말씀은 죄악과 위선에 대해 아무런 판단도 하지 말라는 명령이 아니라, "우리가 진실하게 판단하되, 우리 이웃과 우리 자신에게 똑같이 가혹할 것"을 명령하신 것이다.[636] 칼빈은 『기독교강요』에서도 하나님의 비밀한 섭리를 깨닫기 위해서는 하나님께서 계시하신 성경 말씀의 명확한 의미를 존중해야 한다고 말한다.

---

[634] "리베르탱파 논박", 『칼뱅작품선』 6: 280, COR. IV/1, 104.
[635] "리베르탱파 논박", 『칼뱅작품선』 6: 281, COR. IV/1, 105.
[636] "리베르탱파 논박", 『칼뱅작품선』 6: 282, COR. IV/1, 106.

우리의 지각이 가닿는 영역 너머 더 높은 곳에 솟아 있는 비밀들이 율법과 복음 가운데서 이해된다고 함은 실로 참되다. 그러나 하나님은 자기를 낮추셔서 말씀으로 현시하신 이 비밀들을 자기에게 속한 자들이 받아들일 수 있도록 그들의 마음을 지성의 영으로 조명하시기 때문에 이제 여기에는 어떤 심연도 없다. 오히려 우리가 안전하게 걸을 수 있는 길, 우리의 발을 인도하는 등, 생명의 빛, 확실하고 분명한 진리의 학교가 있다.[637]

칼빈은 하나님의 섭리에 대한 리베르탱파의 오류를 비판하는 과정에서 종교개혁자들이 추구했던 성경적 윤리의 기초가 무엇인지 밝힌다. 그것은 "오직 하나님께 영광"을 높이려는 경건한 태도이다. 구원의 은혜를 받은 신자들은 그 누구보다도 스스로를 돌아보며 이 세상에 만연한 죄악과 위선을 판단하고 거절해야 한다. 그리고 그 동기를 자기 수양이나 사회 정의의 확보보다 더 높은 곳에 두어야 한다. 그 동기는 하나님의 영광을 높이는 것이다. "우리는 하나님이 영광에 대한 열심을 갖되, 누군가 그를 침해할 때 우리의 마음을 태우는 번민을 느껴야 한다. 우리는 우리 이웃이 위험 가운데서 파멸되는 것을 볼 때, 그들에 대해 이런 애정을 지녀야 한다. 특히 영혼에 대해 우리는 동정과 연민의 마음으로 움직여야 한다."[638]

성경이 가르치는 그대로 하나님의 섭리를 이해하고 하나님의 뜻에 순종하는 것이 올바른 섭리론이다. 칼빈은 『기독교강요』에서도 하나님의 주권을 인정하는 것이 섭리를 이해하고 적용하는 데 있어 가장 중요한 기준이라고 말한다.

---

637 Institutes, I.17.2, OS 3: 204.
638 "리베르탱파 논박", 『칼뱅작품선』 6: 283, COR. IV/1, 106.

우리는 하나님을 자기가 하고자 하신 일을 자신의 지혜에 따라 궁극적인 영원에서부터 작정하시고 이제 자기가 작정하신 것을 자기의 권능으로 수행하시는 모든 것의 감독자와 조정자로 확고히 삼는다. 이로부터 우리는 하늘과 땅과 생명 없는 피조물들뿐만 아니라 사람들의 계획들과 뜻들도 하나님의 섭리로 다스려져 그것에 의해 곧바로 지정된 목표를 향해 이끌리게 된다고 주장한다.[639]

하나님의 섭리는 다 이해할 수 없는 비밀이지만, 모든 일들이 하나님의 은혜에 따라 선한 목적을 향해 일어난다는 사실을 믿어야 한다. 그리고 적극적으로는 순종과 헌신의 삶 가운데 하나님의 영광을 드러내는 것을 궁극적인 목적으로 삼아야 한다. 이처럼 "오직 성경으로"의 원칙과 "오직 은혜로"의 원칙, 그리고 "오직 하나님께 영광"이라는 종교개혁의 원칙들은 칼빈이 리베르탱파의 잘못된 섭리론을 비판하면서 강조하려 한 중요한 기준들이었다.

3.3. 기독론과 구원론

리베르탱파는 기독론과 그에 따르는 중생론에 있어서도 심각한 오류를 저질렀다. 우선 기독론에서는 성경에 전혀 부합하지 않은 이상한 예수 그리스도를 만들어 냈다. "첫째, 그들은 우리 모두에게 있는 하나님의 영과 그들이 '생각' 또는 '세상'이라고 부르는 것을 가지고 그리스도를 합성한다."[640] 리베르탱파는 세상에 존재하는 영은 하나이며 이 영이 곧 하나님이

---

[639] Institutes, I.16.8, OS.3: 199.
[640] "리베르탱파 논박", 『칼뱅작품선』 6: 284, "Premierement ilz le composent de l'esprit de Dieu qui est en nous tous, et de ce qu'ilz appellent cuider ou le monde." COR. IV/1,

라고 생각했기 때문에 성부와 성자, 그리고 성령의 구별되는 위격을 인정하지 않았다. "그러나 이 짐승들은 하나님의 아들과 그의 영 사이에 아무 차이를 두지 않은 채 이유 없이 모든 것을 혼동시킨다."641 칼빈은 『기독교강요』 1권에서 기독론을 다룰 때에는 주로 세르베투스의 오류를 비판하면서 요한복음 1장 등을 인용해 영원 전부터 아들이셨던 그리스도의 구별된 신성을 강조한다. "우리는 말씀이 시간의 시작을 초월해서 하나님에 의해 잉태되셨으며, 하나님 자신과 함께 영원히 거하셨다는 사실로부터 말씀의 영원성과 참 본질과 신성이 증명되었다고 확정한다."642

리베르탱파는 잘못된 기독론으로부터 잘못된 구속론을 제시했다. 그들의 범신론적 세계관에 따르면 그리스도와 인간들 사이에는 사실상 아무런 차이도 없다. 예수 그리스도는 우리의 구원을 위해 필요한 것을 보여 주는 상징이나 형상, 혹은 모형에 불과하며, 그분께서 하신 모든 일은 우리를 위한 광대극이나 도덕극에 불과하다. 그리스도께서 모든 것을 다 이루시고 죄를 소멸하셨다는 것은 죄가 실재한다는 식의 망상을 종식시키셨다는 뜻이다. 이런 의미에서 리베르탱파는 심지어 예수 그리스도를 하나님과 세상에서 이제 아무 의무도 가지지 않고 있음을 깨닫게 해 주는 일종의 "우상"에 불과하다고 말했다.643

같은 맥락에서 리베르탱파가 가르치는 "중생"은 아담이 범죄 하기 전

108.

641 "리베르탱파 논박", 『칼뱅작품선』 6: 256, COR. IV/1, 79.

642 Institutes, I.13.8, "… Sermonem extra temporis initium a Deo conceptum, apud ipsum perpetuo resedisse: unde et aeternitas, et vera essentia, et divinitas eius comprobatur." OS.3: 119.

643 "그들은 우리의 구속을 다음 사실로 규정한다. 즉, 예수 그리스도는 성경이 우리의 구원에 요구하는 것들을 그에게서 우리가 바라보는 하나의 모형과 같을 뿐이라는 것이다. … 모든 것은 그리스도가 행하고 고통당하신 것이 우리의 구원의 신비를 나타내기 위해 무대 위에서 상연하는 광대극이나 도덕극일 뿐이었다는 데로 귀결한다." "리베르탱파 논박", 『칼뱅작품선』 6: 284-5, COR. IV/1, 108.

에 있던 순수한 상태로 돌아가는 것으로서, 이 상태는 흑과 백, 선과 악을 전혀 구별하지 않는 상태를 의미한다. "이처럼 옛 아담을 죽인다는 의미는, 마치 악에 대한 지식이 있는 듯이 분별하는 일을 그치고 어린아이와 같이 그 본성의 지각에 이끌리게 내버려 두는 것이다."[644] 이와 같은 잘못된 중생론은 죄를 일종의 "생각" 혹은 "상상"이라고 여기기 때문에 발생한다. 그들에게 죄를 짓지 않는다는 것은 죄에 대해 전혀 생각하지 않는다는 의미이다. 따라서 예수 그리스도께서 베푸신 구속의 은혜는 "아담의 범죄를 통해서 세상에 들어온 이 '생각'을 파괴시켰다는 것이다."[645]

칼빈은 리베르탱파의 잘못된 기독론과 그에 따른 중생론을 반박하면서 종교개혁이 주장했던 성경적 구원론을 적극 설명한다. 성경이 가르치는 중생은 우리의 죄와 악한 세상의 실재를 부인하고 아무런 의무나 질서 없이 자신의 욕망대로 살게 되는 것이 아니라, "오히려 둘 사이를 식별하여 자신을 모든 불의에서 지키고, 하나님 앞에서는 자신의 양심으로, 사람 앞에서는 자신의 행위를 입증하는 것"이다.[646] 칼빈은 중생에 대한 이해는 하나님께서 사람들의 이성으로 파악할 수 있도록 새겨 놓으신 천성적 지각을 통해서도 입증된다고 주장한다. 그러나 무엇보다도 성경이 중생의 삶에 도덕적 의무의식이 포함된다는 사실을 분명히 가르친다. "성경은 의인은 자기 스스로를 고소한다고 말하며, 사람이 하나님의 심판을 기억하고 겸비하여 스스로를 억제하면서 마음에 두려움을 촉구할 때 복되다고 선언하기 때문이다."[647]

칼빈은 성경이 가르치는 중생은 회개로 이루어진다고 말하며 "회개란

---

[644] "리베르탱파 논박", 『칼뱅작품선』 6: 287, COR. IV/1, 111.
[645] "리베르탱파 논박", 『칼뱅작품선』 6: 288, COR. IV/1, 112.
[646] "리베르탱파 논박", 『칼뱅작품선』 6: 289, COR. IV/1, 113.
[647] "리베르탱파 논박", 『칼뱅작품선』 6: 289-90, COR. IV/1, 114.

엄밀히 말해 하나님의 뜻에 따라 사는 새로운 피조물이 되기 위해 우리 자신을 부정하는 것"이라고 규정한다.[648] 칼빈은 이와 같은 정의를 증명하기 위해 골로새서와 에베소서, 로마서 등 바울서신의 본문들을 연속적으로 인용한다. 거듭난 사람은 모든 죄를 면제받고 깨끗해져서 천사와 같은 상태에 이른 존재들이 아니다. 물론 신자들 안에서 죄의 지배는 끝이 났다.[649] 그러나 이런 사실이 곧 그들이 완전히 의로운 존재가 되었다는 뜻은 아니다. 중생한 사람이 의인이라고 불리는 것은 그들에게 남아 있는 죄를 간과하시고 예수 그리스도의 의를 그들의 것으로 여겨 주시는 하나님의 은혜 때문이다. 칼빈은 로마서 7장과 8장의 본문을 인용하면서 이 세상을 살아가는 그리스도인의 상태에 대해 다음과 같이 설명한다. "즉, 모든 신자가 이생을 사는 동안, 하나님의 은혜로 말미암아 새로워졌다는 점에서 하나님의 법에 복종하지만, 육체를 따라서는 죄에 굴복한다는 것이다. … 그들의 더 위대한 완전성은 그들이 얼마나 불완전한가를 알고 고백하며 하나님 앞에서 자신들의 연약함을 항상 고백하는 것이다."[650]

이 내용 가운데 종교개혁자들이 로마 가톨릭의 구원을 위한 행위의 공로 주장에 맞서 주장한 "오직 믿음으로"의 원칙과 그 올바른 기초가 다시 한 번 강조된다. 종교개혁자들이 이신칭의 교리를 통해 밀하려 했던 믿음은 어떤 공로나 자격이 아니라, 다만 하나님의 은혜를 전적으로 신뢰할 수 있도록 하나님께서 주신 선물이다. 그리고 믿음으로 신뢰해야 할 은혜는

---

[648] "리베르탱파 논박", 『칼뱅작품선』 6: 290, "Car penitence, à proprement parler, n'est autre chose que de renoncer à nous mesmes pour estre nouvelles creatures à vivre selon Dieu." COR. IV/1, 114.

[649] "죄가 하나님의 자녀들이 이 세상에 살고 있을 동안 그들 속에 거하나, 그들을 지배하지는 못한다는 것은 확실하다. 그들이 육체에 의해 방해받고 괴롭힘을 당하는 것이 사실이나, 그들은 육체에 정복을 당하도록 죄를 추구하지는 않는다." "리베르탱파 논박", 『칼뱅작품선』 6: 292, COR. IV/1, 117.

[650] "리베르탱파 논박", 『칼뱅작품선』 6: 293, COR. IV/1, 117.

여전히 죄를 가진 신자들을 예수 그리스도의 의를 전가하심으로 의롭게 여겨 주시는 하나님의 호의이다. 이 호의에 대한 신뢰가 아니라면 믿음은 그 자체로 아무런 가치가 없다. 값없이 우리를 의롭게 여겨 주시는 하나님의 호의는 중생한 그리스도인의 삶 전체에 걸쳐 필수적이다. 그리스도인들은 이 세상을 살아가는 동안 여전히 죄인이기 때문이다. 그러므로 의인이 이 세상을 살아가는 방식인 믿음은 반드시 회개를 포함한다. "그럼에도 불구하고 이른바 실제적인 삶의 거룩함은 값없는 의의 전가와 분리되지 않는다. 그러나 회개는 계속해서 믿음을 따를 뿐만 아니라 믿음으로부터 생겨난다는 사실에 대해서는 논쟁의 여지가 없어야 한다."[651] 칼빈의 이와 같은 칭의론을 볼 때, 종교개혁자들이 믿음만을 강조하고 그리스도인의 삶을 무시했다는 평가는 정당하지 않다. 믿음은 반드시 거룩한 삶으로의 변화를 포함하는데 이는 이 모든 것이 하나님께서 값없이 베푸신 은혜의 열매이기 때문이다.

칼빈의 구원론에 따르면 로마 가톨릭의 주장처럼 신자들의 통회가 일종의 공로가 되어 죄 사함을 가져다준다고 가르치는 것은 칭의의 은혜를 무시하는 비성경적인 오류이다. "만약 죄 사함이 그들이 덧붙인 이러한 조건들에 의지한다면 우리에게 이보다 더 비참하고 더 개탄스러운 것은 어디에서 없을 것이다. 그들은 통회를 은총을 얻기 위한 첫 번째 몫으로 삼는다."[652] 다른 한편, 믿음으로 인해 신자의 존재 자체가 더 이상 아무런 문제를 가질 수 없게 되었다고 리베르탱파처럼 주장하는 것 역시 신자들을 변화시켜 나가시는 성화의 은혜를 무시하는 잘못이다. "그들은 신자의 거

---

[651] Institutes, III.3.1, "neque tamen a gratuita iustitiae imputatione separetur realis, ut ita loquar, viate sancitas. Poenitentiam vero non modo fidem continuo subsequi, sed ex ea nasci, extra contorversiam esse debet." OS.4: 55.

[652] Institutes, III.4.2, OS.4: 87.

룩함을 짐승적인 무지 가운데 두고서, 자기 멋대로 처신하는 것을 무흠 상태라고 믿게 할 뿐 아니라, 사람이 하나님의 심판을 잊어버리고 다만 자기 마음이 내키는 것을 선이라고 여기면서 더 이상 선악을 고려하지 않을 때 완전하다고 생각하기 때문이다."[653] 믿음과 거룩함에 앞서 중요한 것은 이 모든 것을 허락해 주신 하나님의 은혜이다.

칼빈과 같은 종교개혁자들이 믿음을 강조한 것은 신자의 새로운 자격이나 거룩한 신분을 강조하기 위함이 아니었다. 믿음의 특징이나 성과가 아니라 믿음의 내용과 목적이 중요하다. 믿음이 취해야 할 유일한 내용은 예수 그리스도의 대속의 은혜이며 믿음이 향해야 할 유일한 목적은 하나님의 영광이다. 하나님의 은혜와 영광에 비추어 볼 때 여전히 부족한 우리의 현실을 직시하고 끊임없이 회개하는 것이 올바른 믿음의 모습이다. 따라서 믿음이라는 심리적 현상에 주목하는 사변이나, 믿음으로 이루어 낸 어떤 부차적 성과를 내세우는 간증은 이신칭의 교리의 정당한 적용이 아니다. 잘못된 이신칭의 교리의 적용으로 나타날 수 있는 믿음 공로론이나 회개 불필요론을 경계하는 것이 종교개혁이 재확인한 성경적 칭의론의 타당한 자세이다.

3.4. 그리스도인의 자유와 경건한 삶

중생의 삶을 회개의 삶이라고 규정한 칼빈은 그리스도인의 자유를 방종으로 변질시키는 리베르탱파의 주장을 절대 용납할 수 없었다. 그는 이 점에 있어서 이들을 "짐승", "미친 자들"이라는 격한 용어를 사용해 비판한다. 특히 이들이 하나님의 율법을 무시한 점을 강하게 비난한다. "이 미

---

[653] "리베르탱파 논박", 『칼뱅작품선』 6: 294, COR. IV/1, 118.

친 자들은 아무 구분 없이 모든 율법을 폐기시키고 말하길, 우리가 율법에서 해방된 이상 그것을 더 이상 고려할 필요가 없다고 말한다."[654] 칼빈은 율법이 그리스도인의 삶을 위해 두 가지 점에서 여전히 유용하다고 주장한다. 첫째는 규칙으로서의 역할이다. 율법은 "바른 삶을 위한 규칙"으로서 하나님께서 "무엇이 그를 기쁘게 하며 무엇이 그가 인정하는 것인지"를 보여 준다. 둘째, 엄중함이다. "율법은 우리에게 누구든지 단 하나라도 실패하면 저주를 받을 것이라고 선포하며, 모든 계명을 완전하게 준수하는 자들에게만 구원을 약속하기 때문이다."[655] 여기에서 칼빈이 말하는 두 번째 역할은 오직 예수 그리스도의 대속의 은혜만이 우리를 죄와 사망으로부터 해방시킬 수 있다는 진리와 관련한 이른바 율법의 제1 용도에 해당한다.[656] 그리고 첫 번째 역할은 개혁파 신학의 특징적인 이해인 율법의 제3 용도와 관련되어 있다. 즉, 율법은 하나님의 은혜로 값없이 의롭다 칭함을 받은 신자들에게도 여전히 규범적인 의미를 지닌다. 칼빈은 『기독교강요』에서 거듭난 신자들을 위한 율법의 역할을 다음과 같이 설명한다. "율법은 마치 게으르고 무기력한 당나귀를 자극하고 재촉하여 일을 하도록 다그치는 육체의 채찍과 같다. 다시 말하면 영적인 사람이라 하더라도 아직 육체의 짐으로부터 자유롭지 못하기 때문에 율법은 그를 빈둥거리지 못하게끔 부단히 찌르는 가시로서 존재한다."[657]

리베르탱파는 이와 같은 율법의 규범적 역할을 철저히 무시한다. 칼

---

[654] "리베르탱파 논박", 『칼뱅작품선』 6: 295, COR. IV/1, 119.

[655] "리베르탱파 논박", 『칼뱅작품선』 6: 295, COR. IV/1, 119.

[656] 칼빈은 『기독교강요』에서 율법의 첫 번째 용법을 다음과 같이 정의한다. "첫째 부분은 다음과 같다. 율법은 하나님의 의, 즉 하나님께 받아들여지는 유일한 의를 나타내는 동안 모든 사람을 각각 그들 자신의 불의에 따라 경고하고, 더욱 확실하게 들춰내며, 비난하며, 마지막으로 정죄한다." Institutes, II.7.6, OS 3: 332.

[657] Institutes, II.7.12, OS 3: 338.

빈은 이들이 주장하는 율법폐기론은 그리스도인의 자유에 대해 가르치는 "하나님의 의도와 성경의 의미"와 완전히 다르다고 말한다. "우리는 이 자유가 오직 저주나 준엄성과만 관계함을 알 수 있다. … 간단히 말해 [바울이] 신자들에게, 그들 모두가 따라야 할 바른 삶의 규칙으로서 율법을 참고하게 하지 않는 서신은 없다."658 그리스도인의 자유에 대한 리베르탱파의 잘못된 주장은 로마 가톨릭의 미신적 행위들을 도리어 방임하고 조장한다.659 칼빈은 이 점에 있어서 리베르탱파와 니고데모파 사이의 어떤 연결점이 있다고 주장한다. "만일 그들에게 우리는 우리 육체로 하나님을 영화롭게 해야 하고, 사람 앞에서 예수 그리스도를 고백해야 하며, 세상 앞에 우리의 신앙을 증언해야 한다고 반박한다면, 그들은 대답 대신에 이 자유의 방패를 앞에 내세울 뿐이다." 하나님의 명령은 신성불가침하기 때문에 하나님께서 "우리에게 명하시고 금지하신 것들에 대해, 그것들 중 아무것도 바꿀 자유"가 우리에게 없다.660 칼빈이 볼 때, 로마 가톨릭이나 니고데모파, 그리고 리베르탱파의 문제는 모두 동일한 오류에 기원한다. 그것은 자신들의 편의와 자의적 목적에 따라 하나님의 명령을 변조한다는 점이다. 참된 자유는 방종이 아니라 순종이다. 칼빈은 『기독교강요』에서 그리스도인의 자유의 두 번째 측면과 관련해 이 점을 강조한다. "두 번째 자유는, [율법의 정죄로부터의 해방을 뜻하는] 첫 번째 자유에 의존하고 있

---

658 "리베르탱파 논박", 『칼뱅작품선』 6: 296, COR. IV/1, 120. 칼빈은 "논박" 19장에서 더 구체적으로 고린도전서 6:12와 10:23을 잘못 해석하는 리베르탱파의 견해를 비판한다. 칼빈은 바울이 여기에서 폐기되었다고 말하는 것은 "우상에게 바쳐진 고기를 먹는 것과 같은 외적인 것들"일 뿐이지, 율법이 그리스도인의 삶을 향해 여전히 가지고 있는 규범성은 아니다.
659 "그들은 이 자유의 옷 속에 모든 불경건함과 우상숭배에 동의하고 있음을 감추고 위장한다. 이렇게 그들은 누구에게든지 비록 마음에서는 조롱한다고 해도, 우상 앞에서 무릎 꿇고, 촛불을 들며, 순례를 행하며, 미사를 부르며, 교황파의 모든 가증함에 동의하는 체하기 허락한다." "리베르탱파 논박", 『칼뱅작품선』 6: 298, COR. IV/1, 122.
660 "리베르탱파 논박", 『칼뱅작품선』 6: 298, COR. IV/1, 123.

는 바, 양심이 율법의 필연성에 억눌려 강압적으로가 아니라 율법의 멍에에서 해방되어 자발적으로 하나님의 뜻에 순종하는 데 있다."⁶⁶¹

칼빈은 "리베르탱파 논박" 제20장과 제21장에서 리베르탱파가 자기들의 잘못된 교리에 근거해 어떤 영역에서 위험한 무질서를 조장했는지 구체적으로 비판한다. 그리고 이 비판 가운데 "오직 성경으로"라는 종교개혁적 원칙을 반복해서 강조한다. 첫째 영역은 소명, 즉 "하나님께서 말씀 안에서 세워 주신 삶의 방식 또는 신분"에 대한 것이다. 리베르탱파는 "각자가 자신의 본능적 성향을 따르는 것과 자신의 유익에 적합한 것이나 마음에 내키는 것을 따르고 행하고 사는 것을 좋게 여기게 한다."⁶⁶² 그들은 이 세상에서 선하지 않은 삶의 방식은 하나도 없으며, 지금 여러 신분들 안에 만연해 있는 모든 악습과 부패함은 사실상 악이 아니라고 주장한다. 그리고 천성적인 것이든 습관적인 것이든, 사람들 안에 있는 모든 성향이 다 하나님의 소명이라고 주장한다. 칼빈은 리베르탱파가 가르치고 있는 이상의 세 가지 주장은 악마적이라고 비판한다. 성경은 분명히 하나님께서 부르신 선한 소명과 자신의 욕심을 따르는 악한 욕망을 구별한다. 그리고 이 기준에 따라 현실 속에서 목격하는 잘못된 삶의 방식을 지적하고 경계한다. 칼빈은 리베르탱파의 잘못된 관점을 비판하면서 올바른 소명관의 회복을 주장한다.

성경은 우리가 이 모든 것에 대해 권면받기 원하는바, 우리가 우리에게 보기 좋은 대로의 행동방식을 택하면서 우리 삶을 정하지 말고, 하나님이 인정하시는 것을 따르며 그의 말씀의 한계 안에서 처신하면서 우리 삶을 정하

---

661 Institutes, III.19.4, OS.4: 284.
662 "리베르탱파 논박", 『칼뱅작품선』 6: 299, COR. IV/1, 124.

길 바란다. … 즉, 우리 각자가 부름 받은 신분으로 하나님을 섬기고 그것으로 만족해야 하며, [신분을] 바꾸려는 욕구를 가져서도 안 되며, 타인의 직무에 개입해서도 안 되며, 자신의 의무 수행 전념을 후회해서도 안 된다는 것이다.663

칼빈이 두 번째로 다루는 리베르탱파의 위험성은 결혼에 대한 것이다. "그들은 남자나 여자에게 보기 좋은 대로 상대방과 한 쌍을 이루도록 허용한다. 서로가 만족할 때, 이들은 이것을 영적 결혼이라고 부른다."664 리베르탱파의 결혼관은 그들의 잘못된 창조론에서 나온다. 하나님께서 사람을 남자와 여자로 만드셨을 때, 모두를 한 몸으로 지으셨기 때문에 우리에게는 그저 선택하는 일만 남아 있다는 것이다. 칼빈은 이들이 창세기 2장 24절과 마가복음 10장 7절을 완전히 왜곡했다고 비판한다. 이 성경 본문들은 남자와 여자 둘 사이의 관계를 말하고 있다. 게다가 출애굽기 20장 14절과 17절은 타인의 아내를 탐내는 것을 금지한다. 결혼 관계는 "가장 거룩한 언약"으로서 그리스도인이 세상을 살면서 맺는 여러 관계들의 기본이다.665 이와 같은 성경의 가르침이 결혼의 거룩한 관계를 이해하는 유일한 기준이다. 마가복음 19장 6절에서 예수 그리스도께서 친히 "결혼을 분리할 수 없는 것"이라고 선언하셨으며, 잠언 2장 17절에서는 결혼을 "신성한 언약"이라고 불렀고, 에베소서 5장 32절은 결혼을 "우리가 주 예수 그리스도와 맺는 영적 연합에 비유"했다. 따라서 결혼이 "하나님 이름으로

---

663 "리베르탱파 논박", 『칼뱅작품선』 6: 299, COR. IV/1, 124.
664 "리베르탱파 논박", 『칼뱅작품선』 6: 302, COR. IV/1, 126.
665 "가장 거룩한 언약이며 가장 신실하게 지켜져야 할 결혼이 이처럼 위반된다면 세상에서 무엇이 더 이상 온전하게 남아 있을 것이며, 무슨 질서와 충성심과 정직함과 확신이 남아 있겠는가?" "리베르탱파 논박", 『칼뱅작품선』 6: 303, COR. IV/1, 127.

성별되며 하나님의 권위 위에 세워"진 것임을 누구도 부인할 수 없다.⁶⁶⁶

칼빈이 리베르탱파의 잘못된 교훈이라고 비판하는 세 번째 영역은 재물의 소유에 대한 것이었다. 칼빈에 의하면 이들은 "사람들 사이에 어떠한 질서도 남기지 않기 위해 … 각자가 아무것도 자신의 것으로 소유하지 않고, 자기가 가질 수 있는 곳에서 무엇이든 취하는 것이 성도의 교제라고 말한다."⁶⁶⁷ 리베르탱파는 유무상통의 공동체를 주장하면서 그 근거로 마태복음 19장 21절과 사도행전 4장 32절 이하의 본문을 인용한다. 칼빈은 예수님께서 "네 모든 소유를 팔아 가난한 자들에게 주고 나를 따르라"는 명령은 모든 신자들에게 주신 보편적인 명령이 아니라 이 본문에서 대화를 나누고 있는 부자 청년에게 국한된 명령이라고 해석한다. 사도행전의 기록 역시 잘 읽어 보면 모든 사람이 아무것도 남겨 놓지 않은 채 모든 소유를 팔았다는 내용이 아니라고 해석한다. 그리고 사도행전에 등장하는 초대교회 성도들이 가장 완전한 그리스도인들이었다고 해도 "그들 사이에는 혼동된 재산 공유란 없었다"고 주장한다.⁶⁶⁸ 몇 가지 사례들을 일반화하여 적용하는 것은 올바른 성경해석의 자세가 아니다. 칼빈은 물질 사용과 관련한 일반적 원칙은 사도행전 4장보다 빌레몬서나 고린도후서에서 발견할 수 있다고 주장한다. 빌레몬서에 의하면 당시 성도들이 "자신의 가업과

---

666 "리베르탱파 논박", 『칼뱅작품선』 6: 303, COR. IV/1, 127.
667 칼빈은 리베르탱파의 견해가 재세례파와 유사하다고 비판한다. 그리고 섭리론적 관점에 따라 하나님께서 재세례파나 리베르탱파의 잘못된 주장을 통해 물질 소유와 활용에 있어서 만연한 우리들의 배은망덕을 처벌하신다고 해석한다. "그러나 우리가 이것을 행하지 않으므로, 이 미친 자들이 나타나 모든 질서를 뒤엎는 것이 하나님의 정당한 보복임을 알자." "리베르탱파 논박", 『칼뱅작품선』 6: 305, 307, COR. IV/1, 129.
668 "리베르탱파 논박", 『칼뱅작품선』 6: 307-8, COR. IV/1, 131-2. 여기에서 칼빈은 분명히 각 개인이 자신의 재산을 소유할 권리를 가지고 있음을 인정하고 옹호한다. 그러나 칼빈이 모든 신자가 하나님의 청지기로서 자신의 모든 소유를 하나님의 뜻에 따라 사용해야 한다고 강조했음을 간과해서는 안 된다. "각자는 자기의 가사를 꾸리고 자기 재물을 별도로 관리했다. 그러나 그들은 누구도 궁핍을 당하지 않게 하는 그런 형제애를 가졌다." "리베르탱파 논박", 『칼뱅작품선』 6: 309, COR. IV/1, 132.

15세기 공동생활형제단의 창설자 흐루테 기념비

가구뿐 아니라, 그 당시에는 노예와도 같았던 남녀종들을 소유하고 있었음"이 분명하다.[669] 고린도후서 9장 7절에 따르면 "재물을 가진 자가 다른 사람에게 제공하기 위해 스스로 파멸되지 말며, 오직 자신의 풍요를 통해 이웃의 부족을 공급하라는 것"이 일반적인 명령이다.[670]

    칼빈은 리베르탱파의 공동소유 개념을 비판한 후, 종교개혁이 추구한 재물 사용과 그에 따른 사회개혁의 성경적 기초가 무엇인지 적극적으로 설명한다. 먼저, 우리 주님께서는 자신의 "영적 통치를 추구"하기 위해 이 세상의 재물에 대해 탐욕으로 가지지 말라고 명하신다. 따라서 우리는 우리의 생활을 위해 정직하고 열심히 일해야 하며, 재물을 취하고 사용할 때 선한 양심으로 이웃을 섬기려 해야 한다. 마지막으로 가난한 자들은 가진 것에 자족해야 하며, 부요한 자는 하나님의 청지기로서 자신의 소유를 절제하며 이웃을 위해 사용해야 한다. 이와 같은 성경의 교훈을 실천하기 위해서는 모든 소유를 폐지하는 무질서가 아니라 소유를 바르게 사용하려는

---

669 "리베르탱파 논박", 『칼뱅작품선』 6: 310, COR. IV/1, 133.
670 "리베르탱파 논박", 『칼뱅작품선』 6: 311, COR. IV/1, 134.

질서가 요구된다. "주님은 사람들이 살기 위해 그들 사이에서 사용하는 인간 계약이나 정치적 수단을 제거하시지 않고 다만 그들을 공정과 진실에게로 이끄실 뿐이다."[671]

종교개혁은 하나님을 향한 올바른 경배와 순종뿐 아니라 사람들 안에서 나타나야 할 경건한 삶의 모습과 상호 관계에 대해서도 큰 관심을 기울였다. 따라서 종교개혁자들은 로마 가톨릭이 지배하는 당시 사회 구조 속에 만연해 있던 경제적인 부패의 문제를 신랄하게 비판했다.[672] 그러나 이들은 이 문제를 해결하기 위해 급진적 세력이 시도했던 혁명적인 사회 경제 제도를 지지하지는 않았다. 칼빈은 급진주의자들의 주장도 탐욕에서 나온다는 점을 간파했다. "이들은 모든 재산의 구별을 없애고 온 세상을 각자가 계산도 지불도 하지 않은 채 원하는 대로 자기 것으로 삼는 강도의 숲으로 만들려 한다."[673] 그리스도인의 삶의 구체적인 문제들에 대해서도 하나님의 말씀이 기준이 되어야 한다. 그리고 그 가르침에 대한 해석은 우리의 필요에 따라 자의적으로 이루어져서는 안 되며 하나님께서 주시는 준엄한 명령에 대한 겸손한 순종의 자세로 이루어져야 한다. 종교개혁을 위한 가장 기본적인 원칙인 "오직 성경으로"의 원리와 이에 수반되는 단순하며 명료한 해석의 자세는 그리스도인의 구체적인 삶의 윤리에도 그대로 적용되어야 했다.

교리와 삶은 직접 연관되어 있다. 종교개혁자들은 로마 가톨릭주의자

---

[671] "리베르탱파 논박", 『칼뱅작품선』 6: 307, "Il n'ste point les contractz humains et moyens politiques, dont les hommes suent entre eux pour gangner leur vie, mais les reduict seulement à droicture et verité" COR. IV/1, 131.

[672] "그리스도인이라 불리는 자들 각자가 너무 악착스럽게 탐욕을 드러내 일반적으로 대부분 만족할 줄 모르는 탐욕가 또는 굶주린 짐승과 같으므로.. 우리는 오늘날 큰 자나 작은 자나 할 것 없이 자기들에게로 재산을 끌어 모으려는 미친 탐욕으로 마치 화덕처럼 얼마나 타오르고 있는지 본다." "리베르탱파 논박", 『칼뱅작품선』 6: 305, COR. IV/1, 129.

[673] "리베르탱파 논박", 『칼뱅작품선』 6: 307, COR. IV/1, 131.

들뿐 아니라 급진주의자들의 교리적 오류가 그리스도인의 삶의 실제 상황에 어떤 문제를 일으키는지 잘 지적했다. 오늘날도 마찬가지이다. 삶과 무관한 사변적 교리 논쟁의 무의미함보다 교리가 상실된 채 삶의 필요에만 부응하는 신앙은 무가치하며 위험하다. 자기만족적인 신앙은 기독교 종교가 아니라 우상숭배로 전락할 수밖에 없다. 16세기 종교개혁자들이 모든 문제의 근원이라고 지적했던 탐욕이 보편적 가치가 되어 버린 오늘날의 물질주의 시대 속에서 현세의 타락과 인간의 죄악성을 숨김없이 지적하는 성경의 보편적인 진리는 더욱더 강조되어야 한다.

3.5. 종말론

리베르탱파의 이단적 주장에 대한 칼빈의 마지막 비판은 그들의 종말론에 대한 것이었다. 칼뱅에 따르면 리베르탱파는 그리스도의 영혼과 우리의 영혼이 모두 하늘에 항상 살아 있는 불멸의 영에 불과하기 때문에 우리에게는 사실 죽음이 없다고 주장한다. 따라서 그들은 "우리가 기다리는 게 이미 일어났다고 말하면서 우리가 부활에서 갖는 모든 소망을 조롱한다."[674] 칼빈은 이와 같은 주장을 바울이 디모데후서 2장 17절에서 비난했던 빌레도나 후메내오와 동일한 이단 사설과 동일시한다. 그리고 사실상 육체의 부활을 거부하는 리베르탱파의 주장은 복음 자체를 무력화시킨다고 비판한다.[675] 부활 교리는 복음을 존속하게 하는 기초이기 때문이다.[676]

---

[674] "리베르탱파 논박", 『칼뱅작품선』 6: 313, COR. IV/1, 137.
[675] "그들이 인간 창조와 모든 하나님의 일들에 대해 말하면서 하나님과 마귀를 혼동하는 것과 마찬가지로, 만물의 회복과 관련해서도 그들은 우리 구원의 소망과 함께 성경에 기록된 것을 완전히 뒤집어엎으며, 지나가 없어질 현재의 삶 외에 아무것도 남기지 않는다." "리베르탱파 논박", 『칼뱅작품선』 6: 317, COR. IV/1, 142.
[676] "부활이 제거되면 우리에게 더 이상 남는 것이 무엇이겠는가?" "리베르탱파 논박", 『칼뱅작품

물론 신자들에게는 더 이상 정죄가 없으며, 그리스도를 살리신 영이 내주하고 계셔서 더 이상 죽음이 그들을 지배하지 않는 것이 사실이다. 그럼에도 불구하고 "우리가 기다리고 있는 복이 이미 드러나 우리가 그 복을 누리며 우리 유업을 실제적으로 소유"하게 된 것은 아니다.[677] 성경의 수많은 구절들은 "하나님이 우리의 영혼들을 받으시고 그들의 몸과 다시 재결합될 때까지 보존하심을 명백히 증명"한다.[678]

칼빈은 리베르탱파의 이단적 주장을 비판한 후, 종교개혁이 추구한 성경적 부활교리를 천명한다. 성경은 미래에 대한 종말론적 소망과 그에 따른 현세의 삶에 대한 새로운 이해를 불러일으킨다. 신자들의 영혼은 육체와 분리될 때, 하나님과 함께 하며 그의 나라의 복된 즐거움에 참여한다. 그러나 하나님의 자녀의 최고의 영광과 행복, 그리고 최후의 소망은 예수 그리스도께서 이 세상을 심판하러 오실 마지막 날에 이루어질 참된 만족에 있다. "성경은 크고 명백하게 외친다. 우리가 우리 구원을 응시하려 한다면, 우리는 마땅히 우리 마음을 마지막 날에 두어야 한다고 말이다."[679] 그날에 소망을 둔 신자는 이 땅에서도 마지막 날 주 예수 그리스도께서 이루어 주실 온전한 영광을 바라는 소망으로 살아간다.

> 지금 타락과 부패에 굴복하는 우리의 몸은 그때 우리 주 예수의 영광으로 변형될 것이다. 이처럼 그의 부활 안에서 다가올 우리의 부활을 응시하자 … 모든 거룩한 조상들과 선지자들과 다른 신자들이, 하나님이 그들에게 예비

선』 6: 313, COR. IV/1, 137.
[677] "리베르탱파 논박", 『칼뱅작품선』 6: 313, COR. IV/1, 137.
[678] 칼빈은 전도서 12:7과 더불어 예수님께서 십자가상에서 자신의 영혼을 아버지께 부탁하신 누가복음 23:46과 스데반의 기도를 기록한 사도행전 7:59을 근거로 인용한다. "리베르탱파 논박", 『칼뱅작품선』 6: 313-4, COR. IV/1, 138.
[679] "리베르탱파 논박", 『칼뱅작품선』 6: 316, COR. IV/1, 141.

하신 영광의 면류관을 아직 받지 않은 채, 우리 모두가 함께 받을 때까지 기다린다는 것을 확신하자.680

부활을 소망하는 삶은 현세의 삶에 대한 새로운 이해와 태도를 가능하게 한다. 리베르탱파는 하나님의 나라를 현재에 국한시킨다. 그러나 하나님의 나라는 이미 이 땅에 임했음에도 불구하고 아직 이루어지지 않았다.681 우리는 그 나라가 이 땅에 온전히 임할 것을 기도하며 기다린다. "우리가 이 세상에 사는 동안 우리는 나그네와 같으며 우리에게 약속된 복이 우리에게 실제로 나타나길 기대하고, 성 바울의 말을 따라, 지금 우리에게 거울과 희미한 형상으로 제시되는 것을 직접 맞대어 보게 되리라고 기대한다."682

여기에서 그리스도인의 삶을 하나님의 은혜를 붙잡고 최후의 승리를 소망하는 나그네의 삶이라고 말했던 칼빈의 이해가 다시 한 번 강조된다. 나그네로 이 땅을 살아가는 그리스도인은 고난과 핍박을 피하고 이를 사전에 방어하기 위해 권력과 소유를 추구하지 않는다. 그러나 현세의 삶을 무시하고 영적인 영역으로 도피하는 수도사의 삶을 추구하지도 않는다. 칼빈은 "리베르탱파 논박" 제24장에서 현실 세계에 존재하는 정치 질서의 정당성이나 의술의 효용성을 부인하는 포케의 주장을 비판한다. 정치

---

680 "리베르탱파 논박", 『칼뱅작품선』 6: 318, COR. IV/1, 142.
681 "어쨌든 그[포케]는 하나님 나라의 성취를 현재의 시간에 둠으로써 이 구절[에베소서 5:32]의 의미를 왜곡하는데, 우리는 이 하나님 나라가 날마다 임하길 기도하면서 아직 이루어지지 않았다고 고백한다." "리베르탱파 논박", 『칼뱅작품선』 6: 333-4, COR. IV/1, 157.
682 "리베르탱파 논박", 『칼뱅작품선』 6: 315, "Et pendent que nous vivons en ce monde, nous sommes comme estrangiers, attendans que les biens qui nous sont promis, nous soyent exhibez en effect et que nous voyons face à face ce que nous maintenant proposé en miroir et figures obscures, selon que dict en un autre sainct Paul." COR. IV/1, 140.

질서는 하나님께서 세상에 세우신 것이며, 의학도 하나님께서 모든 사람들을 위해 주신 선물이다. 그러나 더 중요한 것은 이와 같은 선물을 사용하는 바른 자세이다. "우리 주님은, 우리가 항상 위의 것을 갈망하고 부수적인 것으로 주된 것을 삼지 않는 조건에서 이 땅에서의 삶을 유지하는 데 요구되는 직업을 금하지 않기 때문이다."[683] 나그네로서의 삶은 "죽음 후의 안식을 소망하며 일하고, 우리 승리의 열매를 받기를 소망하며 싸우며, 즐거움과 위안을 기다리면서 신음"하는 삶이다.[684]

16세기 종교개혁자들은 기독교 종교의 회복, 즉 성경이 가르치는 참된 경건의 회복을 위해 기꺼이 고난과 핍박을 감수했다. 이들의 헌신은 나그네로서 이 땅을 살아간다고 생각했던 신앙의 표현이며 고백이었다. 칼빈은 현실의 삶의 가치를 무시하는 포케의 잘못된 주장에 반대하면서 종교개혁이 추구하는 종말론적인 삶의 가치를 다음과 같이 선언한다.

> 하나님은 우리에게 인내를 권유하기 위해 언제나 다음의 위로를 강조하신다. 즉, 우리가 견디는 십자가는 예수 그리스도의 십자가와의 교제로서, 이는 우리가 그의 형상을 닮아 그의 영광스런 부활에 참여하고 결과적으로 수치의 그릇이 아닌 영예의 그릇으로 만들어지기 위함이라는 것이다.[685]

---

[683] "리베르탱파 논박", 『칼뱅작품선』 6: 345, COR. IV/1, 168. Cf. "나는 의학이 하나님에게서 왔다고 말할 뿐 아니라 그것을 증명한다. 물론 그것이 하나님이 우리를 굴복시킨 필연에 따라 그가 우리에게 주는 피조물들을 잘 사용하는 학문인 한 말이다." "리베르탱파 논박", 『칼뱅작품선』 6: 344, COR. IV/1, 168.

[684] "리베르탱파 논박", 『칼뱅작품선』 6: 315, COR. IV/1, 140.

[685] "리베르탱파 논박", 『칼뱅작품선』 6: 346, COR. IV/1, 170. 종말을 바라볼 때만 얻을 수 있는 참된 위로에 대한 강조는 칼빈의 신학에서 가장 중요한 실천적 주제들 가운데 하나이다. "진실로 이것이 우리의 유일한 위로이다. 만약 이 위로를 빼앗긴다면 우리의 마음은 필히 절망하거나 필히 세상의 공허한 위안에 사로잡혀 파멸에 이르게 될 것이다. … 한마디로 결론을 내리자면, 신자들이 눈을 돌려 부활의 권세를 바라보게 되면, 그들의 가슴에 있는 그리스도의 십자가가 마귀, 육체, 죄, 그리고 불경건한 사람들을 끝내 이겨 낼 것이다." Institutes, III.9.6, OS.4: 176-7.

4. 성경의 진리에 충실한 그리스도인의 삶

칼빈은 리베르탱파에 논박을 마무리하는 마지막 결론에서 다시 한 번 "오직 성경으로"의 원칙을 강조한다. 리베르탱파와 같은 자들의 문제는 진리의 조명을 어느 정도 받고 난 후에 자신들의 욕구를 좇아 "예수 그리스도의 순수한 단순성"에서 벗어난 데 있다. 칼빈은 자신이 논박한 주제들 가운데 가장 많은 내용을 할애했던 하나님의 섭리 개념을 도입하여 이와 같은 자들의 출현은 어떤 의미에서 당시 타락한 로마 가톨릭 종교에 대한 하나님의 진노의 본보기라고 평가한다. 그리고 이런 오류에 빠지지 않는 비결로서 성경이 가르치는 진리에 확고히 머물 것을 강하게 권면한다. "특별히 하나님이 자신의 성경을 통해 기꺼이 우리에게 드러내 주는 것 외에 무엇을 알려는 욕망을 갖지 말자. 하나님의 거룩한 말씀을 우리의 지각이나 욕심에 종속시키지 말고 그 말씀이 우리에게 말하는 것에 온전히 동의하자."[686]

하나님의 말씀인 성경의 가르침에 만족하고 순종하는 경건한 태도가 하나님께 합당한 영예를 돌려 드리는 신자의 합당한 소명이다. "오직 성경으로"의 종교개혁의 원칙은 곧 "오직 하나님께 영광"이라는 종교개혁의 목적을 지향한다.

> 하나님에 대해 눈이 멀고, 그의 말씀을 경멸하면서, 그에게 영예를 드리지 않은 것에 대해 의로운 처벌로 버림받지 않은 한, 어느 누구도 미혹될 수 없을 것이기 때문이다. 내가 모든 신자에게 그들의 소명의 목적이 무엇인지 항상 기억해 그것에서 이탈하지 말며, 성경이 우리에게 주어진 목적과 우리가

---

[686] "리베르탱파 논박", 『칼뱅작품선』 6: 346-7, COR. IV/1, 170.

성경을 사용해야 하는 방법을 살펴 하나님이 세운 것과 달리 사용함으로써 성경을 오염시키지 말라고 그토록 강하게 권면한 이유가 바로 이것이다.[687]

이처럼 칼빈은 리베르탱파의 잘못된 성경해석과 그로부터 나오는 교리적 오류와 윤리적 방임을 조장하는 주장들을 조목조목 비판할 때 단지 이들을 비판하는 데 그치지 않았다. 그는 더 적극적으로 이 논박을 통해 기독교의 참된 종교를 회복하기 위한 단순하고 명료한 성경해석 방법과 사례들을 설명했다. 그리고 성경의 가르침 위에 세워진 올바른 교리들과 그에 따른 삶의 실천 방안들을 제시함으로써 오직 하나님께만 영예와 영광을 돌려 드리는 참된 경건을 회복하려 했다. 교리와 삶을 연결시켜 종교개혁의 대의와 합당한 개혁의 방법을 설명했다는 점에서 칼빈의 "리베르탱파 논박"은 당대와 이후 교회를 위해 중요한 의미를 갖는다.

칼빈의 "리베르탱파 논박"에서 재확인할 수 있는 16세기 종교개혁의 중요한 원칙들은 오늘날 교회를 향해서도 여전히 유용하다. 첫째는 정당한 성경해석과 적용에 대한 점검이다. 학문적 사변에 매몰된 성경해석이나 자의적인 성경해석은 인간의 언어로 자신의 뜻을 계시하신 하나님의 뜻을 축소하거나 왜곡함으로써 무의미하게 만들 수 있다. 로마 가톨릭과 리베르탱파는 모두 자신들의 제도나 주장을 위해 성경을 자의적으로 해석했다. 하나님께서는 성경 계시를 통해 창조와 타락, 그리고 예수 그리스도를 통한 구속과 구속받은 신자들의 삶의 변화를 가르치고자 하셨다. 따라서 오늘날 교회가 추구해야 할 정당한 성경해석은 성경 전체가 명확하게 가르치는 구원의 진리를 잘 드러내는 것이어야 한다. 둘째, 교리와 실천의 목적이 무엇인지 재확인해야 한다. 모든 교리와 실천은 오직 하나님의 영

---

[687] "리베르탱파 논박", 『칼뱅작품선』 6: 347, COR. IV/1, 171.

광을 위한 것이어야 한다. 자기만족과 자아실현은 하나님께서 자기 자녀들에게 최후에 주실 선물이라고 맡기고 현재의 삶에서는 하나님의 영광을 위해서 고난과 핍박을 감수할 수 있어야 한다. 16세기 종교개혁의 역사적인 의의는 예수님께서 예비해 두신 처소를 소망하는 나그네로서 이 땅을 살아가야 하는 그리스도인의 삶을 강조하고 그런 삶을 실천하려 했다는 데 있다.

제7장
트렌트 공의회 법령과 해독제(1547)·

1. 배경: 로마 가톨릭의 개선 시도

   16세기 종교개혁은 기본적으로 종교개혁자들이 당시 로마 가톨릭 체제에서 발생한 여러 가지 오류들을 비판하고 성경의 진리에 따라 기독교 신앙의 회복을 시도했던 운동이라고 말할 수 있다. 그러나 이런 기본적인 정의 안에는 몇 가지 더 구체적으로 설명해야 할 사항들이 포함되어 있다. 이 설명의 필요는 두 가지 사실 때문에 발생한다. 첫째, 이 운동을 주도한 개신교 진영 안에도 다양한 입장들이 있었다는 사실이다. 따라서 프로테스탄트, 혹은 개신교 진영의 범위와 정체성에 대한 명확한 정의가 필요하다. 둘째, 로마 가톨릭 진영에서도 나름대로 개혁이 추진되었다는 사실이다. 그러나 종교개혁자들은 로마 가톨릭의 개혁 시도를 단순한 개선으로 여기고 비판했다. 따라서 16세기 개신교 종교개혁과 로마 가톨릭이 시도

· 이 장은 다음 논문을 수정 보완한 것임을 밝힌다. 김요섭. "종교개혁의 참된 기초와 방식: 트렌트 회의의 개혁 법령에 대한 칼빈의 비판 연구", 「개혁논총」 59 (2022): 9-46.

한 개선 사이의 차이가 무엇이었는지 규명할 필요가 있다.

이번 장의 주된 관심은 두 번째 필요와 관련되어 있다. 로마 가톨릭 진영과 개신교 진영의 개혁 시도가 가지고 있는 차이를 규명하기 위해서는 먼저 각 입장을 대표하는 인물이나 사건을 선정해야만 한다. 본서는 개신교 진영을 대표하는 개혁자로서 칼빈을 선택하여 그의 변증서 혹은 논쟁서를 검토하고 있다. 그리고 이 장에서는 로마 가톨릭 진영의 개혁 시도를 대표하는 사건으로서 트렌트 회의(Council of Trent)를 선택했다. 똑같이 "개혁"(reformatio)이라는 용어를 사용했지만 로마 가톨릭의 개선과 종교개혁의 개혁 사이에는 명확한 차이가 있었다. 이 둘 사이의 차이를 밝히는 것은 단순히 로마 가톨릭과 개신교 종교개혁 사이의 갈등을 강조하기 위함이 아니라 16세기 종교개혁의 본질과 그 시행 방식을 더 뚜렷이 파악하기 위함이다. 대조는 이해를 위한 가장 좋은 방법들 가운데 하나이기 때문이다.

1545년부터 1564년까지 계속된 트렌트 회의는 16세기 종교개혁에 대한 로마 가톨릭의 공식적이며 결정적인 대응이었다. 이 회의에서 결정된 주요 교리적, 제도적 내용들 중 상당수가 오늘날까지 로마 가톨릭의 공식적인 기준으로 인정받고 있다. 로마 가톨릭에서는 이 회의를 교회 전체가 모인 "보편 공의회"라고 부르지만, 개신교 진영은 결국 참석하지 못했기 때문에 그들만의 "회의"라고 부르는 것이 더 타당할 것이다. 칼빈을 비롯한 16세기 종교개혁자들 대부분은 소집 절차와 과정, 그리고 그 결정 내용을 볼 때 이 회의를 보편 공의회라고 부를 수 없다고 비판했다.

하인리히 불링거

트렌트 회의에 대한 종교개혁 진영의 반박은 처음부터 적극적이었다. 개혁파에서는 취리히(Zurich)의 개혁자 비블리안더(Theodor Bibliander, 1506-1564)가 1550년대 초 두 편의 글을 발표해 이 회의의 결정 내용을 비판했다. 불링거(Heinrich Bullinger, 1504-1575)도 『50편 설교』(Decades) 가운데 제4권 서문을 통해 트렌트 회의가 제4회기에서 다룬 성경에 대한 교리 결정 내용을 강하게 비판했다.[688] 루터파에서는 1564년 트렌트 회의가 완전히 종료된 후 켐니츠(Martin Chemnitz, 1522-1586)가 가장 종합적인 반박서인 "트렌트 회의 검토"를 1573년 발표했다.[689] 이와 같은 개신교 진영의 대응들 가운데 칼빈이 1547년에 발표한 "트렌트 공의회 법령과 해독제"(Acta synodi tridentinae Cum Antitodo)는 가장 먼저 이 회의의 교리적 결정과 개혁 시도를 비판했던 종교개혁 진영의 대표적인 대응들 가운데 하나였다. 부처는 1545년 트렌트 회의 소집의 정당성을 비판하는 글을 발표했지만 이 글은 회의의 결정 내용을 구체적으로 비판한 것은 아니었다.[690] 회의의 첫 기간이 종료된 후 부처는 파렐과 함께, 칼빈에게 회의 결정 사항에 대해 체계적이고 신학적으로 비판해 줄 것을 부탁했고 칼빈은 바쁜 와중에도 불구하고 이 요청을 받아들였다.[691] "트렌트 공의회 법령과 해독제"는 그

---

[688] Theodore Bibliander, *Amplior consideratio decreti synodalis Tridentini; Concilium sacrosanctum Domini nostri Jesu Christi*; Heinrich Bullinger, *The Decades of Henry Bullinger*, vol. 4. ed. Thomas Harding (Cambridge: Cambridge University Press, 1851). Cf. Emidio Campi, "The Reformation in Zurich," in *A Companion to the Swiss Reformation*, eds. Amy Nelson Burnett and Emidio Campi (Leiden: E. J. Brill, 2016), 111.

[689] Martin Chemnitz, *Examen decretorum Concilii Tridentini* (Frankfurt, 1566-73).

[690] Theodore W. Casteel, "Calvin and Trent: Calvin's Reaction to the Council of Trent in the Context of His Conciliar Thought," *Harvard Theological Review* 63 (1970): 100.

[691] 이 글의 작성 배경에 대해서는 다음을 참조하라. Robert M. Kingdon, "Some French Reactions to the Council of Trent," *Church History* 33/2 (1964): 149-151; Emidio Campi, "The Council of Trent and the Magisterial Reformers," in *The Council of Trent: Reform and Controversy in Europe and Beyond(1547-1700), vol. 1: Between Trent,*

결과였다. 칼빈은 이 글에서 트렌트 회의가 결정한 교리와 더불어 개선 시도들도 비판했고, 이 비판을 통해 자신이 추구했던 종교개혁의 개념과 목적과 개혁을 위한 실천의 정당성을 선명하게 제시했다.[692]

칼빈의 주된 관심사는 트렌트 회의의 첫 기간 확정된 교리적 결정을 반박하는 것이었다. 그러나 이 장의 주된 관심은 트렌트 회의의 "개혁 법령"들에 대한 칼빈의 비판에 있다. 이 비판을 검토하는 것은 16세기 종교개혁의 목적과 요점뿐 아니라 그 실천적 방향을 규명하는 데 가장 유용한 접근이기 때문이다. 이 검토를 위해 먼저 16세기 로마 가톨릭의 변화 시도에 대한 학자들의 해석들을 간략히 소개한 후, 이 맥락 가운데 트렌트 회의의 배경과 진행 과정, 그리고 주요 결정 사항들을 검토할 것이다. 그리고 이어서 칼빈의 "트렌트 공의회 법령과 해독제"의 내용을 집중적으로 검토할 것인데, 그와 동시에 칼빈이 1543년 황제 칼 5세에게 쓴 "교회 개혁의 필요성"(De necessitate reformandae ecclesiae)에서 제시한 로마 가톨릭에 대한 비판을 살펴볼 것이다. 이 두 저술의 연관성은 칼빈이 직접 밝혔다. 그는 "트렌트 공의회 법령과 해독제"의 서문에서 "교회 개혁의 필요성"을 읽어 볼 것을 다음과 같이 권유했다. "이것이 더 잘 보이게, 나는 독자들이 먼저 내 논문 '교회 개혁의 필요성'을 먼저 정독하기를 바라고 권고한다."[693] 이 두

Rome and Wittenberg, eds. Wim François and Violet Soen (Göttingen: Vandenhoek and Ruprecht, 2018), 295-297.

[692] 칼빈의 "트렌트 공의회 법령과 해독제"에 대한 국내의 연구들은 주로 칭의론에 초점을 맞추어 교리적 주제를 밝히는 데 집중해 왔다. 김재성, "칼빈의 칭의론과 트렌트 종교회의",「신학정론」13/1 (1995): 203-233; 라은성, "카톨릭 칭의에 대한 칼빈의 비판(I)",「신학지남」71/1 (2004): 331-356; "카톨릭 칭의에 대한 칼빈의 비판(II)",「신학지남」71/2 (2004): 273-317; 김재윤, "의롭게 만드시는 하나님의 의: 레겐스부르크(1541), 트렌트(1547), 합의문서(1999)로 본 로마 카톨릭교의 칭의 교리 연구",「개혁논총」32 (2014): 9-43; 문병호, "그리스도의 의의 유일성과 객관성: 칼빈의 트렌트 회의 비판의 요지와 요체",「개혁논총」32 (2014): 45-93.

[693] "트렌트 공의회 법령과 해독제",『칼뱅작품선』4: 118, CO.7: 370. "교회 개혁의 필요성"의 작성 배경과 주요 내용에 대해서는 다음을 참조하라. Kevin C. Carr, "The Reformation Manifesto of John Calvin: An Overview of the Necessity of Reforming the Church,"

작품은 트렌트 회의가 종료된 1563년 전에 발표되었기 때문에 회의가 진행된 첫 기간인 1545년부터 1547년 사이의 내용만 다루었다. 그러나 이 첫 기간 동안 중요한 교리적, 실천적 결정이 이루어졌고, 이 결정 내용이 이후 계속된 트렌트 회의의 논의들을 이끌었다는 점을 고려할 때, 칼빈의 "트렌트 공의회 법령과 해독제"가 16세기 후반 로마 가톨릭의 "개혁"을 비판하고 이와 대비되는 종교개혁자의 강조점들을 제시한 대표적 저술이라고 말할 이유는 충분하다. 결론에서는 칼빈의 이 저술을 통해 재구성할 수 있는 16세기 종교개혁의 목적과 그 실현 방식이 오늘날 어떤 의미를 가질 수 있는지를 제안할 것이다.

2. 트렌트 회의의 성격

2.1. 종교개혁에 대한 로마 가톨릭의 대응에 대한 해석

트렌트 회의의 성격에 대한 평가는 16세기 프로테스탄트 종교개혁에 대한 로마 가톨릭의 대응을 어떻게 평가할 것인가의 문제와 연결된다.[694] 전통적으로 로마 가톨릭의 대응은 주로 종교개혁에 대한 반박과 억압이었다는 점에서 "반동 종교개혁"(counter reformation)으로 이해되어 왔다. 이 개념은 18세기 신성로마제국의 역사를 설명하는 문서들에 처음 등장한 후, 19세기 역사학자 랑케(Leopold von Ranke, 1795-1886)가 16세기 후반 이후 나

Puritan Reformed Journal 4/2 (2012): 43-49.

[694] 이 논쟁에 대한 개괄적인 설명은 다음을 참고하라. Robert Bireley, "Early Modern Catholicism," in *Reformation and Early Modern Europe: A Guide to Research*, ed. David M. Whitford (Kirksville: Truman State University Press, 2008), 57-79.

타난 로마 가톨릭의 변화를 통칭하는 용어로 사용하면서 널리 활용되었다.[695] 그러나 19세기 후반부터 "가톨릭 개혁"(Catholic Reform) 혹은 "가톨릭 복구"(Catholic Restoration)라는 개념이 대두되었다. 이는 16세기에 이루어진 로마 가톨릭의 새로운 변화가 프로테스탄트 종교개혁을 억압하려 한 수동적 반응만이 아니었고, 기독교 종교 전체에 걸친 새로운 변화와 발전을 추구한 적극적인 시도라고 해석하는 대체적 개념이었다.

"가톨릭 개혁"이라는 해석에 따른 논의는 20세기 중반 이후 더 활발하게 전개되었다.[696] 이 개념을 선호하는 해석자들은 종교개혁의 시기를 15세기부터 17세기까지 넓게 설정하고 이 기간을 관통하는 일련의 종교적 연속성을 강조한다. 그리고 수도원 운동이나 대중 신앙운동 등에 주목하면서 16세기 나타난 기독교의 변화를 사회, 정치, 문화에 걸친 다양한 요인들이 복합적으로 작동한 결과라고 해석한다. 예를 들어 라인하르트(Wolfgang Reinhard, 1937-)는 16세기 종교개혁을 세속국가의 중앙집권 과정의 맥락에서 분석한 후, 각 교파의 신앙고백적 정체성의 형성은 17-18세

---

[695] 이 용어는 독일 괴팅엔의 법률가 퓌터(Johan Stephan Pütter, 1725-1807)가 1770년대에 발간한 소책자에서 처음 사용한 것으로 알려져 있다. 이 용어는 1555년부터 1648년 사이에 신성로마제국 내에서 개신교 지역을 로마 가톨릭으로 되돌리려 했던 황제와 제후들의 활동을 통칭했다. R. Po-chia Hsia, *The World of Catholic Renewal 1540-1770* (Cambridge: Cambridge University Press, 2005), 1-2.

[696] 에브넷(Evennett)은 1951년에 발표한 논문에서 중세 후기부터 전개되었던 여러 영성 운동들이 16세기 로마 가톨릭에서 적극 수용되면서 기독교 신앙 전체에 새로운 종교적 활력을 불러 넣었다고 주장했다. Henry O. Evennett, *The Spirit of the Counter-Reformation* (Notre Dame: University of Notre Dame Press, 1968). 올린(Olin)은 구체적인 사례들을 제시하면서 16세기 이전부터 나타났던 개혁의 시도들이 종교개혁의 자극을 받아 로마 가톨릭 내의 새로운 변화를 촉진했다고 주장했다. John C. Olin, *The Catholic Reformation: Savonarola to Igantius Loyola* (New York: Fordham University Press, 1969); *Catholic Reform: From Cardinal Ximenes to the Council of Trent 1495-1563* (New York: Fordham University Press, 1990). 20세기 중반 이후 주요 논의들은 뤼브케(Luebke)가 편집한 단행본에 수록되어 있다. David M. Luebke (ed.), *The Counter-Reformation* (Oxford: Blackwell, 1999).

기 세속 국가의 성립으로 귀결되었다고 주장했다.697 들뤼모(Jean Delumeau, 1923-2020)는 중세의 미신적 신앙이 15세기 이후 체계적인 기독교 신앙으로 정립되었다고 보면서, 16세기 개신교와 로마 가톨릭에서 일어난 개혁의 흐름은 모두 장기간에 걸친 이 기독교 신앙화의 한 과정이었다고 주장했다.698 보시(John Bossy, 1933-2015)는 대중 종교라는 차원에서 16세기 이후 로마 가톨릭의 변화를 분석하고 이를 종교사적 관점에서 평가했다.699 두 개념은 여전히 논쟁 중이다. "가톨릭 개혁"에 대한 활발한 연구가 계속되고 있지만 "반동 종교개혁"이라는 전통적인 이해도 여전히 활용되고 있기 때문이다.700

트렌트 회의 연구의 권위자인 예딘(Hubert Jedin, 1900-1980)은 16세기 종교개혁에 대한 로마 가톨릭의 대응 안에는 두 가지 성격이 모두 포함되어 있다고 주장했다. 즉, 로마 가톨릭이 프로테스탄트 종교개혁에 대응함으로써 스스로를 주장하려 했던 측면은 "반동 종교개혁"의 성격을 보여 주지만, 다른 한편 중세 후기부터 나타난 여러 변화의 시도들을 이어받아 가

---

697 Wolfgang Reinhard, "'Gegenreformation als Modernisierung?' Prolegomena zu einer Theorie des knofesionellen Zeitalters," *Archiv für Reformationsgeschichte* 68 (1977): 226-52.

698 Jean Delumeau, *La peur en Occident, XIVe-XVIIIe siècles, Une cité assiegée* (Paris: Fayard, 1978); Hsia, *The World of Catholic Renewal 1540-1770*, 4-5.

699 John Bossy, "The Counter-Reformation and the People of Catholic Europe," *Past and Present* 47 (1970): 51-70. 멀릿(Mullett)은 20세기 중반 이후 해석들을 정리하면서 중세 후기 로마 가톨릭 안에서 나타난 여러 흐름들이 16세기 "가톨릭 종교개혁"의 기원이라고 주장한다. Michael A. Mullett, *The Catholic Reformation* (London: Routledge, 1999), 1-28.

700 비교적 최근 출판된 이 주제에 대한 연구총서는 여전히 "반동 종교개혁"이라는 용어를 선택했다. Alexandra Bamji, Geert H. Janssen, Mary Laven (eds.), *The Ashgate Research Companion to the Counter-Reformation* (London: Routledge, 2013). 클라이버(Klaiber)는 16세기 종교개혁 중 다양한 신앙고백 전통들이 등장해 각각 신앙의 정통성을 추구했다고 주장하면서 프로테스탄트 종교개혁과 대비해 "가톨릭 종교개혁"이라는 용어를 사용한다. Jeffrey Klaiber, "The Protestant Reformation and the Catholic Reformation," in *The Wiley Blackwell Companion to World Christianity*, eds. Lamin Sanneh, Michael J. McClymond (Oxford: Wiley-Blackwell, 2016), 119-127.

톨릭적 삶의 이상을 활성화하려 했던 측면은 "가톨릭 개혁"에 해당한다는 것이다. 예딘은 이 양 측면은 "상호 상충적"(a matter of either or) 특징이 아니라 "병존적인"(a matter of both and) 특징이라고 주장했다.[701]

예딘의 설명을 따르면 트렌트 회의에는 "반동 종교개혁적" 측면과 "가톨릭 개혁적" 측면이 모두 포함되어 있다고 볼 수 있다.[702] 회의가 첫 회기에서 선언한 첫째 소집 목적은 "이단을 근절"하고 "그리스도의 원수들을 제압하고 척결"하는 것이었으며, 둘째 목적은 "성직자와 그리스도교 백성을 쇄신"하여 "교회의 평화와 일치"를 이룸으로써 "신앙을 증진하고 그리스도교를 증진"시키는 것이었기 때문이다.[703] 트렌트 회의는 첫째 목적을 "교리"라는 범주에서 다루었고, 둘째 목적은 "개혁"이라는 범주에서 다루었다. 그러므로 "교리"는 반동 종교개혁으로서의 성격을, "개혁"은 "가톨릭 개혁"으로서의 성격을 가진다고 볼 수 있다. 그러나 트렌트 회의의 개혁 결정들에 대한 종교개혁자들의 비판이 있었음을 고려하면, 이 개혁 결정들이 트렌트 회의의 "가톨릭 개혁"적 특징을 전적으로 대변한다고 바로 말하기는 어렵다. 조금 더 타당한 평가를 위해서는 우선 트렌트 회의가 결정한 개혁안들의 성격과 초점, 그리고 귀결을 종합적으로 살펴보아야 한다.

---

701 Hubert Jedin, "Katolische Reformation oder Gegenreformation?" in Hubert Jedin (ed.) *Katolische Reformation oder Gegenreformation? Ein Versuch zur Klärung der Begriffe nebst einer Jubiläumsbertrachtung über das Triente Konzil* (Luzern: Verlarg Josef Stocker, 1946), 38. 린드버그(Lindberg) 역시 로마 가톨릭의 대응에는 "갱신"(renewal)의 측면과 "반동 종교개혁"(counter-reformation)의 측면이 있다고 말한다. Carter Lindberg, *The European Reformation* (Oxford: Wiley-Blackwell, 2009), 321-346.

702 John W. O'Malley, *Trent: What Happened at the Council* (Cambridge: Belknap Press, 2013), 14-15.

703 Sess, 1,『문헌집』, 660. 이하 트렌트 회의 결정 사항들은 각 회기와 이하 제목을 약어로 표기하고 그 한글 번역은 『보편공의회 문헌집 제3권: 트렌토 공의회, 제1차 바티칸 공의회』, G. Albergo et als (eds.), 김영국 외 역 (서울: 가톨릭출판사, 2005)에서 인용하며, 이를 『문헌집』으로 표기한 후 인용한 곳의 페이지를 표기한다.

2.2. 트렌트 회의의 개최 배경

먼저 19년간 진행된 트렌트 회의의 과정과, 그 가운데 개혁 법령의 영향을 정치적 이해관계라는 측면에서 살펴보면, 개혁 법령들 안에도 반동 종교개혁적 요소가 적지 않게 포함되었음을 알 수 있다. 이 회의는 시작 전부터 로마 가톨릭이 겪고 있는 대외적 상황으로 인한 여러 논란을 일으켰다. 내적으로는 교황청의 아비뇽 유수와 대분열을 겪으면서 발생한 교황지상주의(papalism)와 공의회주의(conciliarism) 사이의 갈등이 여전히 남아 있었다.[704] 외적으로는 교황과 세속군주들 사이의 정치적 대립이 심화되고 있었다.[705]

당시 대부분의 진영은 교회 회의를 통한 개혁을 선호했다. 대표적으로 교황 율리우스 2세(Julius II, 재위 1503-1513)는 교회가 맞이한 대내외의 여러 문제들을 다루기 위해 1512년에 제5차 라테란 회의(Lateran council)를 소집했다. 이 회의의 일차적 목적은 프랑스의 지원 아래 피사(Pisa)에 소집된 새로운 공의회에 맞서 교황권을 방어하는 것이었다.[706] 1513년에 즉위한 레오 10세(Leo X, 재위 1513-1521)는 이 회의 안에 개혁위원회를 구성해 교회 문제 개선도 다루도록 했다.[707] 그러나 이 회의는 큰 성과를 거두지 못했

---

[704] 콘스탄츠 공의회(1414-1418)는 교령 "Frequens"를 통해 이후 공의회의 지속적 소집을 결정했다. 그러나 교황 에우게니우스 4세(Eugenius IV, 재위 1431-1447)가 자신의 권력을 보존하기 위해 바젤 공의회를 페라라(Ferrara)와 피렌체(Firenze)로 연이어 이전시키면서 하면서 공의회의 권위는 약해졌다. O'Malley, *Trent*, 25-29.

[705] 특히 합스부르크 가문이 신성로마제국의 황제 권좌를 차지하면서 세속권과 교황권과 대립은 심화되었다. 이탈리아 메디치 가문 출신 교황 레오 10세와 클레멘트 7세(Clement VII, 재위 1523-1534)는 황제 칼 5세뿐 아니라 프랑스의 프랑수아 1세와 정치적으로 대립했으며, 잉글랜드의 헨리 8세(Henry VIII, 재위 1509-1547)와도 갈등을 겪었다. Robert Bireley, *The Refashioning of Catholicism, 1450-1700: A Reassessment of the Counter Reformation* (Washington, The Catholic University of America Press, 1999), 16-17.

[706] Olin, *The Catholic Reformation*, 40-42.

[707] Carlos M. N. Eire, *Reformations: The Early Modern World, 1450-1650* (New Haven: Yale

다.[708] 회의를 주도한 교황이 공의회주의와 세속군주들의 도전에 맞서 자신의 권력을 방어하는 데에만 관심을 기울였기 때문이다.[709]

종교개혁자들도 회의를 통한 교회 개혁을 주장했다. 루터는 1520년에 레오 10세가 자신을 파문하자, 세속군주들이 교회 개혁을 위한 적극적인 역할을 맡아 주기를 요청했다.[710] 구체적으로 루터가 1520년에 발표한 "독일 민족의 귀족들에게 고함"은 교회의 개혁을 위해 독일 군주들이 종교회의를 소집할 것을 요청했다.[711] 칼빈도 "교회 개혁의 필요성"에서 교황청과 독립된 지역 회의의 필요성을 주장했다.[712] 세속 군주들 역시 회의를 통해 종교 관련 문제들을 해결하려 했다. 1520년대 칼 5세는 보름스(Worms, 1521), 슈파이어(Speyer, 1529), 아우크스부르크(Augsburg, 1530) 등 여러 제국의회에서 종교개혁으로 인해 발생한 문제를 정치적으로 해결하려 했다. 1520년대에는 교회 개혁을 위한 여러 지역 회의들도 개최되었다. 1536년

University Press, 2016), 45, 318. 루터가 속했던 아우구스티누스파 수도사였던 비테르보(Egidio da Viterbo, 1469-1532)는 회의 서두에 전한 설교에서 교황으로부터의 개혁을 촉구했다. Olin, *The Catholic Reformation*, 44-53. 이 회의에서 엄수파 카말돌리 수도사인 지우스티티아니(Thomasso Giustiniani, 1476-1528)와 퀴리니(Vincenzo Quirini, 1479-1514)는 성직자들의 무능과 부패를 상세하게 나열하면서 교황에게 문제 해결의 책임과 의무가 있다고 말했다. Hubergt Jedin, *A History of the Council of Trent, 2 volumes*, tran. Dom Ernest Graf (Edinburgh: Thomas Nelson and Sons Ltd., 1957, 1961), 1: 128-131.

[708] Euan Cameron, *The European Reformation* (Oxford: Clarendon, 1991), 39-40.

[709] 예딘은 종교개혁 직전 가장 중요한 마지막 기회를 교회가 놓친 것이라고 평가한다. Jedin, *A History of the Council of Trent*, 1: 138.

[710] David Bagchi, "Catholic Theologians of the Reformation Period before Trent," in *The Cambridge Companion to Reformation Theology*, eds. David Bagchi and David C. Steinmetz (Cambridge: Cambridge University Press, 2004), 221-222.

[711] 독일어로 작성된 이 저술의 전체 제목은 "기독교계의 상태 개선에 관하여 독일 민족의 귀족들에게 호소함"(*An den christlichen Adel deutscher Nation von des christlichen Standes Besserung*, 1520)이다. Martin Luther, "독일 민족의 귀족들에게 호소함", 『루터 저작선』, (trans. and ed.) John Dillenberger, 이형기 역 (서울: 크리스챤 다이제스트, 1999), 495. WA 6: 406.

[712] "교회 개혁의 필요성", 『칼뱅작품선』 2: 128-30, CO 6: 526-529.

교황 바울 3세

에 주교 위트(Hermann von Wied, 1515-1547)는 쾰른(Köln)에서 개최된 회의에서 독일 교회의 개선을 위한 여러 개혁안들을 제안했다.713 프랑스에서는 1527년과 1528년 사이에 리용, 부르쥬(Bourges), 상스(Sens) 등 여러 도시에서 지역 회의들이 개최되어 교회의 개혁을 논의했다.714

결국 다시 한 번 교회 개혁을 주도하기 위해 교황이 공의회 소집을 추진했다. 그러나 회의 개최지 선정을 놓고 세속군주들과의 갈등이 표면화되었다. 교황 바울 3세는 자신의 통제가 가능한 이탈리아의 만투아(Mantua)를 공의회 장소로 선택하고 회의 소집을 공포했다.715 그러나 이 공포는 독일 귀족들과 프랑스 왕의 반대로 인해 불발되었다. 교황은 비젠차(Vicenza)에서 회의를 다시 소집하려 했지만 이 역시 저조한 참석자로 인해 실패했다.716 프랑스와 터키를 상대로 동시에 전쟁을 벌이고 있던 칼 5세는 독일 내 개신교 귀족들의 지원을 확보하기 위해 프로테스탄트 진영과의 화해를 추진했다. 그 결과, 하게나우(Hagenau), 보름스, 레겐스부르크(Regensburg) 등 독일 여러 도시들에서 개신교 진영과

---

713 멀릿은 쾰른 회의가 트렌트 회의 개최에 기여한 회의라고 긍정적으로 평가하면서 이 두 회의가 다룬 의제들 사이의 연속성에 주목한다. Mullett, *The Catholic Reformation*, 33-34. 그러나 오말리(O'Malley)는 쾰른 회의를 비롯한 1530년대 후반의 회의들이 제기한 개혁적 요구로 인해 교황이 더 이상 공의회 소집을 피할 수 없게 되었다고 분석한다. O'Malley, *Trent*, 65.

714 O'Malley, *Trent*, 64-65.

715 1537년 5월 23일에 바울 3세는 교령 "Ad dominici gregis curam"(주님의 양떼를 돌보기 위하여)으로 이탈리아 만투아에서 회의를 소집했다. Jedin, *A History of the Council of Trent*, 1: 310-312.

716 Jedin, *A History of the Council of Trent*, 1: 331-333; Joseph Francis Kelly, *The Ecumenical Councils of the Catholic Church: A History* (Collegeville: Liturgical Press, 2009), 133.

로마 가톨릭 진영 간의 대화가 이루어졌다. 그러나 1541년에 열린 레겐스부르크 회의는 교회, 성례, 특히 화체설에 대한 견해 차이로 결렬되었고 이를 끝으로 양 진영의 신학적 대화는 중단되고 말았다.717

바울 3세는 공의회 소집을 다시 추진했고 트렌트가 그 장소로 결정되었다. 도시의 위치나 규모는 공의회 개최지로는 어울리지 않았지만 이탈리아 반도에 위치하면서도 황제 직할 도시였다는 특징이 이 도시를 선택하게 만들었다.718 이와 같은 회의의 개최 배경과 장소 선정 과정을 살펴보면 트렌트 회의가 교회의 개혁을 논의하는 순수한 목적보다는 교황권과 세속권 사이의 이해관계를 조정하려는 정치적 목적에 따라 소집된 측면이 더 컸음을 알 수 있다.

2.3. 트렌트 회의의 진행 과정

바울 3세는 1542년 5월 22일에 발표한 교령 "Initiio Nostri Huius Pontificatus"(우리의 이 교황직의 시작)로 트렌트 공의회를 소집했다. 신성로마제국과 프랑스 사이에 벌어진 전쟁으로 인해 연기되었던 회의는 1544년에 전쟁에서 승리한 독일 황제 칼 5세가 프랑수아 1세와 크레피 평화조약(The Peace of Crépy)을 체결함으로써 개회할 수 있었다. 교황은 세 명의 특사(legates)를 임명했고, 유럽 각국 교회의 대표자들도 1545년 3월부터 트렌트에 도착하기 시작했다.719 그러나 독일에서 또 슈말칼덴 전쟁(Schmalkaldic

---

717 Bagchi, "Catholic Theologians of the Reformation Period before Trent," 222-223. 레겐스부르크 회의에서 이루어진 칭의 교리 합의에 대해서는 다음을 참조하라. Anthony N. S. Lane, *The Regensburg Article 5 on Justification: Inconsistent Patchwork or Substance of True Doctrine?* (Oxford: Oxford University Press, 2019).

718 Mullett, *The Catholic Reformation*, 37-38.

719 이들은 바울 3세에 이어 교황 율리우스 3세(Julius III, 재위 1550-1555)로 선출된 추기경

War)이 발발하자 회의는 12월 13일에서야 개회될 수 있었다.[720] 이때 회의에 참석한 전 세계 교회의 대표자들은 세 명의 교황 특사와 트렌트 주교였던 마드루조(Cristoforo Madruzzo, 1512-1578)를 포함한 네 명의 추기경, 그리고 네 명의 대주교들, 그 외 대부분은 이탈리아에서 참석한 21명의 주교들과 더불어 5명의 탁발수도회장들이 전부였다.[721]

개회 직후부터 어떤 의제를 먼저 다룰 것인지를 놓고 논쟁이 벌어졌다. "교리"를 확립함으로써 종교개혁의 도전을 반박하려한 로마 교황의 입장과, "개혁"을 먼저 논의하여 교황을 견제하고 독일에서 발생한 분열을 수습하려 한 황제의 입장이 부딪혔다.[722] 바울 3세는 개혁 법안을 먼저 다루게 되면 자신의 권력이 위협을 받게 될 것을 우려했다. 결국 교황의 정치적 이해를 따라 "교리" 의제들을 "개혁" 의제들보다 먼저 논의하기로 결정되었다. 의제 결정권과 회의 주재권이 교황 특사들에게 있었기 때문이다.[723] 다만 개혁을 촉구하는 목소리를 반영할 수밖에 없다는 특사들의 요청을 수용해 교황은 각 회기마다 "교리"를 다룬 후 곧 "개혁"을 논의하도록 했다.[724]

델 몬테(Giovanni Maria Del Monte, 1487-1555), 그의 뒤를 이어 교황 마르첼루스 2세(Marcellus II, 재위 1555.4.9.-5.1.)가 된 추기경 체르비니(Marcello Cervini, 1501-1555), 그리고 잉글랜드의 추기경 폴(Reginald Pole, 1500-1558)이었다. Hsia, *The World of Catholic Renewal 1540-1770*, 10-11.

720 Cameron, *The European Reformation*, 346-347.
721 O'Malley, *Trent*, 75.
722 멀릿은 이탈리아 주교단과 다른 국가 주교단의 대립이라는 분석을 거절하면서도 회의에 참여한 주교들이 재정적 어려움으로 인해 교황의 필요에 부응할 수밖에 없었다고 주장한다. Mullett, *The Catholic Reformation*, 39.
723 Hsia, *The World of Catholic Renewal 1540-1770*, 11.
724 바울 3세는 14세에 불과한 조카 알레산드로(Alessandro Farnese, 1520-1589)를 추기경에 임명했고, 곧 교황청의 중직을 맡기고 대주교좌 두 곳을 수여했다. 1550년에 즉위한 율리우스 3세는 방탕한 생활과 동성애적 기질로 인해 도덕성에 대한 심각한 반감을 불러일으켰다. O'Malley, *Trent*, 82-83, 140.

트렌트 회의는 "교리" 논의에 있어서 종교개혁이 제기한 신학적 도전을 거부하고 로마 가톨릭의 기존 입장을 방어하는 데 집중했다. "의화"(義化, Justification)와 "성례"(Sacraments)가 가장 중요한 주제로 선택되었다. 이 두 교리의 신학적 전제를 확립하기 위해 제4회기에서는 "성경과 전통", 제5회기에는 "원죄"에 대한 결정이 먼저 이루어졌다. 그러나 당시의 개혁 요구를 반영했다면 마땅히 논의되어야 할 교회론은 별도로 논의되지 않았다.[725] 이런 점에서 트렌트 회의의 "교리" 논의는 반동 종교개혁으로서의 특징을 뚜렷이 드러낸다.

다른 한편 트렌트 회의의 "개혁" 논의는 주교들과 사제들의 목회적 책임을 강조했다. 이 점은 "가톨릭 개혁"으로서의 성격을 암시할 수 있다. 그러나 긴 논쟁 끝에 채택된 개혁 법령은 결국 교황의 권위를 재확인하고 사제위계체제를 강화하는 방향으로 향했다.[726] 이 과정에서 황제의 특사들을 비롯한 비(非)이탈리아 주교들과, 교황 특사를 포함한 이탈리아 주교들 사이의 논쟁이 지속되었다. 이는 교황의 권위를 제한하려 했던 황제의 입장과, 기득권을 지키려 했던 교황 간의 이해 차이 때문이었다.[727]

특히 주교와 사제들의 상주 의무(Duty of Residence)는 회의 초기부터 중요한 개혁 사안이었다. 개혁을 원했던 진영에서는 주교들이 상주 의무를 위반할 경우, 그 처벌권을 각 지역 회의에 두기 원했다. 그러나 공의회주의의 도전을 두려워한 교황은 이 요구를 받아들이지 않았고, 긴 논쟁 끝에 결국 대도시 주교가 상주 의무를 위반할 경우 이를 교황에게 보고한 후 처벌을 할 수 있는 것으로 규정되었다. 그러나 당시 문제의 가장 큰 원인으

---

725 O'Malley, *Trent*, 14.
726 새로운 수도원의 설립과 관리 문제 역시 트렌트 회의의 한 쟁점이었다. 교황은 새로운 수도원의 설립과 관리, 그리고 기존 수도원에 대한 관리 권한을 소유하기 원했다. Mullett, *The Catholic Reformation*, 45.
727 Jedin, *A History of the Council of Trent*, 1: 317-318.

로 여겨졌던 교황청의 개혁은 끝내 최종 확정된 트렌트 회의 법령에 포함되지 못했다.[728]

1547년 3월에 역병으로 인해 볼로냐(Bologna)로 이전했던 회의는 황제의 반대로 인해 아무런 결정도 내리지 못한 채 11월에 정회했다. 트렌트 회의의 첫 기간을 주재했던 추기경 델 몬테가 1551년에 교황 율리우스 3세로 즉위하자, 회의는 1551년 5월 1일에 트렌트에서 속개해 10월까지 이어졌다.[729] 제13회기와 제14회기에서 결정된 성례와 관련한 "교리" 결정은 다시 한 번 반동 종교개혁적 성격을 드러냈다. 함께 논의된 개혁 논의는 여전히 논쟁적이었다.[730] 황제의 입장을 대변했던 스페인 주교단이 독일 주교단과 연대해 교황청의 개혁을 강하게 주장했기 때문이었다.[731] 개신교 측의 참여를 원했던 황제의 기대는 무산되고 말았다. 개신교 측에서 첫 기간에 결정한 교리 결정들의 재론을 요구했기 때문이었다. 황제와 교황 사이의 갈등이 격해지자 회의는 1552년에 다시 중단되고 말았다.[732]

10년 후인 1562년에야 다시 속개된 회의에서 새 교황 피우스 4세(Pius IV, 재위 1559-1565)는 신속한 종결을 논의의 목표로 삼았다. 그러나 새 황제

---

[728] Jedin, *A History of the Council of Trent*, 1: 342. 주교와 사제의 상주 의무 법규는 회의가 계속된 20년간 사실상 실제로 실행되지 못했다. 여전히 많은 사제들과 주교들은 자신들의 교구를 떠나 로마 교황청 주변에 머물며 활동했다.

[729] Sess, II, 12, 『문헌집』, 692.

[730] 교황의 교령 "Varietas temporum"(시대의 변화)은 황제 측 주교단이 주장한 150장에 걸친 개혁 방안을 담았다. 그러나 1553년 5월 23일에 율리우스 3세가 세상을 떠나자 끝내 공포되지 못했다. Hsia, *The World of Catholic Renewal 1540-1770*, 17.

[731] 톨레도 주교 프란시스코(Francisco de Toledo, 1515-1582)는 황제의 요구를 대변했다. 교황대사 크레셴치오(Marcello Crescenzio, 1500-1552)는 황제와 교황 사이에 중재를 추구하다가 1552년에 세상을 떠나고 말았다. O'Malley, *Trent*, 150-151.

[732] 트렌트 회의는 1552년 4월 28일에 열린 제16회기에서 회의 정회의 사유가 정치적인 것임을 밝혔다. "본 거룩한 공의회는 모든 것, 특히 독일이 무장 폭동을 통해 불타고 있고, 거의 모든 독일 주교들, 특히 선제후들이 자신들의 교회를 돌보기 위해 공의회를 떠나는 것을 지켜보지 않을 수 없었다. … 현재의 상황이 이러하기 때문에 본 공의회는 이 보편 공의회를 2년간 중단하기로 결정하고 본 법령을 통해 이를 시행하는 바이다." Sess, XVI, 『문헌집』, 722.

페르디난트 1세(Ferdinand I, 재위 1556-1564)와 교황 사이의 정치적 갈등이 계속되었다.733 특히 주교들의 권위가 하나님으로부터 직접 주어지는 "신적 제정"(jus divinum)에 의한 것인지, 아니면 교황을 통해 간접적으로 주어지는 것인지에 대한 논쟁이 회의 내내 계속되었다.734 이에 새로운 교황 특사 모로네(Giovanni Morone, 1509-1580) 추기경이 정치적 수완을 발휘해 양측의 합의를 이끌어 냈다.735 제23회기는 주교의 목회적 의무가 "신적 제정"이 아닌 "신적 명령"(jus praeceptum)으로 말미암은 것이라고 규정했다. 그리고 주교들의 요구를 반영해 상주 의무를 비롯한 목회적 의무 규정들 안에 여러 가지 예외 조건들을 포함시켰다. 결국 트렌트 회의는 교황청과 사제위계체제의 개선을 원했던 황제 측의 입장보다는 사제들의 목회적 역할의 회복을 주장했던 교황 측의 입장을 선택했다.736

결론적으로 트렌트 회의는 공의회주의에 대한 교황지상주의의 승리라고 볼 수 있다. 성경과 전통, 원죄론과 의화론, 그리고 성례들에 대한 교리적 결정은 대부분 로마 가톨릭의 기존 입장을 옹호하는 방향으로 결정되었다.737 황제가 원했던 루터파와의 합의는 완전히 불가능해졌다. 교회의 개혁을 위한 여러 개혁안들도 결정되었지만 주교의 모든 권위와 의무는 사실상 교황권에 종속되었고 교황청의 개혁은 교황 자신에게 위임되었

---

733 이 기간에는 로렌의 추기경 샤를(Charles de Guise, 1524-1574)이 이끄는 프랑스 주교단이 스페인 주교단과 연대해 교황청의 개혁을 강하게 요구했다. O'Malley, *Trent*, 195-200.

734 Jedin, *A History of the Council of Trent*, 1: 327-340.

735 추기경 모로네는 바울 3세 때부터 교황청을 대리해 활발한 외교활동을 펼쳤다. 그는 교황 특사 곤자가(Ercole Gonzaga, 1505-1563)와 세리판도(Girolamo Seripando, 1493-1563)가 1563년에 트렌트에서 갑자기 세상을 떠나자 새로운 교황 특사로 임명되었다. Hsia, *The World of Catholic Renewal 1540-1770*, 21.

736 O'Malley, *Trent*, 218-220, Hsia, *The World of Catholic Renewal 1540-1770*, 22.

737 이와 관련해 디킨슨은 트렌트의 교리 결정을 "성경적 인문주의"에 대한 스콜라주의의 승리라고 지적했다. Arthur. G. Dickens, *The Counter-Reformation* (New York: Harcourt, Brace & World, 1969), 115-117.

다.[738] 이처럼 트렌트 회의가 "교리"뿐 아니라 "개혁"에 있어서도 교황권과 기존 위계체제를 공고히 했음을 볼 때, 이 회의의 두 주제는 모두 종교개혁의 도전에 맞선 "반동 종교개혁"으로서의 성격을 가지고 있었다. 그러므로 트렌트 회의가 "교리" 결정을 통해 "반동 종교개혁적" 특징을, 다른 한편 "개혁" 결정을 통해 "가톨릭 개혁적" 특징을 드러냈다는 단순한 이분법적 평가는 설득력이 크지 않다.

3. 트렌트 회의에 대한 비판

3.1. 회의의 권위와 의도 비판

칼빈의 "트렌트 공의회 법령과 해독제"에 담긴 트렌트 회의의 개혁 법령에 대한 비판은 당시 종교개혁자들이 어떤 관점에서 로마 가톨릭의 개선 노력을 비판했으며, 이에 맞서 어떤 의미의 종교개혁을 추구했는지를 뚜렷하게 보여 준다.[739] 공의회라는 방식 자체는 문제가 아니었다. 그러나 회의의 목적과 태도는 심각한 문제였다. 칼빈은 우선 트렌트 회의가 내세우는 보편적이며 세계적인 공의회라는 명칭에 문제를 제기한다. "그들이 이 법령을 공포했을 때 아마도 열두 명의 주교가 참석했을 것이다. 이것이 그들이 보편 공의회라고 부르는 것이고, 나아가 그들은 무지한 자들을 겁

---

[738] Hsia, *The World of Catholic Renewal 1540-1770*, 25.

[739] 1548년 4월 20일에 로마 가톨릭 신학자 코클레우스(Johannes Cochlaeus, 1479-1552)는 칼빈의 "해독제"를 비롯한 부처와 멜란히톤의 주장을 반박하는 글을 출판해 이들의 주장을 "천박하고, 끔찍하며 악의적인" 공격이라고 비난했다. Johannes Cochlaeus, *Johannis Calvini in Acta synodi Tridentinae censura, et ejusdem brevis confutatio circa duas praecipue calumnias*. (Mainz: Franz Behem, 1548); Casteel, "Calvin and Trent," 114.

주기 위해 그리스어를 사용한다."⁷⁴⁰ 공의회는 그 자체로 신적 권위를 갖지 못한다. 따라서 회의 결정 내용들은 회의의 권위 주장만으로는 아무런 정당성을 주장할 수 없다. 각 결정 사항이 바른 것인지에 대한 신학적 검토가 필수적이다.⁷⁴¹

칼빈은 이 회의의 근본적인 의도를 비판한다. 모든 교회 회의의 정당성과 그 결정의 권위는 모두 그리스도의 주권에 충실한지 여부에 달려 있다. "그들이 하나님의 영이 자기들의 의장임을 바른 논거로 우리를 확신시키려 한다면, 먼저 자신들이 그리스도의 이름으로, 그리스도의 지도 아래 모인다는 것을 증명해야 할 것이다."⁷⁴² 그러나 트렌트 회의의 의도는 교황권의 안정과 강화에 있었다. 칼빈은 오랜 기간 회의 개최가 연기된 것부터 교황이 자신의 권력을 지키려 했기 때문이라고 지적한다.⁷⁴³ 회의가 결정한 내용들도 이후 교황의 뜻에 따라 언제든지 변경될 수 있는 잠정적인 것일 뿐이었다. "그러나 교황은 결코 심의에 만족하지 않고 공의회의 결의 가운데 그의 마음에 들지 않는 것은 뭐든 수정할 권리를 가로챈다. … 공의회의 선포가 경매인의 외침보다 비중이 없음은 당연하다."⁷⁴⁴ 칼빈은 교황의 통제하에 진행된 트렌트 회의는 사실상 어떤 개혁도 이루어 낼 수 없

---

740 "그들이 성령 안에서 합법적으로 모인 거룩하고 세계적이며 보편적인 공의회라는 식의 과장된 말을 부풀리면서, 단순한 사람들의 눈을 현혹시키기 때문이다." "트렌트 공의회 법령과 해독제", 『칼뱅작품선』 4: 221, CO.7: 401.

741 "그러나 교회의 권위를 존중하는 것이 그리스도인의 겸손이듯이, 사탄이 잘못된 구실로 우리를 속이지 않도록 조심하는 것은 그리스도인의 신중함이다." "트렌트 공의회 법령과 해독제", 『칼뱅작품선』 4: 221, CO.7: 401.

742 "트렌트 공의회 법령과 해독제", 『칼뱅작품선』 4: 223, CO.7: 403-404.

743 "통찰력 있는 자들은 상당한 기간 동안 이것이 지연된 이유들을 인지하고 있다. … 이렇게 방종하고 고삐 풀린 욕망으로 교황의 독재가 시행되고 있으므로, 오랜 시간 동안 그것이 무사히 보존되기를 가장 원하는 사람들은 그것을 억제할 필요성을 의심하지 않는다." "트렌트 공의회 법령과 해독제", 『칼뱅작품선』 4: 190, CO.7: 380.

744 "트렌트 공의회 법령과 해독제", 『칼뱅작품선』 4: 197, CO.7: 384.

을 것이라고 결론짓는다. "교회를 혼란하게 만드는 논쟁들이 경건한 공의회의 권위에 의해 조정되는 게 매우 바람직한 것이었으나, 현실의 성격상 그것을 바랄 수가 없다."[745]

교황의 수위권 주장과 여기에서 파생된 주교의 특권을 폐지할 생각이 없는 트렌트 회의는 교회 개혁을 성취할 수 없었다.[746] 칼빈은 "트렌트 공의회 법령과 해독제" 곳곳에서 로마 가톨릭이 집착하는 교황의 수위권 주장의 문제를 강하게 비판한다. "그리스도가 천상의 질서를 이토록 균형 있게 정하고 나서 지상의 계급으로 내려와, 바울 3세에게 복종하길 거절하는 사람은 누구든지 그리스도의 몸과 관련이 없다고 선언한다니 이게 무슨 말인가?"[747] 로마 주교의 수위권 주장은 아무런 역사적 근거도 가지고 있지 못하다.[748] 또 교황만이 공의회 소집권을 가지고 있다는 트렌트 회의의 선언 역시 역사적 근거가 전혀 없는 오류이다.[749]

더 나아가 교황수위권 주장은 그리스도의 통치권을 침해하는 신성모독이었다. 칼빈은 트렌트 회의에 참석한 코르넬리우스(Cornelius) 주교의 연설

---

[745] "트렌트 공의회 법령과 해독제", 『칼뱅작품선』 4: 339, CO.7: 506.
[746] "사실 그들은 자기들이 말하는 것들 중 어느 것에도 사도좌의 권위를 고스란히 유지하지 못하게 하는 장애물이 없다고 서두에서 밝힌다. … 해신(海神)의 교부들은, 로마 교황청의 힘이 감소되지 않게 분명하게 규정함으로써, 이제 미래가 더 나아지지 않을 것을 인정한다." "트렌트 공의회 법령과 해독제", 『칼뱅작품선』 4: 338, CO.7: 505.
[747] "트렌트 공의회 법령과 해독제", 『칼뱅작품선』 4: 213, CO.7: 395. "교황이 이 권세를 행사함에 있어 조심성 때문에 방해받지 않게, 그들은 그에게 보편 주교라는 칭호 (그레고리우스가 이것을 유해하고 모독적이며 가증되며 적그리스도의 선구자라고 부른)를 주는 반면, 주교들을 자기의 보좌사제 외에 아무것도 아닌 것으로 남겨 둔다." "트렌트 공의회 법령과 해독제", 『칼뱅작품선』 4: 338-339, CO.7: 506.
[748] 칼빈은 히에로니무스, 키프리아누스(Cyprianus, c. 210-258), 그리고 베르나르두스(Bernardus, 1090-1153) 등이 교황을 전 세계의 보편 주교라고 말하지 않았으며, 오히려 이런 현상에 불만을 가졌다고 주장한다. "트렌트 공의회 법령과 해독제", 『칼뱅작품선』 4: 339, CO.7: 506.
[749] "그들이 그들 자신에게 탁월함을 주지 않을 수 없는 이런 공의회들이 열렸을 때, 로마 주교는 그들을 소집할 권한을 갖지 않았다. 황제가 자신의 칙령으로 그들의 소환을 명령했다." "트렌트 공의회 법령과 해독제", 『칼뱅작품선』 4: 222, CO.7: 403.

가운데 교황을 "세상의 빛"이라고 언급한 내용을 언급하며 이를 강하게 비판한다. "따라서 그는 그의 교황을 약탈품으로 꾸미기 위해 그리스도를 약탈하기를 주저하지 않는다. … 불경한 입이여, 네가 하나님의 아들 외에 적용할 수 없는 거룩한 용어를 너의 그 구린내 나는 괴물에게 적용할 것인가?"[750] 트렌트 회의는 그리스도의 유일한 권위를 침해한 교황의 수위권을 옹호하려 했기 때문에 그 근본부터 잘못되었다. "그들 모두는 건전한 교리에 치명적인 원수들이며, 교황의 독재를 수립하기 위해 은밀한 음모에 함께 묶여 그리스도의 왕국을 파괴하는 일에 전념한다."[751]

3.2. 사제 제도 개선 방안에 대한 비판

칼빈은 트렌트 회의가 그 첫 기간에 "개혁"이라는 이름을 걸고 결정한 법령들을 구체적으로 비판한다. 주교가 두 교구 이상을 관리하는 복수성직제(pluralism), 그리고 그 결과 자연히 발생할 수밖에 없는 궐석성직제(absenteeism) 등에 의해 발생한 당시 성직 제도의 타락 현상은 로마 가톨릭 내에서도 심각한 문제로 인식되었다.[752] 앞서 언급했지만 트렌트 회의는 이 문제를 개선하기 위해 주교와 사제들의 목회적 임무와 역량을 강화하는 데 초점을 맞추었다.[753] 제7회기의 두 번째 법령은 한 주교가 두 교구

---

[750] "트렌트 공의회 법령과 해독제", 『칼뱅작품선』 4: 216, CO.7: 398.
[751] "트렌트 공의회 법령과 해독제", 『칼뱅작품선』 4: 198, "… qui ad stabiliendam tyrannidem papatus arcana inter se coniuratione obligati, ad destruendum Christi regnum incumberent." CO.7: 386.
[752] 예딘은 이와 같은 성직 제도의 부패가 다수의 성직록(benefices) 확보를 원했던 고위성직자들의 경제적 욕구와 깊이 관련되어 있다고 말한다. Jedin, *A History of the Council of Trent*, 2: 317-318.
[753] 멀릿은 교황 에우게니우스 4세가 시도한 사제교육 강화 정책과, 클레멘트 7세(Clement VII, 재위 1523-1534) 치하에서 진행된 주교의 목회지 회복 시도와 트렌트 회의의 사제직 개혁 시도가 그 맥락을 같이한다고 주장한다. Mullett, *The Catholic Reformation*, 10, 17.

이상을 차지하는 복수성직제(pluralism)를 금지했다. "그 어떤 신분이나 지위 내지는 품격의 높이를 막론하고 아무도 거룩한 교회법 조항에 명시되어 있는 사항들을 거슬러서, 동시에 여러 개의 대주교 성당이나 주교좌 성당을, 정식 직함이나 임시 위탁으로나 그 외에 다른 어떤 형식으로도 접수하거나 보유해서는 안 된다."[754] 이 금지 규정에 앞서 제6회기는 상주 법령을 통해 사제들이 자신의 교구를 장기간 비우는 행태를 금지함으로써 궐석성직제를 방지하려 했다.[755]

칼빈은 이런 개선 법령들을 일단 긍정적으로 평가한다.[756] 그러나 그 안에 여러 예외 사항들이 포함된 점을 신랄하게 비판한다.[757] "그럼에도 그들이 여기에 규정된 것을 매우 엄격하게 준수한다고 가정했을 때, 그들이 수입을 통해 만든 돈을 모두 옮겨 놓지 못한다면 무슨 유익이 있겠는가? … 그들은 아무것도 하지 않으면서 자기들의 직무를 수행할 것이다. 이것이 분명 실제적인 상주일 것이다."[758]

트렌트 회의는 사제들의 목회적 수준을 개선하기 위한 자질 강화 법령도 결정했다. "오로지 합법적인 혼인의 소생이고, 성숙한 연령에 도달한 자이며, 품격 있는 행실을 보이고, 학문에 조예가 있는 자가 아니면, 주교

---

[754] Sess. VII, Decree II, Chap. 2, 『문헌집』, 687.

[755] "만일 주교가 어떤 직위로, 무슨 이유에서, 무슨 명칭으로, 어떤 권리를 가지고 그곳에 소임을 받았든지 간에 합법적인 장애 없이 혹은 정당하고 타당한 이유 없이 자기 교구 밖에 머물면서 지속적으로 6개월 동안 총대주교좌, 수석주교좌, 대주교좌, 혹은 주교좌 성당을 비우면, 그가 향유하는 품위, 직급 그리고 그의 탁월성과 상관없이 법 자체로 즉시 한 해 소득의 4분의 1이 몰수된다." Sess. VI, Decree, Chap, II. 2, 『문헌집』, 682.

[756] "나는 악이 이처럼 범람한데, 한 사람이 두 주교좌를 갖지 못하게 하는 게 크게 평가되어야 한다는 사실을 인정한다." "트렌트 공의회 법령과 해독제", 『칼뱅작품선』 4: 335, CO.7: 503.

[757] "그들이 양 무리를 밤낮으로 계속 지켜야 하는 사명은 충분히 자유로워서 그들은 일 년에 6개월의 휴가를 가질 정도다. 그러나 여기에도 "'정당한 이유'가 없지 않은 한"이라는 단서가 붙는다." "트렌트 공의회 법령과 해독제", 『칼뱅작품선』 4: 335-336, CO.7: 503.

[758] "트렌트 공의회 법령과 해독제", 『칼뱅작품선』 4: 336, CO.7: 503.

좌 성당의 통치를 맡아 다스리는 자로 채용되지 말아야 한다."[759] 막바지인 제23회기에서는 사제의 교육과 자격 심사, 그리고 임직 등에 대한 많은 내용들을 상세하게 규정했고, 특히 체계적인 사제 교육을 위한 신학교 설립도 규정했다.

> 각 주교좌 성당, 수도 교구장좌 성당 또는 그보다 더 큰 성당들은 교구의 규모와 능력에 따라서 그 도시와 교구의 일정한 수의 소년들을, 그리고 소년들이 충분히 확보되지 않은 경우에는 관구 단위에 거주하는 일정한 수의 소년들을 교회에서 가까운 곳이나 다른 적절한 장소에 주교가, 그러한 목적으로 마련한 신학원에 기거하게 하여 양육하면서 종교적으로 양성하고 교회의 학문들에 대해 교육해야 한다.[760]

칼빈은 트렌트 회의가 규정한 대학의 설립은 사제들이 자신이 맡은 교구를 비울 수 있는 하나의 핑계로 전락할 것이라고 예상했다. "교구에 대해, 그들은 자기들의 대학들에게 특권을 보장한다. 그래서 공부하려는 의지라는 구실은 부재의 이유가 될 것이다. … 게으르고 식탐 있는 자들만이 대학의 특전을 누림을 누가 모르는가?"[761] 기존의 교육 제도를 대체하는 또 다른 교구 학교의 설립만으로는 사제들의 자질을 향상시킬 수도 없었고 교회의 개혁을 이루어 낼 수가 없었다. 이보다는 목사들이 설교해야 할 성경의 진리를 바르게 가르치고 회복하는 것이 교회 개혁의 핵심 과제였다. 트렌트 회의의 사제 제도 개혁에 대한 칼빈의 결론적 평가는 상당히

---

[759] Sess, VII, Decree II, Chap. 1, 『문헌집』, 687.
[760] Sess. XXIII, chap. XVIII. 18, 『문헌집』, 750. 멀릿은 제23회기의 개혁 법령들은 주교권을 재확립하는 데 기여했으며, 이는 루터의 만인사제사상과는 정면 배치되는 결정이라고 평가한다. Mullett, *The Catholic Reformation*, 63.
[761] "트렌트 공의회 법령과 해독제", 『칼뱅작품선』 4: 337, CO.7: 504.

박하다. "요컨대 우리에게 보이는 그들의 유일한 관심은 전반적인 혼란 상태에서 정의의 모습을 약간 보여 주는 것이었다."762

4. 교회 개혁의 정당한 기초와 합당한 방식

4.1. 기초: 교회의 영혼인 교리

칼빈은 트렌트 회의의 개혁 법령들을 비판하는 것을 넘어서서, 참된 교회 개혁의 기초와 기준, 그리고 그 목적과 합당한 태도를 적극적으로 제시했다. 첫째, 교회 개혁의 기초는 바른 교리의 정립이다. 칼빈은 "교회 개혁의 필요성"에서 바른 교리의 중요성을 다음과 같이 강조했다. "이것들[성례와 교회 통치]은 설령 외부 형태에 결함이 없다고 해도 교리가 뒤틀려져 있다면 그 능력과 효력이 사라지고 맙니다."763 그는 "트렌트 공의회 법령과 해독제"에서는 트렌트 회의가 "교리"와 "개혁"을 분리해 논의했음을 비판하면서 바른 교리 정립이 없는 개혁 추구는 무의미하다고 주장한다.

이러한 것들이 바람에 흩날리는 헛된 말이라는 것은 뒤따르는 행동으로 명백해진다. … 그들이 불경건하고 혐오스러운 허구를 통해 전적으로 위조한 구원의 교리와 관련해, 그들이 더럽고 수치스러운 거래로 훼손시켜 깡그리 부패한 성례와 관련해, 그들은 그것 안에 교정할 아무것도 발견하지 못하기

---

762 "트렌트 공의회 법령과 해독제", 『칼뱅작품선』 4: 337, CO.7: 505.
763 "교회 개혁의 필요성", 『칼뱅작품선』 2: 22; "… gubernationem, et sacramentorum administrationem; quorum etiam si externa facies nihil haberet vitii, post illam tamen doctrinae subversionem vis et utilitas emortua esset." CO.6: 467.

때문이다.⁷⁶⁴

칼빈은 실제로 트렌트 회의의 제6회기가 확정한 의화론을 비판하고, 이에 맞서 성경적인 구원론을 적극적으로 설명했다.⁷⁶⁵ 그는 트렌트 회의가 구원의 의에는 이중적 원인, 즉 전가와 자격이 있다고 결정한 것을 비난하면서, 칭의의 원인에 대해 다음과 같이 설명한다. "나는 그것이 하나이고 단순하며 하나님의 값없는 영접에 전부 포함된다고 주장한다. 게다가 나는 그것을 우리 외부에 둔다. 왜냐하면 우리가 그리스도 안에서 의롭게 되기 때문이다."⁷⁶⁶ 따라서 칭의 교리의 핵심은 그리스도의 의가 유일한 의의 근원이라는 사실이다.

유일한 논점은 우리가 하나님의 목전에서 어떻게 의롭게 여겨지는가이며, 우리에게 의를 얻게 해 주는 우리의 믿음은 그 의를 어디에서 찾아야 하는가이다. … 즉, 하나님이 우리에게 관대해지신 것은 그리스도의 죽음 때문이라는 것과, 우리가 그의 목전에 의롭게 여겨지는 것은 저[그리스도의] 희생으로 우리의 죄가 사해지기 때문이라는 것이다.⁷⁶⁷

---

764 "트렌트 공의회 법령과 해독제", 『칼뱅작품선』 4: 199, CO.7: 386.
765 문병호는 트렌트 회의의 의화 교리에 대한 칼빈의 비판 가운데 강조된 그리스도의 주권 개념이 트렌트 회의 전체에 대한 그의 비판의 기본 원리로 작용했다고 주장한다. 문병호, "그리스도의 의의 유일성과 객관성", 45-93.
766 "트렌트 공의회 법령과 해독제", 『칼뱅작품선』 4: 257, "Ego autem unicam et simplicem esse assero, quae tota continetur gratuita Dei acceptione. Eam praeterea extra nos constituo: quia in solo Christo iusti sumus." CO.7: 448.
767 "트렌트 공의회 법령과 해독제", 『칼뱅작품선』 4: 259-260, CO.7: 450. "우리는 어떠한 종류의 인간의 행위일지라도 그것이 하나님 앞에서 의로 여겨지는 근거는 다만 하나님께서 전혀 그 행위 자체를 고려하지 않으시고 그 은혜로 그리스도 안에서 그 행위를 행한 사람을 받아들여 자신의 것처럼 여기신 그리스도의 의를 그에게 전가시키는 거저 주시는 긍휼 때문이라고 말합니다." "교회 개혁의 필요성", 『칼뱅작품선』 2: 50, CO.6: 484.

"교리"와 "개혁"을 분리하고, 더군다나 잘못된 비성경적 교리를 확정해 버린 트렌트 회의는 그 기초부터 잘못되어 있었다. 더군다나 트렌트 회의는 참된 교회의 두 표지인 교리와 성례를 전혀 제대로 다루지 않았다. "그들이 불경건하고 혐오스러운 허구를 통해 전적으로 위조한 구원의 교리와 관련해, 그들이 더럽고 수치스러운 거래로 훼손시켜 깡그리 부패한 성례와 관련해, 그들은 그것 안에 교정할 아무것도 발견하지 못하기 때문이다."768 이런 교리 결정의 오류는 교황권을 필두로 한 기존 체제를 지켜 내려 했기 때문에 발생했다.

> 우리가 그리스도의 통치 외의 어떤 것도 열망하지 않고, 복음의 순수한 교리를 유지함으로써 이단으로 판정되는 반면에, 그들은 모든 그들의 불경함에 끈덕지게 매달리고 있다. 심리에 이르기도 전에, 그들은 감히 조금이라도 로마 교회의 수용된 교리에 반대하는 사람들을 모두 이단이라고 선언하기 때문이다.769

이처럼 칼빈은 트렌트 회의의 논의 절차와 결정 내용을 비판하면서, 참된 종교개혁은 성경에 충실한 교리의 기초 위에서만 가능하다고 주장했다. 그는 "교회 개혁의 필요성"에서 교리가 교회의 "영혼"이라고 말했다. "즉 인간의 생명이 영혼에 달려 있는 것처럼 교회의 구원은 교리에 달려 있다는 것입니다. 만일 교리의 순수성이 조금이라도 더러워진다면 교회는

---

768 "트렌트 공의회 법령과 해독제", 『칼뱅작품선』 4: 199-200, CO.7: 386.
769 "트렌트 공의회 법령과 해독제", 『칼뱅작품선』 4: 200, "… nos, qui nihil quam Christum regnare cupimus, puram evangelii doctrinam asserentes, haeretici iudicemur. Sic enim priusquam ad cognitionem ventum sit, pronunciant haereticos esse, quicunque contra receptam ecclesiae romanae doctrinam aliquid movere hoc tempore ausi sunt." CO.7: 387.

이미 치명적인 상처를 입은 것이 됩니다."⁷⁷⁰

오늘날 "교리"라는 말은 다소 진부하고 딱딱한 용어로 이해된다. 교리는 실천과 달리 학자들의 전유물이라거나 불필요한 논쟁만 불러일으키는 거추장스러운 대상으로 오해되기도 한다. 그러나 교리는 오늘날 신자들의 건전한 신앙생활과 교회의 올바른 제도와 사역을 지탱해 주는 근간이다. 교회는 이윤을 추구하는 기업도 아니고, 권력 획득을 목표로 삼는 정치 단체도 아니며, 구성원들의 만족과 교제를 추구하는 동호회도 아니다. 교회는 하나님의 뜻에 따라 자기 자신을 부인함으로써 구원의 복음을 증거하고 하나님의 주권을 이 땅에 나타내기 위해 세워진 예수 그리스도의 몸이다. 그 몸은 예수 그리스도의 가르침에 의해서 통치될 때 하나를 이루고 건강을 유지할 수 있다. 그 가르침이 곧 "교리"이다.

그러므로 하나님의 주권을 신뢰하고 예수 그리스도께서 이루어 주신 구원의 은혜를 감사하며, 성령의 능력을 의지하는 신자라면 교회 안에서뿐 아니라 개인의 삶의 모든 현장에서도 어떤 결정을 내리고 어떤 행동을 실행할 때 반드시 그 이유와 목적에 대해 성경의 가르침에 입각해 질문하고 답할 줄 알아야 한다. 특히 교회는 그 제도 운영과 사역 시행에 있어서 모든 지체들이 동의하고 순종할 수 있는 성경적 기초와 신앙적 목적을 항상 제시해야 한다. 이것이 곧 교리적 작업이다.

교회 안에서 교리적 작업이 약해지면 세속적인 기대가 신자들의 삶과 교회 공동체 안에 스며들어 와서 영적 면역력이 약해지게 된다. 그 결과로 신자들은 비성경적인 세속의 조류나 잘못된 이단 교리를 분별하고 방어하기 어려워진다. 16세기 종교개혁자들이 성경적 진리로서 재발견하여 강조

---

770 "교회 개혁의 필요성", 『칼뱅작품선』 2: 22; "… ecclesiae salutem ex hac doctrina, non secus atque hominis vitam ex anima, pendere. Si tantum corrupta eius doctrinae puritas fuisset, iam letali vulnere sauciata fuisset ecclesia." CO,6: 467.

한 이신칭의 교리는 오늘날에도 여전히 중요하다. 교리적 면역력이 다시 회복될 필요가 분명히 있는 오늘날 한국교회는 이신칭의 교리의 주요 강조점을 재확인함과 더불어, 어려운 상황 속에서도 이 구원의 진리를 담대하게 지키며 주장했던 종교개혁자들의 태도를 기억하고 본받아야 한다.

4.2. 최종적 기준: 성경의 빛

둘째, 교회 개혁의 기준은 교회의 전통이나 공인이 아니라 성경이다. "지금은 서로를 기다릴 때가 아니다. 모두가 성경의 빛이 분출되는 것을 보는 이상, 즉시 [그 빛을] 따라야 할 것이다."[771] 트렌트 회의는 제4회기에서 정경에 대한 내용을 첫 번째 교리적 주제로 다루면서 구약과 신약 66권뿐 아니라 구전으로 교회를 통해 전승된 전통까지 신앙과 도덕상 권위를 가지고 있다고 결정했다. "그리고 본 공의회는 이 진리와 규범이 기록된 책들뿐만 아니라 사도들이 그리스도 자신의 입에서 받아들이거나 혹은 이 사도들로부터 성령의 영감을 받아 손에서 손으로 우리에게 전달된 기록되지 않은 전승들 안에도 보존되어 있다는 것을 분명하게 인지하고 있다."[772] 그리고 정경 목록 안에 에즈라1서, 토빗기, 유딧기, 지혜서, 집회서, 바룩서, 마카베오기 상하권까지 포함시킨 후 이들도 거룩한 경전으로 여긴다

---

[771] "트렌트 공의회 법령과 해독제", 『칼뱅작품선』 4: 340, CO.7: 506. 트렌트 회의가 취한 성경과 전통의 관계에 대한 칼빈과 종교개혁자들의 견해에 대해서는 다음을 참조하라. Richard Baepler, "Scripture and Tradition in the Council of Trent," *Concordia Theological Monthly* 31/6 (1960): 341-349.

[772] Sess. IV, Decree I, 『문헌집』, 663. "… perspiciensque, hanc veritatem et disciplinam contineri in libris scriptis et sine scripto traditionibus, quae ab ipsius Christi ore ab apostolis acceptae, aut ab ipsis apostolis Spiritu sancto dictante quasi per manus traditae ad nos usque pervenerunt …"

고 결정했다.⁷⁷³ 제4회기의 두 번째 법령은 옛 라틴 불가타 번역본이 유일한 권위를 가진 성경이라고 선언했다.⁷⁷⁴ 또 "경박한 자들"을 통제한다는 명분으로 "성경의 참된 의미와 해석을 결정할 권한을 지닌 거룩한 어머니 교회가 굳게 지켜 온 의미에 반대해" 성경을 왜곡하는 개인적인 해석을 전면 금지했다.⁷⁷⁵

칼빈은 "트렌트 공의회 법령과 해독제"에서 성경과 전통에 대한 트렌트 회의의 결정 내용을 네 가지로 요약하고 이를 차례대로 비판한다. 첫째, 성경과 달리 기록되지 않은 전통들은 "신앙의 교리와 아무런 관련이 없으며, 다만 예절과 훈련에 도움이 되는 외적 예식들에 관련"될 뿐이다. 따라서 "그것들이 명하는 것들이 사도적인 전통임을 입증"할 필요가 있다.⁷⁷⁶ 둘째, 외경에 대해서는 루피누스(Tyrannius Rufinus, 344/345-411), 히에로니무스, 그리고 아우구스티누스 등을 인용하면서 외경은 신앙 교리를 만들어 내는 데 있어 정경과 동등한 가치를 갖지 못한다고 주장한다.⁷⁷⁷ 셋째, 불가타 번역본의 권위에 대해서는 발라(Lorenzo Valla, 1407-1457)와 에라스무스 등 인문주의자들이 이미 이 번역에 포함되어 있는 오류들을 충분히 지적한 점을 지적한다.⁷⁷⁸ 넷째, 성경해석의 권리에 대해서는 "오직 성경으

---

773 Sess. IV, Decree I, 『문헌집』, 663-4.
774 "본 공의회는 여러 세기 동안 오래 사용됨으로써 교회 내에서 인정받고 잘 알려진 고전 불가타본 성경이 공개 강의와 토론, 설교와 해설을 하는 데에 공신력 있는 것으로 간주하고, 그 누구도 어떤 이유에서라도 불가타본을 함부로 혹은 교만하게 거부해서는 안 된다는 것을 결정하고 공포하는 바이다." Sess. IV, Decree II, 『문헌집』, 664.
775 Sess. IV, Decree II, 『문헌집』, 664.
776 특히 그는 교리의 확실성과 관련해 외경의 권위를 인정한 트렌트 회의에 맞서 "믿음은 성경으로부터 얻어진다는 아우구스티누스의 규칙"을 강조한다. "트렌트 공의회 법령과 해독제", 『칼뱅작품선』 4: 231, "Tenendum enim semper est illud Augustini: Fidem ex scripturis conceptam esse." CO.7: 413.
777 "트렌트 공의회 법령과 해독제", 『칼뱅작품선』 4: 231, CO.7: 413.
778 "잘못되거나 불합리하게 번역된 구절들을 지적하는 것이 얼마나 지루한 일이겠는가? 이제까지 한 페이지 전체에서 뭔가 잘못된 실수 없이 세 구절을 지속한 페이지가 하나도 없다." "트렌

로"의 원리와 그 적용의 중요성을 주장한다. 물론 "오직 성경으로"의 원리는 그 누구라도 자의적으로 성경을 해석할 수 있다는 뜻은 아니다.[779] 바른 성경해석을 위한 교회의 공적인 역할은 여전히 중요하다.

> 정녕 나는 성경이 사람의 사적인 뜻에 의해 만들어진 것이 아니기에 어떤 사람의 개인적인 감정으로 해석되는 것이 부당하다는 것을 안다. 모호한 구절의 경우, 어떤 의미를 채용해야 할지 의심스러울 때, 경건한 박사들이 성실한 논쟁으로 공동 조사를 하는 것보다 진정한 의미에 도달하는 더 나은 방법은 없다.[780]

그러나 성경이 최고의 기준이 되어야 한다는 원리가 훨씬 더 중요하다. 이 원리는 곧 교회를 위해 성경이 해석되는 것이 아니라, 성경의 가르침대로 교회가 세워져야 함을 뜻한다. "나는 그들이 성경 자체가 묘사하는 그대로의 교회를 우리에게 보여 주길 원한다."[781] 칼빈은 『기독교강요』에서 교회의 필요를 위해 성경이 오용된다면 더 큰 타락과 오류가 발생하게 될 것이라고 경고했다. "그러므로 성경을 판단하는 권세가 교회의 수중에 있으므로 성경의 확실성이 교회의 승인에 달렸다고 이해하는 것은 가장 부질없는 공상이다."[782]

트 공의회 법령과 해독제", 『칼뱅작품선』 2: 233, CO.7: 414.

[779] "우리는 사람들로 하여금 그들이 기뻐하는 것을 감히 행하도록 고삐를 느슨하게 하지도 않는다." "트렌트 공의회 법령과 해독제", 『칼뱅작품선』 4: 233, CO.7: 418.

[780] "그들은 자신들의 독재적인 법령으로 교회에서 모든 자유를 박탈하고, 무한한 권리를 자신들에게로 돌리기 원한다. … 요컨대 그들의 목표는 모든 사람들로 하여금 어둠 속에 숨겨진 성경을 마치 케레스(Ceres)의 불가사의처럼 숭배하게 하는 것이며, 감히 그것을 이해하려 애쓰지 않게 하는 것이다." "트렌트 공의회 법령과 해독제", 『칼뱅작품선』 4: 236, CO.7: 416.

[781] "트렌트 공의회 법령과 해독제", 『칼뱅작품선』 4: 239, CO.7: 418.

[782] Institutes, I.7.2, OS 3: 66.

칼빈이 추구한 종교개혁은 하나님을 향한 참된 경배의 회복이었다. 『기독교강요』의 서문에서 그가 밝힌 저술 목적은 그가 평생 추구한 종교개혁의 목적과 동일하다. "제가 이 작품을 쓴 유일한 목적은 종교에 대한 얼마큼의 열의로 감동된 사람들이 참된 경건을 형성하는 데 필요한 어떤 근본적인 것들을 가르치려는 데 있었습니다."783 바른 종교의 회복은 하나님의 말씀의 기준에 따를 때만 가능하다. "순수한 하나님 경배와 더러워진 경배 사이를 식별하는 보편적인 법칙이 있는데, 그것은 우리에게 보이는 것을 그대로 만들어 내지 않고 제정권을 홀로 가지고 계신 이가 규정하는 것이 무엇인지를 바라보는 것입니다."784

성경이 신앙생활과 교회 개혁의 유일한 최종적 기준이라는 말은 무슨 의미일까? 그것은 본받을만한 교회의 전통과 가르침을 존중하면서도 우리가 지금 가지고 있는 것들을 끊임없이 성경의 가르침에 비추어 점검하고 바르게 세우려 하겠다는 뜻이다. 이를 위해서는 성경을 목회자만의 독점물로 간주하는 태도도 옳지 않으며, 이와 반대로 각 신자들이 성경 본문을 마음대로 취사선택하여 자의적으로 해석해도 좋다는 식의 자세도 바람직하지 않다. 성경을 모든 신앙과 신학, 그리고 교회 제도와 사역의 최고 기준으로 삼기 위해서는 성경을 성경으로 해석하고, 그 성경으로 모든 생각과 삶의 국면들을 해석하려는 겸손한 태도가 교회 안에서 훈련되어야 한다.

오늘날 한국교회의 문제는 성경을 가르치고 배울 수 있는 자료나 기회의 부족 때문에 발생하는 것이라기보다는 성경에 대한 이 많은 정보들을 분별할 수 있는 건전한 시각의 부족 때문에 생겨나는 것이라고 말할 수 있

---

783 Institutes, "Preface," OS 3: 9.
784 "교회 개혁의 필요성", 『칼뱅작품선』 2: 12; "Porro, universalis est regula, quae purum Dei cultum a vitioso discernit: ne comminiscamur ipsi quod nobis visum fuerit, sed quid praescribat is, qui solus iubendi potestatem habet, spectemus." CO 6: 460.

다. 16세기 종교개혁자들은 한편으로는 트렌트 회의를 통해 성경해석의 독점을 주장한 로마 가톨릭에 반대하고, 다른 한편으로는 성령의 조명을 내세워 자의적인 성경해석을 추구했던 급진세력을 경계하면서, 모든 성경 본문을 성경 전체가 가르치는 구원 역사의 진리라는 관점에서 해석하려 했다. 이와 같은 성경적인 성경해석의 관점이 21세기 한국교회의 회복과 성숙을 위해 다시 한 번 절실하다.

4.3. 실제적 목적: 머리이신 그리스도의 통치 구현

셋째, 바른 교회 개혁의 목적은 오직 그리스도의 주권을 확립하는 것이다. "교회들이 무섭게 흩어지고 있고 이런 분산에서 그들을 함께 모을 희망이 인간에게서는 보이지 않으므로, 각자가 하나님의 아들이 우리에게 맡기는 깃발로 서둘러 나아오는 것보다 더 잘하는 것은 없다."[785] 트렌트 회의도 제2회기에서 예수 그리스도의 빛을 언급했다. "본 거룩한 공의회의 으뜸가는 관심사, 염려거리, 그리고 목적은, 아주 여러 해 동안 세상을 뒤덮었던 이단의 어둠을 몰아낸 후에, 참 빛이신 예수 그리스도의 도움으로 가톨릭 진리의 빛이 그 순수한 광채를 다시 비추며, 그리고 개혁이 필요한 것들이 개혁되는 것이다."[786] 그러나 칼빈은 이런 선언은 하나의 장식에 불과하다고 비판한다.

복음서 기자는 세례 요한의 이름을 대며 그를 배제시키고, 아니 그보다 그의

---

[785] "트렌트 공의회 법령과 해독제", 『칼뱅작품선』 4: 339-340, CO.7: 506.
[786] "Ad haec cum huius sacrosancti concilii praecipua cura, sollicitudo et intentio sit, ut propulsatis haeresum tenebris (quae per tot annos operuerunt terram) catholicae veritatis lux (Iesu Christo, qui vera lux est, annuente), candor puritasque refulgeat et ea, quae reformatione egent, reformentur." Sess. II, 『문헌집』, 662.

이름으로 모든 죽을 인생들을 배제시키고, 오직 이 영예를 그리스도에게만 돌리면서 하나님의 아들이 하늘로부터 우리의 빛으로 오셨다고 선포하지 않는가? 이 말씀은 모든 경건한 사람들 가운데 최상의 존경을 만들어 내야 한다. 그러나 공의회는 마치 그것을 단지 기분전환용의 말로 받아들인다.[787]

명목이 아닌 실제적인 개혁이 필요했다. 칼빈은 "교회 개혁의 필요성"에서 개혁자들은 교리와 예배, 그리고 교회 통치, 이상 세 과제 모두에서 "오직 그리스도"의 원리를 실현하기 위해 최선을 다했다고 주장했다.[788] 첫째, 바른 교리의 회복은 궁극적으로 그리스도의 통치권을 구현하기 위함이었다. "그리스도라는 이름을 말할 때, 나는 그가 그의 피로 말미암아 인 치신 복음의 가르침과 함께 묶어 이해합니다. 그러므로 자기들이 참된 교회임을 우리에게 납득시키고자 한다면 우리의 적들은 무엇보다 맨 먼저 그들 자신 가운데 하나님의 순수한 가르침이 있음을 증명해야 합니다."[789]

둘째, 성례의 개혁 역시 그리스도의 유일 주권을 확립하기 위함이었다. 칼빈은 로마 가톨릭에 만연한 성인 숭배의 오류가 그리스도의 유일하신 중보이심을 거절한 결과라고 말했다.[790] "다만 그리스도만이 가질 수 있는 제사장직의 권위가 죽음의 한계를 가진 인간에게 넘어가 버렸고, 그리스도의 죽음의 효력이 인간의 행위로 넘어가고 말았습니다."[791] 그는 "트렌트 공의회 법령과 해독제"에서 트렌트 회의의 미사 교리 결정을 비판할 때, 그리스도의 유일 중보직을 재차 강조한다. "우리는 미사 성제(聖祭)가

---

[787] "트렌트 공의회 법령과 해독제", 『칼뱅작품선』 4: 217, CO.7: 398.
[788] "교회 개혁의 필요성", 『칼뱅작품선』 2: 10, CO.6: 459.
[789] "교회 개혁의 필요성", 『칼뱅작품선』 2: 117, CO.6: 520.
[790] "유일하신 중보자이신 그리스도를 배제함으로써 각 사람은 스스로 만들어 놓은 수호성인들에게로 향하게 됩니다." "교회 개혁의 필요성", 『칼뱅작품선』 2: 14, CO.6: 462.
[791] "교회 개혁의 필요성", 『칼뱅작품선』 2: 57-8, CO.6: 488.

트렌트 회의

주의 성찬에 불경건한 남용에 불과하다고 강력하게 주장한다. … 그는 성만찬을 제정함에서 우리에게 희생제사를 명령하지 않고, 그 자신이 단번에 드리신 제사에 참여하도록 우리를 초대하시기 때문이다."[792]

셋째, 교회 제도의 개혁 역시 그리스도의 유일 주권을 구현하기 위한 노력이었다.[793] 개혁자들은 어떤 정치적 목적에 따라 로마 가톨릭의 사제 위계체제의 개혁을 요구한 것이 아니었다. 그들의 요구는 오직 예수 그리스도의 유일 통치권을 교회 안에서 확립하려 했던 목적을 충실히 따랐다. "나는 참되고 유일한 머리이신 그리스도에게서 떠나서 그처럼 광폭한 지배로 교회를 난도질하는 자가 교회의 머리임을 부정합니다."[794] 칼빈은 종교개혁자들을 분파주의자라고 비난하는 공격에 맞서서도 "오직 그리스도"의 원리를 일관되게 강조했다. "그러므로 교회라는 이름을 내뱉는 것

---

[792] "트렌트 공의회 법령과 해독제", 『칼뱅작품선』 4: 224, CO.7: 404.
[793] "우리가 개탄하는 바는 … 기독교 교회에서 망가지고 흉하게 되지 않은 것은 아무것도 볼 수 없다는 것, 그리스도의 은혜가 반쯤 묻힌 상태일 뿐 아니라, 일부는 산산조각 나고 일부는 완전히 소멸되었다는 것이다." "트렌트 공의회 법령과 해독제", 『칼뱅작품선』 4: 201. CO.7: 387.
[794] "교회 개혁의 필요성", 『칼뱅작품선』 2: 125, CO.6: 524.

만으로 충분하지 않고 참된 교회란 무엇이며 이 교회의 일치는 어떤 것인가를 판단해야만 합니다. 그러나 모든 것들 중 첫째는 이것인데, 즉 우리가 교회를 그 머리가 되시는 그리스도로부터 분리하지 않아야 한다는 것입니다."[795]

칼빈이 보기에 "오직 그리스도"의 원리는 종교개혁의 진정성과 성패를 결정하는 가장 중요한 원리였다. 바른 교회의 개혁은 그리스도의 주권하에서 그의 진리 가운데 일치를 이루는 교회 제도의 수립을 통해 가능하기 때문이다. "그런 교회 제도는 감독이 그리스도에게 복종하기를 거절하지 않고 다만 하나의 머리만 신뢰하듯이 그리스도에게 붙어서 그에게 종속되어 있다는 이유만으로 존경을 받으며, 다만 그리스도의 진리로 묶여 있다고 하는 이유로 서로 형제의 교제를 맺는 제도입니다."[796]

21세기 한국교회의 문제는 그야말로 교회의 문제이다. 많은 반성과 논의가 가능하지만 칼빈과 16세기 종교개혁자들이 로마 가톨릭 교황제도를 비판한 내용을 참고하면, 교회를 타락하게 만드는 가장 근본적인 원인은 교회의 지체에 불과한 인간 구성원이 교회의 머리이신 예수 그리스도의 통치권을 침해하고 무시하는 일이라고 말할 수 있다. 예수 그리스도의 주권에 대한 무시와 침해는 중세 말기 로마 가톨릭의 교황과 같은 한 개인에 의해서만이 아니라 교회 구성원 전체의 암묵적 합의를 통해서도 일어날 수 있다. 즉 교회의 설립자이시며 통치자이신 예수 그리스도의 뜻과 말씀보다 우리들의 필요와 계획을 내세우고 구현하려 한다면, 그 교회는 아무리 많은 성과를 내고 서로 일치를 이룬다고 해도 건강한 그리스도의 몸이

---

[795] "교회 개혁의 필요성", 『칼뱅작품선』 2: 117; "Proinde, non satis est ecclesiam iactare, sed adhibendum est iudicium: ut, quae sit vera ecclesia, et qualis sit eius unitas, noverimus. Hoc autem primum omnium est, ne ecclesiam a Christo capite suo separemus." CO,6: 520.
[796] "교회 개혁의 필요성", 『칼뱅작품선』 2: 122, CO,6: 523.

라고 볼 수 없는 것이다. 달리 말해, 사람들의 시선에 화려해 보이지 않고, 안팎의 많은 고난을 당한다고 해도 교회 안에 그리스도의 말씀에 대한 사모함과 순종이 드려진다면 그 교회는 이 세상에서 소금과 빛의 역할을 담당하고 있는 것이다. 이 점에 있어서 종교개혁이 추구했던 교회 개혁은 양적 성장과 영향력의 확장이 아니라 본질의 회복과 복음 진리의 증거였음을 기억할 필요가 있다.

4.4. 합당한 태도: 하나님의 영광만을 위한 전적 헌신

넷째, 교회 개혁을 위한 합당한 태도는 하나님의 영광만을 구하는 전적인 헌신이다. "교회의 전 집단에 대해, 우리는 그것을 그의 주님의 보호에 맡긴다. … 의도와 열심과 능력 등 우리 안에 있는 것은 무엇이든지 파괴된 교회를 회복하는 데 이바지하자."[797] 그는 "교회 개혁의 필요성"에서 교회의 개혁의 두 가지 바른 태도에 대해 다음과 같이 말했다.

첫 번째로 교회의 개혁은 인간의 성취가 아니라 하나님께서 이루시는 은혜임을 겸손하게 인정할 때 개혁이 가능하다. "만일 우리가 이러한 사태를 개선하는 일을 무시한다면 하나님께서 자기 스스로를 잊지 않으실 것입니다."[798] 겸손은 자신의 의를 내려놓고 하나님의 뜻만을 높이는 태도를 의미한다. 트렌트 회의는 이전의 여러 교회 공의회가 결정했던 사항들을 언급함으로써 이 회의의 결정들이 독단적이지 않고 사도들이 고백한 신경과 교부들의 전통에 충실했음을 증명하려 했다.[799] 칼빈도 신경이나 공의

---

[797] "트렌트 공의회 법령과 해독제", 『칼뱅작품선』 4: 340, CO.7: 506.
[798] "교회 개혁의 필요성", 『칼뱅작품선』 2: 141, CO.6: 533.
[799] "본 공의회는 신경을 맨 앞에 언급하기로 결정하고 선언함으로써 교부들의 모범을 따르고자 한다. 교부들은 위대하고 거룩한 공의회들을 시작할 때, 온갖 이단을 거슬러 이 방패를 세웠고, 오직 이 방패만으로 비신자들을 신앙으로 이끌었고, 이단을 이겨냈으며, 신자들을 굳세게 했

회, 그리고 교부들의 신학을 포함한 교회의 전통을 존중했다.[800] 그러나 사도적 규칙과 고대교회의 습관에 대한 존중은 역사적 유구함과 권위를 내세우기 위한 것이어서는 안 된다. 전통에 대한 존중은 역사의 주권자이신 하나님의 보호와 섭리에 대한 감사와 경외의 한 표현일 뿐이다. 따라서 하나님의 주권을 무시하고 마치 자신의 활동이 전무후무한 개혁의 시도인 양 착각하면서 자기 의에 빠지거나, 세속적 욕망에 매몰되어 급진적인 행동을 벌이는 것은 종교개혁에 합당한 태도가 아니다. 이런 잘못된 인식과 행동은 교회의 주관자이신 하나님의 뜻보다 자신의 뜻을 앞세우는 것으로서 도리어 더 큰 부패와 타락을 초래할 수 있다.[801]

두 번째로 칼빈은 담대한 실천을 촉구했다. "그러므로 우리는 이와 같은 일의 신속한 달성이 인간의 의지나 시대의 변천을 통해 이루어지기를 기다리만 할 것이 아니고, 도리어 절망의 한 가운데서 뚫고 나와 전진해 나가야 합니다. … 그 결과가 어떻게 되는가를 묻는 것은 우리의 임무가 아닙니다."[802] 그러므로 개혁을 위한 실천은 항상 하나님의 뜻에 대한 전적 순종이라는 태도에 종속되어야 한다. 칼빈은 "해독제"의 결론에서 담대한 행동의 유일한 기초는 자신의 교회를 친히 다스리시고 회복시키실 하나님의 약속뿐이라고 주장한다.

다." Sess. III, 『문헌집』, 662.

[800] "교회통치에 대해서 우리는 가장 적합한 이유를 제기할 수 없는 일들에 대해서는 여느 사람들과 다른 생각을 가지고 있지 않습니다. 우리는 사도적인 규칙 및 고대교회의 습관에 따라서 목사의 임무, 즉 누구든지 교회를 다스리는 자는 또한 가르쳐야만 한다는 원칙을 회복시켰습니다." "교회 개혁의 필요성", 『칼뱅작품선』 2: 61, CO.6: 490.

[801] "인간의 마음을 사로잡는 거짓 견해들이 밝은 광명에 어둠을 퍼뜨리지 않는다면, 인간의 칭의 교리는 쉽게 설명될 것이다. 그러나 이 어두움의 주원인은 의의 영광을 홀로 하나님께만 전적으로 남겨 두어야 한다는 데에 너무도 큰 난관이 있다는 것이다." "트렌트 공의회 법령과 해독제", 『칼뱅작품선』 4: 247, CO.7: 441.

[802] "교회 개혁의 필요성", 『칼뱅작품선』 2: 100, CO.6: 510-511.

그토록 절망적인 사태에서는, 다음의 약속이 우리를 지탱하게 하고 용기를 주게 하자. 즉, 남자답고 영웅적인 마음으로 직무를 수행하는 일이 사람들 가운데서는 아무에게도 나타나지 않으므로, 주님이 그의 의로 무장하고 그의 능력을 갖추시어 오직 그 자신이 모든 것을 수행하시리라는 것이다(사 59:16).[803]

교회의 개혁을 위한 담대함은 21세기 한국교회에도 절실하게 요청되는 태도이다. 교회는 현실에 안주하기보다는 복음의 능력을 의지하여 자신의 모습을 끊임없이 반성함으로써 현실을 극복하고 하나님 나라의 소망을 드러내는 신앙의 공동체여야 한다. 그러나 하나님 나라의 소망이 이 땅에 제한되는 것이 아니라 예수 그리스도의 재림과 심판을 통해 이 땅에 완성된다고 가르치는 성경의 진리를 잊어서는 안 된다. 세상의 통치자일 뿐아니라 무엇보다 교회의 머리가 되신 예수 그리스도의 주권을 철저하게 붙잡고 자신들을 핍박하던 악한 세상을 견디며 승리하려 했던 16세기 종교개혁자들의 담대함은 한국교회의 지속적인 개혁을 위해 잊지 말아야 할 귀중한 역사적 귀감이다.

5. 16세기 종교개혁의 유산과 현재적 의의

16세기 로마 가톨릭 진영이 시도하고 이루어 낸 변화 가운데 긍정적인 측면을 "가톨릭 개혁"(catholic reformation)이라는 용어로써 일반화해 통칭하기에 앞서, 로마 가톨릭이 시도한 개선과 구별되는 프로테스탄트 종교개

---

[803] "트렌트 공의회 법령과 해독제", 『칼뱅작품선』 4: 340, CO.7: 506.

혁의 특징을 먼저 규명할 필요가 있다. 두 진영이 판단한 문제의식과 그에 따른 개혁 시도들 사이에는 서로 다른 의도와 방법, 그리고 목적이 있었기 때문이다. 16세기 로마 가톨릭의 개혁 시도를 대표하는 트렌트 회의는 수많은 정치적 고려와 경제적 이해관계 속에서 소집되고 진행되었다. 결국 이 회의를 통해 이루어진 성과는 로마 가톨릭 진영이 종교개혁에 맞서 자신들의 기존 신학적 입장을 재확인하고 교황권에 기초한 사제위계체제를 공고히 함으로써 일치된 목소리를 낼 수 있게 되었다는 데 있었다.[804] 프로테스탄트 종교개혁자들은 트렌트 회의의 개선 시도로는 결코 참된 개혁을 이루어 낼 수 없다고 비판했다. 개혁자들이 추구한 종교개혁은 소위 "가톨릭 진리"를 변호하고 교회의 외적 안정을 유지하기 위해 그리스도의 도움을 구하는 것이 아니었기 때문이다. 진정한 종교개혁은 빛이신 그리스도의 통치 주권을 실현하기 위해 성경이 가르치는 진리를 재확인하고 이에 따라 단호하게 모든 기득권을 포기함으로써 교회를 바로 세우는 겸손하면서도 단호한 헌신이었다.

이런 점에서 칼빈의 "트렌트 공의회 법령과 해독제"에서 발견할 수 있는 개신교 진영의 종교개혁은 로마 가톨릭이 시도했던 개선과는 선명하게 구별되는 몇 가지 강조점들을 가지고 있었다. 종교개혁자들은 성경 진리에 합치한 교리를 개혁의 기초로 확립할 것, 그리스도의 통치권 구현을 교회 개혁의 유일한 목적으로 삼을 것, 오직 하나님의 영광만을 드러내기 위해 기득권과 세속적 욕망을 단호하게 포기할 것 등을 강조했다. 그들은 이

---

[804] 보시(Bossy)는 트렌트 회의 이후 심화된 로마 가톨릭의 제도화로 인해 중세 이후 전개되던 가족과 마을 중심의 민간 종교 활성화가 저하되었다고 주장한다. Bossy, "The Counter-Reformation and the People of Catholic Europe," 70. 라인하르트(Reinhard)는 트렌트 회의에 의해 교황권이 강화되었기 때문에 이에 반발했던 근대 세속국가 형성이 더 촉진되었다고 주장했다. Wolfgang Reinhard, "Reformation, Counter-Reformation, and the Early Modern State: A Reassessment," in *The Counter-Reformation*, ed. David M. Luebke, 107-128.

와 함께 이단이나 분파주의라는 로마 가톨릭 진영의 비판에 맞서 자신들의 노력이 완전히 새로운 종교 체계를 세우는 것이 아니라, 성경의 가르침에 충실한 합당한 예배를 회복하고 바른 공동체를 수립함으로써 교회를 세우신 그리스도의 주권을 재확립하는 신앙적 운동임을 강조했다.

16세기 나타난 다양한 변화와 갱신의 시도들 가운데 종교개혁이 강조했던 점들을 다른 진영에서 시도한 변화의 노력들과 함께 비교할 때, 종교개혁의 특징과 목적이 선명하게 드러날 수 있다. 또 이와 같은 대조와 비교를 통해 종교개혁 이후 500년간 여러 교회에서 시도한 개혁의 노력들을 더 공정하게 평가할 수 있을 것이다. 오늘날 한국교회 안에서도 교회 안의 여러 문제들을 지적하고 이를 개혁하려는 노력들이 나타나고 있다. 이 노력들의 목적과 방식이 과연 성경의 가르침에 부합한 것인지 평가하고, 그리고 이 개혁의 시도를 통해 나타날 수 있는 결과가 어떤 것일지 예상하는 데 있어서 16세기 종교개혁의 사례는 가장 중요한 역사적 모범이다. 16세기 종교개혁은 기본적으로 현실 상황에 부응하거나 미래의 발전을 지향하기보다는 이미 완전하게 주어진 성경의 진리와 그 진리에 합당했던 교회의 교리와 전통을 회복하려 했다. 지나치게 현실적이거나 미래 지향적인 변화보다는 기독교 신앙과 교회의 본래의 모습을 재확인하고 이를 기준으로 현실에 대처하며 미래를 준비하는 것이 한국교회가 16세기 종교개혁으로부터 배울 수 있는 개혁을 위한 올바른 태도이다.

제8장
교회 개혁의 참된 방식(1549)

1. 배경: 위협과 핍박 앞에서 타협 가능성

1.1. 역사적 배경

칼빈의 "교회 개혁의 참된 방식"은 1548년 5월 15일에 독일에서 선포된 아우크스부르크 임시안을 비판하기 위해 저술되었다. 당시 독일의 루터파는 개신교 제후들이 1547년에 슈말칼덴 전쟁에서 패배하고 황제가 종교개혁의 포기 내지는 후퇴를 요구하자, 이 요구를 어느 정도 수용할 수밖에 없는 처지에 놓였다. 그러나 전쟁에서 승리했음에도 불구하고 황제 칼 5세는 루터파 세력을 무조건 억압할 수가 없었다. 황제는 교황이 1545년에 트렌트 회의를 개최하여 정치적 입지를 강화하자 이를 견제해야 할 정치적 필요를 느꼈기 때문이다. 황제 측과 루터파 제후 측은 1546년 시작된 아우크스부르크 회의(Diet of Augsburg)에서 각자의 정치적 이해관계에 따라 일종의 타협안을 작성했다. 로마 가톨릭의 교리와 예배, 교회 제도 등에 대한 확정적 기준은 진행 중인 트렌트 회의에서 결정되어야 했기 때문

에 아우크스부르크 회의에서 작성된 타협안은 임시안(interim)으로 명명되었다.[805]

이 임시안 작성을 위해 로마 가톨릭 측에서는 독일 출신 나움부르크 주교 폴루크(Julius von Pflug, 1499-1564)와 시도니우스(Sidonius)라는 필명을 사용했던 헬딩(Michael Helding, 1506-1561)과 빌리크(Eberhard Billick, 1499-1557), 그리고 스페인 출신으로서 황제의 고해신부였던 소토(Pedro Domenico Soto, 1494-1560) 등이 참여했다. 루터파 측에서는 아그리콜라(Johann Agricola, 1494-1566)가 주도적인 역할을 담당했다.[806] 그는 루터의 동역자로서 비텐베르크 대학에서 가르쳤지만 과격한 율법폐기론(antinomianism)으로 인해 루터와 결별했던 인물이었다. 아그리콜라는 1540년에 비텐베르크를 떠났고 아우크스부르크 회의가 열릴 즈음에는 브란덴부르크(Brandenburg) 선제후 요아힘 2세(Joachim II, 1505-1571)의 보호하에서 베를린에서 활동하고 있었다. 따라서 이들이 주도해 작성한 임시안은 독일 루터파 신학자들의 지지를 얻어 내기 어려웠다. 임시안은 전체 26장으로 구성되었으며, 독일 루터파에게 로마 교황의 수위권을 인정할 것, 이신칭의 교리를 포기할 것, 그리고 화체설 비판을 중지하고 칠성례를 다시 시행할 것 등을 요구했다. 다만 이종성찬의 시행과 목사들의 결혼은 허용했다.[807]

독일 내 루터파뿐 아니라 로마 가톨릭 제후들과 고위 사제들도 이 임시안이 출판되기 전부터 그 내용에 반대했다. 그 배후에는 교황이 있었다. 교

---

805 Bodo Nischan, "Germany after 1550," in *The Reformation World*. ed. Andrew Pettgree (New York: Routledge, 2000), 387-8.

806 Greef, 『칼빈의 생애와 저서들』, 251.

807 "보편공의회의 결정 때까지 제국 전체에서 종교적 사안들이 어떻게 관리되어야 하는지에 대한 신성한 황제의 권위에 의한 선언"(*Sacrae caesareae maiestatis declaratio quomodo in negotio religionis per imperium, usque ad definitionem concilii generalis vivendum sit*)이라는 제목을 가진 아우크스부르크 임시안의 라틴어 원문은 다음에 실려 있다. CO.7: 549-590.

황 바울 3세는 이 임시안으로 인해 신학과 신앙의 결정권을 가진 자신의 권한이 침해당했다고 여겼다. 교황은 종교개혁에 대한 로마 가톨릭의 입장은, 1545년에 개회되었으나 잠시 정회 중인 트렌트 회의에서 확정해야 한다고 생각했기 때문이다. 결과적으로 아우크스부르크 임시안은 1년 동안이나 교황의 인정을 받을 수가 없었다.[808]

필립 멜란히톤

그러나 독일 루터파 제후들은 전쟁에서 패배했기 때문에 임시안이 발표된 지 18일 만에 이 결정을 받아들일 수밖에 없었다. 1546년에 세상을 떠난 루터에 이어 루터파 신학을 대변했던 멜란히톤 역시 제국 내 평화를 확보하기 위해 모종의 타협안을 수용해야 한다고 생각했다. 그러나 많은 루터파 신학자들과 목회자들은 로마 가톨릭 측과의 그 어떤 타협도 받아들이려 하지 않았다. 결국 수백 명에 이르는 목사들이 면직되었고, 독일에서 추방되거나 투옥되었으며 처형되기까지 했다.[809]

스트라스부르크의 종교개혁자 부처는 임시안의 내용을 비판하다가 추방되어 잉글랜드로 망명했다. 스트라스부르크는 슈말칼덴 전쟁 중 일찍이 1547년 3월 21일에 황제군에 항복했다. 부처를 비롯한 스트라스부르크의 개혁자들은 전쟁에서 패배했음에도 불구하고 스트라스부르크 개혁교회의 독립성과 개혁적 조치들이 유지될 수 있기를 기대했다. 부처는 1548년 3

---

[808] Carols M. N. Eire, *Reformations: The Early Modern World*, 1450–1650 (New Haven: Yale University Press, 2016), 531–3.

[809] Thomas Kaufmann, "Luther and Lutheranism," in *The Oxford Handbook of the Protestant Reformations*, ed. Ulinka Rublack (Oxford: Oxford University Press, 2006), 157.

월에 직접 아우크스부르크를 방문해 회의 가운데 종교개혁적 주장들을 더 많이 반영하려고 노력했으나 별다른 성공을 거두지는 못했다. 황제는 부처에게도 임시안에 동의할 것을 요구했고 부처가 이를 거절하자 4월 13일 그를 투옥해 버렸다. 부처는 결국 4월 20일에 임시안에 동의한다고 서명한 후 석방되어 스트라스부르크로 돌아올 수 있었다. 부처는 다시 자신의 입장을 따라 임시안을 비판했으며 로마 가톨릭의 의식에 반대하는 내용을 담은 "기독교 교리와 종교에 대한 간략한 요약"(*Ein Summarischer vergriff der Christlichen Lehre und Religion*)이라는 책을 7월 2일 출판했다. 이와 같은 부처의 노력에도 불구하고 더 이상 황제와의 갈등을 원하지 않았던 스트라스부르크의 권력자들은 8월 30일 표결을 통해 임시안을 받아들이기로 결정했다. 끝까지 시의회의 결정에 반대했던 부처와 그의 동료들은 1549년 3월 1일 면직되고 말았으며 부처는 다음달 5월에 25년간 사역했던 이 도시를 떠날 수밖에 없었다.[810]

이와 같이 황제의 강제력이 효력을 지녔던 지역에서는 임시안이 수용되었지만 로마 가톨릭에 충실하려 했던 지역이나 본래 루터파를 지지했던 지역에서는 임시안의 내용이 실제로 수용되지 못했다. 루터파 목사들의 반발을 고려해 멜란히톤은 더 완화된 타협안을 작성했고 슈말칼덴 전쟁 중에 황제를 도왔던 작센의 선제후 모리스(Maurice of Saxony, 1521-1553)가 중재에 나서 1548년 말에 라이프치히 임시안(Leipzig Interim)이 만들어졌다. 이 타협안은 이신칭의의 교리를 설교하고 가르칠 수 있다고 허용했으나 로마 가톨릭의 의식은 반드시 시행해야 한다고 결정했다. 멜란히톤의

---

[810] Euan Cameron, *The European Reformation* (Oxford: Oxford University Press, 1991), 347-8; Carter Lindberg, *The European Reformations*, 321; Martin Greschat, *Martin Bucer: A Reformer and His Times*, trans. Stephen E. Buckwater (Louisville: Westminster John Knox, 2004), 218-25.

노력에도 불구하고 많은 루터파 목사들은 이 타협안도 받아들이지 않았고 이 타협안에 동의한 사람들은 "필립파"라고 부르며 비판했다.[811] 필립파의 타협에 반대하여 로마 가톨릭 측이 강요했던 어떤 요구도 받아들이려 하지 않았던 루터파 지도자들은 이후 "엄수 루터파"(Gnesio-Lutherans)라고 불리게 되었다. 라이프치히 잠정안을 작성하는 데 주도적인 역할을 했던 작센 선제후 모리스는 황제와의 정치적 타협이 성공을 거둘 수 없음을 깨닫고 1552년 4월 5일, 황제에 맞서 군대를 일으켜 아우크스부르크에서 황제의 군대를 격파했다. 그 결과 새로운 평화조약인 파사우 조약(Treaty of Passau)이 8월 2일에 체결되었고 3년 후인 1555년 9월에는 황제 측과 슈말칼트 동맹 제후 측 사이에서 아우크스부르크 평화협정이 체결되었다. 이 두 조약의 "Cuius regio, eius religio"의 원칙, 즉 "그 군주의 지역은 그의 종교"라는 원칙을 따라 각 지역의 신앙을 루터파와 로마 가톨릭 사이에 양자 택일하는 결정권이 그 지역 군주들에게 위임되었다.[812]

1.2. 저술 동기

아우크스부르크 임시안이 작성되고 독일 내 여러 개혁도시들이 이에 동의하자 독일뿐 아니라 스위스의 개혁자들도 위기감을 느꼈다. 이에 취리히의 불링거가 칼빈에게 아우크스부르크 임시안을 비판하는 저술을 부탁했다. 칼빈은 이에 응해 1549년 중반까지 저술을 완료했으나 출판에 앞서 부처의 조언을 기다렸다.[813] 또 제네바 시의회가 상황을 지켜

---

[811] James D. Tracy, *Europe's Reformations, 1450-1650: Doctrine, Politics and Community* (Plymouth: Rowman & Littlefield, 2006), 90-91.

[812] Thomas Kaufmann, 『종교개혁의 역사』, 황정욱 역 (서울: 길, 2017), 694-7.

[813] CO. 13.7, 27, 56, 박건택, "편역자 서문", 『칼뱅작품선』 1: 63.

보다가 1548년 12월에서야 출판을 허락했기 때문에 이 저술이 세상에 나오기까지는 시간이 많이 필요했다. 결국 1549년 1월에 라틴어 제목으로는 "Interim adultero-germanum: cui adjecta est, vera christianae pacificationis et Ecclesiae reformandae ratio"(간음한 독일의 임시안: 여기에 덧붙여 기독교적 평화와 교회 개혁의 참된 방식), 그리고 이후 프랑스어 제목으로는 "La vraye façon de reformer l'Eglise chrestienne et appointer les differens qui son en icelle"(기독교 교회를 개혁하고 그 안에 있는 차이점들을 조정할 참된 방식)라는 저술이 제네바에서 출판되었다.[814] 라틴어와 프랑스어 제목에 공통적으로 보여 주듯이 칼빈은 이 저술을 통해 기독교 교회의 개혁이란 무엇이며 그 개혁을 위한 참된 방법이 무엇인지를 밝히려 했다. 이 저술은 곧장 1549년에 독일어로 번역되어 출간되었다. 그러나 베스트팔이나 플라키우스(Matthias Flacius, 1520-1547)와 같은 엄수 루터파 신학자들은 유아세례에 대한 이 책의 설명을 비판하면서 칼빈의 견해는 펠라기우스적이라고 공격했다. 칼빈은 이 공격에 대응하기 위해 1550년에 "임시안에 반대하는 책의 부록"이라는 제목의 짧은 책을 발표했다.[815]

"교회 개혁의 참된 방식"의 내용은 1543년 발표한 "교회 개혁의 필요성"의 주요 내용과 유사하다. "교회 개혁의 필요성"은 칼빈이 1544년 초, 슈파이어에서 개최될 예정이었던 제국회의를 앞두고 부처의 요청에 따라 황제 칼 5세를 대상으로 쓴 저술이었다.[816] 독일이라는 지역을 배경으

---

[814] 라틴어 원문은 다음에 수록되었다. CO.7: 545-674. 이 가운데 545-590은 아우크스부르크 임시안의 전문이며 591-647은 임시안에 대한 칼빈의 비판적 대안 제시 내용이다. 이하에는 "교회 개혁의 참된 방식"으로 약칭한다.

[815] Greef, 『칼빈의 생애와 저서들』, 252. 이 소책자의 라틴어 원문은 다음에 수록되었다. CO. 7: 675-786.

[816] 이 저술의 본래 제목은 "칼 5세에게 주는 간언"(Supplex exhortatio ad invictissimum Caesarem Carolum quintum)이다. 이 저술은 1543년 12월 제네바에서 출판되었고, 부처뿐 아니라 멜란히톤을 비롯한 비텐베르크 신학자들의 지지를 얻어 냈다. 이 책의 라틴어 원문은

로 삼은 점, 문제의 인물이 황제 칼 5세였다는 점, 그리고 스트라스부르크의 부처가 중요한 역할을 했다는 점 등을 고려할 때 이 두 저술 사이에는 명백한 연관성이 있다. 그러나 6년이라는 시간 동안 독일 종교개혁의 상황은 급변했다. 군사적 충돌이 있었고 황제가 승리했다. 종교개혁에 대한 단순한 반감이 아닌 정치, 군사적 억압을 시작하려는 황제에게 어떤 호소도 별 의미가 없게 되었다. 전쟁에서 패배한 이후 많은 독일의 루터파 지도자들은 이제까지 추진해 왔던 종교개혁의 중요한 대의와 시도들을 무기력하게 포기하고 있었다. 이런 위급한 상황 속에서 칼빈은 종교개혁의 본질이 무엇이며 개혁을 계속 추진하기 위해 어떤 자세를 가져야 하는지를 제시해야 할 중대한 과제가 자신에게 맡겨졌음을 절감했다. 이는 독일의 루터파뿐 아니라 종교개혁 전체의 성패를 결정지을 수 있는 절박한 과제였다. 칼빈은 6년 전 "교회 개혁의 필요성"에서 황제에게 완곡한 어조로 요청했던 내용들을 이 새로운 저술에서 더 분명하고 강하게 주장해야 했다. 따라서 "교회 개혁의 참된 방식"을 "교회 개혁의 필요성"과 비교하면, 1540년대의 급박한 정치적 상황 속에서 칼빈이 일관되게 강조했던 종교개혁의 본질적 과제와 종교개혁을 위한 합당한 방법과 태도가 무엇인지를 파악할 수 있다.

칼빈은 "교회 개혁의 참된 방식" 서두에서 "복음의 진리"를 밝히는 것이 이 저술의 목적이라고 선언한다. 그리고 이 글이 그리스도인들 사이의 평화와 일치를 수립하는 바른 기초와 정당한 방법에 대한 것이라고 말하면서 그 기초는 복음의 진리뿐이라고 말한다. "그리스도가 항상 일차적인 목표로 평화를 권고하시는 것과 마찬가지로, 그는 복음의 진리만이 유일한 평화의 유대임을 가르치신다. 그런 이유로 우리를 복음에 대한 순수한

다음에 수록되어 있다.CO.6: 453-534. "교회 개혁의 필요성"의 프랑스어 번역본은 1544년에 제네바에서 출간되었다. 박건택, "역자 서문", 『칼뱅작품선』 1: 56.

신앙고백에게 멀어지게 하려는 자들이 화합이라는 이름으로 그럴듯하게 꾸미는 것은 아무 소용없다."⁸¹⁷

1.3. 저술 목적

칼빈의 여러 저술들에서 발견할 수 있듯이, 종교개혁은 하나님 앞에서의 "참된 경건"을 성경의 가르침과 초대교회의 합당한 모범에 따라 회복하려는 헌신과 노력이었다. "교회 개혁의 참된 방식"에서도 그는 교회 일치와 평화의 기초와 관련해 "경건"의 중요성을 다음과 같이 강조한다. "평화는 정녕 최고의 열정으로 갈망되고 추구되어야 한다. 그러나 경건을 잃는 대가로 그것을 얻어야 하느니, 그래야 한다면 차라리 천지가 혼란에 빠지게 하라."⁸¹⁸

그러나 칼빈이 이 책에서 문제시하는 일차적인 대상은 교황주의자들이 아니라 종교개혁에 동의한다고 말하면서도 어려운 상황에 처하자 무기력하게 종교개혁의 동기와 목적을 포기하고 타협해 버린 "허울 좋은 화해의 고안자"들이다. 칼빈은 특히 아우크스부르크 임시안에 동의한 루터파 인사들이 복음 교리를 양보한 점을 강하게 비판한다. "이들은 우리에게 설반뿐인 그리스도를 남겨 주고 있는바, 그런 방식에 따라서 거짓의 흔적으로 더럽혀지지 않은 교리가 없을 정도이다." 평화의 일치의 기준인 "복음의 순수한 교리"는 절대 양보할 수 없는 기독교 종교의 핵심이다. 그러므로 화해의 고안자들이 궤변으로 내세우는 "개혁"은 실제로는 지금 막 싹이 튼 경건을 뒤틀어 버리는 궤변에 불과하다. 그리고 이들이 적절한 양보

---

817 "교회 개혁의 참된 방식", 『칼뱅작품선』 2: 145, CO.7: 591.
818 "교회 개혁의 참된 방식", 『칼뱅작품선』 2: 145, CO.7: 591.

를 통해 성취했다고 말하는 평화는 "헛된 평화"에 불과하다.[819]

지금은 상황이 좋지 않으니 타협할 수밖에 없고 추후의 다른 기회를 기다려야 한다는 항변도 비겁한 변명일 뿐이다. 개혁을 위한 올바른 길을 "벗어나 방황하면서 목표에 도달하게 되리라는 소망은 이루어질 수 없는 소망"이기 때문이다.[820] 본질적인 내용을 지킬 수 있다면 다른 사안들을 양

황제 칼 5세

보하는 것은 허용해야 한다는 주장도 용납할 수 없다. 칼빈은 "경건의 온전한 회복이 단번에 얻어질 수 없을 때 최소한 주요 부분이라도 보호하는 것"이 가능하다고 인정한다. 그러나 이것이 개혁의 중지나 포기가 되어서는 안 된다. 더군다나 복음의 핵심 교리를 마음대로 분리하고 나누어서 그 일부분을 양보하는 것은 불가하다. "하나님의 아들이 온전한 하나로 누려져야 할 복음의 교리를 우리에게 주셨는데도 그 일부를 우리 힘으로 보존하기 위해 그 교리를 협정에 의해 쪼개는 짓은 가장 큰 신성모독이다."[821]

칼빈은 생존을 위한 절박한 투쟁의 상황에서 그리스도의 명분을 방어하는 것은 결코 쉬운 일이 아님을 인정한다. 그러나 경건의 온전한 회복이 한 번에 얻어질 수 없는 어려운 때라면, 그때에는 최소한 경건의 가장 중요한 부분이라고 보호하려는 노력이 필요하다.[822] 특히 "순수한 복음의 교리"는 양보할 수 있는 사안이 아니다. 그는 "생명의 교리를 지키는 데 있어

---

819 "교회 개혁의 참된 방식", 『칼뱅작품선』 2: 145, CO.7: 592.
820 "교회 개혁의 참된 방식", 『칼뱅작품선』 2: 146, CO.7: 592.
821 "교회 개혁의 참된 방식", 『칼뱅작품선』 2: 146-7, CO.7: 593.
822 "교회 개혁의 참된 방식", 『칼뱅작품선』 2: 146, CO.7: 593

서는 머리카락 하나의 폭만큼도 양보할 수 없으며, 진리에서 탈퇴하느니 차라리 죽음을 각오하려는 태도가 필요하다"고 주장했다. 이런 단호한 태도는 결코 불필요한 만용이 아니었다. 칼빈은 종교개혁을 위해 마땅히 가져야 할 태도가 무엇인지를 다음과 같이 선언한다.

> 하지만 바울의 간곡한 권고를 마음에 품고, 살든지 죽든지 서둘러 그리스도와 그의 복음에 영광을 돌리자. 무슨 일이 일어나든, 하나님의 순수한 진리와 인간의 허구를 뒤섞어 놓은 평화의 조건에 전혀 귀 기울이지 말기로 굳은 결심을 하자. 목자의 음성만 들려지면 타인의 음성은 경계되고 거부되어야 함을 우리의 고정된 원칙으로 삼자는 말이다.[823]

그리스도와 그의 복음의 영광만을 따라야 한다는 칼빈의 이 강한 선언 안에는 종교개혁자들이 공통적으로 그리고 일관되게 강조했던 "오직 하나님께 영광"의 원칙과 "오직 그리스도"의 원칙이 모두 잘 드러나 있다.

2. 교리의 개혁

2.1. 하나님 예배(cultus Dei): 바른 교리의 목적

칼빈은 "교회 개혁의 참된 방식"에서 가장 먼저 교리와 관련된 주제들을 다룬다. 이는 아우크스부르크 임시안이 결정한 첫 번째 내용이 이신칭의 교리에 대한 것이었기 때문이다. 임시안은 서론에 이어 논란이 되고 있

---

[823] "교회 개혁의 참된 방식", 『칼뱅작품선』 2: 147, CO.7: 593.

는 교리와 관련한 여덟 가지 주제에 대해 진술했다. 그 주제들은 타락 전 인간의 상태, 타락한 인간의 상태, 우리 주 그리스도를 통한 구속, 칭의, 칭의의 유익과 결과, 사람이 칭의를 얻는 방식, 사랑과 선행, 죄 용서의 확신에 대한 것이었다.824 칼빈이 "교회 개혁의 참된 방식"에서 가장 먼저 교리에 관한 내용을 언급하는 것은 아우크스부르크 임시안의 순서 때문만이 아니다. 앞서 저술 동기에서 밝혔듯이 "참된 복음의 교리"는 종교개혁에 있어 가장 일차적이며 핵심적인 과제였기 때문이다.

칼빈은 "교회 개혁의 필요성"에서도 교리와 관련된 문제를 가장 첫 번째로 다루었다. 앞 장에서 언급했듯이 그는 이 저술에서 교회를 "그리스도의 몸"이라는 유기체적 관점에 따라 정의하면서, 교리를 교회의 영혼이라고 비유했다.

> 즉, 교회의 통치와 목회의 직무 및 그 밖의 질서가 성례와 함께 몸에 비유된다면 한편 바르게 하나님을 예배하기 위한 규칙을 정하고 또한 인간의 양심으로 하여금 구원의 소망을 갖게 만드는 근거를 지시하는 교리는 영혼인바, 바로 이 영혼이 몸에 호흡을 주며, 몸을 활기 있게 하고 활동하게 하며, 요컨대 몸으로 죽어 무용한 시체가 되지 않게 하는 것처럼 말입니다.825

칼빈은 "교회 개혁의 참된 방식"에서 교회의 영혼인 교리가 단지 이신

---

824 "Augsburg Interim," CO.7: 553-560.
825 "교회 개혁의 필요성", 『칼뱅작품선』 2: 10, … regimen in ecclesia, munus pastorale, et reliquus ordo, una cum sacramentis, instar corporis sunt; doctrina autem illa, quae rite colendi Dei regulam praescribit, et ubi salutis fiduciam reponere debeant hominum conscientiae ostendit, anima est, quae corpus ipoum inspirat, vividum et actuosum reddit: facit denique, ne sit mortuum et inutile cadaver." CO,6: 459-60.

칭의 교리에 국한되는 것은 아니라고 말한다.[826] 즉 이신칭의와 관련된 몇 가지 교리적 진술을 보존했다고 해서 종교개혁이 목표로 하는 참된 경건을 지켜낼 수 있다고 말하는 중재자들의 주장은 설득력이 없다. 칼빈은 하나님의 영광과 구원의 진리를 드러내기 위해 교회 안에서 지켜야만 하는 참된 교리는 이신칭의 교리보다 더 포괄적이며 내면적이라고 말한다. 이와 관련해 칼빈이 사용하는 중요한 개념은 "하나님 예배"이다. 이 개념은 단순히 어떤 외적 예배의 형식을 의미하는 것이 아니다. 물론 칼빈은 외적인 예배를 "하나님 예배" 개념에 포함시키기는 하지만 이 개념은 여러 의식들뿐 아니라 하나님의 구원 은혜에 대한 이해와 그 이해에 따른 내면적인 의뢰와 경외, 그리고 공적 예배뿐 아니라 신자의 삶 전체에서 하나님의 영광을 위해 드려져야 할 구체적인 순종과 헌신까지 포괄한다. 칼빈은 "교회 개혁의 필요성"에서 "하나님 예배"를 이렇게 정의한다.

> 이제 합법적인 하나님 예배를 정의합시다. 그 주된 기초는 하나님을 모든 덕, 의, 성결, 지혜, 진리, 능력, 선, 자비, 생명, 구원의 유일한 원천으로서 인정하는 것이며, 그에 따라 모든 선한 것의 영광을 하나님께만 돌리고 하나님에게서만 모든 것을 구하며, 필요할 때면 언제나 하나님만 의뢰하는 것입니다. 이로부터 기도와 찬양과 감사가 발생하는바, 이것들이야말로 우리가 하나님께 돌리는 영광을 입증하는 것들입니다.[827]

---

[826] "나는 많은 사람이 흔히 값없는 칭의 교리가 안전하게 남는다면 다른 교리들을 고집해서 안 된다고 말한다는 걸 알고 있다. 이렇게 말하는 사람들은 전체를 말하지 않고 특정한 어떤 것만을 말한다." 『교회 개혁의 참된 방식』, 『칼뱅작품선』 2: 148, CO.7: 593.

[827] "교회 개혁의 필요성", 『칼뱅작품선』 2: 11, "Nunc cultum Dei legitimum definiamus. Huius vero praecipuum est fundamentum, eum sicuti est, omnis virtutis, iustitiae, sanctitatis, sapientiae, veritatis, potentiae, bonitatis, clementiae, vitae et salutis fontem unicum agnoscere, ideoque bonorum omnium gloriam illi adscribere in solidum, et tribuere, quaerere in ipso solo omnia: ideoque si quid nobis opus est, in ipsum solum suspicere." CO.6: 460.

칼빈이 여기에서 말하는 "하나님 예배"는 곧 특정한 예배의 형식을 의미하는 것이 아니다.[828] "하나님 예배"는 도리어 신자가 살아가는 중생의 삶 전체에 대한 것이다. "우리는 중재자들이 그 자체로서 하나님께 기쁨이 된다고 주장하는 행위, 그것으로써 하나님이 마땅한 경배를 받으신다고 확언하는 행위에 대해 말하고 있다."[829]

포괄적이며 영적인 차원의 "하나님 예배" 혹은 "경배"와 비교할 때, 종교개혁의 중요한 과제들 가운데 하나인 성례는 부분적이다. "이것에 경배가 결합된 이 경배로 우리는 그의 위대함과 탁월함에 합당한 경의를 표하는 것이며, 의식들은 마치 돕는 수단이나 도구처럼 이 경배를 섬기는 것입니다. 이는 몸이 영혼과 함께 하나님 예배를 실행하기 위함입니다."[830] 칼빈이 "하나님 예배"라는 개념을 통해 더 집중하는 것은 외적인 예배의 방식보다는 내면적 헌신과 순종이다. 이런 의미에서 "자기부정"은 모든 신자들 사이에서 이루어져야 할 "하나님 예배"의 가장 중요한 요소이다. "다음으로 자기부정이 뒤따르는데, 이는 우리가 육과 세상을 부인함으로써 변하여 마음을 새롭게 하며, 더 이상 우리 자신에 따라 살지 않고 하나님에 의해 지배되며 행동하기 위함입니다."[831]

그러므로 칼빈이 여러 저술들에서 "교회의 영혼"이라고 표현한 교리의 정당성은 교리들의 진술상 논리성이나 사상적 체계성으로 확보되는 것이 아니다. 바른 교리는 신자들이 마땅히 드려야 할 하나님 예배를 그 궁극적인 목적으로 삼을 때만 확보될 수 있다. 칼빈은 "교회 개혁의 참된 방식"에

---

[828] "나는 여기에서 경건한 독자들에게 내가 지금 품위나 질서에 뒤따르는 의식(儀式), 또는 우리 기도의 대상이신 하나님께 대한 경건함의 표시이자 자극인 의식에 대해 말하고 있는 것이 아니라고 주장하고 싶다." "교회 개혁의 참된 방식", 『칼뱅작품선』 2: 173, CO.7: 609.
[829] "교회 개혁의 참된 방식", 『칼뱅작품선』 2: 173, CO.7: 609.
[830] "교회 개혁의 필요성", 『칼뱅작품선』 2: 11, CO,6: 460.
[831] "교회 개혁의 필요성", 『칼뱅작품선』 2: 11, CO,6: 460.

서 "하나님 예배"의 중요성을 다음과 같이 밝힌다. "첫째, 전 기독교 교리에서 하나님 예배를 인간 구원으로부터 제쳐 두는 것뿐 아니라 그것을 침묵으로 넘기는 것도 매우 부당하다."[832] 칼빈은 지금 자신이 말하고 있는 "하나님 예배"는 어떤 단순한 교리가 아니라 "분명한 설명으로 전체적인 문제를 진술해야 하는 것"이라고 주장한다.[833]

그러므로 칼빈이 여러 곳에서 강조하는 "하나님 예배"는 참된 교리의 목적으로서, 이는 하나님의 은혜에 대한 바른 이해와 그에 따라 마땅히 나타나야 할 내면적 순종과 외적 경배가 결합된 신자의 태도 전체를 의미한다. 그는 "하나님 예배"가 인간과 천사의 구원보다 더 중요하다고 말하면서 이 개념을 이해하지 못하면서 교리나 성례 개혁과 같은 것을 주장하는 자들은 "참된 종교가 무엇인지 아직 알지 못하는 자들"이라고 비판한다.[834] 이런 의미에서 아우크스부르크 임시안에 동의한 루터파 신학자들은 큰 잘못을 저질렀다. "그러나 우리에게 이신칭의 교리만이 온전히 남겨진다면 우리에게 이것만을 남겨 준 자들은 하나님께 드리는 예배가 어느 위치에 있어야 한다고 생각하는 걸까?"[835] 교리의 궁극적인 목적이 되는 "하나님 예배"에 대한 칼빈의 개념을 정확히 이해해야만 그가 어떤 목적을 위해 이신칭의 교리를 비롯해, 로마 가톨릭의 칠성례와 대조되는 바른 성례의 회복을 주장하고 시도했는지를 파악할 수 있다.

---

[832] "교회 개혁의 참된 방식", 『칼뱅작품선』 2: 148, CO.7: 593.
[833] "교회 개혁의 참된 방식", 『칼뱅작품선』 2: 148, CO.7: 594.
[834] "교회 개혁의 참된 방식", 『칼뱅작품선』 2: 169, "Proinde, qui non tantum posthabito, sed etiam relicto Dei cultu, alterum illud caput duntaxat urgent, qui sit vera relgio nondum didicerunt." CO.7: 607.
[835] "교회 개혁의 참된 방식", 『칼뱅작품선』 2: 169, CO.7: 607.

2.2. 이신칭의 교리의 쟁점들

칼빈은 "하나님 예배"라는 포괄적인 개념 위에서 이신칭의 교리의 의의와 중요성을 설명한다. 따라서 이 교리의 의미는 단순히 그리스도의 의의 전가를 이해하는 데 국한되지 않는다. 이신칭의 교리를 바르게 이해하기 위해서는 다른 교리적 주제들도 동시에 고려해야 한다. 칼빈은 이신칭의 교리를 일차적으로 인간론과 관련시킨다. 칼빈이 보기에 인간의 전적 타락과 자유의지의 불가능성을 포기한다면 이신칭의 교리는 사실상 무의미했기 때문이다.[836] 하나님께서는 "마치 벽돌처럼 인간과 함께 행동하지" 않으시며, 인간의 의지를 무시하면서 "인간을 이끌지 않으신다." 그러나 문제가 되는 것은 "인간 의지의 그런 교육 가능성이 어디에서 오느냐"이다. 가능성은 오직 "하나님의 영"에 의존한다. 성령의 조명을 받기 전까지 인간의 마음은 "눈먼 맹인"이며 완전히 "사탄에게 종노릇"하기 때문이다.[837]

둘째, 이신칭의 교리를 말할 때 놓치지 말아야 할 요점은 하나님께서 신자들을 의롭게 하시는 방식에 대한 정확한 이해이다. 칼빈은 "그리스도의 의가 우리에게 전가되므로 우리가 믿음으로 의롭다 함"을 얻는다고 말한다.[838] 그리스도의 의의 전가만으로 우리가 의롭게 여김을 받는다는 말은 하나님의 값없는 죄 사함의 은혜 외에 어떤 종류의 성결이나 중생도 칭

---

[836] "그러므로 이 사람들은 자기들이 값없는 칭의 교리를 손상하지 않은 채로 유지하고 있다는 조심성을 증명하기 위해 먼저 인간이 자력으로 할 수 있는 게 뭔지 결정해야 한다. 인간의 본성과 하나님의 은혜를 구별하는 일에서 순서상 우선되는 것은 전자의 속한 게 뭔지 아는 것이기 때문이다." "교회 개혁의 참된 방식", 『칼뱅작품선』 2: 148, CO.7: 594. 『기독교강요』가 그 초두에서 전개하는 하나님을 아는 지식과 사람을 아는 지식의 필요성과 상호관계에 대한 설명은 이 주제와 일관성을 지닌다.

[837] "교회 개혁의 참된 방식", 『칼뱅작품선』 2: 149, CO.7: 594.

[838] "교회 개혁의 참된 방식", 『칼뱅작품선』 2: 149-50, CO.7: 594.

의의 원인이 될 수 없다는 뜻이다.[839] 이는 그 기원이 어떠하든지 간에 우리의 행위는 결코 우리를 위한 의의 근거가 될 수 없다는 의미이다. "이 의의 어떤 부분도, 그것이 아무리 작은 부분일지라도, 행위 안에 놓인다면 불안전한 기초 위에 머무는 것처럼 비틀거릴 것이다. 그러므로 남는 것은 오직 죄의 용서에 의지하는 것이다."[840] 아우크스부르크 임시안에 합의한 자들은 이 점에서 중요한 오류를 범했다. 칼빈은 이들이 칭의의 방식에 대해 설명할 때 마치 우리 안에 있는 "내재적 의가 그리스도의 공로와 협력한다고 날조"했다고 비판한다.[841] 물론 하나님의 은혜 안에는 다양한 측면이 있다. 그러나 칭의와 관련해 반드시 지켜져야 할 진리는 우리가 하나님 앞에서 의롭다고 선포되는 것은 오직 "우리의 죄가 더 이상 우리에게 전가되지 않는 바로 그 상황"에 의한다는 점이다.[842]

셋째, 칼빈은 이신칭의 교리의 진정한 의의를 설명하기 위해 칭의와 중생 사이의 관계에 집중한다. 그는 "중생"을 평생에 걸쳐 일어나는 신자의 삶의 변화를 지칭할 때 사용한다.[843] 칭의의 값없는 은혜를 강조하는 것이 "중생"을 무시하는 것이 되어서는 안 된다. 칼빈은 칭의와 중생은 "주님이

---

[839] "하지만 우리는 칭의가 중생으로 이루어짐을 부인한다." "교회 개혁의 참된 방식", 『칼뱅작품선』 2: 150, CO.7: 595.

[840] "교회 개혁의 참된 방식", 『칼뱅작품선』 2: 150, CO.7: 595. 거의 동일한 강조점이 "교회 개혁의 필요성"에도 언급되었다. "따라서 우리가 의롭게 되었다는 것은 하나님이 우리 행위를 보지 않으시고 다만 그리스도를 보시고 우리를 하나님 자신과 화해시키셔서 우리에게 아들의 신분을 거저 주심으로써 우리를 진노의 자식에서 하나님의 자녀로 만들어 주시는 것입니다." "교회 개혁의 필요성", 『칼뱅작품선』 2: 50, CO.6: 484.

[841] "교회 개혁의 참된 방식", 『칼뱅작품선』 2: 151, CO.7: 595.

[842] "교회 개혁의 참된 방식", 『칼뱅작품선』 2: 152, CO.7: 596.

[843] 칼빈은 "중생"을 즉각적인 거듭남이 아니라 점진적인 과정으로 이해한다. "하나님은 계속적이기는 하나 때때로 아주 늦은 걸음으로 택함 받은 자들에게서 육체의 부패를 지워 내고, 그들의 불결함을 씻어 깨끗하게 하며, 그들을 자기의 성전으로 삼고자 거룩하게 구별하신다. 이를 위해 그는 그들의 마음을 새롭게 해서 진정한 정결함에 이르게 하신다. 그리하여 그들은 일생 동안 회개 가운데 훈련받게 되며 그 전쟁이 오직 죽음의 때에 끝이 나리라는 것을 알게 된다." Institutes, III.3.9, OS.4: 63-5.

영원히 결합하신 것"이기 때문에 "분리하지 않게 주의해야"한다고 강조한다.[844] 그러나 구분이 필요하다. 칭의와 중생을 구분하지 못하면 둘 중 한 은사가 다른 은사를 훼손할 수 있기 때문이다. 칼빈은 구분의 방법과 그 목적을 다음과 같이 잘 표현한다.

> 하나님의 자녀들로 하여금 중생이 그들에게 필요하지만 그럼에도 그들의 온전한 의는 그리스도 안에 있다는 것을 알게 하라. 그들이 예정되었고 생명의 거룩함과 선행의 수고를 위해 창조되었지만, 그럼에도 그들은 전심으로, 그리스도의 공로에 의지해야 한다는 것을 이해하게 하라. 그들에게 부여된 생명의 의를 누리게 하되, 그럼에도 그리스도의 순종에 대한 신뢰 외에 다른 신뢰를 하나님의 법정 앞에 가져오지 않도록 그 의를 불신하게 하라.[845]

이처럼 칭의와 중생은 분리될 수 없는 하나님의 구원 은혜의 두 측면이다. 그러나 신자들은 자신의 중생 과정이나 그 진척 내용을 신뢰의 대상이나 칭의의 원인으로 여기지 말아야 한다. 중생을 위해서는 칭의의 은사가 선행되어야 한다. "모호함을 제거하기 위해 우리가 믿음으로 얻으며 우리에게 값없이 주어지는 의는 반드시 최고의 자리에 놓여야 한다."[846] 이 우선순위가 분명해야만 중생의 삶을 사는 신자의 양심은 진정한 평안을 누릴 수 있으며, 믿음의 의와 충돌을 일으키지 않게 된다. 행위의 의는 필요하며 유익하지만 언제나 믿음의 의에 의존해야 하며 반드시 복속되어야만 한다.[847]

---

844 "교회 개혁의 참된 방식", 『칼뱅작품선』 2: 152, CO.7: 596.
845 "교회 개혁의 참된 방식", 『칼뱅작품선』 2: 152, CO.7: 596.
846 "교회 개혁의 참된 방식", 『칼뱅작품선』 2: 152, CO.7: 596.
847 "교회 개혁의 참된 방식", 『칼뱅작품선』 2: 153, CO.7: 597.

이런 점에서 볼 때 아우크스부르크 임시안에 합의한 자들은 교묘하게 이 두 가지 의를 뒤섞어 놓았다.[848] 칼빈은 같은 단어를 사용한다고 해도 "언제나 그것이 하나님에 대한 언급인지 인간에 대한 언급인지 관찰해야 한다"고 말한다. 그리고 행위에 의롭다는 이름이 주어질 때에는 오직 "값 없는 용서"에 기초해야 한다고 주장한다. 신자들이 행위에 의해 의롭다는 말도 "그들이 행위의 의가 믿음의 의에 달려 있음을 알면서 행위의 공로 없이, 또는 행위의 덕을 보지 않고 의롭기 때문"이라고 말한다.[849] 그는 "교회 개혁의 필요성"에서 행위의 가치 역시 그 자체로서가 아니라 오직 그리스도의 공로로 인해 의롭게 여김을 받을 때 얻는다고 주장했다.[850] 신자의 선행은 유익하며 그에 대한 하나님의 상급도 분명하다. 그러나 상급의 참된 본성을 제대로 파악하는 것이 더 중요하다. "즉 상급은 행위의 공로나 가치에 상응하는 것이 아니라 행위를 값없이 용납하는 데서 비롯된다는 것이다."[851] 이런 의미에서 볼 때, 하나님께서 죄인을 값없이 의롭게 하시고, 이후 그들의 선행을 통해 그들을 또 의롭게 하신다는 식의 이중칭의 개념은 칼빈의 칭의론에는 해당되지 않는다. 칼빈이 말하는 이중칭의는 하나님께서 죄인들을 예수 그리스도의 공로를 가지고 값없이 의롭게 여겨 주시고, 이후 그들이 행하는 선행들도 그 행위들의 가치 때문이 아니라 자녀를 향한 은혜와 사랑으로 의롭고 선하게 여기신다는 뜻이다. 하나님의

---

[848] 칼빈은 이들이 야고보서 2:22를 인용해 소위 은혜와 행위의 "협력"을 주장했음을 언급하면서 "야고보는 아주 미세한 정도로도 인간이 행위의 공로에 의해 하나님과 함께 의를 얻는다고 말하지" 않으며, "단지 의의 승인을 다루고 있을 뿐"이라고 해석한다. "교회 개혁의 참된 방식", 『칼뱅작품선』 2: 153, CO.7: 597.
[849] "교회 개혁의 참된 방식", 『칼뱅작품선』 2: 154, CO.7: 597.
[850] "그러나 하나님은 일단 은혜로 말미암아 신자들을 아들로서 받아들이므로 단지 그들의 인격만 아니고 그들의 행위도 받아들이시며 사랑하시며 이에 대해 보상을 주십니다. … 행위는 그 자체의 가치로 말미암지 않고 오직 그리스도의 공로에 의해 의롭게 됩니다." "교회 개혁의 참된 방식", 『칼뱅작품선』 2: 55, CO.6: 487.
[851] "교회 개혁의 참된 방식", 『칼뱅작품선』 2: 155, CO.7: 598.

자녀가 된 신분이나 하나님을 기쁘시게 하는 선행 모두 그 자체로는 아무런 자격이나 가치가 없으며, 전적으로 하나님의 의롭게 여기심에 의지한 은혜의 결과일 뿐이다.

칼빈은 로마 가톨릭의 잘못된 교리를 비판하면서 이신칭의 교리의 중요한 주제인 "믿음"에 대한 바른 이해를 촉구한다. 이는 합당한 "하나님 예배"를 회복하기 위해서는 로마 가톨릭이 가르치는 믿음에 대한 오해를 불식시켜야 한다고 생각했기 때문이다.[852] 로마 가톨릭에서는 믿음이 사랑이 없이는 존재할 수 없으며, 미성숙한 믿음은 참이기는 하지만 사랑에 덧붙여져야만 완성된다고 가르쳐 왔다. 칼빈은 이처럼 사랑의 성취 여부와 정도에 따라 믿음의 여러 등급을 나눔으로써 믿음을 다만 "메마르고 싸늘한 지식이라고 생각하는 오류"가 생겨났으며, 이로부터 하나님이 참되시다는 사실조차 불분명하게 여기도록 만드는 오해가 생겨났다고 비판한다. 믿음에 대한 바른 이해는 심리적 분석이나 믿음의 결과에 대한 세속적 평가로는 얻을 수 없다. 믿음의 정의는 믿음을 통해 주어진 칭의의 열매들로부터만 파악할 수 있다. "믿음이 의롭게 하는 이유는, 믿음이 우리를 그리스도께 의지하게 만들고 그 결과 그리스도가 우리 안에 거하시고 우리는 그에게 속하게 되기 때문이다." 이런 의미에서 믿음은 로마 가톨릭 신학자들이 하는 것과 같이 어떤 등급을 매겨 경중을 결정할 수 있는 신자의 자격 조건이나 구원의 수준 지표가 아니다. 오직 "믿음은 양심의 굳건한 확신이며, 복음서가 우리에게 제공하는 대로 그리스도를 받아들이는" 것이다.[853]

---

[852] "칭의 교리 전체를 유지하기 위해 믿음의 정의를 확실히 내리는 게 얼마나 중요한지 너무 명백하다." "교회 개혁의 참된 방식", 『칼뱅작품선』 2: 156, CO.7: 598.

[853] "교회 개혁의 참된 방식", 『칼뱅작품선』 2: 157, "Fides, inquam, firma est conscientiae certitudo, quae Christum amplectitur, qualis nobis per evangelium offertur." CO.7: 599.

칼빈은 "교회 개혁의 참된 방식"에서 더 구체적으로 로마 가톨릭의 혼란스러운 믿음 개념과는 차별되는 "하나님 예배"에 합당한 믿음의 다섯 가지 요점을 제시한다. 첫째, 믿음은 성경 말씀을 하나님께서 주신 진리로 받아들이는 확신이다. 둘째, 믿음은 하나님의 말씀 가운데 특히 값없이 주시는 약속의 담보이자 기초인 그리스도께 주목한다.[854] 셋째, 믿음은 메마른 지적 동의에 국한되지 않고 마음속에 자리 잡은 생생한 감정을 포함한다.[855] 넷째, 믿음은 지성을 밝히고 감성을 자극하는 성령의 특별한 사역이다.[856] 다섯째, 성령의 효능인 믿음은 오직 생명으로 예정된 자들에게만 주어진다.[857]

칼빈은 마지막으로 믿음을 예정에 연결시킴으로써 이신칭의 교리의 궁극적인 목적이 하나님의 영광에 있음을 강조한다. "이것은 강조되어 마땅하다. 인간이 정도를 넘어 교만해짐으로써 하나님께만 돌려져야 할 영광을 자기에게 돌리기 때문이다. 이 앞뒤가 뒤바뀐 오만함에 대해, 하나님은 자신의 값없는 양자 삼음을 대비하신다. 이것만이 우리가 부름 받은 이유이고 이것만이 우리를 구별해 준다."[858] 로마 가톨릭의 구원 교리와 그에 타협한 임시안의 작성자들은 믿음의 바른 의미를 설명하는 데 완전히 실

---

[854] "성령이 믿음을 언급할 때는 되는 대로 한 것이 아니다. 믿음은 주해의 방식에 따라 '그리스도 안에' 덧붙여 있다." "교회 개혁의 참된 방식", 『칼뱅작품선』 2: 158, CO.7: 600.

[855] "믿음은 영혼의 생명이며, 믿음에 의해 그리스도가 우리 안에 거하신다는 것, 믿음은 우리가 구원을 얻는 근거라는 것이다. 이런 것들은 결단코 단순한 지식에 적용될 수 없다." "교회 개혁의 참된 방식", 『칼뱅작품선』 2: 160, CO.7: 601.

[856] 칼빈은 이 점에 있어서 믿음을 "하나님의 계시 사역"이라고 말한다. "그렇다면 그런 믿음은 무지함의 책임을 인간의 마음에 돌리는 여러 성경 구절에 의해 확증되는 하나님의 계시 사역이다." "교회 개혁의 참된 방식", 『칼뱅작품선』 2: 160, CO.7: 601.

[857] "하나님이 선택한 자들과 유기한 자들을 구별해 주는 유일한 것은, 하나님이 유기된 자들을 빛 가운데서 눈먼 자로 내버려 두신 반면, 선택된 자들에게는 새로운 눈을 주셔서 그 눈으로 보고 그들의 마음을 하나님 말씀에 순종하게 하신다는 것이다." "교회 개혁의 참된 방식", 『칼뱅작품선』 2: 161, CO.7: 602.

[858] "교회 개혁의 참된 방식", 『칼뱅작품선』 2: 161, CO.7: 602.

패했다. 즉, 그들은 자신들이 "수호하기로 약속한 이 교리의 이 부분을 악의적으로 왜곡"함으로써 칭의 교리의 핵심 사항을 변조하여 하나님의 영광을 가린 것이다. 이 점에 있어 "오직 하나님께 영광"이라는 종교개혁의 원칙은 정당한 이신칭의 교리와 믿음에 대한 바른 이해를 확정하기 위한 핵심적 기준이다. 달리 말해 하나님의 영광이 아닌 인간의 영광이나 안정을 추구하는 것은 올바른 믿음 이해가 아니며, 이런 오해를 가지고서는 제대로 된 이신칭의 교리를 설명할 수 없다.

2.3. 이신칭의 교리의 종교개혁적 의의

칼빈이 보기에 아우크스부르크 임시안은 이신칭의 교리를 명목적으로만 보존했을 뿐이고, 사실상 더 중요한 하나님 예배를 손상시키고 파괴했다. 이 임시안은 합당한 예배를 파괴해 온 로마 가톨릭의 잘못된 행태들을 다 수용했기 때문이다. 칼빈은 로마 가톨릭의 잘못된 대표적인 행태로 고해성사와 보속을 지적한다.

먼저 로마 가톨릭의 고해성사는 성경이 가르치는 명백한 구원의 진리를 침해한 오류이다. 성경은 우리를 의롭게 하는 것은 율법에 대한 순종이 아니라 그리스도의 희생으로 우리에게 주어진 죄의 용서라는 사실을 분명히 가르친다. 이와 달리 로마 가톨릭은 사제들이 고해성사를 통해 신자들의 죄를 사면할 수 있는 특권을 가지고 있다고 가르쳤다. 이는 "인간에게 너무 많은 권한"을 준 남용이며 "하나님께 대한 심한 모욕이다."[859] 따라서 고해성사 시행과 관련해 많은 조건을 첨부했다고 해도 아우크스부르크 임시안에 동의한 루터파의 중재자들은 하나님 예배의 회복이라는 종교개혁

---

[859] "교회 개혁의 참된 방식", 『칼뱅작품선』 2: 163, CO.7: 603.

의 궁극적 목적을 사실상 포기한 것이다. 그리고 이 중재자들은 신자들의 양심에도 중대한 위험을 초래했다. 양심의 평화는 오직 무죄사면에 대한 굳건한 믿음이 있을 때만 가질 수 있다. 그러므로 고해성사를 해야만 죄를 용서받을 수 있다는 주장은 신자의 양심에 "지속적 불안감, 느릿한 고문, 혼란스러운 의심"을 조장하여 결국 "공개 살인 못지않게 실제적으로 영혼을 탈진"시킬 것이 분명하다."[860]

중재자들이 아우크스부르크 임시안에 동의하면서 수용한 "열쇠의 권한"에 대한 로마 가톨릭 측의 견해도 성경적 관점에서 보나 역사적으로 보나 분명한 오류이다. 사도들은 죄 고백을 들음으로써가 아니라 복음을 설교함으로써 매고 푸는 권세를 수행했다. 초대교회의 좋은 시절에는 고해성사와 같은 것은 알려지지도, 널리 행해지지도 않았다.[861] 칼빈은 로마 가톨릭 안에서 고해성사가 시작되고 이처럼 널리 유행이 된 것은 사제들이 세상을 복종시키려는 속셈과 이로써 자신들의 사적 이익을 얻고자 했기 때문이라고 분석한다. 그 과정에서 신자들 역시 자신들 내면의 죄책감을 사제들에게 내려놓음으로써 부담을 벗어 버리고 죄 안에서 더 방자하게 행하게 된 것이다. 칼빈은 고해성사를 구원의 조건으로 삼아 버린 모든 일련의 과정을 통해 "하나님의 값없는 자비의 약속에 대한 순종"이 있어야만 가능한 하나님 예배가 파괴되었다고 진단한다.[862]

칼빈은 고해성사와 결부되어 있는 로마 가톨릭의 보속 교리도 합당한 하나님 예배를 크게 손상시켰다고 비판한다. "그리스도의 대속은 우리로

---

[860] "교회 개혁의 참된 방식", 『칼뱅작품선』 2: 164, CO.7: 604.
[861] "교회 개혁의 참된 방식", 『칼뱅작품선』 2: 165, CO.7: 604-605.
[862] "비록 인간이 강제로라도 죄를 고백해야 하는 게 가장 적합하다 해도, 고해성사를 채색해 구원에 필수불가결한 것으로 만드는 것은 적합하지도 적법하지도 않다. … 그러므로 그런 법들은 산산이 찢어 버리고, 우리의 모든 감정을 값없는 자비의 약속에 대한 순종에만 두기를 배우자." "교회 개혁의 참된 방식", 『칼뱅작품선』 2: 166-7, CO.7: 605.

하여금 영원한 죽음의 죄책과 책임에서 벗어나게 해 줄 뿐만 아니라, 일시적인 형벌에 대한 값마저도 치러 주는 유일한 것"이다.863 칼빈은 보속 교리를 "인간의 구원에 반하는 죽음의 덫"이라고 규정하고, 로마 가톨릭의 보속은 생명으로 들어가는 유일한 길로부터 일탈하는 죽음으로의 내리막이라고 비판한다. 더 심각한 문제는 보속 교리가 생명의 유일한 길을 희석함으로써 구원의 궁극적인 목적인 "그리스도의 영광을 공격"한다는 데 있다.864

칼빈은 바른 칭의 교리는 참된 하나님 예배를 향해야 한다고 다시 한 번 강조한다. 이것이 성경이 명령한 영과 진리로 드리는 영적 예배이기 때문이다. 칼빈은 영적 예배의 두 가지 요점에 있다고 말한다. 첫째, 하나님께 드리는 영적 예배는 "외적인 의식이나 다른 어떤 종류의 행위로 구성되지 않는다." 둘째, 모든 예배는 "그 예배를 받으시는 분의 뜻을 규칙으로 삼아" 구성될 때만 합당하다. 로마 가톨릭의 문제는 하나님께 드려야 할 영적 예배를 외적 의식에 가두어 두었을 뿐 아니라 그나마도 자신들의 생각에 따라 "온갖 예배 형태를 고안해 내서 원하는 대로 그것들을 바꾼" 데 있다.865

로마 가톨릭은 하나님의 은혜에 감사하여 삶 전체를 온전히 드려야 할 신자들의 경배의 삶도 수많은 공로 주장으로 왜곡시켜 놓았다. 칼빈은 이와 관련해 로마 가톨릭이 가르치고 있는 "잉여 행위"를 비판한다. 잉여 행위의 구체적인 사례들로는 전 재산을 팔아 구제하는 것, 독신을 통해 영원한 정절을 지키려 하는 것, 그리고 교회를 위해 무상으로 설교하는 것 등

---

863 "요약하면 열매가 나무에 의해 맺히듯 형벌이 죄과를 따르므로, 죄과가 용서될 때, 형벌은 그 뿌리가 잘린 것과 같이 사라져 버린다." "교회 개혁의 참된 방식", 『칼뱅작품선』 2: 167, CO.7: 606.
864 "교회 개혁의 참된 방식", 『칼뱅작품선』 2: 169, CO.7: 607.
865 "교회 개혁의 참된 방식", 『칼뱅작품선』 2: 170, CO.7: 607.

이 있다. 칼빈은 로마 가톨릭의 문제는 이런 실천들이 그 자체로 어떤 가치가 있는 것처럼 주장함으로써, 사람들로 하여금 스스로의 공로를 높이게 만들었다고 비판한다. 그리고 로마 가톨릭의 구원론에 동의한 루터파의 중재자들은 "그 자체로서 하나님께 기쁨이 된다고 주장하는 행위" 혹은 "그것으로써 하나님이 마땅히 경배를 받으신다고 확언하는 행위"를 인정함으로써 행위의 공로를 인정하고 "인간의 의지를 통해 하나님의 율법에 첨가되는 잡동사니들을 강요"하는 데 동참했다고 비난한다.[866]

칼빈은 "품위나 질서에 뒤따르는 의식"이나 "기도의 대상이신 하나님께 대한 경건함의 표시이자 자극인 의식"의 중요성과 가치를 인정한다. 다만 이런 의식들은 모두 하나님의 뜻이 요구하는 대로 드려질 때에만 합법적이다. 만일 하나님의 분명한 명령 없이 취한 행위들을 경건한 예배와 영적 경외의 일부로 인정한다면 "종교의 핵심"이 파괴될 것이기 때문이다. 이신칭의 교리는 완전한 이해의 전환과 그에 따른 실제적인 삶의 변화와 무관한 단순한 논리적 주장으로서는 아무런 의미가 없다. 이 교리는 로마 가톨릭이 만들어 놓은 인간 의지의 가능성 주장과 행위의 공로 주장을 거절하고 오직 그리스도의 의의 전가로만 우리의 칭의가 가능함을 가르침으로써 하나님께 드려야 할 영적 예배를 회복하려 할 때에만 의미를 가질 수 있다.

하나님의 영광만을 구하는 신자의 자세야야말로 합당한 "하나님 예배"의 핵심이며 이신칭의 교리의 본질적 의의이다. 칼빈은 "교회 개혁의 필요성"에서도 로마 가톨릭의 잘못된 구원 교리가 하나님의 영광을 찬탈했다고 강하게 비판했다. "한편 그들은 인간들이 자기 자신의 능력에 대해 잘못된 생각에 취해 파멸로 떨어지게 하고, 또 의와 영광을 돌려보내 드려야

---

[866] "교회 개혁의 참된 방식", 『칼뱅작품선』 2: 173, CO.7: 609-610.

하는 하나님을 향해 불경건한 교만으로 스스로 높아져 그 의와 영광을 자기 것으로 삼고 있습니다."867 "교회 개혁의 참된 방식"에서도 칭의 교리의 의의와 관련해 "오직 하나님께 영광"이라는 종교개혁의 원칙은 재차 강조된다. "그러므로 우리는 값없는 칭의 교리를 확신하는 가운데, 우리의 구원이 얼마나 귀한 것인지뿐 아니라, 그리스도의 영광이 우리에게 얼마나 소중한 것인지도 증명해야 한다."868

3. 교회의 개혁의 참된 기초와 방식

3.1. 교회의 참된 기초

교리에 이어 칼빈이 다루는 주제는 교회 개혁에 대한 것이다. 그는 "교회 개혁의 필요성"에서는 "하나님 예배"라는 포괄적 개념을 제시한 후 그 위에서 먼저 교리와 관련된 개혁 사항을 설명하고 곧이어 성례 개혁에 대해 다루었다. 그리고 후반부에서 교회의 제도적 개혁의 시급성을 주장하면서 교회 치리와 재산 관리, 진정한 일치의 기초, 사제의 권위와 교황수위권 등 교회 개혁의 구체적인 사안들을 다루었다. "교회 개혁의 참된 방식"에서는 이 순서와는 달리 교리에 이어 교회 개혁을 먼저 다루고 후에 성례와 관련된 쟁점들을 다룬다. 이런 논의 순서의 변경은 비판의 대상이 되는 아우크스부르크 임시안의 목차 때문이다. 아우크스부르크 임시안은 이

---

867 "교회 개혁의 필요성", 『칼뱅작품선』 2: 49, CO.6: 484.
868 "교회 개혁의 참된 방식", 『칼뱅작품선』 2: 169, "Ergo in asserenda gratuitae iustificationis doctrina, non tantum quam sit nobis cara notstra salus, sed etiam quam pretiosa Christi gloria, specimen edendum est." CO.7: 607.

신칭의 교리와 관련한 여덟 가지 주제들을 다룬 후 바로 교회에 대한 다섯 가지 결정 사항들을 진술했다. 그 주제들은 다음과 같다. 교회에 대하여, 참된 교회의 표지들과 증표들에 대하여, 교회의 권위와 권세에 대하여, 교회의 사역자들에 대하여, 교황의 수위권과 주교에 대해서이다.[869]

칼빈은 비판적인 논의를 시작하면서 교회의 참된 표지에 대한 임시안의 주장에 동의를 표시한다. "교회를 분별하기 위해 그들이 규정한 표지인 순수한 교리, 성례의 올바른 사용, 그것에 의거한 거룩한 연합은 나도 기꺼이 받아들인다."[870] 그러나 가장 문제가 되는 것은 사도적 계승에 대한 임시안의 잘못된 주장이다. 교회의 영속성은 칼빈을 비롯한 종교개혁자들에게도 중요한 교회론적 고백이었다. 그러나 이 영속성의 근거는 로마 가톨릭이 주장하는 것과 같은 사제직의 외형적 연속성이 아니다.[871] 교회의 영속성의 기초가 되는 사도적 계승은 직분의 연속성이 아니라 진리의 연속성이다. "그러므로 교회가 사도들의 계승자들의 터 위에 있으려면, 사도들의 교리를 신실하게 후손에게 전수해 준 자들 중에서 계승자를 찾자."[872]

칼빈은 이레니우스(Irenaeus, c. 130-c. 202), 오리게네스(Origenes, c. 185-c. 253), 그리고 아우구스티누스를 거론하면서 이 교부들이 잘못된 주장들에 맞서 강조했던 것은 사도들이 전해 준 교리였다고 말한다. 그리고 당시 로마 가톨릭은 사도들이 가르치고 교부들이 계승했던 진리를 버리고 왜곡했

---

869 "Augsburg Interim," CO.7: 560-565.
870 "교회 개혁의 참된 방식", 『칼뱅작품선』 2: 174, "Quas ponunt dignoscendae ecclesiae notas, ego quoque libenter recipio, puram doctrinam, rectum sacramentorum usum, et sanctam, quae inde pedent, unitatem." CO.7: 610.
871 "우리는 복음의 시작점에서부터 오늘날에 이르기까지 단절됨 없이 교회가 연속되어 왔음을 부인하지 않는다. 하지만 그 연속성이 외적인 가면으로 매우 고정되어 이제까지 언제나 주교들의 손아귀에 있어 왔듯이 앞으로도 언제나 그럴 것이라는 것에는 동의하지 않는다." "교회 개혁의 참된 방식", 『칼뱅작품선』 2: 175, CO.7: 610.
872 "교회 개혁의 참된 방식", 『칼뱅작품선』 2: 175, CO.7: 611.

기 때문에 그들에게 "사도들의 계승자라는 직함"을 줄 수 없다고 주장한다. 아우크스부르크 임시안에 동의한 중재자들은 뻔뻔하게도 "현재의 왜곡된 통치가 초대교회의 통치와 얼마나 다른지" 잘 알면서도 이 둘을 마치 빛과 어두움을 혼동하듯이 뒤섞어 버렸다. 그리고 이렇게 교회의 이름을 남용함으로써 참된 교리에 대한 정당한 평가를 방해했다. "우리의 중재자들은 그들이 사람에게 부여한 영예를 근거로 교리에 대한 편견을 불러일으킴으로써 고의적으로 이런 평가가 이루어지는 것을 방해하려 애쓴다."[873]

사도적 계승이나 교회의 일치는 인간적인 전통이나 외적 계승으로 이루어질 수 없다. 칼빈은 종교개혁자들이 회복하고자 하는 교회는 로마 가톨릭이 잘못 주장하는 교회와 차별되는 "하나님의 교회"(ecclesia Dei)라고 말한다. 그리고 어떤 상황에서도 존속되는 하나님의 교회에 대한 지식은 "인간의 직위와 무관한 곳에서 찾아져야 한다"고 말한다.[874] 그러나 교회의 영적인 속성 혹은 비가시적 측면을 강조하는 칼빈의 교회론은 추상적이거나 타계적인 교리가 아니다. 칼빈은 교황을 수장으로 삼는 사제위계 체제를 유일한 교회로 여기는 로마 가톨릭의 교회론에 맞서 교회의 참된 기초를 성경의 가르침에 근거하여 재정립하고, 그 위에서 교회의 참된 일치와 합당한 제도를 실제로 회복하려 한 것이다. 칼빈은 교회의 유일한 기초는 예수 그리스도뿐임을 강조한다. "교회를 연구함에서 우리는 그리스도가 직접 우리에게 그렇게 하라고 초청하심에도, 어째서 교회의 머리에서 시작하지 않는단 말인가? … 그러므로 우리가 교회의 확실한 일치로 연

---

[873] "교회 개혁의 참된 방식", 『칼뱅작품선』 2: 176, CO.7: 611-12.
[874] "우리가 다루는 주제의 이 부분을 간단히 결론짓자면, 우리는 하나님의 교회를 추구하고 있다는 것이다." "교회 개혁의 참된 방식", 『칼뱅작품선』 2: 177, "Ut locum hunc breviter concludam: ecclesiam Dei quaerimus." CO.7: 612.

합하려 한다면, 오직 그리스도의 진리로 합의해야 한다."[875] 종교개혁자들이 로마 가톨릭에 맞서 회복하려 했던 하나님의 교회는 곧 예수 그리스도만을 머리로 삼아 그분의 진리 안에서 하나 된 유기체로서의 교회이다. 칼빈은 "교회 개혁의 필요성"에서 종교개혁자들을 분파주의라고 규정하는 비난을 다음과 같이 반박한다.

> 그러므로 교회란 이름을 내뱉는 것만으로 충분하지 않고, 참된 교회란 무엇이며 이 교회의 일치는 어떤 것인가를 판단해야만 합니다. 그러나 모든 것 중 첫 번째는 이것인데, 즉 우리가 교회를 그 머리가 되시는 그리스도로부터 분리하지 않아야 한다는 것입니다. 그리스도라는 이름을 말할 때, 나는 그가 자신의 피로 말미암아 인 친 바 복음의 가르침과 함께 묶어 이해합니다.[876]

교회의 일치는 그 자체로는 아무런 의미가 없다. 그 일치의 근거와 기초가 오직 교회의 유일한 머리이신 그리스도의 진리일 때만 참된 일치가 가능하며 일치의 합당한 목적이 성취될 수 있다. "그러므로 우리가 의미하는 참 교회는 썩지 아니할 씨로 말미암아 자손을 낳으며 그들에게 영생을 주며 영적인 음식으로 양육해 하나님이 교회의 품속에 두신 순수하고 완전한 진리를 그 사역으로 행하는 교회입니다."[877]

---

[875] "교회 개혁의 참된 방식", 『칼뱅작품선』 2: 177, CO,7: 612.
[876] "교회 개혁의 필요성", 『칼뱅작품선』 2: 117, "Proinde, non satis est ecclesiam iactare, sed adhibendum est iudicium: ut, quae sit vera ecclesia, et qualis sit eius unitas, noverimus. Hoc autem primum omnium est, ne ecclesiam a Christo capite suo separemus. Christum quum dico, coniunctum intelligo cum evangelii sui doctrina, quam suo sanguine obsignavit." CO,6: 520. Cf. "따라서 우리가 순수한 교리로 일치하고 한 분 그리스도를 향해 자라갈 때에 처음으로 우리 사이에 거룩한 일치가 확립된다는 것이 분명합니다." "교회 개혁의 필요성", 『칼뱅작품선』 2: 119, CO,6: 521.
[877] "교회 개혁의 참된 방식", 『칼뱅작품선』 2: 118, CO,6: 520.

3.2. 로마 가톨릭 교회론 비판

칼빈은 일부 급진주의자들의 견해와 같이 교회 제도 무용론을 주장하지 않았다. 그는 교회 제도의 필요성과 유용성을 인정했으며 특별히 목회 직분의 중요성을 강조했다.[878] 다만 어떤 근거 위에서 합당한 목회 직분을 세울 수 있는지 재확인함으로써 교회 제도를 바르게 회복하려 했다. 교회 안에 있어야 할 목회적 제도는 그리스도의 복음 진리에 따라, 그리고 진리를 위해 수립될 때에만 정당하다.

칼빈은 당시 로마 가톨릭 교회가 교회의 권위를 과도하게 내세우면서 저지르고 있는 잘못을 세 가지 면에서 집중적으로 비판한다. 그리고 이와 같은 교회 권세의 남용을 인정한 아우크스부르크 임시안의 문제를 지적한다. 첫째, 로마 가톨릭이 정경을 위경으로부터 구별하는 권리가 자신들의 교회에만 속한다고 주장한 점이다. 칼빈은 정경의 권위를 지키고 그 내용을 가르치는 교회의 권위를 인정한다. 그러나 "하나님의 거룩한 말씀을 교회에 굴복시키기 위해 그들이 인간들 사이에서 일시적인 권위를 얻는 것은 신성모독적인 불경이다."[879] 칼빈은 66권 정경 확정 이전에 구약이 이미 하나님의 말씀으로 인정되었음을 지적하면서 교회가 정경을 확정해 권위를 부여했다는 로마 가톨릭의 주장을 반박한다. 그리고 로마 가톨릭에서 정경과 위경을 구별한다고 하면서도 마카베오서, 토빗기와 같은 기타 책들의 권위를 인정하는 부조리한 입장을 취하고 있다고 비판한다.

둘째, 자신들의 교회만 성경을 해석할 권한을 가지고 있다는 주장이다. 로마 가톨릭에서는 이 주장의 근거로 성경을 사사로이 해석하지 말라는

---

[878] "우리는 사제에게 존경을 드리는 일을 인정하고, 바른 권위를 경시하는 일은 대단히 위험한 일임을 인정합니다." "교회 개혁의 참된 방식", 『칼뱅작품선』 2: 120, CO,6: 521-2.
[879] "교회 개혁의 참된 방식", 『칼뱅작품선』 2: 178, CO,7: 612-3.

베드로의 말을 내세우며, 성경이 하늘에서 주어진 계시이기 때문에 특별한 영적 능력을 가진 소수의 사람들만 성경을 해석해야 한다는 논리를 펼친다. 칼빈은 이에 반대해 "하나님의 영은 하나님이 생각하시기에 교회의 설립을 위해, 주기에 합당하다고 생각하는 자들에게 해석의 은사를 부여하신다"고 말한다.[880] 그리고 이런 기준에 따라 볼 때 현재 로마 가톨릭의 많은 주교들은 성경을 해석할 자격을 가지지 못했다고 지적한다.[881]

셋째, 로마 가톨릭은 성경과 더불어 교회의 전통에도 하나님 말씀과 동등한 권위와 효력이 있다고 주장한다. 칼빈은 특히 이 점에 있어 교황의 수위권 주장을 본격적으로 비판한다. 로마 가톨릭은 교리를 자신들의 전통이라고 여기고, 따라서 이 전통을 부인하는 것은 "교회가 진리의 기초라는 사실을 부인하는 것"이라고 정죄한다. 그리고 유아세례 거부를 그 대표적인 사례로 내세운다. 칼빈은 재세례파의 주장에 맞서 유아세례의 정당성을 옹호할 때 그 정당성을 교회의 제정에서 찾지 않는다. 그는 도리어 교리와 전통 제정의 권위가 자신들에게 있다고 말하면서 온갖 쓸데없고 어리석은 의식들을 만들어 낸 로마 가톨릭의 남용을 비판한다.[882] 칼빈은 유아세례의 정당성을 하나님께서 제정하신 할례에서 찾았고, 언약신학적 관점에서 볼 때 할례를 통해 주신 하나님의 약속은 구약을 넘어서 신약 시대에도 유효하고 주장했다.[883]

---

[880] "교회 개혁의 참된 방식", 『칼뱅작품선』 2: 179-180, "Dono interpretationis instruit spiritus Domini quos visum est, in communem ecclesiae aedificationem." CO.7: 613.

[881] "주교들이 성경의 참 뜻에 대한 지식이 전혀 없는 일도 자주 발생한다. 그런데도 그들의 명령을 지키라고 강요하는 자들은 정신없는 자들을 칼로 무장시키게 되는데, 비참하게도 이들은 그 칼로 모든 성경을 난도질한다." "교회 개혁의 참된 방식", 『칼뱅작품선』 2: 180, CO.7: 614.

[882] "그리스도의 참된 교회는 질서를 확보하고 화합을 소중히 여기며 규율을 유지하는 것이 아니라면 결코 어떤 법도 통과시키지 않았다." "교회 개혁의 참된 방식", 『칼뱅작품선』 2: 181, CO.7: 614.

[883] "나는 유아세례가 교회의 전통에 기원한다는 그들의 주장에 동의하지 않는다. 유아세례는 분명 하나님의 제도 위에 세워졌고 할례에서 비롯된 것으로 보인다. … 그러므로 우리는 유아세

로마 가톨릭이 주장하는 부당한 입법권에 맞서 교회의 안전을 지키기 위해서는 두 가지 악에 대비해야 한다. 첫째, 이와 같은 주장이 불경건한 전제정치의 도구임을 잘 인식해야 한다. 로마 가톨릭의 교권 주장이 불경건한 이유는 신자들의 양심을 죄의 속박에서 해방시키신 하나님의 법을 무시하고 박탈하기 때문이다. 이들의 교권 주장이 독재적 전제정치인 이유는 이들이 부과한 짐들이 구약시대 유대인들이 견뎌내야 했던 의무들보다 훨씬 더 무겁고 그 종류도 많기 때문이다.[884] 둘째, 로마 가톨릭이 제시한 법들을 준수하는 것이 영적 예배에 해당한다고 착각하지 말아야 한다. "하나님은 자신만을 위한, 자신의 말씀을 위한 영적인 통치를 요구하시는데, 이는 인간에게 얽매이지 않는 양심이 자신의 말씀만 바라보는 법을 배우게 하기 위함이다."[885]

3.3. 교황수위권 비판

　　칼빈은 "교회 개혁의 필요성"에서 교회의 일치의 유일한 근거와 교회 제도의 합당한 기준으로서 "오직 그리스도"의 원칙을 강조한다. "그런 [올바른] 교회 제도는 주교가 그리스도에게 복종하기를 거절하지 않고 다만 하나의 머리만 신뢰하듯이 그리스도에게 붙어 그에게 종속되어 있다는 이유만으로 존경을 받으며, 다만 그리스도의 진리로 묶여 있다는 이유로 서로 형제의 교제를 맺는 제도입니다."[886] 6년 후 작성한 "교회 개혁의 참된

　　례를 보편적인 규율로 고수해야 한다." "교회 개혁의 참된 방식", 『칼뱅작품선』 2: 180-181, CO.7: 614.

[884] "교회 개혁의 참된 방식", 『칼뱅작품선』 2: 181-2, CO.7: 614-5.
[885] "교회 개혁의 참된 방식", 『칼뱅작품선』 2: 182, CO.7: 615.
[886] "교회 개혁의 필요성", 『칼뱅작품선』 2: 122, "Talem nobis hierarchiam si exhibeant: in qua sic emineant episcopi, ut Christo subesse non recusent: ut abillo, tanquam unico

바티칸의 베드로 동상

방식"에서는 이 원칙에 근거하여 아우크스부르크 임시안을 수용한 교황의 수위권 주장을 더 강하게 비판한다. "로마 가톨릭의 교황이 전체 교회를 관장하게 하는 그들의 행위는 그 자체로 참을 수 없는 짓일뿐더러, 그것이 베드로에게 주어진 특권인 듯 주장하므로 더욱 격렬하게 격퇴되어야 한다."[887]

교황수위권 주장에 대한 칼빈의 비판은 가장 먼저 성경해석으로 시작된다. 요한복음 21장 16절에서 그리스도께서 "내 양을 먹이라"고 명령하신 것은 베드로에게만 특별한 사명을 맡기신 것이 아니다. 그리스도께서는 모든 사도들에게 동일한 임무를 부여하셨다. 따라서 로마 가톨릭 신학에서 이 본문을 가지고 교황이 베드로의 유일한 계승자이며 전체 교회는 양이라는 말에 포함된다고 주장하는 것은 "성경을 지나치게 방자히 농락

---

capite, pendeant, et ad ipsum referantur: in qua sic inter se fraternam societatem colant, ut non alio nodo, quam eius veritate, sint colligati." CO.6: 522-3.
[887] "교회 개혁의 참된 방식", 『칼뱅작품선』 2: 183, CO.7: 615.

하는 것"이다.⁸⁸⁸ 그리고 설령 베드로에게 소위 수위권이 주어져 있다고 해도 로마 교황이 베드로의 계승자라는 사실을 증명하지 못하는 한 이는 아무런 의미가 없다.⁸⁸⁹ 칼빈은 여기에서 에베소서 4장 4-7절을 인용해 성경이 가르치는 교회 일치의 참된 기초에 대해 다시 한 번 천명한다. "하나의 성부 하나님, 하나의 그리스도, 하나의 성령, 하나의 몸 된 교회, 하나의 세례가 있음을 언급한 후 바울은 연합을 보존하는 방법을 말한다. 즉, 목사 한 사람 한 사람에게 그리스도가 주신 분량에 따라 은혜가 분배되는 것이다."⁸⁹⁰ 그러므로 교황의 수위권 주장은 어떤 성경적 근거도 가지지 못하며 다만 인간적 고안에 따라 강요된 오류일 뿐이다.⁸⁹¹

칼빈은 성경해석적 비판에 이어 역사적 논증을 전개한다. 한발 더 양보해 교황이 베드로의 수위권을 계승한다고 해도 교황이 꼭 로마에 위치해야 한다는 점을 증명하지는 못한다. 로마를 생각할 때 더 중시해야 할 인물은 베드로보다는 바울이다. 그리고 로마서 말미에 등장하는 많은 사람들 가운데 베드로의 이름이 나오지 않는 것은 이해할 수 없다. 그리고 행여 로마가 수위권을 가진 교구라고 한다면 왜 안디옥이나 알렉산드리아, 에베소와 예루살렘이 두 번째나 세 번째 위치에 서지 않는지도 설명할 수 없다.⁸⁹² 로마 가톨릭이 교황수위권을 증명하기 위해 교부들의 권위를 근

---

888 "교회 개혁의 참된 방식", 『칼뱅작품선』 2: 183, CO.7: 615.
889 "도대체 어디에 승계에 대한 언급이 있단 말인가? 바울은 교회의 전체 행정에 대해 공공연히 다루면서 하나의 우두머리를 지명하지도 교황 세습제를 만들지도 않는다." "교회 개혁의 참된 방식", 『칼뱅작품선』 2: 184, CO.7: 616.
890 "교회 개혁의 참된 방식", 『칼뱅작품선』 2: 184, CO.7: 616.
891 "그들이 자랑하고 있는 수위권이 결코 하나님의 권위로 된 것이 아니고 다만 인간의 판단으로 세워진 것임을 그들도 인정하지 않을 수 없습니다." "교회 개혁의 필요성", 『칼뱅작품선』 2: 123, CO.6: 523.
892 "주님이시요, 만물의 주인 되시는 분은 자신의 모든 영광과 위엄이 사라지기 전, 예루살렘을 제외하고 어디에서 가르치시고 죽으시는 대제사장의 임무를 수행하셨는가? 그렇다면 예루살렘은 그리스도의 관할권이 되어서는 안 되는가?" "교회 개혁의 참된 방식", 『칼뱅작품선』 2:

거로 내세우는 것도 설득력이 없다. 먼저 키프리아누스의 경우는 교회의 일치를 위해 하나의 교구가 중요하다고 강조했으나 그가 말한 교구는 "그리스도의 교구"였으며 각 주교들은 전체의 일부를 담당하는 것이었다. 더군다나 키프리아누스는 동시대 로마 감독 스테파누스(Stephanus, 재위 254-257)의 무지와 오만을 독설까지 사용하여 비판했는데, 그렇다면 그를 교황에게 복종하지 않은 분파주의자로 보아야 할 것이다.[893] 로마 가톨릭에서는 한 사람이 수위를 차지하는 것이 교회의 분열을 방지하는 유용한 수단이라고 주장하지만, 그 절대적 권세가 폭정을 행하며 제멋대로 날뛸 때에는 어떻게 해야 하는가? 칼빈은 "기독교 세계를 통치하는 전권이 전 세계의 주교권과 다름이 없다면" 교황 그레고리우스(Gregorius I, 재위 590-604)가 그것을 "사악하고 불경건하며 적그리스도에게 어울리는 것"으로 비판했을 것이라고 말한다.[894]

끝으로 칼빈은 로마 교황의 무능과 도덕적 타락을 지적함으로써 그의 수위권의 부당함을 강조한다. "나는 묻는다. 교황이 그리스도의 대리자가 되어야 할 만큼 그와 그리스도 사이에 무슨 닮은 점이 있단 말인가? 그가 베드로의 계승자로 간주될 만큼 그의 폭정이 베드로의 사역과 일치한단 말인가?"[895] 교황을 포함하여 주교들과 목회자들에게 요구되는 것은 그들의 직임을 충실하게 담당하는 일이다. "이미 직임이 사라진 곳에는 어떤

186, CO.7: 617.

[893] "교회 개혁의 참된 방식", 『칼뱅작품선』 2: 186, CO.7: 617.
[894] "교회 개혁의 참된 방식", 『칼뱅작품선』 2: 187, CO.7: 618. "교회 개혁의 필요성"에서도 칼빈은 교황수위권 주장이 역사적 근거를 결여하고 있음을 언급한다. "거룩한 교부들의 저서, 공의회의 교령 및 역사적 기술은 로마 교황들이 약 400년 동안 그들이 점유해 온 자리의 최고 위치에 오르게 되었지만, 오히려 그 지위는 한편으로는 책략과 부정한 수단으로 탈취한 것이며, 다른 한편으로 강제로 수탈된 것임을 분명히 밝히고 있기 때문입니다." "교회 개혁의 필요성", 『칼뱅작품선』 2: 123, CO.6: 523.
[895] "교회 개혁의 참된 방식", 『칼뱅작품선』 2: 187, CO.7: 618.

직임의 영예도 남아 있지 않기 때문"이다.[896] 주교를 비롯한 목회자의 가장 중요한 직무는 하나님의 말씀을 성실하고 신실하게 가르치는 것이다. 칼빈은 "교회 개혁의 필요성"에서 종교개혁의 중요한 과제였던 교회 제도의 개혁을 위해 개혁자들은 목회자들이 마땅히 담당해야 할 직무의 회복을 위해 최선을 다했다고 말한다. "우리는 사도적인 규칙 및 고대 교회의 습관에 따라 목사의 임무, 즉 누구든지 교회를 다스리는 자는 또한 가르쳐야만 한다는 원칙을 회복시켰습니다. 우리는 가르치는 직무를 수행하지 않는 자는 성직의 지위에 머물 수 없다는 원칙의 회복을 주장했습니다."[897] 그리고 이 임무의 바른 수행을 위해 제네바 교회에 도입한 목사 후보생에 대한 철저한 검증(examen)과 회중들의 동의가 포함된 선출(electio) 방식의 의의에 대해 언급한다. "이같이 우리는 검증과 선출이라는 측면에서 어느 정도 다른 사람들보다 더 나은 상황이라고 말할 수 있겠지만 우리 가운데 직무를 수행하지 않는 자는 목사의 지위를 갖지 못한다는 측면에서 더욱 우월한 상황이라고 할 수 있습니다."[898]

아우크스부르크 임시안에 동의한 중재자들은 교황의 수위권을 인정했다는 점에서 결정적인 잘못을 저질렀다. 그들은 "그리스도의 진리를 패배시키고 복음의 빛을 꺼 버리며 인간의 구원을 거꾸러뜨리고 하나님 예배를 타락시키고 더럽히며 하나님의 모든 거룩한 기관들을 짓밟고 산산조각 낸 후에 야만인처럼 권세를 부리는 자에게 그리스도의 대리자라는 호칭"

---

[896] "교회 개혁의 필요성", 『칼뱅작품선』 2: 123, CO,6: 523. "그들은 전혀 그런 직무를 수행하지 않고 있으며 손가락 하나도 대지 않는 태도를 보이면서 도대체 무슨 이유로 합법적인 목자로 보이길 바라고 있는지 대답하게 해 봅시다." "교회 개혁의 필요성", 『칼뱅작품선』 2: 124, CO,6: 524.
[897] "교회 개혁의 필요성", 『칼뱅작품선』 2: 61, CO,6: 490.
[898] "교회 개혁의 필요성", 『칼뱅작품선』 2: 61, CO,6: 490-1.

을 허락했기 때문이다.[899] 전 세계 교회의 연합과 일치가 중요하다고 강변하면서 자신의 수위권을 강요하는 교황은 교회의 유일한 머리이신 "그리스도로부터 불경건한 반역을 선동"하고 있는 것이다.[900] 칼빈은 "교회 개혁의 필요성"에서는 교황이 왜 교회의 머리라고 불릴 수 없는지에 대해 "오직 그리스도"의 원칙에 입각해 더 선명하게 주장한다. "나는 미친 듯이 복음을 억압하며 고의적으로 자신이 적그리스도라는 것을 증명하고 있는 자를 그리스도의 대리자라고 인정하지 않습니다. … 또한 나는 참되고 유일한 머리 되신 그리스도에게서 떠나 그처럼 광폭한 지배로 교회를 난도질하는 자가 교회의 머리임을 부정합니다."[901]

칼빈이 임시안의 내용과 이에 동의한 자들을 비판하면서 주장하는 교회 개혁의 원칙과 목적에 대한 주장은 21세기 한국교회를 향해서도 여전히 중요한 의미를 갖는다. 교회의 기초는 설립과 발전의 역사나 성장 구조에 있는 것이 아니라 선지자들과 사도들의 가르침, 즉 하나님의 말씀이 성경의 가르침에 있음을 잊지 말아야 한다. 열매를 얼마나 많이 맺는지 여부가 가지의 생명력과 정체성을 결정하지 않는다. 가지가 나무에 잘 붙어 있다면 적절한 시기에 열매를 맺을 수 있는 것이다. 교회의 일치는 그 자체로는 의미가 없다. 오직 교회의 머리이신 그리스도의 통치 아래에서 그의 몸을 세워 갈 때 모든 지체들 사이의 온전한 하나 됨을 이룰 수 있다. 예수 그리스도의 유일 주권을 내세워 교황의 수위권을 비판했던 칼빈과 종교개혁자들의 교회론적 관점에서 볼 때, 교회 안에서 자신의 입지를 강화하고 주도권을 확보하는 과정에서 발생하는 갈등은 종교개혁을 계승한 교회 안에서 일어나서는 안 될 중대한 잘못들이다. "오직 그리스도"의 원칙에 따

---

899 "교회 개혁의 참된 방식", 『칼뱅작품선』 2: 187, CO.7: 618.
900 "교회 개혁의 참된 방식", 『칼뱅작품선』 2: 188, CO.7: 618.
901 "교회 개혁의 필요성", 『칼뱅작품선』 2: 125, CO.6: 524.

라 교회를 점검하고 개혁하여 세워 가는 과제는 아디아포라의 사안이 아닌 기독교 신앙의 본질적인 사안이다.

4. 성례의 개혁

4.1. 성례의 참된 본질

칼빈은 "교회 개혁의 필요성"과 마찬가지로 "교회 개혁의 참된 방식"에서도 성례와 관련한 논의에 가장 많은 지면을 할애한다. 그는 가장 먼저 아우크스부르크 임시안이 강요한 로마 가톨릭의 칠성례에 대한 비판을 전개한다.[902] 그리고 그 비판 위에서 로마 가톨릭에서 시행되고 있는 여러 가지 부당한 의식들을 비판한다. 로마 가톨릭의 칠성례에 대한 비판은 실천적 측면보다는 신학적 측면에 초점이 맞추어져 있다. 즉, 칼빈은 세례와 성찬을 합법적인 두 가지 성례라고 말하면서 이 두 성례의 본질을 신학적으로 제시한 후 이에 근거하여 로마 가톨릭의 칠성례를 차례대로 비판한다.

칼빈은 성례의 일반적인 본질과 세례와 성찬 각각의 핵심을 다음과 같이 정의한다.

> 그리스도는 성례가 하나님의 자녀를 불경건한 자들로부터 구별하는 참된 종교의 상징일 뿐 아니라 증거와 그에 따른 하나님의 우리를 향한 호의에 대한

---

[902] "성례에서 우리의 훌륭하고 공정한 조정자들은 다음의 엄청난 중용을 보여 준다. 무식한 자들의 억측으로 조잡하게 고안되어 세상의 어리석은 고지식함으로 슬며시 기어들어온 일곱이라는 숫자가 신성한 것으로 유지되어야 한다는 것이다." "교회 개혁의 참된 방식", 『칼뱅작품선』 2: 188, CO.7: 618.

맹세가 되게 제정하셨다. 세례에서는 죄의 용서와 중생의 영이 우리에게 임한다. 성찬에서 우리는 그리스도의 모든 유익과 함께 그의 생명을 누리게 초청받는다.[903]

먼저 세례와 관련해 칼빈이 강조하는 것은 세례 자체가 구원을 이루어 주는 것은 아니라는 점이다. 세례를 받아야만 구원이 가능하다는 생각은 구원을 외적인 징표에 묶어 버리는 오류이며, 이로써 신자들에게 구원을 약속하신 하나님께 불의를 행하는 것이다. 칼빈은 신자들의 후손은 "아직 모태에 있을 때 영생의 언약에 포함되어" 있다고 보았다. 따라서 신자의 유아들은 세례로 인해 교회 안에 받아들여지는 것이 아니라 "태어나기도 전에 그리스도의 몸에 속해 있다는 사실"로 인해 교회 안에 받아들여지는 것이라고 주장한다.[904] 그러므로 순서를 뒤바꾸어서는 안 된다. 세례는 구원 전체를 부여하는 양자 됨의 은사를 승인하는 것뿐이므로 세례가 양자 됨에 뒤따라야 한다.

구원을 위해 세례가 필수적이라는 로마 가톨릭의 잘못된 이해는 세례 시행에 있어서도 중대한 오류를 불러왔다. 첫째, 로마 가톨릭에서는 세례를 시행하는 직무를 여인들에게까지 위임한다. 세례의 본질인 양자 됨의 약속에 대한 확실한 교리적 설명에는 관심이 없고 오직 세례의 마술적인 시행만을 중시했기 때문이다. 둘째, 로마 가톨릭은 기름과 양초와 같은 복

---

[903] "교회 개혁의 참된 방식", 『칼뱅작품선』 2: 188, "Sacramenta instituit Christus, ut sint non modo symbola verae religionis, quae filios Dei a profanis hominibus discernant, sed testimonia quoque divinae erga nos gratiae, aedoque pignora. In baptismo nobis et remissio peccatorum et regenerationis spiritus offertur. in sacra coena invitamur ad fruendam Christi vitam, una cum bonis omnibus." CO.7: 618-9.

[904] "교회 개혁의 참된 방식", 『칼뱅작품선』 2: 189, CO.7: 619. 앞서 언급했듯이 칼빈이 여기에서 유아세례를 할례와 연결시킨 점에 대해 루터파 신학자들은 칼빈이 펠라기우스적인 견해를 가지고 있다고 비판했다.

잡한 의식들을 세례에 첨가하여 오직 물의 사용만을 지시하신 그리스도의 순수한 세례 시행을 더럽히고 어둡게 만들었다.[905] 이와 같은 칼빈의 비판으로부터, 그가 생각한 참된 종교를 위한 세례는 양자 됨의 약속을 명확하게 선포한 후에 그리스도께서 제정하신 대로 순수하고 단순하게 시행되는 성례였음을 이해할 수 있다.

성찬의 경우 칼빈이 집중적으로 비판하는 것은 로마 가톨릭의 화체설이다. "성찬을 다룸에서도 그들은 화체설이라는 허구를 가져오는데 성찬의 참된 사용이 그들의 영향을 받아서는 안 된다고 믿는 사람들은 모두 화체설에 저항해야 한다."[906] 칼빈은 표징인 떡과 포도주가 지니고 있는 실질적의 의미를 무시하지 않는다. "성찬의 영적 의미는 그리스도의 살이 우리 영혼을 먹이는 음식이고 그의 피가 음료라는 것이다. 표징이 이것에 상응하지 않는다면 성례의 본질이 파괴된다. 그러므로 빵과 포도주가 우리에게 제시되는 것이 필요하다."[907] 그러나 신자들은 "표징에서 멈추어야 한다." 성례의 목적은 "표징과 그것이 의미하는 것 사이의 유비를 통해 육체의 감각을 분별력 있는 마음으로 바꾸는 것"과 관련되기 때문이다.[908]

성찬을 바르게 이해하는 데 있어서 "그리스도의 육체가 영혼의 양식이고, 그 피는 영혼의 음료라는 유비"에 대한 바른 이해가 가장 중요하다. 핵

---

[905] "교회 개혁의 참된 방식", 『칼뱅작품선』 2: 190, CO.7: 620.

[906] 칼빈은 화체설이 초대교회의 지지를 받지 못한다고 말한다. 600년간 인정받지 못하던 이 궤변론자들의 교리가 점점 인정을 받게 된 것은 "야만성이 늘었고, 모든 선한 학문에 대한 열정과 함께 순수한 종교가 쇠퇴"했기 때문이다. "교회 개혁의 참된 방식", 『칼뱅작품선』 2: 191, CO.7: 621.

[907] "교회 개혁의 참된 방식", 『칼뱅작품선』 2: 191, CO.7: 621. 단순한 기념설은 칼빈의 견해가 아니다. "하지만 우리가 보는 빵이 외관일 뿐이라면, 그것은 단지 그리스도의 살의 공허한 그림자에 불과함을 우리에게 입증하는 게 아니겠는가?"

[908] "Denique, hoc in sacramentis agitur, ut signi reique signatae analogia et affinitas, quidam sit veluti transitus a sensu corporis ad animae intelligentiam." "교회 개혁의 참된 방식", 『칼뱅작품선』 2: 192, CO.7: 621.

심은 표징이 상징하는 하나님의 약속이다.[909] 이와 같은 하나님의 약속에 대한 신뢰는 성찬에 대한 이해의 방향을 수정하게 만든다. 즉, 성찬에서 우리의 생각은 땅에 고정되는 것이 아니라 우리를 초청하시는 그리스도께로 위를 향해야 한다. "그리스도는 우리를 그 자신에게로 초청하신다. 우리가 그토록 높이 오를 수 없으므로, 그는 직접 우리에게 손을 빌려 주시고, 우리에게 맞는 도움으로 우리를 도우시며, 심지어 성찬을 사다리에 비유한 자들에 의해 매우 적절하게 표현되었듯이, 우리를 하늘에 올리신다."[910]

칼빈은 로마 가톨릭의 화체설을 비판하면서 "오직 하나님께 영광"의 원칙을 강조한다. "그러나 성경의 권위가 우리에게 존중되었다면 우리는 그의 높으신 영광을 대단히 위대하게 생각해 그에 대해 육체적이거나 세상적인 생각을 갖는 것을 결코 허락하지 않았을 것이다."[911] 따라서 성찬에 대한 바른 이해의 관건은 "우리의 경배가 위를 향하느냐 아래를 향하느냐"의 문제이다. 비록 성찬이 이 땅에서 행해지는 것이기는 하지만 모든 참된 경배는 하늘에 속한 것이어야 하므로, 우리가 유익을 얻기 위해서는 "우리의 마음이 이 땅과 세상보다 더 높이 올려져야" 한다.[912]

칼빈은 화체설과 더불어 로마 가톨릭이 만들어 놓은 성체숭배의 불경건성도 비판한다. 성체숭배는 하나님의 약속이 어디에 주어졌는지에 대한 오해에서 비롯된 것이다. 약속의 "모든 힘이 향하는 곳은 빵이나 포도주

---

[909] "그러므로 우리는 그리스도의 명령에 순종하는 동시에, 성령의 신비한 능력이 빵이 눈에 의미하는 바를 우리 안에 이루시리라는 것을 의심하지 않고 그 약속을 받아들인다." "교회 개혁의 참된 방식", 『칼뱅작품선』 2: 193, CO.7: 622.

[910] "교회 개혁의 참된 방식", 『칼뱅작품선』 2: 194, CO.7: 623.

[911] "교회 개혁의 참된 방식", 『칼뱅작품선』 2: 195, CO.7: 623.

[912] "교회 개혁의 참된 방식", 『칼뱅작품선』 2: 195-6, CO.7: 623. "그러므로 우리가 그리스도를 바르게 경배하려 한다면, 우리는 그에 대한 세상적인 생각을 내려놓아야만 한다. 이런 식으로 하면 성찬을 거행할 때, 우리는 정녕 그리스도가 임재하시듯 그를 예배하게 될 것이다. 아래의 빵에 고정된 마음으로가 아니라 믿음이 우리를 부르는 곳인 하늘로 들려 올린 마음으로 말이다."

가 아니라 그리스도의 명령에 순종하는 우리에게"이다.[913] 따라서 약속의 의미가 속한 곳이 어디인지를 바르게 이해하지 못한다면 표징 속에는 아무것도 남아 있지 않다. 그리스도께서는 "찬장에 갇혀 있기 위해" 자신을 주신 것이 아니라 "신실한 자들 사이에 분배되기 위해" 자신을 내어 주셨다.[914]

로마 가톨릭의 일종성찬 시행 주장도 그리스도의 제정을 위반한 잘못이다. 칼빈은 특히 사제들만 포도주를 받도록 한 점을 강하게 비판한다.[915] 일종성찬의 행태는 초대교회 700년 동안 시행되지 않았던 일이다. 칼빈은 겔라시우스(Gelasius, ?-496) 칙령을 인용하면서 초대교회가 혐오했던 신성모독을 지금 로마 가톨릭에서 미신적인 고집과 포악한 금지령으로 강제하고 있다고 비판한다. 로마 가톨릭의 일종성찬은 그리스도를 조각내는 것이며, "그가 분리할 수 없는 끈으로 결합시킨 그의 몸과 피의 거룩한 상징들을 서슴없이 분리"하는 잘못이다.[916] 칼빈은 이종성찬의 회복은 단순한 선택의 문제가 아니라 참된 종교에 합당한 예배의 회복의 본질적 과제라고 주장한다. 아우크스부르크 임시안에 동의한 중재자들의 변명과 달리 이종성찬의 회복은 그리스도의 참된 은혜에 대한 참된 이해와 적용 여부가 달려 있는 종교개혁의 본질적인 과제였다.

> 인간들로 하여금 절반으로 제한하게 하는 자는, 첫째, 그만큼 그리스도를 제한하기 때문이고, 둘째, 신비를 파괴시킴으로써 그 열매와 능력을 빼앗기 때문이다. 우리는 담대히 그 교활한 자들의 주장을 거부해야 한다. 곧 그것은

---

913 "교회 개혁의 참된 방식", 『칼뱅작품선』 2: 197, CO.7: 624.
914 "교회 개혁의 참된 방식", 『칼뱅작품선』 2: 198, CO.7: 625.
915 "그리스도가 전체 교회를 위해서가 아니라 특별히 사제들을 위해 성례를 제정하셨단 말인가?" "교회 개혁의 참된 방식", 『칼뱅작품선』 2: 199, CO.7: 625.
916 "교회 개혁의 참된 방식", 『칼뱅작품선』 2: 200, CO.7: 626.

외적인 문제이므로 그것을 놓고 싸울 만큼 중요하지는 않다고 우리에게 말하는 자들의 주장이다. … 우리를 속죄한 피의 상징을 보호함에 있어서 우리는 필요하다면 우리의 피를 아끼지 않는다.[917]

세례와 마찬가지로 성찬의 본질은 하나님의 구원 약속의 본체이신 예수 그리스도이시다. 따라서 예수 그리스도의 은혜의 표징에 불과한 떡과 포도주로 시선을 빼앗아 가는 로마 가톨릭의 화체설은 절대 용인할 수 없다. 덧붙여 올바른 성례의 시행은 그리스도께서 제정하신 방식에 충실한 것이다. 일종성찬은 이 점에 있어서 중대한 오류이므로 타협할 수 없는 오류이다. 이처럼 칼빈에게 합법적 성례의 바른 시행을 회복하는 것은 종교개혁을 위한 본질적 과제였다.

4.2. 거짓 성례들

칼빈은 "교회 개혁의 참된 방식"에서 아우크스부르크 임시안이 인정한 로마 가톨릭의 칠성례 가운데 다섯 가지 의식을 차례대로 비판한다. 모든 성례는 성경에 기록된 그리스도의 명확한 명령이 있을 때에만 정당한 성례이다. 그리고 성례의 목적은 "하나님의 약속을 우리의 마음에 확증"하는 것이어야만 한다.[918] 견진성사가 합법적인 성례가 아닌 것은 이 성례의 근거를 성경에서 찾을 수 없으며, 이에 어울리는 하나님의 약속도 발견할 수 없기 때문이다. 로마 가톨릭은 성령의 은사를 견진성사에 맞추어 조정하지만 이는 하나님의 약속을 견진성사에 사용되는 기름 안에 매어 놓는 월

---

917 "교회 개혁의 참된 방식", 『칼뱅작품선』 2: 200-1, CO.7: 626.
918 "교회 개혁의 참된 방식", 『칼뱅작품선』 2: 201, CO.7: 627.

권이다. 칼빈은 로마 가톨릭이 일곱이라는 숫자에 집착한 나머지 이런 무리를 저질렀다고 분석한다.[919] 그들이 견진성사에서 행하는 안수의 신비한 효력에 대한 주장도 성경적 근거나 역사적 증거를 가지고 있지 못하다. 칼빈은 초대교회 때 안수가 일종의 성례로 활용되었음을 인정한다. 그러나 안수를 통해 주어지던 성령의 은사는 초대교회 초기 이후 중지되었다고 말하면서 일시적인 것을 영원한 것으로 여겨서는 안 된다고 주장한다.[920] 칼빈은 젊은이들의 믿음의 성숙을 위한 제도와 절차의 필요성을 중시하면서 교리문답을 하나의 중요한 대안으로 제시한다. 그러나 이와 같은 인간적 제도가 아무리 "경건하고 유익하다고 해도, 그것은 성례의 영광 저 아래로 가라앉아야 한다"고 말한다. "성례는 하나님이 우리에게 주신 것이고 영원한 구원의 언약을 그 안에 담고 있어야"하기 때문이다.[921] 견진성사의 또 다른 문제는 이것이 합법적 성례인 세례를 무력화한다는 점에 있다.[922] 칼빈은 그리스도께서 제정하신 세례의 중요성을 지키기 위해 견진성사를 거부하는 것 역시 종교개혁을 위한 본질적인 사안이라고 여겼다. "그러므로 우리의 역할은 침묵과 모른 척함으로 우리의 세례가 갈기갈기 찢어지게 하느니, 차라리 백 번이라도 우리의 생명을 내놓는 것이다."[923]

고해성사에 대한 칼빈의 비판은 비교적 간략하다. 이는 앞서 이신칭의 교리와 관련해 고해성사와 보속 교리의 문제를 충분히 비판했기 때문이

---

919 "그들의 야만적인 만행을 더 누설하자면, 그들은 그토록 자주 논박당한 일곱 가지 모양의 은혜에 대한 거짓을 교회의 믿음이라 부른다." "교회 개혁의 참된 방식", 『칼뱅작품선』 2: 202, CO.7: 627.
920 "교회 개혁의 참된 방식", 『칼뱅작품선』 2: 204, CO.7: 628.
921 "교회 개혁의 참된 방식", 『칼뱅작품선』 2: 205, CO.7: 629.
922 "요점은 우리가 거듭나는 건 세례에 의해서지만 전투 준비를 갖추는 건 견진성사에 의해서라는 것이다. 이것은 세례의 효력을 반쯤 빼앗는 게 아니고 무엇인가?" "교회 개혁의 참된 방식", 『칼뱅작품선』 2: 206, CO.7: 630.
923 "교회 개혁의 참된 방식", 『칼뱅작품선』 2: 206, CO.7: 630.

다. 다만 하나님께서는 죄 사함을 약속하셨을 뿐 이것을 위한 특정한 의식을 말씀하신 적이 없음을 지적한다. 그리고 죄 사함에 대해서 말할 때에는 하나님의 용서에 대한 믿음이 "인간이 고안해 낸 의식에 의해서 정지되어서는 안 됨을 엄숙히 주장"해야 한다고 강조한다.[924]

종부성사에 대한 비판 역시 성경해석과 신학적 논의를 바탕으로 한다. 사도들이 환자들을 위해 사용했던 기름부음이 초대교회 시절에 복음 전도를 위한 신유의 은사와 관련해 일시적으로 사용된 하나의 성례이기는 하지만 이것은 일시적인 것이었지 일반적인 것으로 유지된 성례는 아니었다.[925] 야고보서 5장 14절에 기록된 사도의 권유를 성례로 해석하여 특정한 경우로 국한하는 것은 무리한 성경해석이며 비현실적인 주장이다.[926] 신학적으로 볼 때에는 "실제가 사라진 후 표징을 유지하는 것은 헛될 뿐 아니라 지나치게 심각한 문제를 야기"할 수 있다.[927]

사제 서품을 성례로 여기는 것도 터무니없는 일이다. 칼빈은 이 성례와 관련해 로마 가톨릭의 교회 제도에 대한 비판을 구체적으로 전개한다. 우선 로마 가톨릭에서 "사제직의 영예와 권위가 주교들이 임명한 모두에게 주어진다"고 주장하는 것은 사기에 불과하다. 무엇보다도 미사에서 희생제사를 드리기 위해 그런 특별한 능력을 소유한 사제를 서품한다는 생각부터 문제가 있다. 그리고 칼빈은 "교황의 사제직이 하나님의 부르심에 근거한다는 주장을 전적으로 부인한다."[928] 이런 주장은 그리스도의 명령

---

[924] "교회 개혁의 참된 방식", 『칼뱅작품선』 2: 207, CO.7: 630.
[925] "교회 개혁의 참된 방식", 『칼뱅작품선』 2: 207, CO.7: 631.
[926] "야고보는 병자가 호전될 것이라고 선포한다. 기름으로 건강을 회복하는 자가 몇 명인가? 기름을 받은 자들 중에서 백 명에 한 명도 거의 드물 것이다." "교회 개혁의 참된 방식", 『칼뱅작품선』 2: 208, CO.7: 631.
[927] "교회 개혁의 참된 방식", 『칼뱅작품선』 2: 208, CO.7: 631.
[928] "그들은 뾰족한 모자를 쓴 주교들에 의해 형성되는 모든 사제가 합법적이라는 것과 그들의 손에 의해 서품되지 않은 자들은 모두 직분에서 제외되어야 함을 주장한다." "교회 개혁의 참된

이나 고대의 사례에서도 전혀 근거를 발견할 수 없다. 특히 역사적 관점에서 볼 때에도 교황이 사도들의 권위를 승계했다고 말할 수 없다. 칼빈은 이전 독일에서만 두 번이나 벌어졌던 사건들을 대표적인 사도적 계승의 중단 사례로 꼽는다. 하나는 사제들이 아내를 버리라고 강요받았던 사건이고, 또 다른 경우는 교황 그레고리우스 7세(Gregorius VII, 재위 1073-1085)가 황제 하인

카놋사의 굴욕

리히 4세(Heinrich IV, 재위 1056-1105)를 파문한 사건이다. 칼빈은 더불어 15세기 초까지 이어진 교황청의 대분열도 문제의 사례로 삼는다. 더 최근에는 바젤 회의에서 교황 에우게니우스 4세의 불법성을 선포한 점을 지적한다.[929]

교황청과 로마 가톨릭 사제들의 현실적 부패도 심각하다. 무엇보다도 가르침의 직무에 무관심하며 무능한 점이 가장 심각한 문제이다. "그들에게 주교다운 면이 전혀 없다. … 나머지는 무지에 갇혀 있고 상당히 많은 수는 사람들에게 설교하는 것을 자기 신분보다 낮은 일로 여긴다."[930] 성직매매의 문제도 심각하다. 칼빈은 로마 가톨릭이 사용하는 여러 가지 교회법과 교황들의 주장들을 열거하면서 이 문제를 비판한다.[931]

그러나 로마 가톨릭의 사제위계체제의 가장 큰 문제는 기독교의 참된

방식", 『칼뱅작품선』 2: 209-10, CO.7: 632.
[929] "교회 개혁의 참된 방식", 『칼뱅작품선』 2: 211-2, CO.7: 633.
[930] "교회 개혁의 참된 방식", 『칼뱅작품선』 2: 212, CO.7: 633.
[931] "그들의 결정이 효력을 가져야 한다면, 오늘날 교황제도에서 주교라고 불리는 모든 자는 스스로를 도둑놈이라 고백해야 할 것이다." "교회 개혁의 참된 방식", 『칼뱅작품선』 2: 214, CO.7: 635.

종교를 오염시켰다는 점이다. 칼빈은 이 점을 지적하면서 종교개혁이 개혁의 목표로 삼았던 참된 종교의 정당성을 구체적으로 주장한다.

> 우리는 그들이 불경건한 미신들로 하나님께 대한 순수한 예배를 오염시켰고 믿음과 회개의 교리를 한없는 오류에 빠지게 만들었으며, 여러 가지 불명료한 것으로 그리스도의 은혜와 능력을 가렸을 뿐 아니라 없애 버렸고, 무가치한 방법으로 성례의 질을 떨어뜨렸음을 확실히 보여 줄 것이다. 지금까지 30년 동안 그리스도의 종들이 이것을 증명해 오고 있다. 우리는 같은 길을 걷고 있으며 이와 같은 우리의 글들이 분명한 증인임을 두말할 것도 없다.[932]

칼빈은 이 문장에서 "순수한 하나님 예배"(purus cultus Dei)를 핵심 개념으로 삼아 교황제도가 바른 구원 교리와 합법적 성례를 오염시켰다고 말한다. "이 주제를 한마디로 결론짓자면, 나는 아무 기원도 없는 것에 대한 승계를 거부한다. 마찬가지로 나는 그들이 그들의 사제직에서 최고로 간주하는 사제의 직책이 사도들에게서 왔다는 것도 부인한다."[933]

그렇다면 올바른 교회 제도는 어떤 것일까? 먼저 목회자들이 가르침의 직무를 충실하게 수행하도록 이끄는 제도이다. 그리고 이 임무를 충실하게 수행하는 사람들만 목회자로 세우는 제도이다.[934] 목사들의 임무와 역할이 이렇게 중요함에도 불구하고 교회의 존속은 제도에 의존하지 않는다. 칼빈은 양 떼들이 비록 흩어져 있을 때에도 교회는 "하나님의 신비한 능력에 의해 보존된다"고 말한다. 그러므로 사제들의 체제가 없으면 교회

---

[932] "교회 개혁의 참된 방식", 『칼뱅작품선』 2: 215, CO.7: 635.
[933] "교회 개혁의 참된 방식", 『칼뱅작품선』 2: 216, CO.7: 636.
[934] "사도들은 후대 교회에 널리 전하기 위해 동등하게 주의를 기울였다. 이 목적을 위해 백성의 투표에 의해 선택되어 목사로 임명되었다." "교회 개혁의 참된 방식", 『칼뱅작품선』 2: 217, CO.7: 636.

가 존재할 수 없다는 로마 가톨릭의 교회론은 심각한 오류이다.[935] 비가시적 교회의 개념은 교회 개혁에 있어서 중요한 의미를 갖는다. "내 말은 교회란 때때로 숨겨지고 인간의 눈에 띄지 않으므로 어떤 외적인 정치체제나 최고의 권력의 추구도 헛되다는 것이다. 그러므로 비록 주교들의 승계가 중단된다 해도 교회의 영속성은 요지부동하다."[936]

칼빈은 하나님의 신비한 능력 위에 서 있는 교회의 비가시적 속성에 근거하여 자신과 종교개혁자들이 합법적인 목사임을 주장한다. 즉, 구약의 선지자들의 경우와 마찬가지로 교회가 전부 타락하여 참된 예배가 더럽혀졌을 때, 하나님께서 직접 자신의 사역자들을 독특한 방식으로 임명하는 일이 일어날 수 있다는 것이다. "인간의 사역이 그친 뒤 하나님이 필요하다고 여기시는 자들을 직접 임명하실 때에는, 비록 인간의 판단은 그들을 무시해도, 특별한 종류의 맡기심이 있는 것이다."[937] 새로 세워진 개혁교회 목사들의 정당성은 성경의 사례들뿐 아니라 그들을 임명한 절차의 순수성과 그들의 사역의 결과를 통해 증명된다.[938] 성경적인 목회직의 회복과 유지는 명목만 남아 있는 사도적 계승이나 인간적 위계체제유지에 의해서는 불가능하다. 교회 제도의 개혁을 위해서는 무엇보다도 하나님의 은혜와 역사를 존중하는 올바른 교회론이 확립되어야 하며, 그 위에서 가르치는 직무에 충실한 목사들을 투명하고 건전한 절차에 따라 세워야 한다.

마지막으로 로마 가톨릭에서 성례로 규정한 혼례 역시 성례가 아니다.

---

[935] "교회 개혁의 참된 방식", 『칼뱅작품선』 2: 217, CO.7: 636.
[936] "교회 개혁의 참된 방식", 『칼뱅작품선』 2: 218, "Latet, inquam, interdum ecclesia, fugitque hominum oculos, ut frustra externum in ea regimen aut principatus quispiam requiratur. Itaque abrupta episcoporum successione, stat nihilominus ecclesiae perpetuitas." CO.7: 637.
[937] "교회 개혁의 참된 방식", 『칼뱅작품선』 2: 218, CO.7: 637.
[938] "하지만 우리의 수고로 상황이 좀 더 호전된 이래로 안수는 교황제도의 어디에서보다 우리 중에서 더 거룩하게 지켜지고 있다." "교회 개혁의 참된 방식", 『칼뱅작품선』 2: 219, CO.7: 638.

칼빈은 먼저 상식적 차원에서 자신의 반박을 전개한다. 즉, 만일 혼례와 같은 삶의 중요한 의식이 다 성례라고 한다면 농업, 축산업이나 문예학, 기술학 등도 다 성례라고 부를 수 있을 것이다. 그리고 에베소서 5장을 인용하여 성경이 그리스도와 성도의 연합을 혼인관계에 비유했기 때문에 혼례가 성례라고 한다면, 같은 이유로 목자, 양, 사자, 태양 심지어 도둑질까지 다 성례라고 불러야 하지 않겠느냐고 반문한다. 특히 에베소서 5장에 대해서 조금 더 설명하면서 이 본문에서 바울이 말하고자 한 것은 혼례의 어떤 신성한 기능이 아니라 하나님의 측량할 수 없는 은혜의 비밀이라고 해석한다.[939]

그리고 혼례의 중요성과 관련해 로마 가톨릭이 강요하는 사제독신제도에 대해 비판한다. "그들이 비참한 양심으로 그런 불리한 결정을 내리는데도, 우리가 그들에게 동의하며 비정한 폭정을 도와야 할 것인가?"[940] 칼빈은 "교회 개혁의 필요성"에서 조금 더 구체적으로 사제독신제도의 문제에 대해 비판했다. 칼빈은 사제독신제도와 육식 금지, 그리고 고해의 강제 등 로마 가톨릭이 법으로 정해 놓은 사항들이 독재적으로 신자의 양심을 속박하고 억제하기 위해 부가되었을 뿐이며, 그 결과 도리어 미신과 방종을 조장하고 있다고 비판한다. 경건한 삶과 관련한 법은 오직 하나님만이 제정하실 수 있다.[941] 따라서 사제독신제도와 같은 로마 가톨릭의 잘못된 입법은 하나님의 영광을 침해하는 중대한 잘못이다. "첫째 이 문제가 전복시키는 것은 조금이라도 손상이 되면 곧 불경건이 되는 하나님의 영광이며,

---

939 "교회 개혁의 참된 방식", 『칼뱅작품선』 2: 221-2, CO.7: 639.
940 "교회 개혁의 참된 방식", 『칼뱅작품선』 2: 223, CO.7: 640.
941 "우리는 외적 정치를 위해 만들어진 법률이 충실하게 지켜지지 않으면 안 됨을 부정하지 않습니다. 그러나 양심을 지배하는 일에 대해서는 하나님 한 분 외에는 입법자가 없습니다. 따라서 하나님이 성경의 많은 곳에서 하나님 자신에게 속한 것으로 주장하고 있는 이 권위는 하나님께만 속해 있어야 합니다." "교회 개혁의 필요성", 『칼뱅작품선』 2: 69, CO.6: 494.

둘째 바울이 인간의 판단에 따르는 것을 강하게 금지하고 있는 양심의 영적 자유입니다."[942] 혼례를 성례라고 주장하면서 도리어 신자들의 양심을 속박하는 것은 하나님의 독점적 권리를 침해하는 불경건이다. 혼례는 성례가 아니다. 그러나 혼례는 하나님 앞에서 지켜져야 할 신자의 경건한 삶을 위한 중요한 의식으로서 충분히 존중되어야 한다. 칼빈은 결혼이 가지고 있는 중요성에 대해서 다음과 같이 강조한다. "결혼의 위엄이 더 클수록, 그것이 갖추어야 할 단정함과 경건도 더 크다."[943]

4.3. 잘못된 의식과 의무들

칼빈이 로마 가톨릭의 잘못된 의식이라고 가장 먼저 비판하는 것은 미사이다. 아우크스부르크 임시안이 가장 많은 지면을 할애하여 미사의 정당성과 화체설을 옹호했기 때문이다.[944] 칼빈은 무엇보다도 미사가 그리스도의 희생제사를 부인한다는 점에서 잘못된 의식이라고 비판한다. "그들은 말하길 그리스도가 신실한 자들이 자신의 몸을 먹도록 몸을 내주실 때, 새 율법의 사제들로 임명한 사도들에게 그 몸을 주라는 명령을 내리셨다고 한다. 오, 이것은 바보 같은 잡동사니들을 제작하는 자들의 악취 나는 자랑이다."[945] 또 다른 희생제사는 필요가 없으며 오직 믿음으로 충분하다. 칼빈은 "오직 믿음으로"(sola fide)라는 종교개혁의 원리를 미사를 비판하는 논증에 적극적으로 활용한다. "우리가 그리스도의 죽으심의 효능을 받는

---

[942] "교회 개혁의 필요성", 『칼뱅작품선』 2: 69, "In ea re primum Dei honor, quem nullo modo imminui fas est, deinde spiritualis conscientiarum libertas vertitur, quam Paulus hominum arbitrio subiici summopere vetat." CO.6: 494.
[943] "교회 개혁의 참된 방식", 『칼뱅작품선』 2: 223, CO.7: 640.
[944] "Augsburg Interim," CO.7: 574-581.
[945] "교회 개혁의 참된 방식", 『칼뱅작품선』 2: 225, CO.7: 641.

게 오직 믿음에 의해서라는 사실을 아무리 강조해도 충분하지 않다. … 믿음이 가장 뛰어난 희생제사라는 점은 바울에게서 분명하다."[946] 따라서 성찬의 목적은 "우리가 그리스도의 희생제사에 참여"하는 것이다. 이에 어떤 다른 봉헌을 덧붙이는 것은 거룩한 성찬의 본질을 왜곡하는 악이다.[947]

칼빈은 미사를 비판함에 있어서 가장 먼저 로마 가톨릭에 미사의 근거라고 주장하는 성경 구절들을 재해석한다. 예를 들어 "이것을 행하여 나를 기념하라"는 고린도전서 11장 24절의 말씀이나 멜기세덱의 반차를 언급하거나, 아니면 "각 처에서 내 이름을 위하여 … 깨끗한 제물을 드리리니"라는 말라기 1장 11절 등의 본문을 인용하는데, 이 본문들은 그리스도의 반복적인 희생제사를 정당화하는 근거가 될 수 없다. 여러 교부들의 글을 근거로 내세우는 것도 설득력이 없다.[948] 이와 관련해 칼빈은 로마 가톨릭의 잘못된 성경해석의 문제를 지적한다. 그것은 자신들의 필요에 따라 성경 구절을 마음대로 취사선택하는 방식이다.

> 모든 경우에 정직함이 배양되어야 하기에, 종교가 주제가 될 때 교활하게 행동하는 것은 가장 비합법적이다. 우리의 적대자들은 우리가 하나님 말씀으로 무장된 것을 보고는 할 수 있는 한, 여기저기에서 성경 구절을 끌어모아 쓸데없는 비판으로 말씀을 어지럽히고 신성한 진리의 빛을 어둡게 만드는 모호함의 연기 속에 던져 버린다.[949]

---

[946] "교회 개혁의 참된 방식", 『칼뱅작품선』 2: 224, CO.7: 641.
[947] "교회 개혁의 참된 방식", 『칼뱅작품선』 2: 231, CO.7: 645.
[948] "이 작자들의 통상의 관습은 교부들에게 존재하는 불완전한 모든 것을 샅샅이 찾는 것이다." "교회 개혁의 참된 방식", 『칼뱅작품선』 2: 229, CO.7: 644. 아우크스부르크 임시안은 멜기세덱의 반차를 그리스도의 희생으로서의 미사를 긍정하는 방식으로 해석한 교부로서 히에로니무스, 아우구스티누스, 암브로시우스(Ambrosius, c.339-397), 크리소스토무스 등을 언급한다. "Augsburg Interim," CO.7: 579-80.
[949] "교회 개혁의 참된 방식", 『칼뱅작품선』 2: 230, CO.7: 644-5.

성경을 자의적 필요에 따라 취사선택하지 않고 성경의 권위를 존중하는 것이 종교개혁을 위한 올바른 성경해석의 태도이다. 그리고 성경의 권위를 다른 어떤 권위보다 존중하는 자세가 필요하다. 칼빈은 이와 관련해 아무리 훌륭한 교부들의 주장이라고 할지라도 성경의 가르침에 어긋나는 경우 수용해서는 안 된다는 역사해석을 주장한다. "그러나 비록 고대 교부들이 불경건한 미신을 만들어 냈고, 그것이 향후에 득세하게 되었을지라도, 그들이 모두 용서를 받을 수 있는 것은 아니다. 그들이 순수하고 참된 그리스도의 교리에서 벗어났기 때문이다."[950] 그러므로 아우크스부르크 임시안에 동의한 자들이 미사의 정당성을 주장하기 위해 성경과 교부의 증언을 주장하는 것은 부당하다. "그들은 인간의 견해와 결정에 주어야 할 권위 이상을 줌으로써" 성경을 왜곡하고 있으며 교부들에 대해 실수하고 있는 것이다.[951]

종교개혁을 위한 올바른 성경해석은 성경의 가르침을 단순하고 전체적으로 받아들이는 것이다. "성경의 교리는 단순하다. 결코 모호하지 않다. 인간을 하나님과 화해시키는 희생제사에서 그리스도가 단번에 죽으셨고 그것의 혜택을 우리가 매일 받는다. … 이런 식으로 그 한 번의 제사의 능력이 우리에게 적용되고 우리는 그것에 동참하는 자가 된다. 전체 성경으로 돌아가라."[952]

히브리서 7장부터 10장까지를 살펴보면 그리스도께서만 자기 자신을

---

[950] "교회 개혁의 참된 방식", 『칼뱅작품선』 2: 230, CO.7: 645.
[951] "교회 개혁의 참된 방식", 『칼뱅작품선』 2: 231, CO.7: 645.
[952] "교회 개혁의 참된 방식", 『칼뱅작품선』 2: 232, "Simplex et minime ambigua scripturae doctrina est, sacrificio quo reconciliari Deo homines oportebat, semel defunctum esse Christum: eius sacrificii vim esse aeternam, fructumque quotidie a nobis percipi … Hoc modo unici illius sacrificii virtutem applicari nobis, ut eius fiamus participes. Ubi totam scripturam revolveris, nihil …" CO.7: 646.

봉헌하실 수 있었으며, 그리스도의 희생은 영원한 제물이었음이 분명하다. 따라서 "그리스도가 지금도 영혼 구원을 위해 바쳐진다고 주장하는 자들은 하나님이 이미 인간과 화해하셨음을 부인하는 것"이며, "그리스도의 합당한 직을 인간의 행위로 바꾸는 신성모독"을 저지르는 것이다.[953] 아무리 교회법으로 정해진 내용이라고 해도 성경의 명확한 가르침을 위배한 것이라면 따를 수 없다.[954]

칼빈은 미사에 이어 죽은 자들에 대한 잘못된 의식들을 옹호한 아우크스부르크 임시안의 결정을 비판한다.[955] 칼빈이 보기에 죽은 신자들을 대상으로 한 잘못된 의식들은 초대교회 때부터 시작된 잘못된 관행에서 비롯되었다. 즉, 성찬 시행 중 사도들이나 순교자들의 이름을 부르면서 신앙의 격려를 얻거나 최근에 세상을 떠난 성도들의 이름을 낭독하여 인내의 증언을 확인했던 것이다. 그러나 이런 관행이 점차 더 크게 부패하여 순교자들이나 선조들의 기도에서 도움을 받고 그에 대한 대가로 순교자들을 위한 음식물을 얻어 내는 이상한 관행이 자리 잡게 되었다.

칼빈은 이런 관행이 미신에 불과하다고 비판하면서, 참된 기독교 종교를 세우기 위해서 전통을 향해 가져야 할 올바른 태도에 대해 다음과 같이 말한다. "그러나 그 유일한 기초가 그리스도의 영원한 진리여야 하는 종교

---

[953] "교회 개혁의 참된 방식", 『칼뱅작품선』 2: 237, CO.7: 649.

[954] "이런 면에서 적어도 교회 법령은 결코 규범적이지 않다. 교회 법령은 그림자를 진리의 규칙으로 만들고 짐승의 제사에 의해 생겨나는 것을 통해 그리스도의 제사에 있는 효력인 은혜를 판단하기 때문이다." "교회 개혁의 참된 방식", 『칼뱅작품선』 2: 237, CO.7: 649.

[955] 아우크스부르크 임시안은 미사에 이어 "제대에서 제사를 드릴 때 관례적으로 거행되는 성인들을 기념하는 일과 그곳에서 그들의 중보에 관한 일, 그리고 부수적으로 성인들을 부르는 일에 대하여"(De memoria sanctorum in altaris sacrificio fieri consueta, et eorum intercessione inibi expedita, et obiter de sanctorum invocatione)라는 장과 "그리스도 안에서 죽은 자들에 대한 기념에 관하여"(De memoria defunctorum in Christo)라는 장에서 죽은 자들에 대한 여러 의식들의 정당성을 옹호했다. "Augsburg Interim," CO.7: 581-585.

에서, 세월의 길이가 큰 무게를 가져서는 안 된다."956 따라서 하나님의 말씀에 기초하지 않은 어떤 형태의 기도도 부적합하다. 칼빈은 이미 세상을 떠난 신자들이 어떤 상태에서 최후의 부활을 기다리면서 세상에서 일어나고 있는 일들을 바라보고 있는지 성경에서 명확한 구절을 발견할 수 없다고 말한다.957 천사들에 대한 지나친 추측도 죽은 자들과 관련한 부당한 의식을 만들어 낸다. 성경은 천사들에게 우리의 구원을 위해 담당한 특별한 역할을 인정한다. 그러나 "주님 안에서 안식하는 경건한 자들의 영혼은 천사들의 신분"과 구별되어야 한다.958

칼빈은 올바르고 경건하게 기도하는 유일한 방법은 "하나님의 뜻의 법칙에 정확히 상응하는 것"이라고 말한다.959 그리고 이와 관련해 "침묵의 원리"를 강조한다. "이제 우리는 전혀 무시되고 있는 것에 대해 침묵해야 한다."960 그러므로 기도와 관련해 로마 가톨릭이 부당하게 부과한 명령들과 그에 따른 미신적 의식들은 배격되어야 한다. 특히 이미 세상을 떠난 신자들의 중보에 의지하는 것은 하나님의 말씀에 위배되며, 성경이 가르치는 적절한 기도의 경계를 넘어서는 오류이다.961

---

956 "교회 개혁의 참된 방식", 『칼뱅작품선』 2: 241, "Sed in religione, cuius unicum est fundamentum aeterna Christi veritas, non multum valere debet annorum numerus." CO.7: 651.
957 칼빈은 이 점에 있어서 로마 가톨릭 신학자들이 야고보서 5장 1절6을 잘못 해석하고 있으며 마카베오하서의 내용을 부당하게 인용하고 있다고 비판한다. "내 대답은 그들이 지나친 호기심으로 성경의 권위도 없이 죽은 자의 상태를 추측하고 지나치게 주제넘게 그것에 대해 뭔가 확증한다는 것이다." "교회 개혁의 참된 방식", 『칼뱅작품선』 2: 242, CO.7: 652.
958 "교회 개혁의 참된 방식", 『칼뱅작품선』 2: 243, CO.7: 653.
959 "교회 개혁의 참된 방식", 『칼뱅작품선』 2: 245, CO.7: 653.
960 "교회 개혁의 참된 방식", 『칼뱅작품선』 2: 243, "Nunc quod tacetur, pro nihilo ducendum est." CO.7: 653.
961 "교회 개혁의 참된 방식", 『칼뱅작품선』 2: 243-4, CO.7: 653. 모세오경의 기도들에서 아브라함과 이삭과 야곱의 이름이 거론되는 것 역시 조상들의 기도의 공덕을 활용할 수 있다는 주장의 근거가 되지 않는다. "모세는 그가 아브라함과 이삭과 야곱의 이름들을 가져올 때 각 개인에게 관심을 갖지 않고, 다만 약속의 믿음으로 자신과 다른 이들을 굳건히 할 뿐이다." "교회

성자들의 공로를 활용한 중보기도는 하나님의 선하심에서 비롯된 찬양을 "인간의 공로로 돌리는 신성모독의 불경건한 악행"이다. 왜냐하면 "성경은 우리에게 예수 그리스도 외에 다른 중보자를 데려오지 말라고 명령"하며, "우리가 하나님의 보좌 앞에 담대히 나아가기 위해 의지할 수 있는 다른 이의 후원이나 공로는 없다"고 가르치기 때문이다.962 "오직 그리스도"라는 종교개혁의 원칙이 이와 관련해서도 가장 중요한 비판의 기준이다. 칼빈은 성자들에게 기도하는 행태뿐 아니라 수호성자의 축일이나 그들의 안식을 위해 기도하는 행위도 같은 기준에 따라 비판한다.

아우크스부르크 임시안은 이와 같은 행위들이 사도적인 전통이라고 주장한다. 그러나 칼빈은 디오니시우스(Dionysius), 히에로니무스, 크리소스토무스, 키프리아누스 등의 언급을 예로 들면서 초대교회 때에도 이런 잘못된 전통에 대한 교정이 있었다고 반박한다.963 그리고 아무리 초대교회의 전통이 있었다고 해도 이것이 사도들이 전한 성경의 가르침을 넘어설 수는 없음을 재차 강조한다. "우리에게는 사도들의 저술들이 있으며 이것들은 경건한 이론에서 알려질 필요가 있는 모든 것을 자세하고 분명하게 서술하고 있다. 물론 이것들은 때로 죽은 자들에 대해 공공연히 말하지만 어디에서도 그들을 위해 기도하라고 우리에게 명령하지 않는다."964

이 지점에서 "오직 성경으로"의 원칙은 잘못된 의식들을 배격하고 그 근거로 악용되고 있는 교회의 전통들을 제대로 분별할 수 있는 종교개혁의 원리로서 다시 한 번 강조된다. 그 한 예로 칼빈은 "서로 기도하라"고 명한 야고보서 5장 16절의 명령을 죽은 자들에게까지 확대해 적용하는 해

개혁의 참된 방식", 『칼뱅작품선』 2: 244, CO.7: 654.
962 "교회 개혁의 참된 방식", 『칼뱅작품선』 2: 245-6, CO.7: 654.
963 "교회 개혁의 참된 방식", 『칼뱅작품선』 2: 249-50, CO.7: 655-6.
964 "교회 개혁의 참된 방식", 『칼뱅작품선』 2: 250, CO.7: 657.

석은 잘못된 성경해석이라고 비판한다. 하나님께서는 이 말씀을 통해 우리의 기도의 대상을 살아 있는 자들에게 국한시키셨기 때문이다.[965] 자기들의 뜻과 잘못된 의식을 정당화하기 위해 성경을 부당하게 인용하고 해석하는 것은 "성경의 총체적 부패"이다. 그들은 이런 방식으로 성경을 "수치스럽게 갈기갈기 찢고", 성경 본문들을 "무질서하게 여기저기에서 마구잡이로 끌어 모아서 뒤죽박죽 쌓아" 올리기 때문이다.[966]

칼빈은 미사와 죽은 자들을 기념하는 일에 대한 비판에 덧붙여 특정일을 정해 육식을 금지하는 로마 가톨릭의 규정도 비판한다. 이와 같은 규정은 모든 것을 먹도록 허용하신 하나님의 뜻을 제한하는 것이며, 특히 특정일을 지정하는 것은 미신적인 행태이다.[967] 무엇보다 이와 같은 금지 조항은 신자들의 양심에 덫을 놓아 그리스도께서 피로 사신 자유를 억압하는 잘못이다.[968] 칼빈은 육식 금지 조항이 참된 하나님 예배에 대한 잘못된 견해를 만들어 내는 악덕이라고 말한다. 아우크스부르크 임시안에 동의한 자들이 "반드시 지켜야 한다고 천거하는 것은 즉시 하나님 예배에 속하는 것으로 간주되기 때문이다." 칼빈은 이런 부당한 의무 조항에 반대하면서 "마음의 내적 진리만이 주님이 요구하는 것"임을 강조한다.[969] 그리고 이 진리에 따르는 모든 실천들은 "그것들이 진리에 복종하는지, 유용한 동기인지, 우리의 신앙을 사람들에게 증명하기 위한 고백의 징표인지 아닌지

---

[965] "교회 개혁의 참된 방식", 『칼뱅작품선』 2: 252, CO.7: 658.
[966] "교회 개혁의 참된 방식", 『칼뱅작품선』 2: 253, CO.7: 659.
[967] 칼빈은 "교회 개혁의 필요성"에서도 특정 요일이나 기간에 육식을 금지하는 행위에 대해 비판하면서 성경의 근거가 없는 규율의 제정은 불경건에 해당한다고 비판했다. "그러나 불경건함의 절정은 하나님보다 인간을 더 높은 곳에 두는 일입니다." "교회 개혁의 필요성", 『칼뱅작품선』 2: 70, CO.7: 495.
[968] "교회 개혁의 참된 방식", 『칼뱅작품선』 2: 255-6, CO.7: 659-60.
[969] "교회 개혁의 참된 방식", 『칼뱅작품선』 2: 257, "Sola, inquam, est interior ordis veritas, quam per se Dominus requirit." CO.7: 662.

에 따라 승인"되어야 한다고 말한다.⁹⁷⁰

칼빈은 앞서 신품성사를 비판하면서 다루었던 사제독신제도에 대해서도 다시 한 번 언급한다. 중요한 것은 성경의 가르침이 기준이 되어야 한다는 점이다.⁹⁷¹ 따라서 교회가 임의로 정한 어떤 비성경적인 내용이 하나님 예배에 해당하는 의무 조항이 되어서는 안 된다. 이런 잘못은 신앙과 예배의 삶에 있어 유일한 입법자이신 하나님의 권리를 침해하는 것이며, 하나님께서 주신 양심의 자유를 침해하여 교회 전체를 부패시키기 때문이다.⁹⁷²

끝으로 칼빈은 같은 원리 위에서 로마 가톨릭에서 행하고 있는 형상 숭배를 허용한 아우크스부르크 임시안의 결정을 비판한다. 형상에 대한 경배가 하나님께만 드릴 수 있는 "라트레이아"(λατρεία)는 아니라는 식의 변명은 궤변이며 기만일 뿐이다. 그들은 형상 숭배를 "쿨투스"(cultus)라고 말하지만 "그리스어로 라트레이아는 그 의미가 라틴어로 쿨투스와 정확히 일치한다."⁹⁷³

칼빈은 육식 금지나 사제독신제도, 그리고 형상 숭배와 같은 사소한 일

---

970 "교회 개혁의 참된 방식", 『칼뱅작품선』 2: 257-8, CO.7: 662.
971 "남편과 아내가, 필요할 경우, 자기 부모를 떠나 한 몸을 이루라는 하나님의 결정은 지금도 확고하게 서 있다." "교회 개혁의 참된 방식", 『칼뱅작품선』 2: 261, CO.7: 664.
972 "그러므로 우리는 결코 교회에 올가미를 씌우게 내버려 두지 말자. 그 올가미는 경건하고 다른 면에서 최상의 자격을 갖춘 자들을 직분에서 밀어낼 뿐 아니라, 사제직 전체의 질서를 거짓과 악취로 오염시킨다." "교회 개혁의 참된 방식", 『칼뱅작품선』 2: 262, CO.7: 665. 거의 동일한 비판이 "교회 개혁의 필요성"에서도 발견된다. "그러나 그들이 무엇을 말하더라도 성직자의 독신 제도 때문에 불쌍한 영혼이 멸망의 덫에 사로잡혀 피할 수 없게 되기까지 끊임없이 고민하지 않을 수 없게 되었음을 부인할 수 없습니다." "교회 개혁의 필요성", 『칼뱅작품선』 2: 70, CO.7: 495.
973 "교회 개혁의 참된 방식", 『칼뱅작품선』 2: 263, CO.7: 665. "그러므로 그들이 종교적인 이유로 숭상하는 이미지들에게 '라트레이아'의 예배를 드리지 않는다고 주장하는 자들은, 마치 인간이 '안트로포스'가 아니고 동물이 '조온'이 아니라고 말하는 것과 같다." "교회 개혁의 참된 방식", 『칼뱅작품선』 2: 264-5, CO.7: 665.

들까지 공격하는 자신의 입장이 너무 완고하다고 여길 사람들이 있음을 인정한다. 그러나 참으로 경건한 사람들, 즉 "하나님의 진리를 열정으로 끌어안은 채 굳건히 그 진리를 주장하는" 사람들은 아우크스부르크 임시안이 허용한 "불경건한 잡동사니를 공격하는 일"에 동의할 것이라고 말한다. 어떤 변명을 둘러대든지 교회의 화평과 일치를 구실로 삼아 불경건함을 "드러내면서 하나님의 모든 영광을 더럽히고 그와 함께 그리스도의 은혜와 인간의 구원을 더럽히는" 타협과 중재는 "매우 혐오스러운 불경건"일 뿐이기 때문이다.[974]

5. 종교개혁의 목적과 자세

칼빈은 "교회 개혁의 참된 방식"의 결론에서 다시 한 번 "하나님 예배"가 기독교 종교 안에서 갖고 있는 궁극적인 의미와 이 예배의 회복을 위한 개혁에 동참할 때 신자들이 가져야 할 종말론적인 삶의 태도를 강조한다. 그는 먼저 당대 교황들과 로마 가톨릭 신학자들의 이름을 직접 거론하며 강하게 비판한다.[975] 그리고 이들과 함께 아우크스부르크 임시안에 합의한 개신교 인사들의 타협적인 태도를 "꾸며진 불순한 개혁"이라고 비판한다. "건전한 교리의 순수함이 거기에서 부패되는 게 명백한데, 스스로 그것에

---

[974] "교회 개혁의 참된 방식", 『칼뱅작품선』 2: 263, "… quae eo detestabilior est, quod quum fucosae moderationis titulo venditetur, totam Dei gloriam, una cum Christi gratia et hominum salute, pessumdat." CO.7: 666.

[975] 칼빈은 프랑스 아브랑슈(Avranches)의 주교이자 소르본(Sorbonne)의 신학자인 로베르투스 케날리스(Robertus Cenalis)가 아우크스부르크 임시안을 로마 가톨릭 신학의 입장에서 비판하기 위해 쓴 글의 내용을 구체적으로 반박하면서 신랄한 어조로 비난한다. "여기서 나는 싸울 만한 게 없나 찾아 돌아다니는 비참하게 노망난 늙은이가 자기 자신의 그림자를 빈정대는 엄청난 수고를 했다는 걸 깨닫는다." "교회 개혁의 참된 방식", 『칼뱅작품선』 2: 265, CO.7: 667.

농락당하게 내버려 두는 자가 어떻게 자신이 그리스도인임을 증명할 수 있겠는가?"976

칼빈은 비판에 이어 진정한 종교개혁을 위해 가져야 할 합당한 관점에 대해 다음과 같이 말한다.

> 우리로서는 하나님의 영광보다 우리가 받아야 할 명성에 더 큰 관심을 쏟는 것은 매우 무가치하며, 하늘과 땅의 유일한 재판장이신 그리스도, 그리고 그를 통해 그의 권위에 순종하는 모든 천사와 성도들을 바라보기보다 인간의 어리석고 뻔뻔스런 견해들에 따르는 것이나, 우리에게 약속되어 천국에 쌓여 있는 복과 영생보다 세상의 이 덧없는 인생을 더 많이 생각하는 것도 매우 무가치하다.977

칼빈은 이처럼 하나님의 영광과 그리스도의 권위를 세상의 명성이나 가치와 대비시키면서 참된 신자가 가져야 할 가장 중요한 삶의 태도로서 "자기 부인"을 강조한다. "오래 전, 우리가 그리스도의 학교에서 정당한 유익을 얻었다면, 이 생각이 우리 마음에 현존해 있을 게 틀림없다. 우리의 첫 경험은, 그리스도가 친히 가르치신, 자기를 부인하고 자기 십자가를 지고 서둘러 죽음의 길을 가는 일종의 수련기이다."978

참된 경건을 회복하기 위해 기독교 종교를 개혁하는 일은 칼빈에게는 더 이상 뒤로 미룰 수 없는 시급한 과제였다. 지금 로마 가톨릭의 잘못된

---

976 "교회 개혁의 참된 방식", 『칼뱅작품선』 2: 274, CO.7: 672.
977 "교회 개혁의 참된 방식", 『칼뱅작품선』 2: 274, CO.7: 672.
978 "교회 개혁의 참된 방식", 『칼뱅작품선』 2: 274, "Iam pridem, si rite profecissemus in Christi schola, debueramus in hac meditatione esse exercitati. Hoc enim primum veluti tirocinium est, quo suos erudit: ut se ipse abnegantes, tollentesque crucem suam, ad mortem indefesso cursu properent." CO.7: 667.

교리와 미신적 의식들로 인해 "하나님의 아들이 수치스럽게 모욕당하는 것을 조용히" 참을 수 없기 때문이다. 칼빈은 예수 그리스도의 이름을 모욕하고 "하나님 예배"를 전복시키는 모든 오류들을 "우상"이라고 정죄한다.[979] 이 결론적인 문장에서 언급되는 "하나님 예배"는 "교회 개혁의 필요성"과 "교회 개혁의 참된 방식"을 비롯해 칼빈의 저술 전반에서 언급되는 "교회의 거룩함"이나 "종교"와 유사한 의미로서 종교개혁자들이 성경의 가르침과 그 가르침에 충실한 초대교회의 모범을 따라 회복하려 했던 개혁의 궁극적 목적을 지칭한다.

"하나님 예배"의 회복을 위해서는 초대교회의 성도들과 같은 순교의 결단이 필요하다. 칼빈은 그와 같은 순교적인 결단이 없이 나태하며 배은망덕해 왔기 때문에 많은 도시와 지방들에 기독교의 순수함이 사라져 버린 것이라고 진단한다.[980] 아우크스부르크 임시안에 동의한 자들은 이제까지 만연해 왔던 나태와 배은망덕을 조장할 뿐이다. 칼빈은 자신이 이 글을 쓴 목적이 단순히 로마 가톨릭의 문제를 위함이었으며, 이에 동조한 중재자들을 비난하기 위한 것이 아니라고 말한다. 자신의 저술 목적은 "경건의 정신을 맛본" 모든 사람들에게 하나님께서 요구하시는 바가 무엇인지 상기하게 하려는 것이다. 그리스도의 영광을 위한 우리의 헌신을 요청하시는 하나님의 부름은 우리의 생명까지 드릴 것을 요구한다.[981] "내 자

---

[979] "성소의 외모를 변형시키는 우상이 아니라, 교회의 모든 거룩함을 더럽히고, 파괴하며 하나님 예배 전체를 전복시키고 우리의 종교 안에 오염되지 않은 어떤 것도 남기지 않는 우상 말이다." "교회 개혁의 참된 방식", 『칼뱅작품선』 2: 265, "Idolum enim erigitur, non quod externam sacrarii speciem deformet, sed quod totam ecclesiae sanctitatem inquinet ac pervertat: quod labefactet totm Dei cultum, nihil in religione nostra impollutum relinquat." CO.7: 673.

[980] "교회 개혁의 참된 방식", 『칼뱅작품선』 2: 275, CO.7: 673.

[981] "그리스도의 영광을 변호함에서 미래의 삶의 영원성이 현재의 삶의 덧없음이 주는 것보다 우리에게 가볍게 여겨져서야 되겠는가?" "교회 개혁의 참된 방식", 『칼뱅작품선』 2: 276, CO.7: 674.

신의 연약함을 아는 나도, 여전히 하나님의 도우심으로, 상황이 죽음을 요구할 때마다 내가 얼마나 굳건히 '주 안에서 죽는 자는 복이 있다'는 말씀을 믿었고, 또 믿고 있는지를 보여 줄 수 있으리라 믿는다."[982] 종교개혁의 부름에 합당하게 응하기 위해서는 종말론적인 관점에서 삶 전체를 해석하고 그 위에서 자신의 현세적인 영달보다 그리스도의 영광을 구하는 태도가 절실하다. 칼빈의 이와 같은 고백적인 선언은 그가 6년 전 발표한 "교회 개혁의 필요성"에서 황제 칼 5세에게 고백했던 내용과 다르지 않다.

이처럼 거룩한 신앙고백에 충실하려는 사람들은 모두 다음과 같이 서명했습니다. "우리는 죽을 것이다. 그러나 우리는 죽음에서도 승리할 것이다. 그것은 우리가 죽음이 우리에게 있어 더 선한 생명으로 이르게 하는 확실한 길이 될 것일 뿐만 아니라, 우리는 우리의 피가 지금 사람들로부터 경멸받고 있는 하나님의 진리를 더 확신시키기 위한 씨앗이 될 것이라는 사실을 알고 있기 때문이다."[983]

---

[982] "교회 개혁의 참된 방식", 『칼뱅작품선』 2: 276, CO.7: 674.
[983] "교회 개혁의 필요성", 『칼뱅작품선』 2: 143, CO.6: 534.

제9장
세르베투스 논박(1553)

1. 배경: 세르베투스의 도전

1.1. 세르베투스의 이단 사상

세르베투스(Michael Servetus)는 1509년 혹은 1511년에 스페인 아라곤 지방의 빌라누에바 데 시제나(Villanueva de Sigena)에서 태어난 것으로 알려져 있다.[984] 그는 십대 때 스페인을 떠나 프랑스 툴루즈(Toulouse) 대학에서 법학을 공부했고 이때부터 르네상스 인문주의의 영향을 받아 성경 언어와 교부들의 작품을 연구했다. 그는 이 연구를 통해 정통 삼위일체 교리에 대한 의심을 갖기 시작했던 것으로 보인다.[985] 그는 1530년 7월 에라스

---

[984] 세르베투스가 1530년 바젤에 오기 전까지 그의 출생 배경과 유년시절에 대해서는 정확하게 알기 어렵다. 세르베투스 자신이 출생지와 출생 년도에 대해 일관되게 밝히지 않았기 때문이다. Marian Hilla and Claire S. Allen, *Michael Servetus Intellectual Giant, Humanist, and Martyr* (Lanham: University Press of America, 2002), 2; Joao Chaves, "The Servetus Challenge: Eisegesis and the Problematic of Differing Chronologies of Ecclesiastical Corruption," *Journal of Reformed Theology* 10 (2016): 199. [195-214]

[985] Roland H. Bainton, *Hunted Heretics: The Life and Death of Michael Servetus, 1511-1553*

무스의 영향이 남아 있던 스위스 바젤로 왔는데 그곳에서 에라스무스를 만나지는 못하고 대신 이 도시의 종교개혁자였던 외콜람파디우스(Johannes Oecolamphadius, 1482-1531)의 집에 10개월간 머물며 저술활동을 펼쳤다.[986] 외콜람파디우스는 처음에는 젊고 영리한 신학도를 환대했다. 그러나 세르베투스가 삼위일체 교리에 대한 잘못된 주장을 내세우자 그를 경계하기 시작했고 다른 도시의 개혁자들에게 쓴 편지를 통해 세르베투스가 "신성모독적이고 악마적인" 이단 사상을 가지고 있다고 알렸다.[987] 세르베투스는 바젤을 떠나 1531년 5월, 스트라부르크에 도착했고, 그곳에서 7월에 정통 삼위일체 교리를 공격하는 "삼위일체의 오류에 대하여"(*De Trinitatis Erroribus*)를 작성해 하게나우의 인쇄업자 제처(Johann Setzer)를 통해 출판했다.[988]

전체 7권으로 구성된 세르베투스의 "삼위일체의 오류에 대하여"는 정통 삼위일체 교리를 헬라 철학과 스콜라 신학의 창작물이라고 비난했다.[989] 그는 무엇보다도 성경 어디에서도 삼위일체나 위격, 본질, 혹은 본체의 일치나 각 위격의 본질 등과 같은 용어를 전혀 찾아볼 수 없다는 점을 자신의 주장을 위한 근거로 내세웠다.[990] 세르베투스는 하나님께서는 구별되는 삼위로 계시는 것이 아니라, 다만 세 가지 놀라운 성향이 하나님 안

(Boston: Beacon Press, 1953), 12-16.

[986] Bainton, *Hunted Heretics*, 217.

[987] Jeff Fisher, "Housing a Heretic: Johannes Oecolamphadius (1482-1531) and the 'Pre-History' of the Servetus Affair," *Reformation & Renaissance Review*, 20/1 (2018): 36-39.

[988] 이 책의 첫 출판본에는 저자 이름은 기재되어 있으나 출판업자와 출판지는 명시되지 않았다. Bainton, *Hunted Heretics*, 62-3.

[989] 이 저술의 주요 내용에 대해서는 다음을 참조하라. Schaff, 『스위스 종교개혁』, 612-3. 참고로 샤프는 세르베투스의 신학 사상을 긍정적으로 평가하고 그를 향한 비난과 처벌을 16세기의 전근대적 불관용이라고 평가한다.

[990] Servetus, *De Trinitatis erroribus*, 32a.

에 있어서 그 성향을 통해 신성이 빛나는 것이라고 주장했다. 그는 이 세 가지 성향을 "신성의 여러 측면들" 혹은 "신성의 다양한 형식들이나 종류들"이라고 불렀다.[991]

세르베투스는 예수 그리스도의 신성과 인성의 관계에 대해서도 칼케돈 신조의 정통 기독론을 거절하고 이단적 주장을 펼쳤다. 그는 성경이나 초대교회 교부들은 예수님을 한 분의 위격으로 말하거나 요한복음 1장 1절에서 말하는 하나님의 말씀으로 여긴 적이 없다고 말했다. 그리고 성육신 이전의 말씀은 곧 하나님 자신을 의미하며, 성육신 이후에야 그 말씀이 예수 그리스도라는 인간과 결합한 것이라고 주장했다.[992] 그는 성육신한 예수 그리스도의 한 인격 안에서 신성과 인성이 상호 교류한다는 칼케돈 신조의 기독론도 부인했다. 세르베투스의 주장에 따르면 예수님은 온전한 의미의 하나님이 아니라, 성육신함으로써 비로소 독립적 존재가 된 인간일 뿐이었다.[993] 그는 성령이 독자적인 신적 위격을 가지고 있다는 교리도 부인했다. 세르베투스의 견해에 따르면 성령은 인간들 안에 존재하는 영혼의 거룩함이나 하나의 신적 성향으로서 하나님의 존재를 알리는 메신저일 뿐이었다.[994]

외콜람파디우스를 비롯한 스위스의 개혁파 종교개혁자들은 세르베투스의 신학이 지닌 위험성을 인식하고 이에 적극 대응했다. 1534년에 바젤

---

991 Servetus, *De Trinitatis erroribus*, 29a-b. 카야얀(Kayayan)은 세르베투스의 신론을 "범신론적 사벨리우스주의"(Pantheistic Sabellianism)라고 규정했고, 힐라(Hillar)와 알렌(Allen)은 "역사적 양태론"(historical modalism)이라고 평가했다. Hillar and Allen, Michael Servetus, 26, 41, 43.

992 Eric Kayayan, "The Case of Michel Servetus: The Background and the Unfolding of the Case," *Mid-America Journal of Theology* 8/2 (1992), 124.

993 Servetus, *De Trinitatis erroribus*, 6a-7b.

994 세르베투스는 철학자들이 다른 두 신적 존재와 구별되는 세 번째 존재를 만들어 냈으며 그 결과로서 한 본질 안에 세 존재가 있다는 삼위일체의 공상을 고안해 냈다고 주장했다. Servetus, *De Trinitatis erroribus*, 21b-22a.

미카엘 세르베투스

에서 제정된 제1바젤 신앙고백의 배경 속에는 세르베투스의 잘못된 교리에 대한 대응도 포함되어 있었다.⁹⁹⁵ 외콜람파디우스뿐 아니라 스트라스부르크의 부처와 독일의 멜란히톤도 서로 주고받은 여러 서신들을 통해 세르베투스가 말한 반삼위일체적 주장과 이단적 기독론을 비판했다.⁹⁹⁶ 많은 비난과 경고에도 불구하고 세르베투스는 1532년에 삼위일체 교리를 비판하는 또 하나의 저술을 출판했다. "삼위일체에 대한 대화"(*Dialogorum de Trinitate*)라는 제목의 이 책에서 세르베투스는 이전보다는 더 완곡한 표현을 사용했지만 교리에 있어서는 자신의 반삼위일체적인 입장을 고수했다.⁹⁹⁷

세르베투스는 이후 1553년까지 20년간 비엔(Vienne)과 리용 등 프랑스 여러 도시들에서 머물렀다. 그는 미셸 빌레뉴브(Michel de Villenueve)라는 가명을 사용하면서 성경주석과 의학, 지리학, 천문학과 같은 다양한 분야에 걸쳐 연구와 저술을 계속했다.⁹⁹⁸ 그는 1545년부터 시작한 칼빈과의 서신 교환을 통해 칼빈을 포함한 종교개혁자들이 언급한 정통 삼위일체론과 구원론, 그리고 성례론을 모두 공격했다.⁹⁹⁹ 세르베투스는 이때 칼빈과 교환한 서신들과 다른 교리적 저술들을 취합해 비엔에서 1553년 1월에 "기독

---

995 Fisher, "Housing a Heretic," 44.
996 Schaff, 『스위스 종교개혁』, 603-4, 614. Kayayan, "The Case of Michel Servetus," 121-123.
997 Fisher, "Housing a Heretic," 44.
998 Chaves, "The Servetus Challenge," 200-1.
999 Andre Pettegree, "Prophets without Honour? MIchael Servtus and the Limits of Tolerance," *History Today* 40 (1999): 41. [40-45]

교 재건설"(*Christianismi Restitutio*)이라는 저술을 출판했다. 이 책의 제목은 칼빈의 『기독교강요』를 염두에 둔 것으로 보인다. 세르베투스는 이 저술에서 로마 가톨릭 교황주의뿐 아니라 개신교 종교개혁 역시 적그리스도의 활동이라고 공격했다. 그리고 자신은 이 모두를 극복하고 성경과 초대교회가 가르친 순수한 기독교를 회복시키려 한다고 주장했다.[1000]

비엔의 로마 가톨릭 당국은 이 책에 담긴 세르베투스의 이단 사상을 문제 삼아 1553년 4월에 그를 체포했다. 세르베투스의 체포 배후에 칼빈의 밀고와 협조가 있었다는 주장이 제기되었다. 이는 볼섹과 같은 칼빈의 적대자들이 퍼뜨린 주장이었다. 그러나, "기독교 재건설"의 저자가 세르베투스라는 사실을 로마 가톨릭 당국에 알린 것은 트리(Guillaume de Trie)였다.[1001] 트리는 칼빈의 친구였으며 제네바의 피난민 공동체를 지원하던 인물이었다. 그는 로마 가톨릭 신자로서 당시 리용에 살고 있던 사촌 아르네이(Antoine Arneys)에게 편지를 보냈는데, 이 편지에서 세르베투스의 정체를 알렸다. 이에 리용의 추기경은 비엔의 로마 가톨릭 당국에 연락해 세르베투스를 체포할 것을 명령했다. 비엔 당국은 세르베투스를 체포해 재판을 진행했고 그 결과 그에게 화형을 선고했다. 세르베투스는 재판 중 탈옥해 비엔을 떠났으며 사형수를 놓친 비엔 당국은 6월에 세르베투스의 허수아비를 화형에 처했다.[1002]

[1000] 이 책의 제1부는 기존 "삼위일체의 오류에 대하여"의 7권을 개정 증보한 것으로서 기존의 내용을 5권으로 축약한 후 제6권과 제7권에 천사 미카엘과 베드로의 대화를 추가했다. 책 전체의 3분의 2를 차지하는 나머지 내용은 그리스도의 왕국의 신앙과 공의를 다루는 세 권, 중생과 적그리스도의 통치에 대한 네 권에 이어 칼빈에게 보낸 30통의 편지와 적그리스도의 60가지 표지, 그리고 삼위일체와 초대교회의 치리에 대해 멜란히톤에게 보낸 글 등이 포함되어 있다. Schaff, 『스위스 종교개혁』, 628.

[1001] Kayayan, "The Case of Michel Servetus," 129.

[1002] Chaves, "The Servetus Challenge," 202.

1.2. 세르베투스에 대한 재판

세르베투스는 그해 8월 13일 주일에 제네바에서 목격되었다. 그가 비엔을 떠나 제네바를 찾아 온 이유는 잘 알 수 없다. 다만 그동안 칼빈과 주고받은 여러 편지들과 "기독교 재건설"이라는 책의 제목을 고려할 때 아마도 칼빈과 논쟁을 벌이려 한 것이 그가 제네바를 선택한 한 동기라고 추정할 수 있다. 그는 바로 그날 제네바에서 이단혐의로 체포되었다. 칼빈은 제네바의 형사법 절차에 따라 자신의 비서인 폰테인(Nicolas de la Fontaine)에게 세르베투스를 고발해 줄 것을 요청했다. 폰테인은 세르베투스의 글에 담긴 이단적 주장을 38개의 목록으로 정리한 칼빈의 고발장을 제네바 재판국에 제출했다.[1003]

세르베투스에 대한 재판은 8월 15일에 시작되었다. 이 재판을 상세하게 분석한 카야얀(Eric Kayayan)은 샤프의 정리를 발전시켜서 이 재판 과정을 세 단계로 구별했다. 첫 단계에서 세르베투스는 오만하고 자신만만한 태도로 자신을 이단으로 정죄한 기소에 맞섰다. 그리고 칼빈과 공개적인 신학토론을 요청하면서 이단 혐의로 재판을 받아야 할 사람은 자신이 아니라 칼빈이라고 주장했다. 이와 같은 세르베투스의 오만한 태도는 아마도 당시 제네바 내에 있던 반(反)칼빈주의 세력의 지지를 기대했기 때문일 수 있다. 실제로 이 재판의 담당관 중에는 제네바 자유방임파를 대표하는 베르텔리에르(Philibert Berthelier)가 있었다.[1004] 칼빈은 8월 20일 파렐에게 보낸 편지에서 세르베투스는 반드시 처벌되어야 하지만, 화형과 같은 잔

[1003] Schaff, 『스위스 종교개혁』, 655-6.
[1004] Kayayan, "The Case of Michel Servetus," 133. 그러나 베인턴(Bainton)은 정황 증거와 여러 문서 자료를 동원해 세르베투스와 제네바의 자유방임파 사이에 모종의 소통과 직접적 연관성이 있었다는 견해를 반박했다. Roland H. Bainton, "Servetus and the Genevan Libertines," *Church History* 5/2 (1936): 141-149.

혹한 처벌 방식은 피해야 한다고 말했다.

재판은 8월 20일 이후 두 번째 단계로 접어들었다. 세르베투스는 좀 더 완곡한 어조로 칼빈과의 신학적 토론을 요구했다. 그러나 재판은 신학적 논쟁이기보다는 법률적이며 정치적 논쟁으로 흘러갔다. 세르베투스의 주장이 신학적으로 정당한가의 문제보다는 이 주장이 가지고 있는 위험성에도 불구하고 세르베투스가 자신의 입장을 굽히지 않고 있다는 점이 더 쟁점이 되었다.[1005] 세르베투스는 제네바 시민 누구에게도 자신의 주장을 전파하지 않았다고 항변했다. 그러나 그가 이전에 칼빈과 주고받은 편지와 더불어 제네바의 목사였던 푸펭(Abel Poupin)과 교환한 서신이 재판부에 제출되었기 때문에 그의 변명은 받아들여지지 않았다. 이에 세르베투스는 자신이 기독교 신앙을 무너뜨리려 한 것이 아니라 본래 순수한 모습을 세우기 위해 봉사한 것 뿐이라고 주장했다. 이때 비엔의 로마 가톨릭 당국이 세르베투스를 비엔으로 보내줄 것을 제네바 시의회에 요청했다. 세르베투스는 화형 집행을 피하기 위해 제네바에서 재판을 받겠다고 간청했다. 그리고 그가 비엔에 머무는 동안 로마 가톨릭 미사에 참여했던 것은 어쩔 수 없는 습관적인 행동이었을 뿐이라고 변명했다.[1006]

9월이 되어 재판은 세 번째 단계로 접어들었다. 이 무렵 페렝(Ami Perrin)이 이끄는 제네바 자유방임파와 제네바 목사들 사이의 갈등이 본격적으로 나타났다.[1007] 앞서 살펴 보았듯이 엄격하고 철저한 권징의 시행을 주장했던 칼빈과 목사들의 견해가 큰 문제의 원인이었다. 엄격한 권징을 반대하다가 컨시스토리에서 출교 당한 베르텔리에르는 그해 9월 실시될 성찬에 참

1005 Schaff, 『스위스 종교개혁』, 660.

1006 Kayayan, "The Case of Michel Servetus," 134-5.

1007 칼빈과 제네바 자유방임파 사이의 갈등 상황에서 벌어진 세르베투스 사건에 대해서는 다음을 보라. Ross William Collins, *Calvin and the Libertines of Geneva* (Toronto: Clarke Irwin & Co, 1968), 168-181.

석할 수 있게 해달라고 요구했다. 칼빈은 자신의 종교개혁 사역 가운데 가장 어려운 시간을 맞이했는데 한편으로는 세르베투스의 이단 사상으로부터 종교개혁의 신학을 지켜 내야 했으며, 다른 한편으로는 제네바 자유방임파의 정치적 도전에 대응해 예수 그리스도께서 주권적으로 통치하는 진정한 기독교 공동체를 구현해야 했기 때문이다.[1008] 칼빈은 자유방임파의 도전에 대해서는 목회적이며 신학적 기준에 따라 타협하지 않고 담대히 맞섰다.[1009] 한편, 세르베투스는 진지한 신학적 태도를 가지고 칼빈과 논쟁을 벌이려 하지 않았다. 그는 대신 악의적인 조롱과 신랄한 비판의 내용을 담아 칼빈을 비난했다. 특히 그는 칼빈이 주도해 작성한 38개의 조항에 대한 항변서에서 더 신랄하고 과격한 언어를 사용해 칼빈을 공격했다.[1010] 이에 칼빈은 곧장 제네바 목회자 14명의 서명을 담아 세르베투스의 항변서에 답했다.

논쟁이 점점 더 격화하자 제네바 시의회는 이 문제에 대해 다른 스위스 개혁도시들에게 질의하기로 했다. 스위스의 대표적인 개혁도시였던 취리히, 바젤, 베른, 샤프하우젠(Schaffhausen)에 서신을 발송했다. 칼빈은 이 네 도시의 개혁자들에게 개인적으로 편지를 보내 세르베투스 재판의 상황을 알리고 정당한 판결이 이루어질 수 있게 지원해 달라고 기도를 부탁했다.[1011] 10월이 되자 네 도시들의 답변이 도착하기 시작했다. 취리히의 불링거는 세르베투스의 이단적 주장은 반드시 처벌되어야 한다고 말했고, 비록 처벌의 권한은 제네바 시의회에 있지만 이단의 경우 사형이 합당하다는

[1008] 칼빈과 제네바의 정치인들 사이의 갈등에 대해서는 다음을 참고하라. Jenkins, *Calvin's Tormentors*, 77-92.

[1009] 칼빈은 성찬의 순수성을 보존하기 위해서라면 생명을 내놓겠다고 선언했다. 다행히 성찬이 시행된 1553년 9월 3일 주일 예배에 베르텔리에르가 교회에 나타나지 않음으로써 우려했던 큰 불상사는 발생하지 않았다. Kayahan, "The Case of Michel Servetus," 136.

[1010] 세르베투스는 이 항변서에서 칼빈을 "마법사 시몬, 거짓말쟁이, 돌머리, 범죄자, 살인자"라고 불렀다.

[1011] Bainton, *Hunted Heretic*, 182; Fisher, "Housing a Heretic," 46.

의견을 전했다. 10월 6일에 샤프하우젠에서 도착한 답신도 유사한 의견을 전했다. 칼빈에 대해 별로 우호적이지 않았던 베른과 바젤에서도 10월 19일에 세르베투스의 범죄는 사형에 해당한다는 의견이 전해져 왔다.[1012]

10월 26일에 25명으로 구성된 소위원회(Petit Counseil)의 20명 위원이 참석한 가운데 세르베투스에 대한 화형 처벌이 선고되었다. 세르베투스에 대한 우호적인 목소리가 없지 않았지만 제네바의 집권자들은 정치 외교적 상황을 고려해 세르베투스의 화형을 만장일치로 결정했다. 만일 로마 가톨릭과 개신교 진영 모두에서 이단으로 정죄한 세르베투스에게 화형이 아닌 다른 경한 형벌을 내린다면 제네바 전체가 이단을 옹호했다는 공격과 비난을 피할 수 없을 것이라고 판단했기 때문이다. 칼빈은 감옥으로 세르베투스를 찾아가 잘못된 주장을 철회할 것을 다시 한 번 요청했지만 소용이 없었다. 세르베투스는 제네바 외곽에 있는 샹펠(Champel)로 이송되어 다음날 산채로 화형 당했다. 파렐이 사형장까지 동행하여 끝으로 회개를 촉구했지만 세르베투스는 삼위일체 교리를 부정하는 입장을 마지막 순간까지 굽히지 않았다.[1013]

이 사전 직후부터 칼빈은 세르베투스의 체포와 기소, 그리고 화형을 모두 주도했던 잔인한 인물이라는 비난을 받기 시작했다. 그리고 칼빈이 세르베투스의 처벌을 주도한 이유가 그의 지적 탁월함에 대한 질투와 자신의 권위에 도전했기 때문이었다는 소문도 퍼져 나갔다. 칼빈에 대한 이와 같은 부정적인 평가는 이후 500년이 지난 오늘날에까지 계속되고 있다.[1014] 그러나 칼빈이 재판 과정에서 다른 개혁자들과 주고받은 편지들이나, 그가

[1012] Kayayan, "The Case of Michel Servetus," 139-140.

[1013] Kayayan, "The Case of Michel Servetus," 140.

[1014] Timothy George, "Calvin's Biggest Mistake: Why he Assented to the Execution of Michael Servetus," *Christianity Today* 53 (2009): 32; Pettegree, "Prophets without Honour?" 40.

재판 과정에서 제출한 여러 문서들을 보면 칼빈이 세르베투스의 문제를 사적인 차원이 아니라 신학적이고 목회적인 차원에서 다루려 했음을 확인할 수 있다.[1015] 그리고 이단에 대한 재판과 처벌은 칼빈에게 우호적이지 않았던 제네바 시의회의 권한에 놓여 있었다. 이런 점들을 고려하면 칼빈이 비록 16세기의 시대적 한계에 갇혀 있어서 세르베투스의 처형을 적극적으로 막지 못한 것은 사실이지만, 그렇다고 해서 칼빈에게 세르베투스가 처형당한 불행한 사건의 책임을 모두 돌리는 것은 공정하지 않아 보인다.

1.3. 변호와 반박의 필요성

칼빈은 세르베투스가 처형된 후 자신과 제네바 종교개혁을 향해 쏟아지는 오해와 비난에 대응하기 위해 "세르베투스 논박"을 저술했다. 이 책의 원래 제목은 "미카엘 세르베투스에 반대하는 삼위일체에 대한 정통신앙의 수호"(*Defensio orthodoxae fidei de trinitate contra Michaelis Serveti*)였다. 그는 1553년 10월에 세르베투스가 처형당한 후 자신을 향한 비난이 이제 개인적 차원을 넘어서서 제네바 종교개혁 전체에 대한 공격으로 확산하는 것을 보면서 이 재판 과정과 주요 신학적 쟁점을 구체적으로 정확하게 설명해야 할 필요성을 느꼈다. 칼빈은 "세르베투스 논박"의 서문에서 이 동기를 분명히 밝힌다. "특히 의심할 여지없이 세르베투스가 이 도시에서 최근 법에 따라 처형됨으로 말미암아 많은 소문이 생겨나 도처에 나돌기 때문이다."[1016]

[1015] 재판 과정에서 세르베투스와 칼빈이 주고받은 치열한 논쟁에 대해서는 다음의 글을 참고하라. Maria Tausiet, "Magnus versus Falsarius: A Duel of Insults between Calvin and Servetus," *Reformation and Renaissance Review* 10/1 (2008): 59-87.

[1016] "세르베투스 논박", 『칼뱅작품선』 7: 303, COR. IV/5, 6. 세르베투스의 이단성에 대한 개혁자들의 일반적인 동의와 비교할 때, 그의 사형 처벌에 대해서는 동의하지 않는 의견들도 있었다. COR. IV.5, 6, 각주 #8.

그는 특히 세르베투스가 이단혐의로 기소되어 재판을 받고 결국 화형을 당하게 된 모든 과정이 칼빈의 개인적 복수심 때문이라는 소문은 사실이 아니라는 점을 강하게 주장했다. 그리고 자신은 16여 년 전부터 주고받은 편지들을 통해 세르베투스를 관대하게 설득하려 했듯이, 그가 제네바에 왔을 때에도 최대한의 배려심을 가지고 세르베투스에게 하나님의 자비를 구할 것을 요청했고, 그를 하나님의 선한 종들과 화해시키려 노력했다고 말했다. 그리고 자신이 세르베투스와 더 적극적인 논쟁을 벌이지 못한 것 역시 어떤 두려움 때문이 아니라 전혀 회개할 생각이 없는 이단을 향한 일종의 절제였다고 해명했다.[1017]

칼빈은 "세르베투스 논박"에서 세르베투스가 제네바로 오기 전 비엔에서 로마 가톨릭 당국에게 체포된 배후에 자신의 역할이 있었다는 소문을 적극적으로 부인한다. 물론 자신이 세르베투스가 기소되는 과정에 어떤 역할을 한 것은 사실이지만, 자신이 세르베투스의 사형을 탄원한 적이 없으며, 모든 형사 재판과 처벌 과정은 제네바 시의회의 권한이었다고 말한다.[1018] 칼빈은 자신이 모든 과정의 배후에 있었다는 잘못된 소문은 4년 전에 세르베투스가 베네치아(Venezia)와 파도바(Padova)에 유포한 거짓 소문이며, 자신은 결코 비엔의 교황주의자들과 공모한 적이 없다고 말했다. 다만 세르베투스가 제네바에서 당한 재판과 그 처벌 과정에 자신이 관여했음을 인정한다. 그러나 자신의 역할은 소송의 성립을 위한 필수적인 과정이었으며 이후 소송 절차 가운데 자신과 동역자들은 마치 자신들의 교리를 처음 보고하는 사람들처럼 겸손하고 겸허하게 참여했을 뿐이었다고 주장했다.[1019] 칼빈은 결

[1017] "세르베투스 논박", 『칼뱅작품선』 7: 303-4, COR. IV/5, 7.
[1018] "많은 무지한 자들은 법을 손에 쥐고 있는 지도자들이 행한 것을, 마치 내가 그 일의 장본인인 양 내게로 돌렸기 때문이다." "세르베투스 논박", 『칼뱅작품선』 7: 305, COR. IV/5, 8.
[1019] "세르베투스 논박", 『칼뱅작품선』 7: 339-341, COR. IV/5, 27.

론적으로 세르베투스가 화형을 당하게 된 것은 자신과 동역자들 때문이 아니라 세르베투스의 교만하고 무절제한 태도 때문이라고 주장했다.[1020]

칼빈이 "세르베투스 논박"을 저술한 궁극적인 목적은 자신의 입장을 개인적으로 변호하는 것만은 아니었다. 칼빈은 세르베투스가 화형 당한 이후 이 불행한 사건을 자신과 세르베투스 사이의 개인적 경쟁의 결과라거나, 제네바와 스위스 연방 내의 정치적 갈등의 결과라고 잘못 이해할까 봐 우려했다. 그러나 이 문제의 핵심은 진리와 이단 사이를 잘 분별하는 것이었다. 따라서 "세르베투스 논박"의 궁극적인 목적은 기독교 신앙의 근본이 되는 주요 교리의 내용과 그 중요성을 재확인하는 것이었다. 그는 세르베투스가 기독교 신앙의 본질에 해당하는 교리를 침해하고 공격했을 때 더 이상 인내하지 않기로 했다고 말한다.

가장 먼저 문제가 된 것은 삼위일체 교리였다. "그는 하나님의 본질 안에 있는 삼위를 지우려 했고, 유일하신 한 하나님 안에서 성부와 성자와 성령을 실제로 구분해 인식하는 사람들은 머리가 셋인 케르베루스를 만들어 내는 것이라고 극악하게 모독했다."[1021] 칼빈은 이와 유사한 여러 이단들이 성경으로부터 시작하여 교회 역사 내내 나타났다고 말한다. 초대교회의 발렌티누스(Valentinus, c. 100-c. 160/180)와 마니교 등이 대표적인 사례이며, 칼빈 당대에는 재세례파와 리베르탱파와 더불어 세르베투스가 등장했다는 것이다. 칼빈은 이단들의 이런 반복적인 출현은 마귀가 순전한 복음의 빛을 흐리게 하려고 습관적으로 사용하는 술책이라고 말한다.

[1020] "사실 내가 알기로 만일 그가 좀 유순함을 보이고 선으로 돌이키려는 희망을 보여 주었다면, 가혹한 처벌로 떨어지는 위험은 없었다. 그런데 그는 절제의 길을 지향하기는커녕, 오히려 자만으로 가득 차고 교만으로 부풀어, 자신에게 유용한 모든 충고를 거만하게 거부했다." "세르베투스 논박", 『칼뱅작품선』 7: 341, COR. IV/5, 28.

[1021] "세르베투스 논박", 『칼뱅작품선』 7: 304, "… in quem nimis atrociter contumeliosus fuerat, tres hypostaseis ex eius essentia delere tentans, ac Cerberum tricipitem vocans, si realis inter Patrem et Filium eius, et Spiritum distinctio statueretur." COR. IV/5, 7.

그리고 여기에서 칼빈은 더 나아가 이단들의 반복적인 등장은 참된 경건을 추구하지 않는 거짓 신자들을 구분해 내어 징계하시려는 하나님의 섭리의 결과라고 해석한다. "하나님은 자신의 교리를 경멸하는 모든 이에게, 그들이 그토록 거룩한 것을 더럽힌 것에 대한 보복으로 그런 정신을 보내신다."1022 칼빈의 이와 같은 섭리론적 해석은 "리베르탱파 논박"에서 그가 제시한 주장과 유사하다. 칼빈은 이단들의 과격한 행태의 등장에 대한 섭리적 해석을 16세기의 상황에 대한 자신의 비판적 이해와 연결시킨다. "하나님이 새로운 것에 대한 헛된 호기심과 비뚤어진 탐욕으로 이끌린 자들을 마치 심연에 내던져진 것처럼 포기하셨기 때문이 아니라면 이 일을 어떻게 말해야 할까? … 오늘날은 어떤가? 우리는 대부분의 사람이 모든 인간적 수치를 상실한 채, 노골적으로 하나님을 조롱하는 것을 본다."1023 진리를 왜곡하여 하나님을 멸시한다는 점에서 리베르탱파나 세르베투스는 당대 로마 가톨릭이 저지르고 있는 것과 동일한 잘못을 범했다. 이런 과격한 개혁 주장의 문제가 무엇인지 지적하고, 이들과 달리 성경이 가르치는 참된 교리를 재확인함으로써 기독교 신앙을 회복하는 것이 칼빈이 이 저술에서 밝힌 종교개혁자로서 사명이었다.

칼빈은 이제까지는 더 큰 관심을 불러일으키지 않기 위해 세르베투스의 오류를 본격적으로 다루지 않았다고 말한다.1024 그러나 그가 화형 당한 지금의 상황 속에서 그의 이단적 주장에 대해 구체적으로 다루지 않으면 안 되게 되었다. 칼빈은 이제까지 세르베투스의 이단적 주장을 반박하지 않았던 것이 잘못임을 "선한 이들"의 조언을 통해 깨닫게 되었다고 고

1022 "세르베투스 논박", 『칼뱅작품선』 7: 300, COR. IV/5, 4.
1023 "세르베투스 논박", 『칼뱅작품선』 7: 300-1, COR. IV/5, 4.
1024 "그러나 무지한 자들의 신앙을 흔들 뿐 아니라 너무 엉뚱한 그런 몽상을 부채질해 주는 것이 내게 무용해 보였으므로, 문제를 앞당겨 다루는 것을 단념했다. 내가 이미 말한 것처럼 나는 그 일을 쓸데없는 것으로 생각했다." "세르베투스 논박", 『칼뱅작품선』 7: 299, COR. IV/5, 3.

백한다. 이 선한 사람들이란 일찍이 세르베투스의 오류를 비판했던 외콜람파디우스, 부처, 멜란히톤과 같은 선배 개혁자들이었다.[1025]

칼빈은 다른 개혁자들의 요청과 상황에 따른 필연성에 따라 이제 세르베투스의 이단적 주장을 비판하고 그와 더불어 이단 주장들을 세속 정부가 처벌할 수 있는지의 문제까지 논의하기로 결정했다. 이와 같은 결정은 칼빈의 종교개혁적 사명 의식에 따른 것이었다. 종교개혁적 사명은 소극적으로는 신자들이 잘못된 주장에 이끌리지 않도록 보호하는 것이다. "그럼에도 내게는 다른 의도가 있다. 그것은 이 사람들이 고쳐질 수 없는 고집으로 계속 그들의 악을 주장할 경우, 그들이 무지한 자들을 그들의 기만으로 이끌어 가지 못하게 하기 위함이다."[1026] 그리고 적극적으로는 이단들을 거절하고 진리를 수호함으로써 주 예수 그리스도의 영광을 드러내기 위함이다. "게다가 나는 우리 주 예수의 영광을 유지하기 위해 복음의 순수 교리를 반대하는 모든 자들을 담대하게 공격했다."[1027]

물론 이단자가 돌이킬 가능성이 없다고 판단되면 이들을 정죄하고 싸울 것이 아니라 바울이 디모데에게 권고한 것처럼 주변 사람들에게 충분히 경고한 후 그냥 피하는 것이 나을 수 있다. 그러나 칼빈은 이런 소극적인 태도를 거절한다. 사도 바울이 디모데전서 1장 20절에서는 후메내오와 알렉산더를 사단에게 넘겨주어 그들이 더 이상 신성모독을 범하지 않게 했다고 말한 점이 중요한 근거였다.[1028] 여기에서 칼빈은 다시 한 번 "예수 그리스

1025 "세르베투스 논박", 『칼뱅작품선』 7: 299, COR. IV/5, 3. 각주 #2.
1026 "세르베투스 논박", 『칼뱅작품선』 7: 302-3, COR. IV/5, 6. Cf. "그런데 그 오류들이 여기저기 날아다닌다는 말을 들을 때, 내가 침묵한다면 나는 배반자와 불충한 자가 될 것이다." "세르베투스 논박", 『칼뱅작품선』 7: 305, COR. IV/5, 8.
1027 "세르베투스 논박", 『칼뱅작품선』 7: 305, COR. IV/5, 8. 라틴어 원문에는 "그리스도의 대의를 주장하기 위해"(pro asserenda Christi causa)로 되어 있다.
1028 "세르베투스 논박", 『칼뱅작품선』 7: 342, COR. IV/5, 29.

도의 영광"의 중요성을 언급한다. "자, 만일 성 바울 시대에 신실한 위정자들과 예수 그리스도의 영광에 대해 열심 있는 자들이 있었다면 그들에게 그런 사람들을 처벌하게 넘겨주었다는 데 의심의 여지가 있을까?"[1029]

이상의 논의를 종합하면, 진리의 수호를 통해 예수 그리스도의 복음의 영광을 지키는 것이 칼빈이 "세르베투스 논박"을 저술한 궁극적인 목적임을 알 수 있다. 그리고 이 목적은 칼빈이 자신의 신학과 사역 전체를 통해 일관되게 추구했던 종교개혁의 궁극적인 목적과 동일했다. 그러므로 세르베투스에 대한 칼빈의 신학적 반박과 재판 과정에 대한 칼빈의 해명을 통해 그가 추구했던 종교개혁의 교리적 기준과 이를 구현하기 위한 정당한 방식에 대한 그의 주장을 확인할 수 있다. 이어지는 내용에서는 "세르베투스의 반박"의 목차에 따라 종교개혁을 위한 정당한 방식에 대한 칼빈의 견해를 먼저 살피고, 이어서 종교개혁이 이단 사상에 맞서 지키려 했던 교리적 기준들을 차례대로 정리해 보겠다.

2. 종교개혁과 세속 권세

2.1. 세속 권세의 권한

세르베투스의 잘못된 주장을 반박하기 위해 칼빈이 먼저 다루는 주제는 과연 세속 군주들이 이단을 처벌할 수 있는가의 문제이다. 대부분의 국가들이 정교분리의 원칙을 취하고 있는 현재의 관점에서 볼 때, 세속 정부

[1029] "세르베투스 논박", 『칼뱅작품선』 7: 342, "si tunc Paulo ad manum fuisset pius Magistratus et strenuus gloriae Christi vindex: ego quidem non dubito quin illis puniendos libenter daturus fuerit." COR. IV/5, 29.

인 제네바 시의회가 이단 문제에 관여하여 세르베투스를 재판하여 사형에 처했다는 사실은 쉽게 납득하기 어렵다. 아직 정교분리가 이루어지지 않은 16세기의 역사적 상황을 고려한다고 해도 로마 가톨릭에서는 이단으로 여기는 종교개혁 신앙을 수용한 제네바가 또 다른 이단인 세르베투스를 정죄해 기존 교회법과 동일한 방식으로 화형시켰다는 것은 여전히 무리해 보인다. 그리고 이와 같은 제네바의 결정이 종교개혁의 대의와 정치 외교적 실리를 지키기 위한 어쩔 수 없는 결정이었다고 해도 칼빈이 세르베투스를 반박하는 책에서 세속 정부의 역할과 한계에 대해 가장 먼저 다루는 모습은 어색하게 느껴질 수 있다. 하나님의 영광과 그리스도의 복음의 진리를 수호하려는 종교개혁의 궁극적인 목적과 비교할 때 세속 권세의 역할에 대한 논의는 부차적인 사안으로 보이기 때문이다.

그러나 이단의 문제를 처리하는 세속 정부의 역할과 그 한계를 설명하는 과제는 칼빈에게 가장 시급하고 현실적인 일이었다. 칼빈은 제네바 종교개혁을 주도하고 있는 목회자로서 세르베투스에 대한 재판 과정과 처벌이 정당하다는 점을 증명해야 할 의무가 있었기 때문이다. 그러나 그는 세속 권세의 정당성을 증명할 때 정치적, 법리적 논리가 아닌 성경적, 신학적 논리를 전개한다. 이 논리의 주된 관심사는 말씀으로 통치하시는 그리스도의 영적 권세와 무력으로 통치하는 세속 권세의 차이에 대한 것이었다. 그리고 두 통치의 차이에도 불구하고 이단에 대한 처벌에 있어서는 참된 경건의 보존 의무와 관련해 두 통치 모두가 책임을 가지고 있음을 증명하는 것이었다. 칼빈은 이 문제에 대한 신학적 논리를 전개하면서 종교개혁의 본질과 목적, 그리고 이를 위한 합당한 방식에 대해 설명한다.

칼빈은 이단에 대한 세속 권세의 정당한 처벌권을 증명하기 위해 먼저 세르베투스의 관련 주장을 요약한다. 칼빈에 따르면 세르베투스는 "세속법이 종교 문제와 아무런 관련이 없으며 서로 섞여서는 안 된다"고 주장했다.¹⁰³⁰ 칼빈은 세르베투스의 주장이 세 가지 핵심 사항으로 이루어져 있다고 분석한다.¹⁰³¹ 첫째, 세르베투스는 그리스도께서 오신 이후 성취된 성령의 새로운 영적 질서는 결코 범죄자에게 죽음을 명령하지 않는다고 주장하면서 요한복음 8장 11절과 5장 14절을 그 근거로 인용했다.¹⁰³² 둘째, 세르베투스는 누가복음 12장 13절을 근거로 삼아 신앙적 문제와 세속적 문제는 구분되어야 하며, 세속 정부의 처벌은 신앙의 문제 밖의 범죄에 대해서만 정당성을 갖는다고 말했다.¹⁰³³ 그리고 그는 자신이 제기한 문제는 세속 정부의 처벌권에 속하지 않는 신앙의 문제라고 주장했다. 셋째로, 세르베투스는 성령의 새로운 질서와 두 종류의 범죄를 구분하지 않고 율법의 엄격성을 주장하는 칼빈을 유대주의자라고 비난했다.

칼빈은 세르베투스가 근거로 내세우는 성경 본문의 해석이 잘못되었다고 비판한다. 첫째, 요한복음 8장 11절에서 예수님께서 간음한 여인에 대해 사람들에게 하신 말씀은 어떤 범죄라도 처벌해서는 안 된다는 뜻이 아니다. "하지만 그가 판관이 되어 칼을 뽑길 원하지 않았다는 것이 과연 그가 범죄들이 처벌되지 않은 채 남겨지길 원한 것을 의미하는가?"

둘째, 성경의 여러 본문이 "자신을 죽이라"고 명령할 때 이것은 육적 죽음이 아니라 영적 자기부인을 의미하는 것이 분명하다. 따라서 이런 명령들을 세속 위정자의 사법권과 연결시키는 것은 너무 무리한 해석이다.¹⁰³⁴

1030 "세르베투스 논박", 『칼뱅작품선』 7: 307, COR. IV/5, 9.
1031 세르베투스의 논리는 "기독교 재건설"에 실린 27번째 편지에서 인용된다. Epist. 27, *Christianismi Restitutio*. pp. 655-656.
1032 "하나님의 진리란 교정의 소망이 있을 때면, 언제나 죽음을 선고하는 엄격함이 예수 그리스도의 오심으로 풀린 데 있다." "세르베투스 논박", 『칼뱅작품선』 7: 307, COR. IV/5, 10.
1033 "신앙의 경우 밖의 범죄자들은 자연법이 지지하듯이 인간의 법으로 처벌된다." "세르베투스 논박", 『칼뱅작품선』 7: 308, COR. IV/5, 10.
1034 "세르베투스 논박", 『칼뱅작품선』 7: 308-9, COR. IV/5, 10.

셋째, 절망적인 자들을 제외한 자들 외에는 처벌하지 않으시는 하늘의 판관을 따라야 한다는 세르베투스의 성경해석도 부당하다. 칼빈은 항상 일관되고 동일하신 하나님께서는 "자신의 많은 신도들을, 마치 아버지가 자녀를 처벌하듯이 육체적 죽음으로 징벌하신 것이 명백하다"고 말한다.[1035] 성찬을 멸시한 결과, 목숨을 잃은 신자들이 있었음을 기록한 고린도전서 11장 30-32절이 대표적인 경우이다. 특히 이단 교리를 주장하는 것은 "치유 불가능한 악이나 지나치게 큰 중죄"에 해당한다. 세르베투스도 엄격한 처벌이 가능한 예외적 경우가 있다고 인정한 바 있었다. 이단과 같은 이 중죄에 대한 엄격한 처벌은 성령의 새로운 질서에 의해 철폐되지 않았다. "만일 그가 이단을 응징하는 엄격함이 예수 그리스도의 오심으로 완화되었음을 우리로 믿게 하길 원한다면 무슨 증거를 내놓아야 한다."[1036]

칼빈은 세속 정부가 이단을 처벌해서는 안 된다는 세르베투스의 논리와 함께 정교분리 주장한 카스텔리오의 견해도 비판한다.[1037] 카스텔리오와 같은 사람들은 성경의 모호성과 해석의 다양성을 자신의 주장을 위해 강조한다.[1038] 칼빈은 이와 같은 성경관은 하나님에 대한 모독이며 결국 기

1035 "세르베투스 논박", 『칼뱅작품선』 7: 309, COR. IV/5, 10-11.

1036 "세르베투스 논박", 『칼뱅작품선』 7: 310, "Si vult Christi adventu mitigatum esse contra haereses rigorem, testimonium proferat." COR. IV/5, 11.

1037 프랑스 출신의 신학자인 카스텔리오는 스트라스부르크에서 칼빈을 만난 후 제네바의 목회자가 되어 칼빈과 동역했다. 그러나 1544년에 칼빈의 엄격한 종교개혁 정책에 반대하면서 제네바를 떠나 주로 바젤에 머물면서 저술 활동을 계속했다. 그는 칼빈의 신학과 활동을 집중적으로 비판했으며 특히 세르베투스의 처형에 칼빈의 잘못이 크다고 비난했다. 그는 칼빈이 "세르베투스 논박"을 발표하자 곧 1554년 3월에 "이단자를 박해해야 하는가?"(*De Hereticis, an sint persequiendi*)라는 책을 출판해 칼빈의 주장을 공격했다. 그는 이 책에서 신앙의 자유와 이성적 판단과 더불어 종교와 정치의 분리를 주장했다. 박경수, "세바스티앙 카스텔리옹의 생애와 저작들: 16세기 관용 논쟁을 중심으로", 「한국교회사학회지」 31 (2012), 73-104; 강남수, "세바스티안 카스텔리오의 종교적 급진사상", 「건대사학」 7 (1989), 153-79.

1038 "모두가 각자 성경에 대해 자기가 보기에 좋은 대로 설명하기 때문이며, 진리가 마치 흐릿한 구름 속에 숨겨져 있는 것과 같기 때문이라는 것이다." "세르베투스 논박", 『칼뱅작품선』 7: 311, COR. IV/5, 12.

독교의 진정한 종교를 무너뜨리고 참된 교회를 분별할 수 없게 만들며, 하나님과 예수 그리스도에 대한 지식을 불가능하게 만든다고 비판한다.[1039] 이상의 반박이 잘 보여 주듯이 칼빈은 이단 처벌에 관한 위정자의 권세를 논의할 때 가장 먼저 올바른 성경해석에 대한 논의를 전개한다. 칼빈은 종교개혁이 강조하는 "오직 성경으로"의 원칙에 따라 이단의 문제를 판단하고 다룰 때 그 신학적 내용에 대한 판단에서뿐 아니라 처리 과정에 있어서도 성경의 가르침과 방식을 따라야 한다고 생각했다.

2.2. 세속 정부의 정치적 통치와 그리스도의 영적 통치

칼빈은 그리스도의 영적 통치와 세속 정부가 시행하는 정치적 통치 사이의 차이점을 무시하지 않았으며, 심지어 16세기 당시 이 차이가 무시된 혼동이 벌어져서 로마 가톨릭이 세속적 폭압을 자행하고 있다고 진단하기까지 했다. 칼빈이 볼 때 신앙적 문제에 대해서는 어떤 물리적 처벌도 불가하다고 보는 세르베투스의 주장은 16세기 당시 로마 가톨릭의 독재와 폭압에 반대한 결과로 볼 수 있었다.[1040] 그러나 칼빈은 로마 가톨릭의 부당한 폭압 때문에 모든 정당한 처벌이 불가능하다고 말해서는 안 된다고 생각했다. 불의와 이단에 대한 엄격한 처벌은 여전히 정당하며 필요하기 때문이다. 중요한 것은 부당한 난폭함과 정당한 엄격함을 잘 구별하는 것이었다. 칼빈은 이 구별을 종교개혁적 관점에서 설명한다. 로마 가톨릭이

[1039] "만일 확실하고 확고한 종교를 성경에서 갖지 못한다면, 우리는 방황하게 되거나, 오류에 빠져 헛되게 살게 될 것이다." "세르베투스 논박", 『칼뱅작품선』 7: 311. 이것은 필자의 번역이다. COR. IV/5, 12.

[1040] "이처럼 많은 선한 이들은 교황체제 안에서 전 종교가 야비하게 왜곡된 것과, 모든 것이 끝도 없는 악습으로 가득 찬 것, 감히 반대해 불평하는 모든 자에게 내려지는 공포가 끔찍한 혼란을 유지하는 것을 보면서, 너무 실족한 나머지 처벌이 정당한지 아닌지 구별하지 않은 채 모든 처벌을 증오하고 두려워한다." "세르베투스 논박", 『칼뱅작품선』 7: 312, COR. IV/5, 12.

자행해 온 지나친 난폭함은 "공평이나 이성에 기초하지 않은 무질서한 점유"이며, 그 가장 심각한 결과는 "예속 상태"인데, 이는 참된 종교에 대한 억압이다.

> 이 예속 상태란 바르고 합법적인 방법으로 종교의 문제에 대해 아는 것이 불법이라는 것과, 고위 성직자로 불리며 그 칭호로 지배하는 자들이 그들의 결정한 것에 일치하지 않는 말은 단 한마디도 못하게 하는 것, 간단히 말해 그들이 어떤 방식으로든 의심하고 조사하는 일을 허용하지 않는다는 것이다.[1041]

로마 가톨릭 체제하에서 자행되고 있는 억압의 문제는 일반적인 의미에서 양심의 자유를 속박했다는 점보다는 그리스도의 영적 통치를 침해했다는 점에 그 심각성이 있다. 로마 가톨릭 통치는 그 방식에서 영적 통치가 아닌 세속적 통치를 시행함으로써 교회의 본분을 훼손했다. 칼빈은 교회가 수행해야 할 그리스도의 영적 통치는 폭압과 강제가 아니라 복음 설교를 통해 이루어져야 한다고 주장한다. "나는 예수 그리스도의 통치가 처음부터 무기로 세워지지 않았음과, 그것이 인간의 힘에 의지하지 않았음을 인정한다. 사실 복음 설교는 예수 그리스도의 진정한 규이고 그가 통치하는 수단이다."[1042] 복음 설교를 사용하는 그리스도의 통치는 세상에서 많은 반대를 받을 것인데, 이는 타락한 세상의 권세가 기본적으로 복음의 진리를 반대하기 때문이다. 지금 로마 가톨릭이 종교개혁을 탄압하고 있는 것은 로마 가톨릭이 영적 기관이 아닌 타락한 세속적 기관임을 반증한다

[1041] "세르베투스 논박", 『칼뱅작품선』 7: 312, "… eo servitutis redactum esse miserum orbem, ut nec ulla disceptatio locum habeat, nec qui Praesulum nomine dominantur, vocem aliquam suis placitis dissonam admittant, nec denique dubitare vel inquirere permittant." COR. IV/5, 12.

[1042] "세르베투스 논박", 『칼뱅작품선』 7: 319, COR. IV/5, 16.

16세기 제네바

는 것이다.¹⁰⁴³

칼빈은 세속 통치와 영적 통치의 차이로 인해 발생하는 갈등과 대립에 대해서도 언급한다. "사실 첫째, 이 세상의 군주들이 자주 순전하고 거룩한 교리의 치명적인 원수들이고, 둘째, 처음에는 복음에 호의를 갖는 많은 사람이 시간이 지남에 따라 복음에 대해 격분한다."¹⁰⁴⁴ 많은 경우 두 통치는 서로 충돌할 때가 있다. 이런 경우 복음의 사역자들은 세속 권세에 굽신거리면 안 되고, "어떤 변화가 일어나든지 예수 그리스도가 자신을 대신해 자신의 말씀을 전하게 하시기 위해 위임하신" 그 길을 걸어야 한다. "이는 영원불변하는 하나님의 진리가 자신의 불충으로 말미암아 손상되지 않게 하기 위함이다."¹⁰⁴⁵ 칼빈은 여기에서 지금 종교개혁을 억압하고 있는

1043 "우리 시대에도 복음은 대부분의 사람을 거슬리고서야 비로소 세워지고 그 상태에 머문다. 이처럼 복음이 지탱되는 것은 그 자체의 힘 때문이지 세상의 후원 때문이 아니다." "세르베투스 논박", 『칼뱅작품선』 7: 319, COR. IV/5, 16.

1044 "세르베투스 논박", 『칼뱅작품선』 7: 320, COR. IV/5, 16. 칼빈의 이 주장은 어쩌면 10여 년 전 자신의 복귀를 간청했지만 지금은 종교개혁에 반대하고 있는 제네바 시의회의 자유방임과 지도자들에 대한 평가일 수 있다.

1045 "세르베투스 논박", 『칼뱅작품선』 7: 320, COR. IV/5, 16. 칼빈은 여기에서 복음 사역자들의 설교 역량과 관련해 인문학적 훈련과 세속적 도움의 필요성에 대해 말한다. "이제 만일 그 무엇도 복음 설교가 오직 성령의 은밀한 능력으로 그 효력을 갖는 힘이 있음을 방해하지 못한다면, 그럼에도 그 설교가 인문학을 마치 몸종처럼 데리고 다닌다면, 마찬가지로 비록 기독교와

고국 프랑스의 상황을 염두에 두고 있는 것으로 보인다. 칼빈은 종교개혁을 억압하는 교황청이나 세속 군주들의 폭압에 맞설 때, 그들과 동일하게 무력을 사용해서는 안 된다고 생각했다. 종교개혁의 목적이 그리스도의 통치를 회복하는 것이었기 때문에, 개혁자들은 박해와 억압에 대해 칼과 갑옷이 아니라 예수님께서 보여 주신 인내와 희생의 방식을 취해야만 한다. "그들은 필요할 때면 그들의 입으로 전한 교리를 자신의 피로 서명할 각오를 해야 하기 때문이다."[1046]

그러나 밖에서 닥쳐오는 위협과 핍박에 대해 무력으로 저항하지 말아야 한다는 당위와, 교회 안에서 발생하는 이단들이나 방종을 엄격하게 관리해야 한다는 의무는 별개의 문제이다. 칼빈은 하나님의 교회는 "하나님의 유일한 입에서 나오는 신앙고백"을 가지고 교회 안에서 이 고백을 향한 열심이 "잘못되지 않을까 하여 그 열심을 같은 규칙에 따라 절제"해야 하며 항상 "신중함과 관대함"을 지켜야 한다고 말한다.[1047] 물론 신앙고백에 부응하는 절제와 신중함을 추구하는 영적 통치의 방식은 부득이함으로 복종하는 세속 통치의 방식과 분명히 다른 것이다.

칼빈은 교회 안에서 발생하는 이단과 방종의 문제를 관리하는 데 있어서 선한 세속 통치자의 역할이 필요하다고 생각했다. 영적 통치와 세속 통치 사이의 분명한 차이가 있지만, 그렇다고 해서 모든 세속 위정자들을 악

그 신앙 역시 오직 하나님의 손으로 지탱되고 십자가 밑에서 승리한다 해도, 그것은 사람들을 통해 도움을 받고 하나님이 기뻐하실 때, 그 사람들의 권위의 후원을 받는다." "세르베투스 논박", 『칼뱅작품선』 7: 321, COR. IV/5, 17.

[1046] "세르베투스 논박", 『칼뱅작품선』 7: 319-20, COR. IV/5, 16.

[1047] "세르베투스 논박", 『칼뱅작품선』 7: 318, "Longe alite Ecclesia Dei, quae ut fidei suae confessionem ex ore Dei petit, ita ad eandem regulam ne praepostere feratur, zelum suum temperat. Nobis igitur quin servanda sit exacta tum prudentia, tum mansuetudo, nulla dubitatio est: deinde quin iudicio praeire debeat placida et religiosa doctrinae cognitito." COR. IV/5, 15.

하다고 말할 수는 없다. 하나님께서 사용하시는 선한 위정자들이 있기 때문이다. 칼빈은 하나님의 종으로 쓰임 받는 선한 군주들의 도리에 대해 명료하게 설명한다. 이들은 미지의 소송을 분별없이 변호해서도 안 되며, 다른 한편 악을 처벌할 때 너무 큰 엄격함으로 끌려서는 안 된다. 즉, 엄격함은 피해야 하지만 처벌권이 부정되어서는 안 된다. 칼빈은 이처럼 세속 권세의 정당성을 인정하며, 특히 세속 위정자들이 신앙적 문제에 대해서 정확하고 단호한 판단과 처벌을 할 수 있다고 주장한다.

> 그러나 이것은 선하고 신실한 위정자의 직무가 신앙을 배반하여 다른 사람들을 반역하도록 부추기고 꼬드기는 자들과, 하나님의 영예를 모독하면서 그들의 오류로 불쌍한 영혼을 멸망으로 이끄는 자들, 교회의 화합을 어지럽히고 신앙의 일치를 부수고 찢는 자들을 검의 권세 및 바르고 적합한 처벌을 통해 억압하는 것임을 방해하지 않는다.[1048]

공적 권세를 부여받은 위정자들의 권한과 개인으로서 신자들의 권한에는 서로 차이가 있다. 개인으로서의 신자들은 그리스도의 십자가 깃발 아래에서 전투하는 동안 "결코 사람들을 기쁘게 하지 않는" 굳은 신앙고백을 가지고 끝까지 인내해야 한다. 신자들이 이런 인내의 결과로 죽음을 당하게 된다면 이것은 순교에 해당한다. 그러나 세르베투스의 경우와 같이 자기 마음대로 생각해 낸 이단적 주장 때문에 정당한 세속 권세로부터 처벌을 당하는 경우를 신자의 고난이라고 말할 수 없다. 비록 부당한 로

[1048] "세르베투스 논박", 『칼뱅작품선』 7: 318, COR. IV/5, 15. 칼빈은 이 점에 있어 도나투스파를 비판한 아우구스티누스의 말을 직접 인용한다. "비록 사람들이 이단이라 해도, 만일 그들을 가르치지 않은 채 무섭게 한다면, 그것은 지나친 지배가 될 것이다. 반대로 그들을 무섭게 하지 않고 가르치기만 한다면, 그들은 오랜 습관을 통해 강퍅해져서 결코 구원의 길로 돌아오려고 생각하지 않을 것이다." *Epist. 48 ad Vicent*=Ep. 93.3 (MPL. 33: 322).

마 가톨릭의 권력에 의해 처벌을 당한다고 해도 그것은 결코 칭찬할 수 있는 고난이나 순교일 수 없다. 칼빈은 "참된 지성과 올바른 신앙은 참된 열성파와 오직 자기들의 상상으로 끌려가는 어리석고 경솔한 자들을 분별한다"고 말하면서 "순교자를 만드는 것은 명분이지 처벌이 아니다"라고 선언한다.[1049] 중요한 것은 분별이다. 참된 종교를 지키기 위해 세속 위정자가 시행하는 엄격한 권세는 잔인한 폭압을 행하고 있는 로마 가톨릭의 부당한 권세와 분명 다른 것이다. 로마 가톨릭 치하에서 당하는 고난과 죽음은 순교에 해당하지만, 세르베투스와 같이 이단적 주장을 퍼뜨리다가 세속 정부의 정당한 처벌을 받는 것은 결코 고난도 순교도 아니다.

2.3. 세속 권세의 정당성 논쟁

칼빈은 당시 교황 치하에서 벌어지고 있는 난폭함이 모든 세속 권세의 사용을 거부하는 이유가 될 수 없다고 주장한다. 왜냐하면 하나님께서 "누군가가 백성을 참 종교에서 끌어내 타락시키려 애썼을 때" 그런 자들에게 "큰 엄격함을 사용하라고" 명하셨기 때문이다.[1050] 칼빈은 이 주장을 증명하기 위해 성경과 더불어 여러 교부들의 주장을 그 근거로 제시한다. 첫째, 예레미야 38장 6절에서 예레미야는 당시 폭군들로부터 부당한 고통을 당하자 그들을 향해 하나님의 보응이 있을 것이라고 분명히 경고했다. 신약시대의 사도들 역시 자신들을 박해하는 자들이나 이단자들을 향해 엄격한 처벌이 있을 것이라고 예고했다.[1051]

1049 "세르베투스 논박", 『칼뱅작품선』 7: 316, "Nempe ut recte idem Augustinus definit, martyrem facit causa, non poena." COR. IV/5, 14. Cf. Epist. 89: 2 (MPL. 33: 310); Epist. 204: 4 (MPL. 33: 940).

1050 "세르베투스 논박", 『칼뱅작품선』 7: 313, COR. IV/5, 13.

1051 "세르베투스 논박", 『칼뱅작품선』 7: 313, COR. IV/5, 13.

칼빈은 초대교회 교부인 힐라리우스(Hilarius, 300-368)의 말도 인용한다. 힐라리우스는 당시 고위성직자들이 사람들을 억지로 믿게 하려고 권력을 잘못 사용하고 있다고 불평했다. 그런데 그가 말한 잘못된 권력 사용은 모든 세속 권력은 아니었다. 그가 불평한 권력은 밀라노 주교 아욱센티우스(Auxentius of Milan, c. 355-374)의 잘못된 권력 남용이었다. 아욱센티우스는 이단적인 삼위일체 교리를 교구민들에게 강요했으며, "그들의 가증된 오류들을 검으로 유지하면서 사용하는 야만적 엄격함"까지 보여 주었다. 칼빈은 이 사례를 근거로 삼아 바른 권력 사용과 잘못된 사용의 구별이 필요하다고 말한다. 그리고 이 둘 사이를 구별하는 기준은 각 권세의 시행 가운데 "하나님의 말씀"이 있는가, 없는가의 여부이다. 칼빈은 힐라리우스가 지적했던 야만적 엄격함이 16세기 당시 교황주의에 해당된다고 주장한다. "목자의 직무를 버리고서도 스스로 교회의 기둥이라고 자랑하며 성직자의 칭호를 갖는 모든 자는 그들의 독재적 칙령들로 벼락을 칠 뿐이다."[1052] 칼빈은 느부갓네살의 칙령을 언급한 아우구스티누스의 주장도 인용하여 세속 권력이 참된 교회와 신앙을 지키기 위해 엄격한 처벌을 집행하는 경우 이는 정당할 뿐 아니라 필수적이라고 주장한다.

> 그러나 박해자들이 검을 사용했다는 사실은 선하고 신실한 위정자들이 때로 부당하게 괴로움을 당하는 교회를 보전하기 위해 정의의 방망이를 사용하는 것을 막지 않으며, 순교자들이 당한 고난은 선한 군주들이 하나님 자녀들로 하여금 온전한 순수함 가운데서 평온히 그를 섬기게 하려고 그들에게 베푸는 보호의 문을 닫지 않는다.[1053]

[1052] "세르베투스 논박", 『칼뱅작품선』 7: 313-4, COR. IV/5, 13.
[1053] "세르베투스 논박", 『칼뱅작품선』 7: 314, COR. IV/5, 13.

세속 권세의 합법적 사용에 대한 칼빈의 설명은 또 다른 정치적, 사회적 논의로 이어지지 않는다. 그는 세속 권세에 대해 설명할 때 항상 참된 종교를 회복하려 한 종교개혁의 신앙적 대의에 강조점을 둔다. "종교의 유지를 위한 열심"이 핵심 주제이다.

> 실제로 우리는 우리가 종교 자체에 대해 판단하듯이, 종교를 유지할 때 가져야 하는 열심에 대해 판단해야 한다. 우리는 하나님의 순전한 말씀에 달라붙어 있는 자들은 잘 세워진 종교와 신앙을 갖는다고 말할 것이다. 누군가가 하나님을 섬기는 방식을 제멋대로 만들어 내거나, 사람들이 어리석게 고안해 낸 것에 무턱대고 열중한다면 그가 열심을 낼수록 더욱 그는 미신을 결코 인정하지 않는 하나님 앞에서 죄인이 될 것이다.[1054]

참된 종교의 회복과 유지라는 의무 앞에 세속 위정자들도 예외가 될 수 없다. 이 의무를 감당하는 방식은 각자의 신분과 직분에 따라 다르지만 이 의무는 하나님께서 모든 신자들에게 공통적으로 부여하신 의무이기 때문이다. "그러나 동시에 하나님은 왕들과 군주들에게 그들의 권력을 사용하여 참된 종교와 그것을 구성하고 있는 복음을 수호하라고 명하신다."[1055]

칼빈은 참된 위정자들에게 부여된 종교 보호의 의무와 관련해 특히 복음을 방해하는 악인들을 향한 공권력의 엄정한 집행을 요구한다.

> 따라서 선한 위정자들이라면 구원의 교리와 올바른 종교의 보호자가 되어,

[1054] "세르베투스 논박", 『칼뱅작품선』 7: 315, COR. IV/5, 13.
[1055] "세르베투스 논박", 『칼뱅작품선』 7: 322, COR. IV/5, 17-18. 칼빈은 여기에서 종교개혁 신학을 지지하다가 황제 칼 5세에게 맞서 싸운 요한 프리드리히 선제후를 대표적인 사례로 언급한다. "그는 하나님의 영광을 완전하게 하는 일이 자신에게 위임되었음을 알았기 때문이다."

그렇지 않고서는 다루기 힘든 자들을 억지로라도 신앙으로 이끌어야 할 뿐 아니라, 예수 그리스도가 그들 나라에서 추방되지 않게, 그의 거룩한 이름이 치욕에 내던져지지 않게, 악인들이 난폭한 대담성으로 하나님의 교리를 대적하지 않게, 그들의 미지근함 때문에 그들에게 보호하도록 명령된 무지하고 연약한 자들이 멸망으로 끌려가지 않게 해야 한다.[1056]

이어지는 논의에서 칼빈은 참된 종교의 보존을 위한 세속 권세의 역할과 관련해 세르베투스와 같은 자들이 자신들의 주장을 위해 자주 내세우는 성경 본문들을 조목조목 재해석한다. 첫째, 세르베투스를 비롯한 급진적인 자들은 예수님을 "상한 갈대를 꺾지 않고 꺼져 가는 등불을 끄지 않는" 분으로 예언한 이사야 42장 1-3절을 인용해 "그리스도의 제자들은 마땅히 스승이 행하고 모범을 보이신 관용을 간직해야 한다"고 주장했다. 칼빈은 이 해석에 맞서 우선 여기에서 이사야가 칭송하는 예수 그리스도의 부드러움이 모든 신자들에게 보편적으로 요구되는 것은 아니라고 말한다. 그리고 온유한 예수님께서 결코 재판관들의 권한과 직무를 부인한 적이 없음을 지적한다. 그리고 마태복음 21장 12절에 대해서도 반박을 위한 해석을 제시한다. 이 본문에서 예수님은 "경건의 미명 아래 성전 안뜰에서 희생 제물들을 파는 자들을 억지로" 쫓아내셨다. 칼빈은 이 본문을 근거로 삼아 다음과 같이 반문한다. "공개적으로 하나님을 조롱하고 희롱할 뿐 아니라, 모든 그의 성전과 존엄한 보좌를 신성모독으로 더럽히고 부패시키는 배교자들을 응징하기 위해, 선한 위정자들이 하늘에서 그들에게 부여된 검을 뽑지 못할 이유가 무엇인가?"[1057]

1056 "세르베투스 논박", 『칼뱅작품선』 7: 313, COR. IV/5, 13.
1057 "세르베투스 논박", 『칼뱅작품선』 7: 324, COR. IV/5, 19.

둘째, 세르베투스는 마태복음 13장 29절 이하에 기록된 가라지의 비유를 근거로 삼아 위정자들이 이단들을 처벌해서는 안 되며, 사실상 악행에 대한 치리는 모두 부당하다고 주장했다. 칼빈은 우선 마태복음 13장의 비유가 교회의 거룩함이 가지고 있는 종말론적 특징을 가르치고 있음을 인정한다. 즉, 하나님께서 섭리적 목적에 따라 "그의 교회가 수많은 악에 굴복되는 것을 허락"하시며, 신자들이 힘을 다해 교회에 있는 악덕들을 제거하는 데 힘을 쓴다고 해도, "영원히 찌꺼기를 남기지 않은 정도로 그 작업을 마무리할 수는 없을 것이다."[1058] 그러나 교회의 거룩성이 종말론적인 특징을 가지고 있다는 사실이 불의와 이단을 처벌해야 하는 현재의 모든 법과 정치 체제와 재판을 무용지물로 만드는 것은 아니다. 그리스도께서는 어떤 경우에서든 자신의 피로 깨끗하게 하셔서 하나님의 영광을 비추도록 거룩한 신부로 삼으신 교회가 사악한 오점으로 얼룩지는 것을 그대로 용납하지 않으시기 때문이다. 따라서 출교와 같은 엄격한 권징은 정당하며 필수적이다. 칼빈은 출교가 "하나님의 교회를 깨끗하게 세우기 위한 가장 좋은 처방"이라고 말한다.

셋째, 세르베투스와 그의 추종자들은 사도행전 5장 34-38절에서 가말리엘이 사도들을 박해하지 말라고 말한 조언이나, 사도행전 23장 26절에서 글라우디오 루시아가 사도 바울을 정죄하지 않은 경우를 근거로 들어 세속 위정자가 신앙의 문제를 심판해서는 안 된다고 주장했다. 칼빈은 이 주장에 맞서 가말리엘이나 글라우디오는 참된 종교와는 전혀 상관이 없는 자들이었음을 지적한다.[1059] 그들은 지금 종교의 회복을 위해 말한 것이 아

[1058] "세르베투스 논박", 『칼뱅작품선』 7: 327, COR. IV/5, 20.
[1059] "심지어 그는 이 참된 종교가 폐기되길 원했을 것이고, 따라서 유대인들이 탄원했을 때, 이것이 갈기갈기 찢겨지는 것을 즐겨 보려 했을 것이다." "세르베투스 논박", 『칼뱅작품선』 7: 327-8, COR. IV/5, 21.

니라 사도들이 증거하는 예수 그리스도의 참된 종교를 가로 막기 위해 말하고 있는 것이다. 세르베투스와 같이 자기의 잘못된 주장을 증명하기 위해 성경 본문의 맥락을 무시하고 어떤 특정한 사례를 찾아 근거로 삼는 것은 온당한 성경해석의 태도가 아니다.

마지막으로 세르베투스와 같은 자들은 마태복음 26장 52절에서 예수님께서 베드로에게 칼을 칼집에 꽂으라고 하신 명령을 근거로 삼아 모든 공권력의 사용을 부정한다. 칼빈은 여기에서 예수님께서 금지하신 것은 사적인 복수라고 해석한다. 그리고 이 본문을 구속사적 차원에서 해석한다. 즉, 예수님께서 베드로에게 이렇게 명령하신 이유는 사도인 베드로가 "경솔하게 자기의 소명 밖으로 빠져나가는 것을 원하지 않으셨기 때문"이며, 또 "자신의 죽음으로 이루어져야 하는 인류의 구속이 늦어지기를 원하지 않으셨기 때문"이다.[1060] 따라서 이 명령이 손에 검을 들고 있는 판관들을 무장 해제 시키거나 그들이 감당해야 할 복음 수호의 의무를 기각하는 것은 분명히 아니다. 세속 권력의 사용 가능성에 대해 세르베투스가 내세운 주장을 반박할 때, 칼빈이 전개하는 성경 본문 재해석의 방식과 내용은 "오직 성경으로"의 원칙의 취지와 목적이 무엇인지를 파악할 수 있게 한다. 그 취지와 목적은 참된 종교의 회복과 보존이다. 이 목적을 위배하는 파편적이며 자의적인 성경해석은 부당하며 위험하다.

2.4. 세속 권세 사용의 방식과 목적

그렇다면 세속 위정자들이 종교의 수호를 위해 검의 권세를 사용할 수 있으며, 또 사용해야 한다고 말할 수 있는 적극적인 근거는 무엇일까? 칼

[1060] "세르베투스 논박", 『칼뱅작품선』 7: 329, COR, IV/5, 21-22.

빈은 크게 두 가지 근거를 제시한다. 첫 번째 근거는 모든 사람들이 가지고 있는 천성적 지각이며, 두 번째 근거는 하나님의 말씀인 율법이다.

첫 번째 근거에 대해 칼빈은 다음과 같이 말한다. "첫째, 이교도들과 불신자들이 우리에게 증인이 될 것이다. 즉, 천성적 지각은 잘 조직된 모든 정체에서 종교가 정부를 가지며, 그 종교는 법으로 유지되어야 한다고 가르친다는 것이다."[1061] 칼빈은 하나님에 대한 신앙과 무관하게 종교에 대한 관심이 모든 사람에게 있다고 말한다.[1062] 그는 『기독교강요』에서도 모든 사람들 안에 있는 종교의 씨앗(semen religionis)과 신성에 대한 의식(sensus divinitatis)을 인정했다.[1063] 그는 "세르베투스의 논박"에서 이와 같은 보편적 종교의식의 대표적인 증거로 다니엘 3장에 나타난 느부갓네살 왕의 사례를 거론한다. "느부갓네살이 살아 계신 하나님의 영광을 유지하는 데 전념했다는 점에서 성령과 선지자의 증언을 통해 칭송되고 있는바, 과연 이것이 신실한 위정자가 하나님의 영광이 모독당하는 것을 보면서 모른 척 위장하게 하기 위함이었겠는가?"[1064]

두 번째 근거인 하나님의 율법과 관련해 칼빈은 신명기 13장 6-10절을 인용하면서 율법 적용의 보편성을 강조한다. "하나님이 자신의 교회에 어떤 법을 만드시고 세우셨는지 들어보자. 백성을 유혹해 종교의 바른 길에

[1061] "세르베투스 논박", 『칼뱅작품선』 7: 330, COR. IV/5, 22.
[1062] "이 주제를 취급한 모든 철학자들을 읽어 보면 하나님 예배로 시작하지 않는 자가 없으며, 각자가 자신의 위치에서 선하게 여긴 종교에 일등급을 매기지 않은 자가 없다." "세르베투스 논박", 『칼뱅작품선』 7: 330, COR. IV/5, 22.
[1063] "삶의 다른 모든 부분에서 결코 짐승과 다름이 없어 보이는 사람들일지라도 어떤 종교의 씨앗을 계속해서 보유하고 있다. … 심지어 어떤 집에도 종교가 없는 곳이 없었다는 사실에서 비롯되는 어떤 암묵적인 고백은 모든 사람의 마음에 신성에 대한 의식이 새겨져 있다는 것이다." Institutes, I.3.1, OS 3: 38. 그러나 칼빈이 여기서 말하는 종교의 씨앗이나 신성에 대한 의식은 자연계시를 위한 긍정적 가능성이라기보다 타락한 인간이 반드시 우상숭배에 빠질 수밖에 없게 되는 부정적 원인이다.
[1064] "세르베투스 논박", 『칼뱅작품선』 7: 331, COR. IV/5, 23.

서 이탈하게 하는 모든 선지자와 꿈꾸는 자를 죽음에 처하라고 명하신 뒤, 그는 이 형벌을 모두에게 확대하신다."1065 칼빈이 볼 때, 이 명령의 요점은 두 가지이다. 첫째는 하나님께서 모든 종교가 아니라 자신의 입으로 세우신 그 종교를 유지하라고 하셨다. 둘째, 처벌의 대상은 불신자들이 아니라 율법의 가르침을 받은 후 배교한 자들이었다.1066 칼빈은 하나님 예배(cultus Dei)를 말씀대로 준수함으로써 참된 종교를 수호하라는 명령은 구약 시대에 국한되지 않는 보편적인 명령이라고 주장한다. 우리는 하나님께서 이 명령을 직접 말씀하셨다는 사실로부터 "하나님이 세상 끝까지 자신의 교회에서 무엇이 지켜지길 바라시는지를" 깨달아야만 한다.1067 그러므로 하나님 예배를 변질시키는 이단들을 처벌하지 않으면서도 방치하지도 말자고 말하는 "우리의 자비로운 자들은 이제 그들의 환상이 하나님의 명령에 너무 일치하지 않음을" 깨달아야 한다.1068

세속 위정자들은 하나님께서 주신 보편적 의무에 따라 이단과 배교자들을 엄격하게 처벌해야만 한다. 그러나 적절한 처벌의 방식과 그 일관된 목적이 항상 확립되어 있어야 한다. 칼빈은 처형만이 모든 신앙적 오류의 유일한 처벌 방식이라고 말하지 않았다. 처벌의 방식은 오류들의 심각함에 따라 차별적으로 적용되어야 한다. 그는 성경을 근거로 삼아 신앙적 오류를 세 가지로 구분한다. 첫째는 모든 신앙 조항에 일치하지 않더라도 그것이 미미한 오류인 경우이다. 이 경우에는 사도 바울의 권면대로 인내로 견디면서 "온화함으로 그런 악을 고치기 위해" 수고하는 것이 마땅하다. 둘째는 경박함이나 야심에서 비롯되어 교회에 해를 가져오는 오류들이다.

1065 "세르베투스 논박", 『칼뱅작품선』 7: 332, COR. IV/5, 23.
1066 "세르베투스 논박", 『칼뱅작품선』 7: 332-3, COR. IV/5, 23-4.
1067 "세르베투스 논박", 『칼뱅작품선』 7: 334, COR. IV/5, 24.
1068 "세르베투스 논박", 『칼뱅작품선』 7: 334, COR. IV/5, 24.

이 오류들은 처벌이 필요하지만 "하나님에 대한 경멸과 폭동을 수반한 반역이 없다면, 엄격성이 너무 거칠지 않게 절제"하면서 교정하도록 해야 한다.[1069] 문제는 세 번째 종류에 해당하는 오류이다. 이 오류는 "종교의 기초들을 파괴하려 애쓰는 악한 영들이 있어, 영혼들을 파멸로 이끌기 위해 하나님을 향해 가증한 신성모독을 토해 내고 치명적인 독과 같은 저주스러운 생각"을 심는 것이다. 칼빈은 세르베투스가 이런 심각한 경우에 해당한다고 여기고, 이런 자들을 향해서는 "악이 더 이상 흘러나오지 못하도록 최후의 처방이 필요"하다고 말한다.[1070]

칼빈은 이런 최후의 처방이 요구되는 심각한 오류의 구체적인 사례를 성경에서 제시한다. 모세는 너그럽고 온유한 사람이었지만, 출애굽기 23장에서 하나님 예배를 위반한 자들을 향해 가혹한 처벌을 실행했고, 하나님의 영은 그의 이런 단호한 처벌을 높이 칭찬했다. 칼빈은 이 사례에서 다음과 같은 결론을 이끌어 낸다. "그러므로 비록 다른 죄들을 고치기 위해 관용을 사용하는 게 칭송할 만한 덕이지만, 모든 신실한 판관들은 하나님의 예배가 뒤집히는 것을 볼 때, 엄격함을 사용하는 것을 숨기지 않을 정도로 그 예배를 중요하게 여겨야 한다."[1071]

하나님 예배에 대한 철저한 준수 의무는 시대를 관통해 보편적이다. 칼빈은 로마서 13장을 근거로 삼아 예수 그리스도께서 오심으로써 세상의 정치 질서나 법에 의한 처벌이 폐지된 것이 아니라고 주장한다. "즉, 그리스도의 강림이 정치 질서에 속한 것을 바꾸지 않았고 위정자의 올바른 직

[1069] "세르베투스 논박", 『칼뱅작품선』 7: 335-6, COR. IV/5, 25.
[1070] "세르베투스 논박", 『칼뱅작품선』 7: 336, COR. IV/5, 25.
[1071] "세르베투스 논박", 『칼뱅작품선』 7: 336, "Ergo ut in aliis omnibus peccatis laudabilis sit clementia, severe impietatem quae Dei cultum everit, sanctis Iudicibus ulcisci necesse est, ne hominum offensas stulte mitigando, Dei ipsius iram in se provocent." COR. IV/5, 25-6.

무를 조금도 감소시키거나 삭제하지 않았다는 것이다."[1072] 오늘날에도 존속되고 있는 세속 권세의 역할 안에는 바른 교리와 예배의 보호가 포함되어 있다. "사실 모든 선지자를 통해 기록되길, 그리스도의 통치 아래에서 왕들은 하나님의 순전한 교리와 그 예배의 보호자들이 되어 그것들을 온전히 유지할 것이라고 되어 있다."[1073] 칼빈은 시편 2편 12절에서 다윗이 군주들과 판관들이 하나님의 아들에게 입을 맞추라고 권면한 점, 시편 68편 30절과 72편 10절에서 왕들이 먼 곳에서 와서 예수 그리스도의 모습으로 나타나신 하나님께 조세를 바치라고 말한 점, 이사야서 49장 23절에서 군주들이 교회의 양육자가 되리라고 예언한 점을 이와 같은 주장의 근거로 제시한다. "따라서 모든 신실한 위정자들이 그들의 나라에서 우리 주 예수의 왕국을 유지하고 그들의 검의 권세를 적용하는 책임이 하나님에 의해 그들에게 위임되었다는 사실은 의심의 여지가 없다."[1074]

신약에서는 디모데전서 2장 2절이 중요한 근거이다. 칼빈은 이 본문이 교회에서 왕들과 높은 지위에 있는 모든 사람들을 위해 기도하라고 명령한 점에 주목한다. 이 명령이 주어진 목적은 신자들이 "모든 경건과 예절 가운데서 평온한 생활을 영위하기 위함"이다. 따라서 이 명령은 개인들이 사적으로 하나님을 섬기라고 권면하는 것이 아니라 "정의의 지팡이를 들고 있는 자들의 공적 책임"을 가르치고 있다. 즉, 위정자들의 의무는 경건과 예절 가운데 참된 종교를 수호하는 것이다. 여기에서 주목되는 것은 칼빈이 "경건"의 유지를 세속 권력의 중요한 목적이라고 명시하고 있다는 점이다. "[바울은] 그들의 책임을 그들에게 속한 것을 사람들에게 이행하는 것에 국한시키지 않으며, 우리가 평화와 공평 가운데서 살도록 하는 것에

[1072] "세르베투스 논박", 『칼뱅작품선』 7: 337, COR. IV/5, 26.
[1073] "세르베투스 논박", 『칼뱅작품선』 7: 337, COR. IV/5, 26.
[1074] "세르베투스 논박", 『칼뱅작품선』 7: 338, COR. IV/5, 26.

국한시키지 않는다. 오히려 그는 그들이 경건을 유지하기 위해 세워졌다고 명백히 선포한다."[1075] 따라서 세속 집권자들은 경건을 지키기 위해 진리를 뒤엎는 이단들을 그들의 권세를 사용해 처벌해야만 한다.[1076] 칼빈은 기독교 신앙을 가진 군주가 존재하지 않았던 로마제국 시절에 이런 명령이 주어졌다면 신앙을 가진 군주들이 많은 이 시대에 세속 군주들로부터 경건의 보존과 진리의 수호라는 의무를 빼앗는 것은 어불성설이라고 말한다.

칼빈이 세속 권세의 목적에 포함시킨 바른 복음의 진리와 순수한 하나님 예배 등은 종교개혁이 회복하려 한 기독교 신앙의 핵심 사항들이었다. 로마 가톨릭이 변질시키고, 세르베투스와 같은 이단들이 혼란하게 만들어 놓은 기독교 종교를 회복함으로써 하나님의 영광을 온전히 드러내는 것이 종교개혁의 궁극적인 목적이었다. 세속 군주들이 이단 등의 문제를 처벌하기 위해 검의 권세를 행사할 때에도 그 목적은 하나님의 영광을 드러내는 것이어야 한다. 칼빈은 정치제도의 본질을 하나님의 영광을 위해 사람들 사이의 질서를 확립하는 것이라고 보았다. 그리고 이 질서 가운데 온전한 하나님 예배의 유지가 포함되어 있다.[1077] 그러므로 칼빈에게는 참된 종교를 보호하는 것이 정치 질서의 궁극적 목적이었다. 칼빈은 종교가 없다면 어떤 종류의 정부도 불완전할 뿐이며, 하나님 예배를 유지하는 일에 관심을 기울이지 않은 채 다만 시민적 소송에만 전념하는 위정자는 "단지 모호한 것이거나 절반만 만들어진 조생아와" 같을 뿐이라고 주장했다.[1078]

1075 "세르베투스 논박", 『칼뱅작품선』 7: 338, "COR. IV/5, 27.

1076 "이로부터 오는 결과는 필요하다면 진리를 뒤집는 이단들을 처벌하면서라도 하나님의 진리를 수호하기 위해 검이 그들의 손에 주어진다는 것이다." "세르베투스 논박", 『칼뱅작품선』 7: 339, COR. IV/5, 27.

1077 "선하고 바른 정체의 목적이 사람들 사이에서 적법한 질서를 보전하는 것이므로, 우리는 하나님의 영광이 경멸될 때, 주요 질서가 너무 파괴되어 사람들의 삶이 야수와 같이 되는지를 살펴야 한다." "세르베투스 논박", 『칼뱅작품선』 7: 331, COR. IV/5, 22.

1078 "세르베투스 논박", 『칼뱅작품선』 7: 331, COR. IV/5, 22.

3. 종교개혁의 핵심 교리

칼빈은 『세르베투스 논박』에서 제네바 시의회의 이단 처벌이 정당했음을 주장한 후 뒤이어 세르베투스의 이단적 교리를 본격적으로 반박한다. 이 반박 과정에서 칼빈과 종교개혁자들이 지키려 했던 종교개혁의 핵심 교리들의 내용이 선명하게 드러난다. 앞서 리베르탱파를 반박하는 과정에서 신론과 섭리론, 종말론 등이 중요한 쟁점이었다면 세르베투스를 반박하는 과정에서는 삼위일체론과 기독론, 그리고 성례론이 가장 중요한 쟁점으로 부각된다. 구원론은 트렌트 회의를 반박할 때처럼 세르베투스의 신학 사상을 반박할 때에도 중요한 쟁점으로 다루어진다.

바른 교리의 회복과 확립은 종교개혁의 가장 중요한 목적들 가운데 하나였다. 앞서 언급했듯이 칼빈은 교리(doctrina)가 참된 종교의 영혼이라고 말한 바 있다.[1079] 로마 가톨릭이 왜곡해 놓은 여러 교리들뿐 아니라 동시대 급진세력들이 주장한 과격한 교리들 역시 참된 종교에 치명적인 위협이 되었다. 특히 이들은 로마 가톨릭에서조차 손상시키지 못했던 삼위일체론과 기독론과 같은 근본적인 교리를 과격하게 재편하려 했다. 칼빈은 성경을 신학과 신앙의 최고의 권위라고 강조했지만, 그가 말하는 "오직 성경으로"의 원칙은 기존의 교리와 교회의 전통을 완전히 부인하는 과격한 원칙은 아니었다. 그는 종교개혁 교리의 정당성을 증명하기 위해 성경 본문의 가르침뿐 아니라 교부들의 신학적 주장들도 적극적으로 인용했다. 칼빈의 이와 같은 입장은 세르베투스의 과격한 신학 사상을 반대하는 논의에서 구체적으로 적용된다.[1080]

1079 "교회 개혁의 필요성", 『칼뱅작품선』 2: 10, CO.6: 459-60.
1080 David C. Steinmetz, *Calvin in Context* (Oxford: Oxford University Press, 2010), 210.

칼빈은 세르베투스의 이단 사상이 그의 지나친 자만과 만용에서 비롯된 불경건의 결과라고 평가하고, 그의 이단적 주장을 효과적으로 반박하기 위해 세르베투스가 1546년부터 1547년까지 리옹에서 자신과 주고받은 서신의 내용을 있는 그대로 "세르베투스 논박"에 수록했다.[1081] 세르베투스는 칼빈에게 보낸 첫 서신에서 세 가지 질문을 던졌다. 첫째는 삼위일체 교리에 대한 것이었고, 둘째는 구원에 대한 것이었으며, 마지막은 두 가지 성례에 대한 것이었다. 칼빈은 이 질문에 대해 간략하지만 분명하게 답했고, 이 답신에 대해 세르베투스가 다시 반박하는 내용의 서신을 보내자 두 번째 답신을 통해 자신의 입장을 보충해 설명했다. 칼빈은 세르베투스가 이후 자신에게 보낸 편지들에 대해서는 더 이상 답을 하지 않았다.[1082] 반박의 궁극적인 목적은 세르베투스와 벌인 논쟁에서 승리하는 것이 아니라 종교개혁의 대의와 그 근간을 이루는 정통 교리를 밝히는 것이었기 때문이다. 이를 위해 칼빈은 "세르베투스 논박" 후반부에서 자신이 세르베투스의 신학적 오류를 지적하기 위해 제네바의 목회자들과 재판관들에게 제출했던 38개 오류 조항을 첨부했다.[1083] 그러므로 두 사람 사이에 주고받은 서신들과 38개 논제를 중심으로 칼빈이 밝히려 했던 종교개혁적 교리의

[1081] 이때 두 사람이 주고받은 서신교환은 출판업자였던 프렐롱(Jean Frellon)이 주선했으며 세르베투스가 칼빈에게 보낸 편지는 세 통이었고, 칼빈이 세르베투스에게 보낸 편지는 두 통이었다. 칼빈이 이 서신들을 독자들이 직접 대함으로써 자신의 겸손한 자세와 세르베투스가 불경한 태도를 비교해 볼 수 있기를 기대했다. "세르베투스 논박", 『칼뱅작품선』 7: 343, COR. IV/5, 30. 각주 #75.

[1082] 아마도 세르베투스는 칼빈의 『기독교강요』 사본 여백에 자신의 반박을 기록해서 보낸 것으로 추정된다. 칼빈은 이에 대해 대답할 가치를 느끼지 못했다고 말한다. "그런데 그는 마치 독을 마시고 미쳐 버린 자처럼 그가 발견할 수 있었던 내 모든 책에 달려들어, 돌을 물고 뜯는 개와 같이 모든 공란을 욕설로 채운다." "세르베투스 논박", 『칼뱅작품선』 7: 344, COR. IV/5, 29.

[1083] 이 논제들은 세르베투스의 여러 글들을 그 출처로 인용하고 있다. 그러나 38개 논제들은 세르베투스의 "삼위일체의 오류에 관하여"(*De Trinitatis Erroribus*, 1531)나 "삼위일체에 대한 대화"(*Dialogorum de Trinitate*, 1532)보다는 주로 "기독교 재건설"에서 발췌된 것으로 보인다. "세르베투스 논박", 『칼뱅작품선』 7: 376, 각주 #115.

주요 주제들을 재구성해 볼 수 있다.

3.1. 삼위일체론과 기독론

세르베투스가 칼빈에게 던진 첫 번째 질문은 "만일 십자가에 달린 인간 예수가 하나님의 아들이라면, 이 친자관계는 어떻게 맺어지는가?"였다.[1084] 이는 정통 삼위일체 교리와 기독론 교리에 대한 도전이었다. 세르베투스는 이미 1530년대부터 니케아 신경과 칼케돈 신경에 기초한 정통 교리에 반대했다. 그는 그리스도의 영원한 신성과 구별된 위격을 고백한 정통 삼위일체 교리는 하나님의 유일성을 부인하는 삼신론이며, 이 때문에 유대인들과 무슬림들이 기독교를 거부하고 있다고 주장했다.[1085] 그리고 그리스도의 영원한 신성과 성육신으로 말미암은 인성이 한 인격 안에서 혼합, 분리, 분할, 변화 없이 연합되어 있다는 기독론은 모호하며 비합리적인 주장일 뿐이라고 조롱했다.

기독교의 두 핵심 교리를 향해 문제를 제기한 세르베투스의 질문에 대한 칼빈의 답은 다음과 같이 명확했다. "우리는 인간이 되어 십자가에 죽은 예수 그리스도가 하나님의 아들이라고 믿고 고백한다."[1086] 칼빈은 이 고백은 예수 그리스도께서 영원 전에 출생하신 하나님의 지혜임을 믿는 것이라고 말한다. 칼빈은 삼위일체 교리에 있어서 종교개혁자들이 니케아 신

[1084] "세르베투스 논박", 『칼뱅작품선』 7: 345, "An homo Iesus crucifixus, sit filius Dei: et quae sit huius filiationis ratio." COR. IV/5, 29.

[1085] 칼빈은 세르베투스의 신학적 오류 38가지 중에 두 번째와 세 번째 주장을 다음과 같이 요약한다. "2. 유대인들에게는 많은 권위가 있는데 그들이 기독교에 도입된 셋으로 분할된 한 하나님으로 인해 놀라는 것은 당연하다(*De Trinitatis Erroribus*, 1. 34). 3. 형체가 없으면서 실제적으로 명확한 신성은 마호메트에게 예수 그리스도를 거부할 근거를 주었다(*De Trinitatis Erroribus*, 1. 36)." "세르베투스 논박", 『칼뱅작품선』 7: 377, COR. IV/5, 53.

[1086] "세르베투스 논박", 『칼뱅작품선』 7: 345, COR. IV/5, 31.

조의 정통 교리를 따르고 있음을 재확인하면서, 세르베투스가 사실상 성부와 성자의 위격적 구별을 무시하는 양태론적인 주장을 펼치고 있다고 지적한다. "그대 자신도 예수 그리스도가 사람이 되시기 전에 하나님이셨음을 부인하지 못한다. 여기에 내가 덧붙이는 것은 그가 그때도 성부와 구별되셨다는 것이다. 내가 알기로 이것이 그대가 뻔뻔하게 부인하는 것이다."[1087]

세르베투스의 신학적 오류를 지적해 제네바 당국에 제출한 칼빈의 38개 오류 조항의 초반 대부분은 삼위일체 교리와 관련된 것들이다. 칼빈은 세르베투스가 하나님 안에 있는 인격적 구분은 본질 안에 실재적으로 존재하는 구분이 아니라 단지 외적 모양일 뿐이라고 말하고 있음을 지적한다.[1088] 그리고 세르베투스가 하나님의 단일성을 강조하기 위해 "하나님 안에서 구분되는 세 가지 무형적인 것들은 성립될 수" 없는 상상일 뿐이라고 주장했다고 분석한다. 이는 사실상 양태론적 견해였다. 즉, 세르베투스는 삼위의 구별을 무시하고 "말씀은 원형의 양상이요, 하나님 안에 있는 그리스도의 발언이자 빛남이며, 그리스도의 영이자 그의 빛"이었을 뿐이라고 주장한 것이다.[1089] 세르베투스를 반박하면서 칼빈은 그리스도의 아들 되심은 인간적인 출생과 다른 "영원 전의 출생"이었다고 말한다. 그리고 이 영원한 말씀이 성육신하여 참 하나님과 참 사람이 되신 것임을 강조한다.

세르베투스에 대한 칼빈의 첫 번째 답신과 그에 이어진 세르베투스의

[1087] "세르베투스 논박", 『칼뱅작품선』 7: 356, COR. IV/5, 38.

[1088] "하나님의 본질 안에 삼위일체가 있다고 말하는 사람들은 모두 삼등분해 붙여 놓지 않고는 하나님을 갖지 못하므로 삼신론자들이며 실로 무신론자들이다." "세르베투스 논박", 『칼뱅작품선』 7: 377, COR. IV/5, 53.

[1089] 칼빈은 38개 오류 조항의 다섯 번째 논제에서 조금 더 상세하게 자신의 비평을 첨부한다. 즉, 세르베투스가 말하는 "태초의 말씀의 원형"은 성자의 영원한 위격이 아니었고, 단지 인간 예수 그리스도가 이루어질 수 있는 모형이며 초상, 혹은 얼굴이며 상징이 그 원형 안에 있다는 것이었다. 그리고 세르베투스의 주장에 따르면 말씀과 성령 사이의 실제적 구분도 없으며, 예수 그리스도의 성육신 이전의 성자의 출생이나 성령의 발출도 없는 것이었다. "세르베투스 논박", 『칼뱅작품선』 7: 377, COR. IV/5, 53.

재질문은 기독론적 논쟁으로 이어진다. 칼빈은 세르베투스에게 보내는 첫 번째 답신에서 그가 받은 첫 번째 질문에 대해 정통 기독론의 입장을 재천명한다. 쟁점은 예수 그리스도께서 신성과 인성을 모두 가지고 계시면서도 한 분이실 수 있는지에 대한 것이었다. 칼빈은 예수 그리스도께서 그의 인성의 관점에서 다윗의 자손이라고 불리는 것처럼, 신성의 관점에서 "하나님의 아들"이시라고 불리시지만, 이 두 아들 됨에도 불구하고 그리스도께서는 "두 존재가 아니

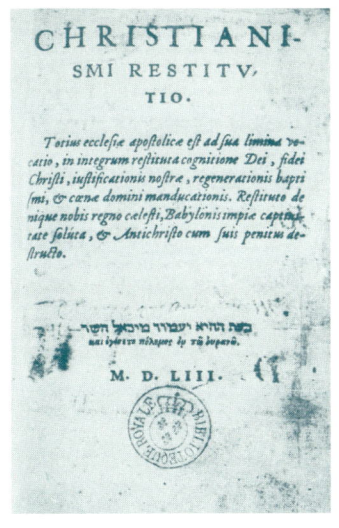

세르베투스의 "기독교 재건설"

라 하나님과 사람의 아들이신 유일하신 그리스도"라고 말한다.[1090] 이는 세르베투스가 그리스도의 인성과 신성을 분리하고, 그리스도가 다윗의 아들이며 하나님의 아들임이 사실이지만 그의 인성이나 신성이 아들인 것은 아니라고 말하는 이단적 주장을 반박하는 것이다.[1091]

칼빈이 정리한 38개 오류 논제에 따르면 세르베투스는 예수 그리스도께서 하나님의 아들이심을 삼위일체의 본래적 의미가 아닌 파생적인 의미로 이해했다. "그는 예수 그리스도가 인간이 된 뒤 성부께서 그를 너무 영화롭게 하셨으므로, 그가 하나님에게 나오는 하나님일 뿐 아니라 하나님

[1090] "세르베투스 논박", 『칼뱅작품선』 7: 345, "Ergo sicuti Christus ratione humanae naturae filius Davidis nominatur, ita etiam ratione divinitatis filius est Dei. Unus tamen est Christus, non duplex, filius Dei et hominis." COR. IV/5, 32.

[1091] 세르베투스는 칼빈에게 보낸 답신에서 다음과 같이 주장했다. "심지어 그대는 우리에게 세 명의 아들을 만들어 준다. 그대에 따르면 인성이 아들이요, 신성도 아들이며, 그리스도 전체가 아들이다. 나는 예수 그리스도가 인성을 따라 다윗의 자손임을 솔직하게 인정한다. 그러나 이 인성이 아들임을 부인한다. 나는 예수 그리스도가 신성을 따라 하나님의 아들임을 인정하나 이 신성이 아들임을 부인한다." "세르베투스 논박", 『칼뱅작품선』 7: 350, COR. IV/5, 35.

에게서 나오는 또 다른 하나님이라고 말한다."¹⁰⁹² 그리고 세르베투스는 세상을 창조하신 말씀과 성육신한 그리스도를 다른 존재라고 말하면서도, 하늘에서 내려오는 말씀이 지상에서 그리스도의 육체가 되었으며 그리스도의 육체가 천상적이며 하나님이며, 성령의 신성이라고 말했다.¹⁰⁹³

칼빈은 세르베투스의 잘못된 주장에 맞서 칼케돈 신조의 입장을 따라 신성과 인성의 구분이 중요하지만 이 구분을 분리로 볼 수는 없다고 주장한다.¹⁰⁹⁴ 세르베투스는 영원한 하나님의 본질과 피조된 인간 본성을 뒤죽박죽 섞어서 결국 양쪽 모두를 파괴하고 만다. 그러나 그리스도의 두 본성을 편의대로 분리하여 예수 그리스도를 둘로 만들어서는 안 되며, "오히려 하나로 연합된 그대로의 하나의 유일한 그리스도를 형성하는 것으로 이해해야 한다."¹⁰⁹⁵

칼빈은 이 신비를 인간의 말로 다 설명하는 것이 불가능하다고 말한다. "나는 인간의 언어로 하나님의 존엄에 따른 그런 신비를 설명한다는 게 불가능함을 매우 기꺼이 인정하기 때문이다."¹⁰⁹⁶ 그러나 칼빈은 예수 그리스

1092 "세르베투스 논박", 『칼뱅작품선』 7: 378, COR. IV/5, 53.
1093 그리스도의 성육신에 대한 세르베투스의 독특한 이해는 칼빈이 정리한 38개 오류 조항 가운데 8번째 조항에서부터 28번째 조항에까지 이른다. 세르베투스의 삼위일체론은 양태론적인 데 반해, 그의 기독론은 역동적인 단일신론적 특징을 강하게 드러낸다. "하나님은 우리에게와 마찬가지로 예수 그리스도 안에 뜻밖의 영을 불어넣으셨다. 그때부터 그는 새로운 분배를 통해 예수 그리스도에게 모든 신성을 불어넣고 그에게 새 영을 주시면서 그 안에서 첫 번째 영을 갱신하셨다." "세르베투스 논박", 『칼뱅작품선』 7: 382, COR. IV/5, 54.
1094 "세르베투스 논박", 『칼뱅작품선』 7: 346, "Aliud enim est distinguere, quam discerpere." COR. IV/5, 32.
1095 "세르베투스 논박", 『칼뱅작품선』 7: 347, "Neque enim hoc referri vel ad divinitatem, vel ad humanitatem commode potest, sed utranque simul Paulus complectitur, quia non duplicem faciunt Christum, sed unum duntaxat constituunt." COR. IV/5, 32. 칼빈은 세르베투스에게 보낸 두 번째 답신에서 이 점을 다시 한 번 강조한다. "그리스도는 하나님이자 사람이기에, 그는 전 인격 가운데에서 하나님의 아들이자 사람의 아들이다. 우리는 양성을 이렇게 구분하는데, 즉 그 속에서 인격의 일치가 온전히 이루어지는 방식이다." "세르베투스 논박", 『칼뱅작품선』 7: 354-5, COR. IV/5, 35.
1096 "세르베투스 논박", 『칼뱅작품선』 7: 354, COR. IV/5, 37.

도의 두 본성에 대한 정통 교리의 진술이 성령의 참된 언어임을 인정한다. 예수 그리스도에 대한 정통 교리의 진술이 성경의 가르침에 충실할 뿐 아니라, 구원의 신비를 존중하는 신자들에게 감미로운 위로를 제공하기 때문이다.[1097] 성경은 독생자이신 예수 그리스도께서 우리의 구원을 위해 사람의 아들로 오셔서 고난을 당하셨기 때문에 우리가 양자가 되었음을 분명히 선언한다. "모든 거룩한 족장들과 기타 신도들은 다음과 같은 확신 가운데서 하나님을 불렀다. 즉, 그들이 하나님의 독생하신 아들에게서 그들의 양자 됨의 양식 또는 본질적 기초를 갖는다는 확신이다."[1098]

칼빈이 말하듯이 삼위일체론과 기독론은 인간의 논리로 온전히 설명할 수 없는 신비에 해당한다. 그러나 하나님의 존재와 예수 그리스도의 성육신에 대한 비성경적인 오해와 무리한 설명을 방어하기 위한 교리적 작업은 필수적이다. 특히 성경의 가르침에 충실하고 역사적 검증의 과정을 거쳐 확립된 정통 교리의 내용과 권위를 존중하는 것이 16세기 종교개혁자들이 교회 역사를 대할 때 견지했던 입장이었다.

현재의 사상적 조류에 부응하는 새로운 교리를 제시하여 사람들의 이목을 끄는 것은 종교개혁의 목적이 아니었다. 종교개혁의 목적은 성경의 가르침에 충실한 교리를 재확인하여 참된 신앙을 회복하는 데 있었다. 이런 입장에 따라 칼빈은 니케아-칼케돈 신조의 정통 교리를 존중하고, 그 위에서 급진주의자들의 과격한 교리들을 논박했다. 칼빈은 세르베투스에게 보낸 두 번째 답신에서 진정한 신앙에 대해 다음과 같이 말한다. "진정한 신앙은 그리스도를 의로 이해할 수 있는데, 그것은 다만 신앙이 그리스도가 인간을 거룩하게 하시기 위해서 있음을 전제할 경우이다."[1099]

1097 "세르베투스 논박", 『칼뱅작품선』 7: 347, COR. IV/5, 32.
1098 "세르베투스 논박", 『칼뱅작품선』 7: 355, COR. IV/5, 38.
1099 "세르베투스 논박", 『칼뱅작품선』 7: 366, "Vera autem fides Christum apprehendere non

3.2. 구원론

세르베투스가 1546년경에 칼빈에게 던진 두 번째 질문은 인간의 구원에 대한 것이었다. "만일 그리스도의 나라가 인간들 가운데 있다면 각 사람은 그 나라에 언제 들어가며 어떻게 중생하는가?"[1100] 칼빈은 세르베투스에게 보낸 첫 번째 답변에서 중생에 대한 자신의 이해를 다음과 같이 밝혔다. "우리는 하나님의 나라가 사람들이 중생할 때 그 가운데 세워지기 시작한다고 믿는다. 그런데 우리는 그들이 그리스도를 믿는 신앙 안에서 빛을 받을 때, 그들의 마음이 하나님에 대한 순종으로 개혁될 때, 요컨대 하나님의 형상이 그들에게서 회복될 때, 그때 그들이 중생한다고 말한다."[1101] 그러나 칼빈이 여기에서 말하는 중생은 즉각적이고 단회적인 사건은 아니다. 칼빈은 중생을 점진적이며 종말론적인 회복의 과정으로 이해했다. "그러나 우리는 이 회복이 한순간에 완성되는 게 아니라고 말한다. 그것은 날마다 죽을 때까지 계속된다고 말해도 과언이 아니다. … 결과적으로 우리가 살아가는 동안 하나님의 나라는 우리 안에서 일종의 시작에 불과하며, 조금씩 새롭게 성장하지만 결코 완성되지는 않는다."[1102] 중생을 종말론적인 회복의 과정으로 보는 칼빈의 이해에서 무엇보다도 강조되는

---

potest in iustitiam, quin simul apprehendat in sanctificationem." COR. IV/5, 45.

[1100] "세르베투스 논박", 『칼뱅작품선』 7: 345, "An regnum Christi sit in hominibus: quando quis ingrediatur, et quando regeneretur." COR. IV/5, 31.

[1101] "세르베투스 논박", 『칼뱅작품선』 7: 347, "Regnum Dei incipere in hominibus sentimus quando regenerantur. Tunc autem regenerari dicimus, quando illuminantur in Christi fidem, reformantur in obedientiam Dei ipsorum corda, et in summa, quando in ipsis instauratur Dei imago." COR. IV/5, 33. 칼빈은 『기독교강요』에서 중생을 하나님의 형상의 회복과 연결해 정의한다. "그러므로 나는 한마디로 회개를 중생이라고 해석하는바, 중생의 목표는 다름 아닌 아담의 위반 이후로 더러워지고 거의 지워지다시피 한 하나님의 형상을 우리 안에서 일신하는 데 있다." *Institutes*, III.3.9, OS.4: 63.

[1102] "세르베투스 논박", 『칼뱅작품선』 7: 347, COR. IV/5, 33. Cf. *Institutes*, III.3.9, OS.4: 64-65.

것은 하나님 나라의 완성에 대한 소망이다. 이 소망이 헛되지 않은 것은 우리가 이미 자유의 영을 부여받은 하나님의 자녀들이기 때문이다.[1103]

세르베투스는 칼빈이 중생의 시작점을 참된 교리를 수용할 때라고 명시하지 않았다고 비판한다. 중생이 물과 성령으로 이루어진다는 성경의 가르침을 따르면 유아세례를 허용할 수 없다는 것이 세르베투스의 주장이다. 그리고 이에 덧붙여 칼빈의 답변은 중생의 소망만을 단순하게 제공할 수 있을 뿐이라고 말하면서, 이런 관점은 유대인들에게 주어진 구약적 이해 수준을 벗어나지 못한다고 비판했다.[1104]

칼빈은 세르베투스의 신학적 오류 중 가장 마지막인 38번째 오류로서 중생에 대한 그의 잘못된 이해를 지적한다. 세르베투스는 중생한 자들이 "천성적으로 가졌던 것과는 다른 영혼"을 갖는다고 말하면서 "그 이유는 그 영혼의 실제가 갱신되고 거기에 결합된 신성이 있기 때문"이라고 보았기 때문이다.[1105]

칼빈은 세르베투스의 비판에 맞서 중생의 영인 성령의 사역을 속박하고, 성령이 이루시는 중생의 은혜가 어린아이에게는 미칠 수 없다고 보아서는 안 된다고 반박한다. 칼빈은 요한복음 3장 5절이 말하는 "물과 성령"은 세례와 관계된 구절이 아니며 단지 성령을 물로 비유한 것일 뿐이라고 말한다.[1106] 중생의 소망에 대해서는 요한일서 3장 2절을 인용하면서 자신이 강조한 미래적 소망이야말로 성경이 가르치는 성도의 진정한 소망이라고 말한다. "나는 우리가 현재의 삶에서부터 그리스도의 모습에서 하나님을 보면서, 그의 형상으로 변형되기까지 하리라는 것을 인정한다. 하나님

1103 "세르베투스 논박", 『칼뱅작품선』 7: 348, COR. IV/5, 33.
1104 "세르베투스 논박", 『칼뱅작품선』 7: 351, COR. IV/5, 35.
1105 "세르베투스 논박", 『칼뱅작품선』 7: 384, COR. IV/5, 59.
1106 "세르베투스 논박", 『칼뱅작품선』 7: 357, COR. IV/5, 39.

의 형상이 우리 안에서 회복되는 것이 그리스도인의 삶의 진정한 목적이기 때문이다."[1107] 이와 같은 그리스도인의 삶의 목적은 아브라함과 이삭, 야곱과 같은 구약 족장들에게도 동일한 것이었다. 아브라함은 영으로 그리스도의 날을 보면서 즐거워했고, 야곱은 임종 시 주님의 구원을 기다린다고 고백했기 때문이다.

칼빈은 여기에서 구약과 신약을 단절적으로 보는 세르베투스의 관점을 거절하고, 구약과 신약을 일관되게 관통하는 구속사적 관점에서 하나님 나라의 도래와 완성, 그리고 중생의 은혜와 소망에 대해 설명한다. 이런 점에 있어서 16세기 종교개혁이 "오직 성경으로"(sola scriptura)의 원칙뿐 아니라 "전체 성경으로"(tota scritpura)의 원칙을 강조했다는 해석이 설득력을 가질 수 있다. 더 중요한 것은 종교개혁자들이 말했던 "전체 성경으로"의 원칙은 성경 연구 방법에 대한 피상적 의견이 아니라 성경 전체를 일관하는 하나님의 구속의 은혜를 강조하려 했다는 점이다.

3.3. 성례론

세르베투스가 칼빈에게 던진 세 번째 질문은 성례에 대한 것이었다. "만일 세례가 성찬에서처럼 신앙으로 이루어진다면, 새 언약에서 이 두 가지는 모두 무슨 목적으로 제정되는가?"[1108] 본서의 여러 장에서 확인할 수

[1107] "세르베투스 논박", 『칼뱅작품선』 7: 359, "Fateor sane nos ita contemplari nunc Deum in facie Christi, ut transfiguremur in eius imaginem. Hic enim finis est vitae Christianae, ut in nobis instauretur Dei imago." COR. IV/5, 40. Cf. "누구든지 하나님의 모양에 가까이 나아가게 되면, 그만큼 더 하나님의 형상이 그 안에서 빛나게 된다. 신자들이 그곳에 이르도록 하나님은 그들에게 회개의 경기장을 맡기셔서 그들이 일생 동안 그곳에서 뛰어가게 하신다." *Institutes*, III.3.9, OS.4: 65.

[1108] "세르베투스 논박", 『칼뱅작품선』 7: 345, "An Baptismus Christi debeat in fide fieri sicut Coena: et quorsum haec instituta sint foedere noveo." COR. IV/5, 31.

있었듯이 성례의 문제는 16세기 종교개혁 시대 가장 중요한 신앙적 주제들 가운데 하나였다. 로마 가톨릭에서는 성경이 명령하는 세례와 성찬 이외에 여러 가지 성례들을 규정하여 이를 통해 성도들의 양심을 속박하고 교회의 권세를 강화해 놓았다. 이에 반대했던 사람들 가운데 급진세력들은 성례를 신앙의 도움을 주는 어떤 의식으로 여겼다. 따라서 이들은 세례와 성찬의 기초로 신자들의 신앙적 수용을 강조했으며 두 성례의 가장 큰 유익으로 믿음의 강화와 공동체의 연대성을 내세웠다.

칼빈은 성례가 구원을 얻기 위한 수단이나 조건으로 변질된 것에 반대했지만, 그럼에도 불구하고 성례를 신자와 그들의 공동체를 위한 행사로 전락시키는 것에도 찬성하지 않았다. 칼빈이 루터파의 공재설을 반대하면서도 츠빙글리의 입장과 달리 성찬에서 그리스도가 실재적으로 임하심을 강조하려 했던 이유가 여기에 있다.[1109] 그리고 그는 성례가 구원을 위한 하나님의 특별한 목적에 따라 제정되었음을 강조했다. 즉, 세례와 성찬은 모두 하나님께서 자기 자녀들의 구원을 확인하고 보증하시기 위해 구약과 신약을 관통하는 특별한 언약적 관계 속에서 제정하신 것이다. 이 점에서 루터와 츠빙글리보다 조금 후대의 종교개혁자로 활동했던 칼빈의 신학적 탁월함이 잘 드러난다. 성례와 관련한 그의 탁월한 성경적 관점은 특히 세르베투스와 재세례파 등의 과격한 성례 이해를 반박하는 과정에서 더 분명하게 드러난다.

칼빈은 성례에 대한 세르베투스의 질문에 대한 첫 번째 답신에서 먼저 세례와 성찬에 주어진 약속의 차이에 대해 설명한다. 물론 두 성례를 통해 확증되는 은혜는 모두 하나님 아버지께서 자기 자녀들을 위해 교회에 제공

[1109] 칼빈의 성찬론이 루터와 츠빙글리의 성찬론과 차별되는 점과 그 의의에 대해서는 다음 논문을 보라. 김요섭, "칼빈의 성찬론의 신학적 요점과 교회론적 의의", 「신학지남」 80/3 (2013): 182-216.

하시는 은혜라는 점에서 큰 차이가 없다. 그리고 신자들이 믿음으로 이 은혜를 깨닫는 것도 무시할 수 없는 사항이다. 그러나 성례가 한 가지가 아니라 세례와 성찬 두 가지로 주어졌다는 사실은 각 성례에 기초가 되는 약속과 그 적용에서 어떤 차이가 있음을 의미한다. 할례와 관련해 창세기 17장 7절에서 하나님께서 아브라함에게 주신 약속은 동일하게 신약 시대의 세례에서 신자들과 그들의 후손에게 적용된다. 이와 달리 성찬에 대한 약속은 예수 그리스도의 죽음을 합당하게 기념하는 자들이 그의 몸과 피에 참여하게 된다는 것이며, 이는 요한복음 6장 54절에 담겨 있다. 물론 창세기에서 제정된 구약의 할례와 신약의 세례가 서로 다른 것이라고 생각할 수 있다. 칼빈은 이에 대해 사도행전 2장 39절이나 로마서 15장 8-9절의 가르침을 따른다면 아브라함에게 주신 약속이 신약의 세례에도 그대로 적용되는 것으로 보아야 한다고 주장한다. 그리고 이와 달리 "성찬의 경우, 신앙은 각자에게 요구되며 각 개인이 스스로 점검하도록 명령된다"고 말한다.[1110]

두 성례를 통해 확증되는 은혜의 내용에도 약간의 차이가 있다. 세례를 통해 확인되는 은혜는 "우리의 양자 됨이 확인되어 우리가 하나님의 자녀의 반열"에 놓이게 됨이며, 성찬을 통해 확인되는 은혜는 "하나님이 우리를 그의 집에 받아들이신 후 우리 영혼을 그의 아들의 자양분으로 먹이시면서 우리를 향한 선한 가장의 직분을 행하심"이다.[1111] 그러나 이런 차이보다 중요한 것은 이 두 성례의 공통점이다. 따라서 칼빈은 "누구든지 신앙과 약속 사이에 있는 유사성과 상호 입장의 차이를 잘 평가하는 자는 내

[1110] "세르베투스 논박", 『칼뱅작품선』 7: 349, COR. IV/5, 34.
[1111] "세르베투스 논박", 『칼뱅작품선』 7: 349, "Baptismo nobis adoptionem nostram obsignari, ut censeamur inter Dei filios: sacra Coena Deum boni patrisfamilias officium peragere, nos alendo, postquam in eius domum sumus recepti." COR. IV/5, 34.

가 말하는 것에 쉽게 동의할 것"이라고 말한다.[1112]

세르베투스는 칼빈의 답신을 반박한 두 번째 서신에서 주로 유아세례의 정당성에 대해 집중적인 반론을 펼친다. 그는 구약의 할례와 신약의 세례 사이의 언약적 연속성을 말하는 칼빈의 관점을 "육적이고 유대적인 견해"라고 비판한다. 그리고 부모와 같은 타인의 신앙으로 세례를 받는다고 말하는 것은 "교황파의 몽상"이라고 공격한다. 세르베투스는 아이들이 스스로 믿음을 고백할 때까지는 여전히 진노의 자녀들로 남아 있는 것이며, 바울이 말한 것과 같이 자기 자신이 믿음으로 말미암아 그리스도와 함께 죽을 때에만 의롭게 되는 것이라고 주장한다. 그리고 이에 덧붙여 세례와 성찬이 모두 하늘나라에 들어가 그리스도의 참여자가 됨을 확증하는 성례라면 왜 "세례 받은 어린아이를 성찬에 받아들이지 않는가?"라고 반문한다.[1113]

칼빈은 세르베투스의 반박에 대해 다시 답신을 보내면서 할례와 세례의 연속성에 대한 성경해석을 보충하고 이를 기초로 유아세례의 정당성을 변호한다. 그리고 마지막으로 세례와 성찬의 차이점이 무엇인지를 다시 설명한다. 칼빈이 유아세례의 정당성을 증명하기 위해 보충적으로 해석하는 성경 본문은 로마서 9장과 11장이다. 그의 해석에 따르면 사도 바울이 여기에서 말하는 언약은 하나님께서 자신의 자유로운 뜻에 따라 선택하셔서 맺는 약속이며, 그 약속 안에 하나님께서 아브라함을 통해 이스라엘 백성과 맺으신 언약이 여전히 유효하다.[1114] 사도행전 2장에 기록된 설교에서

1112 "세르베투스 논박", 『칼뱅작품선』 7: 349, COR. IV/5, 34.
1113 "하늘나라에 들어가고 그리스도의 참여자가 되는 것은 언제 이루어지는가? 이 점에서 두 징표는 일치되는 것이 아닌가?" "세르베투스 논박", 『칼뱅작품선』 7: 351-2, COR. IV/5, 35-6.
1114 "즉 아브라함의 혈족에서 나온 모든 사람이 다 그의 자녀의 신분으로 여겨지는 것은 아니나, 그럼에도 그의 혈통에게 내가 너희의 하나님이 되리라고 하신 말씀은 헛되지 않으며, 하나님이 유대인들에게 약속하신 언약의 은총은 결코 폐지되지 않는다는 것이다." "세르베투스 논박", 『칼뱅작품선』 7: 361, COR. IV/5, 42.

베드로가 말한 "그들에게 먼저"는 곧 하나님께서 유대인들과 맺은 언약이 여전히 유효함을 의미한다. 세르베투스가 "하나님이 부르시는 자들"이라는 말에만 열중하는 것은 자의적이며 편협한 해석이다. 칼빈은 성경이 유대인들을 향해 말하는 "선지자들의 자손", "언약의 자손"이라는 호칭에 주목하면서 구약 시대 유대인들에게 주어진 언약의 우선성과 유효성을 강조한다.

칼빈은 세르베투스가 유대인들에 대한 구약의 기록을 지나치게 제한해서 해석하고 있음을 비판한다. 한 예로 세르베투스는 이사야 53장이 말하는 예언을 예수님에 대한 것으로 보지 않고 고레스에 대한 것으로만 해석했다. 이런 해석은 명백한 오류이다. 이 본문에서 이사야 선지자는 하나님과 우리를 화목하게 하고 "우리의 죄를 도말하며 믿음으로 값없는 의를 얻게 하기 위해 하나님께 드린 유일한 희생에 대해 소리 높여 명백히 선포"하고 있기 때문이다. 칼빈은 세르베투스는 이 본문을 고레스 왕에 대한 애도라고 해석함으로써 언약과 성취의 명확한 구도를 "비열하게 부패시키는 대담함"을 보여 준다고 비난한다.[1115]

칼빈은 세르베투스의 다분히 반(反)유대주의적인 구약 성경해석과 달리 구약 이스라엘 백성들에게 주어진 언약의 갱신과 완성을 강조한다. 물론 칼빈의 이와 같은 구약 해석은 단지 유대인들의 혈통적 우위성을 옹호하기 위한 것은 아니다. 그가 강조하려 하는 것은 구약과 신약을 관통하는 하나님의 언약의 신실함이다. 할례와 세례가 공통적으로 확증하는 것은 아무 조

[1115] "세르베투스 논박", 『칼뱅작품선』 7: 371, COR. IV/5, 48. 칼빈은 1535년부터 1541년 사이에 세르베투스가 프톨레마이오스의 책을 편집하여 출판하면서 첨부한 서문의 내용도 비판한다. 세르베투스는 이 책의 서문에서 구약 성경이 유대의 땅이 비옥하고 훌륭한 땅이라고 평가하는 것은 잘못된 허풍이었다고 말했다. 칼빈은 이런 비난은 모세를 통해 말씀하신 성령을 모욕하는 신성모독이라고 비판한다. 오늘날 우리가 보는 대로 과거 유대 땅을 평가하는 것은 어리석고 우매한 태도이다. 오히려 원하시는 대로 땅을 비옥하게도 하시고 불모지가 되게 하시는 하나님의 주권과 뜻을 존중하는 것이 시편 107편의 가르침에 적합한 태도이다. "세르베투스 논박", 『칼뱅작품선』 7: 369-70, COR. IV/5, 48.

건 없이 자기 자녀들을 값없이 용서하시는 하나님의 신실한 은혜이다. 하나님의 자유로운 선택이 용서와 양자 됨의 유일한 근거이다. 이 점에 있어서 칼빈은 아직 할례 받기 전에 세상을 떠난 유아들에 위해서는 하나님께서 베푸시는 "은혜의 은밀한 분배"가 섭리를 통해 주어진다고 주장한다.[1116]

이처럼 칼빈은 특정한 성경 본문을 자신의 주장을 위해 파편적으로 인용하지 않고 성경 전체가 가르치는 내용을 일관된 언약적 관점에서 해석하고 적용하려 했다. 이 논쟁에서 "전체 성경으로"의 원칙을 통해 급진주의자들의 편협한 성경해석을 반박했던 종교개혁자들의 성경관을 다시 한 번 분명히 발견할 수 있다. 성경을 전체적으로 보지 않고 편파적으로 해석하는 것은 하나님을 조롱하는 불경건의 증거이다.[1117]

실천적 차원에 볼 때 세르베투스의 유아세례 불가 주장은 비현실적이며 불합리하다. 칼빈은 어린아이들이 저주 아래 있다가 특정한 나이가 되어 믿음이라는 일반적인 방법을 취할 수 있을 때에야 비로소 중생한다는 세르베투스의 주장을 반대한다. 이런 견해는 하나님의 은혜를 사람의 지적 발달단계에 종속시키는 오류이다. "나는 하나님이 그런 기간을 결코 설정하지 않았다고 답한다."[1118] 칼빈은 로마서 4장 13절이 할례를 믿음의 인증이라고 말하고 있음을 인용하면서 하나님의 은혜가 특별한 방식으로 어린아이들에게 주어지는 것이라고 논증한다. 그리고 어른들과 어린아이들에게 은혜가 주어지는 방식은 각각 다르다는 점을 받아들이지 않는 세르

[1116] "세르베투스 논박", 『칼뱅작품선』 7: 360, "Sed Domino permittimus arcanam gratiae suae dispensationem in parvulis, si ante eos evocet ex mundo, quam ordinario modo ipsos circuncidat." COR. IV/5, 41.

[1117] "즉 어느 누군가가 도처에 혼동을 심는 것을 즐기고 기뻐한다면, 이것으로 그는 뿌리 깊은 불경건함과 하나님을 조롱하려는 의도적인 목적을 드러낸다는 것이다." "세르베투스 논박", 『칼뱅작품선』 7: 373, COR. IV/5, 50.

[1118] "세르베투스 논박", 『칼뱅작품선』 7: 363, "Eam ego nego uspiam a Domino praescribi." COR. IV/5, 43.

베투스의 견해가 차라리 이상하다고 말한다.[1119] 칼빈은 다시 한 번 결론적으로 어린아이들의 경우에는 하나님의 초자연적인 은혜가 은밀한 섭리의 방식으로 임한다고 보는 것이 타당하다고 주장한다. "우리도 역시 아담에게서 내려오는 모든 사람이 진노의 자녀들이라고 말하지만, 한편 우리는 모든 사람의 본성에 거하는 이 저주를 없애기 위해 하나님의 은혜가 초자연적 치유로 임함을 지적한다."[1120]

성경해석과 실제 상황을 고려할 때, 유아세례는 로마 가톨릭의 미신적 고안물이 아니라 하나님께서 제정하신 정당한 성례에 해당한다. 특히 에베소서 2장 14절이 가르치는 것과 같이 신약 시대에 이르러 유대인과 이방인 사이를 가로막고 있었던 막힌 담이 무너졌기 때문에 유대인들의 어린 자녀들에게 베풀어지던 할례가 이제 믿는 신자들의 어린 자녀들에게 주어지는 세례에도 가능하게 되었다. 칼빈의 언약적 성경해석은 다른 한편 지극히 상식적인 해석을 포함하고 있다. 칼빈이 보기에 성경이 성인들에게 명령하는 믿음이라는 세례의 조건을 어린아이들에게도 그대로 강요하는 세르베투스의 해석은 잘못된 것이다. 칼빈은 이런 지나친 해석을 반박하기 위해 "일하지 않는 자는 먹지도 말라"는 데살로니가후서 3장 10절의 명령이나 "만민에게 복음을 전파하라"는 마가복음 16장 15절을 어린아이들에게도 있는 그대로 강요해야 하겠느냐고 반문한다.[1121]

칼빈은 끝으로 세례에는 하나님의 특별한 은혜가 있다고 말하면서 성

[1119] "그대가 믿음으로 자녀가 되는 자들 외에는 어떤 아브라함의 자녀도 없다는 성 바울의 말에 기초하길 원하는 것에 대해 그대가 어린아이와 성인 사이에 있는 차이를 고려하지 않는 것은 참으로 이상하다." "세르베투스 논박", 『칼뱅작품선』 7: 363, COR. IV/5, 43.

[1120] "세르베투스 논박", 『칼뱅작품선』 7: 364, "Nos quoque docemus natura esse filios irae, quicunque ex Adam descendunt: sed docemus rursum superveniente Dei gratia aboleri maledictionem quae in natura haeret." COR. IV/5, 43.

[1121] "세르베투스 논박", 『칼뱅작품선』 7: 364-5, COR. IV/5, 44.

찬의 경우에는 왜 어린아이의 참여를 허락하지 않느냐는 세르베투스의 반박에 대해 답한다. 언약적 관점에서 볼 때 성찬은 유월절 만찬의 성취이며 완성이다. 칼빈은 구약 이스라엘 백성들이 유월절 만찬을 모든 사람들에게 준 것이 아니라 "다만 그 안에 담겨 있는 교리를 수용할 수 있는 자들"에게만 주었다고 말하면서, 성찬의 경우에도 똑같은 방식이 적용되어야 한다고 주장한다.1122 세례와 성찬을 모든 면에서 동일한 한 가지 성례로 보는 것은 타당하지 않다. 두 성례를 구별하는 "확실하고 물리칠 수 없는 근거"가 있기 때문이다. 세례는 하나님 나라에 들어가는 은혜를 확증하는 평생 한 번 받는 성례이다. 따라서 세례의 경우, 앞에서 언급한 것처럼 물과 성령으로 거듭나야 한다는 요한복음 3장 5절의 명령은 세례에 관한 말씀이 아니기에 이 말씀을 유아들에게 적용하는 것은 옳지 않다.1123 그러나 반복적으로 시행하는 성찬의 경우에는 "사람이 자신을 살핀 후에 이 빵을 먹고 이 잔을 마셔야 한다"는 고린도전서 11장 28절의 명령이 모든 사람들에게 매번 적용되어야 한다. 한 번 믿음을 고백했다고 해서 모두 성찬에 참여할 수 있는 것이 아니다. 성찬이 시행될 때마다 자신을 돌이켜 보는 점검과 반성이 요구된다.

요약하면 칼빈은 세례는 하나님의 입양을 인증하는 것이므로 어린아이들에게 주어지는 초자연적 은혜를 인정해야 하지만, 성찬은 그리스도의 살과 피에 동참함으로써 하나님께서 우리를 양육하시고 우리와 교통하신다는 은혜를 확증하는 표라고 둘을 구별한다. 그리고 성찬의 경우, 이 성례를 통해 하나님께서 주시는 은혜를 확인하고 누리기 위해서는 그리스도의

1122 "세르베투스 논박", 『칼뱅작품선』 7: 365, COR. IV/5, 44.
1123 "나는 하나님이 현재의 삶에서 유아기에 데려가는 자들이 성령의 은밀한 능력으로 중생했음을 의심하지 않는다. 다른 사람들의 경우, 하나님은 그들의 나이의 정도와 범위에 따라 행동하신다." "세르베투스 논박", 『칼뱅작품선』 7: 365, COR. IV/5, 44.

죽음과 그 유익에 대한 분명한 이해와 그에 대한 공동체적 확인이 선행되어야 하기 때문에 세례와 달리 성찬은 일정한 나이가 되어 스스로의 믿음을 고백한 신자들에게만 주어질 수 있다고 말한다.[1124]

4. 정통교리의 중요성과 종교개혁을 위한 책임

"세르베투스 논박"의 이후 내용에서 이어지는 또 다른 내용은 주로 삼위일체 교리와 기독론에 대한 초대 교부들의 주장들을 둘러싼 해석 논쟁이다. 세르베투스는 자신의 주장이 이단이 아님을 제네바 법정에서 증명하기 위해 테르툴리아누스(Tertullianus, 160-220)와 이레니우스 그리고 클레멘트(Clement, c. 150-c. 215)의 작품들을 직접 인용했고, 이를 바탕으로 정통 교리와 칼빈의 신학을 비판했다.[1125] 이에 칼빈은 세르베투스가 인용한 교부들의 글을 자신의 신학적 관점에서 다시 해석하고 그 성경적 근거를 제시함으로써 정통 교리를 증명하고 세르베투스의 주장을 조목조목 반박했다.[1126]

[1124] "나는 우리 영혼이 신앙으로 새롭게 되므로 성찬에서 그리스도에 의해 진정 양육되며, 우리에게 주어지는 교통은 참된 것이지 상상의 것이 아니라고 답한다." "세르베투스 논박", 『칼뱅작품선』 7: 367, COR. IV/5, 45. 이 점에 있어서 칼빈의 성찬 이론을 "영적임재설"이라고 부르면서, 그의 견해를 추상적인 기념설로 보는 것에는 주의가 필요하다. 칼빈은 표징에 대한 지나친 집착도 경계하지만 지나친 경시에 대해서도 주의를 요구했다. "이제 우리는 여기에서 두 가지 악을 주의해야 한다. 첫째, 우리는 표징들을 극단적으로 가볍게 여겨서, 표징들이 이른바 어떤 방식으로 부착되어 있는 비밀들로부터 그 표징들을 갈라놓아서는 안 된다. 둘째, 우리들은 표징들을 과도하게 고양함으로써 심지어 비밀들 자체를 모호하게 하는 듯이 보여서도 안 된다." Institutes, IV.17.5, OS.5: 346.

[1125] 세르베투스는 자신이 교부들의 글을 인용하는 이유를 다음과 같이 밝혔다. "이미 칼뱅은 자신에게 권위를 부여하여 소르본 박사들의 방식으로 문제점들을 작성하고 성경에서 어떤 근거도 가져오지 않은 채, 완전히 제멋대로 정죄한다. … 이 페르소나라는 방식이 칼뱅에게 알려지지 않았고 모든 것이 그것에 달려 있으므로 나는 내 의도를 표명해 줄 고대 박사들의 구절들을 여기 인용할 것이다." "세르베투스 논박", 『칼뱅작품선』 7: 384-5, COR. IV/5, 59.

[1126] "이제 칼뱅이 경솔하고 근거 없이 정죄함으로써 소르본의 폭정을 요구했는지, 소송 절차가 그

다소 복잡하고 지루하게 전개되는 내용을 본서에서 일일이 다 살피지 못하지만 이 논쟁을 전부 상세하게 기록하고 출판한 모습 속에서 우리는 칼빈과 종교개혁자들이 성경과 더불어 교회 역사의 정당한 전통을 얼마나 존중했는지 충분히 관찰할 수 있다. 편협하고 왜곡된 관점을 가지고 특정 성경 본문을 취사선택하여 자의적으로 해석하는 것은 온당한 태도가 아니다. 칼빈은 "세르베투스 논박"에서 성경의 각 본문들을 해석할 때 성경 전체가 가르치는 하나님의 구속의 은혜를 일관되게 적용하려 했으며, 이와 더불어 교회의 역사를 통해 검증된 정통 교리의 권위를 존중했다. 종교개혁은 자신의 생각과 시대의 흐름에 맞는 기독교를 새로 세우기 위해 기존의 모든 것을 파괴함으로써 성취될 수 없다. 칼빈이 추구했던 종교개혁은 성경 전체에 기록된 명확한 하나님의 말씀을 기준으로 삼아 우리에게 전해진 신앙과 신학을 재점검하고, 그 가운데 잘못된 오류와 왜곡을 시정하며, 지켜야 할 정통 교리와 모범을 보존함으로써 이루어지는 회복의 노력이었다.

다른 로마 가톨릭에 대한 논박이나 급진세력에 대한 반박 저술들과 마찬가지로 칼빈은 세르베투스의 재판 과정을 해명하고 그의 이단 사상을 반박하는 과정에서 종교개혁의 중요한 목적과 방법을 밝혔다. 요약하면 종교개혁은 하나님의 진리를 재확인하고 그 진리에 따른 예배를 회복하는 것을 목적으로 삼았다. 이 목적을 성취하기 위해서는 무엇보다도 삼위일체 하나님과 예수 그리스도에 대한 성경의 가르침을 훼손하는 세르베투스와 같은 자들의 이단적 주장들은 반드시 거절되어야 했다.[1127] 또 종교개혁

것을 요구하고 시의회가 그것을 명한 대로 우리가 문제가 된 주요 조항들을 설명한 것을 세르베투스가 습관적으로 수치심도 없이 비방으로 틀어 놓았는지가 명백해진다." "세르베투스 논박", 『칼뱅작품선』 7: 401, COR. IV/5, 72.

[1127] 칼빈은 세르베투스 이후에도 삼위일체 교리를 반대한 이탈리아 출신의 그리발디(Matteo Gribaldi), 스탄카로(Francisco Stancaro), 비안드라타(Giorgio Biandrata), 젠틸레스(Giovanni Valentino Gentiles) 등의 인물들과 논쟁을 벌였다. 칼빈은 1558년에 블란드라타의 질문에 답변하는 저술을 발표했고, 1560년에는 스탄카로의 반삼위일체 사상을 반박

의 목적 성취를 위해 교회의 모든 구성원들이 각자의 책임에 충실해야 했다. 이는 목회자뿐 아니라 세속 위정자들도 자신들에게 맡겨진 사명을 충실하게 감당해야 함을 의미했다.

칼빈은 16세기의 시대 상황 속에서 세속 위정자들이 칼의 권세를 사용할 수 있다고 인정했고, 불행하게도 당시 이단에 대한 처벌의 방식은 로마 가톨릭뿐 아니라 개신교 진영에서도 오직 화형뿐이었다. 칼빈은 재판 과정에서 여러 차례 세르베투스가 이단적 사상을 철회할 것을 권고했지만 세르베투스는 자신의 입장을 끝까지 양보하지 않았기 때문에 결국 화형을 피하지 못했다. 세르베투스는 신학적 논쟁뿐 아니라 법리적이고 개인적인 논쟁까지 벌이면서 칼빈을 상대하려 했지만 칼빈은 되도록 이 문제를 신학적이고 종교개혁적 차원에서 다루었다. 역사적인 관점에서 볼 때 세르베투스의 처형은 분명 불행한 사건임이 분명하지만, 그의 재판 과정에서 벌어진 논쟁과 이후 칼빈이 발표한 반박문에서 확인할 수 있는 종교개혁의 목적과 방식에 대한 칼빈의 주장은 이로 인해 무시되거나 폄하되어서는 안 될 것이다.

하는 글을, 1561년에는 젠틸리스의 이단 사상을 비판하는 글을 출판했다. 이 글들을 CO.9: 321-420에 수록되어 있다. Greef, 『칼빈의 생애와 저서들』, 277-280; Jenkins, *Calvin's Tormentors*, 141-172.

제10장
칼빈의 종교개혁, 그 개념과 유산

1. 종교개혁의 본질

서론에서 이미 언급했듯이 칼빈은 종교개혁자였다. 그는 종교개혁자로서 자신의 인문주의적 역량을 발휘했고, 종교개혁을 위해 제네바의 목회직을 수락했으며, 종교개혁을 위해 제네바의 정치 경제적 변혁과 국제적 상황에 영향력을 발휘했다. 즉 칼빈의 신학은 종교개혁이라는 시대적 소명 의식 가운데 시작되고 전개된 것이다. 칼빈의 저술은 변증적, 논쟁적 글들이 아니라 할지라도 기본적으로 종교개혁을 그 중요한 동기와 목적으로 삼았다. 칼빈의 주석과 설교들에서도 로마 가톨릭의 문제를 지적하고, 인문주의나 재세례파와 같은 부당한 개혁의 시도를 비판하는 내용들을 찾아볼 수 있다. 그러므로 "종교개혁자로서의 칼빈"을 충분히 고려하지 않은 채 그의 신학과 사역을 이해하고 그 의미를 평가하는 것은 부정확하거나 부당한 해석을 낳을 수 있다. 반대로 종교개혁이라는 시대적 맥락과 종교개혁을 추구했던 칼빈의 일관된 동기를 염두에 두고 그의 신학과 사역을 파악한다면 칼빈의 신학에 대한 더 분명하고 정확한 평가에 이를 수 있을 것이다.

면벌부 판매

우리가 본서에서 살펴본 칼빈의 대표적인 변증적, 논쟁적 저술들을 종합해 보면 칼빈은 크게 세 가지 세력에 맞서 종교개혁을 설명하려 했다고 말할 수 있다. 그 첫 번째 대상은 로마 가톨릭이었다. 종교개혁자들이 보기에 16세기 당시 로마 가톨릭은 영적 기관으로서 정체성과 사역을 상실하고 세속적 기관으로 변질되어서 자신들의 이익을 위해 비성경적인 방법까지 수용했다. 그 결과 로마 가톨릭은 바른 진리의 가르침과 순수한 예배의 집례를 도외시했을 뿐만 아니라, 자신들의 세속적 이익과 권력 유지를 위해 성경의 명확한 가르침을 왜곡하고, 하나님만 높여야 할 예배를 미신적인 우상숭배로 바꾸어 놓았다. 루터가 1517년 10월에 95개조를 통해 비판했던 면벌부는 이와 같은 타락의 가장 극적인 사례였다. 따라서 종교개혁자들은 오랜 전통과 권위를 앞세워 자신들의 오류와 일탈을 정당화하려는 로마 가톨릭을 비판하고 그들의 주장을 반박해야만 했다. 우리는 『기독교강요』 서문과, "사돌레토에게 주는 답신", 그리고 "트렌트 공의회 법령과 해독제"에서 칼빈이 어떤 문제들 때문에 로마 가톨릭의 교리와 행태를 비판했는지를 구체적으로 확인할 수 있다.

칼빈이 종교개혁을 방해하는 두 번째 세력으로 간주해 논쟁을 벌인 세력은 로마 가톨릭의 잘못된 교리와 종교 형태를 알고 있으면서도 현실 상황의 부득이함을 핑계로 삼아 적절한 타협을 추구했던 개신교 내의 위선자들이었다. 이들은 필요에 따라 진리를 취하기도 하고 버리기도 했다는 점에서 신뢰할 수 없는 자들이었을 뿐 아니라 기독교 신앙의 개혁을 위해 희생하고 있는 참된 신앙들을 좌절시키는 자들이었다. 칼빈이 1540년대에 발표한 "니고데모파에게 주는 해명"과 그 이전에 발표한 "두 서신", 그리고 "신도의 처신"은 위선적인 신자들에 대한 따끔한 경고와 비판이 잘 담겨 있다. 칼빈이 비슷한 시기 발표한 "교회 개혁의 합당한 방식"에는 예상되는 핍박과 고난을 앞두고 중요한 교리와 신앙의 형식마저 비본질적인 사안, 즉 아디아포라라고 핑계하며 타협하려 했던 독일의 개신교 지도자들에 대한 질책이 담겨 있다. 우리는 이 저술들에서 발견할 수 있는 단호한 질책과 비판 속에서 예수 그리스도를 유일한 머리로 삼은 참된 그리스도인이 기독교의 참된 종교를 회복하기 위해 반드시 가져야 할 신앙적 태도에 대해 칼빈이 어떤 주장을 펼쳤는지를 선명하게 발견할 수 있다.

칼빈이 논쟁을 벌인 종교개혁의 세 번째 적대 세력은 급진주의자들(Radicals)이라고 통칭할 수 있는 과격한 개혁세력들이었다. 대표적으로 재세례파는 자신들만 성경을 바르게 해석할 수 있다고 말하면서 교회의 전통과 교리를 업신여기고 새로운 기독교 종교의 창설을 시도했다. 리베르탱파는 종교개혁이 강조한 이신칭의 교리를 변조하여 하나님의 주권과 은혜를 왜곡했으며, 그 결과로 신자의 삶을 무질서하게 만들었다. 세르베투스는 인간의 이성에 부합한 기독교 교리의 재설명을 주장하면서 성경의 진리에 합치한 정통교리를 반대했다. 대부분의 급진주의자들은 세속 정부의 역할을 전면 부인하고 자신들의 공동체만이 정당하다고 주장했다. 칼빈은 이들 세 그룹이 교회의 일치를 파괴할 뿐 아니라, 로마 가톨릭도 훼손하지 않았던 기독교의 정통 교리들을 부인했다는 점에서 가장 위험하고 사단적인 기독교의 대적들이라고 비판했다. 칼빈의 "재세례파 논박", "리베르탱파 논박", 그리고 "세르베투스 논박"은 이와 같이 위험한 급진주의자들의 주장을 조목조목 반박하고, 여기에서 더 나아가 종교개혁이 추구하는 것이 모든 전통과 신앙적 유산들에 대한 무시와 전복이 아님을 분명히 선언했다. 칼빈은 이들을 반박하는 여러 저술들을 통해 신론과 기독론,

구원론과 교회론 및 성례론에 이르기까지 종교개혁이 회복하고 강조하려 했던 기독교의 중요 교리들을 상세하게 설명했다. 칼빈의 이 논쟁서들은 종교개혁이 새로운 시대의 기대와 필요에 맞춘 과격한 기독교 재건설이 아니라, 성경의 명확한 진리를 기준으로 삼아 하나님의 영광만을 추구하려는 회복과 헌신이었음을 잘 보여 준다.

2. 종교개혁의 다섯 가지 원칙에 따른 칼빈의 종교개혁 이해

16세기 유럽의 기독교 종교개혁은 소위 다섯 가지 "솔라"(sola)의 원칙 하에서 추진된 행사(event)나 운동(movement)은 아니었다. 그러나 편의상 이 다섯 가지 원칙을 통해 종교개혁의 본질과 적용에 대해 살펴보는 것이 우리의 이해에 도움을 줄 수 있다. 특히 본서에서 살펴본 칼빈의 대표적인 변증서들과 논쟁서들은 종교개혁의 이 다섯 가지 원칙이 어떻게 적용되는지를 보여 주는 좋은 자료들이기도 하다.

먼저 "오직 성경으로"(sola scriptura)의 원칙부터 생각해 볼 수 있다. 칼빈이 말하는 "오직 성경으로"의 원칙은 교회의 전통이나 건전한 교리들을 무시하고 성경 본문만 권위 있게 여기는 배타적 원칙이 아니었다. 그는 이 점에 있어서 재세례파들의 편협한 생각을 단호하게 거절했고, 리베르탱파의 빗나간 교리들을 반박할 때 교부들의 글을 적극 인용했다. 그럼에도 불구하고 성경은 신앙과 신학의 최종적인 기준임이 분명했다. 즉 종교개혁이 추구했던 교리의 개혁은 성경이 가르치는 명확한 진리를 재조명하고, 이 진리를 단순명료하게 가르치는 것이었다. 우리가 살펴본 칼빈의 여러 변증서들과 논쟁서들은 기본적으로 성경해석을 둘러싼 논의를 가장 많이 다루었다. 예를 들어 칼빈은 『기독교강요』 서문과 "사돌레토에게 주는 답신", 그리고 "트렌트 공의회 법령과 해독제"에서 로마 가톨릭의 문제들을 비판하고 종교개혁의 정당성을 변호하기 위해 가장 먼저 성경에 대한 올바른 해석과 적용의 올바른 태도를 강조했다. 미온적이며 위선적인 개신교인들의 비겁한 변명과 태도를 비판할 때에도 니고데모와 나아만에 대해 기록된 성경 본문들을 니고데모파와 달리 해석하면서 타협하지 않는 결단과 헌신을 촉구했다. 칼빈이 급진주의자들의 위험한 사상과 행동을 반박할 때에도 가장 중요한 근거는 성경이었다.

사실 16세기 로마 가톨릭이나 급진주의자들도 성경을 무시하지 않았다. 이들은 모두 자신들의 교리와 행태를 성경을 근거로 정당화하려 했다. 개신교 안의 위선자들조차도 자신들을 변명하기 위해 성경의 사례들을 근거로 내세웠다. 그러므로 "오직 성경으로"의 원칙은 성경을 얼마나 더 많이, 그리고 얼마나 더 설득력 있게 해석하는가의 원칙이 아니라, 성경 전체를 어떻게 이해하고, 그 이해에 따라 각 본문의 가르침을 얼마나 일관되고 정당하게 해석하는가의 문제였다. 칼빈은 변증과 논쟁의 맥락 가운데 성경 전체를 하나님께서 이루신 구속의 역사라는 관점에서 파악하고, 하나님의 약속이 예수 그리스도의 십자가와 부활을 통해 성취된다는 언약신학적 관점에서 각 성경 본문을 구체적으로 해석했다. 이런 의미에서 칼빈이 취한 "오직 성경으로"의 원칙은 그 안에 "전체 성경으로"(tota scriptura)의 원칙을 전제하고 있었다. 그리고 이 "전체 성경으로"의 원칙은 성경의 주인공이신 예수 그리스도께서 하나님의 언약을 성취했다는 관점에서 각 본문을 해석하게 한다. 이를 종합하면 칼빈의 성경해석 원리는 근본적으로 "오직 그리스도"(solus Christus)라는 또 다른 종교개혁의 원칙을 목적으로 삼고 있다고 말할 수 있다.

종교개혁자들이 강조한 이신칭의 교리의 핵심 사항인 "오직 믿음으로"(sola fide)의 원칙 역시 칼빈의 여러 논쟁서들에서 지속적으로 강조되었

칼빈의 의자

다. 칼빈은 종교개혁에 대한 로마 가톨릭 진영의 비난과 공격에 맞서 이신칭의 교리의 바른 이해와 실천적 함의를 항상 강조했으며, 특히 "트렌트 공의회 법령과 해독제"에서는 로마 가톨릭 측에서 이신칭의 교리를 거부하기 위해 결정한 내용들을 구체적으로 반박함으로써 이신칭의 교리의 주요 내용과 목적을 변호했다. "교회 개혁의 참된 방식"에서 칼빈이 로마 가톨릭 측과 타협하려 했던 루터파 내의 인사들을 비판한 가장 중요한 이유는 이들이 이신칭의 교리의 주요 내용을 아디아포라 사항이라고 주장하며 포기하려 했기 때문이었다. 칼빈은 이신칭의 교리를 단순히 신자들의 믿음을 독려하기 위한 교리라고 보지 않았다. 즉 이 교리는 신자들의 믿음의 상태나 믿음의 결과를 강조함으로써 어떤 공로를 주장하게 만들거나 어떤 상급을 추구하게 만드는 교리가 아니었다. 이와 같은 공로주의나 상급론은 종교 개혁자들이 말하려 했던 "오직 믿음으로"의 원칙과 함께 할 수 없었다. 믿음은 하나님의 선물이며 구원을 얻기 위한 과정 혹은 도구일 뿐이다. 믿음 자체보다 더 중요한 것은 이 믿음으로 붙잡아야 하는 하나님의 값없는 구원의 은혜이다. 이와 같은 믿음에 대한 칼빈의 이해는 이신칭의 교리를 자의적으로 해석하여 방종을 조장했던 리베르탱파에 대한 논박에서도 선명하게 드러난다. 그는 믿음과 순종이 은혜에 대한 당연한 반응이기 때문에 방종과 무질서는 그리스도인의 삶 가운데 절대 불가하다고 주장했다.

"오직 성경으로"의 원칙과 "오직 믿음으로"의 원칙은 모두 그 내용에 있어서 "오직 은혜로"(sola gratia)의 원칙을 전제한다. 칼빈은 자신의 여러 저술들을 통해 구약과 신약을 관통하는 하나님의 변함없는 구속의 은혜를 강조했다. 그는 이것이 성경 전체의 주제이며 믿음으로 붙잡아야 할 진리라고 생각했다. 칼빈이 강조한 "오직 은혜로"의 원칙은 로마 가톨릭의 행위구원론을 반박할 때뿐 아니라 재세례파나 리베르탱파의 교만하고 이상한 인간의 자기 공로 주장을 반박하는 데 있어서도 가장 중요한 신학적 기준으로 작용했다. 다시 한 번 말하자면 이신칭의 교리는 믿음과 행위를 대조하는 교리가 아니라 하나님의 전적인 은혜와 인간의 공로 주장을 대비시키는 교리였다. 칼빈은 "오직 은혜로"라는 종교개혁의 원칙에 따라 인간의 공로 주장과 하나님의 전적인 은혜를 대조했다. 칼빈이 여러 저술들 속에서 로마 가톨릭 성례의 문제를 비판할 때에도 "오직 은혜로"의 원칙은 중요한 기준이었다. 즉 성례는 하나님께서 이미 주신 은혜에 대한 확증이며 그에 대한 합당한 반응은 삶 전체로 드리는 감사이다. 성례 자체는 결코 그 안에 신비한 효력이 있어서 신자의 구원을 완성시키는 또 다른 공로가 될 수 없다. 전적인 은혜를 강조하는 칼빈의 성례론은 "사돌레토에게 주는 답신"과 "교회 개혁의 참된 방식"에서 상세하게 발견할 수 있다.

"오직 그리스도"(solus Christus)의 원칙은 앞서 살핀 세 가지 원칙의 바른 적용을 위해 필수불가결하다. 예수 그리스도는 모든 성경의 주인공이시며, 구원을 주시는 하나님의 은혜의 실체이시고, 신자들이 붙잡아야 할 유일한 믿음의 주인이시다. 칼빈은 특히 여러 변증서들과 논쟁서들에서 이 원칙을 교회론적 쟁점들에 적용했다. 그는 참된 교회는 유일한 머리이신 예수 그리스도의 통치를 받을 때 그 일치와 건강을 유지할 수 있다고 생각했다. 이런 교회론 위에서 칼빈은 『기독교강요』 서문과 "사돌레토에게 주는 답신"에서는 종교개혁이 교회를 분열시키고 있는 것이 아니라, 도리어 그리스도의 몸인 참된 교회를 회복하려 했음을 강하게 주장할 수 있었다. 위선적인 니고데모파 인사들과 비겁한 루터파 내의 인사들을 비판할 때, 칼빈은 참된 교회의 안녕과 일치는 결코 후퇴와 타협으로 보존될 수 없으며, 오직 예수 그리스도의 유일한 통치에 순종하기 위해 삶과 죽음을 불사하는 진정한 신자들의 헌신을 통해서만 지켜질 수 있다고 말했다. 세르베투스의 이단적 주장을 반박할 때에도 칼빈은 "오직 그리스도"의 원칙을 따라 세속 군주들도 그리스도께로부터 종교개혁을 위한 의무를 부여받았다고 주장했다.

끝으로 "오직 하나님께 영광"(soli Deo gloria)이라는 원칙은 종교개혁의 목적과 관련된 원칙이었다. 칼빈은 자신의 변증서와 논쟁서 전체에 걸쳐 "하나님 예배"에 대해 강조하면서 결국 하나님의 영광이 모든 교리와 예배 회복의 궁극적인 목적임을 강조했다. 그리고 자신이 이 여러 저술들을 "오직 하나님께 영광"이 되어야 한다는 종교개혁의 궁극적인 목적을 위해 쓰고 있다고 밝혔다. 이 원칙은 핍박과 망명이라는 어려운 상황 속에서 종교의 개혁이라는 소명을 감당하기 위해 어떤 신앙의 태도를 가져야 하는지를 결정했다. 칼빈은 하나님의 영광을 위해 자신의 기득권과 이익을 포기하는 자기 부인과 전적인 헌신을 종교개혁에 합당한 신자의 태도라고 말했다.

16세기 종교개혁을 설명할 때 널리 활용되고 있는 이상의 다섯 가지 원칙들은 칼빈의 변증서들과 논쟁서들뿐 아니라 그의 종교개혁 신학 전체를 이해하는 데 유용한 원리들이다. 다시 말하지만, 이 다섯 가지 원칙에 따라 지나치게 도식적으로 종교개혁을 규정하고 분석하는 것은 분명히 한계가 있다. 그러나 서로 유기적으로 연결되어 있는 이 다섯 가지 원칙을 정당하게 활용한다면 종교개혁에 대한 칼빈의 이해와 목적의식을 효과적으로 파악할 수 있으며, 그가 종교개혁을 실현하기 위해 제시했던 실천적 방안들과 그 의의를 효과적으로 평가할 수 있을 것이다.

3. 종교개혁의 자세와 그 의의

그렇다면 칼빈이 그의 변증적이고 논쟁적인 저술들을 통해 말하려 했던 종교개혁을 위한 합당한 태도는 무엇일까? 칼빈은 『기독교강요』 서문에서부터 종교개혁은 하나님께서 요구하시는 모든 신자들의 소명이라고 주장하면서 이 소명을 감당하기 위해서는 이 땅에서의 모든 만족과 유익을 포기하고 하늘의 소망만을 바라보는 종말론적 신앙이 필요하다고 말했다. 자기부인과 십자가를 지는 삶, 그리고 내세를 명상하는 태도는 『기독교강요』(1559) 제3권에서 칼빈이 말한 그리스도인의 삶의 세 가지 준칙이었다. 그는 "교회 개혁의 참된 방식"에서도 어떤 위협과 고난이 있다 할지라도 하나님의 영광만을 위하여 천국에서 얻게 될 복과 영생을 바라보아야 함을 강조했다. 평생 피난민의 삶을 살았던 칼빈은 자신의 명예나 공로, 심지어 무덤조차 이 땅에 남기려 하지 않았다. 칼빈이 자신의 저술들과 목회와 삶을 통해 실천하려 했던 종말론적인 삶의 태도는 오늘날에도 큰 울림을 준다.

교회는 이 땅에 모든 것을 걸고 그것을 위해 경주하는 세상의 기관이 아니다. 교회는 하늘의 소망을 두어야 하며, 악한 세상의 논리를 거슬러 하나님 나라의 영원한 진리를 증거 해야 하는 영적인 기관이다. 16세기 종교개혁의 실천적 의의는 지나치게 세속화되어 이 세상의 경쟁과 성취의 논리로 신앙생활과 교회 목회의 성패를 판단하기 쉬운 현대 교회에게 성경이 가르치는 신앙의 바른 길과 교회의 사명을 재확인할 수 있도록 자극한다는 점에 있다.

칼빈은 자의적인 신앙의 길을 추구하는 재세례파나 리베르탱파의 주장을 반박하면서 하나님의 명확한 말씀대로 순종할 것을 강조했다. 특히 합리적이며 윤리적인 기독교를 세우고자 했던 세르베투스의 이단적 사상에 맞서 기독교의 정통 교리의 중요성과 바른 교리의 회복을 주장했다. 교리를 교회의 영혼이라고 부른 칼빈의 정의는 기독교 신학의 사변적 논리를 강화하려 한 표현이 아니라, 모든 신앙의 문제들은 반드시 정확하고 명료한 성경의 가르침 위에서 이해되고 실행되어야 함을 의미한다. 칼빈이 로마 가톨릭보다 급진주의자들의 주장이 종교개혁에 더 큰 위협이 된다고 생각한 이유는 이들이 교묘하게 변경시켜 놓은 성경의 가르침이 기독교 종교를 왜곡할 뿐 아니라 더 나아가 기독교 자체를 붕괴시킬 수 있다고 보았기 때문이다.

신앙과 실천에 있어 항상 명확한 성경 진리를 그 토대와 목적으로 삼으려 했던 16세기 종교개혁자들의 노력은 오늘날에도 중요한 의미를 갖는다. 특히 더 많은 이단들과 오류들이 난무하는 상황 속에서 신자들과 교회는 예배와 사역, 그리고 삶의 실천 등 모든 영역에서 관습이나 기호가 아닌 하나님의 뜻을 그 이유와 목적으로 말할 줄 알아야 한다. 이 일을 위해서는 오늘날 우리의 교회 안에서 성경을 배우고 가르치려는 열의가 얼마나 있는지 살펴보아야 한다. 그러나 이에 앞서 성경을 어떤 책이라고 생각하고 있으며, 성경이 가르치는 진리의 내용을 무엇이라고 인식하고 있는지를 먼저 깊이 반성해야 한다. 성경은 삶을 살아가는 지혜를 가르쳐 주는 지혜서도 아니며, 본받을 만한 고전 문화를 발견하게 도와주는 하나의 경전도 아니고, 개인들의 고통과 상처를 치유해 주고 영성을 형성해 주는 지침서도 아니다. 성경은 예수 그리스도의 십자가의 대속과 부활의 능력으로 모든 죄인들을 구원하신 하나님의 은혜를 깨닫게 하는 성령의 계시이다. "너희가 성경에서 영생을 얻는 줄 생각하고 성경을 연구하거니와 이 성경이 곧 내게 대하여 증언하는 것이니라."(요 5:39) 이 정의대로 성경을 가르치고 배우는 것이 종교개혁자들이 강조했던 바른 지식의 회복이며 명확한 신앙의 추구이다.

칼빈의 무덤

끝으로 칼빈은 종교개혁을 위한 신자의 태도로서 담대함을 강조했다. 담대함은 종말론적 관점과 성경에 대한 명료한 이해 추구에 필연적으로 뒤따르는 삶의 모습이다. 프랑수아 1세에게 보낸 『기독교강요』 서문의 결론과 황제 칼 5세에게 보낸 "교회 개혁의 필요성"은 모두 이 담대한 고백으로 끝맺어진다. 자신을 고국에서 추방하고 수많은 동료 개혁자들을 억압하고 있는 권력자의 서슬 퍼런 위협 앞에서도 결코 침륜에 빠지거나 뒤로 물러서지 않았던 칼빈의 담대함은 예수 그리스도만이 세상의 주권자시라는 확고한 신앙고백의 결과였다. 그는 이 고백 위에서 고난과 위협 앞에 타협했던 니고데모파를 책망했으며, 세르베투스의 간교한 비난과 모함 앞에서 담대하게 진리를 선언했다.

본서에서 살펴본 칼빈의 여러 변증서들과 논쟁서들의 어조는 전반적으로 선언적이며 단정적이다. 다소 불편하게 느껴질 수도 있는 칼빈의 강한 어조는 기본적으로 이 저술들의 목적이 변증과 논쟁이기 때문에 나타난 결과라고 말할 수 있다. 그리고 칼빈이 사용하는 이런 강한 어조는 그가 종교개혁자로서 견지했던 담대함의 증거이다.

칼빈이 활동했던 16세기의 상황에 비추어 보면 현대 사회에는 성경의 가르침을 지켜 내고 그 교리대로 살아가려는 신자들의 경건한 삶을 방해하고 위협하는 더 많은 유혹과 도전들이 있음이 분명하다. 이런 상황 속에서 신자들과 교회가 16세기 종교개혁자들로부터 배우고 실천해야 할 신앙의 태도가 있다면 그것은 담대함이다. "그러므로 너희 담대함을 버리지 말라 이것이 큰 상을 얻게 하느니라 너희에게 인내가 필요함은 너희가 하나님의 뜻을 행한 후에 약속하신 것을 받기 위함이라"(히 10:35-36). 이 약속을 진실로 믿고 이 명령에 순종한다면, 오늘날 신자들과 교회도 담대하게 인내하여 믿음의 경주를 감당했던 500년 전의 종교개혁자들처럼 우리의 시대에도 하나님의 영광을 드러낼 수 있을 것이다.

참고문헌

I. 칼빈 저술

A. 원어본

Ioannis Calvini opera quae supersunt omnia. 59 volumes. Edited by. Guilielmus Baum, Eduardus Cunitz, and Eduardus Reuss. *Corpus Reformatorum*, vols. 29-87. Brunsvigae: C. A. Schwetschke et Filium, 1863-1900. [CO]

Joannis Calvini Opera Selecta. Edited by Peter Barth, Wilhelm Niesel, and Dora Schenuner. 5 volumes. München: Christian Kaiser, 1926-1962. [OS]

Ioannis Calvini opera omnia. Denuo recognita et adnotatione critica instructa notisque illustrata. Series 1-6. Edited by Brian G. Armstrong. Geneva: Librairie Droz, 1992ff. [COR]

Correspondance des reformateurs dans les pays de langue francaise. 9 volumes. [1512-1544]. Edited by A. L. Herminjard. Genève: H. Georg, 1866-1897.

B. 번역본

Calvin, John. *Tracts relating to the Reformation*. Tr. Henry Beveridge. Edinburgh: Calvin Translation Society, 1844.

―――. *Tracts and Treatises of John Calvin*. Translated and edited by J. K. S. Reid. London: SCM Press, 1954. [TT]

―――. *Calvin's Commentaries*. 46 volumes. Edinburgh: Calvin Translation Society, 1844-1855; reprinted as 22 volumes. Grand Rapids: Baker, 1979.

[Comm]

———. *Treatises against the Anabaptists and Against the Libertines*. Translated and edited by Benjamin Wirt Farley. Grand Rapids: Baker, 1982.

———. 『칼뱅서간집』. 박건택 편역. 용인: 크리스천르네상스, 2016.

———. 『칼뱅작품선』. 전8권. 박건택 편역. 서울: 부흥과개혁사, 2021-2022.

———. *Institutes of the Christian Religion* (1559): Library of Christian Classics, vols. XX and XXI. Trans. Ford Lewis Battles. Philadelphia: Westminster Press, 1960.

———. 『1559년 라틴어 최종판 직역 기독교 강요』 전4권. 문병호 역. 서울: 생명의말씀사, 2022. [Institutes]

II. 1차 자료

A. 1차 자료

Bibliander, Theodore. *Amplior consideratio decreti synodalis Tridentini; Concilium sacrosanctum Domini nostri Jesu Christi*. 1551.

Bucer, Martin. *De Coena Dominica*. 1524.

Chemnitz, Martin. *Examen decretorum Concilii Tridentini*. Frankfurt, 1566-73.

Cochlaeus, Johannes. *Johannis Calvini in Acta synodi Tridentinae censura, et ejusdem brevis confutatio circa duas praecipue calumnias*. Mainz: Franz Behem, 1548.

Luther, Martin. *D. Martin Luthers Werke: Kritische Gesamtausgabe*. Weimar: Hermann Böhlaus Nachfolger, 1883-1929.

Migne, Jacque-Paul. *Patrologiae cursus completus*. Series Latina Ed. 1841-1855.

Servetus, Michael. *De Trinitatis erroribus*. 1531.

―――. *Dialogorum de Trinitate*. 1532.

―――. *Christianismi Restitutio*, 1553.

B. 번역본

Albergo, G. et als, eds.『보편공의회 문헌집 제3권: 트렌토 공의회, 제1차 바티칸 공의회』. 김영국 외 역. 서울: 가톨릭출판사, 2005.

Bullinger, Heinrich. *The Decades of Henry Bullinger*. 4 volumes. Translated and edited by Thomas Harding. Cambridge: Cambridge University Press, 1851.

Luther, Martin. *Luther's Works*. 55 volumes. Edited by J. Pelikan and H. T. Lehmann. St. Louis: Concordia, 1955-1986.

―――. *Martin Luther: Selection from His Writing*.『루터 저작선』. 이형기 역. 서울: 크리스챤다이제스트, 1999.

Zwingli, Ulrich. *Commentary on the True and False Religion*. Translated by Samuel M. Jackson. Durham: Labyrinth, 1981.

III. 2차 자료

A. 국외

Akin, Daniel L. "An Expositional Analysis of the Schleitheim Confession." *Criswell Theological Review* 2 (1988): 345-370.

Arnold, Matthieu. (Ed.). *John Calvin: The Strassbourg Years (1538-1541)*. Trans. Felicity McNab. Eugene: Wipf & Stock, 2016.

Backus, Irena and C. Chimelli. (Eds.). *La Vraie Piété: Divers traités de Jean Calvin et Confession de foi de Guillaume Farel*. Paris: Labor et Fides, 1986.

Backus, Irena and Philip Benedict. *Calvin & His Influence, 1509-2009*. Oxford: Oxford University Press, 2011.

Baepler, Richard. "Scripture and Tradition in the Council of Trent." *Concordia Theological Monthly* 31/6 (1960): 341-362.

Bagchi, David, and David C. Steinmetz. (Eds.). *The Cambridge Companion to Reformation Theology*. Cambridge: Cambridge University Press, 2004.

Bainton, Roland H. "Servetus and the Genevan Libertines." *Church History* 5/2 (1936): 141-149.

─────. *Hunted Heretics: The Life and Death of Michael Servetus, 1511-1553*. Boston: Beacon Press, 1953.

Balke, Willem. *Calvin and the Anabaptist Radicals*. Trans. William Heynen. Grand Rapids: Eerdmans, 1981.

Balke, Wim. "Calvin and the Anabaptist." In *The Calvin Handbook*. Eds. Hermann J. Selderhuis, and trans. Henry J. Baron et als. Grand Rapids: Eerdmans, 2009.

Bamji, Alexandra, Geert H. Janssen and Mary Laven. (Eds.). *The Ashgate Research Companion to the Counter-Reformation*. London: Routledge, 2013.

Battles, Ford Lewis. *Interpreting John Calvin*. Ed. Robert Benedetto. Grand Rapids: Baker, 1996.

Benoit, Jean-Daniel. "Glossaire, Tables et References." In *Instruction de la Religion Chretienne*. Paris: Vrin, 1963.

Biesecker-Mast, Gerald. "Anabaptist Separation and Argument against the Sword in the Schleitheim Brotherly Union." *Mennonite Quarterly Review* 74 (2000): 381-402.

Bireley, Robert. *The Refashioning of Catholicism, 1450-1700: A Reassessment of the Counter Reformation*. Washington: The Catholic University of America Press, 1999.

Birmelé, André. *Johannes Calvin ökumenish gelesen*. Liepzig: Bonifatius, 2012.

Bohatec, Josef. *Budé und Calvin: Studien zur Gedenkenwelt des französischen Humanismus*. Granz: Böhlaus, 1950.

Bolt, John. "'A Pearl and a Leaven': John Calvin's Critical Two-Kingdoms Eschatology." In *John Calvin and Evangelical Theology: Legacy and Prospect*, ed. Sung Wook Chung. Milton Keynes: Paternoster, 2009.

Bossy, John. "The Counter-Reformation and the People of Catholic Europe." *Past and Present* 47 (1970): 51-70.

Boudou, Bénédicte and Anne-Pascale Pouey-Mounou. (Eds.). *Calvin et l'Humanisme Actes du symposium d'Amiens et Lille III*. Geneva: Droz, 2012.

Bouwsma, William. *John Calvin: A Sixteenth Century Portrait*. Oxford: Oxford University Press, 1989.

Breen, Quirius. *Jonn Calvin: A Study in French Humanism*. Hamden: Archon Books, 1968.

Cameron, Euan. *The European Reformation*. Oxford: Clarendon, 1991.

Campi, Emidio. "Calvin, the Swiss Reformed Churches, and the European Reformation." In *Calvin & His Influence, 1509-2009*. Eds. Irena Backus and Philip Benedict. Oxford: Oxford University Press, 2011.

──. "The Reformation in Zurich." In *A Companion to the Swiss Reformation*. Eds. Amy Nelson Burnett and Emidio Campi. Leiden: E.J.Brill, 2016.

──. "The Council of Trent and the Magisterial Reformers." In *The Council of Trent: Reform and Controversy in Europe and Beyond(1547-1700), vol. 1: Between Trent, Rome and Wittenberg*. Eds. Wim François and Violet Soen. Göttingen: Vandenhoek and Ruprecht, 2018.

Carr, Kevin C. "The Reformation Manifesto of John Calvin: An Overview of the Necessity of Reforming the Church." *Purian Reformed Journal* 4/2

(2012): 43-49.

Casteel, Theodore W. "Calvin and Trent: Calvin's Reaction to the Council of Trent in the Context of His Conciliar Thought." *Harvard Theological Review* 63 (1970): 91-117.

Chaves, Joao. "The Servetus Challenge: Eisegesis and the Problematic of Differing Chronologies of Ecclesiastical Corruption." *Journal of Reformed Theology* 10 (2016): 195-214.

Collins, Ross William. *Calvin and the Libertines of Geneva*. Toronto: Clarke Irwin & Co. Ltd., 1968.

Cottret, Bernard. *Calvin: A Biography*. Trans. M. Wallace McDoland. Grand Rapids: Eerdmans, 2000.

Delumeau, Jean. *La peur en Occident, XIVe-XVIIIe siècles, Une cité assiegée*. Paris: Fayard, 1978.

DeVries, Dawn. "Calvin's Preaching." In *Cambridge Companion to John Calvin*, ed. Donald K. McKim. Cambridge: Cambridge University Press, 2004.

Dickens, Arthur. G. *The Counter-Reformation*. New York: Harcourt, Brace & World, 1969.

Dickens, A. G., and Whitney R. D. Jones. *Erasmus: the Reformer*. London: Methuen, 2000.

Doumergue, Emil. *Jean Calvin, les hommes et les choses de son temps*. 7 vols. Neuilly-sur-Seine: G. Bridel, 1899-1927.

Eire, Carlos M. N. "Calvin and Nicodemism: A Reappraisal." *The Sixteenth Century Journal* 10/1 (1979): 49-69.

──────. *War Against the Idols: The Reformation of Worship from Erasmus to Calvin*. Cambridge: Cambride University Press, 1986.

──────. *Reformations: The Early Modern World, 1450-1650*. New Haven: Yale University Press, 2016.

Essary, Kirk. "Milk for Babes: Erasmus and Calvin on the Problem of Christian Eloquence." *Reformation and Renaissance Review* 16/3 (2014): 246-265.

Estep, William R. *The Anabaptist Story*. Grand Rapids: Eerdmans, 1995.

Evennett, Henry O. *The Spirit of the Counter-Reformation*. Notre Dame: University of Notre Dame Press, 1968.

Farley, Benjamin Wirt. "Editor's Introduction." In John Calvin, *Treatises Against the Anabaptists and Against the Libertines*. Trans. ed. Benjamin W. Farley. Grand Rapids: Baker, 1982.

Fisher, Jeff. "Housing a Heretic: Johannes Oecolamphadius (1482-1531) and the 'Pre-History' of the Servetus Affair." *Reformation & Renaissance Review* 20/1 (2018): 35-50.

François, Wim and Violet Soen. (Eds.). *The Council of Trent: Reform and Controversy in Europe and Beyond(1547-1700), vol. 1: Between Trent, Rome and Wittenberg*. Göttingen: Vandenhoek and Ruprecht, 2018.

Gamble, Richard C. "Calvin and Sixteenth-Century Spirituality: Comparison with the Anabaptists." *Calvin Theological Journal* 31 (1996): 335-358.

Ganoczy, Alexandre. *The Young Calvin*. Trans. David Foxgrover and Wade Provo. Philadelphia: Westminster, 1987.

George, Timothy. (Ed.). *John Calvin & the Church: A Prism of Reform*. Louisville: Westminster John Knox, 1990.

──────. "Calvin's Biggest Mistake: Why he Assented to the Execution of Michael Servetus." *Christianity Today* 53 (2009): 26-32

Gordon, Bruce. *The Swiss Reformation*. Manchester: Manchester University Press, 2002.

──────. *Calvin*. New Haven: Yale University Press, 2009. 『칼뱅』, 이재근 역. 서울: IVP, 2018.

Graham, W. Fred. (Ed.). *Later Calvinism: International Perspectives*.

Kirksville: Sixteenth Century Journal, 1994.

Greschat, Martin. *Martin Bucer: A Reformer and His Times*. Trans. Stephen E. Buckwater. Louisville: Westminster John Knox, 2004.

Greef, Wulfert de. *The Writings of John Calvin: An Introductory Guide*. Trans. Lyle D. Bierma. Grand Rapids: Baker, 1993. 『칼빈의 생애와 저술들』. 황대우, 김미정 역. 부산: SFC, 2006.

Gwin, Timothy J. "The Theological Foundation and Goal of Piety in Calvin and Erasmus." *Puritan Reformed Journal* 2/1 (2010): 143-165.

Haas, Guenther. "The Effects of the Fall on the Creational Social Structures: A Comparison of Anabaptist and Reformed Perspectives." *Calvin Theological Journal* 30 (1995): 108-129.

Hancock, Ralph C. *Calvin and the Foundations of the Modern Politics*. Ithaca: Cornell University Press, 1989.

Helleman, Adrian A. "The Nature of Calvin's Rejection of Papal Primacy." *Calvin Theological Journal* 29 (2009): 432-450.

Hilla, Marian, and Claire S. Allen, *Michael Servetus Intellectual Giant, Humanist, and Martyr*. Lanham: University Press of America, 2002.

Hofer, Roland E. "Anabaptists in Seventeenth-Century Schleitheim: Popular Resistance to the Consolidation of State Power in the Early Modern Era." *Mennonite Quarterly Review* 74 (2000): 123-144.

Holder, R Ward. *Calvin in Context*. Cambridge: Cambridge University Press, 2020.

Holwerda, David E. *Exploring the Heritage of John Calvin*. Grand Rapids: Baker, 1976.

Hopfl, Harro M. "The Ideal of Aristocratia Politiae Vicina in the Calvinist Political Tradition." In *Calvin & His Influence, 1509-2009*. Eds. Irena Backus and Philip Benedict. New York: Oxford University Press, 2011.

Hsia, R. Po-chia. *The World of Catholic Renewal 1540-1770*. Cambridge:

Cambridge University Press, 2005.

Jedin, Hubert, ed. *Katolische Reformation oder Gegenreformation? Ein Versuch zur Klärung der Begriffe nebst einer Jubiläumsbertrachtung über das Triente Konzil*. Luzern: Verlarg Josef Stocker, 1946.

———. *A History of the Council of Trent. Vol. 1. The Struggle for the Council*. Trans. Dom Ernest Graf. Edinburgh: Thomas Nelson and Sons Ltd., 1957.

———. *A History of the Council of Trent. Vol. 2. The First Sessions at Trent 1545-47*. Trans. Dom Ernest Graf. Edinburgh: Thomas Nelson and Sons Ltd., 1961.

Jenkins, Gary W. *Calvin's Tormentors: Understanding the Conflicts that Shaped the Reformer*. Grand Rapids: Baker, 2018.

Johnson, Galen. "The Development of John Calvin's Doctrine of Infant Baptism in Reaction to the Anabaptists." *Mennonite Quarterly Review* 73 (1999): 803-823.

Kaufmann, Thomas. "Luther and Lutheranism." In *The Oxford Handbook of the Protestant Reformations*. Ed. Ulinka Rublack. Oxford: Oxford University Press, 2006.

———. *Geschichte der Reformation in Deutschland*. Berlin: Suhrkamp, 2016. 『종교개혁의 역사』. 황정욱 역. 서울: 길, 2017.

Kayayan, Eric. "The Case of Michel Servetus: The Background and the Unfolding of the Case." *Mid-America Journal of Theology* 8/2 (1992): 117-146.

Kelly, Joseph Francis. *The Ecumenical Councils of the Catholic Church: A History*. Collegeville: Liturgical Press, 2009.

Kingdon, Robert M. *Geneva and the Coming of the Wars of Religion in France, 1555-1563*. Geneva: Droz, 1956.

———. "Some French Reactions to the Council of Trent." *Church History* 33/2 (1964): 149-156.

──────. *Geneva and the Consolidation of the French Protestant Movement, 1564-1571.* Geneva: Droz, 1967.

Klaiber, Jeffrey. "The Protestant Reformation and the Catholic Reformation." In *The Wiley Blackwell Companion to World Christianity.* Eds. Lamin Sanneh and Michael J. McClymond. Oxford: Wiley-Blackwell, 2016.

Lane, Anthony N. S. *John Calvin: Student of the Church Fathers.* Edinburgh: T.&T. Clark, 1999.

──────. *The Regensburg Article 5 on Justification: Inconsistent Patchwork or Substance of True Doctrine?* Oxford: Oxford University Press, 2019.

Lavarter, Hans Rudolf. "Calvin, Farel, and the Anabaptists: On the Origins of the Brieve Instruction of 1544." *Mennonite Quarterly Review* 88 (2014): 323-364.

Letham, Robert. "칼빈 신학의 전반적 맥락에서 본 그의 성찬 교리." 김진홍 역. 『칼빈과 예배』. 개혁주의학술원 편. 부산: 고신대학교 개혁주의 학술원, 2011.

Lindberg, Carter. *The European Reformation.* Oxford: Wiley-Blackwell, 2009.

Littell, Franklin H. *The Anabaptist View of the Church.* Boston: Starr King Press, 1958.

Luebke, David M. (Ed.). *The Counter-Reformation.* Oxford: Blackwell, 1999.

Maag, Karin. *Seminary or University?: Genevan Academy and Reformed Higher Education, 1560-1620.* Aldershot: Scholar Press, 1996.

Manetsch, Scott M. *Calvin's Company of Pastors: Pastoral Care and the Emerging Reformed Church, 1536-1609.* Oxford: Oxford University Press, 2015.

Mannion Gerard and Eduardus van der Borght (Eds.). *John Calvin's Ecclesiology: Ecumenical Perspective.* London: T&T Clark, 2011.

Matheson, Peter. "Martin Bucer and the Old Church." In *Martin Bucer: Reforming Church and Community.* Ed. David F. Wright. Cambridge: Cambridge University Press, 1994.

McGrath, Alister E. *A Life of John Calvin*. Oxford: Blackwell, 1990.

McKee, Elsie Anne. *John Calvin on the Diaconate and Liturgical Almsgiving*. Geneva: Droz, 1984.

McKim, Donald K. (Ed.). *Cambridge Companion to John Calvin*. Cambridge: Cambridge University Press, 2004.『칼빈 이해의 길잡이』. 한동수 역. 서울: 부흥과개혁사, 2012.

Monter, E. William. *Calvin's Geneva*. London: John Wiley and Sons, 1967.『칼빈의 제네바』. 신복윤 역. 수원: 합신대학원 출판부, 2015.

Muller, Karl. "Calvin und die Libertiner." *Zeitschrift fur Kirchengeschichte* 40 (1922): 83-129.

Mullett, Michael A. *The Catholic Reformation*. London: Routledge, 1999.

Naphy, William G. *Calvin and the Consolidation of the Genevan Reformation*. Manchester: Manchester University Press, 1994.

Nelson, Amy and Emidio Campi (Eds.). *A Companion to the Swiss Reformation*. Leiden: E. J. Brill, 2016.

Neuser, Wilhelm. "Calvin und die Libertiner." *Zeitschrift für Krichengeschichte* 48 (1929): 58-74.

Olin, John C. *Catholic Reform: From Cardinal Ximenes to the Council of Trent 1495-1563*. New York: Fordham University Press, 1990.

———. *The Catholic Reformation: Savonarola to Igantius Loyola*. New York: Fordham University Press, 1969.

Olson, Jeannine E. *Calvin And Social Welfare: Deacons and the Bourse Francaise*. Selingsgrove: Susquehanna University Press, 1989.

O'Malley, John W. *Trent: What Happened at the Council*. Cambridge: Belknap Press, 2013.

Pabel, Hilma M. *Erasmus' Vision of the Church*. Kirksville: Sixteenth Century Journal, 1995.

Parker, T. H. L. *The Oracles of God: An Introduction to the Preaching of John*

Calvi. London: James Clark & Co., 1943.

———. *Calvin's Preaching*. Philadelphia: Westminster John Knox Press, 1992.

———. *John Calvin: A Biography*. Oxford: Lion Hudson, 2006.

Pettegree, Andrew. "Prophets without Honour? MIchael Servtus and the Limits of Tolerance." *History Today* 40 (1999): 40-45.

Quistorp, Heinrich. *Calvin's Doctrine of the Last Things*. Philadelphia: John Knox Press, 1955.

Reid, W. Stanford. (Ed.). *John Calvin, His Influence in the Western World*. Grand Rapids: Zondervan, 1982. 『칼빈이 서양에 끼친 영향』. 홍치모, 이훈영 역. 서울: 크리스챤다이제스트, 1993.

Reinhard, Wolfgang. "'Gegenreformation als Modernisierung?' Prolegomena zu einer Theorie des knofesionellen Zeitalters." *Archiv fur Reformationsgeschichte* 68 (1977): 226-52.

———. "Reformation, Counter-Reformation, and the Early Modern State: A Reassessment." In *The Counter-Reformation*. Ed. David M. Luebke. Oxford: Blackwell, 1999.

Rorem, Paul. *Calvin and Bullinger on the Lord's Supper*. Bramcote: Grove Books, 1989.

———. "The Consensus Tigurinus (1549): Did Calvin Compromise?" In *Calvinus Sacrae Scripturae Professor: Calvin as Confessor of Holy Scripture*. Ed. Wilhelm H. Neuser. Grand Rapids: Eerdmans, 1994.

Schaff, Philip. *History of the Christian Church, Volume VIII: Modern Christianity. The Swiss Reformation*. 『스위스 종교개혁』. 교회사전집 제8권. 박경수 역. 서울: 크리스챤다이제스트, 2004.

Selderhuis, Herman J. (Ed.). *Calvinus sacrum literarum interpres: Papers of the International Congress on Calvin Research*. Göttingen: Vandenhoeck & Ruprecht, 2008.

———. (Ed.). *Calvinus clarissimus theologus: Papers of the Tenth International Congress on Calvin Research*. Göttingen: Vandenhoeck & Ruprecht, 2012.

Skinner, Quentin. *The Foundations of Modern Political Thought*. 2 volumes. Cambridge: Cambridge University Press, 1978.

Snyder, Arnold. "The Influence of the Schleitheim Articles on the Anabaptist Movement: An Historical Evaluation." *Mennonite Quarterly Review* 63 (1989): 323-344.

Speelman, Herman A. *Calvin and the Independence of the Church*. Göttingen: Vandenhoeck & Ruprecht, 2014.

Stauffer, Richard. "Zwingli et Calvin: Critiques de la confession de Schleitheim." *Archives internationales d'histoire de idées* 87 (1977): 126-147.

Steinmetz, David C. *Calvin in Context*. Oxford: Oxford University Press, 2010.

Swierenga, Robert P. "Calvin and the Council of Trent. Part II: a Reappraisal." *Reformed Journal* 16 (1966): 16-21.

Tausiet, Maria. "Magnus versus Falsarius: A Duel of Insults between Calvin and Servetus." *Reformation and Renaissance Review* 10/1 (2008): 59-87.

Tavard, George H. *The Starting Point of Calvin's Theology*. Grand Rapids: Eerdmans, 2000.

———. "Calvin and the Nicodemites." In *Calvin and Roman Catholicism: Critique and Engagment, Then and Now*. Ed. Randall C. Zachman. Grand Rapids: Baker, 2008.

Terpstra, Nicholas. *Religious Refugees in the Early Modern World: An Alternative History of the Reformation*. Cambridge: Cambridge University Press, 2015.

Thomas, Derek W. H. and Tweeddale, John W. (Eds.). *John Calvin: For a*

New Reformation. Wheaton: Crossway, 2019.

Tracy, James D. *Europe's Reformations, 1450-1650: Doctrine, Politics and Community*. Plymouth: Rowman & Littlefield, 2006.

Treasure, Geoffrey. *The Huguenots*. New Haven: Yale University Press, 2023.

Troilo, Dominique-Antonio. *Pierre Viret et l'anabaptisme*. Lausanne: Association Pierre Viret, 2007.

Tylenda, Joseph N. "The Calvin - Westphal Exchange: The Genesis of Calvin's Treatises against Westphal." *Calvin Theological Journal* 9 (1974): 182-209.

Vorster, Nico. *The Brightest Mirror of God's Works: John Calvin's Theological Anthropology*. Eugene: Pickwick, 2019.

Veen, Mirjam van. "'Supporters of the Devil': Calvin's Image of the Libertines." *Calvin Theological Journal* 40 (2005): 21-32.

Verhery, Allen. "Calvin's Treatise Against the Libertines." *Calvin Theological Journal* 15/2 (1980): 190-219.

Wallace, Ronald S. *Calvin's Doctrine of the Christian Life*. Grand Rapids: Eerdmans, 1961.

──. *Geneva and the Reformation*. Eugene: Wipf & Stock, 1998.

Wandel, Lee Palmer. *The Eucharist in the Reformation: Incarnation and Liturgy*. Cambridge: Cambridge University Press, 2006.

Wendel, François. *Calvin: the Origins and Development of his Religious Thought*. Trans. Philip Mairet. New York: Labyrinth, 1987. 『칼빈: 그의 신학사상의 근원과 발전』. 김재성 역. 고양: 크리스챤다이제스트, 2002.

White, Robert. "Oil and Vinegar: Calvin on Church Discipline." *Scottish Journal of Theology* 38 (1985): 25-40.

Whitford, David M. ed. *Reformation and Early Modern Europe: A Guide to Research*. Kirksville: Truman State University Press, 2008.

Wilkinson, Michael D. "Bruderliche Vereinigung: A Brief Look at Unity in the Schleitheim Confession." *Southwestern Journal of Theology* 56 (2014): 199-213.

Williams, George H. and Angel M. Mergal. (Eds.) *Spiritual and Anabaptist Writers*. The Library of Christian Classics. Philadelphia: Westminster Press, 1958.

Williams, George H. *The Radical Reformation*, 3rd ed. Kirksville: SCSC, 2000.

Wray, Frank J. "The Anabaptist Doctrine of the Restitution of the Church." *Mennonite Quarterly Review* 28 (1954): 186-196.

Wright, David F. (Ed.). *Martin Bucer: Reforming Church and Community*. Cambridge: Cambridge University Press, 1994.

Wyneken, Karl H. "Calvin and Anabaptism." *Concordia Theological Quarterly* 36 (1965): 18-29.

Zachman, Randall C. (Ed.) *John Calvin and Roman Catholicism: Critique and Engagement*, Then and Now. Grand Rapids: Baker, 2008.

B. 국내

강남수. "세바스티안 카스텔리오의 종교적 급진사상". 「건대사학」 7 (1989): 153-79.

권호덕. "한국교회에 대한 칼빈 신학의 기여". 「한국개혁신학」 27 (2010): 262-284.

김영한. "한국교회의 칼빈주의 수용 - 예정론을 중심으로". 「한국개혁신학」 27 (2010): 182-201.

김요섭. "그리스도의 몸인 교회: 칼빈의 교회 제도 제안의 신학적 기초". 「개혁논총」 15 (2010): 193-225.

―――. "칼빈의 성찬론의 신학적 요점과 교회론적 의의". 「신학지남」 80/3 (2013): 182-216.

―――. "교황 수위권에 대한 칼빈의 비판 연구". 「개혁논총」 32 (2014): 141-175.

──── . "재건설과 개혁: '재세례파 논박'에 나타난 칼빈의 종교개혁". 「한국개혁신학」 56 (2017): 8-47.

──── . 『종교를 개혁하다: 16세기 유럽 기독교 종교개혁, 그 본질의 재조명』. 서울: 솔로몬, 2021.

──── . "종교개혁의 참된 기초와 방식: 트렌트 회의의 개혁 법령에 대한 칼빈의 비판 연구". 「개혁논총」 59 (2022): 9-46.

──── . "칼빈의 교회 역사 해석 연구: 교황제도의 역사에 대한 비판을 중심으로". 「신학지남」 89/4 (2022): 213-252.

김재성. "칼빈의 칭의론과 트렌트 종교회의". 「신학정론」 13/1 (1995): 203-233.

김재윤. "의롭게 만드시는 하나님의 의: 레겐스부르크(1541), 트렌트(1547), 합의문서(1999)로 본 로마 카톨릭교의 칭의 교리 연구". 「개혁논총」 32 (2014): 9-43.

라은성. "카톨릭 칭의에 대한 칼빈의 비판(I)". 「신학지남」 71/1 (2004): 331-356.

──── . "카톨릭 칭의에 대한 칼빈의 비판(II)". 「신학지남」 71/2 (2004): 273-317.

문병호. "그리스도의 의의 유일성과 객관성: 칼빈의 트렌트 회의 비판의 요지와 요체". 「개혁논총」 32 (2014): 45-93.

박경수. "세바스티앙 카스텔리옹의 생애와 저작들: 16세기 관용 논쟁을 중심으로". 「한국교회사학회지」 31 (2012), 73-104.

심창섭. "리베르틴파의 범신론에 대한 칼빈의 신학적 입장: 인성, 중생, 부활을 중심으로". 『칼빈신학해설』. 한국칼빈학회 편. 서울: 대한기독교서회, 1998.

황정욱. 『칼빈의 초기사상이해: 칼빈의 "두 서신"과 니코데미즘』. 서울: 선학사, 1998.